KB115915

현대행정법신론 2

現代行政法新論 2

연세대학교 법학전문대학원 교수

법학박사 **한 견 우**

세창출판사

LA THÉORIE NOUVELLE de

LE DROIT ADMINISTRATIF CORÉEN

THE NEW THEORY of

KOREAN ADMINISTRATIVE LAW

Prof. Dr.jur. HAN Kyun Woo Alphonse

YONSEI UNIVERSITY, LAW SCHOOL
UNIVERSITE DE YONSEI, FACULTE DE DROIT

Sechang Publishing Co.

머 리 말

　법학에 첫발을 내딛고 행정법을 처음 만난 것이 대학 3학년이었던 1979년이니 올해로 행정법에 입문한 것이 어느덧 35년이 되었다. 그리고 1984년에 프랑스 유학을 떠나서 1988년까지 4년 동안 유학을 마치고 행정법으로 학생들과 강단에서 함께 숨 쉬고 생활한 지도 27년이 되었다. 그동안 행정법의 발전과 행정법을 공부하는 학생들의 변화를 지켜보았고 또 그 발전과 변화의 한가운데에 자리하고 있었다. 학자로서 그리고 교수로서 한 가지 염원은 어떻게 하면 행정법을 실무와 접목하여 '살아 있는 행정법'으로 만들어 가는가 하는 것이었고, 또 다른 염원은 행정법을 공부하는 이들에게 행정법을 어떻게 하면 보다 쉽게 이해할 수 있도록 할 것인가라는 것이었다. 이러한 고민과 바람에서 행정법을 연구한 것을 여러 가지 형태의 책으로 선보였다.

　1992년 처음으로 『행정법이론』이라는 제목의 이론서를 출간한 후 「행정법(I)」, 「행정법(II)」, 「행정법강의」, 「현대행정법(I)」, 「현대행정법(II)」, 「현대행정법강의」 그리고 「현대행정법」을 2009년까지 계속 출간하여 왔다. 이와 같이 여러 해 계속된 행정법에 대한 고민과 애정은 다시 『현대행정법(총론·각론)』이라는 제목으로 2011년 새로운 옷을 입혀 출간하였다. 행정법의 큰 구성은 총론, 각론, 그리고 행정구제법이다. 그런데 이러한 행정법의 커다란 세 영역을 각각 한 권의 책으로 집필하기도 하고 또 한 권으로 통합해서 단권화하기도 하는 작업이 계속되어 왔다. 그런데 행정법의 실체법적 영역(총론·각론)과 절차법적 영역(행정구제론)을 한 권으로 묶는 것이 단권화라는 형식적 장점은 있지만, 교과서의 생명을 불어넣는 데는 적합하지 않다는 판단을 하게 되었다. 따라서 이번에 기존의 [현대행정법(총론·각론)]을 [현대행정법신론 1]과 [현대행정법신론 2]로 분리하여 출간하기로 하였다. [현대행정법(총론·각론)]의 개정작업을 하면서 새로운 법령의 변화와 판례의 변화가 너무 많았기 때문에 책의 분량이 너무 많이 늘어난 점과 기존의 내용과 체제를 대폭 수정하게 된 것이 계기가 되어 총론과 각론을 분리하지 않을 수 없었다.

　행정법을 공부하기 시작한 이후 박사학위를 일찍 받고 교수가 일찍 되고 또 교과서를 일찍 집필을 하는 점 등으로 얻은 것도 엄청나게 많았지만 등 뒤에는 돌이킬 수 없게 잃어버린 것도 있었다. 그러나 인생은 한 손으로 주면서 다른 손으로 다시 빼앗아가는 경우도 있기는 하지만, 그렇다고 앞으로 나아가는 것을 멈출 수도 없으며, 아직도 잃는 것보다 얻고 얻을 것들이 많이 남아 있다고 생각한다. 좀 더 열심히 얻어서 주위에 사랑을 나누어줄 수 있는 힘이 되었으면 하는 바람이다.

행정법은 아직도 활발하게 생성하고 있는 학문임에 틀림이 없다. 과거 행정법이론과 다소 거리가 있었던 행정법실무 특히 대법원의 여러 판결들이 이제 서서히 제자리를 잡아가고 있음을 느낀다. 그러나 아직도 행정법이론이 실무적 문제의 해결에 기여하지 못하고 다소 사변적으로 흘러온 발자취가 지워지지 못하고 있는 점은 안타까운 일이다. 행정법의 모국(母國)인 프랑스에서 행정법 시발점이 된 1873년 <블랑코>판결(T.C., 8 février 1873, Blanco)의 판시내용과 같은 중요한 행정법원리를 선언한 우리나라 대법원의 1961년 <철도국장건물임대>사건(대판 1961.10.5, 59누6)이 있다. 행정법의 기본적이고 기본적인 원리를 담고 있는 이러한 대법원 판결은 우리 행정법의 기준점을 제시하였다고 할 것이다. 그럼에도 불구하고 행정사건 실무에서 행정법원리를 적용하는 경우뿐만 아니라 학자들의 행정법이론을 형성하는 경우에도 오른쪽과 왼쪽의 진자운동을 계속해 오고 있다. 더욱이 행정법의 발전에 참으로 중요한 우리나라 행정소송법의 개정작업이 수년간 지연되고 있는 점을 생각하면, 시대에 뒤떨어진 행정소송법의 개정을 통하여 한국 행정법의 새로운 발전을 향해 힘차게 나아가야 함을 절실하게 느낀다.

행정법 공부의 시작은 논리적이고 체계적으로 이루어져야 한다. 수많은 법령을 다 이야기할 수도 없고, 수많은 행정사건을 다 나열할 수도 없다. 오직 논리적이고 체계적인 공부야말로 행정법이라는 정글을 덜 고생하고 지나갈 수 있는 길이고, 앞으로 행정법의 실무적 적용에 있어서도 유용한 방법이다. 이번 책의 집필에는 이러한 행정법의 논리적 체계를 기본으로 하면서, 실무적 판례·사례가 책 속에 녹아 숨 쉴 수 있도록 하였다. 중요한 판례는 요지를 소개하고 또 경우에 따라서는 판례를 책의 본문 속에 포함하였다. 행정법의 이론과 실무적 판례·사례는 각각 별개의 것으로 따로따로 있는 것이 아니라 함께 호흡하여야 하는 것이 현대법의 기본틀이다. 또한 실무적 사례물음을 새로 정리해서 독자들의 행정실무적 이해와 이론의 접목을 체험할 수 있도록 하였다.

행정법을 공부하는 이의 입장에서 행정법을 어렵다고 생각하는 경우가 많이 있다. 오르기 어려운 산일수록 오르는 맛은 더 깊고 많은 것을 느끼게 한다. 높은 산을 좀 늦게 오르는 것은 결코 창피한 일이 아니다. 천천히 한발 한발 가기만 하면 언젠가 무사히 목적지에 닿을 수 있다. 무엇이든지 과정이 있는 법이고, 그 과정을 묵묵히 견뎌낸 사람만이 결국에는 값진 열매를 얻을 수 있다. 책의 저자로서도 독자들이 조금이라도 쉽게 산을 오를 수 있도록 배려를 하지 않을 수 없다. 행정법의 실무적 문제를 해결하는 데 도움이 되는 실용주의 행정법을 위해 내용적으로 심혈을 기울여서 기본 뼈대를 잘 형성하도록 하였는데, 이는 산을 오르는 길을 잘 닦아 마련해 두었다는 의미이다. 그리고 또한 산을 오르는 길마다 길 안내를 충실히 잘해 두어야 하는데, 이는 책 본문의 내용에 있어 소제목을 보다 상세하게 달아서 소제목만을 보아도 행정법이론의 흐름을 파악할 수 있도록 한 것이다. 이번 책에서 밑줄을 그은 것도 산을 오르는 이정표가 되기를 바라는 마음에서 비롯된 것이다.

책은 씌어지기 위한 것이 아니라 읽혀지기 위한 것이다. 그러한 의미에서 한 권의 책에는 늘 그 책을 쓴 이와 읽는 이, 두 사람의 저자가 있다고 하였다. 따라서 그 동안 필자가 집필한 책에 대해서 깊은 애정을 가지고 비판을 해 주었던 많은 제자들과 독자들에게 감사하게 생각하면서, 다시 한 번 이 책의 저자는 필자뿐만 아니라 이 책을 읽는 독자들이라는 점을 상기하고 싶다.

이 책을 준비하여 세상으로 나오기까지 수고를 아끼지 않았던 이들이 많이 있다. 특히 필자의 조교로 여러 해 동안 수고를 아끼지 않았던 박사과정의 김태현 조교에게 고마움을 전하며, 올해 학위를 받은 송시우 법학박사에게 학위취득을 축하하고 감사의 마음을 전한다. 또한 여러 가지 출판여건이 좋지 않음에도 출판을 기꺼이 맡아 주신 세창출판사 이방원 사장과 임직원에게도 값진 열정과 힘찬 발전을 기대하면서, 이 책의 출간에 남다른 노고와 애정을 가진 점에 감사한다.

2014. 8. 26.

강원도 평창군 진부면 두일리 도남헌(圖南軒)에서

한 건 우

차 례

제 5 편　행정수단론

제1장 공 무 원

▰▰ 제2장 공 물 ▰▰

제4장 공용부담

제6편　부문별 개별행정작용론

■■■ 제1장　조직행정 ■■■

제3장　경찰행정

제4장　경제행정

[법령약칭]	현행 법령명칭
[가족관계등록법]	가족관계의 등록 등에 관한 법률
[가축분뇨법]	가축분뇨의 관리 및 이용에 관한 법률
[감염병예방법]	감염병의 예방 및 관리에 관한 법률
	⇦ 전염병예방법(전부개정)과
	기생충질환예방법(폐지) 통합
[개발제한구역법(특)]	개발제한구역의 지정 및 관리에 관한 특별조치법
[개인정보보호법]	공공기관의 개인정보보호에 관한 법률[폐지 2011.3.29..]
	⇨ 개인정보보호법
[경비교도대법]	교정시설경비교도대설치법
[공공기관운영법]	공공기관의 운영에 관한 법률
[공무원조합법]	공무원의 노동조합설립 및 운영 등에 관한 법률
[공무원직장협의회법]	공무원직장협의회의 설립운영에 관한 법률
[공업배치법]	공업배치 및 공장설립에 관한 법률
⇨ [공장설립법]	⇨ 산업집적 활성화 및 공장설립에 관한 법률
[공유수면법]	공유수면관리 및 매립에 관한 법률
[공유재산법]	공유재산 및 물품관리법
[공장설립법]	산업집적활성화 및 공장설립에 관한 법률
[공정거래법]	독점규제 및 공정거래에 관한 법률
[공직자병역공개법]	공직자 등의 병역사항신고 및 공개에 관한 법률
[광주민주화보상법]	광주민주화운동관련자 보상 등에 관한 법률
[광역교통관리법(특)]	대도시권 광역교통 관리에 관한 특별법
[교원지위향상법(특)]	교원지위향상을 위한 특별법
[교육자치법]	지방교육자치에 관한 법률
[교육정보공개법]	교육관련기관의 정보공개에 관한 법률
[국가계약법]	국가를 당사자로 하는 계약에 관한 법률
[국가권익위원회법]	부패방지 및 국민권익위원회의 설치 및 운영에 관한 법률
[국가소송법]	국가를 당사자로 하는 소송에 관한 법률
[국가유공자법]	국가유공자 등 예우 및 지원에 관한 법률
[국민고충처리법]	국민고충처리위원회의 설치 및 운영에 관한 법률[폐지 2008.2.29.]
⇨ [국가권익위법]	⇨ 부패방지 및 국민권익위원회의 설치 및 운영에 관한 법률

[국토계획법]	국토의계획 및 이용에 관한 법률
[국회증언·감정법]	국회에서의 증언·감정 등에 관한 법률
[군사시설보호법]	군사기지 및 군사시설보호법
[금융구조개선법]	금융산업의 구조개선에 관한 법률
[금융비밀보장법]	금융실명거래 및 비밀보장에 관한 법률
[기간제등보호법]	기간제 및 단시간근로자 보호 등에 관한 법률
[기업규제완화법(특)]	기업활동규제완화에 관한 특별조치법
[기업도시법(특)]	기업도시개발특별법
[노동조합법]	노동조합 및 노동관계조정법
[농수산유통법]	농수산물유통 및 가격안정에 관한 법률
[댐건설·주변지원법]	댐건설 및 주변지역지원 등에 관한 법률
[도농복합특례법]	도농복합형태의 시설치에 따른 행정특례 등에 관한 법률
[도시공원녹지법]	도시공원 및 녹지 등에 관한 법률
[도시정비법]	도시 및 주거환경정비법
[독립유공자법]	독립유공자 예우에 관한 법률
[마약류관리법]	마약류관리에 관한 법률
[물가안정법]	물가안정에 관한 법률
[민영교도소법]	민영교도소 등의 설치운영에 관한 법률
[민원사무법]	민원사무처리에 관한 법률
[방송통신위원회법]	방송통신위원회의 설치 및 운영에 관한 법률
[법령공포법]	법령 등 공포에 관한 법률
[법학전문대학원법]	법학전문대학원의 설치·운영에 관한 법률
[벤처육성법(특)]	벤처기업육성에 관한 특별조치법
[보조금법]	보조금 관리에 관한 법률
[부동산가격공시법]	부동산가격공시 및 감정평가에 관한 법률
[부동산실명법]	부동산 실권리자 명의등기에 관한 법률
[북한이탈주민법]	북한이탈주민의 보호 및 정착지원에 관한 법률
[사법경찰관리법]	사법경찰관리의 직무를 행할 자와 직무범위에 관한 법률
[사행행위규제법(특)]	사행행위 등 규제 및 처벌특례법
[산업입지법]	산업입지 및 개발에 관한 법률
[서울시행정특례법]	서울특별시행정특례에 관한 법률
[석유등사업법]	석유 및 석유대체연료사업법
[소방시설관리법]	소방시설설치유지 및 안전관리에 관한 법률
[수생태보전법]	수질 및 수생태계 보전에 관한 법률

[신문진흥법]	신문 등의 진흥에 관한 법률
[신용정보법]	신용정보의 이용 및 보호에 관한 법률
[신행정수도법(특)]	신행정수도의 건설을 위한 특별조치법
[액화석유가스법]	액화석유가스의 안전 및 사업관리법
	⇨ 액화석유가스의 안전관리 및 사업법
[야생생물보호법]	야생생물 보호 및 관리에 관한 법률
[약관규제법]	약관의 규제에 관한 법률
[오수등처리법]	오수·분뇨 및 축산폐수의 처리에 관한 법률[폐지 2006.9.27.]
	⇨ 하수도법
⇨ [가축분뇨법]	⇨ 가축분뇨의 관리 및 이용에 관한 법률
[오존층보호법]	오존층보호를 위한 특정물질의 제조규제 등에 관한 법률
[유·도선사업법]	유선 및 도선 사업법
[자본시장법]	자본시장과 금융투자업에 관한 법률[제정 2007.8.3.] 1)
[자원절약법]	자원의 절약과 재활용촉진에 관한 법률
[장사법]	장사 등에 관한 법률
[장애인고용법]	장애인고용촉진 및 직업재활법
[재난관리기본법]	재난 및 안전관리 기본법
[재외동포지위법]	재외동포의 출입국과 법적 지위에 관한 법률
[전자정부법]	전자정부구현을 위한 행정업무 등의 전자화촉진에 관한 법률
	⇨ 전자정부법[일부개정 2007.1.3.]
[정기간행물등록법]	정기간행물의 등록에 관한 법률[명칭변경 2005.1.27.]
	⇨ 신문 등의 자유와 기능보장에 관한 법률[전부개정 2005.1.27.]
[정기간행물진흥법]	잡지 등 정기간행물의 진흥에 관한 법률[제정 2008.6.5.]
[정보공개법]	공공기관의 정보공개에 관한 법률
[정보공개훈령(국무총리)]	정보공개기반구축과 운영기준에 관한 국무총리훈령
[정보통신망법]	정보통신망이용촉진 및 정보보호 등에 관한 법률
[정부투자기본법]	정부투자기관관리 기본법[폐지 2007.4.1.]
⇨ [공공기관운영법]	⇨ 공공기관의 운영에 관한 법률
[제주자치도법(특)]	제주특별자치도설치 및 국제자유도시조성을 위한

---

1) 2009.02.04 폐지: 종합금융회사에 관한 법률 / 신탁업법 / 한국증권선물거래소법 / 증권거래법 / 선물거래법 / 간접투자자산운용업법

 2004.01.05 폐지: 증권투자회사법 / 증권투자신탁업법

 1998.01.13 폐지 단기금융업법

 1997.01.13 폐지 자본시장육성에 관한 법률

 1987.11.28 폐지 기업공개촉진법

특별법

[조달사업법]	조달사업에 관한 법률
[중소기업진흥법]	중소기업진흥 및 제품구매촉진에 관한 법률
[즉결심판법]	즉결심판에 관한 절차법
[지가공시법]	지가공시 및 토지 등의 평가에 관한 법률
[지방수입징수법]	지방세외수입금의 징수 등에 관한 법률
[질서위반법]	질서위반행위규제법
[집회·시위법]	집회 및 시위에 관한 법률
[징발재산법(특)]	징발재산정리에 관한 특별조치법
[책임운영기관법]	책임운영기관의 설치·운영에 관한 법률
[체육시설법]	체육시설의 설치·이용에 관한 법률
[총포등단속법]	총포·도검·화약류 등 단속법
[측량·지적법]	측량·수로조사 및 지적에 관한 법률
[친일반민족진상규명법]	일제강점하 반민족행위 진상규명에 관한 특별법
[토지등보상법][공익사업법]	공익사업을 위한 토지 등의 취득 및 보상에 관한 법률
[폐기물처리시설법]	폐기물처리시설설치촉진 및 주변지역지원 등에 관한 법률
[풍속영업규제법]	풍속영업의 규제에 관한 법률
[하도급거래법]	하도급거래공정화에 관한 법률
[한국자산관리공사법]	금융회사부실자산 등의 효율적 처리 및 한국자산관리공사의 설립에 관한 법률
[학원과외교습법]	학원의 설립·운영 및 과외교습에 관한 법률
[한미행정협정(SOFA)]	대한민국과 아메리카합중국 간의 상호방위조약 제4조에 의한 시설과 구역 및 대한민국에서의 합중국군대의 지위에 관한 협정
[항공안전법]	항공안전 및 보안에 관한 법률
[행정권한위임규정]	행정권한의 위임 및 위탁에 관한 규정
[행정업무규정]	행정업무의 효율적 운영에 관한 규정
[행정절차훈령]	국민의 권익보호를 위한 행정절차에 관한 훈령
[혁신도시법(특)]	공공기관지방이전에 따른 혁신도시건설 및 지원에 관한 특별법
[형(刑)집행법]	형의 집행 및 수용자의 처우에 관한 법률
[환경등영향평가법]	환경·교통·재해 등에 관한 영향평가법[폐지]
[회계직원책임법]	회계관계직원 등의 책임에 관한 법률
[회생·파산법]	채무자 회생 및 파산에 관한 법률

[법령명칭의 연혁]

-소방법 [2004.05.30.폐지]

　　⇨ 소방기본법 [2003.05.29. 제정; 2004.05.30. 시행]

　　⇨ 소방시설공사업법 [2003.05.29. 제정; 2004.05.30. 시행]

　　⇨ 소방시설설치유지 및 안전관리에 관한 법률 [2003.05.29. 제정; 2004.05.30. 시행]

　　⇨ 위험물안전관리법 [2003.05.29. 제정; 2004.05.30. 시행]

-주택법 [2003.05.29. 전부개정]

　　⇦ 주택건설촉진법 [2003.05.29. 명칭변경]

　　⇦ 공영주택법 [1972.12.30. 폐지]

현대행정법신론 2

제 5 편 행정수단론

行政手段論

국가는 행정목적의 달성을 위해서는 여러 가지 행정업무를 수행하여야 하는데, 이러한 행정업무의 수행에 있어서는 여러 가지 수단들을 필요로 한다. 이러한 행정목적의 달성을 위한 여러 가지 수단들을 '행정수단'이라고 부르고, 이들 행정수단을 '인적 수단'과 '물적 수단'으로 크게 구별할 수 있을 것이다. 행정목적달성을 위한 인적 수단은 다양한 형태로 나타나겠지만, 그중 가장 대표적인 것으로 '공무원'을 들 수 있다[제1장 공무원]. 물적 수단도 여러 가지 형태가 있을 수 있으나, 가장 대표적인 것으로 '공물'을 들 수 있을 것이다[제2장 공물]. 그리고 공물과 다른 형태로 활용되는 물적 수단으로서 공기업과 영조물 그리고 특허기업을 행정수단론의 차원에서 다루게 된다[제3장 공기업·영조물 및 특허기업].

공용부담은 행정목적의 달성을 위한 인적 수단과 물적 수단이 부족한 경우에 인적 수단과 물적 수단을 강제적으로 확보해 간다는 점에서 행정수단과 관련이 있으며, 따라서 행정수단론의 내용으로 다루게 된다[제4장 공용부담].

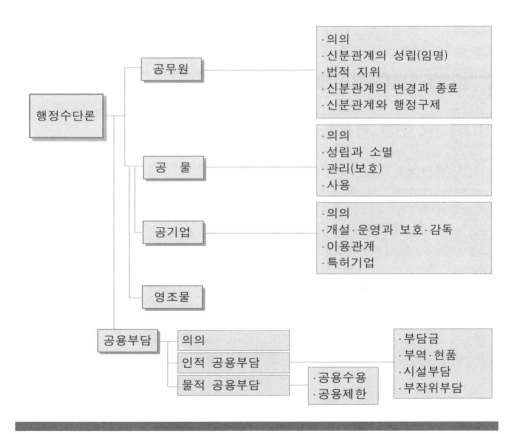

제1장 공무원
公務員

제1절 의의

I. 개념과 직업공무원제도

1. 개념에 관한 학설과 판례

(1) 최광의설

최광의의 공무원이란 <u>모든 공무담당자</u>를 의미하며, 헌법상 공무원(예,국회의원), 국가배상법상 공무원(예, 소집중향토예비군(대판 1970.5.26, 70다471), 청원경찰(대판 1993.7.13, 92다47564), 교통할아버지(대판 2001.1.5, 98다39060)), 형법상 공무원(예, 세무수습행정원(대판 1961.12.14, 4294형상99), 정부관리기업체간부직원(대판 1971.11.23, 71도1786), 공의(公醫)(대판 1976.8.24, 75도108), 외환은행임직원(대판 1980.9.9, 80도1924) 등) 등이 이에 해당한다.

(2) 광의설

광의의 공무원이란 <u>공법상 근무관계</u>를 바탕으로 공무를 담당하는 기관구성자로서, 신분·지위 등에 있어서 일반사인과 다른 특별한 법적 취급을 받는 자를 말한다.

(3) 협의설

협의의 공무원이란 국가 또는 공공단체와 특별한 근무관계(특별권력관계 또는 특별행정법관계)를 이루고 있는 <u>공무담당의 기관구성자</u>를 말한다. 이러한 의미의 공무원에

는 국가공무원법과 지방공무원법의 적용을 받는 공무원뿐만 아니라 각종 공무원법
(경찰공무원법, 교육공무원법, 소방공무원법, 외무공무원법)의 적용을 받는 공무원 등이 있다.

(4) 판 례

헌법재판소의 결정(헌재 1993.9.27, 92헌바21)에 의하면, "공무원의 개념은 국가 또는
공공단체와 공법상 이른바 특별권력관계 즉 협의의 공법상 근무관계를 담당하고
있는 기관 구성원을 의미하는 것이라고 할 수 있으며 직업공무원이 여기에 속한다
고 할 수 있다"고 하였다.

(5) 결 어 - 개념정의 -

협의의 공무원이 본래 의미의 공무원이며, 공무원법의 규율대상과 행정법의 연
구대상으로서 공무원은 협의의 공무원개념으로 이해된다. 따라서 공무수탁사인이
나 행정보조인 등과 같은 공무협력자는 최광의의 공무원에는 해당하지만, 공무원
법상 공무원이 아니기 때문에 협의의 공무원은 아니다.

이러한 의미에서 공무원(公務員)이란 행정목적을 달성하기 위한 인적 수단으로서
국가 또는 지방자치단체의 기관의 이름으로 실제로 행정업무를 담당하는 조직의
구성원을 말한다.

2. 직업공무원제도

(1) 의 의

현대행정의 복잡성과 고도화는 행정운영에 있어서 보다 전문적 기술성을 요구하
고 있기 때문에, 오늘날 공무원의 성격으로서 직업공무원의 역할이 중시되고 있다.
여기서 직업공무원(職業公務員)이란 일정기한까지 임명주체에 대해 법이 정하는 바
에 따라 계속적으로 주된 직업으로서 근무하는 공무원을 말한다.

공무원의 직업전문성이 강조되는 이유는 다른 한편 정당정치의 발달로 인하여
정권교체에도 불구하고 행정의 일관성과 계속성을 유지하기 위한 점에 있기도 하
다. 따라서 직업공무원제도는 공무원의 정치적 중립성과도 밀접한 관련성이 있다.

우리 헌법이념상 공무원은 국민의 수임자로서 국민에게 봉사하는 것을 본래의
사명으로 하고 전문적·기술적 행정을 담당함을 그 목적으로 하는 기관이라는 의미
에서 민주성과 중립성, 전문성, 능률성을 가진 직업공무원임을 특질로 한다(헌재
1993.9.27, 92헌바21).

(2) 직업공무원의 종류

직업공무원은 공무원관계의 계속성에 따라 다시 정년직공무원, 임기직공무원, 임기제공무원, 수습직공무원, 기간제공무원으로 구분할 수 있다.

1) 정년직공무원이란 법이 정한 정년시까지 공무원이라는 직업이 주된 직업으로서 보장되는 공무원을 말하고, 2) 임기직공무원이란 법으로 정해진 일정한 기간 동안만 공무원이라는 직업이 주된 직업으로 보장된 공무원을 말한다. 선거직공무원이 임기직공무원의 대표적인 예이다. 3) 임기제공무원이란 전문지식·기술이 요구되거나 임용관리에 특수성이 요구되는 업무를 담당하기 위하여 경력직공무원을 임용할 때에 일정기간을 정하여 근무하는 공무원을 말한다(법26의2), 4) 수습직공무원이란 정년직공무원 또는 임기제공무원이 되기 전에 공무원이 주된 직업으로서 적합한가의 시험기간 중에 있는 공무원을 말한다.

5) 기간제공무원이란 기간을 정하고 채용계약에 의하여 공무원으로 임용되어 공무를 수행하는 공무원을 말하며, 공무원법상 공무원이 아닌 경우를 말한다. 기간제공무원은 [기간제근로자보호법](4)에 의하여 원칙적으로 2년을 초과하여 기간제근로계약을 체결할 수 없으며, 기간제공무원이 2년을 초과하여 근무하게 되면 무기계약직공무원이 된다. 이러한 [기간제근로자보호법] 제4조(기간제근로자의 사용)는 기간제근로자의 계약자유를 침해한다고 볼 수 없다는 것이 헌법재판소의 입장(헌재 2013.10.24, 2010헌마219<위헌확인>)이다.

(3) 직업공무원의 제도적 보장

현행 헌법(7②)은 "공무원의 신분과 정치적 중립성은 법률이 정하는 바에 의하여 보장된다"라고 규정하여 공무원의 직업성을 제도적(制度的)으로 보장(保障)하고 있다. 따라서 입법자는 직업공무원제도에 관한 헌법규정을 구체화할 의무가 있을 뿐만 아니라, 직업공무원제도의 내용에 반하는 입법을 할 수 없고 직업공무원제도 자체를 폐지할 수 없는 구속을 받게 된다.

헌법이 보장하는 직업공무원제도는 공무원이 정부에서 일하는 것을 보람 있는 생애라고 생각하여 공직에 매력을 느끼며, 승진의 기회가 열려 있어서 명예로운 높은 지위에 올라갈 수 있도록 마련된 제도를 의미한다. 이러한 직업공무원제도에서 말하는 공무원에는 정치적 공무원이라든가 임시적 공무원은 포함되지 않는다(헌재 1989.12.18, 89헌마32·33).

[판례] 헌재 1992.11.12, 91헌바2〈해직공무원의보상등에관한특별조치법 제2조에 대한 위헌심판〉 : 헌법 제7조 제2항은 공무원의 신분과 정치적 중립성을 법률이 정하는 바에 의하여 보장할 것을 규정하고 있는데, 이는 공무원이 집권세력의 논공행상의 제물이 되는 엽관제도를 지양하고, 정권교체에 따른 국가작용의 중단과 혼란을 예방하며 일관성 있는 공무수행의 독자성 및 영속성을 유지하기 위하여 헌법과 법률로써 공무원의 신분을 보장하려는 공직구조에 관한 제도 즉 직업공무원제도인 것이다. 그러한 보장이 있음으로 해서 모든 공무원은 어떤 특정정당이나 특정상급자를 위하여 충성하는 것이 아니고 국민전체에 대한 공복으로서(헌법 제7조 제1항) 법에 따라 그 소임을 다할 수 있게 되는 것으로서, 이는 당해 공무원의 권리나 이익의 보호에 그치지 않고 국가통치 차원에서의 정치적 안정의 유지에 기여할 수 있게 되는 것이다.
헌법이 "공무원은 국민전체에 대한 봉사자이며, 국민에 대하여 책임을 진다. 공무원의 신분과 정치적 중립성은 법률이 정하는 바에 의하여 보장된다"라고 명문으로 규정하고 있는 것은 바로 직업공무원제도가 국민주권원리에 바탕을 둔 민주적이고 법치주의적인 공직제도임을 천명하고 있는 것이다.

II. 공무원법에 의한 공무원의 종류

1. 경력직공무원

(1) 일반직공무원과 특정직공무원

경력직(經歷職)공무원이란 실적과 자격에 의하여 임용되며, 신분이 보장되고 정년 또는 정해진 근무기간 동안1) 공무원으로 근무할 것이 예정되는 공무원을 말한다. 이러한 경력직공무원은 ① 일반직(一般職)공무원, ② 특정직(特定職)공무원으로 나누어진다(국가공무원법2②).

1) 일반직공무원이란 <u>기술·연구 또는 행정 일반에 대한 업무</u>를 담당하며, 직군·직렬별로 분류되는 공무원을 말한다. 2) 특정직공무원이란 법관, 검사, 외무공무원,

---

1) 국가공무원법(2②)에 의하면, "경력직공무원이란… <u>평생 동안(근무기간을 정하여 임용하는 공무원의 경우에는 그 기간 동안을 말한다)</u> 공무원으로 근무할 것이 예정되는…"이라고 표현하고 있으나, 적절한 표현이라고 보기 어렵다. 평생 동안 근무하는 공무원이 과연 존재하는가? 정년도 근무기간을 정한 것이기 때문에, 모든 공무원은 근무기간을 정하여 임용한다고 보아야 한다. 따라서 "경력직공무원이란 실적과 자격에 따라 임용되고 그 신분이 보장되어 <u>정해진 정년 또는 근무기간 동안</u> 공무원으로 근무할 것이 예정되는 공무원을 말하며, 그 종류는 다음 각 호와 같다."라고 개정하는 것이 바람직하다.

경찰공무원, 소방공무원, 교육공무원, 군인, 군무원, 헌법재판소 헌법연구관, 국가정보원의 직원과 <u>특수 분야의 업무</u>를 담당하는 공무원으로서 다른 법률에서 특정직공무원으로 지정하는 공무원을 말한다.

(2) 임기제공무원

(가) 의 의   임기제공무원이란 경력직공무원을 임용할 때에 일정한 근무기간을 정하여 근무하는 공무원을 말한다(법26의5①). 이러한 임기제공무원은 전문지식·기술이 요구되거나 임용관리에 특수성이 요구되는 업무를 담당하기 위하여 인정되며, 과거에는 비경력직(특수경력직)공무원의 하나로서 '계약직공무원'이라 하였다. 이러한 임용제공무원의 임용요건, 임용절차, 근무상한연령 및 그 밖에 필요한 사항은 대통령령으로 정한다(법26의5②).

(나) 종 류   임기제공무원의 종류는 일반임기제공무원, 전문임기제공무원, 시간선택(제)임기제공무원, 한시임기제공무원으로 구분한다(공무원임용령3의2). i) <u>일반임기제공무원</u>이란 직제 등 법령에 규정된 경력직공무원의 정원에 해당하는 직위와 [책임운영기관법] 제7조 제1항에 따른 책임운영기관의 장의 직위에 임용되는 임기제공무원을 말한다. ii) <u>전문임기제공무원</u>이란 특정 분야에 대한 전문적 지식이나 기술 등이 요구되는 업무를 수행하기 위하여 임용되는 임기제공무원을 말한다. iii) <u>시간선택(제)임기제공무원</u>이란 통상적인 근무시간보다 짧은 시간(주당 15시간 이상 35시간 이하의 범위에서 임용권자 또는 임용제청권자가 정한 시간)을 근무하는 공무원으로 임용되는 일반임기제공무원[시간선택(제)일반임기제공무원] 또는 전문임기제공무원[시간선택(제)전문임기제공무원]을 말한다. iv) <u>한시임기제공무원</u>이란 휴직을 하거나 30일 이상의 휴가를 실시하는 공무원의 업무를 대행하기 위하여 1년 이내의 기간 동안 임용되는 공무원으로서 통상적인 근무시간보다 짧은 시간을 근무하는 임기제공무원을 말한다.

(다) 공무원법의 적용범위   다른 법률에 특별한 규정이 없으면 제28조의2[근무시간의 단축임용], 제28조의3[외국인과 복수국적자의 임용], 제32조의2[인사교류], 제32조의4[파견근무], 제40조[승진], 제40조의2[승진임용의 방법]부터 제40조의4[우수공무원 등의 특별승진]까지, 제41조[승진시험방법], 제73조의4[강임], 제74조[정년] 및 제74조의2[명예퇴직 등]를 적용하지 아니한다(법3④).

2. 특수경력직(비경력직)공무원

(1) 의 의

특수경력직(特殊經歷職)공무원이란 경력직공무원 외의 공무원을 말하며, ① 정무직

공무원, ② 별정직공무원으로 구분된다(국가공무원법2③).

1) 정무직(政務職)공무원이란 ① 선거로 취임하거나 임명할 때 국회의 동의가 필요한 공무원, ② 고도의 정책결정 업무를 담당하거나 이러한 업무를 보조하는 공무원으로서 법률이나 대통령령(대통령실의 조직에 관한 대통령령만 해당한다)에서 정무직으로 지정하는 공무원을 말한다.2) 2) 별정직(別定職)공무원이란 비서관·비서 등 보좌업무 등을 수행하거나 특정한 업무 수행을 위하여 법령에서 별정직으로 지정하는 공무원을 말한다.3)

(2) 공무원법의 적용범위

특수경력직공무원은 국가공무원법의 규정이 제한적으로 적용된다. 따라서 국가공무원법 또는 다른 법률에 특별한 규정이 없으면, 제33조[결격사유], 제43조[휴직·파견 등의 결원보충 등] 제1항(휴직에 의한 결원보충), 제44조[시험 또는 임용의 방해행위 금지]부터 제59조[친절·공정의 의무]까지, 제59조의2[종교중립의 의무], 제60조[비밀엄수의 의무]부터 제67조[위임 규정]까지, 제69조[당연퇴직] 및 제84조[벌칙]에 한정하여 특수경력직공무원에게 적용된다(법3①). 그런데 정무직공무원에 대하여는 제33조와 제69조를 적용하지 아니하고, 대통령령으로 정하는 특수경력직공무원에 대하여는 제65조[정치운동의 금지]와 제66조[집단행위의 금지]를 적용하지 아니한다(법3②). 그리고 제26조의2[근무시간의 단축 임용]와 제26조의3[외국인과 복수국적자의 임용]은 대통령령으로 정하는 공무원에게만 적용된다(법3③).

국가공무원법 제83조의3(특수경력직공무원의 징계)에 의하면, "다른 법률에 특별한 규정이 있는 경우 외에는 특수경력직공무원에 대하여도 대통령령으로 정하는 바에 따라 제10장[징계]을 준용할 수 있다"고 규정하고 있다. 그리고 대법원 판례에 의하면, "특수경력직공무원 중 별정직공무원에 한하여 지방공무원법상의 징계의 규정이 준용된다"(대판 1991.12.13, 91누4157)고 본다. 그리고 "공무원의 집단행위를 금지하

---

2) ① 감사원의 원장, 감사위원 및 사무총장, 중앙선거관리위원회의 상임위원 및 사무처장, ② 국무총리, 국무위원, 처의 처장, 각 부·처·청의 차관·차장·청장·행정조정실장, 행정개혁위원회의 위원장·부위원장 및 상임위원, 특별시장, 광역시장, 도지사, 차관급 상당 이상의 보수를 받는 비서관, ③ 국가정보원의 원장 및 부원장, ④ 기타 법령 또는 조례가 정무직으로 지정하는 공무원 등이 정무직공무원에 속한다.
  지방의회 의원은 지방공무원법 제2조 제3항의 특수경력직 공무원으로서 선거에 의하여 취임하는 정무직 공무원에 속한다(헌재 2008.12.9, 2008헌마709).
3) ① 감사원의 사무차장 및 특별시·광역시·도의 선거관리위원회 상임위원, ② 국가정보원 기획조정실장, 원자력위원회 상임위원, 과학기술심의실장, 각급노동위원회 상임위원, 해난심판원의 원장 및 심판관, ③ 비서관·비서 등 기타 다른 법령이나 조례가 별정직으로 지정하는 공무원 등이 별정직공무원에 속한다.

는 국가공무원법 제66조 제1항의 위반행위에 대한 벌칙규정인 같은 법 제84조를 특수경력직공무원에 적용할 수 없다"(대판 2006.10.26, 2005도4331; 대판 2012.06.14, 2010도14409<지방공무원법위반>)고 판시하였다.

3. 고위공무원

(1) 의 의

고위공무원(高位公務員)이란 고위공무원단에 속하는 공무원으로서, 직무의 곤란성과 책임도가 높은 직위에 있는 공무원을 말한다. 이러한 고위공무원의 직위는 i) 중앙행정기관의 실장·국장 및 이에 상당하는 보좌기관(예, 실장, 본부장, 국장, 단장, 부장, 심의관, 팀장 등), 그리고 이러한 직위에 상당하는 ii) 감사원을 제외한 행정부 각급 기관의 직위(예, 각급 위원회의 위원장·상임위원·사무처장, 실·국장), iii) 국가공무원으로 보하는 지방자치단체 및 지방교육행정기관의 직위(예, 부시장·부지사, 부교육감, 기획관리실장 등), iv) 그 밖에 다른 법령에서 고위공무원단에 속하는 공무원으로 임용할 수 있도록 정한 직위를 말한다(법2의2② 참조).

(2) 고위공무원단

고위공무원은 범정부적 차원에서 효율적으로 인사관리하여 정부의 경쟁력을 높일 필요가 있기 때문에 고위공무원단을 구성한다(법2의2①). 여기서 고위공무원단(高位公務員團)이란 고위공무원의 직위에 임용되어 재직 중이거나 파견·휴직 등으로 인사관리되고 있는 일반직공무원, 별정직공무원 및 특정직공무원의 군(群)을 말한다(법2의2②). 특정직공무원은 다른 법률에서 고위공무원단에 속하는 공무원으로 임용할 수 있도록 규정하고 있는 경우에 한한다. 따라서 정무직공무원은 고위공무원단에 속하지 않기 때문에 별정직공무원으로 보할 수 있는 고위공무원단 직위는 i) 부의 차관보, 청의 차장, 비상계획관, ii) 비서관, 장관정책보좌관, 대통령실 경호처 특정지위, iii) 법령으로 임용자격과 임기가 정해져 있는 각종 위원회의 상임위원 등이 있다.

(3) 고위공무원단 외의 고위공무원

고위공무원단 직위에 재직 중인 공무원 외에 고위공무원으로 인사관리되는 공무원의 범위는 다음과 같다(고위공무원단 인사규정4) : i) 조직의 개편 등으로 현원이 정원을 초과하여 보직 없이 근무 중인 사람, ii) 휴직, 직위해제, 파견근무 중인 사람, iii) 공무원임용령 제43조 제1항 각 호에 따라 보직 없이 근무 중인 사람, iv) 개방형 직위 또는 공모직위 근무 후 복귀하였으나 결원직위가 없어 보직 없이 근무 중인 사람, v) 재외공관주재관 근무를 마치고 복귀하였으나 결원직위가 없어 보직 없이 근무 중인 사람, vi) 제18조 제7호 및 제8호에 따라 보직 없이 근무 중인 사람, vii) 그 밖에 다른 법령에서 정하는 사유로 보직 없이 근무 중인 사람.

4. 정공무원과 준공무원

(1) 의 의

정공무원(正公務員)이란 정규의 공무원으로서의 신분을 가지는 자를 말하며, 준공무원(準公務員)이란 각 개별법(예, 특정범죄가중처벌등에관한법률4, 시행령2·3)에 의하여 공무원에 준하는 신분취급을 받도록 규정된 자를 말한다.4) 준공무원은 공무원신분을 보유하지는 않지만 직무행위의 공공적 성격에 비추어 업무집행의 공적 성격을 보장하기 위하여 공무원에 준하는 처벌을 예정하는 경우에 있어서 공무원의 개념이 확대적용된 것이다.

준공무원의 경우에는 이러한 처벌규정에도 불구하고 공법인 임직원의 근무관계는 공법관계가 되는 것은 아니고, 기본적으로 사법관계에 의하여 형성된다. 따라서 대법원은 한국조폐공사 직원의 파면행위도 사법상 행위라고 본다(대판 1978.4.25, 78다414).

(2) 공무원으로 의제되는 이유

주택재건축조합의 임원은 그 조합원들의 재산권에 대하여 중대한 영향을 미칠 수 있기 때문에, 공무원에 버금가는 고도의 청렴성과 업무의 불가매수성이 요구되고, 뇌물죄의 적용에 있어서 공무원으로 의제된다(대판 2007.4.27, 2007도694). 또한 "주택재건축정비사업조합이나 도시환경정비사업조합의 임원은 주거환경을 개선하고 도시기능을 회복·개선한다는 공공의 이익이 매우 큰 도시정비기능을 수행하는 범위 내에서는 공무원에 버금가는 고도의 청렴성과 업무의 불가매수성이 요구된다. 그러므로 형법상 뇌물죄의 적용에 있어서 공무원으로 의제하는 [도시정비법] 제84조는 과잉금지원칙에 위반되지 아니하고, 도시환경정비사업조합의 임원을 구 재래시장법상의 시장정비사업조합의 임원과 달리 취급하고 있다 하더라도 이를 불합리한 차별이라고 할 수 없다"(헌재 2011.10.25, 2011헌바13·65<(구)[도시정비법]제84조위헌소원>).

---

4) 공무원연금법시행령 제2조(정규공무원 외의 직원) 제4호 "국가 또는 지방자치단체의 정규공무원 외의 직원으로서 수행업무의 계속성과 매월 정액의 보수지급 여부 등을 참작하여 총무처장관[안전행정부장관]이 인정하는 자"를 준공무원이라 부르기도 한다(대판 2009.7.23, 2003두6308<국가유공자유족등록거부처분취소> 참조).

(3) 공무원 의제규정이 없는 사인에 대한 준공무원 인정여부

국가공무원법·지방공무원법에 따른 공무원이 아님에도 법령에 기하여 공무에 종사한다는 이유로 공무원 의제규정이 없는 사인(私人)을 공무원과 마찬가지로 뇌물죄로 처벌할 수 있는가? 공무원 의제규정이 없는 사인(私人)을 뇌물죄(형법129①)의 '공무원'에 포함된다고 해석하는 것은 처벌의 필요성만을 지나치게 강조하여 범죄와 형벌에 대한 규정이 없음에도 구성요건을 확대한 것으로서 죄형법정주의와 조화될 수 없다. 따라서 형법 제129조(수뢰·사전수뢰) 제1항의 '공무원'에 국가공무원법·지방공무원법에 따른 공무원이 아니고 공무원으로 간주되는 사람도 아닌 '제주자치도 위촉위원'이 포함된다고 해석하는 것은 법률해석의 한계를 넘은 것으로서 죄형법정주의에 위배된다(헌재 2012.12.27, 2011헌바117).

■ 명예직공무원과 전무직·비전무직공무원 ■

(1) 명예직공무원

주된 직업으로서 근무하는 것이 아니라 2차적인 직업으로 공무를 수행하는 공무원을 명예직공무원(名譽職公務員)이라 부르는 경우가 있다. (구)지방자치법(§32①)에서 지방의회의원의 직을 명예직으로 규정하였으나, 2003년 7월 개정 지방자치법에서는 의원의 품위유지와 직무전념 등을 고려해서 '명예직'이라는 표현을 삭제하였다.

원래 '명예직'이란 사회에서 인정하는 이름으로만 있는 직책이기 때문에 형식적 직책에 불과하다. 실질적으로 근무할 의무도 없고 일을 하지 않기 때문에 보수도 지급되지 않는 직책이라고 할 것이다. 그런 의미에서 과거 지방의회의원을 직업공무원에 대한 개념으로 명예직으로 규정한 것은 잘못이 있고 '비전무직'으로 이해하는 것이 바람직하다.

(2) 전무직공무원과 비전무직공무원

공무원의 근무의무가 영속적인가의 여부에 따라 전무직공무원과 비전무직공무원으로 구별한다. 여기서 전무직공무원(專務職公務員)이란 국가나 지방자치단체에 대하여 비교적 영속적인 근무관계에 있는 공무원을 말하고, 비전무직공무원(非專務職公務員)이란 일시적인 근무의무를 지는 공무원을 말한다(이상규). 전무직공무원의 예로서 경력직공무원과 특수경력직공무원 등과 같은 직업공무원을 들 수 있고, 비전무직공무원의 예로서 비상임직공무원 등을 예로 들 수 있다.

제 2 절 공무원의 임명

I. 의 의

1. 개 념

공무원의 임명(任命)이란 공무원의 신분관계를 설정하는 행위를 말한다[협의의 개념]. 이러한 협의의 임명개념 이외에, 면직 등을 포함하는 광의의 임명개념은 각종 공무원법에서 임용(任用)이라는 용어로 사용되고 있다. 예컨대 경력직공무원의 임용에 관하여 다른 법령에 특별한 규정이 없으면 적용되는 공무원임용령의 제2조(정의) 제1호에 의하면, ""임용"이란 신규채용, 승진임용, 전직, 전보, 겸임, 파견, 강임, 휴직, 직위해제, 정직, 강등, 복직, 면직, 해임 및 파면을 말한다"고 개념정의하고 있다.

이러한 임명행위는 임명에 의하여 이미 공무원의 신분을 취득한 자에게 직위를 수여하는 단독적 행정처분인 보직행위(補職行爲)와 구별된다. 그리고 인사위원회의 임용동의는 임용권자의 임용을 위하여 필요한 내부적인 절차에 불과할 뿐이고 임용권자를 구속하여 임용권자로 하여금 임용의무를 부담케 하는 것은 아니다(대판 1998.01.23, 96누12641<전북대교수>).

2. 임명의 성질

(1) 성질에 관한 학설

(가) 절대적 단독행위설(일방적 행정행위설, 독립적 행정행위설)　　　절대적 단독행위설이라 공무원의 임명행위를 국가의 일방적 행정행위로 이해하는 입장이다. 이러한 입장은 개인의 직업선택권(헌법§15)이 있음에도 불구하고, 개인으로 하여금 공무원이라는 직업의 선택에 대한 자유를 인정하지 않고, 오직 공익성을 이유로 일방적으로 공무원을 임명하는 것이라고 본다.

(나) 동의가 상대적 요건인 쌍방적 행정행위설(동의를 전제로 하는 단독행위설)

동의를 전제로 하는 단독행위설이란 공무원의 임명행위는 국가의 일방적 행위로 보지만, 임명의 효력을 완전하게 발생시키기 위해서는 상대방의 동의가 있어야 한다는 입장이다. 이러한 입장에 의하면, 상대방 동의의 법적 성질을 임명행위를 유효하게 성립시키기 위한 상대적 요건으로 본다. 따라서 상대방의 동의가 없이 국가가 공무원을 임명한 행위에 대해서는 당연무효가 아니라 상대방이 임명행위의 위법을 이유로 취소를 청구할 수 있다고 본다.

(다) 동의가 절대적 요건인 쌍방적 행정행위설(쌍방적 행정행위설) 쌍방적 행정행위설은 공무원의 임명행위에 있어서 상대방이 행하는 동의의 법적 성질을 임명행위를 유효하게 성립시키기 위한 절대적 요건으로 이해하는 입장이다. 이러한 입장은 상대방의 동의가 없는 임명행위를 당연무효로 본다.

(라) 공법상 행정계약설 공법상 행정계약설은 공무원의 임명행위를 복수의 당사자 사이에 의사의 합치에 의하여 이뤄지는 행위로 이해하는 입장이다. 여기서 당사자의 의사합치는 국가가 일방적으로 결정한 바를 공무원이 될 자가 포괄적으로 받아들일지 여부를 결정하는 방법으로 이루어진다는 점에서 부합계약적 성질을 가진다.

(2) 판례의 입장

대법원 판례에 의하면 공무원의 임명행위에 대한 법적 성질에 관하여 공법상 계약설의 입장을 취한 경우도 있고 동의를 전제로 한 단독행위설의 입장을 취한 경우도 있다.

또한 대법원은 "공무원[전라북도지사]에 대한 임명 또는 해임행위는 임명권자의 의사표시를 내용으로 하는 하나의 행정처분으로 보아야 한다"(대판 1962.11.15, 62누165<전라북도지사>)고 판시한 경우도 있다. 그리고 공법상 계약설을 취한 경우로는 서울대공전술연구소의 연구위원채용(대판 1993.9.14, 92누4611)사건, 서울시립무용단원채용(대판 1995.12.22, 95누4636)사건, 공중보건의사채용(대판 1996.5.31, 95누10617)사건, 국방홍보원장채용(대판 2002.11.26, 2002두5948)사건 등을 들 수 있다.

그런데 창덕궁관리소장이 문화공보부장관의 훈령인 '비정규직원계약및근무등에관한규정'에 따라 1년 단위로 채용한 비원(秘苑)안내원에 대해 사법상의 계약관계에 해당한다고 보았다(대판 1995.10.13, 95다184; 대판 1996.1.23, 95다5899).

(3) 결 어(유형설)

유형설(類型說)은 공무원의 임명에 관한 법적 성질이 공무원의 종류와 성질에 있어서 차이가 있다고 본. 따라서 업무담당의 계속성, 임명조건, 징계절차, 보수체계, 담당하는 업무의 목적, 고용계약 내의 특별규정 등을 고려해서 결정하여야 할 것이다.

3. 재임용

(1) 개 념

기간을 정하여 임용된 공무원이 그 기간이 만료된 때 다시 임용되는 것을 재임용(再任用)이라 한다. 이러한 재임용제도는 교육관계법에 의하여 주로 대학교수 등의 임용에서 활용되고 있으나, 일반공무원의 경우에도 개방형공무원제도와 관련해서 계약임용제도가 활용되는 경우에 동일한 법적인 문제가 제기될 수 있다. 그동안 교수재임용제도가 현실적으로 종종 악용되었다는 점 등에 관해서 많은 비판이 있었으나, 우리 대법원은 합헌적 제도임을 선언하였다(대판 1989.6.27, 88누9640; 대판 1997.6.27, 96누4305; 대판 1997.12.23, 97다25477<부교수지위확인>). 그리고 헌법재판소는 "교수재임용제도가 교수의 연임이 보장되어 자동적으로 재임용되어 임기가 계속되도록 되어 있는 것이 아니며 임용권자가 당연히 재임용하여야만 하는 연임보장규정도 아니다"(헌재 1993.5.13, 91헌마190)라고 판시하였다.

(2) 성 질 - 재량성 -

대법원은 "소정의 임용기간이 만료됨으로써 대학교원으로서의 신분관계는 낭연히 종료되고, 재임용여부는 고도의 전문적인 학식과 교수능력 및 인격 등의 사정을 고려하여 합목적적으로 판단할 임용권자의 재량행위에 속한다"(대판 1989.6.27, 88누9640<부산대학교수>; 대판 1995.6.30, 95누928<한국수자원공사 촉탁>; 대판 1997.12.23, 97다25477<성균관대학교수>; 대판 1998.1.23, 96누12641<전북대교수>; 대판 2006.9.28, 2004두7818<강릉대교수>; 대판 2010.9.30, 2008다58794; 대판 2012.5.24, 2012두2399<부산대교수> 등)고 보았다.

이러한 재량권의 행사와 관련해서 대법원은 "임용권자의 대학교수 등으로의 임용거부가 사회통념상 현저히 타당성을 잃었다고 볼 만한 특별한 사정이 없는 이상 재량권을 남용하였다고 볼 수 없다"(대판 1998.1.23, 96누12641<전북대교수>)고 판시하였다. 요컨대 재임용의 거부가 사회통념상 현저히 타당성을 잃었다고 볼 만한 특별한 사정이 있는 경우에는 재량권의 남용이 될 수 있으나, 계약임용에 있어서 그 기간이 만료된 때에 재임용계약을 체결하지 못하면 재임용거부결정 등 특별한 절차를 거치지 않아도 당연퇴직된다.

(3) 재임용탈락통지

임용권자가 재임용하지 않기로 한다는 통지를 하는 경우가 있는데, 이러한 통지는 임기만료로 당연퇴직 되었음을 확인하고 알려주는 데 불과한 사실행위로서 행정소송의 대상이 되지 않는다고 보았다(대판 1987.6.9, 86다카2622; 대판 1995.1.20, 93다55425; 대판 1998.9.22, 98두10554<기간제임용탈락> 등).

그런데 최근 대법원 전원합의체는 "기간제로 임용되어 임용기간이 만료된 국·공립대학의 조교수는 교원으로서의 능력과 자질에 관하여 합리적인 기준에 의한 공정한 심사를 받아 위 기준에 부합되면 특별한 사정이 없는 한 재임용되리라는 기대를 가지고 재임용 여부에 관하여 합리적인 기준에 의한 공정한 심사를 요구할 법규상 또는 조리상 신청권을 가진다고 할 것이나, 임용권자가 임용기간이 만료된 조교수에 대하여 재임용을 거부하는 취지로 한 임용기간만료의 통지는 위와 같은 대학교원의 법률관계에 영향을 주는 것으로서 행정소송의 대상이 되는 처분에 해당한다"(대판 2004.4.22, 2000두7735 전원합의체<서울대미대조교수>)고 판시하였다.

[판 례] 대판 2010.9.30, 2007다47841〈교수재임용절차이행등〉: 대학교원 기간임용제로 임용되어 임용기간이 만료된 사립대학 교원으로서는 교원으로서의 능력과 자질에 관하여 합리적인 기준에 의한 공정한 심사를 받아 위 기준에 부합되면 특별한 사정이 없는 한 재임용되리라는 기대를 가지고 재임용 여부에 관하여 합리적인 기준에 의한 공정한 심사를 요구할 권리를 가진다고 할 것이고, 임면권자가 임용기간이 만료된 사립대학 교원에 대하여 한 재임용을 거부하는 결정 및 통지는 그 대학교원의 권리관계에 영향을 주는 것으로서 임면권자와 사이에 재임용거부결정 및 통지의 효력 여부에 관하여 다툼이 있는 이상 그 대학교원은 민사소송으로 그 거부결정 및 통지의 무효 확인을 구할 소의 이익이 있으며(대판 2006.3.9, 2003다52647; 대판 2008.2.1, 2007다9009 등 참조), 개정 사립학교법 시행일 이전에 재임용이 거부되어 구제특별법에 따른 행정적 구제절차에서 동일한 재임용거부결정에 대하여 특별위원회의 재심사절차를 거쳤다고 하더라도 마찬가지라 할 것이다(대판 2006.3.9, 2003다52647 참조).

II. 임명의 당사자에 관한 요건

▣ 임명권자에 관한 요건 ▣

공무원의 임명은 성질상 행정권의 일부이기 때문에, 행정권의 귀속주체인 국가의 정부에 속하는 것이 원칙이다(헌법66④). 따라서 대통령은 정부수반으로서 헌법과 법률이 정하는 바에 따라 공무원을 임명하게 된다(헌법78). 그러나 이러한 대통령의 임명권은 각 공무원법의 규정에 의하여 하급기관에 위임될 수 있기 때문에, 공무원의 임명권은 공무원의 종류와 계급에 따라 다르다.

5급 이상의 국가공무원은 소속 장관의 제청으로 안정행정부장관의 협의를 거쳐 국무총리를 경유하여 대통령이 임용하고, 그 밖의 공무원은 소속 장관이 임용권을 가진다(국가공무원법32①·②). 임용권을 가지는 소속 장관의 경우도 소속 기관장에게 임용권의 일부를 대통령령이 정하는 바에 의하여 위임할 수 있다(국가공무원법32③, 공무원임용령5). 일반직 지방공무원의 경우에는 지방자치단체의 장이 임용권을 가지되 그 일부를 소속 기관장에게 위임할 수 있다(지방공무원법6).

[물 음] 국가정보원장 명의에 의한 의원면직의 위법여부(대판 2007.7.26, 2005두15748 〈면직처분무효확인(국가정보원직원면직)〉

국가정보원(X)은 직제개편을 이유로 소속 공무원들(A)에 대하여 종전 지위를 해임하고 보직 없이 총무국 소속으로 근무하게 하였다. 그 후 국가정보원은 소속 공무원들로부터 명예퇴직이나 의원면직의 신청을 받는 방법으로 자진사직을 유도하였다. 이에 따라 소속 공무원들(A)은 국가정보원장에게 사직원을 제출하였고 사직서를 제출받은 국가정보원장은 이들에 대하여 명예퇴직 또는 의원면직시키는 내용의 인사발령안을 작성하여 대통령으로부터 결재를 받아 명예퇴직 또는 의원면직시킨다는 내용을 담은 국가정보원장의 명의로 된 인사명령을 작성·공고하였다. 그런데 국가정보원직원법에서 국가정보원의 5급 이상 직원은 국가정보원장의 제청에 의해 대통령이 임면하도록 규정하고 있으므로, 국가정보원장이 단독으로 2급 또는 3급 직원들을 의원면직할 수 없다. 이에 소속 공무원들(A)은 국가정보원장이 소속 공무원들(A)로부터 사직원을 수리한 다음 이들을 명예퇴직 또는 의원면직하는 의사결정 및 의원면직 통보를 한 것은 "권한 없는 자에 의하여 행하여진 처분으로서 당연무효"라고 주장한다. 이러한 소속 공무원들(A)의 주장은 적법·타당한가?.

- 행정청의 권한에는 사무의 성질 및 내용에 따르는 제약이 있고, 지역적·대인적으로 한계가 있으므로 이러한 권한의 범위를 넘어서는 권한유월의 행위는 무권한 행위로서 원칙적으로 무효라고 할 것이다(대판 1996.6.28, 96누4374).
- 그러나 행정청의 공무원에 대한 의원면직처분은 공무원의 사직의사를 수리하는 소극적 행정행위에 불과하다 할 것이어서 이와 같이 다룰 수 없다 할 것이다. 또한 의원면직처분은 당해 공무원의 사직의사를 확인하는 확인적 행정행위의 성격이 강하며 재량의 여지가 거의 없기 때문에 다른 일반적인 행정행위에서의 권한유월과 반드시 같이 보아야 할 것은 아니다.
- 5급 이상의 국가정보원직원에 대한 의원면직처분은 임면권자인 대통령이 아닌 국가정보원장에 의해 행해진 것으로 위법하다. 또한 국가정보원직원의 명예퇴직원 내지 사직서 제출이 직위해제 후 1년여에 걸친 국가정보원장 측의 종용에 의한 것이었다는 사정도 인정된다. 그러나 이를 감안하더라도 그러한 하자가 중대한 것이라고 볼 수는 없으므로, 대통령의 내부결재가 있었는지에 관계없이 처음부터 당연무효는 아니다.

1. 피임명자의 결격사유
(소극적요건·형식적 요건·절대적 요건·능력요건)

(1) 의 의

피임명자의 결격사유(缺格事由)란 공무원이 될 수 있는 형식적 요건을 말하며, 일정한 결격사유에 해당하는 자는 공무원이 될 수 없다. 이와 같이 결격사유가 있는 자를 공무집행에서 배제하는 이유는 국가의 공무 일반에 대한 국민의 신뢰를 확보하려는 목적이 있다(대판 1997.7.8, 96누4275). 이러한 임용결격사유가 있는지 여부는 채용후보자명부에 등록한 때가 아닌 임용당시에 시행된 법률을 기준으로 판단하여야 한다(대판 1987.4.14, 86누459; 대판 1996.2.27, 95누9617). 그리고 정규공무원의 임용행위는 시보임용행위와는 별도의 임용행위이므로 그 요건과 효력은 개별적으로 판단하여야 한다(대판 2005.7.28, 2003두469<지방소방사시보>).

(2) 공무원법의 결격사유

국가공무원법(33)과 지방공무원법(31)에 의하면, 다음의 사항들 중 어느 하나에 해당하는 자는 공무원으로 임용될 수 없다고 규정하고 있다 : 1) 금치산자 또는 한정치산자, 2) 파산선고를 받은 자로서 복권되지 아니한 자, 3) 금고이상의 실형을 받고 그 집행이 종료되거나 집행을 받지 아니하기로 확정된 후 5년을 지나지 아니한 자, 4) 금고 이상의 형을 받고 집행유예 기간이 끝난 날로부터 2년을 지나지 아니한 자, 5) 금고 이상의 형의 선고유예를 받은 경우에 그 선고유예기간 중에 있는 자, 6) 법원의 판결 또는 법률에 의해 자격이 상실되거나 정지된 자, 7) 공무원으로 재직기간 중 직무와 관련하여 형법 제355조[횡령·배임] 및 제356조[업무상의 횡령과 배임]에 규정된 죄를 범한 자로서 300만원 이상의 벌금형을 선고받고 그 형이 확정된 후 2년이 지나지 아니한 자, 8) 징계로 파면처분을 받은 때부터 5년이 지나지 아니한 자, 9) 징계로 해임처분을 받은 때부터 3년이 지나지 아니한 자 등을 규정하고 있다.

그리고 국가공무원법(26의3)에 의하면, "국가기관의 장은 국가안보 및 보안·기밀에 관계되는 분야를 제외하고 대통령령이 정하는 바에 따라 외국인을 공무원으로 임용할 수 있다"고 규정하고 있다. 그러나 외무공무원의 결격사유(능력요건)는 일반 공무원보다 가중하여 대한민국 국적을 가지지 아니한 자는 외무공무원이 될 수 없다고 규정하고 있다(외무공무원법9②ii).

2. 피임명자의 성적요건
(적극적요건·실질적요건·상대적요건·자격요건)

피임명자의 성적요건(成績要件)이란 공무원이 되기 위한 실질적 요건을 말한다. 따라서 공무원으로 임용되기 위해서는 소극적으로 결격사유에 해당하지 않아야 할 뿐만 아니라, 적극적으로 일정한 성적요건을 갖추어야 한다. 이러한 성적요건을 공무원의 임용에 필요로 하는 이유는 정실임명을 배제하고 인재본위로 공무원을 임용하기 위한 것으로, 시험성적·근무성적 기타 능력의 실증에 의한다.

공무원의 임용에 있어서 공무원이 어떠한 자격을 가져야 하는가는 공무원의 종류에 따라 다르다. 공무원법에 의한 공무원의 성적요건은 신규채용의 경우에 있어서 채용시험에 의하여 인정되는 것이 원칙이다. 채용시험은 공개채용시험이 원칙이며, 예외적으로 특별채용시험(퇴직공무원의 재임용 등의 경우)에 의하게 된다.

성적요건의 흠은 취소사유에 해당하기 때문에, 성적요건을 결한 자의 공무원임명은 취소에 의해서 무효가 된다.

3. 결격사유 있는 임명의 효과

(1) 임명의 당연무효

(가) 임용당시의 결격사유   결격사유가 있는 자의 공무원임명은 처음부터 당연무효이다. 그러나 공무원으로 임용함에 있어서 그 급여호봉확정에 관하여 유사경력 환산의 착오가 있는 경우에 임용 및 호봉확정행위는 당연무효가 아니라 취소사유에 불과하다(대판 1983.11.22, 82누390).

공무원임용의 결격사유가 있는지의 여부는 그 임용당시에 시행되던 법률을 기준으로 하여 판단할 것이며, 임명당시 임명권자의 과실로 인하여 결격사유를 알지 못했다 하더라도 당연무효가 된다(대판 1987.4.14, 86누459<청송교도관>; 대판 1996.2.27, 95누9617; 대판 1996.4.12, 95누18857;대판 1998.1.23, 97누16985; 대판 2005.7.28, 2003두469). 또한 임용당시 결격자였다는 사실이 밝혀졌지만 일반사면령 등의 공포로 현재 결격사유에 해당하지 아니한다는 이유로 당연퇴직을 시키지 않고 계속 근무해도 묵시적 임용 내지 무효행위를 추인하였다거나 새로운 임용을 한 것으로 볼 수 없다(대판 1996.2.27, 95누9617<경찰공무원사면>).

(나) 재직당시의 결격사유   임용당시에는 결격사유가 존재하지 않았지만 재직 중에도 이러한 결격사유에 해당하게 되면 당연퇴직사유가 된다. 다만 이러한 경우에는 임용행위가 처음부터 당연무효가 아니라 장래에 향하여 그 임용행위의 효력이 소멸한다고 보고 당연퇴직하도록 하고 있다.

그런데 결격사유가 있는 공무원이 임용된 이후에 근무경력을 바탕으로 <u>신규임용</u>에 해당하는 특별임용을 한 경우는 특별임용 당시에 결격사유가 없었다면 당해 특별임용은 당초 임용과의 관계에서는 취소사유가 될 수 있으나 당연무효가 아니다(대판 1998.10.23, 98두12932<지방사무보조원>). 조교수로 임용한 자를 동일한 대학에서 부교수로 임용하는 행위는 조교수 임용행위에 기한 단순한 승진임용 발령행위가 아니라 직명이 부교수라는 교원에 임용하는 새로운 신분관계의 설정행위이므로, 부교수 임용의 결격사유는 부교수 임용당시를 기준으로 판단하여야 한다(대판 1993.9.10, 93누487; 대판 1996.7.30, 95다11689; 대판 1997.12.23, 97다25477<부교수지위확인> 등 참조).

정규공무원으로 임용된 사람에게 <u>시보임용 당시 공무원의 임용결격사유</u>가 있어서 시보임용처분이 당연무효가 되었음을 이유로 이러한 결격사유가 해소된 후에도 정규임용처분을 취소할 수 있다. 그런데 이러한 정규임용처분을 취소함에 있어서 사전통지를 하거나 의견제출의 기회를 부여하지 않은 것은 위법하다(대판 2009.1.30, 2008두16155<정규임용취소(옥천교육청)>).

(다) 결격사유의 헌법심판대상성 임용결격자에 대한 임용행위가 당연무효인지 여부, 사실상 공무원으로서 근무하였다면 임용의 하자가 치유되어 적법한 공무원으로서의 신분을 취득하는지 여부 등은 일반법규의 해석과 적용의 문제로서 원칙적으로 헌법재판소의 심판대상이라고 할 수 없다(헌재 1997.11.27, 95헌바14·96헌바63·85).

⑵ 임용결격자가 한 직무행위의 효력 – 사실상 공무원이론 –

임용요건을 결한 자가 행한 행위는 무효·취소의 법리에 따르면 주체에 관한 흠이 있기 때문에 행정행위로서의 효력을 인정할 수 없을 것이다. 그러나 공무원의 선임행위의 유효여부는 불명료한 경우가 많으며, 또한 상대방에게는 정당한 권한을 가진 것으로 믿을 만한 상당한 이유가 있을 수 있다. 이러한 경우에는 <u>신뢰보호와 법적 안정성</u>을 위하여 원칙적으로 임용요건을 결한 자가 행한 행위의 효력을 유효한 것으로 보게 된다. 이러한 논의를 뒷받침하는 것이 바로 '사실상 공무원이론'[5]이다.

⑶ 임용결격자에 대한 공무원연금청구

공무원연금법에 의한 퇴직금은 적법한 공무원으로서의 신분을 취득하여 근무하다가 퇴직하는 경우에 지급되는 것이다. 따라서 임용결격자가 공무원으로 임명되

---

[5] 사실상 공무원이론을 하자치유의 한 경우로 보는 견해(김동희)가 있으나, 당연무효인 행정행위의 경우에는 하자의 치유가 인정될 수 없다는 점에서 문제가 있는 견해이다.

어 사실상 근무하여 온 경우에도 당초의 임용이 당연무효인 이상 적법한 공무원으로서의 신분을 취득한 것이라고 볼 수 없으므로 공무원연금법에 의한 퇴직금청구도 할 수 없다는 것이 대법원의 입장이다(대판 1987.4.14, 86누459; 대판 1995.10.12, 95누5905; 대판 1996.7.12, 96누3333; 대판 1998.1.23, 97누16985; 대판 2003.5.16, 2001다61012). 또한 당연퇴직사유에 해당되어 공무원으로서의 신분을 상실한 자가 그 이후 사실상 공무원으로 계속 근무하여 왔다고 하더라도 당연퇴직 후의 사실상의 근무기간은 공무원연금법상의 재직기간에 합산될 수 없다(대판 2002.7.26, 2001두205; 대판 2003.5.16, 2001다61012<한국전기통신공사>).

그러나 공무원연금법에 의한 퇴직급여가 후불임금으로서의 성격뿐만 아니라 사회보장 혹은 공로보상적 급여로서의 성격을 아울러 갖는다는 점을 고려할 때(헌재 1995.7.21, 94헌바27), 임명결격자에 대하여 퇴직급여를 전적으로 부정하는 것은 타당하지 않다. 따라서 당사자가 납부한 50%의 기여금(갹출금) 상당은 부당이득반환청구의 법리에 따라 해결되어야 할 것이다.

(4) 임용결격자의 보수

임용요건을 결한 자에 대해서 이미 지급한 봉급·기타 급여는 무효·취소이론에 의하면 법률상 원인 없이 지급한 것이 된다. 따라서 사실상 공무원은 행정상 부당이득을 얻게 된다고 할 것이다. 그런데 사실상 공무원은 자신의 임명이 무효 또는 취소될 때까지 사실상 일정한 근무를 제공하기 때문에, 이미 지급된 봉급 등을 반환하게 되면 근무제공에 관해서 국가는 또 다른 부당이득을 취한 것이 된다. 따라서 서로 간에 상계(相計)의 법리에 따라 해결하여야 할 것이다.

당연퇴직사유 발생 이후 사실상 공무원으로서 근무한 기간은 적법한 공무원 경력으로 인정될 수 없으므로 호봉확정시행권자로서는 이 부분을 배제하고 발령일자를 기준으로 소급하여 호봉을 정정할 수 있다(대판 2002.7.26, 2001두205<퇴직급여지급처분취소>).

[물음] 공무원 임용자격이 문제되는 것은 임용결격자가 임명된 경우와 적법하게 임명된 후 임용결격사유가 발생한 경우가 있다. 그런데 이러한 사유를 임면권자가 간과하고 해당 공무원이 계속하여 근무하며, 매월 기여금 명목으로 소정 액수를 적립하여 온 경우가 많았다. 임면권자 등은 언제든지 전과조회를 통하여 임용결격해당 여부를 심사할 수 있음에도 이를 하지 아니한 채 재직 중 예상퇴직금을 매년 통보하여 왔다. 그런데 갑자기 퇴직급여 신청시 비로소 전과조회를 하여 결격자라는 이유로 퇴직급여를 지급하지 않을 수 있는가?

- 결격자가 임용되거나, 재직 중 결격사유가 발생하였음에도 이를 간과하게 되는 이유는 여러 가지가 있을 수 있다. 당해 공무원이 고의적으로 은폐한 경우도 있을 수 있고, 법률지식이 없어 집행유예의 판결의 효과를 알지 못하여 신고하지 아니한 경우도 있을 것이다. 국가의 정보관리체제상에 전과내용이 해당 부처에 자동적으로 통보되고 이에 의하여 신분을 정리할 수 있었어야 하는데 그러하지 못한 데에는 정부의 책임도 있다고 본다.
- 국가의 전산망이 최근에야 정비되어 비로소 전체적인 정보자료가 입력되었고, IMF 사태로 인한 구조조정을 위하여 전 공무원에 대한 전과조회가 이루어지면서 한꺼번에 2000여 명의 공직을 박탈하게 되었다.
- 경위야 어찌되었건 당사자들로서는 20~30여 년간 평온하게 근무하여 온 이상 새삼스럽게 과거의 일로 불이익한 처분을 받게 된 것을 승복하기 어려웠고, 정부당국에서도 그 점을 이해하여 입법(임용결격공무원등에대한퇴직보상금지급등에관한특례법 법률 제6008호 1998.8.31)을 통해 구제하게 된 것이다.
- 그러나 법조인들로서는 당사자나 정부당국 모두 그 결과가 적절치 않다고 느끼는 일에 대하여 법률적인 이론만 앞세워 구제가 불가능하다고만 하고 그 이론적인 해결방법을 제시하지 못한 점에 대해서는 아쉬움이 남는다는 지적(윤형한)이 있다.

III. 임명의 절차·형식 및 발효

1. 임명의 절차·형식

(1) 채용후보자명부의 등록

공개경쟁시험에 합격한 자는 채용후보자명부에 등록하여야 하며, 등록하지 아니한 때에는 임명될 의사가 없는 것으로 간주된다. 시험실시기관장(안전행정부장관, 지방자치단체장 등)은 채용시험합격자를 채용후보자명부에 등재하여야 하며, 임용권자는 이 명부에 의해 임용함을 원칙으로 하고 있다(국가공무원법39, 지방공무원법36). 채용후보자명부의 유효기간은 5급 이상은 5년이고, 그 밖의 경우에는 2년의 범위 내에서 정하되 필요에 따라 1년의 범위에서 더 연장할 수 있다(국가공무원법38·39, 지방공무원법36).

(2) 채용후보자의 추천

시험실시기관의 장은 채용후보자명부에 등재된 채용후보자를 대통령령 등이 정하는 바에 따라 임명권 또는 임명제청권을 가지는 기관에 추천하되, 우선 임명을 위하여 필요하면 안전행정부장관이 채용후보자를 근무기관을 지정하여 임용 또는 임용제청할 수 있다(국가공무원법39①).

(3) 시보임명

공무원에 임명된 자는 5급 공무원의 경우는 1년, 6급 이하 및 기능직 공무원의 경우는 6월의 기간동안 시보로 임명된다. 시보기간 중에 근무성적이 양호한 경우에 정규공무원으로 임용된다. 따라서 시보임용기간 중의 공무원이 근무성적 또는 교육훈련성적이 불량한 때에는 면직시키거나 면직을 제청할 수 있다(국가공무원법29③, 공무원임용령23, 지방공무법28, 지방공무원임용령 제3장 제3절). 그리고 시보기간 중 공무원은 신분보장을 받지 못하지만(국가공무원법29, 지방공무원법28), 공무원의 신분보장에 준하는 것으로 보아야 할 것이다.

(4) 임명장

공무원의 임명은 임명장(임용장·사령장)의 교부에 의해 이루어지는 것이 원칙이다. 그런데 임명행위는 요식행위가 아니기 때문에 임명장의 교부는 임명의 유효요건이 아니고 임명행위를 형식적으로 표시·증명하는 선언적·공증적 효력밖에 없다.

[물음] 임용후보자명부 유효기간 만료로 인한 임용거부처분의 위법여부(광주지법 2013.01.31. 2012구합3927(확정))

국가경제위기에 따른 공무원의 정원감축, 신정부출범기의 조직개편지연, 지방자치단체의 재정악화 등을 이유로 공개경쟁채용시험에 합격을 하고도 일정기간 공무원으로 임용을 받지 못하는 경우가 있다. A는 2009년 강진군 학예연구 직렬에 공무원채용시험에 응시하여 최종합격한 뒤 임용후보자명부에 등재되었으나, 2년간 임용을 받지 못하고 있던 중 2012.08.13. 강진군[X]이 '합격 유효기간만류'를 이유로 임용거부처분을 하였다. 이와 같이 채용후부자명부의 유효기간이 도과한 경우에 해당 '공무원으로 임용될 수 있는 지위'가 상실되었다고 볼 수 있는가?

참조법령 지방공무원법

제36조(신규임용후보자 명부) ① 지방자치단체의 장은 해당 지방자치단체의 인사위원회에서 실시한 신규임용시험에 합격한 사람을 대통령령으로 정하는 바에 따라 신규임용후보자 명부에 등재(登載)하여야 한다.
② ~ ③ <생략>
④ 5급 공무원 공개경쟁임용시험에 합격한 사람의 임용후보자 명부의 유효기간은 5년으로 하고, 그 밖의 신규임용후보자 명부의 유효기간은 2년의 범위에서

대통령령으로 정한다. 다만, 시험실시기관의 장은 필요하면 1년의 범위에서 그 기간을 연장할 수 있다.

⑤ 공개경쟁임용시험 합격자가 임용후보자등록을 마친 후 그 명부의 유효기간 내에 「병역법」에 따른 병역복무를 위하여 군에 입대한 경우(대학생 군사훈련과 정이수자를 포함한다)의 의무복무기간과 대통령령으로 정하는 사유로 임용되지 못한 기간은 제4항의 기간에 포함하지 아니한다.

⑥ 제4항 단서에 따라 신규임용후보자 명부의 유효기간을 연장하는 경우에는 지방자치단체의 장은 지체 없이 이를 공고하여야 한다.

⑦ 신규임용후보자 명부에 등재되어 실무수습 중인 사람은 그 직무상 행위를 하거나 「형법」이나 그 밖의 법률에 따른 벌칙을 적용할 때 공무원으로 본다.

- 지방공무원법 제36조 제4항이 정하는 유효기간은 합격자가 임용권자에게 유효하게 임용의사를 표시할 수 있는 기한이고, 임용권자에게는 임용 여부에 관한 결정을 유보할 수 있는 최종 시한으로 해석해야 한다. 따라서 A가 임용후보자 명부에 등록 원서를 제출한 것으로 강진군에 임용신청의 의사표시를 한 이상 명부의 유효기간이 도과했다는 사실만으로 A가 해당 직렬에 공무원으로 임용될 수 있는 지위가 상실된다고 볼 수 없다.

- 또한 유효기간이 지났다는 사실만으로 임용후보자의 지위가 종국적으로 상실된다고 본다면, 임용권자가 고의로 임용을 게을리하여 기간이 지난 경우에 권리구제 방법이 없다.

- 결론적으로 임용 여부에 관해 아무런 결정 없이 기간이 지났더라도 임용권자는 임용후보자에게 여전히 임용 여부를 결정하여 알려줄 의무가 있다.

2. 임명의 발효

(1) 임명장에 적힌 날짜

공무원은 원칙적으로 임명장이나 임용통지서에 적힌 날짜에 임명된 것으로 보고, 사망으로 인한 면직은 사망한 다음날에 면직된 것으로 본다(공무원임용령6①). 정실인사의 방지와 법적 안정성 등을 위하여 임용일자를 소급하여서는 안 되지만, 예외적인 경우가 있다. 첫째, 재직 중 공적이 특히 현저한 자가 공무로 사망한 때에는 그 사망 전날을 임용일자로 하여 추서(追敍)할 수 있다(공무원임용령7i). 여기서 '추서'란 사망한 사람을 사망 당시의 직급보다 상위의 직급 또는 고위공무원단 직위로 임용하는 것을 말한다(공무원임용령2iv). 둘째, 직무복귀가 불가능하거나 직무를 감당할 수 없어서 직권면직하는 때에는 휴직기간의 만료일 또는 휴직사유의 소멸일을 임용일자로 하여 면직하게 할 수 있다(공무원임용령7ii).

(2) 임명장의 도달

그리고 임명장 또는 임명통지서는 임명일자까지 임명될 자에게 도달할 수 있도록 하여야 한다고 규정하고 있기 때문에(공무원임용령6②), 임명의 효력은 적어도 임명의 의사표시가 상대방에게 도달되었을 때 발생한다고 할 것이다(대판 1962.11.8, 62누163; 대판 1962.11.15, 62누165). 그러나 임명장이 임명일 이후에 도달한 경우에는 임용장에 기재된 일자에 소급하여 효력이 발생한다고 보아야 할 것이다.

사 례 공무원임용결격사유(청송교도관)사건

A는 1992년 전남 광주지구 교정직 9급 공개채용시험에 합격하여 같은 해 8.17 공무원 채용후보자등록을 마치고, 1993.8.1. 전남교도소 교도보로 임명되었다. A는 2004.8.16 교사로 승진하여 청송교도소 보안과 공무원으로 재직하여 왔다. 그런데 임용권자인 X행정청은 A가 1990.3.5. 광주지방법원 항소부에서 반공법위반으로 징역 8월에 집행유예 2년 및 자격정지 1년을 선고받고 같은 해 3.13. 확정된 사실을 2004. 8.에 비로소 알게 됨에 따라 A를 퇴직시키는 인사발령을 하였다.

(1) X행정청이 A를 퇴직시키는 인사발령의 법적 성질은 무엇인가?

(2) A가 퇴직인사발령이 있기 전에 행한 직무행위의 효력은 유효한가?

(3) A가 공무원으로 재직하는 동안 받은 봉급·기타급여는 부당이득으로 반환하여야 하는가?

(4) 임명권자의 과실로 임명 당시에 결격사유를 알지 못하여 결격사유가 있는 자를 공무원으로 임용한 경우에 그 과실의 책임을 물을 수 있을 것인가?

(5) 결격사유가 있는 A에 대한 퇴직발령의 위법성을 신뢰보호원칙위반 내지 실권의 법리를 이유로 다툴 수 있는가?

(6) A의 결격사유에 대한 하자의 치유 등이 인정될 수 있는가?

풀이해설 [공무원의 임용결격사유], [퇴직인사발령], [공무원의 권익구제수단(소청·행정소송 등)], [흠의 치유], [신뢰보호원칙]

공무원의 결격사유가 있는 임명의 효력과 관련된 여러 가지 쟁점들을 묻고 있다. 먼저 퇴직발령의 법적 성질이 무엇인지를 밝혀야 한다. 그리고 소수설에서 주장되는 결격사유에 대한 치유·전환 그리고 퇴직말령에 내한 신뢰보호원칙의 적용여부 등에 내해서도 논점으로 묻고 있다. 공무원의 결격사유를 사례의 경우와 같이 '집행유예기간의 경과'가 아니라 '선고유예기간중'에 있는 경우에는 헌법재판소의 결정(헌재 2002.8.29, 2001헌마788·2002헌마173)과 개정된 현행 국가공무원법을 주의해야 한다. 즉 헌법재판소는 "금고 이상의 형의 선고유예를 받은 경우에는 공무원직에서 당연히 퇴직하는 것으로 규정하고 있는 것은 최소침해성의 원칙에 반하고 헌법 제25조의 공무담임권을 침해하였다"고 결정하였다. 그리고 임명 당시 임명권자의 과실로 인하여 결격사유를 알지 못했다 하더라도 당연무효가 된다(대판 2005.7.28, 2003두469 등).

Ⅰ. 서 론 -문제의 제기-

Ⅱ. 임용결격자(A)에 대한 퇴직인사발령의 법적 성질

1. 퇴직인사발령의 개념
2. 퇴직인사발령의 성질
III. 임용결격자(A)에 대한 퇴직인사발령의 효과
1. 결격사유 있는 임명과 효력
2. 임용결격자(A)가 행한 직무행위의 효력
3. 임용결격자(A)에 대한 보수와 연금청구
IV. 임용결격자(A)에 대한 퇴직인사발령의 적법성여부
1. 적법성판단의 기준
2. 임명권자의 과실유무
3. 신뢰보호원칙의 인정여부
4. 흠의 치유가능성
V. 결 론 -문제의 해결-
  · A에 대한 X행정청의 퇴직인사발령은 국가공무원법 제33조 제4호에 해당하는 공무원임용결격사유에 해당함을 상대방에게 알려주는 관념의 표시(사실의 통지)에 지나지 않는다. 따라서 A는 비록 임용되긴 했지만 처음부터 공무원이 아니라고 할 것이다.
  · 그런데 A가 사실상 공무원으로 재직하는 동안 행한 행위의 효력은 신뢰보호와 법적 안정성을 위하여 모두 유효한 행위로 본다. 그리고 사실상 공무원으로서 A가 받은 보수 등은 부당이득반환청구의 대상이 되지 않으며, A는 사실상 근무하여 왔다고 하더라도 적법한 공무원의 신분이 아니기 때문에 공무원연금법 소정의 퇴직급여 등을 신청할 수 없다.
  · 임명 당시 임명권자의 과실로 인하여 결격사유를 알지 못했다 하더라도 당연무효가 된다.
  · 퇴직인사발령에 대해서 신뢰보호원칙을 적용할 수 없고 또 퇴직인사발령은 처음부터 당연무효이기 때문에 실권 또는 실효의 법리도 인정될 수 없다. 그리고 A에 대한 임명행위는 처음부터 당연무효에 해당하기 때문에 통설적 입장에 의하면, 흠의 치유를 인정할 수 없다.

참조조문 | **국가공무원법**

제33조(결격사유) ① 다음 각호의 1에 해당하는 자는 공무원이 될 수 없다.
  1.-3.<생략>
  4. 금고 이상의 형을 받고 그 집행유예기간이 완료된 날로부터 2년이 경과하지 아니한 자
제69조(당연퇴직) 공무원이 제33조 각호의 1에 해당할 때에는 당연히 퇴직한다.

제 3 절 공무원의 법적 지위

I. 의 의

1. 개 념

공무원의 법적 지위(法的地位)란 공무원이 가지는 신분관계에 있어서 법적인 권리와 의무 및 책임을 말한다. 이러한 공무원의 법적 지위는 공무수행과 사생활의 분리라는 특징이 있다.

공무원의 법적 지위는 공무원의 신분관계를 전제로 논의되는 문제이기 때문에, 공무원의 법적 지위는 공무원 신분관계의 법적 성질을 어떻게 이해하느냐와 불가분의 관계에 있다.

2. 공무원 신분관계의 법적 성질에 관한 학설

(1) 전통적 특별권력관계설

특별권력관계설(特別權力關係說)이란 공무원관계를 전통적 특별권력관계의 성질을 가지는 것으로 보는 견해로서 종래의 통설적 입장이다. 이러한 입장에 의하면, 공무원의 근무관계는 법치주의와 관계없이 개별적인 법적 근거 없이도 포괄적인 지배권에 의하여 규율되고, 기본적 인권의 제한을 받으며, 공무원관계에서의 행위는 원칙적으로 사법심사의 대상이 되지 않는다고 보았다.

(2) 공법상 근무고용관계설

공법상 근무고용관계설(公法上勤務雇傭關係說)이란 공무원관계를 주로 기능적 측면에서 인식함으로써 하나의 근무고용관계로 파악하는 입장을 말한다. 따라서 공무원의 근무고용관계는 공무에 종사하는 것을 내용으로 하는 것이라는 점에서 일반 사법상 고용관계와 달리 공법적 현상으로 보는 것이다. 공법상 근무고용관계설에 의한 공무원관계는 근로의 제공과 그에 대한 반대급부의 지급을 내용으로 공법상의 법률관계라고 본다.

(3) 사법상 고용계약관계설

사법상 고용계약관계설(私法上雇傭契約關係說)은 공무원관계를 근본적으로 사적 근무관계와 다를 것이 없으며, 본질적으로 비권력적인 고용계약관계에 속한다고 보는 입장이다. 그런데 이러한 입장에서도 공무원관계를 사법상 고용계약관계와 꼭 같이 보는 것이 아니라 법률이 규정하는 범위 내에서 특수성을 인정하는 견해가 있다.

(4) 판례의 입장

대법원은 공무원의 법적 지위가 "계약에 기인한 것이라 할지라도 사법상 고용관계와는 동일시할 수 없는 것이다"(대판 1952.9.23, 4285행상3)라고 보았고, "지방소방공무원의 근무관계는 공법상의 근무관계에 해당하고"(대판 2013.03.23, 2012다102629), 지방자치단체와 지방공무원 간의 공법상의 근무관계에 대하여 사인 간의 근로관계에서의 해고에 관한 근로기준법을 그대로 적용하거나 유추적용하는 것은 지방공무원의 근무관계의 성질에 반하는 것이어서 허용될 수 없다(대판 2002.11.8, 2001두3051; 대판 2005.4.15, 2004두14915<직권면직처분>)고 판시하였다. 그리고 헌법재판소도 "사인간의 근로계약과 공무원의 직무관계는 본질적으로 동일하다고 단언하기 어렵다"(헌재 2005.9.29, 2003헌바52)고 판시하였다.

따라서 대법원은 [청원경찰파면처분취소](대판 1993.7.13, 92다47564)사건에서 국가나 지방자치단체에 근무하는 청원경찰의 근무관계를 사법상의 고용계약관계로 보기는 어렵고 청원경찰에 대한 징계처분의 시정을 구하는 소는 행정소송의 대상이지 민사소송의 대상이 아니라고 판단하였다. 그리고 [공립유치원전임강사](대판 1991.5.10, 90다10766)사건에서 공립유치원 전임강사의 근무관계는 "사법상의 고용계약관계로 보기는 어렵고 교육공무원에 준하여 신분보장을 받는 정원 이외의 임시직 공무원의 성격으로 파악함이 상당하다. 따라서 이 사건 해임처분의 시정과 아울러 수령이 지체된 보수의 지급을 구하는 소송을 민사소송이 아니고 행정소송의 대상으로 보아야 한다"고 판시하였다.

(5) 결 어(공법상 근무고용관계설)

특별권력관계의 뜻이 이제 더 이상 포괄적인 지배권과 기본적 인권의 제한 그리고 사법심사대상의 제외로 표현될 수 없는 점을 생각하면, 공무원신분관계의 법적 성질로서 타당하지 않다. 그리고 고용계약관계설의 내용을 엄밀히 분석해 보면 순 사법적 성질을 나타낸 것이 아니다. 따라서 공무원의 신분관계는 특수성이 인정된다는 점에서 특별신분관계라고 할 것이기 때문에 공법상 근무고용관계설이 타당하다고 할 것이다.

II. 공무원의 권리

1. 공무원의 권리와 기본권의 제한

공무원은 공무원이라는 신분 이외에 한 사람의 국민(國民), 한 사람의 근로자(勤勞者)로서의 신분을 가지고 있기 때문에 여러 가지 권리를 향유한다. 그러나 공무원의 신분으로 인하여 공무원의 기본권행사에 있어서 여러 가지 제약을 인정할 수 있으나 반드시 법률의 근거 아래 행해져야 하고 그 내용도 필요한 최소한도에 그쳐야 한다.

따라서 공무원의 근무와 관련하여 공무원관계의 존립을 위해 불가피한 제약은 그 합리성이 인정되는 한 긍정할 수 있다. 이러한 점에서 우리나라 헌법(33②)은 공무원인 근로자의 경우에 "법률이 정하는 자에 한하여 단결권·단체교섭권·단체행동권을 가진다"라고 규정하고 있다.

[**판 례**] 헌재 2004.11.25, 2002헌바8〈직제폐지직권면직(지방공무원법 제62조 제1항 제3호)〉
: 헌법 제25조는 "모든 국민은 법률이 정하는 바에 의하여 공무담임권을 가진다"라고 규정하여 국민에게 선거직공무원을 비롯한 모든 국가기관 및 지방자치단체의 공직에 취임할 수 있는 권리를 내용으로 하는 공무담임권을 보장하고 있다(헌재 1996.06.26, 96헌마200). 공무담임권을 보장한다는 것은 모든 국민이 현실적으로 국가나 공공단체의 직무를 담당할 수 있다고 하는 의미가 아니라, 국민이 공무담임에 관한 자의적이지 않고 평등한 기회를 보장받는 것, 즉 공직취임의 기회를 자의적으로 배제당하지 않음을 의미한다(헌재 2002.08.29, 2001헌마788등). 그러므로 직업공무원의 경우에는 능력에 따라 임용될 수 있는 균등한 기회가 보장되어야 하며, 직무수행능력과 무관하게 예컨대 성별·종교·사회적 신분·출신지역 등을 기준으로 선발하는 것은 원칙적으로 자의적인 차별로서 국민의 공직취임권을 침해하는 것이 된다(헌재 1999.12.23, 98헌바33).

2. 공무원의 재산상 권리

(1) 보수청구권

(가) 의 의　　　공무원은 근로의 대가로서의 보수청구권을 가지는데, 이러한 보수의 내용은 봉급과 수당이 있다. 여기서 1) 봉급(俸給)이란 직무의 곤란성 및 책임의 정도에 따라 직책별로 지급되는 기본급여 또는 직무의 곤란성 및 책임의 정

도와 재직기간 등에 따라 계급별·호봉별로 지급되는 기본급여를 말한다(공무원보수규정4ii). 2) 수당(手當)이란 공무원에게 지급되는 봉급 이외의 보수로서 직무여건 및 생활여건 등에 따라 지급되는 부가급여를 말한다(대판 1996.6.28, 95다24722).

　공무원의 보수청구권의 소멸시효에 대해서는 3년설과 5년설의 대립이 있으나, 대법원의 입장과 같이(대판 1966.9.20, 65다2506<국회의원세비>) 보수청구권과 관련해서는 국가재정법(96)과 지방재정법(82)상 '타 법률'속에 민법(163i)이 포함되기 때문에 3년으로 보는 것이 타당하다.

　(나) 성 질　　보수의 성질에 관하여는 반대급부설(근대적 근무고용관계설)과 생활자금설(포괄적 신분종속관계설)의 대립이 있었으나, 공무원의 보수는 기본적으로 근로의 대가로서의 성질을 가지면서도 공무원의 생활보장적 의미를 또한 가진다고 하겠다(양립설).

　공무원의 보수에 대한 압류(押留)는 원칙적으로 보수금액의 2분의 1을 초과하지 못한다(민사집행법246①iv, 국세징수법33). 그런데 공무원연금법(32) 등과 같은 사회보장법률에서는 거의 각종 급여수급권 전액에 대해서 양도·담보·압류 등을 금지하고 있다. 그리고 공무원의 보수청구권은 공무원의 생활보장에 의한 성실·공정한 공무수행의 확보라는 공익적 견지에서 인정되는 것으로서 권리인 동시에 의무의 성질을 가지고 있기 때문에 임의로 포기(抛棄)할 수 없다.

　(다) 쟁 송　　공무원의 보수청구권은 공법적 성질을 가지며, 퇴직 후라고 하여 법적 성질이 바뀌지 않는다. 따라서 보수청구권에 관한 분쟁은 행정쟁송(당사자소송)의 방법으로 해결하여야 한다. 그러나 우리 대법원은 금전의 문제로서 민사소송으로 다룬 경우도 있었지만(대판 1966.9.20, 65다2506<국회의원세비>), [공립유치원전임강사](대판 1991.5.10, 90다10766)사건에서는 수령이 지체된 보수의 지급을 구하는 소송을 민사소송이 아니고 행정소송의 대상으로 보아야 한다고 판시하였고, [연가보상비](대판 1999.7.23, 97누10857)사건에서 연가보상비를 지급하지 않는 행위는 항고소송이 되는 처분이 아니라고 판시하였다. 그리고 지방소방공무원이 소속 지방자치단체를 상대로 초과근무수당의 지급을 구하는 소송은 당사자소송의 절차를 따라야 한다(대판 2013.03.23, 2012다102629)로 판시하였다.

(2) 공무원연금법 등에 의한 급여청구권

　(가) 의 의　　공무원의 연금(年金)은 공무원의 퇴직 또는 사망과 공무로 인한 부상·질병·발병의 경우에 공무원 및 그 유족의 생활안정과 복리향상에 기여함을 목적으로 지급하는 급여를 말한다. 출퇴근 도중의 재해도 공무상 재해에 해당하며(대판 1993.10.8, 93다16161), 평소에 정상적인 근무가 가능한 기초질병이나 기존질병이

직무의 과중으로 급속히 악화되었다고 보는 '과로로 인한 질병사망'도 공무상 질병으로 인한 사망에 해당한다(대판 1986.12.9, 86누679; 대판 1985.1.22, 84누23). 공무원의 퇴직연금은 형벌 등에 따라 퇴직급여 및 퇴직수당의 일부를 감액하여 지급한다(공무원연금법64). 그런데 해임처분취소의 판결에 의하여 복직이 된 공무원이 해임되어 있던 기간 중의 범죄사실로 금고 이상의 형이 확정되었다 하더라도, 급여의 제한을 규정한 공무원연금법 제64조 제1항 제1호 소정의 '재직중의 사유로 금고 이상의 형을 받은 때'에 해당한다고 볼 수 없다(대판 2005.08.19, 2005두3646<퇴직급여지급처분취소>).

그리고 경찰병원장이 임용한 경찰병원 전공의(인턴, 레지던트)는 국가공무원법이 아니라 전문의의수련및자격인정등에관한규정에 근거하여 임용되었기 때문에 공무원연금법상 급여대상인 국가공무원법상의 전문직공무원이 아니다(대판 1994.12.2, 94누8778<경찰병원전공의>).

(나) 성 질　　연금의 성질에 관하여 은혜설, 사회보장설, 보험금설, 거치보수설 또는 봉급연불설, 복합성질설 등이 있다. 이러한 연금의 성질에 관해서 우리 헌법재판소는 후불임금의 성격뿐만 아니라 사회보장적 성격 및 정책적 측면 그리고 성실한 근무에 대한 보상적 성격을 가진다고 판시하였다(헌재 1995.6.29, 91헌마50; 헌재 1998.12.24, 96헌바73; 헌재 2005.6.30, 2004헌바42).

연금을 받을 권리는 이를 양도·압류 또는 담보의 대상으로 할 수 없는 것이 원칙이다(공무원연금법 §32). 이러한 규정은 공무원연금법상 각종 급여가 기본적으로 사법상의 급여와는 달리 퇴직공무원 및 그 유족의 생활안정과 복리향상을 위한 사회적 성질을 가지고 있기 때문이다(헌재 2000.3.30, 98헌마401·99헌바53·2000헌바9). 그리고 공무원연금법상의 장해급여나 유족급여는 불법행위로 인한 손해배상과 아무런 연관이 없다(대판 1992.5.12, 91누13632).

(다) 절 차　　당해 공무원이 소속하였던 기관장의 확인을 받아 연금을 신청하며, 이러한 신청에 대하여 안전행정부장관이 결정한다. 그런데 이러한 안전행정부장관의 결정권은 공무원연금관리공단에 위탁되어 있으며, 연금의 지급은 공무원연금관리공단이 행한다(공무원연금법26). 따라서 공무원연금관리공단의 연금에 관한 결정은 국민의 권리에 직접 영향을 미치는 행정처분에 해당한다(대판 1996.12.6, 96누6417).

연금을 받을 권리는 그 급여의 사유가 발생한 날로부터 단기급여는 1년간, 장기급여는 5년간 이를 행사하지 않으면 시효로 소멸되고, 과오납된 기여금의 환부를 받을 권리는 퇴직급여 또는 유족급여의 지급결정일로부터 5년간 시효로 소멸된다(공무원연금법81). 그리고 대법원 판례에 의하면, 파면처분 무효확인청구의 소는 퇴직급여금청구권의 전제가 되는 공무원신분의 소멸과는 정반대로 그 신분의 존속을 주장하는 것으로서 퇴직급여청구권을 행사하기 위한 전제가 되거나 이를 실현하는 수단이 될 수 없으므로 위 퇴직급여청구권에 대한 소멸시효의 중단사유에 해당하지 않는다(대판 1990.8.14, 90누2024).

(라) 쟁 송   연금의 결정과 지급 등에 이의가 있는 자는 공무원연금급여재심위원회에 심사를 청구할 수 있으며(공무원연금법80), 공무원연금급여재심위원회의 심사결정에 대해서 불복하는 자는 공무원연금관리공단을 피고로 행정소송을 제기하게 된다(대판 1987.12.8, 87다카2000).

따라서 공무원연금법상의 요건에 해당함에도 불구하고 공무원연금관리공단이 기각결정한 경우에는 곧바로 당사자소송으로 연금지급청구를 구할 수는 없고, 당해 기각결정에 대한 항고소송을 제기하여야 한다고 보는 것이 법원 실무의 태도이다(대판 1995.9.15, 93누18532; 대판 1996.12.6, 96누6417). 그러나 공무원연금관리공단의 급여결정이 내려졌음에도 불구하고 연금의 교부가 이루어지지 않는 경우에는 연금지급청구소송을 당사자소송으로 제기할 수 있다.

공무원연금관리공단이 공무원연금법령의 개정사실과 퇴직연금수급자가 퇴직연금 중 일부 금액의 지급정지대상자가 되었다는 사실을 통보한 것은 관념의 통지에 불과하고 항고소송의 대상이 될 수 없다(대판 2004.7.8, 2004두244). 또한 공무원연금법시행령의 개정으로 공무원연금관리공단이 퇴직연금 중 일부 금액에 대하여 지급거부의 의사표시를 하더라도 그 의사표시는 지급의무의 존부 및 범위에 관하여 사실상·법률상 의견을 밝힌 것일 뿐이고 행정처분이라고 볼 수 없다(대판 2004.7.8, 2004두244). 하급심판결(서울행법 2005.2.4, 2004구합466<군인연금지급정지급반환청구에대한거부처분취소>) 역시 군인연금법상 퇴역연금을 국방부장관이 지급거부한 의사표시는 그 지급의무의 존부 및 범위에 관하여 나름대로의 사실상·법률상 의견을 밝힌 것일 뿐이므로 항고소송의 대상이 되는 행정처분이 아니라고 판시하였다.

▣ 공무원의 신분상 권리와 기타 재산상 권리 ▣

(1) 공무원의 신분상 권리

공무원의 신분상의 권리로는 ① 신분보유권, ② 직위보유권, ③ 직무수행권, ④ 직명사용권, ⑤ 제복착용권 등이 있다. 그런데 제복착용권은 오늘날 권리의 성격보다 의무의 성격을 띤 경우가 더 많다.

(2) 기타 재산상의 권리

1) 공무원은 공무집행상 특별한 비용(예, 여비·일당·숙박료 등)을 요할 때는 따로 실비변상(實費辨償)을 받을 권리가 있다.

2) 공무원은 통상적 업무 이외의 특수연구과제(特殊研究課題)를 위탁받아 처리하는

경우는 보상을 받을 권리가 있다.
3) 공무원은 공무수행에 필요한 제복, 기타 물품의 급여 또는 대여를 받을 권리가 있다.

3. 공무원의 노동법상 권리

(1) 노동3권의 인정과 제한

공무원인 근로자는 법률이 정하는 자에 한하여 단결권·단체교섭권 또는 단체행동권을 가진다(헌법33②).6) 이와 같이 노동3권이 보장되는 공무원의 범위를 법률에 의하여 정하도록 유보한 것은 공무원의 국민 전체에 대한 봉사자로서의 지위 및 그 직무상의 공정성 등의 성질을 고려한 합리적인 공무원제도를 보장하고, 공무원제도와 관련된 주권자 등 이해관계인의 권익을 공공복리의 목적 아래 통합조정하기 위한 것이다(대판 2006.2.10, 2005도3490).

그런데 국가공무원법(66)은 "대통령령으로 정하는 사실상 노무에 종사하는 공무원"만이 노동법상 권리를 가지게 하고 있다. 여기서 사실상 노무에 종사하는 공무원의 범위는 미래창조과학부 소속의 현업기관의 작업현장에서 노무에 종사하는 우정직공무원7)으로서 일정한 직무8)에 종사하지 아니하는 자이다(국가공무원복무규정28). 대법원과 헌법재판소는 공무원의 노동법상 기본권을 제한하는 국가공무원법에 대해서 위헌이 아니라는 판단을 하였다(대판 1990.12.26, 90다8916; 헌재 1992.4.28, 90헌바27내지46). 그러나 1996년에 폐지된 과거 노동쟁의조정법(12②)의 "국가·지방자치단체에 종사하는 근로자는 쟁의행위를 할 수 없다"는 규정의 위헌여부에 관해서 헌법재판소는 헌법이 일정범위의 공무원에게 인정하고 있는 단체행동권을 완전히 부인하는 것은 헌법과 합치되지 않는다는 부분헌법불합치결정을 하였다(헌재 1993.3.11, 88헌마5).

(2) [공무원조합법]

2004년 공무원노조의 조직과 단체교섭을 인정하되 파업 등 쟁의행위를 금지하는

---

6) 이러한 헌법규정은 일반공무원에게 노동3권이 인정되지 않고 [공무원조합법]이 제정되기 이전의 것으로 시대에 뒤떨어진 규정이라고 할 것이다. 따라서 "공무원은 법률에 의하여 단결권·단체교섭권 또는 단체행동권을 가진다"라고 개정하여야 할 것이다.
7) 우정직공무원의 정원을 대체하여 채용된 일반임기제공무원 및 시간제일반임기제공무원을 포함한다.
8) 1. 서무·인사 및 기밀업무 2. 경리 및 물품출납사무, 3. 노무자의 감독사무, 4. 「보안업무규정」에 의한 보안목표시설의 경비업무, 5. 승용자동차 및 구급차의 운전업무

것을 내용으로 하는 [공무원조합법]이 제정되어 2006년 1월 1일부터 시행되어 오
고 있다. 따라서 6급 이하의 공무원 중 법률로 정하는 자는 공무원노동조합을 설
립하고 이에 가입할 수 있다.

그리고 공무원의 노동법상의 권리가 전면적으로 인정되기 않기 때문에 이에 대
한 대상적(代償的) 의미로서 직장협의회설립·운영권이 인정된다. 즉 국가기관·지방
자치단체 및 그 하부기관에 근무하는 공무원은 직장협의회를 설립할 수 있으며,
협의회는 공무원의 근무환경개선·업무능률향상 및 고충처리 등을 목적으로 한다
([공무원직장협의회법]1,2).

[판 례] 대판 2005.4.15, 2004두14915〈직권면직처분〉 : 지방공무원도 임금을 목적으로
근로를 제공하는 근로기준법 제14조의 근로자라 할 것이므로 지방공무원법 등에 특
별한 규정이 없는 경우에는 지방공무원에 대하여도 그 성질에 반하지 아니하는 한
근로기준법이 적용될 수 있으나, 지방공무원에 대한 임면 등의 인사와 복무 등에 관
하여는 지방공무원법과 그 위임에 따라 제정된 지방공무원임용령 등 지방공무원에게
적용되는 특별한 규정이 있다고 할 것이어서 지방공무원의 직권면직에 대하여 근로
기준법이 적용될 수 없을 뿐 아니라, 지방자치단체와 지방공무원 간의 공법상의 근무
관계에 대하여 사인 간의 근로관계에서의 해고에 관한 근로기준법 제30조, 제31조를
그대로 적용하거나 유추적용하는 것은 지방공무원의 근무관계의 성질에 반하는 것이
어서 허용될 수 없다(대판 2002.11.8. 2001두3051 등 참조).

---

4. 공무원의 절차법상 권리

공무원은 위법·부당하게 불이익한 처분에 대하여 소청·행정소송 등을 통해 그
시정을 구할 수 있는 시정청구권과 근로조건·인사관리 등 신상문제에 대하여 인사
상담·고충심사청구권이 인정된다.

고충심사청구제도는 공무원으로서의 권익을 보장하고 적정한 근무환경을 조성하
여 주기 위하여 인정되는 법률적인 쟁송의 절차가 아닌 시정과 개선책을 청구하는
사실상의 절차이며, 공무원에게 노동 3권을 제약하는 것에 대한 대상적(代償的) 의
미를 가진다. 그리고 인사상담이나 고충심사를 청구하였다고 해서 불이익처분이나
대우를 받아서는 안 된다.

고충심사위원회의 고충심사결정 자체는 어떠한 법률관계의 변동이나 이익의 침
해가 직접적으로 생기게 하는 것이 아니므로 고충심사의 결정은 행정쟁송의 대상
이 되는 행정처분이라고 할 수 없다(대판 1987.12.8, 87누657·658). 그런데 만약 공무원

스스로가 고충제기로 불이익처분이나 대우를 받았다고 생각하면 상급고충심사위원회에 심사를 청구하거나 소청을 제기할 수 있다.

III. 공무원의 의무

1. 선서의무

공무원은 공무원으로 취임함에 있어서 "나는 대한민국 공무원으로서 헌법과 법령을 준수하고, 국가를 수호하며, 국민에 대한 봉사자로서의 임무를 성실히 수행할 것을 엄숙히 선서합니다"라는 내용을 소속기관장 앞에서 선서(宣誓)할 의무가 있다. 공무원의 선서는 윤리적 관점에서 책임을 지겠다는 서약행위이다. 이러한 선서의 의무는 공무원이 취임할 때 행하는 것이 원칙이나, 불가피한 사유가 있는 경우에는 취임 후에 선서하게 할 수 있다.

2. 성실의무

(1) 의 의

공무원은 모든 인격과 양심을 바쳐서 공공이익의 증진에 충실하고, 최대한으로 국가의 이익을 도모하는 한편 최대한으로 국가의 불이익도 방지하여야 하는 것을 내용으로 하는 성실의무(誠實義務)를 진다. 이러한 성실의무는 공무원의 의무 가운데서도 가장 핵심적이며 가장 윤리적 성격이 강하다. 따라서 성실의무는 공무원에게 부과된 가장 기본적이고 중요한 의무로서, 최대한으로 공공의 이익을 도모하고 불이익을 방지하기 위해 전인격과 양심을 바쳐서 성실히 직무를 수행하여야 하는 것을 의미한다(대판 1989.5.23, 88누3161).

그러나 성실의무는 민주국가에 있어서 국가의 신복적 예속을 의미하는 한없는 충성의 의무가 아니고, 원칙적으로 부여된 일정한 직무에 관련하여 국민 전체의 이익을 도모하는 구체적인 법적 의무라 할 것이다(대판 1989.5.23, 88누3161). 이러한 공무원의 성실의무는 경우에 따라 근무시간 외에 근무지 밖에까지도 미치는 경우가 있다(대판 1997.2.11, 96누2125<철도기관사>).

성실의무는 단지 법령을 준수하고 상관의 명령에 복종하는 것만으로는 충분하지 않고, 보다 적극적으로 법령이 허용하는 범위 안에서 국가의 이익을 도모할 것을 요구하는 자발적(능동적) 직무태도이다. 따라서 성실의무는 상관의 명령에 대해서만 인정되는 수동적 직무태도인 복종의무와 구별된다. 그러나 현실적으로는 공무원의 성실한 행위의 기준이 명확하지 못하기 때문에, 실무는 보다 구체적인 의무위반(예, 복종의무, 청렴의무 등)과 연계해서 성실의무의 위반을 인정하는 경향이 있다(대판 1996.4.12, 95누5752 등 참조).

(2) 성실의무에 위배되는 사례

① 역조역(驛助役)이 수익금의 인계를 소홀히 한 경우(대판 1965.3.9, 64누166), ② 운수과장이 사고방지책을 강구하지 않고 있던 중 사고가 발생한 경우(대판 1973.11.27, 73누190), ③ 직위해제처분 중 상관의 출근명령을 거부한 경우(대판 1974.3.12, 74누24), ④ 세무서 자료계장이 과세자료철에 대하여 1년 5개월 동안 아무런 조치를 하지 않은 경우(대판 1974.3.26, 73누219) ⑤ 서무과장이 개인적인 감정으로 전문대학학장직무대리 발령통지서를 전달하지 아니하여 학장직무수행에 차질을 초래하게 한 경우(대판 1981.12.8, 80누463), ⑥ 총기난동사고가 난 경우에 지휘책임이 있는 경찰관은 좀 더 적극적이고 능동적으로 작전지휘권을 행사하여야 함에도 불구하고, 당시는 심야로서 비가 내리고 있어 앞을 잘 보지 못하여 병력을 지휘할 수 없고 부상자의 구호와 상부보고 등을 이유로 병력을 매복시켜 놓은 채 소극적으로 대처한 경우(대판 1983.11.22, 83누522<우순경>). ⑦ 신고된 특정건축물 양성화업무를 처리함에 있어 부하직원에 대한 감독을 소홀히 하여 부당양성화조치가 이루어진 경우(대판 1987.4.14, 86누138), ⑦ 경찰관이 다방을 경영하던 여자와 정을 통하여 오던 중 서로 욕설을 하며 싸움을 하다가 그 여자에게 20일간의 치료를 요하는 상해를 입히게 하고 그 여자로부터 형사고소를 당하자 부모와 상의하기 위하여 소속상관의 허가 없이 직장을 떠나 고향으로 내려간 경우(대판 1990.3.13, 89누8040), ⑧ 철도의 정상적인 운행을 수행할 철도기관사가 철도의 정상운행에 지장을 초래할 가능성이 높은 집회에 참석한 경우(대판 1997.2.11, 96누2125), ⑨ 교정직 공무원이 수용자로부터 부탁을 받고 그 수용자가 알려주는 전화번호로 전화하여 금 700,000원 상당의 향응 및 현금 500,000원을 제공받고 차입이 금지되어 있는 물품을 교부받아 수용자에게 전달한 경우(대판 1998.11.10, 98두12017<해임처분취소>), ⑩ 법원의 경매업무담당 공무원이 금 200,000원을 뇌물로 받고 그 업무와 관련된 집달관 사무원의 부당한 업무처리에 협조하여 거액의 입찰보증금의 횡령이 가능하게 하고 다시 그 대가로 금 500,000원의 뇌물을 수수한 경우(대판 1998.12.08, 98두1475<해임처분취소>), ⑪ 감사원에 심사청구의 형식을 빌어 다른 직원에 대한 전보인사의 인사규정 위반 사실을 제보한 것이 위법처분의 시정을 위한 것이 아니라 개인적인 불만을 이유로 공단의 경미한 규정 위반 사실을 대외적으로 부각시켜 공단의 명예나 신용을 훼손하려는 의도에서 나온 공표행위와 청원서의 내용이 허위의 사실이거나 사용자를 비방하는 것으로서

사용자의 인격, 비밀, 명예, 신용 등을 훼손하는 경우(대판 1999.09.03, 97누2528<부당정직·전보구제재심판정취소>), ⑫ 경찰공무원인 그 직분을 망각한 채 도리어 윤락행위 등 불법·퇴폐영업으로 적발된 사람의 부탁을 받아 여러 차례 관할 파출소장 등에게 사건의 선처를 청탁한 경우(대판 1999.11.26, 98두6951<해임처분취소>), ⑬ 이사장과 대학 총장의 학교 운영과 관련한 진정서를 교육부와 감사원 등에 보내면서 신규교원채용 인사서류를 자료로 활용하고 또한 대학의 정상화를 위한 시민서명운동이라는 서면 중 일부 서명이 위조된 것임에도 그에 대한 확인을 하지 않고 여러 외부 기관에 대한 청원서 등에 첨부하여 사용한 경우(대판 2000.10.13, 98두8858<해임처분취소>), ⑭ 대학교수가 번역서에 불과한 서적을 자신의 창작물인 것처럼 가장하여 출판하고 이를 재임용 및 승진을 위한 평가자료로 제출한 행위(대판 2002.05.28, 2000두9380<재심결정취소>), ⑮ 지방공무원이 아파트 사용승인이 부적합함에도 불구하고 사용승인을 하였고, 이로 인하여 민원을 야기함은 물론 건축승인조건인 도로의 기부채납이 지연되거나 이행되지 않을 우려가 생기게 한 경우(대판 2002.07.26, 2001두3532<견책처분취소>), ⑯ 경찰공무원이 담당하는 사건의 고소인으로부터 사건 처리와 관련하여 부정한 청탁을 받고 향응을 제공받거나 양주를 선물받는 등 뇌물을 수수하였고, 나아가 사신의 뇌물수수 범행을 은폐하기 위하여 뇌물수수 사실을 진정한 고소인을 무고하는 범죄행위를 한 경우(대판 2002.09.24, 2002두6620<해임처분취소>), ⑰ 국민경제를 총괄하는 재정경제원 소속 공무원이 뇌물을 수수한 행위(대판 2004.11.12, 2002두11813<해임처분취소>), ⑱ 경찰공무원이 단속대상이 되는 신호위반자에게 먼저 적극적으로 돈을 요구하면서 다른 사람이 볼 수 없도록 돈을 접어 건네주도록 전달방법을 구체적으로 알려주었으며 동승자에게 신고시 범칙금 처분을 받게 된다는 등 비위신고를 막기 위한 말까지 하고 1만원의 금품을 수수하고 신호위반행위에 대해 적정한 조치를 취하지 않는 경우(대판 2006.12.21, 2006두16274<해임처분취소>), ⑲ 행정자치부장관이 입법예고한 [공무원조합법]에 대한 문제점을 지적하기 위한 목적으로 이루어진 소위 전국공무원노동조합[전공노]의 총파업 결의에 따른 전공노 소속 공무원들이 총파업에 소극적인 지지형태로 이루어진 무단결근하는 행위(대판 2007.04.13, 2006두16991<징계처분취소>), ⑳ 공무원이 노동조합의 전임자로서 파업을 주동하고, 파업에 스스로 참가하였으며 다른 조합원의 파업 참가를 선동하는 등 정당한 노동조합의 활동을 벗어난 행위(대판 2008.10.09, 2006두13626<파면처분등취소>), ㉑ 교수가 연구비 42,295,690원의 편취행위와 고가구매계약의 대가로 15,000,000원을 수령한 행위(대판 2008.11.27, 2008두15404<해임처분취소>), ㉒ 교도소 계약 담당공무원이 증축공사와 관련하여 최저가 견적서를 제출하여 선정된 건설회사를 배제하고 탈락된 업체 중 특정 건설회사를 상대로 재차 견적서를 제출하게 하여 수의계약을 체결한 행위와 2인 이상의 견적서를 받지 않고 2천만 원을 초과하는 변호인접견실 증축공사를 수의계약으로 체결한 행위(대판 2010.02.25, 2009두19144<견책처분감경및직위해제처분취소>), ㉓ 경찰공무원이 사건을 수사하
면서 피의자에게 돈을 입금하라고 요구하는 경우(대판 2012.10.11, 2012두13245), ㉔ 초등학
교교장의 신분으로서 업무시간 등에 부녀와 불륜관계를 맺은 경우(대판 2012.10.11, 2011
두11488)등을 들 수 있다.

3. 법령준수의무

모든 공무원은 법령을 준수하여야 하는 법령준수(法令遵守)의 의무를 진다. 법치
행정 아래서 행정의 현실적 담당수행자인 공무원이 법령을 성실히 준수하여야 한
다는 것은 지극히 당연한 일이다. 따라서 공무원의 법령위반은 위법행위 또는 불
법행위로서 그 행위의 효력이 부인되고, 손해배상과 형사상 처벌·징계 등의 원인
이 된다.

공무원의 법령심사권에 관해서는 아무런 규정이 없으나, 공무원은 법령의 효력
발생여부에 대한 형식적 요건에 대한 심사권을 가지는 반면, 법령에 대한 실질적
심사권은 원칙적으로 부인된다. 그러므로 공무원은 어떤 법령이 상위법에 저촉된
다고 생각하는 경우에는 그에 대한 의견을 상관에게 제시하는 등 필요한 조치를
취할 수 있으나, 독자적인 판단에 따라 법령의 적용을 배제할 수는 없다.

4. 복종의무

(1) 의 의

복종의무(服從義務)는 공무원이 직무를 수행함에 있어서 소속상관의 직무상 명령
에 복종하여야 하는 의무를 말한다(국가공무원법57, 지방공무원법49, 공무원복무규정3). 직무
명령은 국민에 대한 외부적 효과가 발생하는 것이 아니라 하급공무원에 대해서만
효력이 발생하는 데 그친다. 따라서 공무원이 직무명령에 반하여 복종의무를 위반
한 경우에는 위법이 아닌, 공무원관계의 의무위반으로서 징계사유가 되어 해당 공
무원은 징계책임을 지게 된다.

(2) 요 건

(가) 소속상관   소속상관(所屬上官)이란 당해 직무에 관하여 지휘·감독권을
가진 기관의 직에 있는 자로서 직무상 소속상관을 말한다. 이러한 의미의 소속상
관은 소속기관의 장뿐만 아니라 보조기관인 상급자와 기타 지휘·감독권을 가진 상
급자를 포함한다.

(나) 직무명령   1) 직무명령(職務命令)이란 공무원의 직무에 관하여 상관이

부하에게 발하는 일체의 명령을 말한다. 이러한 직무명령의 성질은 추상적인 것도 있고 구체적인 것도 있으며, 특정 공무원에 대한 것도 있고 불특정 공무원에 대한 것도 있다. 직무명령은 비록 법조의 형식을 갖추었더라도 일반 국민에 대하여 구속력을 가지는 것이 아니라는 점에서 법규와 구별된다. 그리고 직무명령에 위반하여도 위법이 되지 않고 공무원의 징계사유가 될 뿐이다(대판 1969.11.25, 69누121).

2) 직무명령이 적법하게 성립하기 위해서는 다음의 요건이 충족되어야 한다. 첫째, 직무명령은 직무상 상사가 발하여야 한다[주체에 관한 요건]. 둘째, 직무명령의 내용은 부하공무원의 직무에 관한 것이어야 하지만, 직무상의 독립이 인정되는 사항에 관한 것이 아니어야 한다. 그리고 직무명령은 법령에 저촉하는 것이 아니어야 한다[내용에 관한 요건]. 셋째, 직무명령은 적법한 절차에 의하여 내려져야 한다[절차에 관한 요건]. 넷째, 직무명령의 형식이 법정되어 있는 경우에는 이를 갖추어야 하지만, 그렇지 않은 경우에는 서면·구술(훈시)의 어느 형식에 의하여도 무방하다[형식에 관한 요건].

따라서 ① 철도기관사에 대하여 전국기관차협의회가 주도하는 집회에 참석하지 못하도록 한 지방철도청장의 명령은 정당한 직무명령에 속하고(대판 1997.2.11, 96누2125<철도기관사>), ② 교도관점검규직에 의한 교도수첩과 비상준비금의 휴대의무는 훈령에 의한 직무명령에 속한다(대판 1996.4.12, 95누5752<교도수첩>). 그러나 ① 대학교총장이 소속 교수에 대해서 한글전용반대운동의 중지지시(서울고판 1969.7.8, 69구39), ② 상관의 불법한 살해명령(대판 1955.4.15, 4288형상9), ③ 지휘관의 직무상 보관중인 군수물자의 불법한 매각처분지시(대판 1966.1.25, 65도997), ④ 적법절차에 의하지 아니한 외국원조물자의 매각명령(대판 1967.2.7, 66누168), ⑤ 참고인으로 소환된 사람에게 가혹행위를 가하라는 상관의 명령(대판 1988.2.23, 87도2358), ⑥ 검사가 대질신문을 받기 위하여 대검찰청에 출두하라는 검찰총장의 출석명령(대판 2001.8.24, 2000두7704<심재륜고검장>) 등은 복종의무를 발생하게 하는 직무명령이 아니다.

▣ 직무명령과 훈령의 구별 ▣

(1) 발령주체와 대상의 차이

직무명령은 상관이 부하에 대하여 발하는 명령이라는 점에서, 지휘감독권이 있는 상급행정청이 하급행정청에 대하여 발하는 훈령(訓令)과 구별된다.

(2) 효력지속성(持續性)의 차이

훈령은 기관 대(對) 기관의 관계에서 발하는 명령이므로 발령기관이 이를 취소하거나 기관 자체가 폐지되지 아니하는 한, 기관구성자인 공무원의 경질·변동과 관계없이 효력을 지속한다. 이에 대하여 직무명령은 공무원 대(對) 공무원의 관계에서 수명공무원만을 구속하는 명령이므로 공무원의 변동에 의하여 효력을 상실한다. 그러나 훈령이 수명기관을 구속하는 결과 수명기관구성자도 이에 구속되기 때문에, 훈령은 동시에 직무명령의 성질을 가지지만(대판 2001.8.24, 2000두7704), 직무명령은 반드시 훈령으로서의 성질을 가지는 것이 아니다.

(3) 복종의무의 한계

(가) 직무의 독립성이 인정되는 공무원의 한계   공무원의 복종의무는 직무의 성질상 독립이 보장된 공무원(예, 감사위원, 의결기관의 구성원 등)의 직무수행에는 인정되지 않는다. 따라서 국·공립대학의 교수에게는 공무원의 소속상관에 대한 복종의무는 학문의 영역, 교수의 내용과 교수방법에 관한 한 적용되지 않는다.

공무원조합 전임자의 지위에 있다고 하여 위와 같은 복종의무가 전적으로 면제된다고 할 수는 없다(대판 2008.10.09, 2006두13626). 따라서 공무원조합의 정당한 활동범위 내에 속하는 사항을 대상으로 하는 경우에 있어서도, 소속기관의 원활한 공무수행이나 근무기강의 확립, 직무집행의 공정성 또는 정치적 중립성 확보 등을 위하여 발령한 공무원조합 전임자에 대한 직무상 명령은 복종의무를 발생시키는 유효한 직무상 명령에 해당한다(대판 2013.09.12, 2011두20079<정직처분취소>).

(나) 직무명령에 대한 심사권의 한계   공무원이 상관의 직무명령에 대하여 이를 실질적으로 심사할 수 있는가에 대해서 부정설과 긍정설의 대립이 있다. 1) 부정설은 i) 법령해석상 하극상과 불통일의 초래와 ii) 상하계층적 조직체계에 있어서 행정목적의 통일적 수행 등을 그 이유로 한다. 그러나 2) 긍정설은 직무명령에 대한 심사권의 인정여부를 흠의 성질에 의하여 결정하여야 한다고 본다. 따라서 법령준수의 의무와 복종의 의무가 서로 충돌하는 경우에 있어서 공무원은 법치행정의 원칙상 법령준수의 의무를 우선한다.

3) 대법원은 긍정설의 입장에서 직무명령에 복종하는 것이 범죄를 구성하는 것으로 인정되는 경우, 기타 직무명령이 중대하고 명백한 법규위반으로 절대무효라고 판단하는 경우에는 복종을 거부할 수 있을 뿐만 아니라 거부할 의무도 있다(대판 1988.2.23, 87도2358<대공수사단>; 대판 1999.4.23, 99도636<안기부대통령선거>)고 본다. 따라서 당해 공무원이 당연무효의 위법성이 있는 직무명령를 거부하지 않고 복종함으로 발생하는 민사상, 형사상 및 징계책임은 면할 수 없게 된다(대판 1967.2.7, 66누168; 대판 1966.9.27, 66도1100).

4) 생각건대 긍정설이 타당하고, 부하공무원이 단순히 법령해석상 견해의 차이가 있다고 인정될 때 또는 단순 부당한 직무명령에 대해서는 자신의 의견을 진술할 수는 있으나 복종을 거부할 수는 없다(지방공무원법49단서 참조). 따라서 공무원이 법령에 위반되는 행위를 명하는 위법한 직무명령에 따르지 않을 수 없었던 상황인

경우에는 기대가능성이 없기 때문에 그 책임을 면할 수 있다.

(다) 직무명령의 경합   2인 이상의 상관으로부터 서로 모순되는 직무명령을 받은 경우의 복종의무에 관해서 직근(直近)상관설과 상급(上級)상관설의 대립이 있다. 생각건대, 행정조직의 계층적 질서의 유지라는 차원에서 직근상관설이 타당하다.

5. 직무전념의무

(1) 의 의

직무전념의무(職務專念義務)란 모든 공무원은 국민전체의 봉사자로서 성실히 직무를 수행하여야 할 의무를 지기 때문에, 전력을 다하여 맡은 바 직무를 수행하여야 한다는 것을 말한다. 따라서 이러한 직무전념의 의무에는 1) 직장이탈금지의무(국가공무원법58①, 지방공무원법50①), 2) 영예제한의 의무(국가공무원법62, 지방공무원법54, 상훈법35), 3) 영리업무 및 겸직금지의무(국가공무원법64, 지방공무원법56), 4) 정치적 활동의 금지의무(헌법7, 국가공무원법65, 지방공무원법57, 국가공무원복무규정27), 5) 집단행동금지의무(국가공무원법66①, 지방공무원법58조①) 등이 있다.

(2) 직장이탈금지의무

공무원은 소속 상관의 허가 또는 정당한 이유없이 직장을 이탈하지 못하는 의무가 있다. 여기서 직장은 공무원이 소속되어 근무하고 있는 공간개념으로서의 부서를 의미하며(좁은 의미의 직장), 허가는 사후허가도 가능하다고 본다. 직장이탈금지의무는 통상적으로 근무시간 중에 인정되지만, 소속상관이 시간외의 근무를 명한 경우에도 인정될 수 있다. 형사사건 등으로 구속되는 경우에는 본인의 의사에 반하는 직장이탈의 경우로서 직장이탈금지의무의 위반에 해당하지 않는다.

대법원 판례에 의하면, "상관의 승인을 얻어 다방출입을 한 것은 직장이탈이 아니지만"(대판 1969.7.8, 69누34), "사직서를 제출하였어도 아직 수리되기 전에 귀가하여 직장을 무단이탈한 경우에는 징계사유가 된다"(대판 1971.3.13, 71누14; 대판 1991.11.22, 91누3666)고 본다. "근무시간에 음주행패를 부려 철도공무원으로서 품위를 손상하고 그 다음날 역장에게는 아무런 연락 없이 부하직원에게 연가신청하라고 지시한 후 출근하지 않은 경우 직무태만에 해당한다"(대판 1984.5.29, 83누266<근무시간음주행패무단결근>; 대판 2007.5.11, 2006두19211). "소속 공무원들이 전국공무원노동조합이 주도한 파업에 참가한 행위는 직장이탈금지의무에 위반된다"(대판 2007.07.12, 2006도1390).

(3) 영예제한의 의무

공무원은 대통령의 허가없이 외국정부로부터 영예 또는 증여를 받지 못하는 영예제한(榮譽制限)이 있다(국가공무원법62). 여기서 외국정부란 우리나라와 국교수립여부와 관계없이 국제법상 주권을 가진 독립된 국가의 정부를 말하고, 외국의 공·사법인은 이에 해당하지 않는다. 외국대학으로부터 학위를 받는 행위는 영예제한에서 제외된다.

(4) 영리업무 및 겸직금지의무

영리업무(營利業務) 및 겸직금지의무(兼職禁止義務)란 공무 이외의 영리를 목적으로 하는 업무에 종사하지 못하며 소속 기관장의 허가 없이 다른 직무를 겸하지 못하는 의무를 말한다(국가공무원법64). 영리업무 및 겸직금지의무는 공무원의 지위에 의하여 부여된 공무수행에 영향을 줄 수 있는 영리업무나 다른 겸직을 금지하는 것을 그 내용으로 하며, 직무의 공정성과 전념성 및 정치적 중립성의 확보를 위한 것이다(헌재 1993.7.29, 91헌마69). 따라서 이와 같이 금지되는 영리업무의 범위는 공무원에 대해서 기본권의 주체로서 인정되는 재산권행사 등에 비추어 제한적으로 해석하여야 한다.

국가공무원복무규정(25)에 의하면, ① 스스로 영리적인 업무를 경영하는 행위, ② 영리를 목적으로 하는 사기업의 임원이 되는 행위, ③ 자신의 직무와 관련이 있는 타인의 기업에 투자하는 행위 및 계속적으로 재산상의 이득을 목적으로 하는 업무로서, 이를 통하여 집무능력저하, 공무의 부당한 영향, 국가이익의 침해, 정부의 불명예 초래의 우려가 있는 경우를 금지하고 있다. 그리고 지방의회의원의 경우에는 그 성질상 겸직이 금지되는 업무의 범위가 다소 완화되어 있다(지방자치법33 참조).

대법원 판례에 의하면, 공무원이 제3자에게 여관업임대를 하는 것은 영리를 목적으로 하는 업무에 해당하지 아니한다고 보았다(대판 1982.9.14, 82누46).

(5) 정치적 활동의 금지의무

(가) 의 의   공무원이 정당이나 기타 정치단체의 결성에 관여하거나 이에 가입하는 것과 선거에서 특정 정당 또는 특정인을 지지 또는 반대하는 행위 등을 비롯한 일정한 정치적 행동을 금지하고 있는데, 이는 공무원의 정치적 중립을 확립하기 위한 것으로 이해한다. 어떠한 행위가 정치적 중립성을 침해할 만한 직접적인 위험을 초래할 정도에 이르렀다고 볼 것인지는 일률적으로 정할 수 없다. 헌법에 의하여 정치적 중립성이 요구되는 공무원 및 교원 지위의 특수성과 아울러, 구체적인 사안에서 당해 행위의 동기 또는 목적, 시기와 경위, 당시의 정치적·사회

적 배경, 행위 내용과 방식, 특정 정치세력과의 연계 여부 등 당해 행위와 관련된 여러 사정을 종합적으로 고려하여 판단하여야 한다(대판 2012.4.19, 2010도6388 전원합의체 <전교조시국선언>[다수의견]).

요컨대 공무원의 정치적 활동금지의무를 위반했는지 여부는 '공무원의 정치적 중립'을 저해했는지 여부로 판단하여야 할 것이다. 그런데 현행법상 공무원에 대해서 정치적 활동과 관련된 모든 기본권을 전체적으로 제한한다는 것은 기본적으로 비례의 원칙에 반한다고 할 수 있다. 따라서 공무원의 정치적 활동을 획일적으로 금지할 것이 아니라 공무원의 직무수행에 있어서 정치적 중립성 유지에 지장이 없는 한 인정함이 바람직하다.

(나) 구체적 판례 사례　　　대법원 판례에 의하면, 정치적 색채가 있는 민주회복국민선언대회에 참여하여 관계하는 것은 정치적 행위에 해당한다고 보았다(대판 1981.12.21, 80누499<민주회복국민선언대회참가>).

공무원의 투표권유운동 및 기부금모집을 금지하고 있는 국가공무원법의 규정(65②i·iv)은 공무원의 정치적 중립성에 정면으로 반하는 행위를 금지함으로써 선거의 공정성과 형평성을 확보하고 공무원의 정치적 중립성을 보장하기 위한 것이다. 따라서 과잉금지원칙을 위배하여 선거운동의 사유 및 정치적 의사표현의 사유를 침해한다고 볼 수 없다(헌재 2012.7.26, 2009헌바298<국가공무원법제65조제2항 등 위헌소원(교원선거운동금지)>).

국가 또는 지방자치단체의 정책에 대한 공무원의 집단적인 반대·방해 행위를 금지하고 있는 규정(국가공무원복무규정3②, 지방공무원복무규정1의2②)은 공무원의 정치활동을 제한하는 규정인 국가공무원법 제65조 및 공무원의 복무에 관한 일반적 수권 규정인 국가공무원법 제67조의 위임을 받은 것이며, 국가공무원법 제65조상 공무원에게 금지되는 정치적 행위를 보다 구체화한 것이라 할 수 있으므로, 법률유보 원칙에 위배되지 아니한다(헌재 2012.05.31, 2009헌마705·2010헌마90(병합)).

교사들이 전국교직원노동조합[전교조]와 공모하여 정부의 정책과 국정운영을 비판하고 국정쇄신을 촉구하는 시국선언을 하고 '교사·공무원 시국선언 탄압규탄대회'를 추진하는 행위는 공무원인 교원의 정치적 중립성을 침해할 만한 직접적인 위험을 초래할 정도의 정치적 편향성 또는 당파성을 명확히 드러낸 행위이다(대판 2012.4.19, 2010도6388 전원합의체<전교조시국선언>[다수의견]).

(6) 집단행위금지의무

(가) 의 의　　　대통령령으로 정하는 공무원과 사실상 노무에 종사하는 공무원을 제외하고는 노동운동, 기타 공무 이외의 일을 위한 집단행위를 할 수 없다.

그리고 이러한 공무원의 집단행위금지 의무위반에 대해서는 1년 이하의 징역 또는 500만원 이하의 벌금에 처한다(국가공무원법84).

(나) 정당하지 않는 활동   '노동운동'과 관련해서, 공무원이 공무원조합의 조직, 가입 및 공무원조합과 관련된 정당한 활동에 대하여는 공무원의 집단행위금지 의무 위반으로 볼 수 없다([공무원조합법]3① 참조). 그런데 만약 공무원이 공무원조합의 조직, 가입 및 공무원조합과 관련된 '정당하지 않은 활동'을 한다면, 그러한 활동은 여전히 공무원의 집단행위금지 의무위반에 해당한다고 할 것이다. 이와 같이 집단행동금지의무로써 공무원의 노동 3권을 제한한 것은 입법자에게 부여하고 있는 재량권의 범위를 벗어난 것이라고 볼 수 없을 뿐만 아니라, 공무원의 노동 3권을 본질적으로 침해하였다고도 볼 수 없다(대판 2006.2.10, 2005도3490).

(다) 공무외의 집단행위   공무외의 집단행위'란 공무원으로서 직무에 관한 기강을 저해하거나 기타 그 본분에 배치되는 등 <u>공무의 본질을 해치는 특정목적을 위한 다수인의 행위</u>로서 단체의 결성단계에 이르지 아니한 상태에서의 행위를 말한다(대판 1991.4.23, 90누4839<파면취소(장교5명·명예선언기자회견)>; 대판 1992.3.27, 91누9145<조회집단퇴장(건설부)>; 대판 1998.05.12, 98도662<부안군수불신임결의저지>).

그런데 공무원의 단체행동 전반을 부정하는 것은 비례의 원칙에 반하기 때문에, 공무에 속하지 아니하는 어떤 일을 위하여 공무원들이 하는 모든 집단적 행위를 '공무외의 집단행위'로 볼 것은 아니다. 즉 공무원의 집단행위금지는 공무원의 집단행동이 무조건 안 된다는 뜻은 아니라고 본다. 따라서 대법원은 집단행위를 '공익에 반하는 것으로서 직무전념의무를 해태하는 등의 영향을 가져오는 집단적 행위'로 해석하여야 한다고 판시하고 있다(대판 1992.2.14, 90도2310<강원교사협의회>; 대판 2005.4.15, 2003도2960<전공련>; 대판 2008.3.14, 2007도11044<전공노전남지역지부장>; 대판 2009.6.23, 2006두16786<청주시흥덕구청>). 공무원인 교원이 <u>집단적으로 행한 의사표현행위</u>가 공무원인 교원의 정치적 중립성을 침해할 만한 직접적인 위험을 초래할 정도에 이르렀다고 볼 수 있는 행위(개별 법률에서 공무원에 대하여 금지하는 특정의 정치적 활동에 해당하는 행위, 특정 정당이나 정치세력에 대한 지지 또는 반대의사를 직접적으로 표현하는 등 정치적 편향성 또는 당파성을 명백히 드러내는 행위 등)는 공무원인 교원의 본분을 벗어나 공익에 반하는 행위로서 공무원의 직무에 관한 기강을 저해하거나 공무의 본질을 해치는 것이어서 <u>직무전념의무를 해태한 것</u>이라 할 것이므로 '<u>공무 외의 일을 위한 집단행위</u>'에 해당한다고 보아야 한다(대판 2012.4.19, 2010도6388 전원합의체<전교조시국선언>[다수의견]; 대판 2013.12.26, 2011추63<직무이행명령취소(경기교육감)>).

따라서 전국교직원노동조합 위원장 등이 시국선언문의 배부 및 게시와 관련한 일련의 행위들은 공익에 반하는 목적을 위하여 직무전념의무를 해태하는 등의 영향을 가져오는 집단적 행위로서 국가공무원법에서 금지하고 있는 집단행위에 해당한다(대판 2006.5.12, 2005도4513). 또한 지방공무원 복무조례개정안에 대한 의견을 표명하기 위하여 전국공무원노동조합 간부 10여 명과 함께 시장의 사택을 방문한 노동조합 시지부 사무국장은 집단행위 금지의무를 위반한 것이다(대판 2009.06.23, 2006두16786<청주시장사택방문>).

교사들이 전국교직원노동조합[전교조]와 공모하여 정부의 정책과 국정운영을 비판하고 국정쇄신을 촉구하는 시국선언을 하고 '교사·공무원 시국선언 탄압규탄대회'를 추진하는 행위는 공무원인 교원의 본분을 벗어난 공익에 반하는 행위로서 공무원의 직무에 관한 기강을 저해하거나 공무의 본질을 해치는 것이어서 직무전념의무를 해태한 것이므로 '공무 외의 일을 위한 집단행위'에 해당한다(대판 2012.4.19, 2010도6388 전원합의체<전교조시국선언>[다수의견]; 대판 2013.12.26, 2011추63<직무이행명령취소(경기교육감)>).

6. 친절·공정의무와 종교중립의 의무

모든 공무원은 국민 또는 주민 전체에 대한 봉사자로서 공사(公私)를 분별하고 인권을 존중하며, 친절·공정(親切·公正)히 집무하여야 한다(국가공무원법59, 지방공무원법51, 공무원복무규정4, [민원사무법]4). 이러한 친절·공정의무는 단순한 도덕상 의무가 아니라 법적 의무이다.

공무원은 종교에 따른 차별 없이 직무를 수행하여야 한다. 공무원은 소속 상관이 종교적 중립의무에 위배되는 직무상 명령을 한 경우에는 이에 따르지 아니할 수 있다(국가공무원법59의2).

7. 비밀준수의무

⑴ 의 의

공무원은 공무원으로서 재직 중은 물론 퇴직 후에도 직무상 알게 된 비밀을 엄수하여야 한다(국가공무원법60, 지방공무원법52). 직무상 비밀은 자신이 처리하는 직무에 관한 비밀뿐만 아니라 직무와 관련하여 들어서 알게 된 비밀도 포함한다.

비밀의 개념에 관해서 형식설과 실질설의 대립이 있으나, 행정기관의 비밀지정 또는 비밀취급 여하에 구애되지 않고 비공지의 사실로서 실질적으로도 그것을 비밀로 보호할 가치가 있다고 인정되는 것을 의미하는 실질설이 타당하며 판례도 실질설을 따르고 있다(대판 1981.7.28, 81도1172; 대판 1992.2.25, 90도230; 대판 1996.10.11, 94누7171<이문옥감사관>). 구체적으로 무엇이 비밀에 속하는 사항인지는 궁극적으로 재판을 통해서 객관적으로 결정되어야 할 일이며, 국민의 알권리의 보장이라는 측면에서 재조명을 요하는 문제이다.

(2) 국가공무원법상 비밀준수의무와 개별법에 의한 비밀준수의무의 관계

비밀준수의무에 관한 국가공무원법은 일반적 성격을 띠고 있기 때문에, 공무원의 비밀준수의 의무에 관한 명문의 규정이 없는 경우에는 국가공무원법이 적용된다. 따라서 개별법에 명시적으로 비밀준수의 의무를 규정하고 있는 경우에는 일반법과 특별법의 관계에 있으므로 개별법이 우선 적용된다. 예컨대 [정보보호법](11), 군인사법(47의2)에 의한 군인복무규율(10), 그리고 정당법(43) 등은 국가공무원법상 비밀준수의무보다 우선적으로 적용된다.

(3) 비밀준수의무의 한계

공무원의 비밀준수의무는 국민의 알권리와 긴장관계에 있다. 따라서 국민의 알권리가 인정되는 범위 내에서 비밀준수의무는 제한된다. 공무원이 직무수행중 알게 된 사실의 비밀유지범위는 일반국민의 관점에서 판단되어야 한다(대판 1996.10.11, 94누7171<이문욱감사관>). 그리고 공무원 또는 공무원이었던 자가 법원, 기타 법률상 권한을 가진 관청의 증인 또는 감정인이 되어 직무상 비밀에 관하여 신문을 받을 때에는 소속장관의 허가를 받은 사항에 한하여 진술할 수 있고, 그 밖의 사항은 거부하여야 한다(형사소송법147, 민사소송법305·306, 국가정보원직원법17). 국회로부터 증언요구를 받은 경우에는 군사·외교·대북관계에 관한 국가기밀로서 국가안위에 중대한 영향을 미친다는 주무부장관의 소명이 있는 경우를 제외하고는 그것이 직무상 비밀에 속한다는 이유로 거부할 수 없다([국회증언·감정법]4).

(4) 비밀준수의무의 위반

비밀누설은 행정상 징계사유가 될 뿐만 아니라, 형사상 피의사실공표죄(형법126) 또는 공무상 비밀침해죄(형법127)를 구성한다. 공무원이 퇴직한 후 비밀유지의무에 위반이 있는 경우에는 징계책임은 물을 수 없으나, 형사책임 또는 이후의 공무원 임용에 있어서 불이익을 당하게 된다.

8. 품위유지의무

(1) 의 의

공무원은 직무의 내외를 불문하고 품위를 손상하는 행위를 해서는 아니 된다(국가공무원법63, 지방공무원법53). 여기서 품위(品位)란 주권자인 국민의 수임자로서 직책을 맡아 수행함에 있어서 손색이 없는 인품을 의미한다(대판 1987.12.8, 87누657). 이러한 품위유지의무는 공직의 체면·위신·신용을 유지하기 위한 것이기 때문에, 직무와 관련된 것은 물론이고 직무와 관련이 없더라도 사회적 지탄의 대상으로 공직의 체면에 직접적 영향을 미치는 것(예, 축첩·도박·아편흡식·알콜중독 등)도 품위유지의무규정에 해당한다. 해임처분취소의 판결에 의하여 복직이 된 공무원은 해임되어 있던 기간 동안은 현실적으로 공무원 신분을 상실한 상태였고 실제로 공무를 수행하지 않기 때문에 공무원에게 요구되는 품위유지의무를 지킬 것을 요구할 수는 없다(대판 2005.08.19, 2005두3646<퇴직급여지급처분취소>).

(2) 품위손상행위에 해당하는 행위

① 교수가 학교도서를 빌려 보고 반납치 않고 또 저술을 함에 있어 다른 사람의 저작물을 표절한 경우(대판 1961.12.21, 4294행상34; 대판 1996.4.26, 95누3848<논문표절>; 대판 2002.5.28, 2000두9380<대학교수원서번역>), ② 확실한 근거없이 진정서를 제출하여 상관을 중상하는 경우(대판 1964.7.14, 63누202), ③ 고등학교 교장이 공무원훈련원에서 부정행위를 한 경우(대판 1964.9.22, 64누6), ④ 혼인 중의 여교사가 다른 남자와 동거생활을 하는 경우(대판 1964.12.22, 64누82), ⑤ 부첩(夫妾)관계에 있는 여자와 싸우고 상해를 입힌 경우(대판 1966.3.22, 66누7; 대판 1972.10.31, 72누157), ⑥ 훈령에 위반하여 요정(料亭)출입하다 적발된 경우(대판 1967.5.2, 67누24), ⑦ 근무시간 중 다방 출입행위(대판 1969.6.24, 69누35), ⑧ 당직근무 중 심심풀이로 점수따기 화투(花鬪)놀이를 한 경우(대판 1972.12.26, 72누194), ⑨ 공무원의 비위사실이 공무집행과 관련된 것이 아니라 그 소속 노동조합지부의 직무와 관련된 경우라도 공무원으로서 체면 또는 위신을 손상한 때(대판 1982.7.13, 80누198), ⑩ 예비군동원훈련 중 2시간 30분 동안 근무를 이탈하여 구멍가게에서 술을 마신 행위(대판 1983.6.28, 83누94), ⑪ 교사가 전국교직원노동조합의 결성을 위한 불법집회에 참석하여 머리띠를 두르고 구호를 외치는 등의 집단행동을 한 경우(대판 1992.6.26, 91누11780<전교조집회참석>), ⑫ 대학교수가 재임용·승진을 위한 평가자료(연구업적물)로서 제출한 서적들이 다른 저자의 원서를 그대로 번역한 것인데도 마치 자신의 창작물인 것처럼 가장하여 출판한 것임이 판명된 경우(대판 2002.5.28, 2000두9380<대학교수원서번역>), ⑬ 남자교사가 학교에서 물의가 빚어질 정도로 기혼자인 동료 여자교사와 가깝게 지냈고 둘 사이에 불륜관계가 있는 것으로 의심할 만한 행위를 하였으며, 급기야는 이러한 행동으로 인해 여자교사와 남자교사의 가정이 파탄에 이르게 된 경우(대판 1996.04.26.95누18727; 대판 1990.02.23, 89누7290; 대판 2003.01.24, 2002두9179), ⑭ 기간제교원이 타인의 저서를 자신의 연구저작물로 가장하여 연구비와 성과급을 수령하고 나아가 재임용신청을 하면서 자신의 연구실적물로 제출한

행위(대판 2010.09.09, 2008다81732<임금등>), ⑮ 경찰공무원이 유흥업소 등 출입을 자제하라는 지시명령을 위반하고 관내 단란주점 내에서 술에 취해 소란을 피우는 등의 행위(대판 2012.06.28, 2011두20505<징계처분취소>), ⑯ 초등학교 교장의 신분으로서 업무시간 등에 부녀와 불륜관계를 맺은 경우(대판 2012.10.11, 2011두11488<퇴직급여제한지급처분취소>) 등을 들 수 있다.

9. 청렴의무와 공직자윤리법상의 의무

(1) 청렴의무

청렴의무(淸廉義務))란 공무원이 직무와 관련하여 직접·간접으로 사례·증여 또는 향응을 받을 수 없다는 것을 말한다(국가공무원법61, 지방공무원법53). 여기서 직무는 당해 공무원이 그 직무의 결정권을 갖고 있지 않더라도 그 직무행위와 밀접한 관계에 있는 경우 및 사실상 관리하는 직무도 포함된다(대판 1992.11.27, 92누3366).

이와 같이 청렴의 의무를 과하는 취지는 공무원이 직무에 관하여 사전에 부정한 청탁을 받고 직무상 부정행위를 하는 것을 방지하려는 데에 그치는 것이 아니고, 사전에 부정한 청탁이 있었는지의 여부나 금품수수의 시기 등을 가릴 것 없이 공무원의 직무와 관련한 금품수수행위를 방지하여 공무원의 순결성과 직무행위의 불가매수성을 보호하고 공무원의 직무집행의 적정성을 보장하려는 데 있다(대판 1998.1.23, 97누16794; 대판 2004.11.12, 2002두11813).

그리고 직무상 관계여하를 불문하고 소속상관에게 증여하거나 소속공무원으로부터 증여를 받아서는 아니 된다. 따라서 부하직원에 대한 인사청탁과 함께 금품을 전달한 행위는 공무원이 기강을 문란케 하는 비행으로서 공무원으로서의 청렴의무에 위배된다(대판 1992.11.27, 92누1100).

청렴의무의 위반은 행정상 징계사유가 될 뿐만 아니라 형법상 증·수뢰죄(법129부터132까지)를 구성하는데, 이러한 청렴의 의무위반에 대한 징계책임과 형사책임은 일사부재리의 원칙에 반하는 것은 아니다.

(2) 공직자윤리법상 청렴의무

공직자윤리법의 목적은 공무원의 청렴의무를 제도적으로 확보함으로써 공무집행의 공정성과 국민에 대한 봉사자로서 공직자의 윤리를 확립하는 데 있다. 이러한 공직자윤리법에 의하여 규정되어 있는 일정한 공무원의 의무는 공익우선성실의무(법2의2②), 재산등록의무(법3), 직무상비밀이용재물취득금지의무(법14의2), 주식거래내역신고의무(법6의2), 주식매각·신탁의무(법14의4), 주식취득제한의무(법14의6), 선물신고의무(법15), 취업금지의무(법17) 등이 있다.

따라서 1) 일정한 공직자 및 공직후보자는 본인의 재산, 배우자의 재산, 그리고 본인의 직계존·비속의 재산을 등록하게 된다(법3). 이러한 등록사항의 심사는 등록 기관이 아니라 공직자윤리위원회가 행하며(법8), 등록재산은 관보 또는 공보에 게재 하여 공개하여야 한다(법10). 2) 공무원 또는 공직유관단체의 임·직원이 외국 또는 그 직무와 관련하여 외국인으로부터 선물을 받은 때는 신고하고 인도하여야 한다 (법15). 신고된 선물은 즉시 국고에 귀속된다(법16). 3) 대통령령이 정하는 일정한 공 무원과 공직유관단체의 임직원은 퇴직일로부터 2년간 퇴직 전 5년 동안에 소속하 였던 부서의 업무와 밀접한 관련이 있는 일정규모 이상의 사기업체에 취업할 수 없다(법17). 그리고 이러한 취업제한의 의무에 위반한 자에 대해서는 취업해제조치 를 하게 된다(법19).

공무원이 공직자윤리법상 의무를 위반한 경우는 징계책임을 지기도 하지만(법22), 재산등록거부죄(법24)·주식백지신탁거부죄(법24의2)·허위자료제출등죄(법25)·출석거부 죄(법26)·주식백지신탁관여금지위반죄(법28의2) 및 취업제한위반죄(법29)의 행정형벌책 임을 지게 된다. 이러한 경우에 징계책임과 행정형벌책임은 일사부재리의 원칙에 반하는 것이 아니다.

(3) [국민권익위법]상 청렴의무

공직자는 법령을 준수하고 친절하고 공정하게 집무하여야 하며 일체의 부패행위 와 품위를 손상하는 행위를 하여서는 아니 된다(법7). 또한 공직자는 업무처리 중 알게 된 비밀을 이용하여 재물 또는 재산상의 이익을 취득하거나 제3자로 하여금 취득하게 하여서는 아니 된다(법7의2).

① 직무관련자로부터의 향응·금품 등을 받는 행위의 금지·제한에 관한 사항, ② 직위를 이용한 인사관여·이권개입·알선·청탁행위의 금지·제한에 관한 사항, ③ 공 정한 인사 등 건전한 공직풍토 조성을 위하여 공직자가 지켜야 할 사항, ④ 그 밖 에 부패의 방지와 공직자의 직무의 청렴성 및 품위유지 등을 위하여 필요한 사항 을 규정한 공직자 행동강령을 대통령령으로 정하고, 이러한 공직자 행동강령을 위 반한 때에는 징계처분을 할 수 있다(법8).

공직자는 그 직무를 행함에 있어 다른 공직자가 부패행위를 한 사실을 알게 되 었거나 부패행위를 강요 또는 제의받은 경우에는 지체 없이 이를 수사기관·감사원 또는 위원회에 신고하여야 한다(법56).

사 례 조회집단퇴장사건(대판 1992.3.27, 91누9145)

원고(A)는 건설교통부 직제개편안에 대한 대응방안을 모색하기 위하여 주무계장회의를 소집하여, 주무계장급 다수가 모여 직제개편안에 대한 대응책을 토의하였다. 이 회의에서 원고(A)의 주도 아래 다음 날 아침 장관 주재의 정례조회시 집단퇴장을 하여 직원들의 위 직제개편안에 대한 불만의 의사를 장관에게 직접적으로 표시하기로 결론지었다. 그런데 비록 주무계장회의 이전에 이미 장관이 비밀리에 진행한 직제개편안에 대하여 직원들 사이에 불만과 반발이 있었다고 하더라도 주무계장회의의 결론 내용이 전파됨으로써, 이것이 직접적인 원인이 되어 장관 주재 아침조회시의 집단퇴장사태가 발생하게 되었다. 원고(A)는 비록 위 조회당시에는 조회에 참석하지 않아 집단퇴장에 동참한 바 없다 하더라도 위 주무계장회의를 소집하고 또 주도한 자로서 위 집단퇴장행위의 주된 책임자라고 판단하고, 건설교통부장관(X)는 원고에 대하여 정직 1월의 중징계처분을 하였다.

(1) A에 대한 징계처분의 법적 성질은 무엇인가?

(2) 장관 주재의 정례조회에서의 집단퇴장행위는 국가공무원법 제66조 제1항이 금지하고 있는 "공무 외의 집단적 행위"에 해당하는가?

(3) 장관 주재의 정례조회가 아니라 직원들의 점심시간에 직원들이 소집하여 직제개편안에 대한 대응책을 논의한 경우에도 A에 대해서 정직 1월의 징계처분을 하였다면, 이러한 X행정청의 징계처분은 적법한가?

(4) 징계처분에 대해서 위법하다고 주장하는 A가 취할 수 있는 구제방법은 무엇인가?

풀이해설 공무원의 집단행동금지의무에 관한 문제로서 제도적 취지 그리고 판례의 변화를 검토하여 사례에 적용하여야 한다. 그리고 위법한 징계처분에 대한 구제방법을 묻고 있다.

Ⅰ. 서 론 -문제의 제기-

Ⅱ. 징계처분의 의의

  1. 징계처분의 법적 성질

  2. 징계처분의 사유 -집단행동금지의무의 위반-

Ⅲ. A에 대한 징계처분의 위법성여부

  1. 위법성여부의 판단기준

  2. 실체법적 위법성여부

  3. 절차법적 위법성여부

Ⅳ. 위법한 징계처분에 대한 A의 구제방법

  1. 소 청

  2. 행정소송

  3. 실질적 권익구제 -소급재임용 및 소급보수지급 등의 보장-

    (1) 소급재임용

    (2) 소급보수지급

    (3) 손해배상

> V. 결 론 -문제의 해결-
> · '공무외의 집단행위'는 국민전체의 봉사자로서 공무원이 성실히 직무를 수행하고 전력을 다하여 맡은 바 직무를 수행하여야 하는 직무전념의무를 위해서 인정되기 때문에, 그 목적과 방법 등을 고려해서 판단하여야 한다.
> · 사례에 있어서 장관주재의 정례회의시 집단퇴장은 공무원으로서 직무에 관한 기강을 저해하거나 기타 그 본분에 배치되는 등 공무의 본질을 해치는 다수인의 행위로서 '공무외의 집단적 행위'에 해당한다.
> · 사례에 있어서 정직 1월의 징계처분은 사회통념상 현저하게 타당성을 잃었거나, 공익의 원칙, 평등의 원칙 또는 비례의 원칙에 반한다고 할 수 없기 때문에 이 사건 징계처분은 위법하다고 할 수 없다.
> · 그럼에도 불구하고 A가 징계처분의 위법성을 주장하는 경우 이에 관해서 다툴 수 있는 방법은 소청심사와 행정소송 등이 있다.

IV. 공무원의 책임

1. 의 의

공무원의 책임(責任)은 의무위반에 대한 법률적 제재를 당하거나 법률상 불리한 결과를 받는 지위를 말한다. 이러한 공무원의 책임은 광의와 협의로 나눌 수 있다. 1) 협의의 공무원책임은 징계책임과 국고에 대한 변상책임(공무원법상 책임 또는 행정상 책임)을 말하고, 2) 광의의 공무원책임은 징계책임과 변상책임뿐만 아니라 민·형사상 책임을 포함한다.

2. 징계책임

(1) 의 의

(가) 개 념   징계책임(懲戒責任)이란 공무원이 공무원법상의 의무를 위반한 경우에 공무원관계의 질서유지를 위하여 처벌(징계)을 받는 지위를 말한다. 여기서 징계(懲戒)란 공무원의 의무위반 또는 비행이 있는 경우에 공무원관계 내부[특별신분관계]의 질서를 유지하기 위하여 임용권자에 의해 과해지는 제재를 의미하고, 그 제재로서의 벌을 징계벌(懲戒罰)이라고 한다. 따라서 징계권자가 징계벌을 과하는 징계처분(懲戒處分)은 당해 공무원의 직무상 위반행위, 기타 비행이 있는 경우 공무원관계의 질서를 유지하고 기강을 숙정하여 공무원으로서의 의무를 다하도록 하기 위하여 과하는 제재이다(대판 1992.3.27, 91누9145).

(나) 일사부재리원칙과 이중처벌금지원칙   징계처분에도 일사부재리의 원칙이 적용되지만, <u>징계처분과 직위해제</u>는 그 목적과 성질을 달리하는 별개의 독립된 것이므로 직위해제 후 같은 사유로 징계처분을 하는 것은 무방하다(대판 1983.10.25, 83누340). 또한 징벌적 제재인 <u>정직처분</u>과 판결에 의하여 집행유예 이상의 형이 확정되었음을 이유로 한 <u>당연퇴직처분</u>은 그 성질을 달리하므로 일사부재리 또는 이중처벌금지원칙을 위반한 것이라 할 수 없다(대판 2005.4.15, 2003두12639).

(2) 징계벌[징계책임]과 형벌[형사책임]

(가) 징계벌과 형벌의 구별   1) 징계벌은 직접적으로 공무원관계에 입각한 특별권력[특별신분관계]에 기초하고 있는 데 대하여, 형벌은 국가의 통치권[형벌권]에 근거하여 과해진다[권력기초상 구별]. 2) 징계벌은 공무원관계 내부의 질서유지를 목적으로 하는 데 대하여, 형벌은 일반사회에서의 질서유지를 목적으로 한다[목적의 구별]. 3) 징계벌은 공무원의 신분적 <u>이익의 전부 또는 일부 박탈을 내용으로 하는</u> 데 대하여, 형벌은 신체적·재산적 이익의 박탈 등을 내용으로 한다[내용의 구별]. 4) 징계벌은 공무원법상 의무위반을 형벌은 형사상 비행, 즉 형사범을 대상으로 한다[대상의 구별]. 5) 징계벌은 형벌의 경우보다 고의·과실의 유무와 같은 주관적 요건이 완화된다[주관적 요건의 구별].

(나) 징계벌과 형벌의 병과   형벌과 징계벌은 대상·목적 등을 달리하기 때문에 동일한 행위에 대하여 양자를 병과(倂科)할 수 있으며, 병과하더라도 일사부재리의 원칙에 저촉되지 아니한다(대판 1967.2.7, 66누168; 대판 1973.9.12, 73누56; 대판 1986.11.11, 86누59<파면처분>; 대판 1987.11.24, 87도1463<행형법상징벌(뇌물공여)>; 대판 2000.10.27, 2000도3874<행형법상징벌(위계공무집행방해)>). 그리고 공무원의 비행에 대하여 행정상 징계벌로 제재할 것인지 아니면 나아가 형벌이라는 제재를 동원하는 것이 더 필요할 것인지의 문제는 입법자의 예측판단에 맡겨져 있다(헌재 2005.9.29, 2003헌바52).

(다) 징계벌의 무죄추정원칙   징계혐의사실의 인정은 형사재판의 유죄 확정여부와는 무관한 것이다. 따라서 공무원에게 징계사유가 인정되는 이상 관련 형사사건이 아직 유죄가 확정되지 아니하였다 하더라도 징계처분을 할 수 있음(대판 1984.09.11, 84누110<파면처분(김포세관장)>; 대판 1986.06.10, 85누407; 대판 2001.11.9, 2001두4184<파면처분(서울시장)>)은 물론, 그 징계처분에 대한 행정소송을 진행하는 데에도 아무런 지장이 없다(대판 1986.11.11., 86누59<파면처분>).

형사재판의 결과 <u>금고 이상의 형</u>이 확정되면 당연퇴직되므로 징계벌을 과할 필요가 없어지게 되나, <u>벌금 이하의 형</u>을 받거나 <u>면소 또는 무죄의 재판</u>을 받았을 때에는 따로 징계절차를 취할 수 있다. 그리고 징계사유로 문제된 동일한 사실로

기소되어 유죄판결을 받았다가 그 후 무죄판결로 확정되었다 하더라도 당해 징계처분은 근거없는 사실을 징계사유로 삼은 것으로서 위법하다고 할 수는 있지만 그 흠이 당연무효라고 할 수는 없다(대판 1992.5.22, 91누12196<천안시공무원>; 대판 1994.1.11, 93누14752<영주지방철도공무원>).

(라) 감사원조사 중인 사건의 징계처분   그리고 감사원에서 조사 중인 사건에 대하여는 조사개시 통보를 받은 날로부터 징계의결의 요구나 그 밖의 징계절차를 진행하지 못한다는 강제적 조항을 두고 있다(국가공무원법83①, 지방공무원법73①). 징계사건의 진행에 관하여 현행법은 형사소추선행의 원칙을 취하지 않으나, 검찰·경찰, 그 밖의 수사기관에서 수사 중인 사건에 대하여 징계절차를 중지할 수 있다는 임의적 조항을 두었다(국가공무원법83②, 지방공무원법73②).

(3) 징계권

(가) 징계권자   징계권은 임용권에 포함되기 때문에 <u>임용권자가 징계권자로 되는 것이 원칙</u>이나, 법률이 이에 대한 별도의 규정을 두고 있다. 따라서 국가공무원의 징계는 징계위원회가 설치되어 있는 소속기관의 장이 행하게 되어 있으나, 파면과 해임은 각 임용권자 또는 임용을 위임한 상급감독기관의 장이 행하고(국가공무원법82①), 지방공무원의 징계는 임용권자가 행한다.

(나) 징계요구권자와 징계위원회   징계권자는 공무원의 징계사유가 있는 경우에 징계의결을 요구하여야 하고 그 징계의결의 결과에 따라 징계처분을 하여야 한다(국가공무원법78①). 따라서 징계의결요구권을 갖는 징계권자는 공무원의 구체적인 행위가 과연 징계사유에 해당하는지에 관하여 판단할 재량을 갖고 있지만, 공무원의 징계사유가 객관적이고 명백하게 있는 경우에 징계권자는 징계위원회에 대하여 반드시 징계의 의결요구를 하여야 한다(대판 2013.06.27. 2011도797<직무유기> 참조). 징계사유에 해당함이 객관적으로 명백하고 달리 징계의결을 요구하지 아니할 상당한 이유가 없는데도 1월 이내에 관할 징계위원회에 징계의결을 요구하지 아니하면, 이는 재량권의 한계를 벗어난 것으로서 위법할 뿐만 아니라 법령에서 부여된 구체적인 작위의무를 수행하지 아니한 경우에 해당할 수 있다(대판 2013.06.27, 2011도797<직무유기>).

그리고 국무총리·안전행정부장관 또는 대통령령이 정하는 각급 기관의 장은 다른 기관 소속 공무원이 징계 사유가 있다고 인정하면 관계 공무원에 대하여 관할 징계위원회에 직접 징계를 요구할 수 있다(국가공무원법78④단서). 안전행정부장관은 대통령령으로 정하는 바에 따라 행정기관의 인사행정 운영의 적정 여부를 정기 또는 수시로 감사할 수 있으며, 필요하면 관계 서류를 제출하도록 요구할 수 있다(국가공무원법17①). 이러한 감사 결과 위법 또는 부당한 사실이 발견되면 지체 없이 관계 기관의 장에게 그 시정(是正)과 관계 공무원의 징계를 요구하여야 하며, 관계 기관의 장은 지체 없이 시정하고 관계 공무원을 징계처분하여야 한다(국가공무원법17③). 그리고 감사원은 「국가공무원법」과 그 밖의 법령에 규정된 징계 사유에 해당하거나 정당한 사유 없이 감사원법에 따른 감사를 거부하거나 자료의 제출을 게을리한 공무원에 대하여 그 소속 장관 또는 임용권자에게 징계를 요구할 수 있다(감사원법32①).

(다) 징계권의 행사   공무원의 징계에는 법률의 수권을 필요로 하되, 징계권의 행사와 관련해서는 공무원의 기능상 특수성·전문성을 고려해서 어느 정도 재량의 여지를 남겨두고 있다. 따라서 징계사유가 발생하는 한, 징계권자는 반드시 징계를 요구해야 하는 점에서 기속성이 인정되고, 징계의 종류에 관해서는 재량성이 인정된다(대판 1992.3.27, 91누9145; 대판 1997.1.24, 96누15763; 대판 1997.11.25, 97누14637). 그리고 공무원의 징계 의결을 요구하는 경우 그 징계 사유가 금품 및 향응 수수, 공금의 횡령·유용인 경우에는 해당 징계 외에 금품 및 향응 수수액, 공금의 횡령액·유용액의 5배 내의 징계부가금 부과 의결을 징계위원회에 요구하여야 한다(국가공무원법78의2①).

징계권자가 징계권을 행사한 징계처분이 사회통념상 현저하게 타당성을 잃은 경우에는 징계권자에게 맡겨진 재량권을 남용한 것으로 위법하다(대판 1991.7.23, 90누8954; 대판 2001.8.24, 2000두7704<심재륜고검장>; 대판 2010.2.25. 2009두19144<견책처분감경및직위해제처분취소(천안소년교도소장)>; 대판 2012.10.11. 2012두10895<감봉3월처분취소(학업성취도평가반대1인시위)>). 공무원에 대한 징계처분이 사회통념상 현저하게 타당성을 잃었는지 여부는 구체적인 사례에 따라 직무의 특성, 징계의 원인이 된 비위사실의 내용과 성질, 징계에 의하여 달성하려고 하는 행정목적, 징계 양정의 기준 등 여러 요소를 종합하여 판단하여야 한다(대판 2006.12.21, 2006두16274). 특히 금품수수의 경우에는 수수액수, 수수경위, 수수시기, 수수 이후 직무에 영향을 미쳤는지 여부 등이 고려되어야 한다(대판 2006.12.21, 2006두16274). 이와 같이 징계처분이 재량권의 한계를 벗어나 위법한 경우는 비례원칙 또는 평등원칙에 위반되는 경우 등이다(대판 1992.6.26, 91누11308). 합리적인 사유 없이 같은 정도의 비행에 대하여 일반적으로 적용하여 온 기준과 어긋나게 공평을 잃은 징계벌을 과하면 평등원칙에 위반된다. 그리고 일반적으로 징계사유로 삼은 비행의 정도에 비하여 균형을 잃은 과중한 징계벌을 과하게 되면 비례원칙의 위반이 문제된다.9)

---

9) 예컨대 20여년간 아무런 징계처분을 받지 않고 성실히 근무해 온 구청공무원이 업무에 관련된 법령이나 상부의 방침을 잘못 이해하여 복합목욕장영업허가를 결재함으로써 공무원의 성실의무를 위반한 데 대하여 행한 감봉처분은 [비례원칙에 반하는 것으로] 재량권의 범위를

징계의결 등의 요구는 징계 등의 사유가 발생한 날부터 2년(금품 및 향응 수수, 공금의 횡령·유용의 경우에는 5년)이 지나면 하지 못한다(국가공무원법83①). 대법원은 파면처분이 행정소송을 통하여 취소되어, 가벼운 징계처분으로 경정(更正)하는 경우에는 공무원법상의 시효기간의 제한을 받지 않는다고 판시한 바 있다(대판 1978.1.24, 77누216; 대판 1980.8.10, 80누180). 헌법재판소는 (구)국가공무원법(83의2①)에서 징계시효를 '금품 수수의 경우에는 3년'(현행 국가공무원법 5년)으로 정한 부분과 관련해서 "명확성의 원칙에 위배되지 않고 평등권을 침해하지 아니한다"(헌재 2012.6.27. 2011헌바226)고 결정하였다.

(4) 징계의 종류

(가) 공무원법상 징계의 종류　　　공무원법상 징계의 종류는 파면·해임·강등·정직·감봉·견책이 있고(국가공무원법79), 징계사유가 금품 및 향응 수수, 공금의 횡령·유용인 경우에는 해당 징계 외 부가하는 징계부가금이 있다(국가공무원법78의2). 공무원징계령(1의2(정의))에 의하면, 파면·해임·강등 또는 정직을 "중징계"라 부르고, 감봉 또는 견책을 "경징계"라 부른다. 파면·해임은 다 같이 당해 공무원을 공무원관계에서 완전히 배제시키는 징계이지만, 강등·정직·감봉·견책은 공무원관계를 유지하면서 장래의 의무위반을 방지하기 위하여 신분적 이익의 일부를 일시적으로 박탈하는 교정징계이다.

① 파면(罷免)은 신분박탈·공직취임제한(5년)·연금제한(공무원연금법§64)이 따르는 반면, 해임(解任)은 신분이 박탈되고 공직취임(3년)이 제한된다. ② 강등(降等)은 1계급 아래로 직급을 내리고 3개월간 직무에 종사하지 못하며, 그 기간 중 보수의 3분의 2를 감한다. ③ 정직(停職)은 1개월 이상 3개월 이하의 기간으로 하고, 보수의 3분의 2를 감하며, 정직처분을 받은 자는 그 기간 중 공무원의 신분은 보유하나 직무에 종사하지 못한다. ④ 감봉(減俸)은 1개월 이상 3개월 이하의 기간 동안 보수의 3

일탈한 것이기 때문에 위법하다(대판 1991.5.10, 91누2090). 그러나 설날 며칠 뒤 부하경찰관을 통하여 관내 업소경영자로부터 80만원을 교부받은 파출소장에 대한 해임처분은 재량권을 일탈·남용한 것이 아니다(대판 1999.3.9, 98두18145). 따라서 공무원에 대하여 징계의 정도가 지나치게 무거워 재량권의 범위를 벗어난 위법한 처분이라고 할 수 있으려면 징계의 사유가 된 비위사실의 내용 및 성질과 징계에 의하여 달성하려는 행정목적 등에 비추어 보아 그 징계내용이 객관적으로 명백히 부당하다고 인정할 수 있는 경우이어야 한다(대판 1996.4.26, 95누18727). 따라서 8년여를 경찰관으로 근무하면서 8회에 걸쳐 표창 등을 받은 사정을 참작한다고 하더라도, 도박행위를 묵인하여 준 뒤 금 200,000원을 수수한 비위사실을 이유로 경찰관을 해임처분한 것은 경찰관의 직무의 특성과 비위의 내용 및 성질, 징계의 목적 등에 비추어 객관적으로 명백히 부당하다고 할 수 없으므로, 재량권의 범위를 남용 내지 일탈한 위법이 있다고 할 수 없다(대판 1996.7.12, 96누3302).

분의 1을 감하고, 감봉기간이 종료한 후에는 12개월까지 보수에 있어서 승급이 제한된다. ⑤ <u>견책(譴責)</u>은 전과(前過)에 대하여 훈계하고 회개하게 하는 것을 말하며, 견책의 집행종료 후 6개월까지 보수에 있어서 승급이 제한되는 불이익을 받게 된다. 당해 공무원의 행위가 징계사유에 해당하는 이상 견책처분보다 가벼운 어떤 징계가 있을 수 없으므로 견책처분을 한 것을 가지고 징계의 재량권을 남용한 것이라고 할 수 없다(대판 1985.9.24, 85누320). ⑥ <u>징계부가금</u>은 공무원의 징계사유가 금품 및 향응 수수, 공금의 횡령·유용인 경우에 해당 징계 외에 금품 및 향응 수수액, 공금의 횡령액·유용액의 5배내에서 징계권자의 요구에 의하여 징계위원회가 부과하는 금전벌이다(국가공무원법78의2①).

(나) 공무원법상 징계의 종류가 아닌 경우   공무원이 소속장관으로부터 받은 '직상급자와 다투고 폭언하는 행위 등에 대하여 엄중 경고하니 차후 이러한 사례가 없도록 각별히 유념하기 바람'이라는 내용의 <u>서면에 의한 경고</u>는 공무원의 신분에 영향을 미치지 않기 때문에 국가공무원법상의 징계의 종류에 해당하지 아니한다(대판 1991.11.12, 91누2700).

그러나 <u>행정규칙에 의한 '불문경고조치'</u>도 법률상의 징계처분은 아니지만, 차후에 징계감경사유로 사용될 수 있는 표창공적사용가능성을 소멸시키고 인사기록카드에 등재됨으로써 표창대상자에서 제외되는 효과 등이 있기 때문에, (항고소송의 대상이 되는) 행정처분에 해당한다(대판 2002.7.26, 2001두3532<함양군징계양정규칙>).

그런데 「서울특별시교육청감사결과지적사항 및 법률위반공무원처분기준」에 정해진 경고는 인사기록카드에 등재되지도 않고 포상추천 제외사유도 되지 않기 때문에 항고소송의 대상이 되는 처분에 해당하지 않는다(대판 2004.4.23, 2003두13687).

(5) 징계의 사유

징계의 사유에는 ① 공무원법 및 공무원법에 의한 명령에 위반한 경우, ② 직무상의 의무를 위반하거나 직무를 태만한 때, ③ 직무의 내외를 불문하고 그 체면 또는 위신을 손상하는 행위를 한 때 등이 있다(국가공무원법78①, 지방공무원법69①).

징계사유의 발생에 있어서 행위자의 고의·과실은 불문한다고 보지만(다수설), 그렇다고 공무원의 징계책임이 무과실책임의 성질을 가진다고 보기는 어렵다. 감독자의 감독태만은 직무의 태만이 되므로 징계사유가 된다. 다만 이러한 감독자의 감독태만이 인정되기 위해서는 <u>증거에 의하여 감독의무를 태만한 것이라는 구체적인 사실의 인정</u>이 있어야 한다(대판 1979.11.13, 79누245).

징계사유는 공무원의 재직 중에 일어난 것이어야 하나, <u>재직 전의 것이라도</u> 그것이 공무원의 위신을 손상시키는 것이 되는 때에는 임명의 취소사유 내지는 징계사유가 될 수 있다. 징계에 관한 다른 법률의 적용을 받는 공무원이 국가공무원법의 징계에 관한 규정의 적용을 받는 공무원으로 임용된 경우에, 임용 이전의 다른 법률에 의한 징계사유가 존재한다면 그 사유가 발생한 때부터 국가공무원법에 의한 징계사유가 존재하는 것으로 본다. 따라서 임용 이전의 행위로서 그 행위가 계속적인 임용을 허용할 수 없을 정도로 중대한 것이라면 징계가 아닌 임용행위 자체의 취소나 철회의 문제가 된다.

(6) 징계의 절차

(가) 징계의 심리   징계위원회는 징계사건을 심의함에 있어서 당해 공무원 또는 대리인(변호사)에게 <u>진술의 기회</u>를 주어야 하며, 이를 거치지 아니한 징계는 <u>무효이다</u>(국가공무원법 81③, 13②). 따라서 징계혐의자에 대한 출석통지는 강행규정이므로 적법한 출석통지 없이 한 징계의 절차는 위법하다(대판 1987.7.21, 86누623). 징계혐의자에 대한 출석통지는 징계혐의자로 하여금 자기에게 이익되는 사실을 진술하거나 증거자료를 제출할 수 있는 기회를 부여하는 데에 목적이 있다. 그러므로 징계위원회가 진술의 기회를 부여하였음에도 징계혐의자가 진술권을 포기하거나, 출석통지서의 수령을 거부하면 진술권을 포기한 것으로 본다(공무원징계령10⑦). 이러한 경우에 징계위원회는 차후 그 징계혐의자에 대하여 징계위원회 출석통지를 할 필요없이 서면심사만으로 징계의결을 할 수 있다(대판 1993.5.25, 92누8699; 대판 1993.12.14, 93누14851).

또한 징계대상자에게 징계위원회에 출석하여 변명과 소명자료를 제출할 수 있는 기회를 부여한 경우 그 통보의 시기와 방법에 관하여 특별히 규정한 바가 없다고 하여도 <u>변명과 소명자료를 준비할 만한 상당한 기간</u>을 두고 개최일시와 장소를 통보하여야 한다. 이러한 변명과 소명자료를 준비할 만한 시간적 여유를 주지 않고 촉박하게 이루어진 통보는 실질적으로 변명과 소명자료제출의 기회를 박탈하는 것과 다를 바 없어 부적법하다고 보아야 할 것이다(대판 1991.7.9, 90다8077; 대판 2004.6.25., 2003두15317).

경찰공무원에 대한 징계위원회의 심의과정에 <u>감경사유에 해당하는 공적 사항이 제시되지 아니한 경우</u>에는 그 징계양정이 결과적으로 적정한지와 상관없이 이는 관계 법령이 정한 징계절차를 지키지 아니한 것으로서 위법하다(대판 2012.06.28. 2011두20505; 대판 2012.10.11. 2012두13245<해임처분취소). 징계양정에서 임의적 감경사유가 되는 국무총리 이상의 표창은 징계대상자가 받은 것이어야 하고, 징계대상자가 속한 기관이나 단체에 수여된 국무총리 단체표창은 징계대상자에 대한 징계양정의 임의적 감경사유에 해당하지 아니한다(대판 2012.10.11. 2012두13245<해임처분취소>).

(나) 징계의 의결   징계위원회는 징계의결 등의 요구서를 접수한 날로부터

30일(중앙징계위원회의 경우는 60일) 이내에 징계 등에 관한 의결을 하여야 하며, 부득이한 사유가 있는 때에는 해당 징계위원회의 의결로 30일(중앙징계위원회의 경우는 60일)의 범위에서 그 기간을 연장할 수 있다(공무원징계령9①).

징계의결 등을 요구한 기관의 장은 징계위원회의 의결이 가볍다고 인정할 때에는 그 처분을 하기 전에 직근 상급기관에 설치된 징계위원회(국무총리 소속으로 설치된 징계위원회의 의결에 대하여는 그 징계위원회)에 심사나 재심사(再審査)를 청구할 수 있다. 이러한 재심사절차는 원래의 징계절차와 함께 하나의 징계절차로 본다. 따라서 징계절차의 정당성도 징계의 전과정을 통하여 판단하여야 하기 때문에, <u>원래의 징계과정에 절차의 위반이 있더라고 재심사과정에서 보완되었다면 절차위반의 하자가 치유된 것으로 본다</u>(대판 1999.3.26, 98두4672; 대판 1993.11.9, 93다17690<교원징계출석통지서미송달>). 그러나 재심절차를 전혀 이행하지 않거나 재심절차에 중대한 하자가 있어 재심의 효력을 인정할 수 없는 경우에는 그 징계처분은 무효가 된다(대판 2002.12.26., 2002다57201). 그리고 징계위원회는 어디까지나 징계의결 요구권자에 의하여 징계의결이 요구된 징계사유를 심리대상으로 하여 그에 대하여만 심리·판단하여야 하고 징계의결이 요구된 징계사유를 근본적으로 수정하거나 징계의결 이후에 발생한 사정 등 그 밖의 징계사유를 추가하여 징계의결을 할 수는 없다(대판 2012.01.27. 2010다 100919<해고무효확인등> 참조).

(다) 징계의 집행   징계권자는 징계의결서를 받은 날로부터 15일 내에 이를 집행하여야 하며, 징계권자가 징계의결을 집행한 때에는 징계의결서의 사본을 첨부하여 징계처분사유설명서를 교부하여야 한다(공무원징계령19). 징계권자는 징계위원회로부터 징계의결서를 통보받은 경우에는 해당 징계의결을 집행할 수 없는 법률상·사실상의 장애가 있는 등 특별한 사정이 없는 이상 법정 시한 내에 이를 집행할 의무가 있다(대판 2014.04.10, 2013도229<직무유기>).

국가공무원법상의 징계처분사유설명서의 교부는 민사소송법의 송달방법에 의할 것까지는 없고 일반적으로 이를 받을 자가 볼 수 있는 상태에 놓여질 때 교부한 것이 된다(대판 1980.12.9, 80누263). 이러한 <u>징계처분사유설명서가 징계처분의 효력요건 인가</u>에 관하여는 긍정설과 부정설의 다툼이 있고 대법원은 부정적 견해를 취하고 있다(대판 1970.1.27, 68누10; 대판 1991.12.24, 90누1007).

(7) 징계에 대한 불복·구제

(가) 소청심사   징계처분을 받은 자는 처분사유설명서를 받은 날로부터 30일 이내에 소청심사위원회에 심사를 청구할 수 있다(국가공무원법76①). 소청심사위원회의 결정에는 <u>불이익변경금지</u>의 원칙이 적용되고, 소청이 있는 경우에는 일정한 요건 아래서 <u>후임자의 보충발령이 제한</u>된다(국가공무원법76 참조).

(나) 행정소송　　　　행정소송을 제기하기 위해서는 소청심사위원회의 심의·결정을 반드시 거쳐야 하는 <u>필수적 소청심사전치주의</u>를 국가공무원법(16②)은 규정하고 있다. 따라서 행정소송의 제기에 앞서 반드시 소청심사를 거쳐야 한다.

소청심사위원회의 결정에 대해서 불복이 있는 경우는 행정소송을 제기할 수 있으나, 행정소송법의 원칙상 <u>원처분주의</u>가 적용되기 때문에 원칙적으로 징계처분을 소송대상으로 다투게 된다.

(다) 손해배상청구　　　　징계위원들이나 징계권자의 자율적인 판단에 따라 행하여진 징계양정이 결과적으로 재량권을 일탈한 것으로 인정된다고 하더라도, 특별한 사정이 없는 한 법률전문가가 아닌 징계위원들이나 징계권자가 징계의 경중에 관한 법령의 해석을 잘못한 데 기인하는 것이라고 보아야 한다. 따라서 이러한 경우에는 징계의 양정을 잘못한 것을 이유로 불법행위책임을 물을 수 있는 과실이 없다(대판 1996.04.23. 95다6823; 대판 2010.04.22. 2008다38288 전원합의체<대광고학생회장>; 대판 2013.12.26. 2013다208371<손해배상> 등 참조). 그러나 징계권의 행사가 건전한 사회통념이나 사회상규에 비추어 용인될 수 없음이 분명한 경우[10]에 그 징계는 효력이 부정됨에 그치지 아니하고 위법하게 상대방에게 정신적 고통을 가하는 것이 되어 해당 공무원에 대한 관계에서 불법행위를 구성하게 된다(대판 2002.09.24. 2001다44901; 대판 2004.09.24. 2004다37294; 대판 2010.04.22. 2008다38288 전원합의체<대광고학생회장>; 대판 2013.12.26. 2013다208371<손해배상> 등 참조).

[물음] 경찰공무원 A는 범인을 추적·체포하다가 흉기에 찔려 중상을 입고 치료를 받던 중 과거의 금품수수 비위사실이 드러나 징계해임을 당하였다. 경찰공무원은 A는 결국 불구의 몸이 되었고 자식들의 앞날을 위해 국가유공자등록을 신청한 경우에, 국가보훈처에서는 명예퇴직한 사람이 아니면 국가유공자가 될 수 없다는 점을 이유로 등록신청을 거절할 수 있는가?

• [국가유공자법]에 의하면 그 적용대상 국가유공자로서의 '공상군경(公傷軍警)'을 군인이나 경찰·소방 공무원으로서 국가의 수호·안전보방 또는 국민의 생명·재산 보호와 직접적인 관련이 있는 직무수행이나 교육훈련 중 상이(질병을 포함)를 입고 전역하거나 퇴직한 사람으로서 그 상이정도가 국가보훈처장이 실시하는 신체검사에서 상이등급으로 판정된 사람을 말한다(법4③vi).

---

10) 예컨대, 징계권자가 징계처분을 할 만한 사유가 없는데도 오로지 공무원에 대하여 불이익을 가하려는 의도하에 고의로 명목상의 징계사유를 내세우거나 만들어 징계라는 수단을 동원하여 불이익한 처분을 가하려 하거나, 그 징계사유로 된 사실이 징계처분의 사유에 해당한다고 볼 수 없음이 객관적으로 명백하고 조금만 주의를 기울이면 이와 같은 사정을 쉽게 알 수 있는데도 징계에 나아간 경우 등.

- 대법원은 "[국가유공자법] 제4조 제1항 제6호에서 그 퇴직사유를 일정한 경우로 제한하고 있지 아니하고 [국가유공자법] 제79조(이 법 적용으로부터의 배제)에서 위 법률의 입법취지 및 목적 등을 고려하여 [국가유공자법]의 적용을 받거나 받을 자라 하더라도 [국가유공자법] 제79조 제1항 각 호에 해당하는 경우에는 [국가유공자법]의 적용대상에서 제외하는 규정을 두고 있는 점 등을 참작하여 보면, [국가유공자법] 제4조 제1항 제6호 소정의 '공상군경'에 징계에 의하여 파면 또는 해임됨으로써 당연퇴직을 한 자를 포함되지 않는다고 할 수 없다"(대판 1994.12.27. 94누12005)고 판시하였다.
- 따라서 A가 경찰관으로 근무할 당시 상이를 입었고 그 상이상태가 남아 있음이 명백한 이상 비록 퇴직사유가 징계해임이라 할지라도, 국가보훈처는 이를 이유로 A의 국가유공자등록신청을 거절할 수 없다.

3. 변상책임

(1) 의 의

(가) 개 념   변상책임(辨償責任)이란 공무원이 국가에 대하여 <u>재산상 손해를 발생하게 한 경우</u>에 공무원이 국가에 대해서 지는 책임을 말하며, 국가배상법상 변상책임과 [회계관계책임법]에 <s>의</s>한 변상책임이 있다. 국유재산의 관리에 관한 사무를 위임받은 자가 고의나 중대한 과실로 그 임무를 위반한 행위를 함으로써 그 재산에 대하여 손해를 끼친 경우에는 변상책임이 있는데, 이러한 경우는 [회계관계책임법]의 규정을 준용한다(국유재산법79).

(나) 법적 성질   변상책임의 법적 성질에 관하여 공법설과 사법설의 구별이 있으나, 대법원의 실무적 입장은 사법적 성질설을 취하고 있다(대판 1968.7.28, 68다1139). 그러나 국가배상청구권의 성질을 공권으로 보는 우리의 입장에서는 변상책임 또한 공법적 성질을 가진 것으로 이해된다. 특히 회계관계직원 등의 변상책임에 있어서 <u>체납처분의 예</u>에 의하여 국세징수법의 적용이 있는 점 등은 변상책임의 성질이 공법적이라는 징표이다.

(2) 국가배상법상 변상책임

국가배상법상 변상책임(辨償責任)이란 국가 또는 공공단체가 공무원에 대해서 구상권을 행사하는 경우에 공무원이 지는 책임을 말한다. 이러한 변상책임은 ① 공무원의 위법한 직무행위로 인하여 발생한 손해의 경우, ② 공공시설 등의 설치·관리상 흠으로 인하여 발생한 손해의 경우 등에 있어서 인정된다.

이러한 국가 또는 공공단체의 구상권 행사는 의무적인 것이 아니고 현실적으로도 의무적으로 행사되고 있지 않는 것이 법현실이다. 대법원 판례에 의하면, 고의나 중대한 과실이 있는 공무원에 대한 국가 또는 지방자치단체의 구상권행사는 신의칙상 상당한 한도 내에서만 행사하도록 제한하고 있다(대판 1991.5.10, 91다6764).

그런데 공무원이 직무상 불법행위로 국민에게 손해를 끼친 경우에 직접 피해자에 대하여 손해배상책임을 질 것인가에 대해서는 부정설과 긍정설의 견해대립이 있다. 1994년 판례(대판 1994.4.12, 93다11807)는 선택적 청구권을 부인하였으나, 1996년 판례(대판 1996.2.15, 95다38677)는 제한적으로 선택적 청구권을 인정하였다.

(3) 회계관계직원 등의 변상책임

(가) 의 의　　　　회계관계직원(會計關係職員) 등의 변상책임이란 국가재정법·지방재정법 등 국가 또는 지방자치단체의 회계사무를 집행하는 사람, 감사원법에 따라 감사원의 감사를 받는 단체 등의 회계사무를 집행하는 사람 등에 대해서 [회계관계책임법]이 인정하는 책임을 말한다. 이러한 공무원의 변상책임은 회계사무를 집행하는 회계관계직원에 대하여는 다른 공무원과는 달리 그 책임을 엄숭히 하기 위한 것이다(대판 2002.10.11., 2001두3297<국고금손실변상재심판정취소>).

국가배상법에 대한 특별법인 [회계관계책임법]에 의한 공무원의 변상책임은 국가배상법에 의한 공무원의 구상책임과는 그 성립의 기초를 달리하기 때문에 변상금액을 감액할 수는 없다(대판 2002.10.11, 2001두3297).

(나) 요 건　　　　1) 회계관계직원 등이란 국가나 지방자치단체 또는 감사원의 감사를 받는 단체의 회계사무를 직접 집행하거나 이의 보조자로서 그 회계사무의 일부를 처리하는 자를 말한다([회계관계책임법]2). 여기서 '보조자로서 그 회계사무의 일부를 처리하는 자'에 해당되는지의 여부는 직제상으로 결정되는 것이 아니라, 그 업무의 성질에 의하여 결정된다. 따라서 회계업무를 직접 담당하는 자가 그 회계업무를 처리함에 있어서 필수적으로 거쳐야 할 기초행위의 일부를 법령 또는 직제의 규정에 의하여 자기의 책임과 판단 아래 처리하는 자는 이에 해당된다(대판 1994.12.13, 93누98).

2) 회계관계직원 등이 고의 또는 중과실로 법령 기타 관계규정 및 예산에 정하여진 바에 위반하여 국가 등의 재산에 대하여 손해를 끼친 경우에 변상책임을 진다.

3) 현금 또는 물품을 출납·보관하는 자가 그 보관에 속하는 현금 또는 물품을 망실·훼손하였을 경우에 선량한 관리자의 주의를 태만히 하지 아니함을 증명하지

못한 경우에 변상책임을 진다.

4) 물품사용공무원(物品使用公務員)이 고의 또는 중과실로 법령 기타 관계규정 및 예산에 정해진 바에 위반하여 국가 등의 재산에 대하여 손해를 끼친 경우에 변상책임이 있다.

(다) 변상책임의 범위   2인 이상의 회계관계직원 등의 행위로 인하여 발생한 손해는 각자의 행위가 손해발생에 미친 정도에 따라 각자 변상책임을 지지만, 손해발생에 미친 정도가 분명하지 않은 경우에는 동일한 것으로 본다. 그리고 회계관계직원 등은 스스로 사무를 집행하지 아니한 것을 이유로 변상책임을 면하지 못하며, 회계관계직원의 상급자로서 위법한 회계관계행위를 명령하였을 때에는 상급자도 연대하여 변상책임을 진다.

(라) 변상의 절차   1) 소속공무원이 변상책임을 져야 할 사실이 발생한 경우에는 지체없이 소속장관 또는 감독기관은 기획재정부장관과 감사원에 통지하여야 한다. 2) 소속장관 또는 감독기관의 장은 감사원의 판정 전이라도 회계관계직원 등에 대하여 변상을 명할 수 있다(법6①). 3) 변상책임의 유무 및 배상액은 감사원의 판정에 의하여 최종적으로 심리하고 판정한다(법31①). 감사원의 변상판정은 처분청의 재량을 허용하지 않는 기속행위이다(대판 1994.12.13. 93누98). 회계관계직원등의 변상책임에 관하여 감사원은 추상적인 변상의무의 유무 및 범위 등을 확정할 뿐이고 그 변상판정의 내용에 따른 구체적인 변상금 납부의무는 소속장관 등이 감사원의 변상판정서를 첨부한 변상명령처분을 함으로써 비로소 발생한다(대판 1994.12.02. 93누623<변상명령무효확인>). 4) 변상판정서를 받은 소속 장관, 감독기관의 장 또는 해당 기관의 장은 그 송부를 받은 날로부터 20일 이내에 변상판정서를 해당 변상책임자에게 교부하여 감사원이 정한 날까지 변상하게 하여야 한다(감사원법31③).[11) 5) 변상책임자가 감사원이 정한 기한 내에 변상책임을 이행하지 않으면 소속장관 등은 관계

---

11) 감사원으로부터 변상판정서를 송부받은 날로부터 20일 이내에 변상명령을 하도록 한 감사원법 제31조 제3항의 규정은 그 변상명령기간이 경과하여 변상명령이 이루어진다고 하더라도 변상책임자에게 아무런 불이익이 초래되지 않는 점에 비추어 단순히 변상판정을 집행하는 데 있어서 행정기관 상호간에 행정의 원활·능률을 기하기 위한 편의적인 내부적 절차 규정에 불과하다. 따라서 소속장관 등이 이러한 규정에 위반하여 그 기간을 지나서 변상명령을 하였다 하더라도 그 사유만으로서 위 변상명령이 위법하다거나 당연무효라고 할 수는 없을 것이고, 또한 위 변상명령이 늦어짐으로 인해 당초에 감사원이 정한 변상기한보다 늦은 일자를 변상기한으로 정했다 하더라도 이 규정의 입법취지가 소속장관 등의 업무소홀로 인해 변상의무 이행에 차질이 생기는 것을 방지하고자 하는 데 있는 것으로 보여지고 한편으로 변상명령에 정해진 변상기한의 기산점에서 종료시점까지의 기간이 당초 감사원이 정한 변상기한에 있어서의 그 기간보다 짧지 않는 한 변상책임자에게 아무런 불이익이 초래되지 않는다 할 것이다(대판 1994.12.02, 93누623<변상명령무효확인>).

세무서장에게 위탁하여 체납처분에 준하여 국세징수법에 의하여 집행한다.

(마) 변상명령의 소송대상성　　변상명령은 감사원의 변상판정에 의해 성립한 기존의 의무 이상으로 새로운 의무를 부담시키는 것은 아닐지라도, 변상책임자의 권리의무에 아무런 영향을 미치지 않는 단순한 변상판정의 한 단계로서의 표시행위에 불과한 것으로 볼 수는 없을 것이다. 따라서 변상명령은 그 자체 독립한 행정행위의 하나로 보아야 하고, 변상판정의 위법과는 별개로 변상명령 자체에 위법사유가 있을 수 있어 변상명령을 별도로 행정소송 대상으로 인정할 필요성이 있다(대판 1994.12.02. 93누623<변상명령무효확인>).

4. 행정벌책임·형사벌책임 및 민사상 책임

(1) 행정벌책임

행정벌책임(行政罰責任)이란 공무원이 행정법규를 위반한 데 대하여 행정법이 정한 벌을 받게 되는 경우를 말한다. 이와 같이 행정벌책임을 지우는 이유는 공무원으로 하여금 국가공무원법의 엄격한 준수를 보장하기 위한 것이다.

(2) 형사벌책임

형사벌책임(刑事罰責任)이란 공무원의 행위가 공무원관계상 의무위반에 그치지 않고 일반법익도 침해하는 경우에 지게 되는 책임을 말한다. 형법상 공무원의 형사범죄로는 직무집행행위 그 자체에 의하여 법익을 침해하는 직무범죄와 직무와 관련있는 행위로 법익을 침해하는 준직무범죄가 있다.

(3) 민사상 책임

공무원은 공무와 관련없는 행위로 인한 민사상 책임이 인정된다. 따라서 국고관계(사경제적 관계)에서 인정되는 손해배상책임은 민사상 책임이라 할 것이다. 즉 공무원이 사경제적 직무행위를 행함에 있어서 고의 또는 과실로 타인에게 손해를 입힌 경우에 국가 등은 사용자로서 민법(756①)에 의한 배상책임을 진다. 이러한 경우에 공무원은 국가 등에 대하여 민사상 변상책임이 인정된다.

우편물의 망실·훼손으로 인하여 국가(정부)가 손해배상책임을 지는 경우가 있다(우편법38). 기본적으로 사법관계인 우편물의 법률관계에 있어서 고의·과실이 있는 관계공무원이 국가 등에 대해서 지는 배상책임을 민사상 고용관계의 손해배상의 경우 등에 준하는 것으로 보게 된다.

제 4 절　공무원신분관계의 변경과 종료

I. 공무원신분관계의 변경

1. 의 의

　　공무원신분관계의 변경(變更)이란 공무원으로서의 신분은 그대로 유지하면서 그 내용이 변경되는 것을 말한다. 이러한 신분관계의 변경에는 승진(국가공무원법40이하)· 전직(28의3)· 전보(공무원임용령45)· 전출·복직(국가공무원법73)· 휴직(71)· 직위해제(73의3)· 강임 (73의4)· 감봉 등이 있으며, 대우공무원제도도 신분관계의 변경에 해당한다.

　　그리고 공무원신분관계의 변경은 공무원의 임명행위와는 달리 국가의 일방적 단 독행위로 행해진다. 그러나 대법원 판례에 의하면, 소속 지방공무원을 다른 지방자 치단체로 전출하는 것은 임명권자를 달리하는 지방자치단체로의 이동인 점에 비추 어 반드시 당해 공무원 본인의 동의를 전제로 하는 것이라고 판시하였다(대판 2001.12.11, 99두1823).

　　[판 례] 대판 1991.9.10, 90누9201〈승진시험합격효력〉: [1] 공무원임용령 제34조의2 제 1항은 승진시험합격의 효력은 승진임용시까지로 한다고 규정되어 있는데, 이는 승진 시험에 합격한 공무원이 공무원으로서의 신분관계를 계속 보유하고 있음을 전제로 승진임용시까지 그 합격의 효력이 있다는 것으로 해석되므로, 그 합격 후 면직처분 등으로 인하여 공무원으로서의 신분관계가 소멸되거나 다른 기관에의 전보 등으로 그 신분관계가 변경된 경우에는 승진시험합격의 효력은 소멸된다고 할 것이다. [2] 공무원승진시험에 합격한 공무원(관세주사)이 승진임용을 받기 전에 국가보위비상대 책회의의 정화계획에 의하여 의원면직되었다면, 비록 1980년 해직공무원의보상등에 관한특별조치법이 시행됨에 따라 특별채용시험을 거쳐 공무원(관세주사)으로 임명되 었다 하더라도 위 면직처분이 당연무효이거나 취소되지 아니하는 한 그는 일단 공무 원으로서의 신분관계를 상실하여 그 승진시험합격의 효력은 위 면직처분으로 인하여 상실되었다고 할 것이다.

　　[판 례] 대판 1997.11.14, 97누7325〈시험승진후보자명부삭제행위〉: 시험승진후보자명부 에 등재된 자가 승진임용되기 전에 감봉 이상의 징계처분을 받은 경우에는 임용권자

또는 임용제청권자가 위 징계처분을 받은 자를 시험승진후보자명부에서 삭제하도록
되어 있는바, 이처럼 시험승진후보자명부에 등재되어 있던 자가 그 명부에서 삭제됨
으로써 승진임용의 대상에서 제외되었다 하더라도, 그와 같은 시험승진후보자명부에
서의 삭제행위는 결국 그 명부에 등재된 자에 대한 승진 여부를 결정하기 위한 행정
청 내부의 준비과정에 불과하고, 그 자체가 어떠한 권리나 의무를 설정하거나 법률상
이익에 직접적인 변동을 초래하는 별도의 행정처분이 된다고 할 수 없다.

[판례] 대판 2001.12.11, 99두1823〈인사발령취소등〉 : [1] 지방공무원법 제29조의3은
지방자치단체의 장은 다른 지방자치단체의 장의 동의를 얻어 그 소속공무원을 전입
할 수 있다고 규정하고 있는바, 위 규정에 의하여 동의를 한 지방자치단체의 장이
소속 공무원을 전출하는 것은 임명권자를 달리하는 지방자치단체로의 이동인 점에
비추어 반드시 당해 공무원 본인의 동의를 전제로 하는 것이고, 위 법규정도 본인의
동의를 배제하는 취지의 규정은 아니어서 위헌·무효의 규정은 아니다. [2] 당해 공무
원의 동의 없는 지방공무원법 제29조의3의 규정에 의한 전출명령은 위법하여 취소되
어야 하므로, 그 전출명령이 적법함을 전제로 내린 징계처분은 그 전출명령이 공정력
에 의하여 취소되기 전까지는 유효하다고 하더라도 징계양정에 있어 재량권을 일탈
하여 위법하다.

---

2. 직위해제

(1) 의 의

(가) 개 념　　　직위해제(職位解除)란 공무원으로서의 신분을 보유하면서 직무담
임을 해제하는 행위를 말한다. 이러한 직위해제는 당해 공무원이 장래에 있어서
계속 직무를 담당하게 될 경우 예상되는 업무상의 장애, 공무집행 및 행정의 공정
성과 그에 대한 국민의 신뢰를 저해할 구체적인 위험이 생길 우려가 있는 경우에
이를 사전에 방지하고자 하는 데 그 목적이 있다(대판 1999.9.17, 98두15412; 대판 2003.10.10,
2003두5945; 대판 2013.05.09, 2012다64833; 헌재 2006.05.25, 2004헌바12 등 참조).

(나) 성 질　　　직위해제는 항고쟁송의 대상이 되는 처분성이 인정되는 재량행
위의 성질을 가지며, 잠정적·제재적 의미를 가진다. 1) 장래에 예상되는 업무상의
장애 등을 예방하기 위하여 일시적으로 공무원에게 직위를 부여하지 않고 직무에
종사하지 못하도록 하는 잠정적이고 가처분적인 성격을 가진 조치이다[가행정행위
성(假行政行爲性)]. 2) 직위해제는 일시적으로 당해 근로자에게 직위를 부여하지 아

니함으로써 직무에 종사하지 못하도록 하는 잠정적 조치임과 동시에 <u>제재적 의미를 가진 보직의 해제</u>이며(대판 2003.10.10, 2003두5945; 대판 2005.11.25, 2003두8210<부당해고구제재심판정취소> 참조), <u>복직이 보장되지 않는다</u>는 점에서 휴직과 구별된다. 따라서 직위해제는 법정된 징계는 아니지만 일정한 사유로 인하여 직위해제된 사람은 징계를 받거나 직권면직될 수 있다는 점에서 <u>사실상 효과에 있어서 징계와 같다.</u> 그러나 직위해제는 징계벌과는 그 성질을 달리하므로(대판 2003.10.10, 2003두5945) 징계절차 중에 내리더라도 일사부재리의 원칙 또는 이중처벌금지의 원칙에 반하지 않는다.

▣ 직위해제와 직권면직의 관계 ▣

직무수행 능력이 부족하거나 근무성적이 극히 나쁜 점을 이유로 직위해제를 받고 대기명령을 받은 자가 그 기간에 능력 또는 근무성적의 향상을 기대하기 어렵다고 인정된 때에는 징계위원회의 동의를 얻어 직권면직할 수 있다(국가공무원법70①v·②단서, 지방공무원법62①v·②단서). 이러한 경우 직권면직은 앞서 행하여진 직위해제와 그 목적을 달리하는 별개의 독립된 것이므로 일사부재리의 원칙에 위배되지 아니한다(대판 1983.10.25, 83누340).

직권면직이 있는 경우는 징계처분인 파면과 해임의 경우와 마찬가지로 일정한 기간 동안 후임자의 발령이 유보된다. 직권면직에 대해서 소청심사를 제기한 경우에는 파면이나 해임처분에 대한 소청심사 제기와 마찬가지로 후임자의 보충발령을 유예하는 가결정(假決定)의 일정한 효과가 인정된다.

직위해제처분을 받은 후 직권면직을 당한 공무원이 직권면직처분의 위법사유로서 이미 불가쟁력이 발생한 직위해제처분의 위법성을 주장할 수 있는가라는 흠의 승계(承繼)에 대해서 긍정설과 부정설의 견해대립이 있다. 대법원은 부정적 입장을 밝히고 있다(대판 1970.1.27, 68누10; 대판 1977.2.22, 75누19; 대판 1984.9.11, 84누191). 그런데 직위해제처분에 대한 쟁송제기의 기대가능성이 적고 소청제기기간이 단기이므로 직위해제의 위법성을 이유로 한 면직처분의 위법성을 소송상 다툴 수 있다고 보는 것이 타당하다(김남진, 한견우).

국가공무원법상 직위해제처분의 무효확인 또는 취소소송 계속 중 정년을 초과하여 직위해제처분의 무효확인 또는 취소로 공무원 신분을 회복할 수는 없다고 할지라도, 그 무효확인 또는 취소로 직위해제일부터 직권면직일까지 기간에 대한 감액된 봉급 등의 지급을 구할 수 있는 경우에는 직위해제처분의 무효확인 또는 취소를 구할 법률상 이익이 있다(대판 2010.07.29, 2007두18406; 대판 2012.02.23, 2011두5001; 대판 2014.05.16, 2012두26180<직위해제처분취소> 등 참조).

---

(2) 해제사유

직위해제할 수 있는 법정의 사유는 ① 직무수행능력이 부족하거나 근무성적이 극히 나쁜 경우, ② 중징계(파면·해임·강등·정직)의결이 요구중인 경우, ③ 형사사건으로 기소된 경우(약식명령이 청구된 자는 제외), ④ 고위공무원단에 속하는 일반직공무원으로서 제70조의2 제1항 제2호[최하위등급의 근무성적평정] 및 제3호[정당한 사유 없이 2년 동안 직위의 미부여]의 사유로 적격심사를 요구받은 자 등이다(국가공무원법73의3). 따라서 임용권자 또는 임용제청권자는 본인의 직무수행능력부족 등 법정의 사유가 있는 경우에 직위를 부여하지 아니할 수 있다.

여기서 '직무수행능력이 부족하거나 근무성적이 극히 불량한 경우'라 함은 정신적·육체적으로 직무를 적절하게 처리할 수 있는 능력의 부족으로 근무성적이 극히 불량한 때를 의미한다. 따라서 징계사유에 해당하는 명령위반, 직무상의 의무위반 또는 직무태만 및 공무원으로서의 체면이나 위신을 손상하는 행위 등은 이에 해당하지 아니한다(대판 1985.2.26, 83누218; 대판 1986.3.11, 85누663).

(3) 행 사

(가) 절차적 보장   직위해제의 성격상 과거공무원의 비위행위에 대한 공직질서 유지를 목적으로 행하여지는 징벌적 제재로서의 징계 등에서 요구되는 것과 같은 동일한 절차적 보장을 요구할 수는 없다(대판 2003.10.10, 2003두5945; 대판 2013.05.09, 2012다64833; 헌재 2006.05.25, 2004헌바12 등 참조), 그러므로 직위해제처분은 당해 행정작용의 성질상 행정절차를 거치기 곤란하거나 불필요하다고 인정되는 사항 또는 행정절차에 준하는 절차를 거친 사항(행정절차법3②ix, 동법시행령2iii)에 해당하므로, 처분의 사전통지 및 의견청취 등에 관한 행정절차법의 규정이 별도로 적용되지 아니한다(대판 2014.05.16, 2012두26180<직위해제처분취소>).

그런데 직위해제로 대기명령을 받은 자가 그 기간에 능력 또는 근무성적의 향상을 기대하기 어렵다고 인정되면 직권면직 처분을 받을 수 있지만(국가공무원법70①v), 이 경우에는 징계위원회의 동의를 받아야 하므로(국가공무원법70②단) 절차적 보장이 강화되어 있다.

(나) 처분사유 설명서 교부   공무원에 대하여 직위해제를 하는 처분권자 또는 처분제청권자는 처분사유를 적은 설명서를 교부하도록 하고, 처분사유 설명서를 받은 공무원이 그 처분에 불복할 때에는 그 설명서를 받은 날부터 30일 이내에 소청심사청구를 할 수 있다(국가공무원법75,76①). 따라서 임용권자가 구체적이고도 명확한 사실의 적시가 요구되는 직위해제의 처분사유설명서를 반드시 교부하도록 함으로써, 임용권자의 판단에 신중함과 합리성을 담보하게 하고 있고, 해당 공무원에게 방어의 준비 및 불복의 기회를 보장하여 사후적으로 소청이나 행정소송을 통하여 충분한 의견진술 및 자료제출의 기회를 보장하고 있다.

(4) 효 력

(가) 효력의 발생과 소멸   직위해제는 '상대방 있는 의사표시에 의하여 행하여지는 처분'이므로 그 의사표시가 상대방에게 도달되어야만 그 효력이 생긴다(대판 1968.2.6, 67누148).

가행정행위로서 직위해제는 본행정행위인 징계처분으로 대체될 때까지 인정된다. 따라서 어떠한 사유에 의하여 공무원을 직위해제한 후 직위해제 사유와 동일한 사유를 이유로 그 공무원을 해임한 경우에는 그 해임처분으로써 원래의 직위해제처분은 그 효력을 상실하게 된다(대판 1978.12.26, 77누148; 대판 1985.3.26, 84누677; 대판 1997.9.26, 97다25590<의료보험조합직원>; 대판 2007.12.28, 2006다33999<대학교직원>; 대판 2010.7.29, 2007두18406<국민건강보험공단직원> 참조).

여기서 직위해제처분이 효력을 상실한다는 것은 직위해제처분이 소급적으로 소멸하여 처음부터 직위해제처분이 없었던 것과 같은 상태로 되는 것이 아니라 사후적으로 그 효력이 소멸한다는 의미이다. 따라서 직위해제처분에 기하여 발생한 효과는 당해 직위해제처분이 실효되더라도 소급하여 소멸하는 것이 아니므로, 인사규정 등에서 직위해제처분에 따른 효과로 승진·승급에 제한을 가하는 등의 법률상 불이익을 규정하고 있는 경우에는 직위해제처분을 받은 공무원은 이러한 법률상 불이익을 제거하기 위하여 그 실효된 직위해제처분에 대한 구제를 신청할 이익이 있다(대판 2010.07.29, 2007두18406<부당해고구제재심판정중직위해제부분취소> 참조).

(나) 직위해제의 위법성·정당성   공무원에 대한 직위해제처분의 위법성·정당성은 공무원에게 당해 직위해제사유가 존재하는지 여부나 직위해제에 관한 절차규정을 위반한 것이 당해 직위해제처분을 무효로 할 만한 것이냐에 의하여 판단할 것이다(대판 1996.10.29, 95누15926 판결; 대판 2004.10.28, 2003두6665; 대판 2005.11.25, 2003두8210<부당해고구제재심판정취소> 등 참조).

(다) 구체적 효과   직위해제는 공무원의 신분관계는 그대로 존속시키면서 그 직위만을 부여하지 아니하는 처분이기 때문에, 직위해제 중에는 담당직무가 없으므로 직무수행의 의무가 없으며, 직무수행을 전제로 한 출근의무도 없다(대판 1983.5.24, 82누410). 직위해제의 목적을 달성하기 위하여 필요한 경우에 임용권자는 직위해제를 받은 자에 대하여 출근을 금지할 수도 있다.

직위해제의 구체적인 효과는 해제의 사유에 따라 차이가 있다. 그중에서 직무수행 능력이 부족하거나 근무성적이 극히 나쁜 점을 이유로 직위해제된 자에 대하여는 임용권자 또는 임용제청권자는 3개월의 범위에서 대기를 명한다(국가공무원법§73의3③). 대기명령을 받은 자에게 능력회복이나 근무성적의 향상을 위한 교육훈련 또는 특별한 연구과제의 부여 등 필요한 조치를 하여야 한다(국가공무원법§73의3④). 그리고 직위해제사유가 소멸한 때에는 임용권자 또는 임용제청권자는 지체없이 직위를 부여하여야 한다(국가공무원법73의3②, 지방공무원법65의2③).

직위해제된 사람에게는 봉급(외무공무원의 경우에는 직위해제 직전의 봉급을 말한다)의 80퍼센트를 지급하는데, 징계의결이 요구 중이거나 형사사건으로 기소되어 직위해제된 사람이 직위해제일부터 3개월이 지나도 직위를 부여받지 못한 때에는 그 3개월이 지난 후의 기간 중에는 봉급의 50퍼센트를 지급한다(공무원보수규정29).

II. 공무원신분관계의 종료

1. 당연퇴직

(1) 의 의

당연퇴직(當然退職)이란 일정한 사유의 발생으로 인하여 법률의 규정에 의하여 당연히 공무원의 신분이 상실되는 것을 말한다. 당연퇴직발령은 <u>퇴직된 사실을 알리는 관념의 표시(사실의 통지)</u>에 지나지 않으며, 행정소송의 대상이 되는 독립한 행정처분이 아니다(대판 1983.2.8, 81누263; 대판 1992.1.21, 91누2687; 대판 1995.11.14, 95누2036). 그런데 당연퇴직의 사유가 없음에도 불구하고 퇴직발령통보를 한 경우에는 기본적으로 공무원의 지위에 아무런 변동이 없다. 그럼에도 불구하고 이러한 공무원의 지위를 확인받고자 하면 공무원지위의 확인을 구하는 당사자소송으로 다툴 수 있을 것이다.

(2) 퇴직사유

퇴직사유는 공무원법상 결격사유의 발생과 사망·임기만료·정년이 있다. 국적상실이 퇴직사유가 되는지에 대해서는 명문규정이 없기 때문에 일괄적으로 이야기할 수 없다. 조사적·자문적·교육적 직무를 담당하는 직의 경우는 외국인도 임명될 수 있기 때문에,[12] 국적상실을 공무원의 당연퇴직사유로 볼 수는 없을 것이다.

헌법재판소는 벌금형의 선고유예판결을 공무원의 결격사유로 하지 않으면서 금고 이상의 형의 선고유예판결은 그 결격사유로 한 점은 합리성과 형평에 반하지 않는 합헌적 입법이라고 판시하였다(헌재 1990.6.25, 89헌마220). 그런데 헌법재판소는

[12) 외무공무원의 결격사유(능력요건)는 일반공무원보다 가중하여 대한민국 국적을 가지지 아니한 자는 외무공무원이 될 수 없다고 규정하고 있지만(외무공무원법 §9②ii), 국가공무원법(26의3)에 의하면, "국가기관의 장은 국가안보 및 보안·기밀에 관계되는 분야를 제외하고 대통령령이 정하는 바에 따라 외국인을 공무원으로 임용할 수 있다"고 규정하고 있다.

이러한 종전의 판례를 변경하여 "금고 이상의 형의 선고유예를 받은 경우에는 공무원직에서 당연히 퇴직하는 것으로 규정하고 있는 것은 최소침해성의 원칙에 반하고 헌법 제25조의 공무담임권을 침해하였다"(헌재 2002.8.29, 2001헌마788·2002헌마173)고 판시하였다. 따라서 국가공무원법 제69조(당연퇴직)와 지방공무원법 제61조(당연퇴직)를 개정하여(2002.12.18) "다만 같은 조 제5호(금고 이상의 형의 선고유예를 받은 경우)에 해당할 때에는 그러하지 아니하다"라는 단서규정을 두게 되었다.13)

(3) 효 과

퇴직사유가 발생하면 공무원관계는 당연히 소멸하게 되고 퇴직자는 더 이상 공무원이 아니게 된다. 따라서 그 퇴직사유가 있는 공무원이 행한 행위는 권한 없는 자의 행위가 되지만, 사실상 공무원이론에 의하여 일단 유효한 행위로 볼 수 있다. 그러나 대법원 판례에 의하면 당연퇴직으로 공무원신분을 상실한 자가 사실상 공무원으로 근무하여 왔더라도 공무원연금법상의 퇴직급여의 청구를 할 수 없다고 본다(대판 1995.10.12, 95누5905).

국가공무원이 금고 이상의 형의 집행유예를 받은 경우에는 그 이후 「형법」 제65조에 따라 형의 선고의 효력을 잃게 되었다 하더라도 이미 발생한 당연퇴직의 효력에는 영향이 없다(대판 2002.07.26, 2001두205; 대판 2011.3.23, 2008다49714<한국철도공사>; 대판 2011.03.24, 2009다27605<당연면직무효확인등(한국철도공사)>; 대판 2011.3.24, 2008다92022<직원신규임용취소무효확인(한국철도공사)>).

2. 의원면직

(1) 의 의

(가) 개 념   의원면직(依願免職)은 본인의 사직의사표시인 사직의 신청에 의하여 사직이 수리됨으로써 공무원의 신분을 상실[면직]하게 하는 쌍방적 행정행위(처분)이다. 이러한 의원면직은 본인의 의사와는 상관없이 일방적으로 행해지는 직권면직(職權免職)과 구별된다.

의원면직은 사직의사[사의]표시만으로 공무원관계가 소멸하는 것은 아니며, 면직

---

13) 다시 이러한 단서규정은 현행법으로 "다만, 같은 조 제5호는 「형법」 제129조(수뢰·사전수뢰)부터 제132조(알선수뢰)까지 및 직무와 관련하여 「형법」 제355조(횡령, 배임) 및 제356조(업무상의 횡령과 배임)에 규정된 죄를 범한 자로서 금고 이상의 형의 선고유예를 받은 경우만 해당한다"라고 2010.3.22. 개정하였다. 그리고 수뢰죄를 범하여 금고 이상의 형의 선고유예를 받은 국가공무원은 당연퇴직하도록 한 이러한 국가공무원법 제69조 단서 중 '형법 제129조 제1항'에 관한 부분[심판대상조항]은 과잉금지원칙, 평등원칙, 적법절차원칙에 위반되지 아니한다(헌재 2013.07.25, 2012헌바409).

처분이 있기까지는 공무원관계가 유지된다. 따라서 사직원만 제출하고 직장을 무단이탈하면 징계 및 형사책임의 원인이 된다(대판 1971.3.23, 71누7; 대판 1971.3.31, 71누14).

5급 이상의 국가정보원직원에 대한 의원면직처분이 임면권자인 대통령이 아닌 국가정보원장에 의해 행해진 것으로 위법하고, 나아가 국가정보원직원의 명예퇴직원 내지 사직서 제출이 직위해제 후 1년여에 걸친 국가정보원장 측의 종용에 의한 것이었다는 사정을 감안한다 하더라도 그러한 하자가 중대한 것이라고 볼 수는 없으므로, 대통령의 내부결재가 있었는지에 관계없이 당연무효는 아니다(대판 2007.7.26. 2005두15748<국가정보원면직처분>).

(나) 명예퇴직   명예퇴직(名譽退職)은 의원면직의 하나로서, 20년 이상 공무원으로 근속한 자에 대하여 경제적인 혜택[명예퇴직수당]을 주고 정년 전에 자진하여 퇴직하도록 하는 제도를 말한다. 이러한 제도는 공무원의 사기를 진작하고 인사적체의 현상을 해소하기 위한 것이다.

명예퇴직수당은 공무원의 조기퇴직을 유도하기 위한 특별장려금이고, 퇴직 전 근로에 대한 공로보상적 성격도 갖는다. 따라서 입법자가 명예퇴직수당수급권의 구체적인 지급요건·방법·액수 등을 형성함에 있어서 상대적으로 폭넓은 재량이 허용된다. 그리고 명예퇴직수당은 공무원으로 하여금 국민 전체에 대한 봉사자로서 재직 중 성실하고 청렴하게 근무하도록 유도하기 위한 것으로서 그 목적의 정당성과 수단의 적합성이 인정된다. 또한 명예퇴직수당은 예산이 허용하는 범위 내에서 처분권자의 재량에 따라 지급된다.

명예퇴직 합의 후 명예퇴직 예정일 사이에 허위로 병가를 받아 다른 회사에 근무하였음을 사유로 한 징계해임처분이 징계재량권의 일탈·남용으로 볼 수 없으며, 명예퇴직 합의 후 명예퇴직 예정일 이전에 근로자에게 중대한 비위행위가 있는 경우, 사용자가 명예퇴직의 승인을 철회할 수 있다(대판 2002.8.23. 2000다60890, 60906<명예희망퇴직금·부당이득금>).

명예퇴직공무원이 재직 중의 사유로 금고 이상의 형을 받은 때에는 명예퇴직수당을 필요적 환수토록 한 국가공무원법 제74조의2 제3항 제1호는 피해의 최소성 및 법익균형성을 갖추었다고 할 것이어서 재산권을 침해하지 않는다(헌재 2010.11.25. 2010헌바93). 또한 '금고 이상의 형을 받는 사유'에 '직무관련성이 없거나 과실로 인한 범죄로 인한 경우'를 제외한다면, 이러한 경우 금고 이상의 형을 받는 시점이 퇴직 전인지 퇴직 후인지에 따라 명예퇴직수당의 지급 여부가 결정되는 불합리가 발생하게 된다. 따라서 '직무와 관련 없는 사유로 금고 이상의 형을 받은 명예퇴직자'와 '직무와 관련 있는 사유로 금고 이상의 형을 받은 명예퇴직자'를 동등하게 취급하는 데는 합리적 이유가 있다고 할 것이다(헌재 2010.11.25. 2010헌바93).

⑵ 사직의사

공무원은 원칙적으로 사직의 자유를 가진다. 의원면직에 있어서 <u>사의표시는 자</u>
<u>유로운 상태에서 행해져야</u> 하고, 그렇지 않은 경우에는 의원면직의 취소 또는 무
효원인이 된다(대판 1968.3.19, 67누164<중앙정보부위협>; 대판 1968.4.30, 68누8<중앙정보부구타>;
대판 1975.6.24, 75누46). 사직의사의 표시가 감사기관이나 상급관청 등의 강박에 의한
경우에는 그 정도가 의사결정의 자유를 박탈할 정도에 이른 경우는 무효로 되고,
그렇지 않고 의사결정의 자유를 제한하는 정도에 그친 경우라면 그 성질에 반하지
아니하는 한 민법 제110조의 규정을 준용한다(대판 1997.12.12, 97누13962<익산시공무원>).

비위에 따른 객관적 상황을 고지한 것에 불과하고 공무원 자신이 여러 사정을
고려하여 사직서를 제출한 경우에도 사직의 의사결정이 강요에 의한 것이라고 볼
수 없다(대판 1995.12.5, 95누12033<경찰사직종용>). 교정풍토부조리 쇄신작업의 일환으로
대검찰청 특별수사부에서 뇌물수수에 관한 수사를 받게 되자 일신상의 사정으로
사직하고자 한다는 내용의 사직원을 제출하고 이에 따른 의원면직처분은 적법하다
(대판 1984.6.12, 82누500<검찰수사과정제출사직원>).

임용권자가 일괄사표제출을 명하였다고 하여도 그 사표제출이 원고의 자유의사
에 반하지 아니한 이상 이에 기한 의원면직처분은 적법하다(대판 1981.11.24, 81누120<일
괄사표제출(창원시장)>). 따라서 1980년 공직자숙정계획의 일환으로 행한 일괄사표의
제출은 강압에 의하여 의사결정의 자유를 박탈당한 상태에서 이루어진 것이라고
할 수 없다(대판 2001.8.24, 99두9971<공직자숙정계획>).

■ 강요에 의한 사직의사로 본 사례 ■

(1) 조사기관에 소환당하여 구타당하리라는 공포심에서 조사관의 요구를 거절치 못
하고 작성·교부한 사직서(대판 1968.3.19, 67누164<중앙정보부위협>),
(2) 중앙정보부가 공무원의 면직 등에 관여할 수 없다 하더라도 그 부원이 사실상
당해 공무원을 구타·위협하는 등으로 관여하여 이로 말미암아 본의 아닌 사직원을 제
출케 한 경우(대판 1968.4.30, 68누8<중앙정보부구타>),
(3) 상사인 세무서장이 공무원에게 사직원을 제출할 것을 강력히 요구하므로 사직
원을 제출할 의사가 없으면서 사직원을 제출하더라도 반려될 것으로 알고 수리되는
경우에는 행정소송을 할 의사로 사직원을 제출한 경우(대판 1975.6.24, 75누46)
(4) 대학교의 총무국장이 대학교원에게 재임용에서 탈락할 것이라고 하면서 사실상
강요하여 받은 사직서(대판 2008.02.14, 2007두21303<재임용·재심사인용결정취소>)

▣ 강요에 의한 사직의사로 보지 않은 사례 ▣

(1) 교정풍토부조리 쇄신작업의 일환으로 대검찰청 특별수사부에서 뇌물수수에 관한 수사를 받게 되자 일신상의 사정으로 사직하고자 한다는 내용의 이 사건 사직원을 제출한 경우(대판 1984.6.12, 82누500<검찰수사과정제출사직원>),

(2) 공무원이 범법행위를 저질러 수사기관에서 조사를 받는 과정에서 사직을 조건으로 내사종결하기로 하고 수사기관과 소속행정청의 직원 등이 당해 공무원에게 사직을 권고·종용함에 있어 가사 이에 불응하는 경우 형사입건하여 구속하겠다고 하고 또한 형사처벌을 받은 결과 징계파면을 당하면 퇴직금조차 지급받지 못하게 될 것이라고 하는 등 강경한 태도를 취하였더라도 이는 범법행위에 따른 객관적 상황을 고지한 것에 불과하고, 공무원 자신이 그 범법행위로 인하여 징계파면이 될 경우 퇴직금조차 받지 못하게 될 것을 우려하여 사직서를 작성·제출한 경우(대판 1990.11.27, 90누257<의원면직처분취소>; 대판 1992.06.09, 92누558),

(3) 감사담당 직원이 공무원에 대한 비리를 조사하는 과정에서 사직하지 아니하면 징계파면이 될 것이고 또한 그렇게 되면 퇴직금 지급상의 불이익을 당하게 될 것이라는 등의 강경한 태도를 취하였다 하여도, 이는 비위에 따른 객관적 상황을 고지한 것에 불과하고 공무원 자신이 그 비위로 인하여 징계파면이 될 경우 퇴직금 지급상의 불이익을 당하게 될 것 등 여러 사정을 고려하여 사직서를 제출한 경우, 결국 위 사직의 의사결정이 공무원의 의사에 기하지 아니한 강요에 의한 것이라고 볼 수 없다(대판 1995.12.5, 95누12033<경찰사직종용(객관적상황고지)>),

(4) 사직서의 제출이 감사기관이나 상급관청 등의 강박에 의한 경우에는 그 정도가 의사결정의 자유를 박탈할 정도에 이른 것이라면 그 의사표시가 무효로 될 것이고 그렇지 않고 의사결정의 자유를 제한하는 정도에 그친 경우라면 그 성질에 반하지 아니하는 한 의사표시에 관한 민법 제110조의 규정을 준용하여 그 효력을 따져보아야 할 것이나, 감사담당 직원이 당해 공무원에 대한 비리를 조사하는 과정에서 사직하지 아니하면 징계파면이 될 것이고 또한 그렇게 되면 퇴직금 지급상의 불이익을 당하게 될 것이라는 등의 강경한 태도를 취하였다고 할지라도 그 취지가 단지 비리에 따른 객관적 상황을 고지하면서 사직을 권고·종용한 것에 지나지 않고 위 공무원이 그 비리로 인하여 징계파면이 될 경우 퇴직금 지급상의 불이익을 당하게 될 것 등 여러 사정을 고려하여 사직서를 제출한 경우라면 그 의사결정이 의원면직처분의 효력에 영향을 미칠 하자가 있었다고는 볼 수 없다(대판 1997.12.12, 97누13962),

(5) 이른바 1980년의 공직자숙정계획의 일환으로 일괄사표의 제출과 선별수리의 형식으로 공무원에 대한 의원면직처분이 이루어진 경우, 사직원 제출행위가 강압에 의하여 의사결정의 자유를 박탈당한 상태에서 이루어진 것이라고 할 수 없는 경우(대판 2000.11.14, 99두5481 ; 대판 2001.8.24, 99두9971<공직자숙정계획>)

(3) 사직의 신청

(가) 사직서의 제출   본인이 서명·날인한 사직서를 제출하여야 한다(지방자치법시행령§25)고 한 규정의 취지는 사직의 의사표시가 본인의 의사에 기한 것임을

서면으로 명확하게 하기 위하여 것일 뿐 반드시 본인이 사직서에 직접 서명·날인 하여야 한다는 것은 아니다(대판 1997.11.14, 97누14705).

임용권자에 의하여 수리 또는 반려 중 어느 하나의 방법으로 처리되리라는 예측 이 가능한 상태에서 이루어지는 일괄사표를 임용권자 앞으로 제출하는 것도 가능 하다.

(나) 사직의사의 철회   공무원의 사직의사표시는 사직신청의 수리[의원면 직처분]가 있을 때까지 원칙적으로 철회(撤回)할 수 있으나, 면직처분이 있고 난 이 후에는 철회할 여지가 없다(대판 2001.8.24, 99두9971<공직사회숙정계획>). 그런데 사직의사 표시를 철회할 수 있는 경우에도 신의칙에 반한다고 인정되는 특별한 사정이 있다 면 의원면직처분이 있기 전이라고 해도 그 철회가 허용되지 아니한다(대판 1993.7.27, 92누16942<군무원사직철회>; 대판 2001.8.24, 99두9971<공직사회숙정계획>).

(4) 사직의 수리

(가) 수리시기   공무원의 사직원에 대해서 임용권자는 수리할 의무가 있다. 수리시기에 관해서는 당해 업무의 공백상태나 의원면직의 악용 등을 방지하기 위 하여 일정한 재량이 인정된다. 그렇다고 면직처분이 있을 때까지 무한정 기다릴 수는 없기 때문에, 후임의 보충 기타 업무의 공백을 막기 위하여 필요한 조치를 취할 수 있는 상당한 기간까지 수리하여야 한다고 본다. 그리고 공무원이 일정시 기까지 사표수리를 보류해 줄 것을 당부하면서 작성일자를 기재하지 아니한 사직 서를 작성·제출한 경우, 행정청이 그 시기까지 기다리지 않고 바로 그 사표를 수 리하고 면직처분을 하였다 하여 그 면직처분에 하자가 있다고 할 수 없다(대판 1986.08.19, 86누81).

(나) 내심의 의사   사직서제출 당시 임용권자에 의하여 수리 또는 반려 중 어느 하나의 방법으로 처리되리라는 예측이 가능한 상태에서 이루어진 일괄사표제 출에 대한 선별수리의 형식으로 사직서를 수리하는 것은 사직의사에 반하지 않는 다(대판 1992.8.14, 92누909<일괄사표제출·선별수리>). 그리고 공무원의 사직의사표시에는 민 법(107)의 비진의의사표시(非眞意意思表示)에 관한 법리는 적용되지 않는다(대판 2001.8.24, 99두9971<공직자숙정계획>). 따라서 비록 사직원제출자의 내심의 의사가 사직 할 뜻이 아니었다 하더라도 그 의사가 외부에 객관적으로 표시된 이상 그 의사는 표시된 대로 효력을 발하는 것이며, 민법 제107조는 그 성질상 사인의 공법행위에 적용되지 아니하므로 사직원제출을 받아들여 의원면직처분한 것을 당연무효라고 할 수 없다(대판 1992.8.14, 92누909<일괄사표제출·선별수리>; 대판 1986.7.22, 86누43<공직풍토정화 운동(일괄사표제출)>).

(다) 절 차   의원면직처분은 징계처분이 아님이 명백하므로 의원면직처분을 함에는 징계처분을 하는 경우와 같은 소정의 징계절차를 거칠 필요가 없다. 따라서 상대방의 의사에 기한 의원면직처분은 징계처분 등을 행할 때 상대방에게 사유설명서를 교부하도록 하는 것과 같은 처분사유설명서가 요구되는 것은 아니다(대판 1986.7.22, 86누43<일괄사직원제출(내무부장관)>).

(5) 효 과

임명권자에 의하여 사임이 허용된 경우에 그 효력은 사직원을 제출한 날에 소급한다(대판 1954.6.28, 54관할재정45).

면직의 효력발생은 면직발령장 또는 면직통지서에 기재된 일자에 면직의 효과가 발생하며, 당일 00:00시부터 공무원의 신분을 상실한다(대판 1985.12.24, 85누531).

3. 직권면직(일방적 면직)

본인의 의사와는 상관없이 일방적으로 행해지는 면직처분으로서, 징계면직과 협의익 직권면직이 있다. 1) 징계면직은 징계처분으로서 공무원의 신분을 박탈하는 행위를 말하며, 파면과 해임이 있다. 2) 협의의 직권면직(職權免職)이란 공무원관계를 계속 유지할 수 없는 경우에 임명권자의 일방적 의사에 의하여 공무원관계를 소멸시키는 것을 말한다.

행정수요의 소멸 또는 조직의 비대화로 인한 효율성이 저하되는 경우에 불가피하게 이루어지는 직제폐지에 따른 직권면직은 합리적인 면직기준을 구체적으로 정함과 동시에 그 공정성을 담보할 수 있는 절차를 마련하고 있다면 직업공무원제도를 위반하고 있다고 볼 수 없다(헌재 2004.11.25, 2002헌바8<직제폐지직권면직(지방공무원법제62조제1항제3호)>). 따라서 이른바 외환위기에 따른 국가위기상황에서 지방행정조직에 대한 구조조정방침의 일환으로 지방의회가 조례를 개정하여 상수도 검침업무를 수행하던 기능직 공무원 직제를 폐지하고 그에 해당하는 정원을 삭제함에 따라 이루어진 직권면직처분은 위법하지 않다(대판 2006.9.14, 2004두4000<상수도검침기능직공무원>; 대판 2005.4.15, 2004두14915<상수도검침인력(서울특별시)>).

임용권자는 법률(국가공무원법§70①, 지방공무원법§62)에 열거되어 있는 사유에 의하여 협의의 직권면직시킬 경우에는 미리 관할 징계위원회의 의견을 들어야 한다(국가공무원법70②본). 그런데 대기발령을 받은 자가 그 기간 중에 능력 또는 근무성적의 향상을 기대하기 어려운 경우에 행하는 직권면직은 징계위원회의 동의를 얻어야 한다(국가공무원법70②단).

[판 례] 대판 2005.4.15, 2004두14915 : 공무원도 임금을 목적으로 근로를 제공하는 근로자라 할 것이므로 공무원법 등에 특별한 규정이 없는 경우에도 그 성질에 반하지 아니하는 한 근로기준법이 적용될 수 있으나, 공무원에 대한 임면 등의 인사와 복무 등에 관하여는 공무원법과 공무원임용령 등 공무원에게 적용되는 특별한 규정이 있기 때문에, 공무원의 직권면직에 대하여 근로기준법이 적용될 수 없다. 뿐만 아니라 지방자치단체와 지방공무원 간의 공법상의 근무관계에 대하여 사인 간의 근로관계에서의 해고에 관한 근로기준법(30·31)을 그대로 적용하거나 유추적용하는 것은 지방공무원의 근무관계의 성질에 반하는 것이어서 허용될 수 없다(대판 2002.11.8, 2001두 3051 참조).

[물 음] 국가공무원법 제70조 제3항 소정의 고려사항과 다른 기준을 정하여 한 면직처분의 위법 여부(대판 2002.09.27, 2002두3775⟨직권면직처분취소(경상대총장)⟩)
국립대학교총장(X)이 기능직공무원인 위생원으로 근무하던 A를 '휴직자 우선 및 정년퇴직일순'이라는 면직기준을 따라 직권면직하였다. 이러한 경우에 있어서 직권면직처분은 국가공무원법 제70조 제3항의 규정에 반하는 위법한 처분인가?

- 국가공무원법 제70조 제1항 제3호는 직제와 정원의 개폐 또는 예산의 감소 등에 의하여 폐직 또는 과원이 되었을 때에는 임용권자는 공무원을 직권에 의하여 면직시킬 수 있다고 규정하는 한편, 같은 조 제3항에서 임용권자는 임용형태·업무실적·직무수행능력·징계처분사실 등을 고려하여 면직기준을 정하도록 규정하고 있다. 이는 합리적인 면직기준을 구체적으로 법률로 규정하여 객관적이고 공정한 기준에 의하지 아니한 자의적인 직권면직을 제한함으로써 직업공무원의 신분을 두텁게 보장하려는 데 그 취지가 있다.

- 따라서 국가공무원법 제3항에 정해진 기준인 '임용형태·업무실적·직무수행능력·징계처분사실'을 고려하지 아니한 채 이와는 다른 기준을 정하여 한 면직처분은 이를 정당화할 만한 특별한 사정이 없는 한 위법하다고 보아야 할 것이다.

- 결론적으로, 국립대학교총장[X]가 A를 직권면직함에 있어서 적용한 '휴직자 우선 및 정년퇴직일순(고령순)'이라는 기준은 국가공무원법 제70조 제3항이 정하는 '임용형태·업무실적·직무수행능력·징계처분사실'을 반영한 것으로 볼 수 없으므로 이 사건 처분은 위법하다고 보아야 할 것이다.

[참조조문] 국가공무원법

제70조(직권면직) ① 임용권자는 공무원이 다음 각 호의 어느 하나에 해당하면 직권으로 면직시킬 수 있다.
　　1.~2. <삭제>

3. 직제와 정원의 개폐 또는 예산의 감소 등에 따라 폐직(廢職) 또는 과원(過員)이 되었을 때

4.~ 9. <생략>

② <생략>

③ 임용권자나 임용제청권자는 제1항 제3호에 따라 소속 공무원을 면직시킬 때에는 임용 형태, 업무 실적, 직무수행 능력, 징계처분 사실 등을 고려하여 면직기준을 정하여야 한다.

[물 음] 직권면직기간이 계급정년기간에 포함되는지 여부(대판 2007.2.8, 2005두7273 〈계급정년확인등(국가정보원)〉)

국가정보원장[X]은 1999.03.31. 국가정보원 직제의 개폐에 의하여 폐직 또는 과원이 됨에 따라 국가정보원직원법 제21조 제1항 제3호에 의하여 공무원A에 대하여 직권면직처분을 하였다. 그 후 공무원A는 국가정보원장을 상대로 제기한 직권면직처분 무효확인소송 또는 취소소송에서 공무원A의 승소판결이 선고되어 확정되어 복귀하였다. 공무원A가 승소한 이유는 발령주체 면에 있어서 내부적인 행정의사 결정은 적법한 권한자인 대통령에 의하여 이루어졌으나 그 외부적 표시가 권한이 없는 국가정보원장에 의하여 이루어진 하자가 있거나 또는 「대산자선정기준 등에 하자가 있다는 것이었다. 이러한 경우에 직권면직기간이 계급정년기간에 포함되는가?

참조조문 국가정보원직원법

제21조(직권 면직) ① 임명권자는 직원이 다음 각 호의 어느 하나에 해당할 때에는 직권으로 면직시킬 수 있다.

1.~2. <생략>

3. 직제(직제) 또는 정원(정원)의 개정·폐지나 예산의 감소 등으로 직위가 없어지거나 정원이 초과될 때

4.~5. <생략>

② ~⑥ <생략>

제22조(정년) ① 직원의 정년은 다음과 같다. <개정 2014.1.7>

1. <생략>

2. 특정직직원의 계급 정년

　가. 2급 직원: 5년

　나. 3급 직원: 7년

　다. 4급 직원: 12년

　라. 5급 직원: 18년

②~③ <생략>.

• 국가정보원직원법 제22조 제1항 제2호, 제3항 등 계급정년 관련 규정의 내용 및 계급정년제도의 취지, 법률관계의 안정성의 요청 등을 종합하여 볼 때, 계급정년의

적용을 받는 공무원이 직권면직처분에 의하여 면직되었다가 그 직권면직처분이 무효임이 확인되거나 취소되어 복귀한 경우, 그 직권면직처분 때문에 사실상 직무를 수행할 수 없었던 기간 동안 승진심사를 받을 기회를 실질적으로 보장받지 못하였다고 하더라도 원칙적으로 그 직권면직기간은 계급정년기간에 포함된다.
- 그러나 그 직권면직처분이 법령상의 직권면직사유 없이 오로지 임명권자의 일방적이고 중대한 귀책사유에 기한 것이고, 그러한 직권면직처분으로 인해 줄어든 직무수행기간 때문에 당해 공무원이 상위 계급으로 승진할 수 없었다는 등의 특별한 사정이 인정되는 경우에까지 직권면직기간을 계급정년기간에 포함한다면 헌법 제7조 제2항 소정의 공무원신분보장 규정의 취지를 근본적으로 훼손하게 된다. 따라서 그러한 경우에는 예외적으로 직권면직기간이 계급정년기간에서 제외된다고 봄이 상당하다.
- 결론적으로, 공무원A에 대한 직권면직처분은 국가정보원직원법 제21조 제1항 제3호의 직권면직사유에 터 잡아 이루어졌고, 그 무효 또는 취소사유인 하자의 내용 등에 비추어 보면, 공무원A에 대한 직권면직처분이 법령상의 직권면직사유 없이 오로지 국가의 일방적이고 중대한 귀책사유에 기한 것으로 보기 어려우므로, 그 직권면직기간이 계급정년기간에서 제외된다고 볼 수 없다.

제 5 절   공무원신분관계와 행정구제

I. 소청심사

1. 의 의

소청(訴請)이란 소속 공무원의 징계처분, 그 밖에 그 의사에 반하는 불리한 처분이나 부작위에 대하여 불이익처분을 받은 자가 관할 소청심사위원회에 심사를 청구하는 특별행정심판을 말한다(국가공무원법9① 참조). 이러한 소청제도는 공무원의 권익보장과 함께 행정질서의 확립을 위하여 인정된다. 그런데 행정심판법의 행정심판에 대한 특례로서 소청제도를 둔 취지는 공무원의 신분과 관련된 특수성을 반영하기 위한 것이다. 따라서 공무원법상의 소청은 행정소송을 제기하기 위한 필수적 전심절차로 하고 있다(국가공무원법16① 참조).

2. 소청심사위원회

소청심사위원회는 정무직인 위원장 1인을 포함한 5인 이상 7인 이내의 상임위원과 상임위원 수의 2분의 1이상인 비상임위원으로 구성된 합의제행정청으로서, 안전행정부에 설치된다(국가공무원법9①·③ 참조). 위원들의 임기는 3년으로 하고 1차에 한하여 연임할 수 있다(국가공무원법10②).

각급학교 교원의 징계처분 그 밖에 그 의사에 반하는 불리한 처분(교원재임용거부처분을 포함한다)에 대한 소청심사를 하게 하기 위하여 교육인적자원부에 교원소청심사위원회를 둔다([교원지위향상법]7①). 그런데 교원소청심사는 행정소송의 필요적 전심절차가 아니기 때문에, 교원소청심사를 제기하지 않고도 바로 행정소송을 제기할 수 있다.

3. 소청의 제기

(1) 대 상

소청의 대상(對象)은 징계처분·강임·휴직·직위해제·면직처분, 기타 본인의 의사에 반하는 불리한 처분이다. 여기서 '본인의 의사에 반하는 불리한 처분'이란 공무원의 신분에 관한 불이익처분 중 법에 열거되어 있는 것을 제외한 것이라고 할 수 있다.

'엄중 경고하니 차후 이러한 사례가 없도록 각별히 유념하기 바람'이라는 내용의 서면에 의한 경고(대판 1991.11.12, 91누2700), 인사기록카드에 등재되지도 않고 포상추천 제외사유도 되지 않는 행정규칙에 정해진 경고(대판 2004.4.23, 2003두13687) 등은 행정소송의 대상이 되지 않지만, 소청심사의 대상으로 삼을 수는 있다고 보아야 한다.

(2) 청구기간

징계·강임·휴직·직위해제 또는 면직의 경우에는 처분사유설명서를 받은 날로부터, 기타의 불리한 처분을 받았을 때에는 그 처분이 있은 것을 안 날로부터 30일 이내에 제기할 수 있다(국가공무원법75, 76① 참조).

(3) 임시결정

본인의 의사에 반하여 파면 또는 해임이나 대기명령을 받은 자에 대한 면직처분을 하면 그 처분을 한 날부터 40일 이내에는 후임자의 보충발령을 하지 못한다. 다만, 인력 관리상 후임자를 보충하여야 할 불가피한 사유가 있고, 소청심사위원회의 임시결정이 없는 경우에는 안전행정부장관과 협의를 거쳐 후임자의 보충발령을 할 수 있다(국가공무원법76②).

파면·해임 또는 대기발령을 받은 자에 대한 직권면직에 관한 소청을 접수한 날로부터 5일 이내에 소청심사위원회는 당해 사건의 최종결정이 있을 때까지 후임자의 보충발령을 유예하는 임시결정(臨時決定)을 할 수 있다(국가공무원법76③). 그런데 교원의 파면·해임·면직처분에 대해서 소청심사를 청구하지 않은 경우에는 소청심사기간이 지난 후에 보충발령을 할 수 있으나, 소청심사를 청구한 경우에는 교원소청심사위원회의 최종 결정이 있을 때까지 후임자를 보충발령하지 못한다([교원지위향상법]9②). 소청심사위원회는 임시결정한 날로부터 20일 이내에 최종결정을 하여야 한다(국가공무원법76④).

4. 소청의 심사와 결정

(1) 심 사

소청심사위원회는 이 법에 따른 소청을 접수하면 지체 없이 심사하여야 하며(국가공무원법12①), 소청의 심사(審査)에 있어 검증·감정, 그 밖의 사실조사, 증인소환·질문, 관계서류제출을 명할 수 있다(국가공무원법12②). 소청인 또는 대리인에게 진술의 기회를 부여하여야 하며, 진술의 기회를 부여하지 아니한 결정은 무효이다(국가공무원법13). 그리고 소청의 심리에 있어서 불고불리의 원칙은 적용되지 않으나, 징계 또는 소청의 원인이 된 사실 이외의 사실에 대해서는 심리하지 못한다.

(2) 소청심사위원회의 결정

소청심사위원회의 결정(決定)은 재적위원 3분의 2 이상의 출석과 출석위원 과반수의 합의에 의하며, 의견이 나뉠 경우에는 출석위원 과반수에 이를 때까지 소청인에게 가장 불리한 의견에 차례로 유리한 의견을 더하여 그 중 가장 유리한 의견을 합의된 의견으로 본다(국가공무원법14①).

소청심사위원회의 취소명령 또는 변경명령 결정은 그에 따른 징계나 그 밖의 처분이 있을 때까지는 종전에 행한 징계처분 또는 징계부가금 부과처분에 영향을 미치지 아니한다(국가공무원법14⑥). 그리고 징계처분 또는 징계부가금 부과처분을 받은 자의 청구에 따라 소청을 심사할 경우에는 원징계처분보다 무거운 징계 또는 원징계부가금 부과처분보다 무거운 징계부가금을 부과하는 결정을 하지 못한다(국가공무원법14⑦). 그런데 소청심사위원회가 절차상 하자가 있다는 이유로 의원면직처분을 취소하는 결정을 한 후 징계권자가 징계절차에 따라 당해 공무원에 대하여 징계처분을 하는 경우, 국가공무원법 제14조 제6항[현 제7항]에 정한 불이익변경금지의 원칙이 적용되지 않는다(대판 2008.10.9, 2008두11853·11860(병합)<경남지방경찰청장>).

임용권자의 처분이 위법 또는 부당하더라도 그 취소 또는 변경이 현저히 공공복리에 적합하지 아니할 때에는 사정재결이 가능하다고 보는 입장이 있다(박윤흔). 사정재결은 행정심판에 있어서 예외적 제도로서 법률에 명시적인 규정에 의하여 인정되는 것이기 때문에, 국가공무원법에 명문의 규정이 없으므로 굳이 사정재결(사정의결)을 인정할 이유가 없다고 본다.

소청심사위원회의 결정은 접수한 날로부터 60일 이내(불가피한 경우는 의결로 30일을 연장할 수 있다)에 이유를 구체적으로 명시한 결정서로 하여야 하며, 이러한 위원회의 결정은 처분행정청을 기속한다(국가공무원법76⑤, 14⑧, 15 참조). 그러나 이러한 위원회의 결정이 처분행정청 등에게 반드시 해당 공무원을 재임용(재계약)하여야 하는 의무를 부과하거나14) 혹은 그 공무원이 바로 재임용되는 것과 같은 법적 효과까지 인정되는 것은 아니다(대판 2010.09.09, 2008다6953<임금등> 참조). 따라서 소청심사위원회의 소청심사결정 중 임용기간이 만료된 공무원에 대한 재임용거부처분을 취소하는 결정은 재임용거부처분을 취소함으로써15) 처분행정청 등에게 해당 공무원에 대한 재임용심사를 다시 하도록 하는 절차적 의무를 부과하는 데 그칠 뿐이다(대판 2010.09.09, 2008다6953<임금등> 참조).

II. 행정소송

공무원이 그에 대한 불이익처분에 대하여 소송을 제기함에 있어서도 행정심판전치주의가 적용되므로 원칙적으로 소청을 거치지 아니하고는 소송을 제기할 수 없다(국가공무원법16③).

행정소송(行政訴訟)은 소청을 제기한 자가 소청심사위원회의 결정에 불복하는 경우에 소청심사결정서 정본을 송달받은 날로부터 90일 이내에 제기한다.

행정소송의 피고는 원칙적으로 원처분청이다. 다만 대통령이 행한 처분(예, 5급 이상의 공무원에 대한 파면처분)에 대한 행정소송은 소속장관을 피고로 하고, 중앙선거관리위원장의 처분에 대해서는 중앙선거관리위원회 사무총장을 피고로 한다(국가

---

14) "반드시 재임용할 의무를 부담하거나 재임용(재계약)에 관한 절차를 이행하여야 하는 의무를 부과한다고 보기는 어렵다"고 표현한 경우도 있다(헌재 2006.04.27, 2005헌마1119; 헌재 2008.10.30, 2005헌마723·2007헌바109; 대판 2010.09.30, 2007다47841<교수재임용절차이행등>).

15) "과거의 재임용 거부처분이 부당하였음을 확인하는 정도의 효력만 있을 뿐"이라고 표현한 경우도 있다(헌재 2006.04.27, 2005헌마1119; 헌재 2008.10.30, 2005헌마723·2007헌바109; 대판 2010.09.30, 2007다47841<교수재임용절차이행등>).

공무원법§16②).

행정소송의 대상은 원칙적으로 공무원에게 불리한 원처분이 된다. 그러나 예외적으로 소청심사위원회의 결정에 고유한 위법이 있는 경우는 위원회의 결정을 행정소송 대상으로 할 수 있다(대판 1993.8.24, 93누5673).

III. 공무원의 실질적 권익구제
―소급재임용 및 소급보수지급 등의 보장―

1. 소급재임용

법원의 판결 등으로 면직처분 등이 취소되었음에도 불구하고 결원이 없어서 재임용되지 못한다면, 실질적 권익구제에 문제가 생기므로 공무원의 불이익처분에 대한 구제제도의 실효성 확보를 위하여 명문의 규정을 두고 있다.

공무원의 불이익처분(파면처분·면직처분 또는 강등처분)에 대하여 소청심사위원회 또는 법원에서 무효나 취소의 결정 또는 판결이 있으면, 그 파면처분·면직처분 또는 강등처분에 따라 결원보충이 있었던 때로부터 파면처분·면직처분 또는 강등처분을 받은 자의 처분 전 직급·직위에 해당하는 정원(定員)이 따로 있는 것으로 본다(국가공무원법43③).

2. 소급보수지급

공무원에게 행한 파면처분·면직처분 또는 직위해제처분이 소청심사위원회의 결정 또는 법원의 판결로 무효 또는 취소된 때에는 복귀일 또는 발령일에 원래의 정기승급일을 기준으로 한 당시의 보수 전액 또는 차액을 소급하여 지급한다(공무원보수규정30①1문). 재징계절차에 의하여 재징계한 경우에는 재징계의 결과에 따라 보수를 지급하되, 재징계처분 전의 징계처분기간에 대하여는 보수의 전액 또는 차액을 소급하여 지급한다(공무원보수규정30①2문).

대법원 판례에 의하면, "공무원수당규정 제19조 제7항은 공무원에 대한 징계처분이나 면직처분 또는 직위해제처분이 법원의 판결 등으로 무효로 되거나 또는 취소된 때에 지급하여야 할 수당으로 특수지근무수당과 특수근무수당 등을 규정하고 있지 않다. 그런데 공무원보수규정 제30조 제1항 등 관계 법령의 규정 취지에 비추어 보면 특수지근무수당과 특수업무수당은 당연히 교육공무원에 대한 해임처분이 취소된 경우에 소급하여 지급하여야 할 보수에 포함되는 것으로 보아야 할 것이다"(대판 1996.6.28, 95다24722)라고 본다.

3. 손해배상청구

공무원[A]이 직무를 행함에 있어서 고의 또는 과실로 법령에 위반하여 공무원 [B]에게 손해를 가한 경우는 국가배상법 제2조에 의해서 공무원[B]의 배상청구가 인정된다.

(가) 재임용과 관련된 손해배상   적법한 재임용심사를 받았다면 재임용을 받을 수 있었던 대학교원이 위법하게 재임용을 거부당한 경우에는 그 거부결정이 불법행위에 해당함을 이유로 임금 상당의 손해배상을 구할 수 있다(대판 2006.03.09, 2003다52647<교원재임용제외결정무효확인> 참조). 재임용거부처분을 취소한 소청심사결정의 기속력에 기하여 재임용심사의무가 있는 학교법인 등이 그 의무를 이행하지 아니하였다고 하더라도 그러한 사정만으로 바로 불법행위로 인한 임금 상당 재산상 손해의 배상책임이 발생하는 것은 아니고, 재심사 결과 해당 교원이 재임용되었을 것임이 인정되는 경우에 한하여 위와 같은 손해배상책임을 긍정할 수 있다(대판 2010.09.09, 2008다6953<임금등>).

기간임용제 대학교원에 대한 학교법인의 재임용거부결정이 불법행위를 구성함을 이유로 학교법인에게 재산적 손해배상책임을 묻기 위해서는 당해 재임용거부가 학교법인의 고의 또는 과실로 인한 것이라는 점이 인정되어야 한다. 이를 위해서는 학교법인이 보통 일반의 대학을 표준으로 하여 볼 때 객관적 주의의무를 결하여 그 재임용거부결정이 객관적 정당성을 상실하였다고 인정될 정도에 이른 경우이어야 한다. 이때 객관적 정당성을 상실하였는지 여부는 여러 사정16)을 종합하여 손해의 배상책임을 대학에게 부담시켜야 할 실질적인 이유가 있는지 여부에 의하여 판단하여야 한다(대판 2010.09.09, 2009다693<교원지위확인등>; 2013.01.16, 2012다31734<손해배상(학교법인 국민학원)>).

(나) 징계처분으로 인한 손해배상   징계위원들이나 징계권자의 자율적인 판단에 따라 행하여진 징계양정이 결과적으로 재량권을 일탈한 것으로 인정된다고 하더라도, 이러한 경우에는 특별한 사정이 없는 한 징계양정의 잘못을 이유로 불법행위책임을 물을 수 있는 과실이 없다(대판 1996.04.23, 95다6823; 대판 2010.04.22, 2008다38288 전원합의체<대광고학생회장>; 대판 2013.12.26, 2013다208371<손해배상> 등 참조). 그러나 징계권의 행사

---

16) 재임용거부사유의 내용 및 성질, 그러한 거부사유 발생에 있어서 해당 교원의 기여(관여) 정도, 재임용심사절차에서 해당 교원의 소명 여부나 그 정도, 명시된 재임용거부사유 외에 학교법인이 재임용거부 판단에 실질적으로 참작한 사유의 유무 및 그 내용, 재임용심사의 전체적 진행 경과 등.

가 우리의 건전한 사회통념이나 사회상규에 비추어 용인될 수 없음이 분명한 경우에 그 징계는 그 효력이 부정됨에 그치지 아니하고 위법하게 상대방에게 정신적 고통을 가하는 것이 되어 해당 공무원에 대한 관계에서 불법행위를 구성하게 된다(대판 2002.09.24, 2001다44901; 대판 2004.09.24, 2004다37294; 대판 2010.04.22, 2008다38288 전원합의체<대광고학생회장>; 대판 2013.12.26, 2013다208371<손해배상> 등 참조).

제 2 장 공 물
公物

제 1 절 의 의

I. 개 념

1. 학문상 개념

공물(公物)이란 행정목적달성을 위한 물적 수단을 말한다. 이러한 공물의 개념에 관해서 학문적으로 광의와 협의 그리고 최협의의 개념이 있다. 1) 광의의 공물은 국가 등 행정주체가 행정활동을 위하여 공용되는 모든 물건을 말하며, 행정재산과 일반재산(재정재산)을 포함한다. 2) 협의의 공물이란 물건 자체의 사용가치를 통하여 직접적으로 행정목적에 이바지하는 물건(행정재산)만을 공물로 보는 입장이다(통설적 개념). 3) 최협의의 공물이란 행정목적을 위하여 일반공중의 사용에 직접적으로 제공된 물건(공공용물)만을 의미한다. 생각건대 4) 행정법의 연구대상은 협의의 공물개념으로 보는 것이 타당하다.

2. 개념요소

(1) 물건성

물건이란 유체물 및 전기 기타 관리할 수 있는 자연력을 말한다(민법98참조). 그런데 관리할 수 있고 행정목적에 공용된 무체물을 공물에 포함하는 입장과 포함하지 않는 입장의 대립이 있다. 행정법상 물건은 행정목적의 물적 수단으로 사용된다는 점에 그 특징이 있기 때문에, 지배권을 전제로 하는 민법상 물건의 개념과 다르게 정의하는 것이 타당하다. 따라서 행정법상 물건은 행정목적에 직접 제공되는 유체 물과 무체물 그리고 집합물을 의미한다고 할 것이다. 또한 대기(大氣)는 관리할 수 없는 자연력이지만 환경법의 연구대상으로써 환경행정목적의 달성을 위한 물적 수 단인 공물에 해당한다고 할 것이다.

(2) 직접 행정목적공용성

행정목적에 공용되는 직접성은 사용가치를 통하여 행정목적에 직접 공용되는 것 을 말하며, 행정주체가 자신의 직접적인 행정목적달성을 위하여 이용하는 공용물 또는 일반인들이 행정목적달성을 위하여 이용하는 공용물 등이 있다. 따라서 재산 적·경제적 가치에 의하여 간접적으로 행정목적에 공(供)하는 행정주체의 재산권의 대상인 일반재산(재정재산)과 구별된다(대판 1967.4.25, 67다131<공유수면>).

(3) 행정주체관리성

공물의 관리주체는 국가, 지방자치단체, 공공단체 등 행정주체이다. 사인의 사유 지가 공물(예, 도로)로 사용되는 경우에 이러한 공물의 소유권은 사인에게 있지만, 공 물의 관리주체는 국가 또는 지방자치단체 등의 행정주체가 되기 때문에 공물성이 인정된다. 그러나 사인이 자신의 사유지를 사실상 공공의 목적(예, 도로로서 일반의 자유 로운 통행)에 제공하는 경우가 있지만, 이는 공물이 아니라 사유물에 지나지 않는다.

II. 공물의 종류

1. 공물의 관리주체에 의한 분류(국유재산·공유재산)

(1) 국유공물(국유재산)

국유공물 또는 국유재산이란 국가의 부담, 기부채납이나 법령 또는 조약에 따라 국가 소유로 된 재산을 말한다(국유재산법2i 참조) 이러한 국유재산은 국유재산에 관 한 기본적인 사항을 정함으로써 국유재산의 적정한 보호와 효율적인 관리·처분을 목적으로 하는 '국유재산법'의 적용을 받는다.

(2) 공유공물(공유재산)

공유공물 또는 공유재산이란 지방자치단체의 부담, 기부채납이나 법령에 따라 지방자치단체 소유로 된 재산을 말한다([공유재산법]2i 참조). 이러한 공유재산은 공유재산 및 물품을 보호하고 그 취득·유지·보존 및 운용과 처분의 적정을 도모함을 목적으로 하는 [공유재산법]의 적용을 받는다.

(3) 사유공물

사유공물은 사인이 소유권자인 공물을 말한다. 사유공물은 사인의 물건에 공물이 지정된 경우 및 사인이 소유하는 공적 보존물 등을 들 수 있다. 사유공물은 공물의 귀속주체와 관리주체가 일치하지 않는 타유공물에 해당한다.

2. 공물의 목적에 의한 분류(공공용물, 공용물, 공적보존물, 예정공물)

(1) 공공용물

공공용물(公共用物)이란 일반공중의 공동사용에 직접적으로 제공된 공물을 말한다. 예컨대, 도로, 하천, 공원, 영해, 항만, 운하, 제방, 교량, 광장, 공공하수도와 이들의 부속건물 등을 들 수 있다.

(2) 공용물

공용물(公用物)이란 행정주체 자신의 사용에 직접적으로 제공되는 공물을 말한다. 예컨대, 관공서의 청사, 등대 등 일반행정용 공용물, 관사 등 공무원용 공용물, 병사(兵舍)·병기·군용견·요새·연병장 등 군용 공용물 등을 들 수 있다. 행정주체 자신이 사업용에 제공된 공기업용재산(물건)은 실정법(국유재산법6②i, [공유재산법]5②i)에 의하면 공용재산에 포함되어 있으나, 그 실제 기능면에서는 공공용물과 같은 의미를 가지고 있다.

(3) 공적보존물(보존공물)

공적보존물(公的保存物) 혹은 보존공물(保存公物)이란 문화목적·보안목적 등과 같이 일정한 공공목적을 위하여 보존하는 물건 자체를 말한다. 예컨대, 국보문화재, 산림법에 의한 보안림 등을 들 수 있다.[17]

공물법에 의한 공적 보존물은 국가 또는 공공단체가 소유하고 있는 경우라고 보면 공용제한과 아무런 관련이 없으며, 개인이 소유하고 있는 물건을 공적 보존물로 하는 경우에는 그 성립의 한 방법으로 공용제한이 가해지는 것이다.

---

17) 문화재와 같은 공적 보존물은 공물로 볼 것이 아니라 보존이라는 공익목적을 위하여 재산권에 가해지는 제한, 즉 공용제한의 일종으로 보는 것이 타당하다는 견해(박균성)가 있다. 그러나 이러한 견해는 공물과 공용부담의 법리를 혼동하게 한다.

(4) 예정공물

아직 현실적으로 공용개시는 되지 않았지만 장래에 행정주체가 행정목적에 제공되기로 예정되어 있는 물건을 예정공물(豫定公物)이라고 한다(예, 도로예정지([국토계획법]30), 공원예정지, 하천예정지(하천법11) 등). 이러한 예정공물은 아직 공공목적에 제공되고 있지는 않다는 점에서 기성공물(旣成公物)과 구별된다. 그러나 이러한 예정공물도 장래의 공공목적을 위하여 제공되는 데 지장이 없도록 하기 위하여 공물에 준하는 법적 취급을 받게 된다. 예컨대 예정공물인 토지도 일종의 행정재산인 공공용물에 준하여 시효취득의 대상이 될 수 없다(대판 1994.6.10, 93다23442).

3. 공물의 성립과정에 의한 분류(자연공물·인공공물)

(1) 자연공물

자연공물(自然公物)이란 자연적 상태에 있어서 이미 공용 또는 공공용에 제공될 수 있는 실체를 보통 갖추고 있는 공물을 말한다(예, 하천, 하천부지, 호소(湖沼), 해변, 해면, 갯벌 등).

(2) 인공공물

인공공물(人工公物)이란 행정주체가 인공을 가하여 공용 또는 공공용에 제공함으로써 비로소 공물이 되는 것이 보통인 물건을 말한다(예, 도로, 운하, 도시공원, 구거, 농로, 정부청사, 군막사 등).

III. 공물의 특색

1. 의 의

공물은 기본적으로 국가 또는 공공단체(行政主體)에 의하여 공공의 이익을 위하여 사용되는 물건을 말한다. 이러한 공물은 행정목적달성에 필요한 범위 안에서 사법(私法)적용의 대상에서 제외되고 특수한 법적 규율을 받게 된다.

사인이 사유지를 사실상 공공의 목적(예, 사실상 도로 또는 공원용)에 공용한다고 해도 그것은 법적으로 공물이 아니다. 그러나 행정주체의 소유에 속하지 않는 사유물이라도 임차 등에 의하여 공공의 이익을 위하여 사용되는 경우에는 공물의 특색을 인정할 수 있다(예, 사유공물).

2. 공물의 효력상 특색

(1) 공물상 권리의 성질

공물상 권리의 성질에 관해서 공소유권설, 사소유권설, 공물관리권설 등의 대립이 있다. 여기서 공물관리권설은 공물상 권리를 소유권의 문제로 보는 것이 아니라, 공물의 목적을 달성시키기 위한 공물을 유지·관리할 수 있는 공물관리권으로 보는 입장이다. 공물상 권리로서 특히 문제가 되는 것은 유지·관리에 관한 것이고 소유권과 상관없이 공물(예, 사유공물)이 될 수도 있기 때문에 공물상 권리는 공물관리권설이 타당하다.

(2) 융통성의 제한

(가) 원칙적 융통제한   공물은 행정목적수행상 필요한 한도 안에서 매매·증여 등 양도행위 또는 기타의 저당권·지상권 등 사권의 설정행위를 원칙적으로 하지 못한다. 그러나 공물에 대한 공용폐지의 절차를 거쳐 일반재산이 된 후에는 사권행사가 허용된다(국유재산법27(처분의 제한), [공유재산법]19(처분등의 제한)).

따라서 행정재산을 관계당국이 모르고 매각처분하거나 현물출자에 제공하였다 하더라도 이는 무효이다(대판 1967.6.27, 67다806; 대판 1994.2.28, 93다54040<염전제방용지및철도부지>; 대판 1995.04.28, 93다42658 ; 대판 1996.05.28. 95다52383). 또한 "세무서장이 공공용 행정재산으로서 용도폐지도 되지 않은 국유재산을 잡종재산(일반재산)으로 오인하여 매각하였다면 그 매도행위는 무효라고 할 것이고, 이를 국세청이 관리청을 국세청으로 등기한 후 매수인에게 소유권이전등기를 경료해 주었다고 하여 무효인 매도행위를 추인한 것으로 볼 수 없다"(대판 1992.7.14, 92다12971). 그러나 지방자치단체가 행정재산을 매도하였으나 그 후 공용폐지가 된 경우에 매매당시에 행정재산임을 내세워 무효라고 주장하는 것은 신의칙에 반하는 권리행사에 해당된다(대판 1986.10.14. 86다카204<송평저수지유지>).

(나) 융통제한의 정도   공물의 종류에 따라 절대적 융통제한, 상대적 융통제한, 일부융통제한, 융통신고주의 등 융통성의 제한정도는 일정하지 않다. 1) 절대적(絶對的) 융통제한이란 처분 등의 사권의 행사가 절대적으로 부인되는 경우를 말한다. 예컨대, 하천은 폐천부지의 경우를 제외하고는 사권행사가 절대적으로 부인되고 사용허가만이 가능하다. 2) 상대적(相對的) 융통제한이란 원칙적으로 사권의 설정은 금지하되 공물의 목적에 지장이 없는 한도 안에서 사용·수익은 인정하는 것을 말한다. 예컨대, 초등학교의 교사 또는 교정은 수업에 지장이 없는 범위 안에서 강연회장으로 사용허가가 가능하다. 3) 일부융통제한(一部融通制限)이란 사유공물

인 하천이나 도로의 경우처럼, 하천을 구성하는 토지와 그 밖의 하천시설 또는 도로구성요소(부지, 옹벽, 그 밖의 시설물)에 대한 사권행사를 금지하되 소유권이전·저당권설정은 허용하는 경우를 말한다(하천법4(하천관리의 원칙)②, 도로법4(사권의제한)). 대법원과 헌법재판소는 도로법에 의한 도로부지에 대한 사권행사의 금지는 헌법(11, 23, 37 등)에 위반되는 것이 아니라고 판단하였다(대판 1991.8.27, 91다17825; 헌재 2013.10.24, 2012헌바376<도로법제3조위헌소원>).[18] 또한 도로부지에 관하여 사권의 행사가 제한되는 것은 도로로서의 관리·이용에 저촉되는 사권을 행사할 수 없다는 취지이지 부당이득반환청구권의 행사를 배제하는 것은 아니다(대판 1989.1.24, 88다카6006). 4) 융통신고주의(融通申告主義)란 소유권이전의 자유를 인정하면서 소유권자 등 변동사유를 신고하게 하는 것을 말한다(예, 문화재보호법40(신고사항)).

(3) 취득시효의 제한

(가) 의 의   취득시효란 권리를 행사하고 있는 사실상태가 일정한 기간 계속된 경우에 그 권리의 취득을 인정하는 제도를 말한다. 개정되기 전 국유재산법(5②)과 지방재정법(74②)은 국유재산과 공유재산을 사인이 시효취득하는 것을 금지하고 있었다. 이러한 (구)국유재산법과 (구)지방재정법의 규정들은 헌법재판소에 의하여 위헌심판을 받은 바 있기 때문에(헌재 1991.5.13, 89헌가97<국유재산>; 헌재 1992.10.1, 92헌가6·7<공유재산>), 현행 국유재산법(7②)과 [공유재정법](6②)은 각각 "행정재산은 「민법」 제245조에도 불구하고 시효취득(時效取得)의 대상이 되지 아니한다"고 규정하고 있다. 따라서 국유재산과 공유재산의 경우에 있어서 일반재산(재정재산)에 대해서는 취득시효가 인정된다. 국유재산(공유재산)에 대한 취득시효가 완성되기 위해서는 그 국유재산(공유재산)이 취득시효기간 동안 계속하여 행정재산이 아닌 시효취득의 대상이 될 수 있는 일반재산이어야 한다(대판 2009.12.10, 2006다19528; 대판 2010.11.25, 2010다58957).

[판 례] 헌재 1991.5.13, 89헌가97〈국유재산법제5조제2항〉 : 국유잡종재산은 사경제적 거래의 대상으로서 사적 자치의 원칙이 지배되고 있으므로 시효제도의 적용에 있어서도 동일하게 보아야 하고, 국유잡종재산에 대한 시효취득을 부인하는 동 규정은 합리적 근거 없이 국가만을 우대하는 불평등한 규정으로서 헌법상의 평등의 원칙과 사

---

18) 토지 소유권의 행사를 어느 정도 제한하는 것이 도로의 기능 유지를 위해 필요한 점, 토지의 처분은 가능하고 토지를 점유·사용하지 못한 손해에 대한 부당이득반환청구를 할 수 있는 점 등을 고려할 때 재산권을 침해한다고 볼 수 없음을 합헌결정의 이유로 하였다(헌재 2013.10.24, 2012헌바376<도로법제3조위헌소원>).

유재산권 보장의 이념 및 과잉금지의 원칙에 반한다.

[판 례] 헌재 1992.10.1, 92헌가6·7〈지방재정법제74조제2항〉 : 사권을 규율하는 법률관계에 있어서는 그 권리주체가 누구냐에 따라 차별대우가 있어서는 아니 되며 비록 지방자치단체라 할지라도 <u>사경제적 작용으로 인한 민사관계에 있어서는 사인과 대등하게 다루어져야 한다</u>는 헌법의 기본원리에 반하고, 공유재산의 사유화로 인한 잠식을 방지하고 그 효율적인 보존을 위한 적정한 수단도 되지 아니하여 법률에 의한 기본권 제한에 있어서 비례의 원칙 또는 과잉금지의 원칙에 위배된다.

(나) 행정재산의 취득시효에 관한 학설   행정재산의 경우에도 일률적으로 취득시효를 인정할 수 없다는 입장에서 제한적 긍정설, 완전시효취득설, 부정설 등으로 학설이 나뉜다. 1) 제한적 긍정설이란 융통성이 인정되고 있는 행정재산의 경우에 한해서 취득시효를 인정하는 견해이다. 이러한 경우 시효취득이 된 뒤에도 그 물건을 공물로서 공공목적에 공용(供用)할 제한을 받는다. 2) <u>완전시효취득설</u>이란 법정기간 중 평온·공연하게 공물의 목적과는 다른 목적을 위하여 점유되고, 또 공물주체에 의하여 그러한 사실상의 상태가 방치되고 있기 때문에 묵시적인 공용폐지가 있는 것으로 볼 수 있는 공물에 대해서 시효취득을 완전히 인정한다는 입장이다. 3) <u>부정설</u>은 직접 공공의 목적을 위하여 공용되는 공물의 특수성에 비추어, 공물에 취득시효의 요건인 '사인의 소유의사에 의한 일정한 장기간의 점유'라는 사실의 충족을 인정할 수 없다는 입장이다.

(다) 행정재산의 취득시효에 관한 판례   대법원은 기본적으로 행정재산의 시효취득은 <u>공용폐지가 되지 않는 한</u> 인정하지 않는다는 입장이다(대판 1967.6.27, 67다806; 대판 1994.2.8, 93다54040<염전제방용지및철도부지>; 대판 1994.3.22, 93다56220<부산중앙도매시장부지>; 대판 2007.6.1. 2005두7523<하천부지>). 따라서 행정재산이 <u>기능을 상실하여 본래의 용도에 제공되지 않는</u> 상태에 있다 하더라도 관계 법령에 의하여 용도폐지가 되지 아니한 이상 당연히 취득시효의 대상이 되는 일반재산이 되는 것이 아니다(대판 1967.4.25, 67다131; 대판 2009.12.10, 2006다11708; 대판 2010.11.25, 2010다58957). 공용폐지는 묵시적으로도 가능하지만, 행정재산이 본래의 용도에 제공되지 않은 상태에 있다는 사정만으로는 <u>묵시적인 공용폐지의 의사표시</u>가 있다고 볼 수 없다는 것이 또한 판례(대판 1982.12.14, 80다236; 대판 2009.12.10, 2006다11708; 대판 2010.11.25, 2010다58957)의 입장이다.

그리고 원래의 행정재산이 공용폐지되어 취득시효의 대상이 된다는 사실에 대한 <u>입증책임</u>은 시효취득을 주장하는 원고에게 있다(대판 1994.3.22, 93다56220<부산중앙도매시

장부지>; 대판 1994.9.13, 94다12579; 대판 1995.11.14, 94다42877<갯벌간척>; 대판 1997.8.22, 96다10737).

　취득시효의 대상과 관련하여 아직 현실적으로 공용개시는 되지 않았지만 장래에 행정주체가 행정목적에 제공되기로 예정되어 있는 예정공물(豫定公物)은 장래의 공공목적을 위하여 제공되는 데 지장이 없도록 하기 위하여 공물에 준하는 법적 취급을 받게 된다. 따라서 예정공물인 토지는 공공용물에 준하여 시효취득의 대상이 될 수 없다(대판 1994.5.10, 93다23442).

▣ 묵시적 공용폐지과 시효취득을 인정한 경우 ▣

(1) 대구국도사무소 소장 관사

　대한민국정부 수립 후 1948.11.4, 미군정청 토목부 사무가 내무부에 인계되고, 1949.6.4, 내무부에 부산지방건설국이 설치되어 경상남·북도의 건설사업을 관장하게 되면서, 그 산하 대구국도사무소가 폐지되고, 그 이래 국도사무소 소장관사로 사용되던 부동산이 달리 공용으로 사용된 바 없다면, 그 부동산은 이로 인하여 묵시적으로 공용이 폐지되어 시효취득의 대상이 되었다 할 것이다(대판 1990.11.27, 90다5948<대구국도사무소소장관사>).

(2) 직선도로 이전의 곡선도로

　직선도로인 신도로가 뚫려 주민들이 그곳으로 통행하게 되고 종전에 도로였던 이 사건 계쟁토지부분 위에 A(소외인)가 변소를 지어 이를 점유하게 된 경위가 만일 원고의 주장과 같이 국가와 위 1341의 1 대지 소유자이던 A 사이의 교환약정에 기인한 것이라면 이 사건 계쟁토지부분은 묵시적으로 공용폐지되었다고 봄이 상당하여 시효취득의 대상이 될 수 있다 할 것이다. 비록 그 교환약정에 따른 등기절차가 이행되지 아니하여 공부상 신도로 부분의 소유권이 피고(대한민국)에게 넘어가지 아니하였으며 이 사건 계쟁토지부분의 소유권이 피고에게 남아 있어 제주시가 이 사건 계쟁토지부분을 국유의 행정재산으로 보고 원고의 이에 대한 시효취득기간 만료 후에 판시와 같이 이 사건 계쟁토지부분의 일부에 관하여 B(소외인)에게 도로점용허가를 하여 그로부터 점용료를 징수하였다 하더라도 사정이 달라지지 아니한다 할 것이다(대판 1993.6.22, 92다29030).

(3) 학교교장의 관사

　학교 교장이 학교 밖에 위치한 관사를 용도폐지한 후 재무부로 귀속시키라는 국가의 지시를 어기고 사친회 이사회의 의결을 거쳐 개인에게 매각한 경우, 이와 같이 교장이 국가의 지시대로 위 부동산을 용도폐지한 다음 비록 재무부에 귀속시키지 않고 바로 매각하였다고 하더라도 위 용도폐지 자체는 국가의 지시에 의한 것으로 유효하다고 아니할 수 없고, 그 후 오랫동안 국가가 위 매각절차상의 문제를 제기하지도 않고, 위 부동산이 관사 등 공공의 용도에 전혀 사용된 바가 없다면, 이로써 위 부동산은 적어도 묵시적으로 공용폐지되어 시효취득의 대상이 되었다고 봄이 상당하다(대판 1999.7.23, 99다15924<진주사범학교>).

[물 음] 공공용재산인 갯벌이 간척에 의하여 사실상 갯벌로서의 성질을 상실한 경우 당연히 잡종재산[일반재산]으로서 시효취득의 대상이 될 수 있는가?

- 공유수면인 갯벌은 자연의 상태 그대로 공공용에 제공될 수 있는 실체를 갖추고 있는 이른바 자연공물이다.
- 간척에 의하여 사실상 갯벌로서의 성질을 상실하였더라도 당시 시행되던 국유재산 법령에 의한 용도폐지를 하지 않은 이상 당연히 잡종재산(일반재산)으로 된다고는 할 수 없다(대판 1969.6.24; 68다2165; 대판 1972.10.31; 72다1346; 대판 1993.4.13; 92누18528 참조)
- 결론적으로, 갯벌이 용도폐지되기 이전에는 시효취득의 대상인 잡종재산(일반재산) 이 될 수 없다(대판 1995.11.14; 94다42877<갯벌간척>)

[물 음] 자연상태에서는 전·답에 불과한 토지 위에 수리조합이 저수지를 설치한 경우 그 토지가 시효취득의 대상이 되는가?

- 시효취득의 대상이 될 수 없는 자연공물이란 자연의 상태 그대로 공공용에 제공될 수 있는 실체를 갖추고 있는 것을 말한다.
- 원래 자연상태에서는 전·답에 불과하였던 토지 위에 수리조합이 저수지를 설치한 경우라면 이는 자연공물이라고 할 수 없다.
- 뿐만 아니라 국가가 직접 공공목적에 제공한 것도 아니어서 비록 일반공중의 공동 이용에 제공된 것이라 하더라도 국유재산법상의 행정재산에 해당하지 아니한다.
- 결론적으로 자연상태에서는 전·답에 불과한 토지 위에 수리조합이 저수지를 설치한 경우 그 토지는 시효취득의 대상이 된다(대판 1999.3.9; 98다41759; 대판 2010.11.25; 2010 다37042 참조).

⑷ 공용수용의 제한

공물을 그대로 공용수용의 목적으로 할 수 없고, 다른 행정목적에 제공되기 위해 서는 원칙적으로 먼저 공용폐지가 선행되어야 한다. 그런데 (구)토지수용법 아래서 공용폐지가 없어도 지방문화재로 지정된 토지를 수용대상으로 할 수 있다는 판례 가 있었다(대판 1996.4.26, 95누13241<지방문화재(광평대군묘역)>). 그리고 현행 [토지등보상 법](19②)에 의하면, "공익사업에 수용되거나 사용되고 있는 토지 등은 특별한 필요 가 있는 경우가 아니면 다른 공익사업을 위하여 수용하거나 사용할 수 없다"고 규 정하고 있다.

⑸ 상린관계

공물과 인접한 토지 등에 대한 상린관계(相隣關係)에 관해서 여러 가지 공법상 제한을 특별히 규정하고 있다. 예컨대, 하천의 홍수관리구역지정(하천법12), 도로경계선에서 20미터(고속국도의 경우 50미터) 이내의 접도구역지정(도로법40) 등을 들 수 있다. 이러한 공법상 제한에는 대해서는 행정상 손실보상의 문제가 논의될 수 있다.

3. 공물의 실행상 특색

⑴ 공물의 관리·사용관계

공물의 관리·사용관계에 관해서 여러 가지 특별규정을 두고 있는 경우가 많다(후술하는 '공물의 관리'와 '공물의 사용' 참조).

⑵ 강제집행의 제한

⑺ 학설과 판례   공물에 대하여 민사집행법에 의한 강제집행이 인정되는가의 여부에 관하여 부정설과 제한적 긍정설의 대립이 있다. 1) 부정설은 공물에 대한 강제집행이 공물목적을 저해할 우려가 있으므로 인정할 수 없다고 보는 입장이다. 이에 대하여 2) 제한적 긍정설은 국유공물을 제외하고 부분적으로 공물에 대한 강제집행을 인정하는 입장(홍정선)이다. 이러한 제한적 긍정설에는 다시 사유공물(私有公物)에 대해서만은 가능하다는 견해(윤세창, 박윤흔)와 사유공물뿐만 아니라 공유공물(公有公物)에 대하여도 가능하다는 견해(김도창, 이상규)가 있다. 3) 판례는 과거 공용물인 우체국청사의 압류가 가능하다고 판시한 적이 있다(대판 1968.1.31, 67다2514).

⑴ 결 어   생각건대 일반재산(재정재산)의 경우에는 강제집행이 인정된다는 데 의문이 없다. 행정재산의 경우에는 사유공물이건 공유공물이건 구별하지 않고 이론상 공물목적에 반하지 않는 범위 내에서 강제집행을 할 수 있다고 보는 것이 타당하고, 이와같은 강제집행에 의하여 소유권이 이전된 후에도 공물로서의 제한은 존속한다고 본다. 그리고 민사집행법(192(국고금의 압류))에 의하면 "국가에 대한 강제집행은 국고금을 압류함으로써 한다"고 규정하고 있는데, 이러한 규정은 강제집행의 편의를 위한 것으로 이해한다. 따라서 공물 자체를 강제집행할 수 있음에도 불구하고 반드시 강제적으로 국고금을 압류함으로써 강제집행하라는 취지는 아니라고 할 것이다.

4. 공물의 구제상 특색

(1) 설치·관리의 흠으로 인한 손해배상

공물의 설치 또는 관리의 흠으로 말미암아 타인에게 손해가 발생한 경우에는 헌법(29)과 국가배상법(5)에 의하여 공물의 관리권자인 국가 또는 지방자치단체가 배상책임을 진다. 그리고 공물관리권자와 공물비용부담자가 다를 때에는 양쪽 모두 배상책임을 진다(대판 1995.2.24, 94다57671<여의도광장질주>; 대판 1993.1.26, 92다2684).

[물음] 원래 광주광역시가 점유·관리하던 일반국도 중 일부 구간의 포장공사를 상급관청[국토교통부 국토관리청]이 시행하고 이를 준공한 후 광주광역시에 이관하려 하였으나 서류의 미비 기타의 사유로 이관이 이루어지지 않고 있던 중 도로의 관리상의 하자로 인한 교통사고가 발생한 경우에 손해배상책임은 누가지는가?

- 도로법상 일반국도의 관리청은 원칙적으로 국토교통부장관으로 되어 있으나(법23①), 광역시 관할구역 안에 있는 일반국도의 경우에는 그 관리청이 광역시장으로 되어 있으며(법23②), 도로의 신설, 확장, 개량 및 보수 등을 하는 공사와 도로의 유지·관리는 법률에 특별한 규정이 없는 한 해당 도로의 관리청이 수행하고(법31①), 도로에 관한 비용도 법률에 특별한 규정이 없는 한 도로관리청이 국토교통부장관인 도로에 관한 것은 국가가 부담하고, 그 밖의 도로에 관한 것은 해당 도로의 도로관리청이 속해 있는 지방자치단체가 부담한다(법85①1문). 이 경우 국토교통부장관이 도지사 또는 특별자치도지사에게 일반국도의 일부 구간에 대한 도로공사와 도로의 유지·관리에 관한 업무를 수행하게 한 경우에 그 비용은 국가가 부담한다(법85①2문).
- 위 공사의 시행은 도로관리청이 변경되는 것이 아니고 상급관청이 관리청의 권한 중의 일부를 시행하는 것에 불과하다.
- 위 사례에서 도로의 관리상의 하자로 인하여 발생한 교통사고로 인한 손해배상책임은 광역시와 국가가 함께 그 도로의 점유자 및 관리자로서 부담한다 할 것이다(대판 1992.11.10, 92다38041 참조). 즉 광역시는 이 사건 도로의 점유자 및 관리자, 도로관리비용 등의 부담자로서의 책임이 있고, 국가는 이 사건 도로의 점유자 및 관리자, 관리사무귀속자, 포장공사비용부담자로서의 책임이 있다.
- 광역시와 국가가 모두 도로의 점유자 및 관리자, 비용부담자로서의 책임을 중첩적으로 지는 경우에는, 광역시와 국가 모두가 국가배상법 제6조 제2항 소정의 궁극적으로 손해를 배상할 책임이 있는 자라고 할 것이다.
- 광역시와 국가의 내부적인 부담 부분은, 이 사건 도로의 인계·인수 경위, 이 사건 사고의 발생 경위, 광역시·국가의 이 사건 도로에 관한 분담비용 등 제반 사정을

> 종합하여 결정함이 상당하다 할 것이며, 광역시는 그가 지급한 손해배상액 중 광역
> 시의 부담 부분을 초과하는 금액에 한하여 국가에게 구상할 수 있다(대판 1998.07.10,
> 96다42819).

(2) 손실보상

공공의 필요에 의하여 적법한 공권력행사로 인하여 사인의 재산권에 가하여진 특별한 손실(희생)을 평등부담의 시각에서 국가 또는 지방자치단체가 보상하게 된다. 따라서 공물인 도로를 건설하기 위해서는 도로부지가 도로관리청의 소유인 경우에는 별문제가 없겠지만, 그렇지 않는 경우에는 해당 토지를 수용하거나 기부를 받아 그 권원을 확보하여야 한다. 여기서 토지의 수용 등에 대한 손실보상의 문제가 등장하게 된다.

[물음] 도시계획사업시행자인 X행정청[동두천시장:피고]이 도시계획사업으로 도로를 설치하기 위하여 A로부터 소유권을 협의취득하여 도로부지로 편입시키고 도로공사를 완성하여 적법하게 공용개시행위가 이루어졌다. 그런데 그 후 X행정청의 위 협의취득 전에 설정된 근저당권이 실행되어 B[원고]가 그 경매절차에서 이 사건 토지를 낙찰받아 소유권을 취득함으로써 X행정청[피고]의 소유권취득은 무효로 되어 X행정청[피고]은 이 사건 토지를 법률상 권원 없이 도로로 점용하고 있는 결과가 되었다. 이러한 경우에 사인[B] 소유의 도로부지 등이 도로법 제4조에 따라 사권의 행사가 제한됨으로써 그 소유자[B]가 손실을 입게 된다. 이러한 경우에 있어서 도로부지 등의 소유자[B]는 도로법 제99조에 의한 손실보상청구를 할 수 있는가?

참조법령   도로법

제4조(사권의 제한) 도로를 구성하는 부지, 옹벽, 그 밖의 시설물에 대해서는 사권 (私權)을 행사할 수 없다. 다만, 소유권을 이전하거나 저당권을 설정하는 경우에는 사권을 행사할 수 있다.

제99조(공용부담으로 인한 손실보상)
① 이 법에 따른 처분이나 제한으로 손실을 입은 자가 있으면 국토교통부장관이 한 처분이나 제한으로 인한 손실은 국가가 보상하고, 행정청이 한 처분이나 제한으로 인한 손실은 그 행정청이 속해 있는 지방자치단체가 보상하여야 한다.
②~④ <생략>

- 도로의 공용개시행위로 인하여 공물로 성립한 사인 소유의 도로부지 등에 대하여 도로법 제4조에 따라 사권의 행사가 제한됨으로써 그 소유자가 손실을 입었다고 하더라도 이와 같은 사권의 제한은 국토교통부장관 또는 기타의 행정청이 행한 것이 아니라 도로법이 도로의 공물로서의 특성을 유지하기 위하여 필요한 범위 내에

서 제한을 가하는 것이므로, 이러한 경우 도로부지 등의 소유자는 국가나 지방자치
단체를 상대로 하여 부당이득반환청구나 손해배상청구를 할 수 있음은 별론으로
하고 도로법 제99조에 의한 손실보상청구를 할 수는 없다.

- 위 사례에서 구 도시계획법이나 도로법에 의한 X행정청[피고]의 어떠한 처분이나
제한으로 인하여 원고가 손실을 입었다고는 할 수 없으므로, B가 X행정청에 대하
여 이 사건 토지의 점용에 따른 사용료 상당의 부당이득반환청구를 할 수 있음은
별론으로 하고, 도로법 제79조(현 99조)에 의한 손실보상청구를 할 수 없다(대판
2006.9.28, 2004두13639<동두천시도로부지> 참조).

제 2 절 공물의 성립과 소멸

I. 공물의 성립·소멸에 관한 의사적 요소
─공용지정과 공용폐지─

1. 공용지정(공용개시행위)

(1) 의 의

공용지정(公用指定)이란 어떤 물건을 행정목적에 제공하려는 행정청의 의사표시로
서, 일정한 공법적 제한을 따르게 하는 법적 행위이다. 따라서 공용지정의 성질은
물건의 공법적 지위에 관한 내용과 범위를 정하는 법적 행위이다.

공용지정이 있게 되면, 당해 물건에 대한 행정주체의 관리권을 창설하게 하고,
그 물건이 수단으로 사용될 공적 목적을 규정하고, 공물로서의 사용가능한 범위를
규율하게 된다. 이러한 공용지정의 형식은 법령에 의한 공용지정과 행정행위를 통
한 공용지정이 있다.

법령에 의한 공용지정이란 어떤 물건이 법령에서 정하는 요건을 충족함으로써
공물의 특별한 공법적 지위를 취득하게 되는 것을 말한다. 여기서 법령이란 법률
뿐만 아니라 법규명령·조례·관습법 등이 포함된다. 따라서 법령에 의한 공용지정
은 다시 법률에 의한 경우,19) 법규명령에 의한 경우,20) 조례의 의한 경우, 관습법

---

19) (구)하천법(2008.3.21, 법률 제8974호로 개정되기 전) 제2조 제1항 제2호에 의한 '하천구역의 지

에 의한 경우 등이 있을 수 있다.

(2) 행정처분에 의한 공용지정

(가) 의 의   행정처분을 통한 공용지정은 공물의 형성에 있어서 가장 일반적이고 중요한 형식이다. 예컨대, 하천법에 하천구역의 지정(법7), 하천구역의 결정(법10), 도로법(24)에 의한 도로구역의 결정, 자연공원법(4)에 의한 공원의 지정 등을 들 수 있다.

공용지정을 하는 행정처분은 공물의 성질이나 상태를 직접적으로 규율하고 사람에 대해서는 간접적으로 법적 효과를 미치는 물적 행정행위(物的行政行爲)이다.

예컨대, 도로를 둘러싸고 원상회복 및 부당이득반환 기타 손해배상 및 손실보상의 문제를 결정하는 근본적인 기준으로서 "언제부터 도로가 되는가?" 또는 "어느 시점부터 도로라고 판단하여야 하는가?"가 중요한 의미를 지닌다.

(나) 요 건   행정주체가 공용지정을 하기 위해서는 그 물건에 대한 정당한 권원이 존재하여야 한다. 사인의 소유인 물건에 대해서는 매수나 공용수용 등의 소유권취득이나 지상권·임차권 등 사용권을 취득하여야 한다. 그런데 이러한 정당한 권원은 공용지정 당시에 확정적으로 구비되어야 하는 것은 아니다. 먼저 공용지정이 있고 사후에 정당한 권원을 취득하는 것도 가능하기 때문에, 이러한 경우의 공용지정은 정당한 권원이 취득할 때까지 '유동적 위법상태'에 있다고 할 것이다. 따라서 정당한 권원을 취득할 수 없는 시점에 공용지정은 무효가 된다고 할 것이다.

공용지정은 명시적인 경우뿐만 아니라 묵시적 공용지정도 인정된다. 명시적 공용개시 없이 사실상 공물로써 실제로 사용하고 있는 경우에는 '아무것도 하지 않는 부작위'가 아니라 주위의 사정으로 미루어 '묵시적 공용지정'이 있는 것으로 볼 수 있다.

(다) 효 력   공용지정이 이루어져야 비로소 국가가 공공성의 목적과 기능을 수행하기 위하여 필요한 행정재산이 된다고 할 것이다. 따라서 공용지정이 있

역'을 들 수 있다. 하천구역에 대하여 가목 내지 다목에서는 관리청의 별도 행위를 요하지 않고 법률규정 그 자체로서 하천구역으로 되는 사항을 규정하였고, 동호 라목에서는 관리청이 지정행위를 함으로써 하천구역이 되는 사항을 규정하였다. 여기서 전자의 부분이 법률에 의한 공용지정에 해당하고 후자의 부분이 행정행위에 의한 공용지정에 해당한다고 할 것이다.

20) (구)도로법 제10조(일반국도) 제1항에서 "일반국도는 중요 도시, 지정항만, 중요 비행장, 국가 산업단지 또는 관광지 등을 연결하며 고속국도와 함께 국가 기간도로망을 이루는 도로로서 대통령령으로 그 노선이 지정된 것을 말한다"고 규정하고 있다. 이러한 경우가 법규명령(대통령령)에 의한 공용지정에 해당한다고 할 것이다.

게 되면 특수한 공법적 규율을 받게 됨으로써 여러 가지 공법적 제한이 가하게게 된다. 예컨대, 사인의 토지 위에 도로가 난 경우 토지소유자는 사법에 따라 토지의 소유권을 양도하거나 또는 저당권을 설정할 수 있지만, 공용지정의 범위 내에서 기타의 사권행사는 제한된다.

　(라) 공용지정의 하자　　　법령에 의한 공용지정이 하자 있는 명령 등 법규정을 통해 행해진 경우에 있어서 하자 있는 공용지정은 무효이다. 이에 대하여, 공용지정이 행정행위(처분)를 통해서 행해진 경우에는 하자의 정도에 따라 공용지정을 당연무효로 하거나 취소할 수 있다. 그런데 이미 공용에 제공되고 있는 공물의 공용지정에 대한 취소·변경은 현저히 공공의 복리에 부적합할 수도 있기 때문에, 이러한 경우에는 비록 위법한 공용지정행위일지라도 사정재결이나 사정판결이 적용될 여지가 있다고 본다.

　그런데 예정공물의 지정은 이른바 형질변경금지의 제약은 따르지만 도로·공원·하천 등의 부지로 될 토지의 범위가 구체적으로 확정될 수 없기 때문에 그에 대한 항고소송을 제기할 수 없다.

　(마) 공용변경　　　공용변경(公用變更)이란 공용지정처분을 통해 정해져 있는 물건의 공법적 지위의 내용과 범위를 변경하는 처분을 말한다. 이러한 공용변경에는 상위급으로 변경하는 상위변경과 하위급으로 변경하는 하위변경이 있다(예, 국도에서 지방도로의 변경 등(도로법18)참조).

[물 음] 도로구역변경고시가 행정절차법 제21조 제1항의 사전통지나 제22조 제3항의 의견청취의 대상이 되는 처분에 해당하는가?

- 행정절차법 제2조 제4호가 행정절차법의 당사자를 행정청의 처분에 대하여 직접 그 상대가 되는 당사자로 규정하고, 도로법 제25조 제3항이 도로구역을 결정하거나 변경할 경우 이를 고시에 의하도록 하면서, 그 도면을 일반인이 열람할 수 있도록 한 점 등을 종합하여 보면, 도로구역을 변경한 이 사건 처분은 행정절차법 제21조 제1항의 사전통지나 제22조 제3항의 의견청취의 대상이 되는 처분은 아니라고 할 것이다(대판 2008.6.12, 2007두1767).

---

2. 공용폐지

(1) 의 의

공용폐지(公用廢止)란 특정물건이 갖는 공물로서의 성질을 상실하게 하는 행위로서 공용지정으로 인한 공법적 제한을 해제하는 법적 행위이다. 이러한 공용폐지는 종전의 공물이용자에게 불이익을 초래할 수 있기 때문에 중대한 공익상의 요구와 같은 엄격한 요건 하에서만 인정된다.

(2) 요 건

첫째, 당해 물건의 공용지정시에 요구되었던 공공목적이 더 이상 존재하지 않아야 한다. 둘째, 당해 물건의 형태의 멸실 등으로 더 이상 본래의 공용목적을 수행할 수 없어야 한다. 셋째, 원칙적으로 명시적 의사표시를 요한다고 할 것이나, 묵시적 공용폐지도 인정된다. 따라서 명시적 공용폐지는 없으나 특별한 사정으로 미루어 보아 공용폐지의 의사가 객관적으로 존재한다고 판단되는 경우에는 묵시적 의사표시가 있었던 것으로 볼 수 있다.

그런데 사실상 본래의 용도에 사용되지 않는 것이 묵시적 공용폐지에 해당하는지에 대해서는 긍정적으로 판시한 경우도 있으나(대판 1990.11.27, 90다5948<대구국도사무소소장관사>; 대판 1993.06.22, 92다29030; 대판 1999.07.23, 99다15924), 부정적으로 판시하는 것이 주류적인 판례의 입장이라고 할 것이다.

[물 음] 공유수면의 일부가 사실상 무단으로 매립되었으나 공용폐지되지 않은 경우, 법률상 공유수면으로서의 성질을 보유하는가?

- 공유수면은 소위 자연공물로서 그 자체가 직접 공공의 사용에 제공되는 것이다(대판 1967.04.25, 67다131 참조)
- 공유수면의 일부가 사실상 매립되었다 하더라도 국가가 공유수면으로서의 공용폐지를 하지 아니하는 이상 법률상으로는 여전히 공유수면으로서의 성질을 보유하고 있다(대판 1967.04.25, 67다131; 대판 1972.08.22, 72다841; 대판 1995.12.05, 95누10327 등 참조).
- 공유수면을 무단으로 매립하여 이루어진 토지는 당연히 국유재산이 되고, 또한 공유수면으로서의 성질을 보유하고 있어서 국가가 이에 대하여 공용폐지를 하지 아니하는 이상 행정재산이라고 보아야 할 것이다(대판 1996.05.28, 95다52383).

---

(3) 효 과

공용폐지의 효과(效果)는 물건이 공물로서의 성격을 상실하고 이에 대한 공법상 제한이 해제되어, 그 물건은 원칙적으로 완전한 사권의 대상이 된다. 따라서 공용폐지의 효과는 사법상의 소유권 기타 사권이 완전히 회복되고 일반사물로서 사법의 적용대상이 된다는 데 있다. 이 경우에 소유권의 귀속은 공용폐지로 인하여 변경되지 아니하는 것이 원칙이나, 예외적으로 법률이 소유권의 귀속에 관하여 특별한 규정을 둘 때가 있다. 즉, 사권의 목적이 되지 아니하는 공물이 공용폐지되면 국가의 일반재산이 되는 것이 원칙이나, 법률로써 새로이 소유권의 귀속을 정할 때가 있다. 또한 사권의 목적인 공물에 관하여도 그 용도에 사용될 대체시설을 제공한 자 등에게 그 부담한 비용의 범위 안에서 공용폐지된 재산을 양여할 수 있다.

II. 공공용물의 성립과 소멸

1. 성 립

(1) 형태적 성립요건

자연공물은 자연적 상태 자체에 의하여 형태적 요건을 충족하지만, 인공공물은 인공에 의하여 공공의 목적에 제공된다. 예컨대 도로·운동장과 같은 인공적 공공용물의 경우에는 토지 기타의 물건에 시설을 설치하는 등 인력을 가하여 일반공중이 사용할 수 있는 형태를 갖추게 된다(대판 1995.2.24, 94다18195; 대판 1996.3.12, 95다7369). 따라서 "도로로 사용된 바 없고 도로의 형태도 구비되지 않은 경우, 재개발사업계획상 도로부지로 결정·고시된 것만으로는 행정재산이 되지 아니한다"(대판 1996.3.12, 95다7369). 또한 토지의 지목이 도로이고 국유재산대장에 등재되어 있다는 사정만으로 바로 그 토지가 도로로서 행정재산에 해당한다고 할 수 없다(대판 2000.2.25, 99다54332; 대판 2009.10.15, 2009다41533).

(2) 의사적 성립요건(공용지정)

(가) 인공적 공공용물   인공적 공공용물이 성립하기 위해서는 형태적 요건과 행정주체가 행정목적을 위하여 제공한다는 의사표시(의사적 요건)가 필요하다. 행정주체가 인공적 공공용물로서 공공(일반공중)의 목적에 제공하고자 한다는 의사표시(공용지정)는 일반인이 알 수 있도록 하여야 한다. 따라서 도로와 같은 이른바 인공적 공공용 재산은 토지의 지목이 도로이고 공유재산 대장에 등재되어 있다는 사정만으로 바로 그 토지가 행정재산에 해당한다고 할 수는 없고 공용개시행위가 있어야 행정재산이 된다.

도로와 같은 인공적 공공용 재산의 공용지정은 "법령에 의하여 지정되거나 행정처분으로 공공용으로 사용하기로 결정한 경우뿐만 아니라 행정재산으로 실제 사용하는 경우"의 어느 하나에 해당하여야 한다(대판 1997.8.22, 96다10737; 대판 2000.4.25, 2000다348; 대판 2007.06.01, 2005도7523; 대판 2009.10.15, 2009다41533 등 참조). 교육청사부지를 행정재산으로 실제 사용하는 경우에는 묵시적 공용지정을 인정하였다(대판 1997.3.14, 96다 43508).

　대법원 판례에 의하면, "도로로 사용되는 토지에 관하여 도로법 제25조에 의한 '도로구역의 결정 및 고시'가 있는 때에 비로소 공물의 성격을 취득하는 것이다"(대판 1976.3.9, 75다1049; 대판 1995.2.24, 94다18195; 대판 1996.3.12, 95다7369). 따라서 도로로서의 실체가 존재하고 일반인이 그것을 사용하고 있는 경우에도 공용지정(공용개시행위)이 있기 전에는 도로법상의 공물로서의 도로는 아니다. 도로는 도로의 형태를 갖추고, 도로법에 따른 노선 지정 또는 인정 공고 및 도로구역 결정·고시를 한 때 또는 도시계획법이나 도시재개발법에서 정한 절차를 거쳐야 비로소 도로법 적용을 받는 도로로 되는 것이고, 도로로 실제 사용되었다는 사정만으로는 도로법 적용을 받는 도로라고 할 수 없다(대판 2011.05.26, 2010두28106<변상금부과처분취소>).

　지방자치단체가 개인 소유의 부동산을 매수한 후 유지를 조성하여 공용개시를 하였다고 하더라도 법률의 규정에 의하여 등기를 거칠 필요 없이 그 부동산의 소유권을 취득하는 특별한 경우가 아닌 한 그 부동산에 대한 소유권이전등기를 거치기 전에는 이를 지방자치단체소유의 공공용물이라고 볼 수는 없다(대판 1975.10.7, 74다1805; 대판 1973.3.13, 71다2390·2391; 대판 1992.11.24, 92다26574<토지소유권이전등기말소등>). 국가가 사유토지를 매매 또는 교환에 의하여 공용개시를 하였더라도 그 토지에 대한 소유권등기를 하지 않으면 그 소유권취득을 제3자에게 주장할 수 없는 법리로서 이를 행정재산이라 할 수 없다(대판 1982.12.28, 80다719<농지분배무효확인>).

　(나) 자연적 공공용물　　　자연적 물건이 공공용물로 되는 경우는 ① 법령의 규정에 의한 공용지정, ② 행정처분에 의한 공용지정, ③ 명시적인 공용지정이 없이 사실상 실제로 사용하는 경우 등이다. 이러한 세 번째의 경우를 들어 공공용물의 성립에 있어서 의사적 요소인 공용지정이 불필요한 것이 아닌가 하는 의구심을 갖게 한다. 특히 이러한 세 번째의 경우는 주로 자연공물의 경우에 나타나는 현상인 점을 들어, 학자들 사이에는 자연공물의 성립에 공용지정이라는 의사적 요소가 필요하다는 공용지정필요설·묵시적 공용지정설과 불필요하다는 공용지정불필요설의 견해대립이 있었다.

　생각건대, 명시적인 공용개시 없이 사실상 실제로 공공용물로서 사용하고 있는 경우에는 '아무것도 하지 않는 부작위'가 아니라 주위의 사정으로 미루어 '묵시적 공용개시'가 있다고 보는 것이 논리적이다. 따라서 자연적 공공용물의 경우에도 일관성 있게 성립의 의사적 요소로서 공용개시가 필요하다고 보는 것이 바람직하다. 그리고 이러한 논의와 관련해서 소개되고 있는 대법원 판례들(대판 1985.6.25, 84다카178; 대판 1992.6.9, 91다43640; 대판 1997.4.11, 95다18017)은 ①의 '법령에 의한 공용지정'에

관한 사례들이고, ③의 '명시적인 공용지정이 없이 사실상 실제로 사용하는 경우'
에 관한 판례는 아직 없다.

대법원은 "도시계획법상 공원으로 결정·고시된 국유토지라 하여도 적어도 조성
계획이 결정되어 공원시설의 종류, 위치 및 범위 등이 구체적으로 확정되어야만
국유재산법에서 규정하고 있는 '공공용으로 사용하기로 결정한 재산'으로서 행정
재산이 된다(대판 1998.9.4, 97다24481)고 판시하였다. 또한 하천이 통상 자연적 상태에
의하여 공물로서의 성질을 가진다고 하더라도, 그 종적 구간과 횡적 구역에 관하
여 행정행위나 법규에 의한 공용지정이 이루어져야 비로소 국가가 공공성의 목적
과 기능을 수행하기 위하여 필요한 행정재산이 된다고 할 것이다(대판 1999.5.25, 98다
62046). 그런데 국유재산위반(대판 2007.6.1, 2005도7523)사건에서 "국유 하천부지는 자연
의 상태 그대로 공공용에 제공될 수 있는 실체를 갖추고 있는 이른바 자연공물로
서 별도의 공용개시행위가 없더라도 행정재산이 된다"고 판시하였다.

2. 소 멸

(1) 형태적 소멸사유

(가) 자연적 공공용물   자연공물은 그 자연적 상태의 영구확정적 멸실에
의하여 공물로서의 성질을 상실하며, 반드시 공물주체에 의한 특별한 의사표시를
요건으로 하지 아니한다(대판 1978.2.28, 77다2321; 대판 1985.6.25, 84다카178). 그런데 공유
수면은 그 자체가 직접 공공의 사용에 제공되는 것이고, 공유수면의 일부가 사실
상 매립되었다 하더라고 국가가 공유수면으로서의 공용폐지를 하지 아니하는 이상
법률상으로는 여전히 공유수면으로서의 성질을 보유하고 있다 할 것이다(대판
1967.4.25, 67다131; 대판 1972.8.22, 72다841; 대판 1995.12.5, 95누10327; 대판 1996.5.28, 95다52383<공유
수면>). 자연의 상태 그대로 공공용에 제공될 수 있는 실체를 갖추고 있는 이른바
자연공물은 자연력 등에 의한 현상변경으로 공공용에 제공될 수 없게 되고 그 회
복이 사회통념상 불가능하게 되지 아니한 이상 공물로서의 성질이 상실되지 않고
따라서 시효취득의 대상이 되지 아니한다(대판 1994.8.12, 94다12593).

(나) 인공적 공공용물   인공공물은 공물의 구조가 영구확정적으로 변화·멸
실하여 그 회복이 사회관념상 불가능하게 되었다 할지라도, 그것은 공용폐지사유
는 되지만 그것만으로 공물소멸사유가 되지 아니한다. 또한 구조에 일시적인 또는
부분적인 결함이 생기는 것만으로는 공물로서의 성질을 상실하지 아니한다.

(2) 의사적 소멸사유(공용폐지)

공공용물은 형태적 요소가 멸실되지 않아도 공용폐지에 의하여 소멸될 수 있다

(예, 노선폐지(도로법21①)). 그런데 공공용물의 형태적 요소가 멸실된 경우에 공용폐지의 명시적 의사표시를 요하는가에 대해서 ① 명시적 의사표시를 요한다는 견해와 ② 묵시적 의사표시로 충분하다는 견해, 그리고 ③ 절충설의 대립이 있다. 여기서 절충설이란 주위의 사정으로 보아 공용폐지의 의사가 객관적으로 존재하는 것으로 판단되는 경우(예, 멸실된 도로부지의 양도·대여 등)에는 묵시적 의사표시가 있었던 것으로 보는 경우를 제외하고는 원칙적으로 명시적 의사표시를 요한다는 입장을 말한다. 판례는 명시적 의사표시가 필요하다고 본 경우도 있고, 묵시적 의사표시를 인정한 경우도 있다. 그리고 사실상 본래의 용도에 사용되지 않는 것이 묵시적 공용폐지에 해당하는지에 대해서는 부정적으로 보는 것이 주류적인 판례의 입장이다 (대판 1993.7.27, 92다49973<농지개량시설부지>; 대판 1994.3.22, 93다56220<부산중앙도매시장부지>; 대판 1996.5.28, 95다52383<공유수면>; 대판 1996.12.10, 95다37681<도로용지>; 대판 1998.11.10, 98다42974<사천군곤명면시장부지>; 대판 1999.4.9, 98다34003<빈지(濱址)>).

[판 례] 대판 2009.12.10, 2006다87538 : [1] 공유수면으로서 자연공물인 바다의 일부가 매립에 의하여 토지로 변경된 경우에 다른 공물과 마찬가지로 공용폐지가 가능하다고 할 것이며, 이 경우 공용폐지의 의사표시는 명시적 의사표시뿐만 아니라 묵시적 의사표시도 무방하다. [2] 공물의 공용폐지에 관하여 국가의 묵시적인 의사표시가 있다고 인정되려면 공물이 사실상 본래의 용도에 사용되고 있지 않다거나 행정주체가 점유를 상실하였다는 정도의 사정만으로는 부족하고, 주위의 사정을 종합하여 객관적으로 공용폐지 의사의 존재가 추단될 수 있어야 한다. [3] 토지가 해면에 포락됨으로써 사권이 소멸하여 해면 아래의 지반이 되었다가 매립면허를 초과한 매립으로 새로 생성된 사안에서, 국가가 그 토지에 대하여 자연공물임을 전제로 한 아무런 조치를 취하지 않았다거나 새로 형성된 지형이 기재된 지적도에 그 토지를 포함시켜 지목을 답 또는 잡종지로 기재하고 토지대장상 지목을 답으로 변경하였다 하더라도, 그러한 사정만으로는 공용폐지에 관한 국가의 의사가 객관적으로 추단된다고 보기에 부족하다.

III. 공용물의 성립과 소멸

1. 성 립

공용물이 되기 위해서는 일정한 물건이 행정주체 자신의 사용에 직접적으로 제공되는 형태적 성립요건이 구비되어야 한다.

공용물은 일반공중의 사용과 직접 관계가 없기 때문에, 공용지정(공용개시행위)과 같은 의사적 요건을 요하지 않는다는 입장(불필요설·통설)과 요한다는 입장(필요설)의 대립이 있다. 1) 공용지정불필요설에 의하면, 공용물의 성립은 일정한 형태를 갖춘 물건이 사실상 공용목적을 위하여 사용됨으로써 인정된다. 공용물은 행정기관 스스로의 용도에 의해 사용되는 공물이므로 일반인에게 당해 물건의 공법적 특성을 알리는 행위가 별도로 필요하지 않기 때문이라고 한다. 2) 공용지정필요설에 의하면, 공용물의 성립에 있어서도 명시적 의사표시나 묵시적 공용지정은 필요하다고 본다. 생각건대 3) 공용물은 행정기관 스스로의 용도에 사용되는 것이긴 하지만, 공용물에 대한 공법적 제한은 일반인의 이해관계와도 관련성이 있다(관사의 시효취득 등). 따라서 공용물의 경우에 공물의 일반적 성립요건과 다르게 다룰 특별한 이유가 없기 때문에, 의사적 요건(공용지정)이 필요하다고 보는 것이 타당하다. 그리고 일정한 형태를 갖춘 공용물이 사실상 공용목적을 위하여 사용되는 경우에는 '묵시적 공용지정'이 있는 것으로 인정할 수 있을 것이다.

2. 소 멸

(1) 형태적 소멸사유

공용물의 소멸에는 형태적 소멸사유로서 공용물의 실체가 영구확정적으로 변화·멸실하여 그 회복이 사회관념상 불가능하게 된 경우에 공용폐지사유는 되지만 그것만으로 소멸되는 것은 아니다. 또한 구조에 일시적인 또는 부분적인 결함이 생기는 것만으로는 공용물로서의 성질을 상실한다고 할 수 없다.

(2) 의사적 소멸사유(공용폐지)

공용물은 공용물의 실체가 존재하는 경우에도 공용폐지의 의사표시에 의하여 소멸한다. 명시적인 공용폐지의 의사표시는 없었으나 묵시적 공용폐지에 의해서도 공용물은 소멸한다. 그런데 사실상 당해 공용물을 사용하지 않는 경우(사용폐지)에도 공용물은 소멸한다고 볼 것인가에 대해서 묵시적 공용폐지에 해당한다고 본 경우도 있으나(대판 1990.11.27, 90다5948<대구국도사무소소장관사>), 부정적으로 판시하는 것이 주류적인 판례의 입장(대판 1983.6.14, 83다카18<고령국민학교실습지>; 대판 1995.12.22, 95다19478<정읍군소성국민학교실습지>; 대판 1996.9.6, 95다52352<군부대주둔지>)이라고 할 것이다.

Ⅳ. 보존공물의 성립과 소멸

1. 성 립

(1) 형태적 성립요건

보존공물이 되기 위해서는 공공의 목적을 위하여 보존의 대상이 되는 특정한 물건 그 자체가 존재하는 형태적 요건을 필요로 한다.

(2) 의사적 성립요건(공용지정)

보존공물은 법령에 의하여 직접 또는 법령에 의거한 행정처분으로써 보존공물로 지정한다는 공용지정이 있어야 한다. 보존공물은 행정주체가 당해 물건 위에 정당한 권원이 없거나 소유자의 동의가 없이도 가능하다. 그러나 물건의 소유권자 또는 기타의 관리자에게 지정의 뜻을 알리도록 하는 경우가 보통이다.

2. 소 멸

(1) 형태적 소멸사유

보존공물의 소멸에는 공물의 실체의 소멸이라는 형태적 소멸사유가 반드시 필요한 것이 아니다. 보존공물의 실체가 현존하고 있는 경우에도 행정목적이 사라지게 되면 보존공물의 지정해제로 소멸하게 된다.

그런데 보존공물의 실체가 영구히 멸실되어 회복할 수 없게 된 경우(예, 국보의 도자기가 완전히 깨져서 가루로 된 경우)에도 보존공물이 당연히 소멸된다고 할 것인가? 보존공물이 소멸된다고 보는 견해(이상규)와 이는 지정해제사유에 불과하다고 보는 견해(박윤흔, 한견우)가 있으나, 공적 보존물은 반드시 완전한 형체로서만 가치가 있는 것이 아니기 때문에 후자가 타당하다.

(2) 의사적 소멸사유(공용폐지)

보존공물은 지정해제라는 의사표시로 소멸한다. 그리고 보존공물의 경우에는 법률관계의 명확성을 위하여 묵시적 공용폐지도 인정하지 않는 것이 바람직하다.

제 3 절 공물의 관리(보호)

I. 공물관리

1. 의 의

공물관리(公物管理)란 공물을 취득·운용하고 유지·보존하여 행정목적에 계속 제공함으로써 공물의 설치목적을 달성하게 하는 작용을 말한다. 이러한 공물을 관리할 수 있는 공물주체의 권한을 공물관리권이라 부른다.

이러한 공물관리는 ① 국가 전체 또는 해당 지방자치단체 전체의 이익에 부합되어야 하고, ② 취득이 균형을 이루어야 하며, ③ 공공가치와 활용가치를 고려하고, ④ 투명하고 효율적인 절차를 따라 관리하여야 하는 기본원칙이 요구된다(국유재산법3, [공유재산법]3의2).

공유재산의 관리에 관한 사무에 종사하는 공무원은 관련 법령을 준수하고 선량한 관리자의 수의로써 사무에 종사하여야 한다([공유재산법]3).

2. 공물관리권

(1) 주 체

공물관리는 공물주체가 스스로 하는 것이 원칙이다. 예외적으로 공물주체가 특정한 공물의 관리권을 다른 행정기관 또는 타인에게 위임하는 경우도 있다(예, 국도와 하천의 관리사무, 주차장관리, 문화재관리 등).

기획재정부장관(총괄청)은 국유재산에 관한 사무를 총괄하고 일반재산을 관리하고, 총괄청은 일반재산을 보존용재산으로 전환하여 관리할 수 있다(국유재산법8①②). 중앙관서의 장(관리청)은 그 소관에 속하는 행정재산과 일정한 일반재산을 관리한다(국유재산법8③). 총괄청은 총괄사무의 일부를 관리청 또는 지방자치단체장에게 위임할 수 있다(국유재산법25).

관리청은 소속 공무원에게 그 소관에 속하는 행정재산의 관리에 관한 사무를 위임할 수 있고(국§28), 행정재산을 효율적으로 관리하기 위하여 필요하면 국가기관 외의 자에게 그 재산의 관리를 위탁(관리위탁)할 수 있다(국유재산법29).

(2) 성 질

공물관리권의 성질에 관하여는 ① 소유권설과 ② 공법상 물권적 지배권설(통설)

의 대립이 있다. 공법상 물권적 지배권설이란 공물관리권을 소유권과는 관계없이 공물주체의 공법적 권한에 속하는 물권적 지배권으로 보는 입장을 말한다. 공물의 관리권은 행정목적을 위하여 소유권의 효과를 제한함을 내용으로 한다는 점에서 공물관리권은 소유권과는 별도로 인정되는 독립된 공법상 물권적 지배권으로 보는 것이 타당하다.

3. 행위형식과 내용

공물관리의 행위형식(行爲形式)은 일반적·추상적 법령의 형식에 의한 경우도 있고, 개별적·구체적 행위의 형식에 의한 경우도 있다.

공물관리의 내용(內容)은 당해 공물에 관한 법령 또는 자치법규 등에 의하여 정하여지지만, 일반적으로 적극적 관리작용과 소극적 관리작용으로 나누어 볼 수 있다. 1) 적극적 공물관리작용의 예로써 ① 공물의 범위결정(예, 하천구역의 결정, 도로구역의 결정 등), ② 공용부담, ③ 공적 목적의 공용(예, 도로전용허가, 하천점용허가, 항만시설의 사용허가) 등을 들 수 있다. 2) 소극적 공물관리작용의 예로써, ① 공물의 유지·수선·관리와 ② 공물에 대한 장애의 방지·제거 등이 있다.

4. 비용부담

공물의 관리비용(管理費用)은 공물관리권의 주체가 부담하는 것이 원칙이지만, 법률에 의하여 여러 가지 특례를 규정하고 있는 경우가 있다. 예컨대, 국가가 관리하는 공물에 대한 관리비용의 전부 또는 일부를 관계 지방자치단체 또는 일정한 개인에게 부담시키는 경우도 있고, 지방자치단체가 관리하는 공물의 관리비용을 전부 또는 일부 다른 지방자치단체 또는 일정한 개인에게 부담시키는 경우도 있다. 그리고 국가와 지방자치단체 상호간에 이해관계가 많은 경우에는 공물의 관리비용을 이해관계의 정도에 따라 분할부담하기도 한다.

공물관리권을 다른 행정기관에 위임하는 경우 사무수행에 소요되는 비용은 위임기관인 국가 또는 지방자치단체가 부담한다. 따라서 국가사무를 위임받아 수행하는 경우의 소요비용은 국가가 전부 부담하게 되며, 광역지방자치단체의 사무를 위임받아 행하는 경우의 비용도 위임자가 부담하도록 하고 있다.

공물의 관리비용을 지방자치단체 또는 사인에게 부담시키는 경우에는 공물에 관한 비용에 충당하기 위한 부담금·통행료·점용료 등의 수입은 원칙적으로 당해 지방자치단체 또는 사인의 수입으로 한다(도로법95, 하천법65 등).

5. 손해전보

1) 공물관리의 하자로 인한 손해가 발생한 경우에는 관리주체 또는 관리비용부담자가 손해배상책임(損害賠償責任)을 진다(대판 1995.2.24, 94다57671<여의도광장질주>). 2) 공물의 관리를 위하여 법률이 정하는 바에 따라 개인의 재산권을 수용·사용 또는 제한함으로써 특별한 손해를 가한 경우에는 행정상 손실보상책임(損失補償責任)을 지게 된다. 3) 보상규정의 흠결(欠缺)이 있는 경우의 보상 또는 공권력행사의 부수적 결과 또는 효과로서 발생하는 수용적 영향에 의한 손해에 대해서는 재산권의 수용유사침해 및 수용적 침해에 따른 보상의 문제가 논의되고 있다.

II. 경찰권에 의한 공물관리(보호)

1. 의 의

공물경찰(公物警察)이란 경찰권에 의하여 공물을 관리하는 것으로서 공물과 관련된 공공의 안녕·질서유지를 위한 경찰작용을 말한다. 예컨대, 도로교통의 안전을 위해 도로의 통행 기타의 사용을 금지·제한하는 경우를 들 수 있다.

■ 공물관리와 공물경찰의 구별 ■

구분	공물관리	공물경찰
목적	적극적으로 공물 본래의 목적달성	소극적으로 공물상의 안녕·질서에 대한 위해의 방지
주관기관	당해 공물관리기관의 소관	일반경찰기관의 권한
권력의 성실	공물주체의 공물에 대한 지배권의 성질	경찰권이라는 일반통치권으로서의 성질
법적 근거	공물에 관한 법규	경찰법
발동범위	공물의 계속적이고 독점적인 사용권의 설정 가능	공물의 사용관계의 질서를 유지하기 위한 일시적 사용의 허가만 가능
위반시 제재·강제 방법	위반자에 대한 이용관계의 배제가 최고의 제재수단	위반자에 대해서 행정벌과 행정상 강제집행이 가능

2. 성 립

공물경찰은 일반경찰기관의 권한에 속하며, 일반통치권으로서의 성질을 가진 공물경찰권에 의하여 행사된다. 이러한 공물경찰은 일시적 사용의 허가를 할 수 있을 뿐이다. 그리고 공물경찰작용에는 일정한 절차를 밟아야 하는 경우가 있다. 예컨대, 경찰서장이 도로통행을 우선 금지하거나 제한한 후 당해 도로관리청과 협의하여 그 금지 또는 제한의 대상과 구간 및 기간을 정하여 실시하도록 하는 경우 등을 들 수 있다.

제 4 절 공물의 사용

I. 일반사용(자유사용·보통사용)

1. 의 의

일반사용(一般使用)이란 일반공중이 공물을 자유로이 사용하는 것을 말한다(예, 도로의 통행, 해수욕을 위한 해변의 사용 등). 이러한 일반사용은 공공용물의 경우에 원칙적으로 인정되고, 공용물과 보존공물의 경우에는 공용에 지장이 없는 범위 안에서 예외적으로 인정될 뿐이다(예, 국립학교 교정의 자유통행 등).

2. 성 질

(1) 권리성

(가) 반사적 이익설   공물의 일반사용은 이용의 권리를 설정한 것이 아니라, 일반공중의 일반적인 사용에 개방된 결과로서 인정되는 사실상 이익으로서 사용의 자유를 누리는 것으로 본다. 이러한 입장이 종래의 통설이었다.

(나) 실체법적 공권설   국가의 공공역무에 참여할 수 있는 국민의 일반적인 생활권적 기본권(수익권)이 구체화된 것으로서, 법률상 보호되는 이익(실체법상 이익)으로 보는 입장이다. 이는 국민의 생활을 배려하는 작용이 국가의 시혜적인 것이 아니라 의무적인 것으로 된 현대복리국가의 이념을 기초로 주장된 이론이다. 따라서 이러한 입장에 의하면 개인의 공물일반사용권에 대한 행정권 또는 타인의

위법한 침해로 인하여 개인의 권익이 침해된 경우에 방해배제 또는 손해배상의 청구가 가능하다고 본다.

(다) 절차법적 공권설   절차법적 공권설이란 공물의 일반사용자는 공물에 관한 위법한 행정작용(예, 이미 제공된 공물의 이용을 관리청이 합리적인 이유없이 거부하는 경우)을 행정소송상 다툴 수 있는 이익(소의익)을 인정한다는 점에서 공권성을 긍정하는 입장이다.

(라) 판례의 입장   대법원 판례를 통하여 일반사용의 공권성을 인정한 구체적인 사례는 아직 없다. 다만 대법원은 원론적 입장에서 "일반사용권은 원칙적으로 특정한 권리가 법령에 의하여 보호되는 이익으로서 개인에게 부여된 것이라고까지는 말할 수 없지만, 당해 공공용재산의 성질상 특정개인의 생활에 개별성이 강한 직접적이고 구체적인 이익을 부여하고 있어서 그에게 그로 인한 이익을 가지게 하는 것이 법률적인 관점으로도 이유가 있다고 인정되는 특별한 사정이 있는 경우에는 그와 같은 이익은 법률상 보호되어야 할 것이다"(대판 1992.9.22, 91누13212<국유도로공용폐지>)라고 판시하였다. 또한 "일반사용은 다른 개인의 자유이용과 국가 또는 지방자치단체 등의 공공목적을 위한 개발 또는 관리·보존행위를 방해하지 않는 범위 내에서만 허용된다 할 것이므로, 공공용물에 관하여 적법한 개발행위 등이 이루어짐으로 말미암아 이에 대한 일정범위의 사람들의 일반사용이 종전에 비하여 제한받게 되었다 하더라도 특별한 사정이 없는 한 그로 인한 불이익은 손실보상의 대상이 되는 특별한 손실에 해당한다고 할 수 없다"(대판 2002.2.26, 99다35300<어선어업자백사장사용>)고 판시하였다. 그리고 헌법재판소는 "서울교육대학교 운동장의 사용을 요구할 수 있는 법규상 또는 조리상의 신청권이 있다고 할 수 없다"(헌재 2001.09.27, 2000헌마260<서울교육대학교운동장사용금지결정취소>)고 결정하였다.

(2) 권리의 소극성

공물의 일반사용권은 본질적으로 일반사용의 침해를 배제하는 소극적 권리이다. 따라서 사인이 행정주체에 대하여 특정 공물의 제공을 주장할 수는 없으며, 또한 공물의 일반사용권을 이유로 도로의 폐지나 구조변경 등에 대항할 수는 없다. 그러나 인접주민의 경우 기존의 도로 이외에는 다른 통행수단이 없는 등의 특별한 여건 아래서는 그 폐지를 다툴 법률상 이익이 인정될 수 있다.

개인의 공물일반사용권에 대한 행정권 또는 타인의 위법한 침해로 인하여 개인의 권익이 침해된 경우에 공물일반사용권의 성질을 실체법적 공권으로 보는 입장에서는 방해배제 또는 손해배상의 청구에 의해서 구제될 수 있을 것이다. 그러나 반사적 이익설과 절차법적 공권설을 따르는 경우는 손해배상청구 등이 인정될 수 없다.

　오래된 하급심 판결(대구지판 1965.6.15, 64나458)에서 "어떤 공로이용자가 위 권리를 방해당한 때에는 민법상 불법행위의 문제를 야기하며 이러한 방해가 계속되는 한 그 배제를 구할 권리를 가진다"고 판시하였다. 이러한 경우는 공물의 일반사용권의 성질이 공법상 권리이기 때문에 인정되는 것이 아니라, 공물이용권을 방해함으로써 민사상 개인의 권리침해가 있기 때문에 민법상 방해배제청구 혹은 손해배상청구가 인정된 것이다.

3. 일반사용의 내용

(1) 일반사용의 범위제한(한계)

　공물의 일반사용은 <u>공물 본래의 목적 또는 공공안녕질서의 범위 안에서 허용된</u>다. 따라서 이러한 일반사용의 구체적 범위는 법령에 의한 특별한 규정 내지 공물규칙이 정하는 바에 따라 공물관리주체에 의하여 제한되기도 하고[공물관리권에 의한 제한], 경찰기관에 의한 경찰행정상 제한을 받기도 한다[공물경찰권에 의한 제한].

　따라서 도로의 관리청은 도로에 관련된 공사로 인하여 부득이한 경우 또는 도로의 파손이나 그 밖의 사유로 인하여 통행에 위험하다고 인정될 때에는 구간을 정하여 도로의 통행을 금지하거나 제한할 수 있다(도로법76). 그리고 도로의 사용을 폐지하고자 할 때에는 도로관리청은 이를 공고하고 그 도면을 일반인이 열람할 수 있게 하여야 한다(도로법39).

　또한 도로법(75)에 의하면, 누구든지 정당한 이유 없이 도로를 파손하는 행위, 도로에 토석, 입목·죽 등 장애물을 쌓아놓는 행위, 그 밖에 도로의 구조나 교통에 지장을 끼치는 행위를 해서는 안 된다고 규정하고 있다.

(2) 일반사용과 사용료징수

　공물의 일반사용에 있어서 사용료(使用料)는 원칙적으로 징수되지 않으나, 예외적으로 법률이 정하는 바에 따라서 사용료를 징수할 수도 있다. 예컨대, 도로법에 의한 교전(橋錢)·도전(渡錢), 하천법에 의한 사용료, 유료도로법에 의한 통행료, 문화재보호법에 의한 관람료, 하수도법에 의한 하수도료 등을 들 수 있다.

4. 인접주민의 일반사용

(1) 의 의

　도로나 하천 등에 인접하여 거주하거나 토지 등을 소유하고 있는 자는 도로나 하천 등에 대하여 일반인 이상으로 이용의 빈도와 필요성에 있어서 많은 사실상 또는 경제상 이해관계를 가진다. 따라서 이들 인접주민(隣接住民)은 다른 일반인보다 인접공물의 일반사용에 있어 특별한 이해관계를 가지기 때문에 일반인에게는 인정되지 않는 고양(高揚)된 일반사용(권)으로서 인접주민권이 인정된다고 본다(대판 2006.12.22, 2004다68311·68328<점포앞좌판설치·이용>). 여기서 인접주민권이란 다른 사람의 사용을 계속적으로 방해하지 않고 공물을 훼손하지 않는 범위 내에서 도로나 하천을 아무런 허가도 받음이 없이 자기의 수요에 따라 사용할 수 있는 권리이다.

인접주민의 공물사용권은 일반적으로 관습법 또는 헌법상의 재산권조항에 의해 보장된다고 볼 수 있다(김남진). 이러한 고양된 일반사용권으로서 인접주민권이 침해된 경우 다른 개인과의 관계에서 민법상으로도 보호될 수 있으나, 그 권리도 공물의 일반사용의 범위 안에서 인정된다(대판 2006.12.22, 2004다68311·68328).

(2) 인접주민권의 판단

특정인에게 어느 범위에서 이른바 고양된 일반사용권으로서의 권리가 인정될 수 있는지의 여부는 당해 공물의 목적과 효용, 일반사용관계, 고양된 일반사용권을 주장하는 사람의 법률상의 지위와 당해 공물의 사용관계의 인접성, 특수성 등을 종합적으로 고려하여 판단하여야 한다.

따라서 인접주민의 고양된 자유사용권은 ① 기본적으로 인접주민이 도로 등의 공물사용과 불가결하게 의존하는 경우에 인정되며, ② 타인의 자유사용을 현저하고 중대하게 제약하지 않는 경우에 인정된다. ③ 구체적으로 공물을 사용하지 않고 있는 이상 그 공물의 인접주민이라는 사정만으로는 공물에 대한 고양된 일반사용권이 인정될 수 없다(대판 2006.12.22, 2004다68311·68328).

(3) 인접주민권이 인정되는 경우와 인정되지 않는 경우

(ㄱ) 인접주민권이 인정되는 경우   인접주민권(隣接住民權)이 인정되는 경우는 ① 가옥의 출입 등 일상생활을 위해 도로를 상용하는 경우(예, 쓰레기통의 설치, 이삿짐의 일시적 적치), ② 상점의 경우에 있어서 상품을 진열하거나 선전하기 위해서 소규모의 선전판을 설치하는 경우, ③ 물건을 싣고 내리기 위해 차량을 주차하는 경우, ④ 건물을 건축·수리하기 위해 자재를 일정기간 쌓아 두는 경우 등을 들 수 있다.

(나) 인접주민권이 인정되지 않는 경우   인접주민권이 인정되지 않는 경우는 ① 영업목적으로 도로에 자판기를 설치하거나 보도에 탁자나 의자를 설치하는 경우, ② 보도를 자신의 상점의 진입로로 확보하는 경우, ③ 도로의 공간을 자신의

주차장으로 사용하는 경우 등을 들 수 있다. 재래시장 내 점포의 소유자가 점포 앞의 도로에 대하여 일반사용을 넘어 특별한 이해관계를 인정할 만한 사용을 하고 있었다는 사정을 인정할 수 없다는 이유로 위 소유자는 도로에 좌판을 설치·이용 할 수 있는 권리가 없다(대판 2006.12.22, 2004다68311·68328<점포앞좌판설치·이용>).

II. 허가사용(허가에 의한 공물의 특별사용)

1. 의 의

(1) 개 념

공물의 일반사용이 일반공중의 공동사용을 방해하거나 공공질서에 대한 위해를 발생할 우려가 있는 경우에, 법규·공물관리권·일반경찰행정권에 의하여 공물사용 이 행정청의 허가에 의하여 이루어지는 것을 허가사용(許可使用)이라 부른다. 공용 물과 보존공물의 허가사용은 원칙적으로 인정되지 않지만, 예외적으로 공용물의 자유사용이 인정되는 범위 안에서 공용물의 허가사용이 인정된다. 국유재산법(2(정 의)vii)에 의하면, "사용허가"란 행정재산을 국가 외의 자가 일정 기간 유상이나 무 상으로 사용·수익할 수 있도록 허용하는 것을 말한다.

(2) 종 류

공물허가사용의 종류는 공물관리권에 의한 허가사용과 일반경찰권에 의한 허가 사용이 있다. 1) 공물관리권에 의한 허가사용은 다수인의 사용관계를 조정하고 공 물의 존립을 유지하기 위하여, 즉 공물의 적절한 관리를 도모하기 위하여 인정된 다(예, [공유수면법]1·4·8(공유수면의 점용·사용허가)). 2) 일반경찰권에 의한 허가사용은 공 물의 사용관계에서 발생할 수 있는 공공의 안녕과 질서에 대한 위해를 제거하기 위하여 인정된다(예, 도로교통법6②).

2. 성 질

(1) 권리성

통설에 의하면 공물사용의 허가는 일반허가와 같이 금지의 해제에 지나지 않기 때문에 실체법적 권리를 설정하는 것이 아니라고 본다. 그러나 오늘날 소이익 내 지 공권의 확장과 더불어 소송상 다툴 수 있는 보호이익성이 공물사용의 허가로 인하여 얻게 되는 이익에 대해서 인정된다.

(2) 재량성과 기속성

공물이용의 허가행위에 있어서 재량성이 인정되지만, 일정한 허가요건을 갖추었음에도 불구하고 <u>허가를 안 해 줄 재량권은 없으며</u>, 실정법적으로는 법적 기속이 가해지는 경향이 있다. 예컨대, 공물사용의 허가는 공물의 용도와 목적에 장애가 되지 아니하는 범위 내에서 인정된다(국유재산법30①, [공유재산법]20①, 자연공원법23②).

3. 성 립

(1) 대 상

허가에 의한 공물사용은 성질상 주로 <u>일시적 사용</u>에 한하여 인정한다. 예, 도로·공원에의 노점 또는 광고판의 설치, 가옥신축중 도로의 일부사용 등 따라서 공물의 계속적 점용은 허가사용의 범위를 넘는 것으로서 공물이용권의 특허에 의해서만 가능하다.

(2) 방 법

대통령령으로 정하는 바에 따라 참가자의 자격을 제한하거나 참가자를 지명하여 경쟁에 부치거나 수의(隨意)의 방법으로 할 수 있으나, 행정재산의 사용허가는 원칙적으로 공고하여 일반경쟁에 부쳐야 한다(국유재산법31①). 경쟁에 부치는 경우에는 총괄청이 지정·고시하는 정보처리장치를 이용하여 입찰공고·개찰·낙찰선언을 한다(국유재산법31②).

(3) 기 간

행정재산의 사용허가기간은 5년 이내로 한다. 다만 행정재산으로 할 목적으로 기부를 받은 재산에 대하여 기부자나 그 상속인, 그 밖의 포괄승계인에게 사용허가하는 경우에는 사용료의 총액이 기부를 받은 재산의 가액에 이르는 기간 이내로 한다(국유재산법35①). 이러한 사용허가기간이 끝난 재산에 대하여 대통령령으로 정하는 경우를 제외하고는 5년을 초과하지 아니하는 범위에서 종전의 사용허가를 갱신할 수 있는데, 수의의 방법으로 사용허가를 할 수 있는 경우가 아니면 1회만 갱신할 수 있다(국유재산법35②). 그리고 사용허가갱신을 받으려는 자는 허가기간이 끝나기 1개월 전에 관리청에 신청하여야 한다(국유재산법35③).

4. 효 과 - 허가사용자의 의무 -

(1) 사용료

공물의 허가이용에 있어서는 원칙적으로 법규가 정하는 바에 의하여 사용료를 지급할 사용료납부의무가 있다. 이러한 사용료징수에 대한 불복은 행정소송에 의한다(대판 1980.11.25, 80누298).

행정재산을 사용허가한 때에는 대통령령으로 정하는 요율과 산출방법에 따라 매년 사용료를 징수한다. 이러한 사용료는 나누어 내게 할 수 있으며, 보증금을 예치하거나 이행보증조치를 하는 경우도 있다(국유재산법32). 행정재산을 1년을 초과하여 계속 사용·수익하는 경우로서 대통령령으로 정하는 경우에는 사용료를 조정할 수 있다(국유재산법33). 그리고 일정한 경우에는 사용료의 면제가 인정된다(국유재산법34).

(2) 변상금

변상금이란 사용허가 없이 행정재산을 사용·수익하거나 또는 사용허가기간이 끝난 후 다시 사용허가를 받지 않고 행정재산을 계속 사용·수익하거나 점유한 자(무단점유자)에게 부과하는 금액을 말한다. 중앙관서의 장등은 무단점유자에 대하여 대통령령으로 정하는 바에 따라 그 재산에 대한 사용료나 대부료의 100분의 120에 상당하는 변상금을 징수한다(국유재산법72).

헌법재판소는 정당한 권원을 가지지 않고 행정재산을 사용하거나 수익한 사람을 처벌하는 [공유재산법] 제99조가 과잉금지원칙, 평등원칙 등 헌법에 위반되지 않는다는 결정을 하였다(헌재 2013.6.27, 2012헌바17<[공유재산법]제6조 제1항 위헌소원>).

(3) 원상회복 등

공물허가사용자는 ① 공물의 유지를 위하여 필요한 시설을 하거나 비용을 부담하는 위해방지시설부담 및 수축비용부담, 공해방지의무, ② 관리소홀로 인한 제재(국유재산법39), ③ 사용후 원상회복의무(국유재산법38) 등을 지는 경우가 있다.

5. 사용허가의 소멸 - 취소와 철회 -

(1) 사용허가의 취소

행정재산의 사용허가를 받은 자가 허가를 받기 전에 위법한 행위를 한 경우에는 사용허가를 취소할 수 있다. 예컨대 거짓 진술을 하거나 부실한 증명서류를 제시하거나 그 밖에 부정한 방법으로 사용허가를 받은 경우 허가를 취소할 수 있다(국유재산법36①i).

행정재산의 사용허가를 취소하려는 경우에는 청문을 하여야 하고(국유재산법37), 사용허가한 재산이 기부받은 재산으로서 사용·수익하는 자가 있으면 그 사용·수익자에게 취소 사실을 알려야 한다(국유재산법36④).

(2) 사용허가의 철회

행정재산의 사용허가를 받은 자가 허가를 받은 후 일정한 사유가 있는 경우에 사용허가를 철회할 수 있다. 사용허가를 철회할 수 있는 일정한 사유는 i) 사용허가 받은 재산을 다른 사람에게 사용·수익하게 한 경우, ii) 해당 재산의 보존을 게을리 하였거나 그 사용목적을 위배한 경우, iii) 납부기한까지 사용료를 납부하지 아니하거나 보증금 예치나 이행보증조치를 하지 아니한 경우, iv) 중앙관서의 장의 승인 없이 사용허가를 받은 재산의 원래 상태를 변경한 경우(국유재산법36①ii부터v까지), 그리고 v) 사용허가한 행정재산을 국가나 지방자치단체가 직접 공용이나 공공용으로 사용하기 위하여 필요하게 된 경우(국유재산법36②) 등을 들 수 있다.

국가나 지방자치단체가 직접 공용이나 공공용으로 사용하기 위하여 사용허가를 철회한 경우에는 그 철회로 인하여 해당 사용허가를 받은 자에게 손실이 발생하면 대통령령으로 정하는 바에 따라 보상한다(국유재산법36③).

행정재산의 사용허가를 철회하려는 경우에는 청문을 하여야 하고(국유재산법37), 사용허가한 재산이 기부받은 재산으로서 사용·수익하는 자가 있으면 그 사용·수익자에게 철회 사실을 알려야 한다(국유재산법36④).

III. 특허사용(특허에 의한 공물의 특별사용)

1. 의 의

공물의 특허사용(特許使用)이란 공물에 관하여 일반인에게 허용되지 않는 공법상 특별사용권을 특정인을 위하여 설정하는 경우를 말한다[예, 도로점용허가(대판 2002.10.25, 2002두5759), 하천의 장기점용허가(대판 1991.10.11, 90누8688), 공유수면의 점용허가(대판 2004.10.15, 2002다 68485) 등]. 공물의 특허사용은 계속적 사용을 내용으로 하고, 공물의 일반적 목적과 범위를 능가하여 공물을 사용하는 것으로서 공물사용의 방식에 있어서 예외적인 경우에 속한다.

국유재산법에 의하면, 행정재산·보존재산에 관한 허가사용과 특허사용을 명문의 규정으로 특별히 구별하고 있지 않을 뿐만 아니라 특허사용이라는 개념을 따로 규정하고 있지도 않다. 따라서 우리 국유재산법은 특허사용을 인정하지 않는 것이 아닌가 하는 의구심이 든다. 그 이유는 1) 국가 외의 자는 국유재산에 건물, 교량 등 구조물과 그 밖의 영구시설물을 축조하지 못한다는 규정(국유재산법18①본)을 두었으며, 2) 사용허가기간은 5년 이내로 하고, 5년을 초과하지 아니하는 범위에서 1차만 갱신할 수 있다(국유재산법35①본·②본). 다만 기부채납된 재산에 대하여 사용료의 총액이 기부를 받은 재산의 가액에 이르는 기간 이내로 하며(국유재산법35①단), 수의의 방법으로 사용허가를 할 수 있는 경우에는 1회 이상 갱신도 가능하다(국유재산법35②단).

그러나 특허사용의 특징은 '계속적 사용'이 아니라, 그 법률관계에 있다. 따라서 모든 사람이 행할 수 있는 것을 전제로 하지 않고 특정인에게만 내주는 행정재산·보존재산의 사용·수익허가는 특허사용으로 볼 수 있다(대판 2006.3.9, 2004다31074<국립의료원부설주차장위탁관리용역>). 따라서 도로법(38), 하천법(33), [공유수면법](8), 자연공원법(23) 등에서 이러한 특허사용을 규율하고 있다.

2. 성 질

(1) 형성적 행위(권리설정행위)성

공물특허사용에 있어서 특허는 특정인을 위하여 공물을 사용할 권리를 설정하는 형성적 행위이다. 이러한 공물의 특허사용은 반드시 독립·배타적으로 인정되는 것이 아니라 자유사용과 병존하는 것이 가능하다. 따라서 도로의 점용이 자유사용인지 특허사용인지는 도로의 점용목적·점용형태·점용자측과 일반인의 이용상황 등 구체적인 사정을 고려하여야 한다. 예컨대, 도로점용자가 일반인의 사용을 배제한 채 독점적·배타적으로 사용하고 있는 경우에는 당연히 특허사용으로 볼 수 있다. 그리고 독점적·배타적으로 사용하지 않고 일반인의 사용과 병존하고 있더라도 당해 도로의 주된 기능이 점용자의 이익을 위한 것이고 일반인은 본래의 도로사용에 비해 불편을 감수하면서 사용하는 경우라면 또한 특허사용으로 보아야 할 것이다.

(2) 쌍방적 행정처분성

특허행위의 성질에 관하여는 쌍방적 행정행위설·공법상계약설·사법상계약설 등이 있을 수 있으나, 쌍방적 행정행위설이 다수설·판례(대판 1995.2.3, 94누3766)의 입장이다. 요컨대, 공물사용권의 특허는 상대편의 출원에 의하여 관리청이 부여하는 것으로서, 일반적으로 특허행위의 내용이 법규·특허명령서에 의하여 획일·정형화되고 기속적인 경향이 있으므로, 당사자의 자유의사가 개입할 여지가 없다.

(3) 재량성과 기속성

공물특허사용이 재량행위인가 기속행위인가는 기본적으로 근거법규의 문언에 의하여 판단되어야 한다. 그러나 근거법규의 문언이 불분명한 경우에는 원칙적으로 관리청의 재량성이 인정된다고 할 것이다.

예컨대 하천부지의 점용허가를 규정하고 있는 하천법 제33조에 의하면 " … 행위를 하고자 하는 자는 … 관리청의 허가를 받아야 한다"고 규정하고 있는데, 이 법문언만으로는 재량행위인지 기속행위인지 알 수가 없다. 따라서 이러한 경우에는 법률효과재량설에 의하여 수익적 행위이기 때문에 재량행위로 이해하게 된다. 대법원은 "하천부지의 점용허가는 일반인에게 인정되지 않는 특별한 권리를 설정하는 것이므로 재량행위에 속한다"(대판 1976.9.14, 75누165; 대판 1991.10.11, 90누8688), "공유수면의 점·사용허가는 특정인에게 공유수면 이용권이라는 독점적 권리를 설정하여 주는 처분으로서 그 처분의 여부 및 내용의 결정은 원칙적으로 행정청의 재량에 속한다"(대판 2004.5.28, 2002두5016)라고 판시하고 있다. 도로법 제40조의 도로점용에 관한 규정도 마찬가지이다. 대법원은 "도로점용의 허가는 특정인에게 일정한 내용의 공물사용권을 설정하는 설권행위로서, 공물관리자가 신청인의 적격성, 사용목적 및 공익상의 영향 등을 참작하여 허가를 할 것인지의 여부를 결정하는 재량행위이다"(대판 2002.10.25, 2002두5795<가스충전소진입감속차선>)라고 판시하고 있다. 그러나 공익사업을 위한 도로의 점용허가는 도로법 제41조의 법문언에서 "관리청은 … 도로의 점용허가를 거절할 수 없다"고 규정하였기 때문에 기속행위라고 할 것이다.

3. 효 과

(1) 공물(특허)사용권

(가) 성 질　　　　공물(특허)사용권은 주로 공물의 영속적 사용을 내용으로 한다. 이러한 공물사용권의 성질에 관하여 ① 공권설(통설), ② 사권설, ③ 절충설,21) ④ 공권·사권실제구별부인설22)의 대립이 있다. 그러나 통설은 특허에 의하여 설정되

---

21) 절충설이란 공물사용권(예, 수리권(水利權))은 발생의 기반에서 보면 그 본질을 사권으로 보아야 하나, 공물사용권 자체가 행정권의 허가에 의하여 주어지는 경우는 공권의 성질도 아울러 가지고 있다는 입장을 말한다.

22) 공권·사권실제구별부인설이란 공권설과 사권설이 실제에 있어서 거의 차이가 없기 때문에 공권설과 사권설 어느 견해를 따르느냐는 별다른 의미가 없다고 본다. 이러한 입장에 의하면, 1) 공권설은 공물사용권은 공물의 사용을 내용으로 하는 일종의 재산권으로서 원칙적으로 사법상의 재산권과 같이 사용권의 이전성이 인정될 뿐만 아니라, 제3자가 그것을 침해한 경우에 민사상의 방해배제 또는 손해배상의 청구를 인정하는 점에서 사용권의 실체에 착안한 사권설과 차이가 없다고 보고, 2) 사권설에서도 공물사용권을 절대적·배타적 권리로 인정하는

는 공물의 사용권은 특허라는 행정처분에 의하여 성립하며 공공의 이익을 위한 것이라는 점에서 공권의 성질을 가진다고 본다.

공권으로서 공물(특허)사용권은 실질적으로 사법상 재산권과 같은 성질을 가지지만, 공물주체에 대하여 일정한 공물의 사용을 청구할 수 있는 <u>공법상 채권</u>에 지나지 않는다. 따라서 공물(특허)사용권은 제3자에 대하여 대항할 수 있는 배타적 권리로서 물권은 아니다(대판 1990.2.13, 89다카23022). 다만 어업권·광업권·댐사용권 등은 법률의 규정에 의하여 물권적 효력을 인정하고 있다[수산업법16(어업권의 취득과 성질), 광업법10(광업권의 성질), [댐건설·주변지원법]29(댐사용권의 성질)].

(나) 공물(특허)사용권의 한계   공물사용권은 계속적 사용을 내용으로 하지만, 그것이 미치는 범위는 당해 사용목적달성에 필요한 최소한도의 범위에 한정된다. 따라서 당해 사용을 현저히 저해하지 않는 범위에서 같은 공물에 대하여 일반사용(자유사용)이 병존할 수 있다(대판 1992.9.8, 91누8173; 대판 1998.9.22, 96누7342). 도로점용부분이 동시에 일반공중의 교통에 공용되고 있다고 하여 도로점용이 아니라고 말할 수는 없는 것이다(대판 1999.05.14, 98두17906<부당이득금부과처분취소(강남구청)>).[23]

공물(특허)사용권의 지역적 범위는 구체적인 경우에 공물의 성질에 따라 결정되지만, 예컨대 도로점용허가의 경우에는 당해 <u>도로의 지하부분의 이용도 그 범위에</u> 포함된다고 본다(대판 1993.11.12, 93누16208).

(2) 공물(특허)사용권자의 의무

공물(특허)사용권의 특허를 받은 자는 공물(특허)사용권을 취득하는 동시에 관계법규 또는 특허명령서에 의하여 부과되는 일정한 의무를 진다. 이에 따라 공물(특허)사용권자는 ① 사용료납부의무(도로법66,하천법37,[공유수면법]14·34,자연공원법)와 변상금납부의무(도로법72,하천법37③,공유수면법]15), ② 부대공사비용부담의무(도로법90) 및 수축비용부담([공유수면법]19②,20), ③ 안전관리의무(도로법62) 및 재해발생방지시설설치의무(하천법39), ④ 손해전보의무(하천법35,[공유수면법]32) 및 원상회복의무(도로법73,하천법48,[공유수면법]21·54) 등을 진다.

것이 아니라, 사용권의 범위를 그 사용목적의 범위에 한정한다는 점에서 공권설과 거의 차이가 없다고 본다.

23) 차도와 인도 사이의 경계턱을 없애고 인도 부분을 차도에서부터 완만한 오르막 경사를 이루도록 시공하는 방법으로 건물 앞 인도 부분에 차량 진출입통로를 개설하여 건물에 드나드는 차량들의 편익에 제공함으로써, 일반의 보행자들이 인도 부분을 불편을 감수하면서 통행하고 있는 경우, 인도 부분이 일반공중의 통행에 공용되고 있다고 하여도 도로의 특별사용에 해당한다(대판 1999.05.14, 98두17906<부당이득금부과처분취소(강남구청)>).

▣ 공물(특허)사용료등 ▣

(1) 법적 근거

사용료의 징수에 관해서는 근거규정을 두고 있는 경우가 많지만(지방자치법139·140, 도로법66,하천법37,[공유수면법]14·34,자연공원법37·38), 법률적 근거가 없는 경우에도 사용료를 과할 수 있다. 따라서 일반사용을 넘어서는 사용이면서도 관리청의 사용특허를 받지 아니하고 공물을 사용하는 경우에 관리청은 점용료 상당의 부당이득금을 징수할 수 있다는 법규정이 있다(예, 도로법72(변상금의 징수),하천법37③,공유수면법]15). 대법원 판례 또한 같은 입장이다(대판 1977.6.28, 76누17; 대판 1998.9.22, 96누7342).

변상금은 도로점용허가를 받지 않은 무단점용자에 대하여 징벌적 의미를 갖는 것이므로 비록 도로점용에 대한 명시적인 도로점용허가는 없었다고 하더라도 구체적인 사정에 비추어 그 점유나 사용·수익을 정당화할 수 있는 법적 지위에 있는 자에 대하여는 위와 같은 변상금을 부과할 수 없다(대판 2003.03.14, 2002두12267; 대판 2010.04.29, 2009두18547<변상금부과처분취소>).

(2) 법적 성질

사용료부과처분과 사용료납부의무는 공의무의 성질을 가진다. 따라서 사용료에 대한 불복은 행정소송(항고소송)의 방법에 의하고(대판 1975.11.11, 74누195; 대판 1982.5.25, 81다카998; 대판 1994.1.11, 92다29528; 대판 2004.10.15, 2002다68485<복개도로상공의연결통로(서울용산구)>), 사용료체납에 관해서는 행정상 강제징수설자에 의하는 것이 보통이다. 예컨대 도로점용료, 공유수면점용료·사용료는 국세 또는 지방세 체납처분의 예에 의하여 징수하고(도로법69④,[공유수면법]13⑦), 하천점용료 등의 징수방법은 시·도의 조례로 정하도록 하고 있다(하천법37④).

(3) 내 용

도로법과 도로법시행령의 위임에 따라 국도 이외 도로의 점용료 산정기준을 정한 조례 규정이 도로법시행령 개정에 맞추어 개정되지 않아 도로법시행령과 불일치하게 된 경우에, 위 조례 규정은 도로법시행령이 정한 산정기준에 따른 점용료 상한의 범위 내에서 유효하고, 이를 벗어날 경우 그 상한이 적용된다(대판 2013.10.17, 2013두4125<도로점용료부과처분취소>).

사업시행자가 주택건설사업계획 승인을 받음으로써 도로점용허가가 의제된 경우에 관리청이 도로점용료를 부과하지 않아 그 점용료를 납부할 의무를 부담하지 않게 되었다고 하더라도 특별한 사정이 없는 한, 관리청이 도로점용에 관하여 점용료를 부과하기 전에는 점용료를 납부할 의무를 부담한다고 볼 수 없기 때문에, 사업시행자가 그 점용료 상당액을 법률상 원인 없이 부당이득하였다고 볼 수는 없다(대판 2013.06.13, 2012다87010<부당이득금>). 서울특별시가 한국전력공사를 상대로 서울특별시 소유의 도로 위에 설치된 전주에 관하여만 점용허가를 받고 전주와 전주를 연결하는 전선에 관하여는 점용허가를 받지 아니하였음을 이유로 전선의 선하지 부분 도로 점용에 관하여 차임 상당의 부당이득반환을 구하였는데, 대법원은 한국전력공사에게 부당이득반환의무가 없다고 보았다(대판 2012.05.24, 2010다70247<부당이득금반환>).

업무시설 및 근린생활시설의 신축을 위하여 행정청으로부터 도로점용허가를 받으나, 건축경기 악화 등 부득이한 사정으로 착공하지 못하여 점용허가받은 도로를 실제

로 점용한 사실이 없는 경우에, 실제로 위 도로를 점용하지 않았다는 사유만으로 점
용료 납부의무가 없다거나 행정청의 점용료 부과처분이 위법하다고 볼 수 없다(대판
2011.09.29, 2011두8901<고속도로점용료부과처분취소>).

4. 소 멸

특허사용은 공물의 소멸, 공물(특허)사용권의 포기, 공물(특허)사용권에 의한 시설·
사업의 소멸, 종기의 도래와 해제조건의 성취, 특허의 취소·철회, 특허의 실효 등
에 의하여 공물특허사용은 소멸한다. [공유수면법]은 매립면허의 취소와 철회(법52),
매립면허의 효력상실 등(법53)에 관한 명문의 규정을 두고 있다.

특허의 실효와 관련해서 공유수면매립면허는 준공기간초과로 실효된다. 따라서
공유수면매립면허 준공기간초과로 실효된 후에 매립공사를 완공하였다면 면허실효
후의 시공으로서 무면허자의 매립행위에 불과하다(대판 1989.9.12, 88누9206). 그리고 실
효된 공유수면매립면허의 효력을 회복시키는 행위는 특단의 사정이 없는 한 새로
운 면허부여와 같이 면허관청의 자유재량에 속하기 때문에, 준공기간초과로 면허
가 실효된 후에 매립공사를 완성하였다고 하여 면허관청이 이에 기속을 받아 면허
를 회복해 주어야 할 의무는 없다(대판 1989.9.12, 88누9206).

IV. 관습상 공물사용

1. 의 의

공물사용권이 지방적 관습에 의하여 성립되는 경우를 관습상 공물사용(慣習上公物
使用)이라고 한다. 예컨대, 작은 규모의 공유수면의 사용에 있어서 관개용수리권·유
수권(流水權)·음용용수권(飮用用水權)·입어권(入漁權), 그리고 수산업법상 허가나 신고를
요함이 없이 행하는 조개채취 등을 위한 공유수면사용권의 인정 등을 들 수 있다.
또한 일정한 공유수면에 대한 공동어업권 설정 이전부터 어업의 면허 없이 그 공
유수면에서 오랫동안 계속 수산동식물을 포획 또는 채취하여 옴으로써 그것이 대
다수 사람들에게 일반적으로 시인될 정도에 이른 경우에 인정되는 관행어업권(대판
2002.2.26, 99다35300<어선어업자백사장사용>)이 있다

이러한 관습상 공물사용권의 성질에 관하여 공권설과 사권설의 대립이 있으나
통설은 특허에 의한 사용권의 경우와 같이 공권으로 본다. 따라서 공권인 관습상

사용권은 공익상 필요에 의하여 일정한 제한을 받는다.

2. 성 립

우리 대법원 판례에 의하면 관습상 공물사용을 인정하고 있으며(대판 1968.6.4, 68 다337; 대판 1972.3.31, 72다78), 이러한 관습상 공물사용이 성립하기 위해서는 다음의 요건이 충족하여야 한다. 1) 여러 해 동안 평온·공연 정당하게 계속된 관습이 존 재하고 있음이 증명되어야 한다. 2) 권리로서 인정되기 위해서는 일반공중의 자유 이용에 개방된 것이 아니라, 이용의 이익이 배타적으로 특정범위 안의 주민에게 국한되어 있는 것이어야 한다. 예컨대, 음용용수권의 경우에는 특정구역의 주민, 관개용수리권은 특정구역에 경작지를 가진 자, 유목권은 특정구역에 삼림을 가진 자 등을 들 수 있다.

관행어업권은 어디까지나 수산동·식물이 서식하는 공유수면에 대하여 성립하기 때문에, 허가어업에 필요한 어선의 정박 또는 어구의 수리·보관을 위한 육상의 장 소에는 성립할 여지가 없다. 따라서 어선어업자들의 백사장 등에 대한 사용은 공 공용물의 일반사용에 의한 것일 뿐 관행어업권에 기한 것으로 볼 수 없다(대판 2002.2.26, 99다35300<어선어업자백사장사용>).

V. 행정계약에 의한 공물의 사용

1. 의 의

행정계약(行政契約)에 의한 공물의 사용이란 일정한 공물을 사인의 사용에 행정계 약의 방법에 의하여 제공하는 것을 말한다. 행정재산의 경우에는 국유재산법(24,30) 과 [공유재산법](§20이하)에 의하여, 행정재산의 목적외사용이 인정되고 있다(예, 정부 청사 내에 사인에게 식당이나 매점을 경영하게 하는 경우). 그런데 행정재산의 목적외사용을 사법상 행정계약(사법상 계약)에 의할 것인가, 그렇지 않으면 공법상 행정계약에 의 할 것인가가 문제된다.

2. 행정재산의 목적외사용을 위한 행정계약의 법적 성질

(1) 행정재산의 목적외사용관계의 성질에 관한 학설과 판례

(가) 사법상 사용관계설 　　사법상 사용관계로 보는 입장은 특별한 규정이 없는 한, 그리고 공적목적에 방해가 되지 않는 한 사법상 사용관계로 본다. 따라서

공물에 있어서도 특별한 규정이 있는 경우를 제외하고는 공물의 목적에 지장이 없는 한 사법상 계약에 의하여 공물이용권의 설정이 가능하다고 본다.

(나) 공법상 사용관계설 　　　 공법상 사용관계로 보는 입장은 허가, 사용료, 사용료의 행정상강제징수, 허가기간, 허가의 취소와 철회 등에 관한 명문의 규정을 두고 있는 점에 비추어 공법상 사용관계로 본다. 따라서 사법상 계약에 의하는 것은 불가능하고 공법상 계약에 의하여 공물이용권의 설정이 가능하다고 본다.

(다) 이원적 법률관계설 　　　 이원적 법률관계로 보는 입장은 행정재산의 사용·수익관계의 발생·소멸과 사용료의 징수관계는 공법관계로 보는 반면, 행정재산의 사용·수익관계의 실질은 사법상 임대차관계와 같다는 입장에서 행정재산의 목적외 사용을 이원적 법률관계로 설명하는 입장이다.

(라) 판 례 　　　 대법원은 국유재산과 공유재산을 구별하지 않고 행정재산의 사용·수익허가는 강학상 특허로서 항고소송의 대상이 되는 처분이라고 판시하고 있다(대판 1996.2.13, 95누11023; 대판 1997.4.11, 96누17325; 대판 1998.2.27, 97누1105). 그리고 국유재산을 무단으로 사용한 자에 대하여 관리청이 부과하는 변상금부과처분은 행정처분이고, 이러한 변상금부과처분을 근거로 한 변상금청구는 민사소송의 방법에 의할 수 없다(대판 2000.11.24, 96누17325).

(마) 결 어 　　　 (구)국유재산법은 행정재산의 사용·수익허가에 대하여 잡종재산의 대부에 관한 규정을 준용하고 있었기 때문에, 당시의 통설·판례(대판 1964.9.30, 64누102)는 행정재산의 목적외 사용을 사법상 사용관계로 보았다. 그러나 현행 국유재산법은 일반재산의 대부에 관한 규정을 준용하지 않고 독자적으로 허가, 사용료, 사용료 등의 행정상 강제징수, 허가기간, 허가의 취소와 철회 등에 관한 명문의 규정을 두었다. 그리고 행정재산에 관한 규정을 오히려 일반재산의 대부에 준용하도록 하였다(법47). 따라서 공법상 사용관계로 보는 것이 타당하다.

[사 례] 산책로공용폐지사건

A가 거주하는 빌라는 준공 당시부터 30m 대로에 연결되는 폭 6m의 진입로가 별도로 설치되어 있어 통행에는 아무런 불편이 없다. 그러나 빌라의 뒤쪽에 다른 사유지와 연결된 좁은 도로가 있었는데, 이 좁은 도로는 일반인들의 등산로로 사용되기도 하였지만 A를 비롯한 주민들은 X행정청에 대하여 자신들의 산책로로 사용할 것을 신청하여 X행정청으로부터 장기사용허가를 받았다. 그러던 중 X행정청은 그 사유지에 민영주택건설사업계획에 대해 승인처분을 하면서 위 주민들이 산책로로 이용되는 위 좁은 도로의 공용폐지처분을 하였다. 이에 A는 X행정청의 공용폐지처분이 자신의 도로이용의 이익, 공원경관에 대한 조망의 이익, 문화재 매장가능성 및 문화재 발견에 의한 표창가능성에 따른 문화재보호의 이해관계를 침해하였다는 점과 다른

문화재의 발견을 원천적으로 봉쇄한 X행정청의 주택건설사업계획승인처분이 문화재
보호법, 도시계획법, 토지의형질변경등행위허가기준등에관한규칙 등에 위배된다는
점 등을 들어 그 계획승인처분취소와 국유도로공용폐지처분무효확인 등을 구하는
소송을 제기하였다.

(1) 위 좁은 도로를 이용하는 A의 법적 지위는 무엇인가?
(2) 위 좁은 도로에 대해서 A에게 인접주민권이 인정되는가?
(3) 위 좁은 도로에 대한 공용폐지처분의 요건은 무엇인가?
(4) 위법한 공용폐지처분에 대한 A의 구제방법은 무엇인가?

풀이해설 │ 이 사례는 일반사용에 관한 대법원의 판례를 특허사용으로 변형하여 만들어
졌다. 따라서 산책로사용의 법적 성질을 명확히 하여야 한다. 그리고 공용폐지에 따른
법적 문제들을 논점으로 하고 있다.

Ⅰ. 서 론 -문제의 제기-
Ⅱ. 도로사용의 법적 성질
  1. 도로사용의 의의
  2. 인접주민의 일반사용
  3. 도로사용권의 법적 성질
Ⅲ. 도로에 대한 공용폐지
  1. 공용폐지의 개념
  2. 공용폐지의 요건
Ⅳ. 위법한 공용폐지에 대한 A의 구제방법
Ⅴ. 결 론 -문제의 해결-
  ·A의 '좁은 도로'의 사용관계는 일반사용과 특허사용에 해당하며, A에게는 인접주민
   권으로써 도로의 사용이 인정된다.
  ·X행정청이 행한 '좁은 도로'의 공용폐지처분은 그 요건을 충족하지 못한 것으로서
   위법성이 인정된다.
  ·위법한 공용폐지처분에 대해서는 행정쟁송과 손해배상청구에 의하여 A는 권익구제
   를 받을 수 있다. 특히 위법한 공용폐지처분을 다투는 A는 특허사용권자로서 도로
   의 용도폐지처분에 관하여 직접적인 이해관계를 가지는 사람에 해당하고, 이러한
   '좁은 도로'의 특허사용권이 현실적으로 침해당한 경우에 해당하기 때문에 행정쟁
   송을 구할 법률상 이익이 인정된다.

제 3 장 공기업·영조물 및 특허기업
公企業·營造物·特許企業

제 1 절 공 기 업

I. 의 의

1. 개 념

(1) 학문상 개념

공기업(公企業)이란 국가 또는 지방자치단체가 행정목적을 달성하기 위한 물적 수단의 하나로써 기업의 형식으로 이루어진 것을 말한다. 이러한 공기업의 개념은 학문상 필요에 의하여 만들어진 개념이다. 그런데 이러한 공기업의 개념에 관해서 광협의 차이가 있으나,24) 다른 물적 수단 특히 영조물과 구별한다는 의미에서 최협의의 개념이 타당하다. 이러한 공기업의 개념요소는 공기업의 ① 행정주체성 ② 공익성 ③ 수익성을 들 수 있다.

공기업에 관한 법원(法源)으로는 정부조직법(4), [공공기관운영법], 지방공기업법, 우편법, 우편대체법, 수도법, 전기사업법, 철도사업법, 삭도·궤도법, 도시가스사업

---

24) 1) (최)광의의 공기업은 공기업 주체(主體)를 기준으로 하여, 국가 또는 공공단체가 경영하는 모든 사업을 말하며, 사경제적(순수영리적) 사업도 포함한다. 2) 협의의 공기업은 주체와 목적(目的)을 기준으로 국가 또는 공공단체가 직접 사회공공의 이익을 위하여 경영하는 비권력적 사업을 말한다. 3) 최협의의 공기업(다수설)은 공익성(公益性)의 성질을 기준으로 국가 또는 공공단체가 정신·문화·진료목적 이외의 사회공공의 이익을 위하여 경영하는 기업으로서 일정한 영리성 또는 기업성을 가지는 것을 말한다.

법, [농수산유통법], 한국은행법 등이 있다.

공기업은 공공단체가 수행하는 사무를 자신의 기관과 조직으로 수행하는 것보다 효율적·경제적으로 처리하기 위하여 기업적인 원리와 운영 및 조직을 활용하게 된다. 따라서 공기업은 자유경쟁이 부적합한 사업의 경우와 전국적으로 동일체계에 의한 통일적인 역무제공의 필요성이 있는 경우(예, 우편사업, 전기통신사업, 도로사업 등)에 인정되며, 독점성이 긍정되는 경우도 있다(우편법2). 그리고 공기업은 신속하게 급부를 제공할 수 있는 장점과 이윤을 추구하면서 독립적으로 경영할 수 있는 강점이 인정된다. 현행법상 특별회계에 따라 정부가 운영하는 사업은 따로 법률이 정하는 바에 의하여 기업회계의 원칙에 의하도록 하고 있다(국가재정법4②)

(2) 공기업과 구별되는 개념

(가) 공기업과 영조물   종래에는 공기업과 영조물 양자를 실질적으로 동일한 것으로 보거나 적어도 영조물을 공기업에 포함시켜 보았으나, 오늘날에는 공기업의 개념과 영조물의 개념을 모두 좁은 의미로 사용하여 양자를 구별하는 것이 보통이다.

따라서 영조물과 공물을 물적 수단이라는 측면에서 공공시설(公共施設)이라는 개념으로 포함시켜 고찰하는 경우도 있다. (최)협의의 영조물과 공기업은 ① 행정주체성과 공익성에 있어서는 차이가 없으나, ② 공익의 성질과 기업성(수익성)의 유무에 있어서 차이가 있다. 요컨대 영조물의 공익성은 정신·문화·진료의 목적에 있는 반면, 공기업의 공익성은 일반적 사회공공의 이익추구에 그 목적이 있다.[25]

(나) 공기업과 특허기업   특허기업을 공기업에 포함하는 경우도 있으나(최광의의 공기업), 특허기업은 비록 공익성이 있는 사업을 그 대상으로 한다는 점에서

---

[25] **■ 공기업과 영조물의 개념상 비교 ■**

영조물의 개념			목적	공공성	기업성	공기업의 개념	
(최) 광 의 의 영 조 물	(광의) 협의의 영조물 행정적 영조물	(최)협의 영조물	-정신·문화·진료적 목적 -국공립교육·연구기관·도서관·박물관·병원·교도소 등	有	無	(광의)협의의 공기업	(최) 광 의 의 공 기 업
			-일반적 사회공공이익추구목적 -우편·전화·전기·가스·수도·도로·철도·항만·하천·주택건설·사회보장사업 등	有	有(弱)	(최)협의 공법상 공기업	
	사경제적 영조물 <존재불가능영역>		-사경제적 영리추구 목적 -담배인삼사업	無	有(强)	사법상 공기업	

는 공기업과 같으나, 사인(私人)이 국가 등의 특허를 받아 일정한 사업을 경영하는 것이라는 점에서 국가 또는 공공단체가 운영하는 공기업과 구별된다.

2. 공기업의 종류

(1) 경영주체에 따른 분류(국영기업, 공영기업, 국영공비기업, 특수법인기업)

1) 국영기업(國營企業)이란 국가가 직접 자기의 경제적 부담에 의하여 관리·경영하는 공기업을 말하며, 우편사업 등이 이에 속한다. 이러한 국영사업은 특히 법률상의 제한이 있거나 법률의 특별한 규정을 요하는 경우(공용수용·공용부담특권·독점권의 인정 등) 외에는, 예산의 범위 내에서 대통령령이 정하는 바에 따라 필요한 사업을 개설할 수 있다.

2) 공영기업(公營企業)이란 지방자치단체가 자기의 경제적 부담으로 스스로 관리·경영하는 공기업을 말한다. 지방자치단체는 법령의 범위 안에서 조례가 정하는 바에 따라 공기업을 설치하며 그의 경제성과 공공성을 증대하도록 경영할 수 있다. 지방공기업법에 의하면, 지방공기업은 기업의 경제성과 공공복리를 증대하도록 운영하여야 한다는 경영의 기본원칙(법3) 아래, 수도사업, 공업용수도사업, 궤도사업, 자동차운송사업, 지방유료도로사업, 하수도사업, 주택사업, 토지개발사업 등을 운영한다(법2①).

3) 국영공비기업(國營公費企業)이란 지방자치단체(경제주체)가 경비를 부담하고 국가(경영주체)가 관리·경영하는 공기업을 말한다. 국영공비기업은 국가의 재정상 필요 등에 의하여 경비부담자를 지방자치단체로 한 것이므로 미리 행정자치부장관의 의견을 들어 제정한 법령에 근거가 있어야 한다.

4) 특수법인기업(特殊法人企業)이란 공기업의 경영주체가 그를 위하여 특별히 설립된 법인인 경우를 말한다. 특수법인은 실질적으로는 국가행정의 일부를 이루는 것으로서, 정부가 전액출자한 법인의 경우와 정부·사인이 공동출자한 법인의 경우를 모두 포함한다. [공공기관운영법]에서 정하고 있는 공공기관과 지방공기업법이 규율하고 있는 지방공사·공단 등은 모두 이러한 특수법인에 해당한다.

(2) 독점성에 따른 분류

1) 국가의 독점사업을 인정한 예로써 우편사업(우편법)·우편부대사업(우편대체법)·군용통신사업 등이 있다. 2) 공공단체의 독점사업을 인정하는 예로써 수도사업(수도법)·농수산도매시장([농수산유통법])·화폐 및 한국은행권발행(한국은행법) 등이 있다. 3) 전기사업(전기사업법)·철도사업(철도사업법)·궤도사업(삭도·궤도법)·자동차운송사업(자동차운송사업법)·가스사업(도시가스사업법)은 사영(私營)도 인정되기 때문에 독점사업에 해당하지

아니한다.

3. 공기업의 적용법원리

⑴ 공법적 규율

공기업은 국가 또는 공공단체에 의하여 운영되는 것으로서 공공적 성격을 띠고 있기 때문에, 공기업의 조직·개설·운영·이용관계 등에 있어서 특수한 공법적 규율을 받고 있다. 특별한 규정이 없는 경우에는 공기업도 같은 사법규정과 사법원리의 적용을 받는다고 보는 것이 일반적 견해이다. 그러나 성문법이 없는 경우에는 법규정의 흠결로서 행정법의 일반법원칙을 비롯한 불문법의 적용을 받는다고 보아야 할 것이다.

⑵ 일반법원칙의 적용

공기업은 설립근거가 되는 법률·조례에 위배될 수 없음은 물론, 평등원칙 등 행정법의 일반법원칙의 적용이 있다. 예컨대, 공기업의 성립에 있어서 보충성의 원칙이 적용되기 때문에, 지방자치단체는 사인(사기업)에 의해 보나 훌륭히 또한 보다 경제적으로 수행될 수 없는 경우에만 경제적 활동을 할 수 있다. 지방공기업법(3②)에 의하면, 지방공기업을 지방자치단체가 설립 또는 경영하는 경우에 민간경제를 위축시키거나 공정하고 자유로운 경제질서를 해치거나, 환경을 훼손시키지 아니하도록 노력하여야 한다고 선언하고 있다.

II. 공기업의 법률관계

1. 공기업의 설립

1) 국영기업의 설립은 반드시 법률의 근거를 요하지 않고, 대통령령이 정하는 바에 따라 예산의 범위 내에서 이를 자유로이 할 수 있다(정부조직법4). 2) 공영기업의 설립도 예산의 범위 내에서 자유로이 할 수 있다. 그런데 3) 지방공기업법의 적용을 받는 지방공기업을 설치하고자 할 때에는 그 설치·운영에 관한 사항을 조례로 정하여야 한다. 4) 특수법인사업(독립법인사업)의 개설은 그 근거법인 특별법이 필요하다. 특히 지방공기업법에 의한 지방공사·공단의 설립에 관한 기본적인 사항은 조례로 정한다(법49·76). 5) 회사의 형태로서의 특수법인의 설립은 상법의 규정에 의하여서도 할 수 있다.

2. 공기업의 보호

(1) 공기업독점권

법률상 공기업독점권(公企業獨占權)이 인정되는 경우도 있고(우편법2), 국가·지방자치단체 또는 독립법인이 공익사업을 경영하는 경우 지역적 독점성이 사실상 보장되는 경우도 있다. 공기업독점권이 인정되는 이유는 급부의 성질상 행정조직의 이점이 필요하거나 사기업으로 이러한 공익사업을 수행하는 경우에는 이용비용을 저렴하게 유지할 수 없기 때문이다.

(2) 공용부담특권

부담금을 징수하거나, 토지 물건의 수용·사용 또는 사용제한을 할 수 있는 등의 공용부담권(公用負擔權)이 인정되는 경우가 많다. 그리고 토지의 출입·사용의 권한 및 노력부담이나 시설부담을 명할 수 있는 권한이 인정되는 경우도 있다([토지보상법]27, 우편법3의2(우편물의 운송명령)·5(우편운송원 등의 통행권) 등).

(3) 처분·조치권

행정청형기업의 경우에 기업의 경영에 필요한 일정한 처분·조치(處分·措置) 등의 권한이 당연히 인정되지만, 공공기관기업 또는 지방공사기업의 경우도 일정한 처분·조치 등의 권한이 인정되는 경우가 있다.

(4) 강제징수권

공기업의 재화·역무의 공급에 대한 대가로서 인정되는 수수료·사용료가 체납된 경우에 강제징수권(强制徵收權)이 인정된다(우편법24).

(5) 공기업벌권과 공기업대집행권

공기업의 관리·경영에 대한 침해적 행위에 대하여 제재를 과할 수 있는 공기업벌권(公企業罰權)이 인정되고 공용부담특권의 실현을 위한 대집행권(代執行權)이 인정된다. 이러한 공기업벌의 내용은 ① 외부의 침해로부터 기업을 보호하기 위하여 일반에 대하여 과하는 제재[우편법46(사업독점권 침해의 죄)], 공기업을 위한 공용부담의 거부 또는 불이행에 대한 제재, 공기업용 물건의 손괴에 대한 제재, ② 기업자 자신의 의무위반에 대하여 과하는 제재[수도법63(수도사업자의 부당한 공급거부)], 기업경영상 의무위반에 대한 제재, ③ 이용자의 부정한 이용에 대하여 과하는 제재(우편법52(우편금지물품 발송의 죄)) 등이 있다.

⑹ 경제행정상 공기업의 보호

공기업을 위한 경제상 보호조치(保護措置)로서 ① 면세, ② 보조금의 교부(한국도로공사법16, 수도법75), ③ 국·공유재산이용 등의 특혜(국유재산법38), ④ 자금의 융자(한국도로공사법16), 사채의 인수 및 상환보증(한국도로공사법15), 손해배상책임의 제한(우편법 38,43,44), 기업용 물건에 대한 압류금지·공과면제[우편법7(전용물건등의 압류금지, 부과면제)], 해손부담면제, 영리행위금지(예, 수도법13) 등이 인정된다.

⑺ 경찰행정상 공기업의 보호

공기업의 관리·경영에 부수하여 질서유지·위해방지를 위하여 공기업의 관리기관에 대하여 경찰권(警察權)을 부여하는 경우가 있다. 예컨대, 철도공안 등을 들 수 있다.

3. 공기업의 감독

⑴ 의 의

공기업의 감독(監督)이 문제되는 경우는 특수법인인 공공기관에 대한 경우이다. 왜냐하면 국영기업과 공영기업은 행정조직의 일부이기 때문에 당연히 행정의 내부적 감독·통제와 외부적 감독·통제를 받고 있기 때문이다.

공기업에 대한 감독은 합리적이고 효율적인 경영을 도모하여 공익목적을 효과적으로 달성하고, 또한 공기업사업의 독점으로부터 공기업이용자를 보호하기 위하여 행해져야 한다. 따라서 지방공기업법(10)은 지방직영기업의 감독에 대하여 그 자율적인 운영을 보장하기 위하여 지방자치단체장의 관리자에 대한 지휘·감독사항을 일정부분 제한하고 있기도 하다.

⑵ 행정부에 의한 통제

(가) 주무기관의 상에 의한 통제   [공공기관운영법]은 사전통제방식에서 사후평가방식으로 전환하여 그 운영의 자율성을 높이도록 하였다. 그러나 다른 한편 [공공기관운영법]과 각 투자기관의 설립에 관한 법률에서는 공기업의 공익성으로 인하여 사후감독(事後監督)에 관한 개별적 규정을 두고 있다. 따라서 주무기관의 장은 공공기관의 자율적 운영에 침해되지 아니하도록 법령에서 그 내용과 범위를 구체적으로 명시한 경우에 한하여 감독한다([공공기관운영법]51).

현행의 개별 투자기관설립법은 투자기관운영의 경영상 자율성을 강조하는 [공공기관운영법]의 취지에 맞추어 원칙적으로 주무부장관에 의한 개별적 감독에 관한 규정을 모두 정비·삭제하였다. 따라서 공기업의 경영목표의 달성을 위하여 일반적인 사항을 지시·감독하는 일반적 감독(예, 한국토지주택공사법23 등)·임원겸직승인권([공공기관운영법]37②)과 같은 특별한 사항에 대한 개별적 감독이 인정된다.

(나) 기획재정부장관에 의한 통제　　　　자본금의 전부 또는 일부를 국가에서 출자하는 정부투자기관은 국고사무를 총괄하는 예산·회계관계장관인 기획재정부장관의 공기업의 경영지침 이행에 대하여 적절한 감독을 받는다.

[공공기관운영법]에 따라 기획재정부장관은 공공기관의 예산편성에 관한 지침을 작성하여 통보할 수 있고(법50), 또한 기획재정부장관은 비상임이사의 임명권 및 감사의 임면제청권을 갖는다(법35③).

(다) 감사원에 의한 통제　　　　감사원은 감사원법에 따라 공기업의 업무와 회계에 관하여 감사를 실시할 수 있다([공공기관운영법]52). 공기업의 회계는 감사원의 필요적 검사사항이며, 공공기관의 사무와 그 임원 및 직원의 직무는 감사원의 감찰사항이다(감사원법22①iii, 24①).

(3) 입법부(국회)에 의한 통제

국회에 의한 통제의 내용은 ① 공기업관계법률의 제정 또는 개폐, ② 국정감사·국정조사, ③ 국무총리 또는 관계 국무위원에 대한 질문이나 해임건의, ④ 예산심의와 결산보고 등을 들 수 있다. 따라서 현행법상 국회에 의한 간접적 통제만이 인정되고, 공기업의 예산의결이나 결산승인권을 갖지 못한 점에서 있어서 입법부의 감독은 약화되어 있다.

(4) 사법부(법원)에 의한 통제

법원은 공기업관계법령이 위헌 또는 위법한 경우에 위헌·위법명령심사권의 행사에 의하여 감독한다. 따라서 공기업관계법률이 헌법에 위반되는지의 여부가 재판의 전제가 된 경우에 법원은 위헌법률심사를 헌법재판소에 제청할 수 있으며, 공기업관계명령이 헌법이나 법률에 위반되는지의 여부가 재판의 전제가 된 경우에 대법원은 이에 관하여 최종적 심사권을 가진다.

III. 공기업의 이용관계

1. 의 의

(1) 개 념

공기업이용관계(公企業利用關係)란 개인이 공기업으로부터 역무나 재화를 공급받고 설비를 이용하는 법률관계를 말한다. 이러한 공기업의 이용관계에는 일시적 이용관계와 계속적 이용관계가 있다. 1) 일시적 이용관계는 공기업으로부터 일시적으로 재화·역무를 공급받거나 설비를 이용하는 관계를 말한다(예, 대한석탄공사의 석탄의 매매, 국영철도의 승차 등). 이러한 일시적 이용관계는 특별히 법률이 정하지 않는 한 원칙적으로 사법상 계약관계이다. 2) 계속적 이용관계란 계속적으로 역무 또는 재화를 공급받고 설비를 이용하는 관계를 말한다(예, 수도·가스의 공급 등). 공기업이용관계라고 할 때는 통상 이러한 계속적 이용관계만을 가리킨다.

(2) 성 질

(가) 공법관계설 　　　 공법관계설(公法關係說)이란 공기업은 사회공공의 이익을 위하여 행하여지는 것으로서 행정작용의 일부를 이루기 때문에, 공기업이용관계를 공법관계로 보는 입장이다. 이러한 입장은 공기업의 목적에 중점을 둔 견해이지만, 공기업은 수익성을 내용으로 한다는 점에서 사기업의 경우와 본질적으로 구별되는 것이 아니라는 비판이 있다.

(나) 사법관계설 　　　 사법관계설(私法關係說)이란 공기업은 비권력적 작용으로서 사인(私人)이 경영하는 사업과 본질적으로 차이가 있는 것이 아니므로, 공기업이용관계를 사법관계로 보는 입장이다. 이러한 입장은 실정법상 특별한 규정이 있는 경우에는 그 범위 내에서 공법관계로 볼 수도 있으나, 이러한 경우에도 공기업이용관계 전체를 공법관계로 보는 것이 아니라는 점에 특징이 있다.

(다) 단체법적 사회법관계설 　　　 단체법적 사회법관계설(社會法關係說)은 공기업이용관계는 공법관계 또는 사법관계의 어느 하나만의 성질을 가지는 것이 아니고 양자가 혼재하는 단체법적·사회법적 분야에 속한다고 보는 입장이다. 이러한 견해는 구체적으로 단체법적 사회관계의 내용이 명확하지 않다는 비판이 있다.

(라) 공법·사법구별부정설(특별사법설) 　　　 공법·사법구별부정설(특별사법설)은 공법과 사법이 구별을 부정하는 입장에서 공기업이용관계를 모두 사법관계로 보는 견해이다. 이러한 입장은 실정법상 인정되어 있는 특별한 규정도 사법에 대한 특별법에 지나지 않는다고 본다.

(마) 판 례 　　　 판례에 의하면, 수도이용관계(대판 1977.2.22, 76다2517)를 공법적 공기업이용관계로 보고 있으나,26) 철도이용관계(대판 1999.6.22, 99다7008<철도운행사고>)

---

26) 반면에 사법적 공기업이용관계는 사법관계로서 사법규정과 사법원리가 적용되고 이에 관한 쟁송은 민사소송절차에 의하게 된다. 따라서 이러한 공기업의 이용관계는 원칙적으로 기업자와 이용자 사이의 합의에 의하여 성립한다. 이러한 경우에 구체적 이용내용은 기업자가 획일적·정형적인 이용조건을 정하고 있는 부합계약 또는 부종계약에 의하는 경우가 보통이다. 그

와 전화이용관계(대판 1982.12.28, 82누441<전화가입계약해지>)는 사법적 공기업이용관계로 보고 있다.

(바) 결 어(공법관계설)　　　생각건대, 공기업이용관계의 성질은 공기업의 개념을 어느 범위까지 볼 것인가에 따라 다르다고 할 것이다. 좁은 의미의 공기업(행정적 공기업)은 비권력적 사업으로서 수익성을 요건으로 하는 사업경영에서 발생하는 관계이기 때문에 사법적 요소를 가지고 있다는 점에서 원칙적으로 사법(私法)이 적용된다. 그러나 공기업은 공익적 사업을 그 내용으로 하기 때문에 그러한 한도 내에서 공법(公法)의 적용을 받게 된다. 이러한 공법상의 이용관계는 행정상 법률관계의 종류로서는 관리관계(공익적 행정상 법률관계)에 속하며, 따라서 <u>전체적으로 공법관계로 보는 것</u>이 타당하다.

공법관계에 속하는 공기업이용관계는 법령의 규정에 의하여 ① 행정상 강제집행절차를 인정한 경우, ② 행정쟁송절차가 인정되는 경우, ③ 이용관계에 관하여 벌칙을 두고 있는 경우 등을 들 수 있다. 그리고 실정법의 합리적 해석에 의한 공법적 공기업이용관계는 ① 공기업 이용관계가 순전한 경제적 급부를 내용으로 하는 것이 아니라 윤리적 성질을 가진 경우와 ② 공공성이 강하여 사인의 영리사업과 동일시할 수 없는 경우 등을 들 수 있다.

2. 성 립

(1) 행정계약에 의한 이용

공기업의 이용관계는 공법상 행정계약에 의한 경우와 사법상 행정계약에 의한 경우가 있다. 공기업 이용관계의 내용은 일반적으로 당해 공기업에 관한 법령·조례·규칙 또는 정관 등에 의하여 획일적·정형적으로 정하여지는 것이 보통이고, 공기업이용계약은 부합계약 또는 부종계약에 의하여 기업자와 이용자 사이의 임의합의에 의하여 통상적으로 이루어진다.

그러나 공기업의 업무성질상 일정한 조건에 해당하는 자는 공기업의 이용관계를 설정하기 위한 계약체결이 의무적으로 이루어지거나 사실상 강제되어 그 공기업의 이용관계가 강제되는 경우가 있다. 예컨대, 보험회사와 한국보험공사간에 체결하는 재보험계약을 통한 이용(류지태) 등을 들고 있다.

러나 이러한 사법관계에 있어서도 일정한 공법원리의 적용을 전혀 배제하는 것은 아니고, 평등원칙이나 비례원칙 등이 적용된다. 그리고 사법관계의 경우에 적용되는 사법은 일정한 한도에서 공법원리에 의하여 수정되고 있다고 설명하면서, 이러한 점을 내용적으로 행정사법(行政私法)에 의하여 규율되는 관계라고 설명하는 견해가 있다(김동희).

(2) 행정처분에 의한 이용

행정처분(行政處分)에 의한 이용이란 경찰강제 기타의 행정작용에 의하여 일정한 조건 아래에 있는 자에 대하여 실력으로 공기업이용관계에 놓이게 하는 경우를 말한다.

(3) 당연이용(법령의 규정에 의한 이용)

당연이용(當然利用)이란 법령의 규정에 의하여 당연히 특정한 공기업의 이용관계에 놓이게 되는 경우를 말한다. 예컨대, 산업재해보상보험법에 의하여 당연히 산업재해보상가입자가 되는 경우, 의료보험법에 의하여 피보험자가 되는 경우, 우편물의 발송·수취 기타 우편이용관계에 있어서 무능력자를 우편관서에 대해서 능력자로 보는 경우 등을 들 수 있다.

(4) 사실상 이용강제(간접계약강제)

사실상 이용강제(事實上利用强制)란 법률상 또는 사실상 독점기업에 의하여 경영되고 있는 경우를 말한다. 예컨대, 지방자치단체가 운영하는 하수도이용관계 등의 이용을 들 수 있다.

3. 공기업이용관계의 효과(내용)

(1) 일반적 효과

공기업 이용관계의 내용은 이용관계의 공익성·집단성 등으로 말미암아 법규·공기업규칙 등에 의하여 정형화(定型化)되어 있다. 따라서 공기업 이용자는 정형화되어 있는 이용조건에 따라 공기업이용관계에 놓이게 되어 있기 때문에, 이용자는 이용관계의 성립여부만 결정할 수 있고 이용의 내용에 관해서는 의사가 거의 배제되어 있는 경우가 많다.

공기업이용관계는 공기업의 공익성으로 말미암아 사법관계와 다른 내용을 규율하기도 한다(예, 공급의무, 기업주체의 배상책임제한, 수수료의 강제징수 등). 따라서 이용조건을 갖춘 자에 대해서 공기업주체는 기업능력의 범위 내에서 이용을 허용하여야 할 의무를 지기 때문에, 정당한 이유가 없으면 공기업의 이용을 일반법원칙상 거절하지 못한다.

(2) 이용자의 권리와 의무

(가) 공기업이용권   공기업이용권(公企業利用權)이란 법규·공기업규칙 등이

정하는 바에 따라서 균등하게 재화·역무의 공급을 받거나 시설을 이용할 수 있는 이용자의 권리를 말한다. 이러한 공기업의 이용권은 원칙적으로는 사권의 성질을 가지나, 특별한 규정 또는 실정법 전체의 합리적 해석에 의하여 공권으로 보아야 할 경우도 있다.

(나) 평등한 급부를 받을 권리   법령상 명문으로 차별금지에 관한 규정을 두고 있는 경우도 있으나(지방자치법13①), 그러한 명문의 규정이 없는 경우에도 평등원칙은 일반법원칙으로서 공기업이용관계에 있어서 평등한 급부를 받을 권리가 인정된다.

(다) 쟁송제기권   공기업이용관계에 관한 쟁송제기권이 인정된다. 소송의 종류는 다투는 법률관계의 성질에 따라 항고쟁송, 당사자소송 또는 민사소송이 될 것이다.

원고적격과 관련해서, 일본의 하급심판결은 버스운임에 대한 주무관청의 허가처분이나 가스사업의 특별공급조건에 대한 주무관청의 허가처분에 대해서는 이용자의 원고적격을 인정하였으나[히로시마(廣島)지법 1973.1.17; 도쿄(東京)지법 1968.7.11], 지하철역의 설치장소변경에 대한 주무관청의 허가처분에 대해서는 원고적격을 인정하지 않았다[도쿄(東京)지법 1971.4.27]. 행정소송제도의 취지를 고려할 때 소이익의 확대를 통해서 원고적격을 인정하는 것이 타당하다.

(라) 손해배상청구권   공기업주체의 채무불이행, 공기업시설의 설치·관리의 하자 또는 공기업주체의 직무상 불법행위 등으로 인하여 손해를 입은 공기업이용자는 손해배상을 청구할 수 있다. 그런데 공기업이용관계의 정형성·집단성과 공기업의 합리적 운영을 위하여 법률상 손해배상책임을 부인하거나 제한하는 경우도 있다(예, 우편법38부터40까지, 철도사업법24① 등).

공기업이용자의 손해배상청구는 민법에 의한 경우와 국가배상법에 의한 경우가 있을 수 있다. 국가배상법에 의한 손해배상은 국가배상법의 공무원에 해당하는 공기업주체의 기관인 자가 직무상불법행위로 인한 손해의 경우 및 공기업시설의 설치·관리상의 하자로 인한 손해의 경우에 인정된다.

과거 대법원 판례에 의하면, 국영철도의 여객운송 중에 여객이 사망한 경우(대판 1969.7.29, 69다832) 또는 철도침목부패로 인한 열차전복사고의 경우(대판 1953.5.14, 1953민상6)에 있어서 손해배상청구는 민사적으로 행해졌다. 그런데 철도시설물의 설치·관리의 하자로 인한 손해배상은 국가배상법으로 해결하여야 한다(대판 1999.6.22, 99다7008<수원역대합실>).

(마) 이용자의 의무 - 이용대가납부의무 -   공기업이용자의 주된 의무는 이용료와 수수료납부의무이다. 공기업이용은 무상으로 하는 경우도 있기는 하지만

기본적으로 수익성을 그 요소로 하기 때문에 법령 또는 조례가 정하는 바에 따라 이용료와 사용료를 부과·징수하게 된다.

텔레비전방송수신료는 공영방송사업이라는 특정한 공익사업의 경비조달에 충당하기 위하여 텔레비전수상기를 소지한 특정 집단에 대하여 부과되는 특별부담금에 해당한다(헌재 1999.5.27, 98헌바70; 헌재 2008.2.28, 2006헌바70 등 참조). 한편 한국방송공사는 자신이 지정하는 자에게 수신료의 징수업무를 위탁할 수 있고(방송법67②), 지정받은 자가 수신료를 징수하는 때에는 지정받은 자의 고유업무와 관련된 고지행위와 결합하여 이를 행할 수 있다(방송법시행령43②).

이러한 수신료의 법적 성격, 한국방송공사의 수신료 강제징수권의 내용 등에 비추어 보면 수신료 부과행위는 공권력의 행사에 해당하므로, 한국전력공사가 한국방송공사로부터 수신료의 징수업무를 위탁받아 자신의 고유업무와 관련된 고지행위와 결합하여 수신료를 징수할 권한이 있는지 여부를 다투는 소송은 민사소송이 아니라 공법상의 법률관계를 대상으로 하는 것으로서 당사자소송에 의하여야 한다고 봄이 상당하다(대판 2008.07.24, 2007다25261<방송수신료통합징수권한부존재확인>).

(3) 공기입주체의 권리와 의무

(가) 이용조건제정권(이용조건설정·변경권)　　　이용조건에 관한 중요한 사항은 법령 또는 조례로 정하지만, 법규정의 범위 안에서 감독청의 인가를 받아 이용규칙을 정할 수 있다[수도법38(공급규정)]. 이러한 공기업이용규칙의 성질은 국민에 대한 일반적 구속력이 있는 법규로서 효력이 있는 것이 아니다(대판 1988.4.12, 88다2; 대판 1992.12.24, 92다16669).

공기업이용자의 자유의사에 의한 공기업이용은 반드시 법령의 근거가 없더라도 기업주체가 이용규칙을 정할 수 있다.

(나) 이용대가징수권(수수료징수권)　　　법령 또는 이용규칙에 정하는 바에 따라 대가를 부과·징수할 수 있다. 이용강제 또는 독점이 인정되는 공기업이 경우에는 이용대가의 징수에 관하여 법적 근거를 요한다. 예컨대 우편에 관한 요금과 우편 이용에 관한 수수료는 미래창조과학부장관이 정한다(우편법19). 주무부장관은 다른 법률이 정하는 바에 따라 결정·승인·인가 또는 허가하는 사업이나 물품의 가격 또는 요금(이하 "공공요금"이라 한다)을 정하거나 변경하려는 경우에는 미리 기획재정부장관과 협의하여야 한다([물가안정법]4①).

이용대가청구권의 법적 성질에 관해서 원칙적으로 사법상 채권의 성질을 가진다고 할 수 있으나, 법규정에 의하여 행정상 강제징수 또는 행정쟁송절차에 의한 불복을 규정한 경우(예, 수도법68(요금 등의 강제징수), 우편법24, 지방자치법130②·131)에는 공법적 성질을 가진다. 그리고 공기업이용에 대한 대가는 수수료의 성질을 가진 경우와 사용료의 성질을 가진 경우가 있다.

(다) 질서유지권(명령·징계권)   질서유지권이란 공기업경영에 부수되는 질서유지를 위하여 이용자에게 공기업관리권에 기하여 명령·강제하고 징계할 수 있는 권한을 말한다. 이러한 질서유지권에 대해서 공기업주체의 권리로서 인정할 수 없다는 입장과 인정할 수 있다는 입장의 대립이 있다. 부정설의 논거는 공기업의 수익성을 들고 있으며, 이용자가 관계법령과 이용규칙을 위반한 경우에는 공기업이용관계를 해지하거나 정지하게 된다는 점을 들 수 있다

(라) 해지·정지권(제재권)   공기업이용자가 관계법령에 위반하거나 이용조건 등을 어긴 경우 등에는 당해 이용자와의 이용관계를 해지하거나 정지할 수 있다. 해지·정지권의 행사로 공기업이용자를 이용관계에서 배제하게 된다는 의미에서 제재권이라 부르는 경우(류지태)도 있다. 전시·사변이나 이에 준하는 국가비상사태와 천재지변이나 그 밖의 부득이한 사유가 있을 경우에 중요한 우편물의 취급을 확보하기 위하여 필요하다고 인정될 때에는 우편업무의 일부를 정지할 수 있다(우편법6).

(마) 공기업주체의 의무 – 이용제공의무 –   이용제공의무란 공기업자가 일반 공중의 이용에 계속적으로 제공할 의무를 지는 것을 말한다. 따라서 정당한 이유없이 일반공중의 이용을 거절하지 못한다(예,수도법39,전기통신사업법3,우편법14①·26(무료우편)). 공기업을 통해서 제공되는 급부의 성질은 생존배려적 의미가 있기 때문에 공기업주체에 대해서 이용제공의무를 지게 한다. 그러므로 공기업이용대가의 강제징수방법이 따로 명시되어 있음에도 불구하고 공기업의 이용거절을 대가징수의 방법으로 사용하거나, 당해 공기업과 직접 관계되지 아니하는 목적에 의하여 이용제공의 여부가 결정되어서는 안 된다.

제 2 절   영조물

I. 의 의

1. 개 념

(1) 광의와 협의의 영조물개념

영조물(營造物)의 개념에는 광협의 차이가 있다. 1) 광의의 영조물이란 국가 등

행정주체가 그 목적을 달성하기 위하여 제공하는 인적·물적 시설의 종합체를 의미한다. 2) 협의의 영조물은 넓은 의미의 영조물 가운데 주로 정신·문화적 또는 진료적 목적에 계속적으로 제공되는 것을 말한다. 예컨대, 국공립교육연구기관, 국공립도서관, 국공립박물관, 국공립병원, 교도소 등을 들 수 있다.

(2) 개념요소

(가) 행정조직의 일부성   영조물은 국가 등 행정주체가 그 목적을 달성하기 위하여 제공하는 인적·물적 시설의 종합체로서 행정조직의 일부분이다. 따라서 사인이 공익을 위해 일정한 시설(도서관·병원·학교)을 설치·운영하는 경우에 그것은 영조물이 아니다.

(나) 공적 목적성   영조물은 직접 공적목적을 위한 것으로서 특히 정신·문화·진료 목적에 계속적으로 제공되는 것이다. 따라서 영조물은 공공성을 가지지만 그 공공성의 성질에 있어서 차이가 있고 수익성을 요소로 하지 않는 점에서 공기업과 구별된다.

(다) 인적 수단과 물적 수단의 결합성   영조물은 인적 수단과 물적 수단의 결합체로서 단순한 물적 요소인 공물과 구별된다. 영조물은 물적 요소를 지배하는 인적 요소가 결합되어 있다는 점에 특징이 있으며, 이러한 특징은 바로 영조물의 정신·문화·진료라는 공익성과 관련이 있다.

2. 종 류

(1) 주체에 의한 분류

영조물의 관리주체에 의하여 국영영조물, 공영영조물, 특수법인영조물 등으로 분류될 수 있다. 1) 국영영조물이란 국가가 직접 관리하는 영조물을 말한다(예, 국립대학교, 국립도서관). 2) 공영영조물이란 지방자치단체가 관리하는 영조물을 말한다(예, 시립대학교, 시립도서관, 시립병원). 3) 특수법인영조물이란 영조물을 특별한 법인의 형태로 설립된 경우를 말하며(예, 정신문화연구원, 한국과학원, 서울대학교병원), 이러한 경우를 영조물법인(營造物法人)이라 부른다.

(2) 목적에 의한 분류

영조물의 설립 내지 경영목적에 의하여 ① 문화·교육적 영조물, ② 연구영조물, ③ 교도영조물, ④ 의료·휴양 등 영조물 등으로 분류할 수 있다.

영조물을 광의로 파악하는 입장에서는 ① 수도·가스·교통·오물처리 등 시민의

일상생활에 필요한 물자나 서비스를 공급하는 영조물, ② 은행 등 영조물, ③ 보험
영조물, ④ 경제유도 및 경제진흥영조물 등을 영조물의 목적에 의한 분류 속에 포
함시키기도 한다.

(3) 독립성의 유무에 의한 분류

영조물의 독립성유무에 의하여 ① 국가 등 행정주체가 직접 경영하는 직영영조
물과 ② 독립한 법인격을 가지고 있는 영조물법인으로 분류할 수 있다.

(4) 이용성에 의한 분류

영조물의 이용성에 의하여 ① 행정주체에 소속한 직원(공무원)만이 이용하는 공용
영조물과 ② 공무원신분 이외의 사람이 이용할 수 있는 공공용영조물로 분류할 수
있다.

II. 영조물의 이용관계

1. 의 의

(1) 개 념

영조물이용관계(營造物利用關係)란 일반공중이나 특정인들의 사용을 위해 존재하는
영조물의 이용을 둘러싸고 영조물주체와 영조물이용자 사이에 나타나는 법률관계
를 말한다.

이러한 영조물이용관계의 성립은 1) 임의사용영조물의 경우는 영조물주체와 이
용자의 합의에 의하여 이루어지고(예, 의무교육 이외의 국립학교의 입학, 국립병원의 입원 등),
2) 강제사용영조물의 경우에는 행정처분에 의하여 성립한다(예, 교도소의 입소, 전염병환
자의 국립병원강제입원).

(2) 성 질

(가) 특별권력관계성   영조물이용관계는 전통적 특별권력관계이론에 의하여
법률유보의 원칙이 배제되고 사법심사가 배제되는 것으로 이해하였다. 그러나 오
늘날 영조물이용관계는 원칙적으로 법률유보의 원칙이 적용된다고 보면서도 영조
물의 목적과 기능을 고려해서 필요한 범위 내에서 영조물이용자에 대한 특수한 법
적 규율을 허용하게 된다.

(나) 관리관계(공익적 행정상법률관계)성   영조물이용관계는 기본적으로 대등

한 비권력관계이기 때문에 원칙적으로 사법이 적용되지만, 공공성이 요구되는 한도 내에서 예외적으로 공법의 원리가 적용된다. 영조물이용관계에 있어서 공법적 기속은 이용관계가 사법관계로 형성되는 경우에도 영조물의 공적 목적을 위한 것으로 여러 방향에서 공적 기속이 가해질 수 있음을 의미한다.

헌법재판소의 결정에 의하면, "특정한 국가목적(대학교육)에 제공된 인적·물적 종합시설로서 공법상의 영조물인 서울대학교와 학생과의 관계는 공법상의 영조물이용관계로서 공법관계이다"(헌재 1992.10.1, 92헌마68·76)라고 판시하였다.

2. 영조물이용자의 권리와 의무

(1) 영조물이용권

영조물의 이용자가 법령이나 자치법규가 정하는 바에 따라 영조물주체에 대하여 영조물의 이용을 청구할 수 있는 권리를 말한다. 이러한 영조물이용권의 구체적인 내용은 영조물이용규칙에서 정한 바에 따르게 된다.

영조물이용권은 법에 의하여 이용자가 행정주체에 대해서 가지는 권리(공권)로서 영조물주체에 대한 채권적 성질을 가진다.

(2) 부수적 권리

(가) 행정쟁송권　　　영조물이용관계를 전통적 특별권력관계로 이해하게 되면 사법심사의 대상에서 배제되겠지만, 오늘날 새로운 특별권력관계이론에 따를 때 기본적으로 법치주의의 원리가 적용되는 것으로 본다. 따라서 영조물이용자는 영조물주체의 위법한 처분에 대해서는 행정쟁송상 다툴 수 있다(대판 1991.11.22, 91누 2144<교육대학생퇴학처분>).

(나) 손해전보청구권　　　손해전보청구권은 영조물책임을 바탕으로 인정된다. 따라서 영조물이용자는 영조물의 설치·관리상 하자로 인하여 손해를 입은 경우에 국가배상법에 의하여 손해배상을 청구할 수 있다(대판 1997.5.16, 96다54102)<화장실난간추락>).

(3) 이용규칙준수·질서유지의무

영조물이용자는 이용규칙이 정하는 바를 준수하여야 할 의무와 영조물에서의 질서유지의무를 진다. 이용규칙은 일반적으로 이용방법과 시기(시간), 이용료납부, 기타 이용상의무 등을 규정하고 있다.

⑷ 이용대가납부의무

영조물이용자는 영조물이용의 대가로서 이용료와 수수료납부의무를 진다. 이러한 이용료대가납부의무의 불이행에 대해서는 이용관계의 법적 성질에 따라 행정상 강제징수절차에 의하기도 하고 민사상 강제집행절차에 의하기도 한다.

3. 영조물주체의 의무

⑴ 영조물의 계속적 유지·관리의무

계속적인 이용자의 이용을 위하여 영조물을 유지·관리할 의무가 법령 또는 자치법규에 의하여 인정된다. 사립학교법(28①)에 의하면 학교법인의 기본재산을 매도·증여·교환 또는 용도변경하거나 담보에 제공하고자 할 때에는 관할청의 허가를 받아야 한다.

⑵ 이용자에 대한 영조물이용제공의무

영조물은 정신·문화·진료 목적에 계속적으로 제공하여야 할 영조물이용제공의무가 있다. 따라서 일반공중 등 이용자에게 정당한 이유없이 영조물이용을 거부해서는 안 된다.

⑶ 이용자의 평등대우의무

영조물주체는 이용자에게 영조물의 이용을 평등하게 제공할 의무가 있다.

4. 영조물주체의 권리

⑴ 영조물규칙제정권

공동체의 중요한 사항은 입법자가 스스로 정하여야 하지만(중요사항유보설), 중요사항이 아닌 경우에는 영조물권력에 기초하여 행정규칙(영조물이용규칙)으로 정할 수 있다.

⑵ 영조물조건설정권

영조물의 이용조건에 관한 중요한 사항은 법령 또는 조례에 의하는 경우가 많겠지만, 법규의 범위 안에서 감독청의 인가를 받아 영조물이용에 관한 조건을 설정할 수 있다(헌재 1992.10.1, 92헌마68·76).

(3) 이용대가징수권

영조물의 이용이 무상인 경우를 제외하고는 법규 또는 이용규칙에 의하여 일정한 대가를 부과·징수할 수 있다. 이러한 영조물이용에 대한 대가는 수수료의 성질을 가진 경우도 있고, 사용료의 성질을 가진 경우도 있다.

(4) 명령·징계권

영조물의 운영에 부수되는 질서유지를 위하여 영조물운영권에 기하여 이용규칙 위반자에 대하여 제재를 가할 수 있는 권한이 인정된다.

사 례 서울교육대학퇴학사건(대판 1991.11.22., 91누2144)

서울교육대학 재학생인 A는 학교 내외의 과격시위와 농성에 가담하였다고 하여 서울교육대학장(X)은 교수회에 징계의결해 줄 것을 요청하였고, 교수회는 A에 대하여 무기정학처분을 하기로 징계의결하였다. 이에 서울교육대학장(X)은 교수회의 표결을 거치지 아니한 채, 직권으로 위 교수회의 징계의결내용을 변경하여 A에 대하여 퇴학처분을 하였다. 그런데 위 대학의 학칙에 의하면, 학장은 학생이 학칙 소정의 징계사유가 있을 때에는 교수회의 심의를 거쳐 징계할 수 있다고 되어 있고, 학장이 학생에 대하여 퇴학 등의 징계처분을 하고자 할 때에는 반드시 교수회의 심의·의결을 먼저 거쳐야 한다고 규정하고 있다. 따라서 A는 서울교육대학장(X)를 피고로 하여 위 퇴학처분취소소송을 제기하였는데, 소송의 타당성 여부는 어떠한가?

풀이해설 서울교육대학 재학생의 법적 지위와 관련된 문제로서 당시의 법이론적으로는 특별권력관계를 실사례에 적용한 문제이다. 그러나 지금은 특별권력관계이론의 존재의의가 쇠락하였기 때문에, 영조물이용관계로 정리하고 풀어가야 할 문제이다.

Ⅰ. 서 론 -문제의 제기-
Ⅱ. 서울교육대학 퇴학처분의 법적 성질
  1. 대학재학관계의 의의
  2. 대학학칙의 법적 성질
  3. 퇴학처분의 재량행위성
Ⅲ. 서울교육대학 퇴학처분의 위법성
  1. 위법성의 판단기준
  2. 비례원칙의 위반여부
  3. 절차법적 위반여부
Ⅳ. 위법한 퇴학처분에 대한 A의 구제방법
  1. 행정상 손해전보
  2. 행정쟁송
Ⅴ. 결 론 -문제의 해결-
  · 서울교육대학교 재학관계를 과거에는 특별권력관계로 보았으나, 특별권력관계이론의 존재의의가 사라진 지금은 영조물이용관계로 보아야 한다.

> ·퇴학처분의 법적 성질은 재량성이 인정되며, 항고소송의 대상이 되는 처분에 해당한다.
> ·대학학칙은 내부관계를 규율하기 위한 행정규칙이며, 대학장은 학칙의 내용에 따라 퇴학처분을 하여야 한다.
> ·퇴학처분은 학칙이 정한 절차를 따르지 않은 절차적 위법이 있고, 실체법적으로는 처음에는 무기정학이었음에도 퇴학처분을 내린 점에 있어서 비례원칙에 반한다.
> ·위법한 퇴학처분에 대해서 행정쟁송으로 다툴 수 있고 특히 집행정지를 신청할 수 있으며, 손해발생에 대해서는 손해배상을 청구할 수 있다.

제 3 절 특허기업(공기업의 특허·공익사업의 특허)

I. 의 의

1. 개 념

(1) 협의와 광의의 특허기업

협의의 특허기업(特許企業)이란 국가 또는 공공단체가 공익적 성질을 띤 사업의 기업경영에 관한 포괄적 법률관계를 사인(私人)에게 설정하여 경영하는 기업을 말한다. 예컨대, 수도사업·가스사업·전기사업·전기통신사업 등 공급사업과 자동차운송사업·해상운송사업·항공운송사업·철도사업 등 운송사업을 사인으로 하여금 운영하도록 하는 경우를 들 수 있다.

그러나 특허기업의 개념을 국가 또는 지방자치단체가 법령이나 조례에 의하여 설립한 특수법인기업(법인체기업·독립적기업)과 협의의 특허기업을 포함하는 것으로 보는 경우를 광의의 특허기업이라고 한다.

(2) 특허기업의 공기업성

전통적 입장에 의하면, 특허기업을 공기업의 경영방식의 하나로 파악하고, 국가 또는 공공단체가 경영하는 공기업의 경영권을 일부 또는 전부 타자에게 부여하는 형성적 행위를 '공기업의 특허'라고 부르며, 이러한 특허를 받은 기업을 '특허기업'이라 이해하게 된다.

그러나 공기업에 속하는 본질적 사업은 없기 때문에, 국가 등 행정주체와 동시에 사인도 공익적 사업을 관리·경영할 수 있는 것이 원칙이라고 본다. 따라서 특허기업에 있어서 특허(特許)는 국가 또는 공공단체에 속하는 공기업을 사인에게 넘겨주는 것이 아니라, 사인에 대하여 특별한 권리·의무를 내용으로 하는 공익적 사업의 경영권을 설정해 주는 행위로 이해한다. 이러한 의미의 특허기업은 협의의 특허기업과 내용적으로 일치하는 개념이다.

특허기업은 사기업에 비해서 공익성을 띠고 있는 특징이 있다. 따라서 전기통신사업법(10)에 의하면, 기간통신사업자의 주식 취득 등에 관하여 공익성심사를 하도록 하고 있다. 공익성심사의 결과 공공의 이익을 해칠 위험이 있다고 판단되면 협정 내용의 변경 및 그 실행의 중지, 의결권 행사의 정지 또는 해당 주식의 매각을 명할 수 있다.

2. 특허기업과 공기업의 관계

(1) 양자의 차이

1) 특허기업의 의미를 '공기업의 특허'에 의한 것으로 이해하는 전통적 견해에 의하면, 특허기업을 공기업에 포함하여 이해하게 될 것이다. 그러나 2) 공익성이 강한 사업을 사인이 국가 등의 특허를 받아 일정한 사업을 경영하는 것으로 이해하는 견해에 의하면, 국가 또는 공공단체(행정주체)가 운영하는 공기업과 특허기업이 구별된다. 그리고 3) 공기업에 대한 법적 규제는 행정에 대한 통제의 하나로 파악할 수 있으나, 특허기업에 대한 법적 규제는 공익성이 강한 사인의 기업에 대한 규제의 하나라고 하겠다.

(2) 양자의 관련성

1) 운수사업이나 공급사업은 국가 또는 지방자치단체에 의한 공기업형태로 운영되기도 하고, 특허기업으로 사인이 경영하기도 한다. 2) 공기업이 정부투자기관이나 지방공사와 같은 독립법인의 형태로서, 특히 주식회사형태에 의하여 경영되는 경우에는 특허기업과 차이가 거의 없다. 3) 공기업이나 특허기업이 제공하는 것은 모두 국민에 대한 생활필수의 재화 또는 역무이므로, 그것을 적정한 가격으로 안정적·계속적으로 공급하기 위해서는 양자 모두 법적 규제가 필요하다.

3. 특허기업에 있어서 특허

(1) 쌍방적 행정행위성과 형성적 행위성

특허기업의 특허[예, 전기사업허가(전기사업법7), 도시가스사업허가(도시가스사업법3), 사설철도사업허가(철도사업법5)]는 행정주체가 기업의 독점적 경영권을 특정인에게 설정해 주는 쌍방적 행정행위이다. 따라서 특허기업의 특허는 공익적 사업의 경영에 관한 포괄적 법률관계를 특정인에게 설정하는 행정행위로서 형성적 행위성이다.

이러한 특허의 대상범위와 관련해서 독점적 경영권설정설27)과 포괄적 법률관계설정설28) 및 공기업허가설29)의 대립이 있다. 생각건대, 특허기업에 있어서 특허의 범위는 반드시 독점적 경영권이 인정되는 경우에만 국한할 필요가 없고, 특허기업에 대해서 경영권을 설정하는 행위는 경영에 필요한 여러 가지 권리와 의무인 점을 고려할 때 포괄적 법률관계설이 타당하다.

▣ 이동통신사업허가의 법적 성질 ▣

이동통신사업허가가 근거법령에서 허가라고 표현하고 있다고 해서 반드시 강학상의 허가라고 볼 수 없다. 이동통신사업은 그 사업행위의 대상이 통신업무로서의 성질을 갖는 이상 공적 업무에 해당하고(전기통신사업법 제3조 참조), 따라서 행정의 주체가 원칙적으로 수행하여야 하는 사업에 해당한다. 이러한 성질에 비추어 볼 때 자유로운 영업행위의 대상이 되는 것으로 볼 수는 없고, 오히려 공적 업무의 경영권을 포괄적으로 설정해 주는 특허로서의 법적 성질을 갖는다고 할 것이다.

---

27) 독점적 경영권설정설은 특허기업을 행할 수 있는 독점적 지위(독점적 경영권)를 특정인에게 설정해 주는 설권행위로 보는 견해이다. 여기서 말하는 독점적 경영권은 공기업의 국가독점을 전제로 한 국가의 기업경영권이 아니고, 특허행위에 의하여 비로소 인정되는 기업의 독점적 경영권을 말한다. 따라서 이러한 입장은 독점적 경영권이 인정되는 경우만을 특허로 보기 때문에 특허기업의 범위를 좁게 파악한다.
28) 포괄적 법률관계설정설은 특허를 사업의 경영에 관한 각종 권리·의무를 포괄적으로 설정하는 설권행위로 보는 입장이다. 공익사업을 경영할 수 있는 여러 가지 특권을 부여하는 것과 함께 특별한 의무를 부담하는 포괄적 법률관계를 설정하는 형성행위로 보기 때문에, 반드시 독점적 경영권을 부여할 필요는 없다고 본다. 따라서 이러한 입장은 특허기업의 범위를 넓게 인정하는 특징이 있다.
29) 허가설은 특허기업의 특허와 영업허가 사이에 성질상 차이를 부정함으로써 특허도 헌법이 보장한 영업의 자유에 대한 일정한 제약을 해제(자유의 회복)하는 것으로 이해하는 입장이다. 이러한 입장에서는 경찰허가와 특허기업의 특허 사이에 존재하는 법제상 차이는 규제목적에서 인정되는 상대적 차이로 이해한다. 요컨대 허가설은 특허기업에 관한 특별한 이론을 부인하는 특징이 있다.

⑵ 재량행위성

누구에게 어떠한 내용의 특허기업의 특허를 인정할 것인가는 관련법규의 내용을 검토해서 다루어야 할 문제이지만, 일반적으로 행정청에게 재량을 부여하는 경우가 많다. 예컨대 이동통신사업허가는 정보통신부장관이 이러한 허가를 함에 있어서 기간통신역무제공계획의 타당성 등 공익적 여러 요소를 종합적으로 고려하여 판단하도록 하고 있다(전기통신사업법5③ 참조)는 점에서 재량행위성을 인정할 수 있을 것이다. 관세법(174)의 규정에 의한 특허보세구역의 설치·운영에 관한 특허도 세관장의 재량에 속한다[(구)관세법에 의한 판례: 대판 1989.5.9, 88누4188참조].

4. 특허기업과 허가기업(공기업특허와 영업허가)

특허기업의 특허와 허가기업의 허가는 모두 행정주체가 사인의 영업 내지 사업 활동을 규제하는 방식이라는 공통성이 있다. 따라서 양자는 ① 모두 법률행위적 행정행위이고, ② 신청을 전제로 하는 쌍방적 행정행위이고, ③ 수익적 행위이고, ④ 재량권이 인정된 경우에는 부관을 붙일 수 있고, ⑤ 특허나 허가없이 행위를 하면 인정한 제재가 가해지기도 하고, ⑥ 국가에 의한 특별한 외무부과와 감독 통제를 받는다는 점 등에서 유사성을 가지고 있다.

그러나 1) 대상사업이 허가기업의 경우에는 본래부터 사인이 경영할 수 있었던 사업(사익사업)이었던 반면에, 특허기업은 국민의 생활과 밀접한 관련이 있는 공익사업이다. 따라서 2) 허가기업에 대한 규율은 위험을 방지하고 질서를 유지한다는 측면에서 소극적으로 이루어져야 하는 데 반하여, 특허기업은 국민의 생활에 필수불가결한 재화와 용역을 보다 적극적으로 활용할 수 있도록 하여야 한다.

■ 허가기업의 허가와 특허기업의 특허의 차이 ■

구분	허가기업의 허가	특허기업의 특허
대상사업	사익사업	공익사업
규율대상	주로 소극적(경찰목적)	주로 적극적(복리목적)
성질	명령적 행위	형성적 행위
향유이익	반사적 이익 → 보호이익화	권 리
재 량 성	기속재량행위	자유재량행위
감독	소극적	적극적

II. 특허기업의 법률관계

1. 특허기업의 성립

(1) 특허의 주체

특허의 주체는 국가인 것이 보통이지만, 지방자치단체도 주체가 될 수 있다. 종래의 통설은 특허의 대상을 독점사업에 국한하고, 이러한 독점사업은 국가에 대해서만 인정되는 것으로 보았기 때문에 국가만이 특허의 주체가 된다고 보았다.

(2) 특허의 대상

특허기업의 대상은 상당한 공익성을 갖는 사업으로서 국민생활에 필수적이며 그 공급이나 제공이 광역적·통일적으로 이루어져야 하는 업종을 대상으로 한다. 예컨대, 전기사업·전기통신사업·수도사업·가스사업·운수사업 등을 대표적으로 들 수 있다. 그리고 국가의 독점사업이 보통이지만, 국가적 독점에 속하지 아니하는 비독점적 공익사업도 특허의 대상이 될 수 있다.

특허기업의 특허는 목적의 공익성과 사업능력 및 수급관계의 균형 등이 요구되기도 한다. 예컨대 도시가스사업법(3③)에 의하면 경제적 규모, 재원과 기술적 능력, 공급시설의 설치·유지·능력 등을 요건으로 한다.

(3) 특허의 절차와 형식

특허기업의 특허는 출원에 의해서 이루어지는 쌍방적 행정행위이다. 따라서 상대방의 출원이 없이 행하여진 특허는 법령에 특별한 규정이 없는 한 절차상 요건의 하자로 인하여 원칙적으로 무효가 된다.

특허기업은 직접 법률규정에 의하여 특허하는 경우(법규특허)와 법률에 의거한 행정행위로 특허하는 경우(특허처분)가 있으며[예, 기간통신사업을 경영하려는 자는 미래창조과학부장관의 허가를 받아야 한다(전기통신사업법6①)] 기본적으로 요식행위이다.

2. 특허기업자의 권리와 특권

(1) 기업경영권

기업경영권(企業經營權)이란 특허를 받은 자가 법률 및 특허명령서가 정하는 바에 따라 당해 사업을 경영할 수 있는 권리를 말하며, '특허기업경영권'이라고 할 수 있다. 이러한 특허기업경영권은 국가에 대한 공권이기는 하지만 제3자에 대해 대항할 수 있는 성질은 아니다. 따라서 행정주체가 제3자에게 같은 종류의 새로운

기업을 특허하거나 행정주체 스스로 그러한 같은 종류의 사업을 경영하더라도 기존의 특허기업자의 권리침해는 문제되지 않는다. 다만 기존의 특허기업사는 경업자로서, 신규특허기업자에 대한 특허의 위법성을 다툴 수 있는 행정소송상 소이익이 인정될 수 있다.

특허기업경영권은 법적인 독점경영권을 의미하는 것은 아니지만 당해 사업자의 기업경영권을 보장하기 위하여 사실상 독점적 지위가 인정된다고 볼 수 있다(류지태). 예컨대 전기통신사업법에 의하면, "누구든지 전기통신사업자가 제공하는 전기통신역무를 이용하여 타인의 통신을 매개하거나 이를 타인의 통신용으로 제공하여서는 아니 된다"(법30(타인사용의 제한))고 규정하고 있는데, 이를 통하여 사실상 배타적 지위를 인정하고 있다고 할 것이다. 이러한 입장에서는 행정주체가 특허기업의 특허를 다수기업자에게 행함으로써 종전의 특허기업자의 기업경영이 어렵게 된 경우에는 권리침해를 이유로 행정소송을 제기할 수 있다고 본다.

독점성이 인정되지 않는 특허기업의 육성을 위해서 주무부장관은 특허기업이 행하는 사업의 효율적인 경쟁체제를 구축하고 공정한 경쟁환경을 조성하기 위하여 노력하여야 하고, 특허기업사업의 경쟁상황평가를 실시하기도 한다[예, 전기통신사업법34(경쟁의 촉진)].

(2) 특허기업자의 특권

1) 제3자에 대하여 특별한 부담을 과할 수 있는 공용부담권이 법령에 의하여 인정된다. 특허기업자의 이러한 공용부담권의 구체적인 내용은 법령 또는 특허처분에 의하여 정하여지지만, 일반적으로 토지수용을 할 수 있는 권리와 타인의 토지를 사용하거나 출입 또는 장애물을 제거할 수 있는 권리 등이다[예, 전기통신사업법72(토지등의 일시사용)·74(토지등에의 출입)·75(장해물등의 제거요구), 전기사업법90(토지의 일시사용 등에 대한 손실보상)·90의2(토지의 지상 등의 사용에 대한 손실보상), 수도법60(토지등의 수용 및 사용)·61(타인 토지에의 출입 등)].

2) 공물이나 공공시설을 사용할 수 있는 공물사용권이 인정된다(전기사업법92(공공용 토지의 사용)①). 따라서 공물관리청은 정당한 사유 없이 특허기업자의 공물사용을 거절하거나 허가조건이 적절하지 아니한 경우에는 주무부장관이 사용허가하거나 허가조건을 변경할 수 있다(전기사업법92②). 또한 국유의 일반재산으로서 특허사업에 직접 필요한 토지는 수의계약으로 특허기업자에게 매각하거나 임대할 수 있다(예,수도법77).

3) 면세·보조금교부·정부출자, 국유재산의 무상대여 또는 양도 등 경제상 보호와 기술지원이 인정된다(수도법77). 예컨대, 미래창조과학부장관은 통신중계서비스를 직접 제공하거나 위탁하여 제공하는 기간통신사업자 또는 통신중계서비스를 위탁

받아 제공하는 자에게 재정 및 기술 등 필요한 지원을 제공할 수 있다(전기통신사업4 의2④).

4) 특허기업시설의 이용요금의 강제징수권이 인정된다(예, 수도법68).

5) 특허기업의 합리적·계속적 경영을 확보하기 위하여 일정한 한도의 독점권을 인정하는 경우가 있다[수도법20(수도시설의 보호)].

3. 특허기업자의 의무와 부담

(1) 기업경영의 의무

1) 특허기업자는 특허를 받은 날로부터 일정한 기간 안에 공사를 완료하고 설비를 설치하여 사업을 개시할 기업개시의무가 있다[전기통신사업법15(사업의 시작 의무)①, 전기사업법9(전기설비의 설치 및 사업의 개시의무), 철도사업법8(운송개시의무)].

2) 특허기업자는 공익상 특허받은 사업을 계속적으로 시행하여야 하는 기업(계속적)시행의무가 있다[수도법42(사업의 폐업 또는 휴업)].

3) 정당한 이유 없이 서비스(역무)의 제공을 거부하거나 일반공중의 이용을 거절하지 못하는 이용제공의무[전기통신사업3①, 전기사업법14(전기공급의무), 수도법39(급수의무)]가 있고, 차별 없이 업무를 공평하게 처리하고 이용할 수 있도록 하는 의무[전기사업법20(전기설비의 이용제공)①]가 있다.

4) 사업을 원활하게 발전할 수 있고 이용자가 편리하고 다양하게 서비스(역무)를 공평하고 저렴하게 제공받을 수 있도록 합리적인 요금을 결정할 의무(전기통신사업법3③), 재화의 품질을 유지할 의무가 있다(전기사업법18).

5) 보편적 서비스(역무)를 제공하거나 그 제공에 따른 손실을 보전할 의무가 있다 [예, 전기통신사업법4(보편적 역무의 제공등), 전기사업법6(보편적공급)30(손실보상)]. 여기서 보편적 서비스(역무)의 구체적인 내용은 기술의 발전정도, 서비스(역무)의 보급정도, 공공의 이익과 안전, 사회복지 증진, 정보화 촉진 등을 고려하여 정한다(예, 전기통신사업법4 ③; 전기사업법② 참조).

6) 서비스(역무)에 종사하는 사람 또는 종사하였던 사람은 직무상 알게 된 타인의 비밀을 누설하여서는 안 된다(예, 전기통신사업법4의2③).

7) 시설의 목적 외 사용을 제한하기도 한다(예, 전기통신사업법65).

8) 사업의 전부 또는 일부를 휴지하거나 폐지하려면 주무부장관의 승인을 받아야 한다[전기통신사업법19(사업의 휴지·폐지)]

(2) 지휘·감독을 받을 의무

1) 특허기업자에 대해서 주무관청은 기업의 실태를 파악하기 위하여 특허기업의

업무 및 경리사항에 대한 보고를 받거나 감독상 필요한 경우에는 물건을 검사하거나 임검할 수 있다[예, 수도법66(보고의 요구 등), 도시가스사업법§40의2 내지 §41].

2) 특허기업의 관리기관은 자유로이 선임되는 것이 원칙이지만, 정부가 직접 임면하거나 일정한 제한을 과하는 경우가 있다.

3) 특허기업의 주무관청은 재화·역무의 수급 기타 공익상 필요에 의하여 사업의 조정이나 통·폐합을 명할 수 있으며, 다른 사업의 겸영이나 사업의 합병을 제한하는 경우가 있다.

4) 특허기업의 사업계획에 대하여 주무관청의 인가 또는 변경명령, 공급사업 및 운수사업의 이용조건(공급조건·운수조건)의 설정변경에 대한 주무관청의 인가(예, 전기사업법16)·승인 또는 신고[예, 전기통신사업28, 우편법9, 수도법38(공급규정)], 기타 공익상 필요에 의한 공급조건·수송조건에 관한 명령 등이 인정된다.

5) 주무부장관은 시정명령, 사용정지 또는 개조·수리나 그 밖에 필요한 조치를 명할 수 있다[예, 전기통신사업법67, 수도법64(개선명령 등)]. 또한 전시·사변·천재지변 또는 이에 준하는 국가비상사태가 발생하거나 발생할 우려가 있는 경우와 그 밖의 부득이한 사유가 있는 경우에 특허기업업무의 전부 또는 일부를 제한하거나 정지할 것을 명할 수 있다(예, 전기통신사업법85).

6) 특허기업자가 법령이나 법령에 의거한 행정행위에 의하여 과하여진 의무에 위반한 경우는 당해 기업의 강제관리처분, 특허기업자에 대한 제재, 사업의 정지, 집행기관의 개선 또는 특허의 취소 등이 인정되기도 한다[예, 전기통신사업법20(허가의 취소 등), 철도사업법21(사업개선명령), 수도법63(법령위반자 등에 대한 조치)].

(3) 특허기업자의 부담

(가) 특허기업물건의 불융통성　　특허기업의 실시에 사용되는 토지나 물건 등은 공법상 융통성(融通性)이 제한되기 때문에, 기업자가 임의로 처분하거나 담보권을 설정하지 못한다. 따라서 기업물건의 불융통성제한에 위반한 물건의 처분행위는 원칙적으로 무효이다(대판 1967.6.27, 67다806 참조).

특허기업의 이전성은 제한되는 것이 보통이지만, 이전을 허용하는 경우에도 주무관청의 신고 또는 인가를 받도록 하는 것이 보통이다[예, 철도사업법14(사업의 양도·양수등)].

(나) 특별부담　　특별부담(特別負擔)이란 국가·공공단체 또는 다른 특허기업자의 이익을 위하여 법령이나 특허명령서에 의하여 특허기업자에게 과하여진 부담을 말한다. 따라서 특허기업의 공익성으로 말미암아 특허기업자는 무상 또는 저렴한 요금으로 재화·용역을 공급하거나, 다른 특허기업을 위하여 기업설비를 공용하여

야 할 의무를 지는 경우가 있다[예, 전기통신사업법70(전기통신설비등의 통합운영)].

(다) 특권료의 납부의무   특권료(特權料)란 특허기업자가 당해 사업의 경영에 있어서 독점적 이익을 얻게 되는 경우에 그 이익에 대한 보상으로 지급하는 금전 기타 물건을 말한다. 따라서 특허기업자는 당해 사업의 법률상 또는 사실상 독점으로 인하여 얻은 이익에 대한 보상으로서 법령 또는 특허명령서에 의하여 금전 또는 물건을 납부할 의무를 지는 경우가 있다.

4. 특허기업의 이전·위탁·종료

(1) 이 전

특허기업의 이전(移轉)이란 특허기업자가 그 기업경영권을 타인에게 이전하는 것을 말한다. 특허기업은 당사자의 경영능력 기타 인적 사항을 참작하여 행하여질 뿐만 아니라 특허기업의 성패는 국민의 일상생활에 중대한 영향을 미치기 때문에 특허기업의 이전성은 제한되는 것이 보통이다. 따라서 주무관청의 신고(도시가스사업법7) 또는 인가(전기통신사업법13①)를 받도록 하고 있는 것이 보통이다.

또한 국가 또는 공공단체가 직접 경영할 필요가 있는 경우에는 특허기업을 매수(買收)하여 스스로 경영할 수도 있다. 이러한 경우에 국가 또는 공공단체는 특허기업에 대하여 법령이나 특허명령서에 따라 매수권을 유보하고, 필요하다고 인정하는 경우에 매수권을 행사함으로써 특허기업이 국가 또는 공공단체에 이관하는 경우도 있지만, 매수의 절차를 [토지등보상법]의 규정을 준용하기도 한다(예, 수도법24).

(2) 위 탁

특허기업의 위탁(委託)이란 기업경영권은 원래의 기업자가 가지고 있으면서 특허기업의 실제적 경영·관리만을 타인에게 위탁하는 것을 말한다. 이러한 특허기업의 위탁에는 1) 특허기업자가 주무관청의 인가 또는 신고에 의하여 타인에게 위탁하는 임의위탁(任意委託)의 경우(예, 여객자동차운수사업법14)와 2) 일정한 사유가 발생한 경우에 특허기업자의 의사에 관계없이 타인에게 위탁하는 강제위탁(强制委託)이 있다.

(3) 종 료

특허기업은 사업의 폐지 또는 회사의 해산에 의하여 종료할 수 있는데, 이러한 경우 주무행정청의 신고 또는 인가(승인)를 필요로 하는 것이 보통이다[예, 전기통신사업법19(사업의 휴지·폐지)]. 또한 특허의 실효, 특허기한의 만료 또는 특허의 취소·철회 등의 사유로 특허기업은 당연히 종료된다.

III. 특허기업의 이용관계

1. 의 의

특허기업의 이용관계는 특허기업자와 이용자 사이의 관계를 말한다. 이러한 특허기업의 이용관계는 특허기업의 서비스(역무)를 제공받기 위하여 서비스(역무)이용에 관한 계약을 체결함으로써 이루어지는 것이 보통이다(예, 전기통신사업법2vii). 이러한 특허기업의 이용관계는 원칙적으로 사법관계이지만, 법령에 의하여 특허기업자에게 강제징수권 등이 인정되는 경우에는 공법적 성질을 띠게 된다.

2. 특허기업이용자의 권리와 의무

(1) 특허기업이용권

이용자는 공급규정에 따라 특허기업을 이용할 권리를 가지며, 특허기업자는 법정의 정당한 이유없이 이용신청을 거부하지 못하고 공급을 해지 또는 정지할 수 없다[예, 전기통신사업법3, 전기사업법14(전기공급의무)].

(2) 이용관계손해전보청구권

특허기업의 채무불이행, 특허기업시설의 설치·관리의 하자 또는 특허기업자의 직무상 불법행위 등으로 인하여 손해를 입은 이용자는 손해배상을 청구할 수 있다. 또한 특허기업자가 공공의 필요에 의하여 이용자에게 손실을 발생시킨 경우에는 손실보상청구권이 인정된다고 하여야 할 것이다.

▣ 전기통신사업법에 의한 손해전보 ▣

전기통신사업법에 의하면, "전기통신사업자는 전기통신역무의 제공과 관련하여 이용자에게 손해를 입힌 경우에는 배상을 하여야 한다. 다만, 그 손해가 불가항력으로 인하여 발생한 경우 또는 그 손해의 발생이 이용자의 고의나 과실로 인한 경우에는 그 배상책임이 경감되거나 면제된다"(법33(손해배상))고 규정하고 있다. 또한 금지행위로 피해를 입은 자는 금지행위를 한 전기통신사업자에게 손해배상을 청구할 수 있으며, 그 전기통신사업자는 고의 또는 과실이 없었음을 증명하지 못하면 책임을 면할 수 없다(법55(손해배상)). 그리고 기간통신사업자가 타인에게 손실을 끼친 경우에는 손실을 입은 자에게 정당한 보상을 하여야 한다(법77).

따라서 전자게시판을 설치·운영하는 전기통신사업자는 그 이용자에 의하여 타인의 명예를 훼손하는 글이 전자게시판에 올려진 것을 알았거나 알 수 있었던 경우에 이를 삭제하는 등의 적절한 조치를 취하여야 할 의무가 있다. 전기통신사업자가 피해자와 정보통신윤리위원회의 시정조치 요구에 따라 그러한 글들이 공개게시판에 게재된 것을 알았거나 충분히 알 수 있었음에도 불구하고 5~6개월가량이나 이를 삭제하는 등의 적절한 조치를 취하지 아니한 채 그대로 방치하여 둔 것은 전기통신사업자의 전자게시판 관리의무 위반행위로 인한 피해자의 정신적 고통에 대한 손해배상책임이 인정된다고 할 것이다[서울지방법원 2001.04.27, 99나74113(상고기각) 참조].

(3) 특허기업이용관계쟁송권

특허기업의 이용이 거부된 때에는 쟁송으로 다툴 수 있다. 특허기업이용관계가 공법적 성질을 가지는 경우에는 당연히 행정소송을 제기할 것이고, 사법적 성질의 경우에는 민사소송을 제기할 수 있을 것이다.

특허기업이용자가 공급규정의 변경 등 이용조건 그 자체를 다툴 수 있는가? 일본의 판례는 버스운임, 가스사업의 특별공급조건에 대한 주무관청의 인가처분에 대해서는 다툴 수 있다고 보았으나, 지하철역의 설치장소변경에 대한 주무관청의 인가처분에 대해서는 다툴 수 없다고 보았다. 그러나 행정소송제도의 취지를 고려할 때 소이익을 확대하는 것이 타당하기 때문에, 행정관청의 처분에 대해서 소송상 다툴 수 있으나, 이용조건 그 자체를 직접적으로 다툴 수 있는 것은 아니다.

제4장 공용부담

公用負擔

제1절 의 의

I. 공용부담의 개념

공용부담(公用負擔)은 행정목적(공익사업 기타의 복리행정의 수행 또는 물건의 효용을 보존하는 것 등)의 달성을 위하여 개인에게 강제적으로 부담하는 것을 말한다. 따라서 공용부담은 공법상 강제적 부담이며, 금전적 가치를 내용으로 하는 경제적 부담이다.

공용부담은 개인의 신체·재산권을 침해할 수 있는 성질을 띠고 있기 때문에 반드시 법률적 근거가 있어야 한다. 인적 공용부담의 헌법적 근거는 제12조 제1항("법률과 적법한 절차에 의하지 아니하고는…강제노역을 받지 아니한다")을 들 수 있고, 물적 공용부담의 헌법적 근거로는 제23조 제3항("공공필요에 의한 재산권의 수용·사용 또는 제한 및 그에 대한 보상은 법률로써 하되, 정당한 보상을 지급하여야 한다")을 들 수 있다. 그리고 공용부담에 관한 법적 근거로서는 [토지등보상법], [국토계획법], [도시정비법], 도로법, 하천법, 철도사업법, 산림법, 전기사업법 등이 있다.

II. 공용부담의 종류

1. 주체(공용부담권리자)와 성질(공용부담의 발생원인)에 의한 분류

공용부담권리자를 기준으로 국가에 의한 공용부담, 공공단체에 의한 공용부담,

사인에 의한 공용부담으로 분류할 수 있다. 사인에 대해서 인정되는 공용부담권은
공용부담특권이라 부른다.

공용부담의 발생원인에 따라서 강제적 공용부담과 임의적 공용부담(예, 초등학교의
증설비용을 기부의 형식으로 개인이 부담하는 경우)으로 분류할 수 있다. 강제적 공용부담은
법률의 규정, 행정처분 그리고 부담권리자와 의무자의 협의에 의하여 발생하는 경
우가 있다.

2. 내용에 의한 분류

공용부담의 내용에 따라 전통적으로 '인적 공용부담'과 '물적 공용부담'으로 나
뉜다. 1) 인적 공용부담은 <u>특정사업과 특별한 관계가 있는 사람 또는 일정한 범위
의 사람에게 과하는</u> 공용부담을 말하며 부담금, 부역·현품, 노역·물품, 시설부담,
부작위부담을 들고 있다. 반면에 2) 물적 공용부담은 <u>특정한 재산권에 대하여 수
용, 제한 또는 교환을 과하는</u> 공용부담을 말하며 공용수용, 공용제한, 공용환지·공
용환권 등이 있다.

▣ 공용부담의 내용에 의한 전통적 분류 ▣

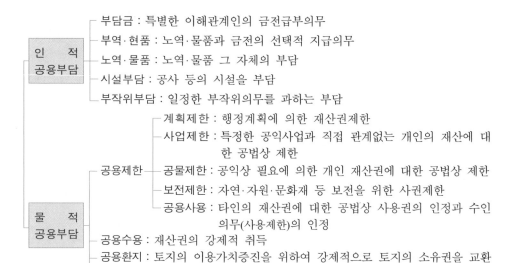

인 적
공용부담
- 부담금 : 특별한 이해관계인의 금전급부의무
- 부역·현품 : 노역·물품과 금전의 선택적 지급의무
- 노역·물품 : 노역·물품 그 자체의 부담
- 시설부담 : 공사 등의 시설을 부담
- 부작위부담 : 일정한 부작위의무를 과하는 부담

물 적
공용부담
- 공용제한
  - 계획제한 : 행정계획에 의한 재산권제한
  - 사업제한 : 특정한 공익사업과 직접 관계없는 개인의 재산에 대한 공법상 제한
  - 공물제한 : 공익상 필요에 의한 개인 재산권에 대한 공법상 제한
  - 보전제한 : 자연·자원·문화재 등 보전을 위한 사권제한
  - 공용사용 : 타인의 재산권에 대한 공법상 사용권의 인정과 수인의무(사용제한)의 인정
- 공용수용 : 재산권의 강제적 취득
- 공용환지 : 토지의 이용가치증진을 위하여 강제적으로 토지의 소유권을 교환·분합
- 공용환권 : 토지와 건축시설의 전체에 관하여 권리의 교환·분합

　이러한 인적 공용부담과 물적 공용부담의 전통적 구별은 공용부담이 과해지는 '대상(對象)'에 관한 분류인데, 공용부담의 '목적(目的)'이라는 시각에서 인적 공용부담과 물적 공용부담을 구별할 수도 있다. 이러한 시각에서 1) 인적 공용부담은 행정목적달성을 위하여 인적 수단의 강제적 확보를 목적으로 하는 공용부담을 말하고, 부역, 노역, 징용(징병) 등을 들 수 있다. 반면에 2) 물적 공용부담은 행정목적달성을 위하여 물적 수단의 강제적 확보를 목적으로 공용부담을 말하고, 부담금, 현품, 물품, 징발, 공용수용, 공용제한, 공용환지·공용환권 등을 들 수 있다.

제 2 절　인적 공용부담

제1. 부담금

1. 의 의

(1) 개념과 기능

　(가) 개 념　　　부담금(負擔金)이란 특정한 공익사업과 관련해서 특별한 이해관계를 가진 사람에게 공익사업에 소요된 경비의 전부 또는 일부를 부담시키기 위하여 과하는 공법상 금전급부를 말한다. 사업경비의 일부를 부담시키는 부담금을 특히 분담금(分擔金)이라고 하며[예, 지방자치법138(분담금)], 부담금을 부과금, 기여금이라 부르기도 한다. 부담금관리기본법(2)의 개념정의에 의하면, "부담금이란 부과권자가 재화 또는 용역의 제공과 관계없이 특정 공익사업과 관련하여 법률에서 정하는 바에 따라 부과하는 조세 외의 금전지급의무를 말한다". 특정한 의무이행을 담보하기 위한 예치금 또는 보증금의 성격을 가진 것은 부담금이 아니다.

　(나) 기 능　　　부담금은 공익사업경비의 조달 이외에 부수적인 기능을 갖는 경우도 있다(예, 교통유발부담금, 환경유발부담금, 개발제한구역보전부담금[(개발제한구역법(특)]21), 광역교통시설부담금, 장애인고용부담금 등). 예컨대 개발제한구역훼손부담금((현)개발제한구역보전부담금[개발제한구역법(특)]21)은 개발제한구역의 관리를 위한 재원을 확보하는 기능 이외에, 개발제한구역 내의 시설 등의 설치로 발생하는 토지형질변경에 대하여 구역 내·외의 토지가격 차액에 상당하는 경제적 부담을 부과함으로써 개발제한구역

내로의 입지 선호를 제거하여 개발제한구역의 훼손을 억제하는 데에 그 제도적 취지가 있다(대판 2007.10.29, 2005두14417 전원합의체<개발제한구역훼손부담금부과>).

장애인고용부담금제도는 고용률을 하회하는 사업체의 사업주로부터 기금을 납부받아 고용률을 초과해서 장애인을 고용한 사업주에게 고용지원금을 지급함으로써 사업주 간의 장애인고용에 수반되는 경제적 부담을 평등화하자는 것이다. 그러므로 장애인고용부담금은 재정적인 목적보다는 고용에 어려움을 겪는 장애인의 고용촉진을 주된 목적으로 하는 '유도적·조정적 (특별)부담금'의 성격이 강하다고 할 수 있다(헌재 2003.07.24, 2001헌바96; 헌재 2012.03.29, 2010헌바432<[장애인고용법]제2조제4호등위헌소원>).

(2) 성질과 법적 근거

부담금은 금전지급의무라는 점에는 조세·사용료 및 수수료와 비슷한 성질을 갖는다. 대법원과 헌법재판소는 부담금의 성질을 준조세 또는 조세유사적 성격으로 보고 있으며(대판 2002.10.8, 2001다37026; 헌재 1999.1.28, 97헌가8<교통안전공단법>[30]), 헌법재판소 결정(헌재 2007.5.31, 2005헌바47)에 의하면 재정충당적 성질과 유도적·조정적 성질을 갖는 것으로 보기도 한다.

부담금의 설치·관리 및 운용에 관한 기본적인 사항을 규율하기 위하여 부담금관리기본법이 제정되어 있다.

2. 종 류

(1) 수익자부담금

수익자부담금(受益者負擔金)이란 특정의 공익사업으로부터 특별한 이익을 받는 자에 대하여 수익의 한도 내에서 사업경비의 일부를 부담시키는 부담금을 말한다[도로법74(타공작물관리자의 공사비용), 하천법61(지방자치단체의 비용부담)②, 철도건설법21(수익자의 비용부담), 철도산업발전기본법37(철도건설등의 비용부담), [국토계획법]103(공공시설관리자의 비용부담), 카지노사업자 관광진흥개발기금(관광진흥법30), 학교용지부담금(학교용지확보등에관한특례법5)[31]]. 예

---

30) 교통안전기금의 재원의 하나로 부과되는 운송사업자들(육상·해상·항공 및 철도) 및 교통수단 제조업자들의 분담금은 교통안전사업의 재정충당을 위하여 운송사업자들 및 교통수단 제조업자들에게 부과되는 특별부담금의 일종으로 볼 수 있다. 이 사건 분담금은 사용목적이 교통안전사업으로 제한되고, 부과대상자가 특정사업자들로 한정된다는 점에서 조세와는 다르다고 할 것이나, 공익사업의 재정충당을 위하여 부과된다는 점에서 조세유사적 성격을 가진다(헌재 1999.01.28, 97헌가8<교통안전공단법제17조위헌제청>).

31) "개발사업이 진행되는 지역에서 단기간에 형성된 취학 수요에 부응하기 위하여 학교를 신설 및 증축하는 재정을 충당하기 위하여 학교용지부담금을 개발사업의 시행자에게 부과하는 것은 개발사업의 시행자가 위와 같은 학교시설 확보의 필요성을 유발하였기 때문이다. 학교시설 확보의 필요성은 개발사업에 따른 인구 유입으로 인한 취학 수요의 증가로 초래되므로,

컨대, 도로공사로 인하여 토지가액이 상승한 경우에 그 수익의 범위 내에서 당해 도로공사에 필요한 비용의 전부 또는 일부를 부담시키는 경우를 들 수 있다(대판 1989.6.13, 88누8616).

(2) 원인자부담금

원인자부담금(原因者負擔金)이란 공익사업의 특정한 공사를 필요로 하게 하는 원인을 조성한 자에 대하여 공사비의 전부 또는 일부를 부담시키는 부담금을 말한다[도로법91(원인자의 비용부담 등), 도로교통법3(신호기등의 설치및관리)③, 수도권정비계획법12(과밀부담금)]. 예컨대, 전주의 매몰공사로 인하여 도로수선공사가 필요한 경우에 그 공사비의 원인을 조성한 전기공사에 부담시키는 경우를 들 수 있다. 또한 대규모 아파트신축으로 인하여 하수종말처리장을 건설함에 있어서 지출되는 비용 중 일정부분을 당해 사업의 원인제공자에게 부담시키는 경우를 들 수 있다(대판 2002.10.8, 2001다37026).

[물 음] 도로관리청으로부터 수급한 맨홀정비공사를 부실하게 시공함으로써 맨홀에 하자가 발생한 경우, 도로관리청이 수급인에게 도로법 제31조, 제64조에 의하여 원인자에 대한 공사이행을 명하거나 부담금을 부과할 수 있는가?

- 도로관리청으로부터 수급한 맨홀정비공사를 부실하게 시공함으로써 맨홀에 하자가 발생한 경우, 도로관리청은 수급자에게 맨홀공사 부실시공으로 인한 부당한 공사비 절감과 하자로 인한 손해 등에 대하여 하자담보책임 등을 물을 수 있다.
- 그 하자의 보수공사나 그 하자보수공사에 갈음하는 비용 등은 도로법 제31조, 제64조에서 말하는 '타공사 또는 타행위로 인하여 필요하게 된 도로공사나 그 도로공사에 필요한 비용'에 해당한다고 할 수 없다.
- 도로관리청이 수급자에게 맨홀정비공사에 따른 하자의 보수공사를 명하거나, 그 하자보수공사에 갈음하는 비용을 받기 위하여 도로법 제31조, 제64조에 의하여 원

주택재건축사업의 시행으로 공동주택을 건설하는 경우에는 신규로 주택이 공급되는 개발사업분만을 기준으로 학교용지부담금의 부과 대상을 정하여야 한다. 이 사건 법률조항이 주택재건축사업의 경우 학교용지부담금 부과 대상에서 '기존 거주자와 토지 및 건축물의 소유자에게 분양하는 경우'에 해당하는 개발사업분만 제외하고, 매도나 현금청산의 대상이 되어 제3자에게 분양됨으로써 기존에 비하여 가구 수가 증가하지 아니하는 개발사업분을 제외하지 아니한 것은, 주택재건축사업의 시행자들 사이에 학교시설 확보의 필요성을 유발하는 정도와 무관한 불합리한 기준으로 학교용지부담금의 납부액을 달리하는 차별을 초래하므로, 이 사건 법률조항은 평등원칙에 위배된다(헌재 2013.07.25, 2011헌가32<학교용지확보등에관한특례법 제5조 제1항 제5호 위헌제청>).

인자에 대한 공사이행을 명하거나 부담금을 부과할 수는 없다(대판 2001.11.27, 2000두 697).

[물음] 도로관리청이 아닌 자의 도로공사 이외의 공사 또는 행위로 인하여 도로공사가 필요하게 된 경우, 도로관리청이 직접 도로공사를 시행하고 그 비용을 원인자에게 청구할 수 있는가?

참조법령 도로법

제23조(도로의 공사와 유지 등)

① 도로의 신설·개축 및 수선에 관한 공사(이하 "도로공사"라 한다)와 그 유지는 이 법이나 다른 법률에 특별한 규정이 있는 경우 외에는 해당 도로의 관리청이 수행한다. 다만, 국토교통부장관은 국도 중 대통령령으로 정하는 일부 국도에 대한 신설·개축과 수선 및 유지에 관한 업무를 대통령령으로 정하는 바에 따라 도지사 또는 특별자치도지사가 수행하도록 할 수 있다.

제67조(비용부담의 원칙)

도로에 관한 비용은 이 법이나 다른 법률에 특별한 규정이 있는 경우 외에는 국토교통부장관이 관리하는 도로에 관한 것은 국고에서 부담하고, 그 밖의 도로에 관한 것은 관리청이 속하여 있는 지방자치단체에서 부담한다. 다만, 제23조제1항 단서의 경우에 필요한 비용은 국고의 부담으로 한다.

제31조(공사 원인자에 대한 공사시행 명령)

관리청은 도로공사 외의 공사(이하 "타공사"라 한다) 또는 도로공사 외의 행위(이하 "타행위"라 한다)로 도로공사가 필요하게 되면 그 타공사의 시행자나 타행위를 한 자에게 그 도로공사를 하게 할 수 있다.

제76조(원인자 부담금)

① 타공사나 타행위로 인하여 필요하게 된 도로공사의 비용은 타공사나 타행위의 비용을 부담하여야 할 자에게 그 전부 또는 일부를 부담시킬 수 있다.

② 제1항에 따른 부담금의 징수 등에 필요한 사항은 국토교통부령 또는 관리청이 속하는 지방자치단체의 조례로 정한다.

· 도로법 관련 규정의 취지를 종합하면, 도로관리청이 아닌 자의 타공사 또는 타행위로 인하여 도로의 신설·개축 및 수선에 관한 공사, 즉 도로공사가 필요하게 된 경우에는, 도로관리청이 그 원인자에게 그 도로공사의 이행을 명하는 것이 원칙이나, 그것이 도로의 관리에 지장을 초래하는 경우에는 직접 도로공사를 시행하고 그 비용을 원인자에게 청구할 수 있다(대판 2001.11.27, 2000두697).

(3) 손상자부담금

손상자부담금(損傷者負擔金)이란 공익사업의 시설에 특정한 공사를 필요로 하게 하는 원인을 조성한 자에 대하여 시설의 유지비·수선비 등의 전부 또는 일부를 부담하게 하는 부담금을 말한다[예, 개발제한구역훼손부담금((현)개발제한구역보전부담금)]. 원인자부담과 손상자부담은 사업을 필요하게 만든 원인인 행위인지 혹은 시설을 손상하는 행위인지 여부에 차이가 있다. 그러나 손상자부담은 시설의 수리를 필요로 하는 원인을 조성시킨 자에게 부과하는 것이기 때문에 넓은 의미의 원인자부담의 일종에 속한다.

3. 부과와 징수

(1) 부 과

(가) 예외적 인정   부담금은 조세에 대한 관계에서 어디까지나 예외적으로만 인정되어야 한다. 어떤 공적 과제에 관한 재정조달을 조세로 할 것인지 아니면, 부담금으로 할 것인지에 관하여 입법자의 자유로운 선택권을 허용하여서는 안 된다. 첫째, 부담금 납부의무자는 재정조달 대상인 공적 과제에 대하여 일반국민에 비해 '특별히 밀접한 관련성'을 가져야 하며, 둘째, 부담금이 장기적으로 유지되는 경우에 있어서는 그 징수의 타딩성이나 적정성이 입법자에 의해 지속적으로 심시될 것이 요구된다. 다만 부담금이 재정조달목적뿐만 아니라 일정한 정책실현목적도 함께 가지는 경우에는 이러한 요건들이 일부 완화될 수 있다(헌재 2004.7.15, 2002헌바42<수질개선부담금>).

(나) 법적 근거   부담금의 부과는 침해적 성질을 가지기 때문에 법적 근거가 있어야 한다. 부담금관리기본법(3)에 의하면, "부담금은 법률의 규정에 의하지 아니하고는 이를 설치할 수 없다"고 규정하고, 부담금의 부과 및 징수주체, 설치목적, 부과요건, 산정기준, 산정방법, 부과요율 등(부과요건 등)이 구체적이고 명확하게 규정되어야 한다. 따라서 부담금을 신설하고자 하는 경우에는 해당 법률안을 입법예고하기 전에 기획재정부장관에게 부담금신설의 타당성에 관한 심사를 요청하여야 한다(부담금관리기본법6).

(다) 한 계   부담금은 설치목적을 달성하기 위하여 필요한 최소한의 범위 안에서 공정성과 투명성이 확보되도록 부과되어야 하며, 특별한 사정이 없는 한 동일한 부과대상에 대하여 이중의 부담금이 부과되어서는 안 된다(부담금관리기본법5). 또한 부담금을 부과함에 있어서도 평등원칙이나 비례원칙과 같은 일반법원칙상의 한계가 준수되어야 한다(헌재 1998.12.24, 98헌가1; 헌재 2004.7.15, 2002헌바42 참조).

(2) 징 수

부담금은 현금으로 내는 것을 원칙으로 하지만, 신청에 의하여 토지로 대신 내는 것을 허가할 수 있다(예, [개발제한구역법]25④). 부담금은 공법상 금전지급의무이므로 부담의무자가 의무를 위반하거나 의무를 불이행한 경우에는 일정한 제재 또는 강제를 받게 된다. 예컨대, 가산금을 부과하거나 국세 체납처분의 예 또는 지방세 징수의 예에 따른다([개발제한구역법]25⑥·⑦, 지방자치법139②).

4. 권익구제

위법하거나 부당한 부담금의 부과·징수로 인하여 권리 또는 이익을 침해받았을 경우에 납부의무자가 이의신청을 할 수 있도록 하는 등 적절한 권리구제절차를 해당 법령에서 명확하게 정하여야 한다(부담금관리기본법5의4).

따라서 부과의무자가 부담금의 부과·징수에 대해서 이의가 있는 경우에는 행정쟁송절차에 의하여 다툴 수 있다.

부담금 납부의무자에 대하여 한 부담금 납부통지는 그 납부의무자의 구체적인 부담금 납부의무를 확정시키는 효력을 갖는 행정처분이라고 보아야 할 것이고, 이는 그 부담금 체납자로부터 국세징수법에 의한 강제징수를 할 수 있음을 정한 규정이 없다고 하여도 마찬가지이다(대판 2000.9.8, 2000다12716<교통안전공단분담금>).

■ 부역·현품(현금부담)과 노역·물품(현물부담) ■

(1) 부역·현품(현금부담)

부역·현품(負役·現品)이란 특정한 공익사업(예, 비상재해의 예방·복구 등)의 수요를 충족시키기 위하여 과하는 노역 또는 물품과 그에 상당하는 금전과의 선택적 지급의무를 내용으로 하는 인적 공용부담을 말한다.

부역·현품의 종류는 1) 일정한 범위 내의 일반 개인에게 부과하는 일반부담적 부역·현품과 2) 특정한 공익사업과 특별한 관계에 있는 자에게 부과하는 특별부담적 부역·현품이 있다.

부역·현품은 원래 재산상의 수입을 목적으로 하는 것이지만, 부담의무자의 편의를 위하여 금전지급에 갈음하여 일정한 노역 또는 현품을 제공하도록 하는 제도이다. 따라서 부역·현품은 화폐경제가 발달하지 못한 농촌에 있어서 그 효용성이 인정되었지만, 오늘날은 인정되는 경우가 없다. 이러한 점을 화폐경제시대에 적합하지 않기 때문이라고 보는 입장(홍정선)이 있으나, 일반적 국가재정의 확충으로 더 이상 부역·현품에 의한 공용부담이 필요 없게 된 것으로 보는 것이 보다 현실적이다.

(2) 노역·물품(현물부담)

노역·물품(勞役·物品)이란 특정한 공익사업을 위하여 필요한 노역 또는 물품을 지급할 것을 내용으로 하는 인적 공용부담을 말한다(예, 도로법47, 수난구호법7, 소방기본법24). 이러한 노역·물품은 비상재해의 복구 기타 급박한 필요가 있는 경우에 달리 방법이 없는 때에 한하여 예외적으로 인정되는 특별부담이다.

노역부담은 비상재해의 복구 기타 눈앞에 급박한 필요가 있는 경우에 우발적으로 당해 사업의 수요를 충족할 수 있는 지위에 있는 사람에게 부과하는 응급부담으로서 예외적으로 인정되는 인적 공용부담이다. 그리고 물품부담은 급박한 경우에 예외적으로 인정되는 불특정 동산의 급부의무를 내용으로 하는 인적 공용부담이다. 이러한 물품부담은 당해 물품의 소유권을 부담권리자에게 이전할 의무를 부담하는 경우와 단순히 부담권리자로 하여금 당해 물품을 사용하게 하는 경우가 있다.

노역부담은 강제적인 노역의 제공을 의미하기 때문에 헌법(12①)에 의하면 법률과 적법한 절차에 의하여 이루어져야 한다. 노역부담은 공익사업과 특별한 이해관계가 없는 자에게 우발적으로 과하는 것이기 때문에 손실보상이 인정되며, 물품부담은 모두 특별부담·우발부담에 해당하기 때문에 손실보상이 요구된다[도로법92(공용부담으로 인한 손실보상)].

제2. 시설부담과 부작위부담

1. 시설부담

시설부담(施設負擔)이란 특정한 공익사업을 위하여 그 사업과 특별한 관계에 있는 자 또는 우연히 그 필요를 충족할 수 있는 지위에 있는 자에게 공사 등의 시설을 할 공법상 의무를 부과하는 것을 말한다(예, 하천법29①, 도로법49④). 시설부담은 적극적인 일정한 행위의 의무를 부과하는 작위부담이라는 점에서, 일정한 행위를 금지하는 부작위부담과 구별된다.

시설부담의 종류는 ① 내용에 따라 도로부담·하천부담·철도부담 등으로 구분하고, ② 발생원인에 따라 강제부담·임의부담으로 나뉜다.

2. 부작위부담

부작위부담(不作爲負擔)이란 특정한 공익사업을 위하여 일정한 부작위의무를 과하는 인적 공용부담을 말한다. 이러한 부작위부담의 종류는 ① 국가의 독점권을 보호하거나 확보하기 위한 부작위부담[예, 우편법2(경영주체와 사업의 독점 등)·6]과 ② 특정한 공익사업에 따른 장애를 방지하기 위한 부작위부담이 있다. 도로나 하천의 접도구역, 연안구역에 존재하는 토지에서의 공작물의 신설 등의 금지(도로법49③, 철도안전법45)와 시가지조정구역에서 허가 없이 토지의 형질변경행위를 하지 못하도록 하는 경우([국토계획법]81①) 등을 들 수 있다.

공익목적을 위하여 일정한 행위를 수인할 의무를 부과하는 것. 문화재발굴의 경우에 발굴을 수인할 의무(문화재보호법44). 철도사업으로 인한 소음·동요 등을 수인할 의무(철도안전법45) 등의 수인부담도 넓게 보면 부작위부담에 속한다.

이러한 부작위부담이 일반부담인 경우에는 특별한 희생을 가져오는 경우가 아니기 때문에 손실보상의 문제가 발생하지 않지만, 특별부담인 경우에는 특별한 희생에 해당한다면 손실보상이 인정되어야 할 것이다.

제 3 절   공용수용

I. 의 의

1. 개 념

(1) 개념정의

공용수용(公用收用)이란 공익사업을 위하여 타인의 특정한 재산권을 법률에 의하여 강제적으로 취득하는 것을 말하며, '공용징수(公用徵收)'라고도 한다. 요컨대 공용수용은 재산권보장에 대한 예외적 조치이기 때문에, "공용수용은 헌법 제23조 제3항에 명시되어 있는 대로 국민의 재산권을 그 의사에 반하여 강제적으로라도 취득해야 할 공익적 필요성이 있을 것, 법률에 의거할 것, 정당한 보상을 지급할 것의 요건을 갖추어야 한다"(헌재 1994.2.24, 92헌가15내지17, 20내지24).

(2) 개념요소

공용수용의 개념적 요소로서 ① 공익사업의 목적성, ② 법률의 힘에 의한 강제적 취득, ③ 특정한 재산권의 대상, ④ 당해 공익사업의 주체에 의한 행위성, ⑤ 정당한 손실보상 등을 들 수 있다. 그리고 이러한 공용수용은 기본적으로 수용요건의 완화라는 관점으로 발전을 해 왔으며, 그 주된 내용은 공익사업의 범위확대, 수용제도의 종합화·계획화·객관화, 개발이익환수 등이다.

⑶ 근 거

공용수용의 역사는 성서시대까지 거슬러 올라갈 수 있고, 영국 보통법(common law)에서도 국왕의 토지수용권이 인정된다고 보았다. 개인의 재산권 보장과 더불어 공익 목적을 위한 토지 등의 강제취득을 인정하는 것은 현대사회의 존속을 위하여 필요불가결한 것이다(김광수).

공용수용의 헌법적 근거로서는 제23조 제3항을 들 수 있고, 공용수용에 관한 일반법으로서 [토지등보상법]이 있다. 그리고 공용수용에 관한 특별법으로서는 [도시정비법], [국토계획법], 주택법, 광업법, 도로법, 하천법, 징발법 등이 있다.

2. 종 류

공용수용의 종류는 ① 목적물에 의하여 부동산수용·동산수용·무체재산수용으로 나뉘고, ② 수용절차에 의하여 토지수용절차를 거치는 보통수용과 토지수용절차를 거치지 않고 급박한 경우에 행하는 약식수용으로 나뉜다.

수용이 먼저 이루어지고 보상은 사후에 따르는 재해수용(災害收用)이 있다. 이러한 재해수용이란 재해에 대처하기 위하여 이루어지는 응급처분으로서 인정되는 공용수용이다(예, 수난구호법7, 도로법49).

II. 성 립(당사자·대상·절차)

1. 공용수용의 당사자

⑴ 수용자(사업시행자) - 공용수용의 주체 -

공용수용의 주체로서 사업시행자(事業施行者)는 공익사업의 주체를 말하며, 국가인 경우도 있고 공공단체 또는 사인인 경우도 있다. 그런데 국가 이외의 공공단체 또는 사인이 사업시행자인 경우에 수용권자는 누구인가에 대해서 국가수용권설(주권귀속설), 사업시행자수용권설(사업시행자관리설), 국가위탁설의 대립이 있으나, 사업시행자수용권설이 통설이다. 이러한 통설은 수용권의 본질을 재산권 취득이라는 효과에 중점을 둔 이론이라고 할 것이다.

우리 헌법은 공공필요가 있는 경우에 정당한 보상을 전제로 재산권의 수용을 인정하면서, 주어가 생략되어 수용주체에 관해서 명확히 규정하고 있지 않다. 따라서 헌법재판소는 국가가 아닌 민간기업도 개인 토지를 강제수용할 수 있게 규정한 [산업입지법]이 위헌이라며 삼성전자에 토지를 수용당한 충남 아산시 탕정면 주민

들이 낸 헌법소원 사건에서 합헌결정을 내렸다(헌재 2009.9.24, 2007헌바114).32)

(2) 피수용자(토지소유자 또는 관계인) - 공용수용의 인적 객체 -

피수용자(被收用者)는 수용의 목적물인 재산권의 주체로서, 수용할 토지·물건의 소유자와 그 토지·물건에 관하여 소유권 이외의 권리(지상권·지역권·전세권·저당권·사용대차 또는 임대차에 의한 권리 등)를 가진 자(관계인)를 말한다. 여기서 토지소유자는 등기부상 소유명의자를 말한다(대판 1991.11.12, 91다27617).

국토교통부장관의 사업인정의 고시가 있은 후 그 토지·물건에 관하여 새로운 권리를 취득한 자는 기존권리를 승계한 자를 제외하고는 피수용자에 포함되지 아니한다([토지등보상법]2v)(대판 1982.9.14, 81누130). 그리고 수용목적물에 대한 가처분권리자도 피수용자가 되지 못한다(대판 1973.2.26, 72다2401).

피수용자는 손실보상청구권과 환매권을 비롯한 여러 가지 권리를 가지며, 수용목적물의 인도·이전의무 등을 부담한다.

2. 목적물(대상) - 공용수용의 물적 객체 -

(1) 공용수용의 대상사업

(가) 법적 근거   헌법 제23조 제3항에서 규정하고 있는 불확정개념인 '공공필요'를 [토지등보상법] 제4조에서 공공필요를 위한 사업인 '공익사업'이라는 개념으로 보다 명확하게 규율하고 있다.

공용수용의 대상사업(對象事業)은 [토지등보상법](4)이 예시적으로 열거하고 있는 공익사업과 각 개별법이 규정하는 사업이다. 사업의 공공성은 사권보호를 위하여 제한적으로 인정되는 것이 입법의 일반적 태도였으나 오늘날은 사업주체가 직접 자기사업의 용도에 쓰는 경우라는 요건이 완화·확대되고 있다. 그런데 법률의 규정에 의하여 공용수용이 허용되는 경우에도 진정한 공공의 필요에 의한 것이 아니라 무분별하게 공용수용이 남발될 수 있다. 따라서 공용수용의 무분별한 확대에 대한 실질적 제어장치로 우리 헌법상 '공공필요'의 개념을 보다 명확히 할 필요가 있다.33) 헌법 제23조 제3항에서 규정하고 있는 '공공필요'는 불확정개념이지만, 공공필요의 판단은 공용수용으로 인하여 달성하는 공익과 공용수용으로 인하여 침해

---

32) "우리 헌법상 수용주체를 국가로 한정하지 않았기 때문에 민간기업도 수용주체가 될 수 있으며, 산업입지의 공급을 통해 산업발전을 촉진하는 것은 공공의 필요성에 부합한다". "피수용자에게 법률에 따라 정당한 보상이 지급되고, 수용절차가 법에 규정되는 점에 비추어 위헌이라고 하기 어렵다."

33) 정하명, "공용수용제도의 발전적 개선방안", 토지공법연구 제50집(2010.8.), 153면.

되는 사익 등을 비교형량하게 되며, 침해되는 사익이 지나치게 크지 않는 한 공용수용은 정당화된다(박균성).

(나) 판례·실무   대법원 판례에 의하면, "공익사업인가의 여부는 그 사업 자체의 성질로 보아 그 사업의 공공성과 독점성을 인정할 수 있는가의 여부로써 정할 것이고 그 사업주체에 따라 정할 성질이 아니다"(대판 1970.9.22, 70누81; 대판 1971.10.22, 71다1716<워커힐>)라고 판시하고 있다. 그런데 대법원이 "문화시설에 해당하는 공익사업으로 인정한" [워커힐](대판 1971.10.22, 71다1716)사건의 토지수용은 자산증식이나 외화획득과 같은 국가재정 수입목적은 공공목적에 해당될 수 없기 때문에 부적법하다는 비판(김남진)이 있으나, 공익사업의 관념은 시대에 따라 다를 수 있다. 따라서 오늘날 시각에서 보면, 한국전쟁에서 전사한 워커 장군을 추모하고 외국인을 상대로 하는 당시 교통부 소관사업으로 행하는 [워커힐관광사업]은 공익사업으로 보기 어렵다고 할 것이다.

▣ **대기업의 아파트용지확보와 공익사업** ▣

대기업이 아파트용지를 확보하는 것이 [토지등보상법]이 인정하는 공익사업에 해당하는가? 이러한 공용수용을 '공공적 사용수용(私用收用)'이라고 하는데(김남진), [토지등보상법] 제4조 제5호에 의하면, "국가·지방자치단체·정부투자기관·지방공기업 또는 국가나 지방자치단체가 지정한 자가 임대나 양도의 목적으로 시행하는 주택의 건설 또는 택지의 조성에 관한 사업"에 해당할 수 있다. 그런데 공공적 사용수용(私用收用)이 인정되기 위해서는 먼저 당해 사업의 공공성이 인정되어야 하며, 이러한 공공성 여부는 수용을 통해 얻어지는 공익과 수용이 재산권자에게 주는 불이익(사익)을 비교형량하여 개별적으로 판단하여야 한다.

[저소득주거개선법](도시저소득주민의 주거환경개선을 위한 임시조치법(2002.12.30.[도시정비법]부칙2에 의한 폐지))에서의 도시저소득주민의 주거환경개선을 위한 주거환경개선사업은 [토지등보상법] 제4조 제5호 소정의 '지방자치단체나 지방자치단체가 지정한 자가 임대나 양도의 목적으로 시행하는 주택의 건설에 관한 사업' 또는 제4조 제7호 소정의 '그 밖에 다른 법률에 의하여 토지 등을 수용 또는 사용할 수 있는 사업'인 공익사업에 해당한다(대판 2011.11.24, 2010다80749<부당이득금반환(한국토지주택공사)>; 대판 2011.12.08, 2011다18451<부당이득금(한국토지주택공사)>).

(다) 입증책임   수용대상재산에 공익사업상 필요성이 있어야 하고, 그 필요가 있는지에 대하여는 공용수용에 따른 상대방의 재산권침해를 정당화할 만한 공익의 존재가 쌍방이익의 비교형량의 결과로 입증되어야 하며, 그 입증책임은 사업시행자에게 있다(대판 2005.11.10, 2003두7507 참조).

[물 음] [토지등보상법] 제4조 제1호부터 제7호까지의 사업에 해당되지 아니하는 조선사업이 [산업입지법](산업입지 및 개발에 관한 법률)에 따른 산업단지개발사업으로 행하여지는 경우, 위 사업을 위하여 토지를 수용 또는 사용할 수 있는가?

- [토지등보상법] 제4조 제1호부터 제7호까지의 사업에 해당되지 아니하는 조선사업이 [산업입지법]에 따른 산업단지개발사업으로 행하여지는 경우에는 위 사업을 위하여 토지를 수용 또는 사용할 수 있다.
- [토지등보상법] 제4조에서는 이 법에 따라 토지 등을 취득하거나 사용할 수 있는 사업은 다음 각 호의 어느 하나에 해당하는 사업이어야 한다고 하여 공익사업의 종류를 열거하면서, 제8호에서는 그 밖에 다른 법률에 따라 토지 등을 수용하거나 사용할 수 있는 사업을 공익사업으로 규정하고 있다. 이는 같은 조 제1호부터 제7호까지의 사업이 아니더라도 공익사업법 외의 법률에서 그 공익성을 인정하여 토지 등의 수용·사용권을 부여한 사업은 공익사업으로 보겠다는 취지라고 할 것이다.
- [산업입지법]은 산업입지의 원활한 공급과 산업의 합리적 배치를 통하여 균형 있는 국토개발과 지속적인 산업발전을 촉진함으로써 국민경제의 건전한 발전에 이바지하기 위한 것으로, 같은 법 제22조 제1항에서 사업시행자는 산업단지개발사업에 필요한 토지·건물 또는 토지에 정착한 물건과 이에 관한 소유권 외의 권리, 광업권·어업권·물의 사용에 관한 권리를 수용하거나 사용할 수 있다고 규정하고 있다.
- 그러므로 [산업입지법]에 따른 산업단지개발사업은 [토지등보상법] 제4조 제8호의 "다른 법률에 따라 토지 등을 수용하거나 사용할 수 있는 사업"으로서 공익사업에 해당한다고 할 것이다.
- 결론적으로 비록 조선사업이 [토지등보상법] 제4조 제1호부터 제7호까지의 공익사업으로 열거되어 있지 않더라도 조선사업이 [산업입지법]에 따른 산업단지개발사업으로 행하여지는 경우에는 토지 등을 수용 또는 사용할 수 있다고 할 것이다.

(2) 공용수용의 목적물

공용수용의 목적물이 될 수 있는 재산권은 [토지등보상법] 및 각 개별법에 정하고 있으며, 대표적 목적물은 토지이다.

(가) 목적물의 제약(제한)　　공용수용은 공익사업을 위하여 필요한 최소한도에 그쳐야 하며, 토지를 수용하고자 하는 사업에 현재 이용되고 있는 토지는 특별한 필요가 있는 경우가 아니면 수용의 목적물이 될 수 없다(대판 1994.1.11, 93누8108). 필요한 최소한도를 넘는 부분은 수용대상이 아니므로 그 부분에 대한 수용은 위법하다(대판 1994.1.11, 93누8108; 대판 1987.9.8, 87누395).

공물을 그대로 공용수용의 목적으로 할 수 없고, 다른 행정목적에 제공되기 위해서는 원칙적으로 먼저 공용폐지가 선행되어야 한다. 그런데 (구)토지수용법 아래서 공용폐지가 없어도 지방문화재로 지정된 토지를 수용대상으로 할 수 있다는 판례가 있다(대판 1996.4.26, 95누13241<지방문화재(광평대군묘역)>). 그리고 현행 [토지등보상법](19②)에 의하면, "공익사업에 수용되거나사용되고 있는 토지등은 특별한 필요가 있는 경우가 아니면 다른 공익사업을 위하여 수용하거나 사용할 수 없다"고 규정하고 있다. 이러한 법률규정에 대하여 헌법재판소는 "공익 또는 수용권의 충돌문제를 해결하기 위한 것으로서, 수용적격사업이 경합하여 충돌하는 공익의 조정을 목적으로 한 규정이다. 즉, 현재 공익사업에 이용되고 있는 토지는 가능하면 그 용도를 유지하도록 하기 위하여 수용의 목적물이 될 수 없도록 하는 것이 그 공익사업의 목적을 달성하기 위하여 합리적이라는 이유로, 보다 더 중요한 공익사업을 위하여 특별한 필요가 있는 경우에 한하여 예외적으로 수용의 목적물이 될 수 있다고 규정한 것이고, 토지 등을 수용할 수 있는 요건 또는 그 한계를 정한 것이 아니다"라고 판시하였다(헌재 2000.10.25, 2000헌바32).

또한 치외법권을 가지는 외국대사관 등의 부지·건물 등은 수용할 수 없다.

(나) 목적물의 확장   공용수용은 원칙적으로 사업을 위하여 필요한 최소한도에 국한하여야 하지만, 예외적으로 필요한 한도를 넘어서 수용이 허용되는 경우가 있다. 예외적 목적물의 확장방법으로서 확장수용과 지대수용이 인정된다.

첫째, 확장수용(擴張收用)이 인정되는 방법으로는 완전수용·잔지수용(전부수용)·이전수용이 있다. 1) 완전수용(完全收用)이란 i) 토지의 사용이 3년 이상일 때, ii) 토지의 사용으로 인하여 토지의 형질이 변경된 때, 또는 iii) 사용될 토지에 토지소유자의 건물이 있을 때에 그 토지소유자가 토지수용을 청구하는 것을 말한다([토지등보상법]72(사용하는 토지의 매수청구 등)). 2) 잔지수용(전부수용)이란 토지의 일부를 수용함으로써 잔여지를 종래의 목적에 사용하는 것이 현저히 곤란할 때에 토지소유자가 잔여지의 매수를 청구하는 것을 말한다([토지등보상법]74). 3) 이전수용(移轉收用)이란 i) 건축물·입목·공작물과 그 밖에 토지에 정착한 물건(건축물 등)의 이전이 어렵거나 그 이전으로 인하여 건축물 등을 종래의 목적대로 사용할 수 없게 된 경우, ii) 건축물 등의 이전비가 그 물건의 가격을 넘는 경우, 또는 iii) 사업시행자가 공익사업에 직접 사용할 목적으로 취득하는 경우에는 해당 물건의 가격으로 보상하는 것을 말한다([토지등보상법]75). 현행 [토지등보상법]이 제정되기 이전의 [토지수용법](49③·④)에서는 소유자 또는 기업자로 하여금 수용을 청구할 수 있다고 하였으나, 현행 [토지등보상법]에서는 소유자 또는 사업시행자의 청구가 없더라도 요건에 해당하면 취득가격으로 보상하도록 하였다.

3. 공용수용의 절차

(1) 절차의 형태

현행법상 인정되고 있는 공용수용의 절차는 다음 2가지 형태가 있다. 1) 공용수용권이 직접 법률에 의하여 설정되는 경우로서 아무런 절차가 필요 없는 경우로서, 국가 또는 공공단체가 수용권자인 경우에 한하여 긴급한 필요가 있는 경우에 인정되는 예외적 절차가 있다[예, 전기사업89(다른 자의 토지의 지상 등의 사용)·88(다른 자의 토지등에의 출입)·90의2(토지의 지상 등의 사용에 대한 손실보상)]. 그리고 2) 공용수용의 일반적 방법인 공용수용권이 행정행위에 의하여 설정되는 경우의 절차는 보통절차와 약식절차가 있다.

공용수용은 보통절차에 의하는 것이 원칙이지만, 특별한 사유가 있는 경우에 보통절차의 일부를 생략하고 토지수용을 행하는 약식절차가 인정된다. [토지등보상법](38·39)에 규정하고 있는 천재·지변시와 시급을 요하는 경우에 인정하는 약식절차는 토지 등의 수용이 아니라 사용(使用)에 관한 것이다. 현행법상 약식수용절차를 규정하고 있는 예로서는 도로법(83③ii)을 들 수 있다.

보통절차는 (1) 사업준비, (2) 사업인정, (3) 토지·물건조서의 작성, 협의, (4) 재결, (5) 화해의 절차로 이루어지며, 상세한 내용은 다음과 같다.

(2) 사업준비

사업시행자는 공익사업의 수행에 필요한 준비를 하기 위하여 구체적인 수용절차에 들어가기 전에 타인의 토지에 들어가 측량 또는 조사를 하거나 장해물의 제거 또는 토지의 시굴 등을 할 수 있다{[토지등보상법]9(사업준비를 위한 출입허가등)·12(장애물제거등)}. 이를 위하여 사업시행자는 지방자치단체장의 출입허가를 받아야 하며, 측량·조사·장해물제거 및 토지시굴 등으로 인한 손실을 보상하여야 한다([토지등보상법]9③, 12④).

(3) 사업인정

(가) 의 의   사업인정(事業認定)이란 "공익사업을 토지 등을 수용하거나 사용할 사업으로 결정하는 것을 말한다"{[토지등보상법]2(정의)vii}. 즉 [토지등보상법]이 규정하는 공용수용을 할 수 있는 공익사업에 해당함을 결정하고 수용권을 설정하는 행위를 말한다. 사업시행자는 [토지등보상법] 제19조의 규정에 따라 토지등을 수용 또는 사용하려면 대통령령이 정하는 바에 따라 국토교통부장관의 사업인정을 받아야 한다{[토지등보상법]20①)}.

[토지등보상법]에 의하면, 공용수용의 1차 단계인 사업인정에 속하는 부분은 사업의 공익성 판단으로 사업인정기관에 일임하고, 그 이후의 구체적인 수용의 결정은 토지수용위원회에 맡기고 있다(대판 1994.11.11, 93누19375). 사업인정권자(事業認定權者)는 원칙적으로 국토교통부장관이지만, 특별법에 의하여 국토교통부장관 이외의 자에게 사업인정권이 부여되는 경우도 있다. 사업인정은 수용절차 중에서 기본이 되는 중요한 행위이기 때문에 중앙행정기관의 권한으로 유보한 것이다.

(나) 법적 성질   사업인정의 법적 성질에 관하여 확인행위설과 설권적 형성행위설이 대립하고 있으나, 공익사업의 시행자에게 일정한 절차를 거칠 것을 조건으로 일정한 내용의 수용권을 설정하는 형성행위(形成行爲)로 보는 것이 통설·판례(대판 1983.9.27, 83누324; 대판 1994.11.11, 93누19375; 대판 2005.4.29, 2004두14670; 대판 2011.01.27, 2009두1051)이다.

그리고 해당 사업이 비록 토지를 수용할 수 있는 사업에 해당한다 하더라도 행정주체로서는 과연 그 사업이 공용수용을 할 만한 공익성이 있는지의 여부는 행정청의 재량(裁量)에 속한다(대판 1992.11.13, 92누596). 공익성이 있는 경우에도 그 사업의 내용과 방법에 대하여 사업인정처분에 관련된 자들의 이익을 공익과 사익간에는 물론, 공익 상호간 및 사익 상호간에도 정당하게 비례원칙에 적합하도록 비교·형량하여야 한다(대판 2005.4.29, 2004두14670).

(다) 요 건   1) 첫째, [토지등보상법](4)의 규정에 해당하는 공익사업이어야 한다. 사업인정의 대상은 '장래에 시행할 공익사업'뿐만 아니라 '이미 시행된 공익사업'도 그 대상으로 한다.

■ '이미 시행된 공익사업' 의 사업인정 ■

사업인정의 대상은 '장래에 시행할 공익사업'만을 대상으로 한정할 것인지, 아니면 '이미 시행된 공익사업'도 그 대상으로 할 것인지가 문제된다. [토지등보상법] 제20조는 공익사업의 수행을 위하여 필요한 때, 즉 공공의 필요가 있을 때 사업인정을 할 수 있다고 되어 있을 뿐이고, 이에 관하여 명시적으로 규율한 바는 없다.

만약 장래에 시행할 공익사업만을 사업인정의 대상으로 한다면, 해당 공익사업이 적법한 절차를 거치지 아니한 채 시행되었다 하여 그 시행된 공익사업의 결과를 원상회복한 후 다시 사업인정을 거쳐 같은 공익사업을 시행하여야 할 것이다. 이러한 업무처리는 해당 토지소유자에게 비슷한 영향을 미치면서도 사회적으로 불필요한 비용이 소요되고, 그 과정에서 당해 사업에 의하여 제공되었던 공익적 기능이 저해되는 사태를 초래하게 되어 사회·경제적인 측면에서 반드시 합리적이라고 할 수 없다.

따라서 이미 시행된 공익사업의 유지를 위한 사업인정의 허용 여부는 사업인정의 요건인 공공의 필요, 즉 공익사업의 시행으로 인한 공익과 재산권 보장에 의한 사익

사이의 이익형량을 통한 재량권의 한계문제로서 통제될 수 있기 때문에, 사업인정이 이미 실행된 공익사업의 유지를 위한 것이라는 이유만으로 당연히 위법하다고 할 수 없다(대판 2005.04.29, 2004두14670<사업인정처분취소(전기사업자전선로설치)>).

그리고 전선로의 설치·유지를 위한 다른 사람의 토지 위의 공중의 사용권도 [토지등보상법](4ii)에 의한 수용 또는 사용의 대상이 될 수 있으므로, 전기사업법 제89조34)의 규정에도 불구하고 [토지등보상법]에 의하여 공익사업인 전기사업의 일환으로서 전선로의 설치를 위하여 다른 사람의 토지 위의 공중의 사용을 대상으로 한 사업인정을 할 수 있다(대판 2005.04.29, 2004두14670<사업인정처분취소(전기사업자전선로설치)>).

2) 둘째, 공익사업의 수행을 위하여 필요한 때, 즉 공공의 필요가 있을 때 사업인정을 할 수 있다([토지등보상법]19① 참조). 따라서 사업인정은 사업의 공공필요성이 인정되어야 한다. 해당 사업이 외형상 토지 등을 수용 또는 사용할 수 있는 사업에 해당한다고 하더라도 사업인정기관으로서는 그 사업이 공용수용을 할 만한 공익성이 있는지의 여부를 판단하여야 한다. 공익성이 있는 경우에도 그 사업의 내용과 방법에 관하여 사업인정에 관련된 자들의 이익을 공익과 사익 사이에서는 물론, 공익 상호간 및 사익 상호간에도 정당하게 비교·교량하여야 하고, 그 비교·교량은 비례의 원칙에 적합하도록 하여야 한다(대판 1995.12.05, 95누4889; 대판 2005.04.29, 2004두14670; 대판 2011.01.27, 2009두1051<토지수용재결처분취소>).

3) 셋째, 사업시행자에게 공익사업을 수행할 의사와 능력이 있어야 한다. 따라서 해당 공익사업을 수행하여 공익을 실현할 의사나 능력이 없는 자에게 타인의 재산권을 공권력적·강제적으로 박탈할 수 있는 수용권을 설정하여 줄 수는 없다(대판 2011.01.27. 2009두1051<토지수용재결처분취소>).

요컨대 사업시행자가 사업인정을 받은 후 그 사업이 공용수용을 할 만한 공익성

---

34) 전기사업법 제89조 ① 전기사업자는 그 사업을 수행하기 위하여 필요한 경우에는 현재의 사용방법을 방해하지 아니하는 범위에서 다른 자의 토지의 지상 또는 지하 공간에 전선로를 설치할 수 있다.
   토지 위의 공중의 사용에 관한 전기사업법 제89조는 공익사업법의 특례를 규정한 것으로서 그 사용에 관한 절차와 요건 및 사용의 허가권자가 [토지등보상법]의 규정에 의한 그것과 다르고, [토지등보상법]의 규정에 의한 사업인정처분의 요건에 이미 설치된 송전선로가 전기사업법 제89조에서 규정하고 있는 '현재의 사용방법을 방해하지 아니하는 범위 안'이라는 요건까지 충족하여야 한다고 볼 아무런 법령상의 근거가 없으므로 전기사업법 제89조의 규정에 의한 '현재의 사용방법을 방해하지 아니하는 범위 안'이라는 요건은 [토지등보상법]의 규정에 의한 토지 위의 공중의 사용에 대한 사업인정처분의 요건이 된다고 할 수 없다(대판 2005.04.29, 2004두14670<사업인정처분취소(전기사업자전선로설치)>).

을 상실하거나, 사업인정에 관련된 자들의 이익이 현저히 비례의 원칙에 어긋나게
된 경우 또는 사업시행자가 해당 공익사업을 수행할 의사나 능력을 상실하였음에
도 여전히 그 사업인정에 기하여 수용권을 행사하는 것은 수용권의 공익 목적에
반하는 수용권의 남용에 해당하여 허용되지 않는다(대판 2011.01.27, 2009두1051<토지수용
재결처분취소>).

(라) 절 차　　　1) 사업인정을 받고자 하는 사업시행자는 국토교통부령으로 정
하는사업인정신청서를 시·도지사를 거쳐 국토교통부장관에게 제출하여야 한다([토
지등보상법]시행령10).

2) 국토교통부장관이 사업인정을 하고자 하는 때에는 관계 중앙행정기관장 및
시·도지사와 협의하여야 하며, 대통령령이 정하는 바에 따라 미리 중앙토지수용위
원회 및 사업인정에 관하여 이해관계가 있는 자의 의견을 청취(聽取)하여야 한다([토
지등보상법]21).

3) 국토교통부장관이 사업인정을 한 때는 관계자와 관계 시·도지사에게 통지(通
知)하고, 관련사항을 공보에 고시(告示)하여야 한다(같은법22①). 이러한 통지와 고시의
절차를 누락한 사업인정의 하자는 무효사유가 아니라 취소사유로 본다(대판 1993.8.13,
93누2148; 대판 2000.10.13, 2000두5142).

(마) 효 과　　　사업인정은 고시일로부터 효력이 발생한다([토지등보상법]22③). 따
라서 사업인정의 고시를 통해서 수용할 목적물의 범위가 확정되고, 수용권자에게
는 수용목적의 달성을 쉽게 하기 위하여 그 목적물에 관한 현재 및 장래의 권리자
에게 대항할 수 있는 일종의 공법상 권리(물권(物權))로서 수용권이 인정된다(대판
1993.9.28, 92누10852; 1994.11.11, 93누19375). 따라서 고시 후에는 누구든지 고시된 토지에
대하여 사업에 지장을 초래할 우려가 있는 형질의 변경이나 토지에 속한 물건을
손괴 또는 수거하지 못한다(같은법25①). 또한 사업인정고시 후 고시된 토지에 건축
물의 건축·대수선, 공작물의 설치 또는 물건의 부가·증치를 할 때에는 특별자치도
지사, 시장·군수 또는 구청장의 허가를 받아야 한다(같은법25②). 이러한 허가를 받
지 아니한 행위에 대해서는 손실보상을 받지 못한다(같은법25③).

사업인정고시 후 감정평가업자는 필요한 경우 해당 토지나 물건에 출입하여 측
량하거나 조사할 수 있다([토지등보상법]27).

(바) 실 효　　　1) 사업시행자가 사업인정의 고시일로부터 1년 이내에 토지수
용위원회에 재결을 신청하지 않으면, (처분)재결신청의 해태로 인하여 사업인정은
실효된다([토지등보상법]23①). 그리고 2) 사업의 폐지·변경으로 인하여 토지수용의 필
요가 없게 된 경우에 사업인정의 효력이 상실되며, 이러한 경우 사업시행자는 지
체 없이 사업지역을 관할하는 시·도지사에게 신고하고, 토지소유자 및 관계인에게

이를 통지하여야 한다([토지등보상법]24①).

(사) 손실보상·반환·원상회복   1) 사업시행자는 사업인정의 실효로 인하여 토지소유자나 관계인이 입은 손실을 보상하여야 하고([토지등보상법]23②), 사업의 전부 또는 일부를 폐지·변경함으로 인하여 토지소유자 또는 관계인이 입은 손실을 보상하여야 한다([토지등보상법]24⑥).

2) 사업시행자는 토지나 물건의 사용기간이 만료된 때나 사업의 폐지·변경 또는 그 밖의 사유로 인하여 사용할 필요가 없게 된 때에는 지체 없이 해당 토지나 물건의 소유자 또는 그 승계인에게 반환하여야 한다([토지등보상법]48①). 사업시행자는 토지소유자의 원상회복청구가 있는 때에는 미리 그 손실을 보상한 경우를 제외하고는 해당 토지를 원상으로 회복하여 반환하여야 한다(같은법48②).

(아) 흠의 승계여부   사업인정절차상 하자의 승계여부와 관련해서 긍정설과 부정설의 대립이 있다. 그러나 대법원 판례는 사업인정의 불가쟁력이 발생한 경우에는 <u>사업인정의 위법성을 이유로 수용재결을 다툴 수 없다</u>고 본다(대판 1986.8.19, 86누256; 대판 2000.10.13, 2000두5142).

(4) 토지조서·물건조서의 작성과 고시 및 통지

(가) 의 의   토지조서(土地調書)·물건조서(物件調書)는 사업시행자가 공익사업을 위하여 수용 또는 사용할 필요가 있는 토지 및 그 토지 위해 있는 물건의 내용을 기재하여 작성하는 문서를 말한다. 이러한 토지조서·물건조서의 작성은 <u>토지의 상황에 관한 당사자 사이의 차후 분쟁을 예방하여 토지수용위원회의 심리와 재결 등의 절차를 용이하게 하고 신속·원활을 기하려는 데 그 작성의 목적</u>이 있다(대판 1993.9.10, 93누5543).

조서의 작성에는 원칙적으로 토지의 소유자 및 관계인의 서명 또는 날인을 받아야 한다([토지등보상법]14①). 사업시행자·토지소유자 및 관계인이 서명날인한 조서는 진실한 것으로 추정되며, <u>이의를 부기한 경우</u>를 제외하고는 조서에 대하여 이의를 진술할 수 없다. 따라서 토지조서의 작성에 하자가 있다 하여 그것이 곧 수용재결이나 이의재결의 효력에 영향을 미치는 것은 아니다(대판 1993.9.10, 93누5543).

사업시행자는 토지조서와 물건조서를 작성한 후 공익사업의 개요, 토지조서 및 물건조서의 내용과 보상의 시기·방법 및 절차 등이 포함된 보상계획을 일간신문에 공고하고, 토지소유자 및 관계인에게 각각 통지하여야 한다([토지등보상법]15).

(나) 토지 세목의 공고   토지 세목의 공고는 사업인정에 의하여 지정된 범위 내에서 <u>구체적으로 수용할 수 있는 목적물을 임시로 결정하는 행위</u>이며, 이로써 목적물에 대하여 막연한 효력밖에 없었던 사업인정이 현실화하고 구체화되는

것이다. 즉 토지세목의 공고로 피수용자가 특정되고 수용·사용의 대상이 되는 토지 등이 일응 특정되게 되는 것이나 종국적으로는 재결에 의하여 그 특정이 확정된다(대판 1988.12.27, 87누1141<토지등수용재결처분취소(진주유씨목천공파종중)>).

도시계획사업허가의 공고시에 토지세목의 고시를 누락한 것은 <u>절차상의 위법으로서 취소사유</u>에 불과하고, 이러한 위법은 선행처분인 위 사업인정단계에서 다투었어야 할 것이고 그 쟁송기간이 이미 도과한 후인 수용재결단계에 있어서는 이를 들어 수용재결처분의 취소를 구할 수는 없다(대판 1987.9.8, 87누395; 대판 1988.12.27, 87누1141).

(5) 협의

(가) 의 의   협의(協議)란 사업인정의 고시가 있은 후 사업시행자가 그 토지에 관하여 권리를 취득하거나 소멸시키기 위하여 토지소유자 및 관계인과 협의하는 것을 말한다([토지등보상법]16 참조). 협의는 공익사업의 원활화를 위하여 사업인정 전에도 할 수 있으나, 사업인정 후에는 원칙적으로 반드시 협의를 하여야 한다([토지등보상법]26 참조). 따라서 <u>협의절차는 의무적이며 협의절차를 거치지 않고 재결을 신청하는 것은 위법하다.</u>

협의취득을 하기 위해서는 매수인은 공공사업을 시행하는 자이어야 한다. 행정청이 아니면서 도시계획사업을 시행하는 자는 도시계획사업에 관한 허가와 고시가 있는 때 공공사업시행자로서 협의취득을 할 수 있다(대판 2004.7.22, 2002다51586).

협의는 피수용자(토지소유자 및 관계인) 전원과 하여야 하며, 사업인정의 고시가 있은 날로부터 1년 이내에 하여야 한다([토지등보상법]28① 참조).

협의는 토지수용위원회의 재결에 의하여 결정될 모든 사항, 즉 i) 수용할 토지의 구역, ii) 손실보상, iii) 수용의 개시일과 기간 등에 대하여 이루어진다([토지등보상법]50①).

(나) 성 질   협의의 법적 성질에 관하여 사법계약설과 공법계약설(통설)의 대립이 있으며, 대법원 판례(대판 1979.7.24, 79다655; 대판 1999.03.23, 98다48866; 대판 2004.7.22, 2002다51586[35]; 대판 2004.09.24, 2002다68713)는 사법상 행위로 보고 있다. 그러나 헌법재판소는 토지수용법상 협의의 법적 성질을 공법적 기능을 수행하는 것으로 보고 있다(헌재 1994.2.24, 92헌가15내지17, 20내지24).

생각건대 협의는 기득의 수용권을 실행하는 방법에 불과하고, 협의가 불성립하

---

35) 공공사업의 시행자가 토지를 협의취득하는 행위는 사경제주체로서 행하는 사법상의 법률행위이므로 그 일방 당사자의 채무불이행에 대하여 민법에 따른 손해배상 또는 하자담보책임을 물을 수 있다(대판 2004.7.22, 2002다51586).

면 재결에 의하게 되며, 협의의 성립으로 수용의 효과가 발생하는 점을 고려하면 공법계약설로 보는 것이 타당하다.

(다) 협의성립확인   사업시행자는 협의가 성립된 경우에 관할 토지수용위원회에 토지소유자 및 관계인의 동의를 얻어 협의성립확인을 신청하거나([토지등보상법]29①), 또는 공증인의 공증을 받아 협의성립확인신청서를 제출할 수도 있다([토지등보상법]29③). 협의성립확인서의 수리는 재결로 간주되며, 사업시행자·토지소유자 및 관계인은 협의의 성립이나 내용을 다툴 수 없다([토지등보상법]29④). 그리고 협의가 성립되었다고 하더라도 관할 토지수용위원회의 협의성립의 확인을 받지 아니하였다면 토지의 소유권은 토지수용법{현[토지등보상법]}에 의한 토지의 소유권은 원시취득이 될 수 없고 승계취득한 것이다(대판 1978.11.14, 78다1528; 대판 1994.6.28, 94누2732; 대판 1997.07.08, 96다53826).

(라) 효 과   협의가 성립되면 공용수용절차는 종결되고 수용의 효과가 발생한다. 따라서 사업시행자는 수용의 시기까지 보상금을 지급 또는 공탁하고([토지등보상법]40), 피수용자는 그 시기까지 토지·물건을 사업시행자에게 인도 또는 이전함으로써([토지등보상법]43), 사업시행자는 목적물에 관한 권리를 취득한다(대판 1992.9.14, 92다21319). 즉 사업시행자는 수용의 개시일에 토지나 물건의 소유권을 취득하며, 그 토지나 물건에 관한 다른 권리는 이와 동시에 소멸한다([토지등보상법]45). 그런데 사업시행자가 과실 없이 등기부상 소유명의자를 토지소유자로 보고 그를 피수용자로 오인하고 협의를 마친 경우도 사업시행자는 권리를 취득한다(대판 1993.11.12, 93다34756; 대판 1995.12.22, 94다40765).

⑹ 토지수용위원회의 재결[처분재결]

(가) 의 의   재결이란 협의의 불성립 또는 협의불능의 경우에 사업시행자의 신청에 대해서 토지수용위원회가 사업시행자에게 부여된 수용권의 구체적 내용을 결정하고 그 실행을 완성시키는 것을 말한다. 이러한 재결은 뒤에 설명하는 [심판재결]과 구별하여 [처분재결]이라 부르고, 수용권의 실행을 완성시키는 형성적 행정처분이고 수용권을 인정하는 최초의 행정행위[원처분]이다.

재결기관으로서 토지수용위원회는 국토교통부 소속 중앙토지수용위원회와 시·도에 각각 지방토지수용위원회가 설치되어 있다([토지등보상법]49). 중앙토지수용위원회는 i) 국가 또는 시·도가 사업시행자인 사업, ii) 수용 또는 사용할 토지가 2 이상의 시·도에 걸쳐 있는 사업을 관장하고, 그 밖의 사업은 지방토지수용위원회가 관할한다([토지등보상법]51). 중앙토지수용위원회는 원처분의 '처분재결'을 하고, 이러한 처분재결에 대한 '심판재결'도 하기 때문에 합의제행정기관과 특별행정심판기관의 이중적 성격을 가진다.

(나) 신 청   재결의 신청은 사업시행자만이 할 수 있으며, 사업인정고시가 있은 날로부터 1년 이내에 이루어진다([토지등보상법]28①). 이 기간 내에 재결을 신청하지 않으면 사업인정의 고시가 있은 날로부터 1년이 되는 날의 다음날부터 사업인정은 그 효력을 상실한다. 사업시행자를 대신하여 협의절차의 업무를 대행하고 있는 자가 따로 있는 경우에는 특별한 사정이 없는 이상 재결신청의 청구서를 그 업무대행자에게도 제출할 수 있는 것으로 보아야 한다(대판 1993.7.13, 93누2902).

사업시행자가 사업시행기간 내에 토지에 대한 수용재결 신청을 하였다면 그 신청은 사업시행기간이 경과하였다 하더라도 여전히 유효하므로, 토지수용위원회는 사업시행기간이 경과한 이후에도 위 신청에 따른 수용재결을 할 수 있다(대판 2007.01.11, 2004두8538<토지수용이의재결처분취소(가양산업개발)>).

사업인정고시가 있은 후 협의가 성립되지 아니한 때에는 <u>토지소유자 및 관계인은 서면으로 사업시행자에게 재결의 신청을 청구</u>할 수 있고, 이러한 경우 사업시행자는 그 청구가 있은 날로부터 60일 이내에 재결을 신청하여야 한다([토지등보상법]30①·②). 토지소유자 및 관계인에게 재결신청의 청구권을 인정하는 이유는 사업시행자가 재결의 신청을 게을리 하는 경우에 수용을 둘러싼 법률관계의 조속한 확정을 하기 위한 것이다(대판 1997.10.24, 97다31175; 대판 2000.10.27, 98두18381). 기업자(사업시행자)가 토지소유자 등의 재결신청의 청구를 거부한다고 하여 이를 이유로 민사소송의 방법으로 그 절차 이행을 구할 수는 없다(대판 1997.11.14, 97다13016).

(다) 내 용   재결의 내용은 수용할 토지의 구역 및 사용방법, 손실보상, 수용개시일과 기간 등에 대하여 사업시행자·토지소유자 또는 관계인이 신청한 범위 내에서 이루어지지만, 손실보상의 증액재결은 신청에 관계없이 이루어진다([토지등보상법]§50).

[토지등보상법]은 수용·사용의 1차 단계인 사업인정에 속하는 부분은 사업의 공익성 판단으로 '사업인정기관'에 일임하고, 그 이후의 구체적인 수용·사용의 결정은 '토지수용위원회'에 맡기고 있는 토지수용절차의 2분화구조로 되어 있다(대판 1994.11.11, 93누19375; 대판 2007.01.11, 2004두8538<토지수용이의재결처분취소(가양산업개발)>). 따라서 토지수용위원회는 행정쟁송에 의하여 사업인정이 취소되지 않는 한 그 기능상 사업인정 자체를 무의미하게 하는 것과 같은 사업의 시행이 불가능하게 되는 재결을 할 수는 없다(대판 1994.11.11, 93누19375; 대판 2007.01.11, 2004두8538>).

(라) 효 과   재결이 유효하게 성립하면, 사업시행자는 보상금의 지급 또는

공탁을 조건으로 수용의 시기에 토지에 관한 권리를 원시취득한다. 따라서 피수용자는 수용의 목적물을 인도 또는 이전할 의무를 지는 반면, 손실보상청구권 및 환매권을 취득한다. 이러한 재결의 효력은 사업시행자가 보상금을 수용의 시기까지 지급하지 않거나 공탁하지 아니하면 상실한다([토지등보상법]42①)(대판 1970.11.30, 70다 2171).

토지소유자가 수용재결에서 정한 보상금을 수령할 당시 이의유보의 의사표시를 하였다 하여도 이의재결에서 증액된 보상금을 수령하면서 일부수령이라는 등 유보의 의사표시를 하지 않은 경우에는 이의재결의 결과에 승복하여 그 공탁의 취지에 따라 수령한 것이라고 본다. 따라서 공탁금수령 당시 이의재결을 다투는 행정소송이 계속 중이라는 사실만으로 공탁금수령에 관한 이의유보의 의사표시가 있는 것과 같이 볼 수는 없다(대판 1991.8.27, 90누7081; 대판 1999.3.23, 97누6834; 대판 2001.11.13, 2000두1003<농기구수리업영업손실보상>).

[물음] 수용재결이 실효된 경우의 손실보상액 산정기준

[토지등보상법] 제42조 제1항에 따라 재결의 효력이 상실됨으로 인하여 토지소유자 또는 관계인이 입은 손실을 보상함에 있어 같은 법 제30조 제3항을 적용(유추적용) 할 수 있는가?

참조법령 토지등보상법

제9조(사업 준비를 위한 출입의 허가 등)
①~③ <생략>
④ 사업시행자는 제1항에 따라 타인이 점유하는 토지에 출입하여 측량·조사함으로써 발생하는 손실을 보상하여야 한다.
⑤ 제4항에 따른 손실의 보상은 손실이 있음을 안 날부터 1년이 지났거나 손실이 발생한 날부터 3년이 지난 후에는 청구할 수 없다.
⑥ 제4항에 따른 손실의 보상은 사업시행자와 손실을 입은 자가 협의하여 결정한다.
⑦ 제6항에 따른 협의가 성립되지 아니하면 사업시행자나 손실을 입은 자는 대통령령으로 정하는 바에 따라 제51조에 따른 관할 토지수용위원회(이하 "관할 토지수용위원회"라 한다)에 재결을 신청할 수 있다.
제30조(재결 신청의 청구)
① <생략>
② 사업시행자는 제1항에 따른 청구를 받았을 때에는 그 청구를 받은 날부터 60일 이내에 대통령령으로 정하는 바에 따라 관할 토지수용위원회에 재결을 신청하여야 한다. 이 경우 수수료에 관하여는 제28조제2항을 준용한다.
③ 사업시행자가 제2항에 따른 기간을 넘겨서 재결을 신청하였을 때에는 그 지연된 기간에 대하여 「소송촉진 등에 관한 특례법」 제3조에 따른 법정이율을

적용하여 산정한 금액을 관할 토지수용위원회에서 재결한 보상금에 가산하여 지급하여야 한다.

제42조(재결의 실효)

① 사업시행자가 수용 또는 사용의 개시일까지 관할 토지수용위원회가 재결한 보상금을 지급하거나 공탁하지 아니하였을 때에는 해당 토지수용위원회의 재결은 효력을 상실한다.

② 사업시행자는 제1항에 따라 재결의 효력이 상실됨으로 인하여 토지소유자 또는 관계인이 입은 손실을 보상하여야 한다.

③ 제2항에 따른 손실보상에 관하여는 제9조 제5항부터 제7항까지의 규정을 준용한다.

- [토지등보상법] 제30조 제3항의 규정은 사업시행자의 자의적인 재결신청 지연으로 인한 토지소유자의 손해를 방지 내지 최소화하기 위한 것이다. 따라서 이러한 재결신청의무를 해태한 사업시행자로 하여금 지급하도록 하는 일정한 지연가산금은 수용보상금에 대한 법정 지연손해금의 성격을 갖는다.

- 이와 같이 사업시행자에게 의무를 부과하는 제재적 성격을 띤 [토지등보상법] 제30조의 규정은 법령에서 손실보상제도를 규정하면서 명확하게 [토지등보상법] 제30조를 적용하도록 하거나 준용하도록 하고 있는 경우에만 해당 규정이 적용된다고 보는 것이 타당하다.

- 법령에서 손실보상제도를 두면서 명확하게 [토지등보상법] 제30조를 적용하도록 하거나 준용하도록 하고 있지 않음에도 해당 손실보상에 관하여 [토지등보상법] 제30조를 적용 또는 유추적용할 수 있다고 보는 것은 법률상 근거 없이 규제를 가하는 것으로서 법률유보의 원칙에 반한다고 할 것이다.

- 따라서 [토지등보상법] 제42조에서 사업시행자에게 재결의 효력이 상실됨으로 인하여 토지소유자 또는 관계인이 입은 손실을 보상하도록 하면서 해당 손실보상에 관하여 같은 법 제9조 제5항부터 제7항까지의 규정을 준용하도록 하고 있을 뿐 같은 법 제30조 제3항을 적용하거나 준용하도록 하고 있지 않으므로, [토지등보상법] 제42조에 규정된 손실보상에 있어서 같은 법 제30조 제3항을 적용(유추적용) 할 수 없다고 할 것이다.

(마) 불 복   재결에 대해 불복이 있는 경우에는 행정쟁송적 방법으로써 이의신청(심판재결)과 행정소송에 의하여 다툴 수 있다. 재결에 대하여 불복절차를 취하지 아니함으로써 그 재결에 대하여 더 이상 다툴 수 없게 된 경우에 사업자는 그 재결이 당연무효이거나 취소되지 않는 한, 이미 보상금을 지급받은 자에 대하여 그 보상금을 부당이득이라 하여 반환을 구할 수 없다(대판 2001.4.27, 2000다50237).

(7) 화해

토지수용위원회는 재결이 있기 전에 언제든지 사업시행자·토지소유자·관계인에 대하여 화해(和解)를 권고할 수 있으며([토지등보상법]33), 이러한 화해권고는 임의적 절차이다(대판 1986.6.24, 84누554). 이러한 화해는 당사자 쌍방이 임의적 합의에 의하여 이루어지는 것이기 때문에 화해조서에 서명 또는 날인이 된 경우에는 당사자간에 화해조서와 동일한 내용의 합의가 성립된 것으로 본다([토지등보상법]33③).

III. 공용수용의 효과

1. 의 의

(1) 중심적 효과

공용수용의 중심적 효과는 사업시행자가 수용목적물의 권리를 취득하고, 피수용자는 그 권리를 상실하는 점에 있다. 따라서 1) 수용자인 사업시행자는 보상금을 지급 또는 공탁할 것을 조건으로 수용의 시기에 수용목적물에 대한 권리를 원시취득(原始取得)할 수 있는 권리를 가진다. 만약 피수용자가 수용목적물의 인도·이전의무를 이행하지 아니하는 경우에는 대집행 또는 대집행청구권을 가진다. 2) 피수용자에 대한 효과로서 수용에 응할 의무, 토지·물건의 이전인도의무, 수용으로 인하여 받는 재산상 손실에 관하여 수용자에 대하여 보상을 청구할 권리, 이러한 보상청구권을 실현하기 위한 절차상 권리, 환매권 등이 인정된다.

(2) 효과발생시기

공용수용효과의 발생시기는 협의 또는 재결시와 수용시의 두 경우로 나뉜다. 손실보상 및 수용목적물의 인도·이전에 관한 효과는 협의 또는 재결이 성립됨으로써 발생하고, 수용목적물의 권리상실 및 피수용자의 환매권에 관한 효과는 수용의 시기에 발생한다.

수용재결에 의하여 수용의 효력이 발생하기도 전에 사업시행자가 수용대상 토지를 권원없이 점용한 사실이 있다 하여도 그로 인하여 사업시행자에게 손해배상이나 손실보상의 책임이 발생함은 별론으로 하고 수용재결의 효력에는 아무런 영향이 없다(대판 1992.3.10, 91누5419).

2. 수용자의 권리취득

(1) 권리의 취득

(가) 권리취득시기   수용자의 권리취득(權利取得)은 협의의 성립이나 재결에 의한 수용의 절차가 완성되는 즉시 발생되는 것이 아니라 따로 정하여진 수용의 시기에 발생한다([토지등보상법]45). 이와 같이 수용의 효력을 수용시기에 발생하도록 한 것은 협의 또는 재결의 때로부터 수용의 시기까지 손실보상 및 수용목적물의 인도·이전을 하게 하려는 것이다. 따라서 수용의 시기까지 보상금을 지급 또는 공탁하지 아니하였을 때에는 재결은 효력을 상실하며([토지등보상법]42①), 재결의 전제가 되는 재결신청도 그 효력을 상실하게 된다. 그리고 사업인정의 고시가 있은 날로부터 1년 이내에 재결신청을 하지 않으면, 1년이 되는 날의 다음날에 사업인정은 효력을 상실하게 되어, 결국 수용절차 일체가 백지상태로 환원된다(대판 1987.3.10, 84누158).

(나) 원시취득   수용권자의 권리취득은 원권리자의 소유권을 승계취득하는 것이 아니라 원시취득에 속하기 때문에, 사업시행자가 취득하는 소유권은 언제나 아무런 부담이나 하자가 없는 완전한 소유권이다.

(다) 등 기   공용수용에 의한 사업시행자의 소유권의 취득에는 등기를 요하지 않지만, 사업시행자가 취득한 소유권을 타인에게 처분하기 위해서는 등기를 하여야 한다(민법187). 그런데 사업시행자와 토지소유자 사이의 협의성립에 관하여 관할 토지수용위원회의 확인을 받지 아니한 경우에 사업시행자가 토지소유권을 취득하기 위해서는 소유권이전등기를 마쳐야 한다(대판 1997.7.8, 96다53826).

(2) 토지·물건 등의 인도·이전

(가) 현존상태의 인도의무   토지소유자 및 관계인 등은 수용의 시기까지 수용 목적물인 토지·물건 등을 사업시행자에게 인도하거나 이전하여야 한다([토지등보상법]43). 이러한 토지 등의 인도의무에는 수용목적물에 숨은 하자가 있는 경우에도 하자담보책임이 포함되지 아니하여, 현존상태 그대로 인도할 의무가 있을 뿐이다(대판 2001.1.16, 98다58511).

(나) 행정대집행과 대행   사업시행자가 보상금을 지급·공탁하였음에도 목적물의 인도·이전이 이루어지지 않는 경우는 행정대집행법에 의한 대집행을 할 수 있다([토지등보상법]89). 그런데 협의취득시 건물소유자가 부담하기로 약정한 매매대상 건물에 대한 철거의무는 공법상의 의무가 될 수 없기 때문에, 행정대집행법을 준용하여 대집행을 허용하는 별도의 규정이 없는 한 약정한 철거의무의 강제적 이행

을 행정대집행법상 대집행의 방법으로 실현할 수 없다(대판 2006.10.13, 2006두7096<건물 철거대집행계고처분취소>).

　시장·군수 또는 구청장은 토지나 물건의 인도 또는 이전을 대행하기도 하는데 ([토지등보상법]44①), ① 토지나 물건을 인도 또는 이전하여야 할 자가 고의나 과실 없이 그 의무를 이행할 수 없는 경우 또는 ② 사업시행자가 과실 없이 토지나 물 건을 인도 또는 이전하여야 할 의무가 있는 자를 알 수 없는 경우이다.

　(다) 위험부담　　　토지수용위원회의 재결이 있은 후에 수용목적물이 <u>피수용 자의 고의·과실없이 멸실 또는 훼손</u>되었을 때에는 그 손실은 사업시행자의 부담이 되며([토지등보상법]§46), 사업시행자는 그것을 이유로 하여 손실보상의 면제나 감액을 주장하지 못한다. 대법원 판례에 의하면, "댐 건설로 인한 <u>수몰지역 내의 토지를 매수하고 지상입목에 대하여 적절한 보상</u>을 하기로 계약하였다면 보상금이 지급되 기 전에 그 <u>입목이 홍수로 멸실</u>되었다고 하더라도 매수 또는 보상하기로 한 자는 이행불능을 이유로 위 보상약정을 해제할 수 없다"(대판 1977.12.27, 76다1472)고 판시하 였다.

3. 손실보상

(1) 의 의

　공용수용의 손실보상(損失補償)이란 공익사업 기타 복리목적을 위하여 타인의 특 정한 재산권을 법률에 의하여 강제적으로 취득함으로써 생기는 손실을 보상하는 것을 말한다. 이러한 공용수용에 관한 일반법으로서 [토지등보상법](제6장)은 공용수 용보상의 일반적 기준을 규정하고 있다.

　손실보상은 정당보상의 원칙(헌법23③), 사업시행자보상의 원칙([토지등보상법]61), 사 전보상의 원칙([토지등보상법]62), 현금보상의 원칙([토지등보상법]63), 개인별보상의 원칙 ([토지등보상법]64)(대판 2000.1.28, 97누11720), 일괄보상의 원칙([토지등보상법]65), 사업시행이 익상계금지의 원칙([토지등보상법]66) 등이 인정된다.

(2) 내 용

　손실보상의 내용은 기본적으로 다양하다. 따라서 오늘날 손실보상의 문제는 토 지소유권과 함께 토지소유권 이외의 각종 재산권의 침해, 그리고 재산권침해에 따르는 경제적 손실에 대한 보상기준 및 생활권침해에 대한 보상기준을 마련하게 되었다. 따라서 손실보상은 <u>재산권보상(財産權補償)</u>을 대전제로 하면서 대인적 보상 에서 대물적 보상으로 그리고 복리국가적 관점에서 <u>생활보상(生活補償)</u>을 지향하고 있다.

(가) 토지보상   토지보상(土地補償)은 현행 [토지등보상법]에서 규율하고 있는 토지수용에 대한 손실액의 일반적 산정기준인 '협의성립당시의 가격' 혹은 '수용의 재결당시의 가격'을 기준으로 한다. 그런데 이러한 손실에 대한 보상액은 [부동산가격공시법](부동산가격공시및감정평가에관한법률)에 의한 공시지가를 기준으로 하지만, 여러 가지 상황(예, 지가변동률, 도매물가상승률 등)을 고려한 적정가격(適正價格)을 기준으로 정한다([토지등보상법]70①)(대판 1999.8.24, 99두4754; 2000.4.21, 98두4504). 따라서 [부동산가격공시법]에 의한 공시지가를 기준으로 토지수용으로 인한 손실보상액을 산정하되, 개발이익을 배제하고 공시기준일부터 재결 시까지의 시점보정을 인근 토지의 가격변동률과 생산자물가상승률에 의하도록 하고 있다. 이러한 토지보상조항은 공시기준일의 표준지의 객관적 가치를 정당하게 반영하는 것이고 표준지의 선정과 시점보정의 방법이 적정하므로, 이 사건 토지보상조항은 헌법 제23조 제3항이 규정한 정당보상의 원칙에 위배되지 않는다(헌재 2013.12.26, 2011헌바162).

그리고 이러한 보상액의 산정에 있어서 당해 공익사업으로 인하여 토지 등의 가격에 변동이 있는 때에는 이를 고려하지 아니한다([토지등보상법]70②). 공익사업으로 지가가 상승해 생기는 이익은 사업시행자의 투자에 의한 것으로 피수용자인 토지주의 노력에 의한 것이 아니므로 그것이 수용 당시 토지의 객관적 가치에 포함된다고 볼 수 없기 때문이다. 따라서 대법원은 당해 공익사업과 관련없는 다른 사업의 시행으로 인한 개발이익은 배제해서는 안 된다는 입장을 취하고 있다(대판 1989.3.14, 88누1844; 대판 1992.2.11, 91누7774; 대판 1999.1.15, 98두8896; 대판 1999.10.22, 98두7770).

(나) 지상물건의 보상   지상물건(地上物件)에 대한 보상이란 수용할 토지 위에 있는 건축물·입목·공작물 그 밖에 토지에 정착된 물건에 대한 보상을 말한다([토지등보상법]75①). 이러한 지상물건에 대한 보상은 수용보상과 이전보상이 있다.

농작물(農作物)에 대한 손실은 그 종류와 성장의 정도 등을 종합적으로 참작하여 보상하여야 한다([토지등보상법]75②). 토지에 속한 흙·돌·모래 또는 자갈에 대하여는 거래가격 등을 참작하여 평가한 적정가격으로 보상하여야 한다([토지등보상법]75③).36) 분묘(墳墓)에 대하여는 이장에 소요되는 비용을 산정하여 보상하여야 한다([토지등보상법]75④). 사업인정고시 이전의 무허가건물도 보상하여야 하지만, 주거용 건물이 아닌 위법건축물에 대해서는 예외적으로 보상이 되지 않는 경우도 있다(대판 2001.4.13, 2000두6411).

---

36) 수용대상 토지에 속한 토석 또는 사력은 적어도 토지의 형질변경 또는 채석·채취를 적법하게 할 수 있는 행정적 조치가 있거나 그것이 가능하고, 구체적으로 토지의 가격에 영향을 미치고 있음이 객관적으로 인정되어 경제적 가치가 있다고 평가되는 등 특별한 사정이 있는 경우에 한하여 토지보상금을 산정함에 있어서 참작할 수 있다(대판 2003.04.08, 2002두4518).

(다) 권리에 대한 보상   권리(權利)에 대한 보상은 토지 등에 대한 소유권 이외의 권리(광업권, 어업권, 물 등의 사용에 관한 권리)에 대해서 보상하는 것을 말하며, 이들 권리에 대한 보상은 투자비용·예상수익 및 거래가격 등을 참작하여 평가한 적정가격으로 한다([토지등보상법]76). 그리고 광업권은 광업관계법령에 따라 보상하고,37) 어업권은 수산업법에 따라 보상한다.

(라) 영업손실 등의 보상   1) 영업(營業)에 대한 보상은 영업의 폐지·휴업에 따른 영업손실에 대하여 영업이익과 시설이전비용 등을 참작하여 보상하는 것을 말한다([토지등보상법]77①). 여기서 영업의 폐지로 볼 것인지 아니면 영업의 휴업으로 볼 것인지의 구별기준은 당해 영업을 다른 장소로 이전하는 것이 가능한지의 여부에 의한다(대판 2001.11.13, 2000두1003<농기구수리업영업손실보상>). 이러한 이전가능 여부는 법령상의 이전장애사유 유무와 당해 영업의 종류와 특성, 영업시설의 규모, 인접지역의 현황과 특성, 그 이전을 위하여 당사자가 들인 노력 등과 인근 주민들의 이전 반대 등과 같은 사실상의 이전장애사유 유무 등을 종합하여 판단하여야 한다(대판 2001.11.13, 2000두1003; 대판 2002.10.8, 2002두5498; 대판 2006.09.08, 2004두7672). 그리고 영업손실의 보상대상인 영업을 정한 [토지등보상법]시행규칙(45ii)의 '적법한 장소에서 인적·물적 시설을 갖추고 계속적으로 행하고 있는 영업'에 해당하는지 여부는 협의성립, 수용재결 또는 사용재결 당시를 기준으로 판단하여야 한다(대판 2010.09.09, 2010두11641<영업손실보상거부처분취소>).

2) 농업(農業)의 손실에 대하여는 농지의 단위면적당 소득 등을 참작하여 보상하

---

37) [판 례] 대판 2005.06.10, 2005다10876 : [1] 광업권자는 철도·궤도·도로·수도·운하·항만·하천·호·소지·관개시설·배수시설·묘우·교회·사찰의 경내지·고적지·건축물, 그 밖의 영조물의 지표 지하 50미터 이내의 장소 또는 묘지의 지표 지하 30미터 이내의 장소에서는 관할관청의 허가나 소유자 또는 이해관계인의 승낙이 없으면 광물을 채굴할 수 없다(광업법44(채굴제한)). 이러한 광업법의 채굴제한은 공공시설 및 건물의 관리운영상 지장 있는 사태의 발생을 미연에 방지하기 위하여, 관할관청의 허가나 소유자 또는 이해관계인의 승낙을 얻는 것이 필요함을 정한 것에 지나지 않는다. 따라서 이러한 제한은 공공복지를 위하여 광업권에 당연히 따르는 최소한도의 제한이고 부득이한 것으로서 당연히 수인하여야 하는 것이지 특별한 재산상의 희생을 강요하는 것이라고는 할 수 없다. 그러므로 광업권자가 광업법 제44조 제1항의 규정에 의한 채굴제한으로 인하여 손실을 입었다고 하여 이를 이유로 보상을 구할 수 없다. [2] 피고가 광역상수도사업을 위해 그 사업지를 협의취득하거나 수용한 후 그 사업을 시행하면서 이 사건 광업권의 광구 일부에 송수관을 매설함으로써 광업권자인 원고가 광업법 제48조 제1항에 의해 관할관청의 허가나, 소유자 또는 이해관계인의 승낙 없이는 그 송수관의 지표지하 50m 범위에서 채굴할 수 없는 제한을 받게 되었다고 하여도, 위 법리에 비추어 피고에게 그에 대한 손실보상의무가 있다고 할 수 없고, 따라서 피고가 그와 같은 손실보상을 하지 않고 송수관을 매설하여 광업법 제48조 제1항의 채굴제한을 초래한 것이 위법하지도 않으므로 불법행위에 해당한다고도 할 수 없다.

여야 하며([토지등보상법]77②), 휴직(休職) 또는 실직(失職)하는 근로자의 임금손실에 대하여는 근로기준법에 의한 평균임금 등을 참작하여 보상하여야 한다([토지등보상법]77③). 그리고 무허가영업은 보상하지 않지만, 영업시설 등의 가액이나 이전에 따른 손실은 보상한다.

임대용으로 제공되고 있던 건물의 일부가 수용된 후 잔여건물을 보수하여 계속임대용으로 사용하는 경우 잔여건물의 보수비보상액뿐만 아니라 보수기간이나 임대하지 못한 기간 동안의 일실 임대수입액도 수용으로 인한 보상액에 포함되어야 한다(대판 2006.7.28, 2004두3458<잔여건물일실임대수입액보상>). 도로구역 결정고시 전에 공장을 운영하다가 고시 후에 시로부터 3년 내에 공장을 이전할 것을 조건으로 공장설립허가를 받았더라도 그 공장부지가 수용되었다면 휴업보상의 대상이 된다(대판 2001.4.27, 2000다50237).

(마) 잔여지보상   잔여지(殘餘地)에 대한 보상은 잔여지수용보상·잔여지가격하락보상 및 잔여지공사비보상 등이 인정되며([토지등보상법]73), 잔여지가 종전의 목적대로 이용하기 곤란하게 되면 토지소유자에게 수용청구권(매수청구권)이 인정된다([토지등보상법]74). 이러한 매수보상은 현금보상의 변형으로 볼 수 있다. 잔여지수용청구권은 형성권이고, 그 권리의 행사에는 기간상 제한이 따른다(대판 2001.9.4, 99두11080; 대판 2010.8.19, 2008두822<익산-장수간 고속도로>).

(바) 이주대책   이주대책(移住對策)이란 공익사업의 시행으로 인하여 주거용건축물 등 생활근거를 상실하게 되는 이주민의 재정착을 위하여 이주대책의 수립·실시 또는 이주정착금을 지원하는 것을 말한다([토지등보상법]78①). 이주대책의 내용에는 이주정착지에 대한 도로·급수시설·배수시설 그 밖의 공공시설 등 당해 지역조건에 따른 생활기본시설이 포함되어야 하며, 이에 필요한 비용은 사업시행자의 부담으로 한다([토지등보상법]78②).

이주대책은 정당한 보상에 포함되는 것이라기보다는 정당한 보상에 부가하여, 이주자들에게 종전의 생활상태를 회복시키기 위한 생활보상의 일환으로서 국가의 정책적인 배려에 의하여 마련된 제도이다(대판 2003.7.25, 2001다57778참조). 그러므로 이주대책의 실시 여부는 입법자의 입법정책적 재량의 영역에 속한다고 볼 것이고, [토지등보상법]시행령(40③iii)이 세입자에게 이주대책을 제공하지 않았다고 해서 세입자의 재산권을 침해하는 것이라 볼 수 없다(헌재 2006.02.23, 2004헌마19).

사업시행자는 공익사업의 시행으로 인하여 공장부지가 협의 양도되거나 수용된 경우에 [산업입지법]에 따라 지정·개발된 인근 산업단지에 입주하는 이주대책에 관한 계획을 수립하여야 한다([토지등보상법]78의2).

(사) 공사비보상   공사비보상(工事費補償)이란 공익사업의 시행으로 인하여

취득 또는 사용하는 토지 외의 토지에 통로·도랑·담장 등의 신설 그 밖에 공사가
필요한 경우에 그 비용의 전부 또는 일부를 보상하는 것을 말한다([토지등보상법]79①
본). 그 토지에 대한 공사의 비용이 그 토지의 가격보다 큰 경우에는 사업시행자는
그 토지를 매수할 수 있다([토지등보상법]79①단).

(3) 절 차

손실보상은 사업시행자와 손실을 입은 자가 協議하여 결정하거나, 협의가 성립
되지 아니한 때에는 재결을 신청할 수 있다([토지등보상법]80).

손실보상액에 대한 불복은 이의신청과 행정소송으로 다투게 된다. 손실보상액에
대한 불복이 있는 경우는 이의신청절차에서뿐만 아니라 소송절차에서도 보상액만
의 증감을 청구할 수 있다(대판 1991.11.26, 91누285).

IV. 공용수용과 행정구제

1. 재결에 대한 불복

재결에 대해 불복이 있는 경우는 행정쟁송적 방법으로서 이의신청과 행정소송에
의하여 다툴 수 있다. 이러한 이의신청과 행정소송의 방법에 관해서 [토지등보상
법]은 재결의 조속한 확정을 도모하기 위하여 행정심판법과 행정소송법에 대한 특
칙을 규정하고 있다. 따라서 "토지수용위원회의 수용재결에 대한 이의절차는 실질
적으로 행정심판의 성질을 갖는 것이므로 토지수용법에 특별한 규정이 있는 것을
제외하고는 행정심판법의 규정이 적용된다"(대판 1992.6.9, 92누565).

과거에는 이의재결을 반드시 거쳐야 하였고, 따라서 행정소송도 이의재결(심판재
결)에 대해서 불복을 하여야 했으나,38) 현행법에서는 이의재결의 임의주의를 채택

---

38) 토지수용과 관련된 분쟁의 특수성을 고려하여 수용조치에 대하여 불복하는 때에는 중앙토지
수용위원회에 이의신청을 먼저 하게 하여, 신속하게 법률관계를 확정하고 통상의 소송절차보
다 간편한 절차로 시간과 비용을 절약하며 토지수용에 관한 행정기관의 전문적인 지식을 활
용하도록 하고 있기 때문에 이 조항이 이의신청을 필요적인 전심절차로 한 것은 합리성을
갖춘 것이고 비례의 원칙에도 위반되지 아니한다(헌재 2002.11.28, 2002헌바38<토지수용법제73조
위헌소원> [다수의견]). 토지수용법 제73조 제1항의 문언적 의미, 중앙토지수용위원회의 심의구
조 등을 살펴볼 때, 중앙토지수용위원회의 수용재결에 대하여 반드시 이의신청을 거쳐 이의
재결에 대해서만 행정소송을 제기하도록 해석하는 것은 헌법 제27조 제1항의 재판청구권 및
제3항의 신속한 재판을 받을 권리에 대해 필요한 정도를 넘어 제한하는 것으로서 그 수인이
기대불가능한 과도한 제한이라 아니할 수 없다. 따라서 이 조항을 중앙토지수용위원회의 수
용·재결에 대하여 필요적으로 이의신청을 거치도록 해석하는 한 헌법에 위반된다(헌재

하고 있고, 원처분주의를 채택하여 수용재결(처분재결)을 행정소송의 대상으로 삼고
있다.

재결에 대한 이의신청은 사업의 진행 및 토지의 수용을 정지시키지 아니하며,
이의재결에 대한 행정소송은 재결에 대한 불복방법에 불과하므로 행정소송의 제
기도 사업의 진행 및 토지의 수용을 정지시키지 못한다([토지등보상법]88). 그렇다고
해서 집행정지를 전혀 인정하지 않는다는 의미는 아니다. 행정심판법의 집행정지
요건에 해당하는 경우에는 사업의 진행 및 토지의 수용에 대한 집행정지를 인정
할 수 있을 것이다.

그리고 사업시행자가 행정소송을 제기하는 경우에는 소송의 제기 전에 이의재결
에서 정한 보상금을 공탁하여야 한다([토지등보상법]85①후단). 이러한 보상금의 공탁은
원칙적으로 행정소송의 제기 전에 이루어져야 하지만, 제소 당시에 보상금공탁의
요건이 구비되지 못하여도 사실심 변론종결 당시까지 보상금공탁의 요건이 갖추어
지면 요건흠결의 하자는 치유되었다고 본다.

2. 이의재결

(1) 신 청

토지수용위원회의 재결에 대하여 이의가 있는 자는 재결서의 정본이 송달된 날
로부터 30월 이내에 중앙토지수용위원회에 이의재결(異議裁決)을 신청할 수 있다([토
지등보상법]83). 여기서 이의재결신청이란 재결의 전부 또는 일부의 취소(수용심판재결)
를 청구하거나 손실보상액의 증감(보상심판재결)을 청구하는 것을 말한다([토지등보상
법]84① 참조). 이러한 경우에 있어서 재결이 중앙토지수용위원회에서 이루어지는 경
우에는 다시 중앙토지수용위원회에 대해서 이의를 제기할 수 있고, 지방토지수용
위원회의 재결에 대한 불복은 당해 지방토지수용위원회를 거쳐 중앙토지수용위원
회에 이의신청을 하게 된다([토지등보상법]§83①·②).

사업시행자가 관할토지수용위원회의 수용재결에 불복하여 중앙토지수용위원회
에 이의를 신청할 경우에는 자기의 예정보상금액을 미리 지급하고 차액을 공탁하
여야 한다.

2002.11.28, 2002헌바38<토지수용법제73조위헌소원> [재판관 주선회의 반대의견]).

[물 음] 재결서정본을 송달함에 있어서 상대방에게 이의신청기간을 알리지 않은 경우에 이의
신청기간은 언제인가?

- (구)[토지수용법]에 의한 다음의 대법원 판결(대판 1992.6.9, 92누565)을 유추할 수 있을
  것이다 :
- [1] 토지수용위원회의 수용재결에 대한 이의절차는 실질적으로 행정심판의 성질을
  갖는 것이므로 (구)[토지수용법]에 특별한 규정이 있는 것을 제외하고는 행정심판법
  의 규정이 적용된다고 할 것이다.
- [2] (구)[토지수용법] 제73조 및 제74조의 각 규정을 보면 수용재결에 대한 이의신
  청기간을 재결서정본 송달일로부터 1월로 규정한 것 외에는 행정심판법 제42조[현
  행 제58조] 제1항 및 같은 법 제18조[현행 제27조] 제6항과 다른 내용의 특례를 규
  정하고 있지 않으므로, 재결서정본을 송달함에 있어서 상대방에게 이의신청기간을
  알리지 않았다면 행정심판법 제18조 제6항의 규정에 의하여 같은 조 제3항의 기간
  내[처분이 있었던 날로부터 180일]에 이의신청을 할 수 있다고 보아야 할 것이다.
- 따라서 <u>이의재결신청기간 불고지의 경우에는 재결이 있었던 날로부터 180일 이내
  에 이의재결을 신청할 수 있다.</u>

(2) 심 리

출석 및 의견진술의 기회부여나 심리의 기일 및 장소의 통지([토지등보상법]32②·③)
는 수용재결절차에서 요구되는 심리절차에 관한 규정이기 때문에, 이의재결절차에
는 그 적용이 없다. 대법원도 같은 취지에서 "구 토지수용법에 규정된 의견진술의
기회 부여나 심의기일 등의 통지에 관한 규정은 수용재결절차에 관한 규정이고 이
의재결절차에도 적용 또는 준용되는 것은 아니므로, 이 사건 이의재결을 함에 있
어 의견진술기회를 주지 아니하고 심의기일을 통지하지 아니하였다고 하여 위법이
라고 할 수 없다"(대판 1991.10.22, 90누6323)고 판시하였다. 그런데 이러한 대법원의 판
결은 문제가 있으며, 이의재결절차는 행정심판법에 의한 심리의 원칙이 적용되어
야 할 것이기 때문에, 당연히 출석 및 의견진술의 기회부여나 심리의 기일 및 장
소의 통지가 있어야 할 것이다.

(3) 결 정

중앙토지수용위원회는 원재결이 위법 또는 부당하다고 인정할 때는 전부 또는
일부를 취소하거나 손실보상액을 변경할 수 있다([토지등보상법]84①). 따라서 중앙토
지수용위원회가 사업시행자의 협의제시가액을 초과하여 손실보상액을 재결하더라
도 불고불리의 원칙에 위배된 것이 아니다(대판 1993.10.8, 93누8610). [토지등보상법] 제

84조는 이의신청서에 기재된 이의사유에 한하여 심리하도록 제한하고 있지 아니하
므로 특별한 사정이 없는 한 이의신청의 효력은 수용재결 전체에 미친다(대판
1995.12.8, 95누5561).

소송이 제기되지 않거나 그 밖의 사유로 이의신청에 대한 재결이 확정된 때에는
민사소송법상의 확정판결이 있는 것으로 보며, 재결서 정본은 집행력 있는 판결의
정본과 동일한 효력을 가진다([토지등보상법]86).

3. 행정소송

(1) 소송종류

중앙토지수용위원회의 재결에 대한 불복방법으로서 제기하는 행정소송에는 중앙
토지수용위원회의 재결을 취소·무효확인하는 항고소송과 보상금의 증감을 청구하
는 당사자소송(當事者訴訟)이 인정된다.

(가) 복심적 보상금증감청구소송   이의신청재결 중에서 <u>보상재결부분</u>에 대
한 불복이 있는 경우에는 보상금의 증감청구를 소송상 제기할 수 있다. 이러한 보
상금증감청구소송에 관해서 과거에는 1) 형식적 당사자소송설, 2) 특수소송설, 3)
항고소송·실질적 당사자소송 병합설 등의 대립이 있었으나, 4) 판례는 단순히 당
사자소송이라고만 판시하였다(대판 1991.11.26, 91누285; 대판 2000.11.28, 99두3416). 즉 "보상
금증감에 관한 소송은 이의재결에서 정한 보상금이 증액변경될 것을 전제로 하여
기업자를 상대로 보상금의 지급을 구하는 공법상의 당사자소송을 규정한 것으로
볼 것이다"라고 판시하고 있다.

토지수용보상금의 증감에 관한 소송에 있어서, 이의재결의 기초가 된 각 감정평
가와 법원 감정인의 감정평가가 감정결과에 차이가 생기게 된 경우에, 그 각 감정
평가 중 어느 것을 더 신뢰하는가 하는 것은 사실심 법원의 재량에 속한다(대판
2008.10.09, 2007두25237; 대판 2009.03.26, 2008두22129 등 참조).

(나) 시심적 보상금지급청구소송   법률이 재산권침해와 보상에 대해서만
규정하고 협의 또는 재결절차 등 보상금결정방법에 대하여 아무런 규정을 두고 있
지 않은 경우(예, 소방기본법25·27)에는 처음부터 보상금지급청구소송을 제기할 수 있
다. 그런데 이러한 경우에도 재산권을 침해당한 자의 청구에 의하여 관계행정청이
보상액의 사실상 제시로서 '보상액결정통지'와 같은 형식으로 보상액을 결정·통지
하는 것이 일반적이다. 이러한 경우에 있어서 상대방이 보상액의 제시를 수락하지
않으면 바로 보상금지급청구소송을 당사자소송으로 다툴 수 있다고 보는 것이 통
설이다. 그러나 과거 대법원은 전통적으로 사권설에 따라 개별법에 의한 행정상
손실보상청구권소송을 민사소송으로 다루어 왔으나(대판 1967.6.27, 66다1052<농지부속시

설보상>; 대판 1999.6.11, 97다56150<택지개발촉진법의 간접손실보상>; 대판 2000.5.26, 99다37382<수산업법어업손실>; 대판 2003.5.13, 2003다2697 등), 이러한 판례들의 입장을 변경하여 "손실보상청구권은 공법상의 권리이므로 행정소송[당사자소송]절차에 의하여야 한다"(대판 2006.5.18, 2004다6207 전원합의체<하천법손실보상>)고 판시하였다.

(다) 항고소송과 손실보상청구소송의 병합   재결보상을 항고소송으로 다투는 경우에는 보상액의 결정이 행정청·합의제기관 등의 결정·재결에 의하여 행해지기 때문에, 그러한 <u>결정 또는 재결을 처분 등으로 보고</u>, 이에 대한 불복을 항고소송으로 제기하게 된다. 이때 항고소송을 제기하면서 그것과 함께 관련되는 손실보상청구(증감청구)소송을 병합하게 된다.

[물음] 잔여지수용청구기각재결에 대한 불복소송의 성질과 피고

[토지등보상법] 제74조 제1항에 의한 잔여지 수용청구를 받아들이지 않은 토지수용위원회의 재결에 대하여 토지소유자가 불복하여 제기하는 소송의 종류는 무엇이고, 피고는 누구인가?

- 잔여지 수용청구권은 손실보상의 일환으로 토지소유자에게 부여되는 권리로서 그 요건을 구비한 때에는 잔여지를 수용하는 토지수용위원회의 재결이 없더라도 그 청구에 의하여 수용의 효과가 발생하는 형성권적 성질을 가진다(대판 1995.9.15, 93누20627; 대판 2001.9.4, 99두11080 등 참조).
- 잔여지 수용청구를 받아들이지 아니한 토지수용위원회의 재결에 대하여 토지소유자가 불복하여 제기하는 소송은 [토지등보상법] 제85조 제2항에 규정되어 있는 '보상금의 증감에 관한 소송'에 해당하여 사업시행자를 피고로 하여야 한다(대판 2010.8.19, 2008두822<익산-장수간 고속도로>).

---

(2) 피고

1) 이의신청의 재결에 대한 행정소송에 있어서는 원처분주의에 따라 수용재결(처분재결)을 한 관할 토지수용위원회(중앙토지수용위원회 또는 지방토지수용위원회)를 피고로 하여야 한다. 그러나 이의재결 자체에 고유한 위법이 있는 경우에는 재결청인 중앙토지수용위원회를 피고(被告)로 하여야 하고(대판 2010.1.28, 2008두1504), 이러한 경우에도 원처분이 위법하다면 관할 토지수용위원회도 함께 피고로 한다.

2) 복심적 보상금증감청구소송에서 소송제기자가 토지소유자 또는 관계인인 경우에는 사업시행자를, 소송제기자가 사업시행자인 경우에는 토지소유자 또는 관계인을 각각 피고로 하여 제기하여야 한다([토지등보상법]85②).[39]

---

39) 실질적인 당사자들 사이에서만 소송이 이루어지도록 합리적으로 조정하고, 절차의 반복 없이 분쟁을 신속하게 종결하여 소송경제를 도모하며, 항고소송의 형태를 취할 경우 발생할 수 있는 수용처분의 취소로 인한 공익사업절차의 중단을 최소화하기 위하여, 소송당사자에서 재

3) 국가나 지방공공단체가 사업시행자인 경우에 손실보상금증감소송은 그 행정청이 속하는 권리의무의 주체인 국가나 지방공공단체를 상대로 제기하여야 하는 것이지 국가나 지방공공단체의 기관에 불과한 행정청을 상대로 제기할 수는 없다(대판 1993.5.25, 92누15772).

(3) 소송대상

판례에 의하면 이의신청에 불복하는 행정소송의 대상(對象)은 재결주의를 취하여 이의신청에 대한 중앙토지수용위원회의 이의재결로 보는 것이 (구)토지수용법의 태도라고 하였으나, 현행 [토지등보상법](85①)은 원처분주의(행정소송법19) 등을 근거로 원처분인 수용재결을 대상으로 한다. 과거 대법원의 입장은 (구)토지수용법에 따라 이의신청에 대한 재결 즉 이의재결이 행정소송의 대상이 된다고 보았다(대판 1983.2.8, 81누420; 대판 1983.6.14, 81누254). 이러한 입장에서 이의신청에 불복하는 취소소송에서는 이의재결 자체의 고유한 위법사유뿐만 아니라 이의신청사유로 삼지 아니한 수용재결의 하자도 주장할 수 있다고 판시하였다(대판 1995.12.8, 95누5561).

요컨대 현행 [토지등보상법]에 의하면 이의신청에 불복하는 취소소송에서는 이의재결 자체의 고유한 위법사유는 별론으로 하고, 이의신청사유로 삼지 아니한 수용재결 자체의 하자를 다툴 수 있다. 따라서 수용재결에 불복하여 취소소송을 제기하는 때에는 이의신청을 거친 경우에도 수용재결을 한 중앙토지수용위원회 또는 지방토지수용위원회를 피고로 하여 수용재결의 취소를 구하여야 한다(대판 2010.1.28, 2008두1504<수용재결취소>). 다만 이의신청에 대한 재결 자체에 고유한 위법이 있음을 이유로 하는 경우에는 그 이의재결을 한 중앙토지수용위원회를 피고로 하여 이의재결의 취소를 구할 수 있다고 보아야 한다(대판 2010.1.28, 2008두1504<수용재결취소>).

[물 음] 표준공시지가결정과 수용재결의 흠승계

수용보상금의 증액을 구하는 소송에서 선행저문으로서 그 수용대상 토지가격 산정의 기초가 된 비교표준지공시지가결정의 위법을 독립한 사유로 주장할 수 있는가?

・표준지공시지가결정은 이를 기초로 한 수용재결 등과는 별개의 독립된 처분으로서 서로 독립하여 별개의 법률효과를 목적으로 하지만, 표준지공시지가는 이를 인근

결정을 제외하고 사업시행자만을 상대로 다투도록 피고적격을 규정한 것으로, 비록 증거의 구조적 편재가 발생할 수 있다고 하더라도 이를 보완할 수 있는 수단을 마련하고 있는 이상, 이 사건 법률조항은 입법형성의 한계를 벗어나지 않았다고 할 것이므로 청구인의 공정한 재판을 받을 권리는 침해되지 아니한다(헌재 2013.09.26, 2012헌바23).

토지의 소유자나 기타 이해관계인에게 개별적으로 고지하도록 되어 있는 것이 아니어서 인근 토지의 소유자 등이 표준지공시지가결정 내용을 알고 있었다고 전제하기가 곤란할 뿐만 아니라, 결정된 표준지공시지가가 공시될 당시 보상금 산정의 기준이 되는 표준지의 인근 토지를 함께 공시하는 것이 아니어서 인근 토지 소유자는 보상금 산정의 기준이 되는 표준지가 어느 토지인지를 알 수 없으므로, 인근 토지 소유자가 표준지의 공시지가가 확정되기 전에 이를 다투는 것은 불가능하다.

- 더욱이 장차 어떠한 수용재결 등 구체적인 불이익이 현실적으로 나타나게 되었을 경우에 비로소 권리구제의 길을 찾는 것이 우리 국민의 권리의식임을 감안하여 볼 때, 인근 토지소유자 등으로 하여금 결정된 표준지공시지가를 기초로 하여 장차 토지보상 등이 이루어질 것에 대비하여 항상 토지의 가격을 주시하고 표준지공시지가결정이 잘못된 경우 정해진 시정절차를 통하여 이를 시정하도록 요구하는 것은 부당하게 높은 주의의무를 지우는 것이고, 위법한 표준지공시지가결정에 대하여 그 정해진 시정절차를 통하여 시정하도록 요구하지 않았다는 이유로 위법한 표준지공시지가를 기초로 한 수용재결 등 후행 행정처분에서 표준지공시지가결정의 위법을 주장할 수 없도록 하는 것은 수인한도를 넘는 불이익을 강요하는 것으로서 국민의 재산권과 재판받을 권리를 보장한 헌법의 이념에도 부합하는 것이 아니다.

- 따라서 표준지공시지가결정이 위법한 경우에는 그 자체를 행정소송의 대상이 되는 행정처분으로 보아 그 위법 여부를 다툴 수 있음은 물론, 수용보상금의 증액을 구하는 소송에서도 선행처분으로서 그 수용대상 토지 가격 산정의 기초가 된 비교표준지공시지가결정의 위법을 독립한 사유로 주장할 수 있다(대판 2008.8.21, 2007두13845).

(4) 제기기간

사업시행자·토지소유자 또는 관계인은 재결에 대하여 불복이 있은 때에는 재결서가 송달된 날로부터 60일 이내, 이의신청을 거친 때에는 재결서를 받은 날로부터 30일 이내에 각각 행정소송을 제기할 수 있다((구)[토지등보상법]85). 헌법재판소는 이와 같이 소 제기기간을 일반 행정소송보다 짧게(90일) 정하고 있다 하여도 재판청구권을 침해한 것이 아니라고 한다(헌재 2002.11.28, 2002헌바38). 이러한 제소기간은 불변기간으로 보아야 한다. 따라서 당사자가 책임질 수 없는 사유로 인하여 이를 준수할 수 없었던 경우에는 민사소송법(160)에 의하여 그 사유가 없어진 후 2주일 내에 해태된 제소행위를 추완(追完)할 수 있다(대판 1998.7.24, 98두8049).

이의신청한 토지소유자가 어떤 경위로 자신의 이의신청에 대한 재결이 있은 사실과 그 재결의 내용을 알 수 있었다고 하더라도 재결서(재결서의 정본)가 신청인에게 송달되지 아니한 경우에는 이의신청의 재결에 대한 행정소송의 제소기간이 진행된다고 볼 수 없다(대판 1992.7.28, 91누12905). 따라서 재결서를 송달받지 못한 이상

재결이 있음을 안 날로부터 90일, 재결이 있은 날로부터 1년이 지났다 하더라도(행정소송법20①) 제소할 수 있다.

이의재결 취소청구의 소가 당초에 제소기간을 준수하여 적법하게 제기된 이상, 뒤의 소변경이 제소기간을 경과한 후에 이루어졌어도 부적법하지 아니하다(대판 1999.10.12, 99두7517).

V. 환매권

1. 의 의

환매권(還買權)이란 공용수용의 목적물이 불필요하게 되었거나 수용 후 오랫동안 공익사업에 현실적으로 이용되지 아니한 경우에, 원래의 피수용자가 다시 매수하여 소유권을 회복할 수 있는 권리를 말한다. 이러한 환매권이 인정되는 이유를 피수용자가 가지는 감정의 존중 혹은 재산권의 존속보장을 근거로 드는 경우도 있다. 헌법재판소는 재산권의 존속보장을 들고 있으며(헌재 1994.2.24, 92헌가15내지17, 20내지24; 헌재 1996.4.25, 95헌바9<징발법상환매>; 헌재 1998.12.24, 97헌마87), 대법원은 원소유자의 감정존중과 공평의 원칙을 들고 있다(대판 1992.4.28, 91다29927; 대판 1993.12.28, 93다34701; 대판 2001.5.29, 2001다11567).

환매권의 인정근거를 피수용자의 감정존중이라는 입장으로 이해하게 되면 법률의 근거가 없어도 환매권을 인정할 수 있으나, 환매권은 법률적 근거가 있어야 인정된다고 보는 것이 대법원 판례(대판 1993.6.23, 91다43480; 대판 1998.4.10, 96다52359)의 입장이다. 그러나 헌법재판소의 결정(헌재 1994.2.24, 92헌가15내지17, 20내지24)에 의하면, 환매권을 헌법상 재산권보장의 내용에 포함된 권리로 보기 때문에, 개별법률이 아니라도 환매권을 인정할 수 있게 된다.

그리고 환매권의 입법취지에 비추어 볼 때 환매권은 제3자에게 양도할 수 없기 때문에, 환매권의 양수인은 사업시행자로부터 직접 환매의 목적물을 환매할 수 없고 환매권자가 사업시행자로부터 환매한 토지를 양도받을 수 있을 뿐이다(대판 2001.5.29, 2001다11567).

2. 성 질

(1) 학 설

환매권의 성질(性質)에 관해서 사권설과 공권설의 대립이 있다. 1) 사권설은 환매가 환매권자의 의사표시에 의존함으로 단순히 수용의 해제로 볼 수 없다는 점과 환매권자가 자기개인의 이익을 위하여 일방적으로 수용물을 회복하는 것이라는 점에서 공용수용과 달리 사법상 현상으로서 사법상 권리로 보는 입장을 말한다. 반면에 2) 공권설이란 환매제도를 공법상 수단에 의해 상실된 권리를 회복하는 제도로 보는 입장에서 환매권을 공법상 주체에 대하여 사인이 가지는 공법상 권리로 보는 견해를 말한다.

현실적으로 중요한 문제인 환매권의 성립여부 또는 그 행사의 가부 등에 관한 소송을 사권설에 의하면 민사소송으로 다투게 되고, 공권설에 의하면 행정소송(당사자소송)으로 다투게 된다.

(2) 판 례

대법원 판례(대판 1987.4.14, 86다324<공특법환매>; 대판 1992.4.24, 92다4673<징발재산환매>; 대판 2013.2.28, 2010두22368<수도권광역상수도사업>)는 사법상 권리로 보고 있다. 그런데 (구)토지수용법(75의2②)에 의하여 사업시행자가 환매권자를 상대로 하는 환매가격증감소송을 공법상 당사자소송으로 다룬 경우도 있다(대판 2000.11.28, 99두3416; 대판 2002.6.14, 2001다24112). 그리고 헌법재판소는 환매권을 실질적으로 공법적 기능을 수행하고 있으며 헌법이 보장하는 재산권의 내용에 포함되는 권리라고 판시하면서도(헌재 1994.2.24, 92헌가15내지17, 20내지4), 환매권의 발생 여부 또는 그 행사의 가부를 사법관계(私法關係)로 본 경우도 있다(헌재 1994.2.24, 92헌마283).

[환매금액이의신청기각처분취소](대판 1994.5.24, 93누17225)사건에서 환매권 행사요건과 관련해서 행정소송으로 다투었고, [환매대금이의재결처분취소](대판 2000.11.28, 99두3416)사건에서 환매가격의 증감에 관한 소송의 종류를 공법상 당사자소송이라고 판시하였다. 따라서 사업시행자가 환매권자를 상대로 하는 소송은 공법상의 당사자소송으로, 사업시행자로서는 환매가격이 환매대상토지의 취득 당시 지급한 보상금 상당액보다 증액 변경될 것을 전제로 하여 환매권자에게 그 환매가격과 그 보상금 상당액의 차액 지급을 구할 수 있다(대판 2002.06.14, 2001다24112<부당이득금>). 그런데 환매권의 존부에 관하여 확인을 구하는 소송 및 환매대금증액을 구하는 소송은 모두 민사소송에 해당한다(대판 2013.2.26, 2010두22368)고 판시한 경우도 있다.

(3) 결 어(사권설)

환매권의 발생은 수용한 토지 등에 대해서 더 이상 공익적 요구가 없는 경우에 해당하기 때문에 공법의 특수성이 작용할 여지가 없으므로 사권설이 타당하다. 공물의 경우에 공익목적성이 있는 행정재산은 공법적 규율을 받지만, 공익목적성이

사라지게 되면 공용폐지를 통하여 일반재산으로서 사법적 규율을 받는 것과 같은
원리라고 할 것이다.

3. 성 립

(1) 환매권자와 환매목적물

환매권자는 협의취득일 또는 수용 당시의 <u>토지소유자 또는 그 포괄승계인</u>이다
([토지등보상법]91①). 따라서 지상권자나 기타 소유권자가 아닌 다른 권리자는 환매권
이 없다.

환매의 목적물은 토지소유권이다([토지등보상법]91①). 따라서 수용된 토지의 일부도
환매의 목적물이 될 수 있으나, 토지에 관한 소유권 이외의 권리(용익물권 등) 및 토
지 이외의 물건(토지의 정착물·토석·입목 등) 등은 환매의 대상이 되지 아니한다.

(2) 취득한 토지의 불필요 또는 미사용

(가) 취득한 토지의 불필요   사업인정 후 토지의 협의취득일 또는 수용개
시일(취득일)로부터 <u>10년 이내에 사업의 폐지·변경, 기타의 사유로 인하여 취득한
토지의 전부 또는 일부가 필요 없게 되었을 때에 환매할 수 있다</u>([토지등보상법]91①).
여기서 '필요 없게 된 때'란 당해 공공사업의 폐지·변경 등으로 토지가 더 이상
공익사업에 직접 이용할 필요가 없어졌다고 볼 만한 객관적인 사정이 발생한 경우
를 말한다(대판 1994.1.25, 93다11760·11777·11784; 대판 1996.2.9, 94다46695; 대판 2009.10.15, 2009다
43041). 따라서 수용된 토지 등이 필요 없게 되었는지의 여부는 당해 사업시행자의
주관적인 의사를 기준으로 할 것이 아니다. 당해 사업의 목적과 내용, 수용의 경위
와 범위, 당해 토지와 사업과의 관계, 용도 등 제반 사정에 비추어 합리적으로 판
단하여야 한다(대판 1994.8.12, 93다50550; 대판 2009.10.15, 2009다43041; 대판 2010.9.30, 2010다
30782<미원모방>).

(나) 취득한 토지의 미사용   사업인정 후 협의취득일 또는 수용일로부터 <u>5
년을 경과하여도 취득한 토지의 전부를 사업에 이용하지 아니할 때에는 환매할 수
있다</u>([토지등보상법]91②전). 여기서 '사업에 이용하지 않을 때'란 사실상 사업의 이용
에 제공하지 않은 상태를 말한다.

취득한 토지의 미사용은 취득한 토지의 불필요와 달리 '취득한 토지 전부'가 공
공사업에 이용되지 아니한 경우에 한하여 환매권을 행사할 수 있다. 따라서 취득
한 토지의 일부라도 공익사업에 이용되고 있으면 나머지 부분에 대하여도 장차 공
익사업이 시행될 가능성이 있기 때문에 환매권의 행사가 인정되지 않는다. 공익사

업에 이용하지 아니하였는지 여부는 필요한 토지를 취득한 사업시행자의 입장에서
당해 공공사업에 이용될 일단의 토지의 전부를 기준으로 판단할 것이고, 취득 당
시의 토지 등의 소유자나 해당 토지의 필지별로 판단할 것은 아니다(대판 1992.12.8,
92다18306; 대판 1995.8.25, 94다41690; 대판 1996.2.9, 94다46695 등 참조).

▣ [징발법](징발재산정리에관한 특별조치법)의 환매권과 종전목적의 부활 ▣

[징발법] 제20조에 의하면, "이 법에 의하여 매수한 징발재산의 매수대금으로 지급
한 증권의 상환이 종료되기 전 또는 그 상환이 종료된 날로부터 5년 이내에 당해 재
산의 전부 또는 일부가 군사상 필요없게 된 때에는 피징발자 또는 그 상속인(환매권자)
은 이를 우선매수할 수 있다. 국방부장관은 매각할 재산이 생긴 때에는 환매권자에게
그 뜻을 통지하여야 한다. 환매권자는 통지를 받는 날 또는 그 최후의 공고가 끝난
날로부터 3월이 경과한 때에는 환매권을 행사하지 못한다"고 규정하고 있다.

환매권 행사의 요건인 '군사상 필요가 없게 된 때'라 함은 징발재산 매수의 필요성
이 소멸된 것을 말하고, 여기서 '군사상 필요'라는 말은 [징발법] 제2조 제1항(국가는 징
발재산중 군사상 긴요하여 군이 계속 사용할 필요가 있는 사유재산은 이를 매수한다)에서 '군사상 긴요
하여 군이 계속 사용할 필요'와 같은 뜻이라고 할 것이다. 위와 같은 '군사상 긴요하
여 군이 계속 사용할 필요성'은 객관적 요건이므로 그 필요성의 유무는 군의 주관적
의도보다는 군이 군사상 긴요하여 현재 사용하고 있고 앞으로도 계속 사용할 필요성
이 있는지를 객관적인 상황에 의하여 판단하여야 할 것이다(대판 1992.7.14, 92다9180; 대판
1993.8.24.92다39402; 대판 1997.7.11, 97다805·812 등 참조).

군부대 내의 징발 토지 중 일부에 군사용으로 사용되고 있는 시설들이 있다면 그
시설을 위하여 필요한 범위 내의 토지는 당연히 군사상 필요가 있다(대판 1989.11.28, 88
다카32449; 대판 1993.4.27, 92다46707; 대판 1997.7.11, 97다805·812 등 참조). 그러나 수용 토지가 예
비군 훈련장으로 사용되다가 지방병무청 부지로 사용되고 있는 경우, 일반 병무행정
은 군작전 수행을 위하여 긴절한 필요가 있는 것이라고 볼 수 없기 때문에, 그 토지
는 군사상 필요가 없게 되었다(대판 2002.1.25, 99다8810).

그런데 토지 위에 축조되어 있던 군용건물이 모두 철거되고 그 주둔부대가 철수하
였을 때는 징발토지를 계속 사용할 군사상 필요가 없게 됨으로써 원소유자(피징발자)
들이 당해 토지를 우선 매수할 수 있는 환매권이 발생하게 된다. 그런데 원소유자들
이 환매권을 행사하지 않고 있는 동안에 군의 작전수행을 위하여 당해 토지가 군사상
긴요하여 군이 계속 사용할 필요가 있게 되어 군이 계속 사용하고 있다면 원소유자들
이 환매권을 행사하지 못한다(대판 1991.2.22, 90다18562; 1992.4.28, 92다107). 이러한 종전목적
의 부활과 관련해서, 피징발자가 환매권을 행사할 당시에는 징발 토지에 대한 군사상
필요가 없었으나 그 후에야 비로소 군사상 긴요하여 군이 계속 사용할 필요가 있다고
하여 군이 이를 사용하게 되었더라도 피징발자가 이미 취득한 환매권을 행사함에 있
어서 어떤 장애가 되는 것은 아니다(대판 1997.7.11, 97다805·812).

(3) 사업자의 통지의무

사업시행자는 환매할 토지가 생겼을 때에는 지체 없이 그 사실을 환매권자에게 이를 통지(通知)하여야 하고, 과실 없이 환매권자를 알 수 없을 때에는 공고하여야 한다. 이러한 통지의무는 환매의 조건이 아니라 환매의 최고(催告)에 불과하며, 통지의무를 규정한 것은 법률상 당연히 인정되는 환매권행사의 실효성을 보장하기 위한 것이다(대판 1993.5.27, 92다34667). 따라서 환매할 토지가 생긴 경우에 통지가 없더라도 환매권자는 자발적으로 환매할 수 있다.

그리고 환매의 통지나 공고를 하지 아니함으로써 환매권을 상실시키는 것은 불법행위에 해당한다(대판 2000.11.14, 99다45864).

(4) 환매권의 행사

(가) 일방적 의사표시   환매권은 사업시행자의 동의를 얻어야 하거나 그 의사의 여하에 따라 그 효과가 좌우되는 것은 아니기 때문에(헌재 1995.3.23, 91헌마143), 환매는 환매권자의 일방적 의사표시만으로 성립하고, 사업시행자(수용자)의 매각의사는 필요로 하지 아니한다(대판 1987.4.14, 86다324; 대판 1991.2.22, 90다13420; 대판 1992.6.23, 92다7832; 대판 1993.8.24, 93다22241; 대판 2000.11.28, 99두3416). 따라서 "환매권자가 소제기일 또는 공탁일자에 각 환매의 의사표시를 하였다면 이로써 환매권은 이미 행사된 것이므로, 그 후에 이루어진 사업시행자 또는 기업자의 어떤 사실행위도 환매권의 성립·행사에 아무런 영향을 미치지 않는다"(헌재 1995.3.23, 91헌마143).

환매권의 행사는 도달주의가 적용되기 때문에 환매의 의사표시가 상대방에게 도달한 때에 환매권 행사의 효력이 발생한다(대판 1999.4.9, 98다46945).

(나) 행사기한   1) 수용된 토지의 불필요로 인한 환매권의 행사인 경우에 환매권은 토지가 불필요하게 된 때로부터 1년 또는 취득일(협의취득일 또는 수용개시일)로부터 10년 이내에 행사하여야 한다([토지등보상법]91①). 헌법재판소는 이러한 10년이 제척기간에 대하여 합헌이리고 판시하였다(헌재 1994.2.24, 92헌가15내지17, 20내지24; 헌재 2011.3.31, 2008헌바26). 따라서 취득일로부터 10년 이내에 그 토지가 필요 없게 된 경우에는 그때로부터 1년 이내에 환매권을 행사할 수 있으며, 또한 필요 없게 된 때로부터 1년이 지났더라도 취득일로부터 10년이 지나지 않았다면 환매권을 행사할 수 있다(대판 1987.4.14, 86다324·86다카1579; 대판 2010.9.30, 2010다30782<미원모방>; 대판 2013.2.28, 2010두22368). 환매권자가 환매권의 발생사실을 알지 못한 경우를 별도로 고려하지 않고 일률적으로 환매권의 행사기간을 정한 것은 합리적인 입법재량권의 행사로 인정되고 환매권자의 재산권을 침해한 것이 아니다(헌재 2011.3.31, 2008헌바26).

2) 수용된 토지의 미사용으로 인한 환매권의 행사인 경우에는 취득일로부터 6년

이내에 매수하여야 한다([토지등보상법]91②후). 수용된 토지의 불필요에 의한 환매권의 행사기한보다 이와 같이 제척기간을 짧게 규정한 것은 재산권보장에 관한 헌법규정에 위반되어 위헌이라고 할 수 없다는 것이 대법원의 입장이다(대판 1993.9.14, 92다56810·56827·56834).

3) 환매권자는 사업시행자로부터 환매할 토지가 생겼다는 통지를 받은 날 또는 공고를 한 날로부터 6개월이 지난 후에는 환매권을 행사하지 못한다([토지등보상법]92④).

4) 공익사업의 변환으로 인한 환매권 행사기간은 관보에 당해 공익사업의 변경을 고시한 날로부터 기산한다([토지등보상법]91⑥). 따라서 새로 변경된 공익사업을 기준으로 다시 환매권 행사의 요건을 갖추지 못하는 한 환매권을 행사할 수 없고, 환매권 행사 요건을 갖추어 환매권을 행사할 수 있는 경우에 그 환매권 행사기간은 당해 공익사업의 변경을 관보에 고시한 날로부터 기산한다는 의미로 해석해야 한다(대판 2010.9.30, 2010다30782<미원모방>).

(5) 환매권행사의 제한 – 공익사업의 변환 –

(가) 의 의   환매권행사의 요건을 충족한 경우도 공익사업의 변환으로 인하여 환매권행사가 제한되는 경우가 있다. 공익사업의 변환이란 사업인정을 받은 공익사업이 일정한 범위 내의 공익성이 높은 다른 공익사업으로 변경되는 경우를 말한다. 이러한 공익사업의 변환(變換)이 있는 경우에 환매권의 행사기간을 공익사업의 변경이 관보에 고시된 날부터 기산하게 되면([토지등보상법]91⑥ 참조), 환매권행사기간이 다시 기산하게 되어 실질적으로 환매권행사가 제한된다.

이와 같이 환매권의 행사가 제한되는 것은 행정력 낭비를 막고 소유권 취득 지연에 따른 공익사업 시행에 차질이 없도록 하여 공익사업의 원활하고 효율적인 시행을 위하여 환매와 수용이라는 번거로운 무용한 절차의 반복을 피하기 위한 것으로 이해할 수 있다(대판 1992.4.28, 91다29927; 헌재 1997.6.26, 96헌바94(합헌); 대판 2010.9.30, 2010다30782<미원모방>; 헌재 2012.11.29, 2011헌바49(합헌) 참조).

그러나 이러한 규정을 1981년 12월 31일에 신설하였는데, 이것은 토지수용 후 아무런 제약 없이 다른 공익사업으로의 변경을 인정하는 것으로서 환매권제도를 실질적으로 폐지하는 것과 다름이 없는 입법으로서 문제가 있다는 지적이다.[40]

---

40) 공익사업주체가 수용한 토지를 원래의 용도대로 사용하지 않게 된 경우에도 다른 공익사업의 명목을 빌려 계속하여 토지를 사용하는 것을 가능하게 하여, 환매권제도를 무용하게 만드는 제도라고 평가한다(류지태·박종수). 그리고 소수설(석종현)에 의하면, 다음과 같은 이유에서 기업자(사업시행자)가 다른 경우에는 공익사업의 변환을 부정하고 있다. 1) 토지수용법 제91조 제6항은 공익사업변환을 "국가·지방자치단체 또는 정부투자기관이 사업인정을 받아 공익사업에 필요한 토지를 … 수용한 후 당해 공익사업이 … 다른 공익사업으로 변경된 경우"

(나) 요 건   ① 주체 : 공익사업의 변환은 국가·지방자치단체 또는 일정한 공공기관 등 사업시행자가 동일한 경우에만 허용되는 것이 아니고, 사업주체가 다른 경우에도 인정된다(대판 1994.1.25, 93다11760·11777·11784).

② 대상사업 : [토지등보상법]은 "해당 공익사업이 [토지등보상법] 제4조 제1호부터 제5호까지에 규정된 다른 공익사업으로 변경된 경우"에 인정된다고 명문으로 규정하고 있다. 요컨대 공익사업의 변환은 이미 사업인정을 받은 공익사업이 일정한 범위 내의 공익성이 높은 다른 공익사업으로 변경된 경우에 한하여 인정된다. 따라서 일정한 공익사업의 변환에 의한 환매권 행사의 제한은 적어도 새로운 공익사업에 관해서도 [토지등보상법]에 의해 사업인정을 받거나 또는 사업인정을 받은 것으로 의제하는 다른 법률의 규정에 의해 사업인정을 받은 것으로 볼 수 있는 경우에만 인정된다(대판 1997.11.11, 97다36835; 대판 2010.9.30, 2010다30782<미원모방>).

사업인정을 받은 당해 공익사업의 폐지·변경으로 인하여 협의취득하거나 수용한 토지가 필요 없게 된 때라도 공익사업의 변환이 허용되는 다른 공익사업으로 변경되는 경우에는 당해 토지의 원소유자 또는 그 포괄승계인에게 환매권이 발생하지 않는다(대판 2010.9.30, 2010다30782<미원모방>). 그리고 변경된 공익사업이 도시계획시설사업인 경우는 그 도시계획시실사업에 관한 실시계획의 인가 및 고시가 있은 후에야 공익사업의 변환에 의한 환매권 제한을 인정할 수 있고, 도시관리계획이 결정·고시된 사실만으로는 이를 인정할 수 없다(대판 1994.08.12, 93다50550; 대판 1997.11.11, 97다36835; 대판 2010.9.30, 2010다30782<미원모방>).

③ 목적물 : 공익사업의 변환을 인정하기 위해서는 적어도 변경된 사업의 사업시행자가 당해 토지를 소유하고 있어야 한다(대판 2010.9.30, 2010다30782). 만약 공익사업을 위해 협의취득하거나 수용한 토지가 제3자에게 처분된 경우에 변경된 사업시행자는 그 사업의 시행을 위하여 제3자로부터 토지를 재취득해야 하는 절차를 새로 거쳐야 하기 때문에, 특별한 사정이 없는 한 그 토지는 당해 공익사업에는 필요 없게 된 것이라고 보아야 한다. 따라서 그 토지가 변경된 사업의 사업시행자 아닌 제3자에게 처분된 경우에는 공익사업의 변환을 인정할 여지가 없다(대판 2010.9.30, 2010다30782).[41]

로 규정하고 있을 뿐이지 지방자치단체와 국가간 또는 지방자치단체와 정부투자기관간의 사업변경을 포함한다고 보기 어렵다는 점, 2) 환매권의 성립여부는 당초의 사업과 당초의 기업자를 기준으로 판단하여야 한다는 점, 3) 기업자를 달리하는 경우까지 공익사업의 변환을 인정하는 것은 공평의 원리에 반한다는 점 등을 든다.

41) 지방자치단체[X]가 도시관리계획상 초등학교 건립사업[제1공익사업]을 위하여 학교용지[A]를 협의취득하였으나 위 학교용지 인근에서 아파트 건설사업을 하던 주택건설사업 시행자[Y]와 그 아파트 단지 내에 들어설 새 초등학교 부지[B]와 위 학교용지[A]를 교환하고 위 학교용지[A]에 중학교를 건립하는 것[제2공익사업]으로 도시관리계획을 변경한 사안에서, 위 학교

④ 통 지 : 국가, 지방자치단체 또는 [공공기관법](5③i)의 '공기업(시장형 공기업과 준시장형 공기업)'은 공익사업이 변경된 사실을 대통령령으로 정하는 바에 따라 환매권자에게 통지하여야 한다. 환매권자를 알 수 없거나 그 주소·거소 또는 그 밖에 통지할 장소를 알 수 없을 때에는 제3항에 따른 공고로 통지를 갈음할 수 있다([토지등보상법]시행령49②).

4. 효 력

(1) 소유권이전

환매권을 그 행사기간 내에 재판상 또는 재판 외에서 의사표시로 행사하면 사법상 매매의 효력이 생긴다(대판 1992.4.24, 92다4673; 대판 2008.6.26, 2007다24893; 대판 2013.2.28, 2010두22368). 따라서 이러한 환매권의 행사 그 자체에 의하여 소유권의 변동이 당연히 생기는 것이 아니라 환매권의 행사로 인하여 소유권이전등기청구권이 발생하기 때문에, 환매권자는 사업시행자에 대하여 소유권이전등기청구권을 직접 행사하여야 한다. 그리고 이러한 소유권이전등기청구권은 일반채권과 같이 10년 소멸시효의 대상이 되며(대판 1989.12.12, 88다카15000; 대판 1991.2.22, 90다13420; 1992.4.24, 92다4673; 대판 1992.10.13, 92다4666), 환매권은 부동산등기법이 정하는 바에 의하여 환매의 등기가 되었을 때에는 제3자에게 대항할 수 있다([토지등보상법]91⑤). 그런데 환매권은 성질상 제3자에게 양도할 수 없는 것이라고 할 것이나, 판례는 환매권의 조건부양도를 인정하고 있다(대판 1984.4.10, 81다239; 대판 2001.5.29, 2001다11567).

(2) 환매가격

환매가격(還買價格)은 원칙적으로 토지 및 토지에 관한 소유권 이외의 권리에 대하여 지급한 보상금의 상당금액이다([토지등보상법]91①). 여기서 '보상금의 상당금액'이란 토지 등의 소유자가 사업시행자로부터 지급받은 보상금을 의미하며, 여기에 환매권 행사 당시까지의 법정이자를 가산한 금액을 말하는 것은 아니다(대판 1994.5.24, 93누17225). 그런데 토지의 가격이 수용 당시에 비하여 현저히 변경되었을 때에는 사업시행자 또는 환매권자는 그 금액의 증감을 법원에 청구할 수 있다([토

용지[A]에 대한 협의취득의 목적이 된 당해 사업인 '초등학교 건립사업'[제1공익사업]의 폐지·변경으로 위 토지[A]는 당해 사업에 필요 없게 되었고, 나아가 '중학교 건립사업'[제2공익사업]에 관하여 사업인정을 받지 않았을 뿐만 아니라 위 학교용지[A]가 중학교 건립사업[제2공익사업]의 시행자 아닌 제3자[Y]에게 처분되었으므로 공익사업의 변환도 인정할 수 없다는 이유로 위 학교용지[A]에 관한 환매권 행사를 인정하였다(대판 2010.9.30, 2010다30782<미원모방>).

지등보상법]91④).

환매대금의 지급은 환매권행사와 동시이행관계에 있는 것이 아니라 선이행의무를 진다([토지등보상법]§91①). 따라서 환매권자는 환매의 의사표시를 하기 위해서는, 토지 등의 가격이 현저히 등귀한 경우이거나 하락한 경우이거나를 묻지 않고, 이미 수령한 보상금액 상당을 사업시행자(수용자)에게 미리 지급하여야 한다(대판 1994.5.24, 93누17225; 대판 2006.12.21, 2006다49277>). 즉 보상금상당액의 지급은 환매의 요건이지 환매권의 성립요건이 아니다. 따라서 환매권자가 환매대금을 지급하거나 공탁하지 않고 환매로 인한 소유권이전등기청구나 환매대금의 지급과 상환으로 한 소유권이전등기를 구할 수는 없다(대판 1992.6.23, 92다7832; 대판 1996.2.29, 94다46695; 대판 2012.8.30, 2011다74109).

5. 소 멸

환매권은 통지를 받은 날 또는 공고의 날로부터 6개월을 경과함으로써 소멸(消滅)하거나, 통지나 공고가 없는 경우에도 제척기간(1년·10년·6년)의 경과로 소멸한다(대판 1993.8.23, 93다16192). 그런데 환매권행사가 이루어진 이상, 환매권행사기간이 경과하여도 환매가격결정을 위한 절차는 진행될 수 있다(대판 2000.11.28, 99두3416).

환매권 행사기간은 제척기간으로서 그 행사기간의 준수 여부는 소위 직권조사사항으로서 이에 대한 당사자의 주장이 없더라도 법원이 직권으로 조사하여 재판에 고려하여야 한다(대판 1996.9.20, 96다25371; 대판 1999.4.9, 98다46945).

사 례 환매권(대판 1994.1.25, 93다11760 · 93다11777 · 93다11784)

A가 소유하는 서울 서초구 서초동 소재 토지에 대하여 1978.6.15. 건설부 고시 및 1980.1.29. 서울특별시 고시로서 도시계획시설(공용의 청사 및 도로)결정 및 지적승인이 있었다. 그 후 서울시(X)는 위 사업구역 내에 서울시청·서울시 경찰국·서울시 교육위원회 청사를 건립한다는 내부방침을 세우고 위 사업구역 내의 모든 토지를 협의취득하여 오다가 1981.3.10. 공용청사의 건립 및 도로의 설치를 위한 도시계획사업을 인가·고시하고 A소유의 이 사건 토지를 협의매수 또는 수용재결에 의하여 취득하였다. 서울시는 위 사업구역 내의 토지를 모두 취득한 후 정부의 수도권지역 내 공용청사신축억제방침과 지하철 3·4호선의 건설로 인한 자금압박으로 위 사업의 실시를 미루어 오다가 1985.12.2.경에 이르러서야 위 사업구역 내의 일부 지상에 서초경찰서만 준공한 나머지 토지에 대하여는 위 공용의 청사건립 등 당초 사업의 시행을 계속 미루어 오다가 1988년경 서울시청 등의 청사를 건립한다는 당초의 계획을 백지화하면서 현재의 서울시청 청사는 그 위치에 그대로 두는 대신 그 부근에 피고(서울시) 사무기구 중의 일부를 이전할 수 있는 부속청사를 따로 마련하기로 결

정한 데 이어, 그에 따른 조치로서 1989.3.7. 서울 중구 서소문동 37 외 3필지 및 그 지상건물(구 대법원, 대검찰청의 부지 및 건물)을 위 사업구역 내의 일부 토지 (28,800.2평)와 교환하고, 대법원 및 법무부로 하여금 이를 대법원 및 대검찰청 청사의 건립부지로 활용하게 하였다. 따라서 이 사건 토지들은 서울시청 등의 청사를 건립하기로 한 당초의 사업이 폐지 또는 변경됨으로써 사업목적에 필요 없게 되었으므로 A는 환매권을 행사하고자 한다. A는 환매권을 정당하게 행사할 수 있는가?

풀이해설 설문이 장황하기는 하지만 기본적으로 환매권의 성립요건과 행사방법이 논점이다. 따라서 환매권발생요건인 [토지등보상법]에서 규정하고 있는 '사업의 폐지 변경 기타의 사유로 인하여 수용한 토지의 전부 또는 일부가 필요 없게 된 때'의 의미에 관한 논의이고, 공익사업의 변환은 사업주체가 동일한 경우에만 인정되는지 여부를 검토하여야 한다.

Ⅰ. 서 론 -문제의 제기-
Ⅱ. 환매권의 의의
   1. 환매권의 개념
   2. 환매권의 성질
   3. 환매권의 효력
Ⅲ. 환매권행사의 적법성여부
   1. 환매권의 적법요건
   2. 환매기한
   3. 공익사업의 변환
Ⅳ. 환매권의 구제수단
Ⅴ. 결 론 -문제의 해결-
   · A의 환매권행사는 [토지등보상법] 제91조 제6항에 의하여 '공익사업의 변환'으로 인하여 제한된다고 할 것이기 때문에, A의 환매권행사는 정당하다고 할 수 없다.
   · 환매권의 다툼에 대한 분쟁해결은 환매권의 성질을 사권설로 보는 입장에서 A는 X 행정청을 상대로 민사소송을 제기할 수 있을 것이다.
   · 환매가격의 지급과 환매권행사는 동시이행의 관계가 있는 것이 아니라 A가 먼저 지급하여야 하고, 환매가격에 다툼이 있으면 A 또는 X는 법원에 그 증감을 청구하게 된다.

제 4 절 공용제한

I. 의 의

1. 개 념

공용제한(公用制限)이란 공익상 필요에 의하여 개인의 토지·물건 등 재산권에 과하여지는 공법상 제한을 말한다. 공용제한의 대상으로서 재산권에는 토지 등의 부동산과 동산뿐만 아니라 무체재산권도 포함된다. 공용제한의 대상으로 가장 중요하고 일반적인 것은 토지소유권이며, 이러한 토지소유권에 대한 공용제한을 특히 공용지역(公用地役)이라고 한다.

2. 법적 근거

공용제한은 개인의 재산권에 대한 침해를 가져오기 때문에 공용제한은 반드시 법적 근거가 있어야 한다. 헌법적 근거로서는 제23조를 들 수 있고, 근거법률로서는 [국토계획법](63)·[개발제한특별법]·도로법·하천법·산림법·철도안전법[45(철도보호지구에서의 행위제한])·문화재보호법·우편법(3의2) 등이 있다.

II. 종 류

1. 계획제한

계획제한(計劃制限)이란 행정계획법상 규정되어 있는 행정목적의 달성을 위하여 재산권에 가하여지는 공용제한을 말한다. 도시·군관리계획으로 결정되는 용도지역·용도지구·용도구역을 들 수 있다([국토계획법]76 이하 참조).

> ▣ **개발제한구역** ▣
>
> (1) 의 의
> (가) 개 념   개발제한구역이란 도시의 개발을 제한할 필요가 있을 때 지정되는 지역을 말한다. 이러한 개발제한구역은 도시의 무질서한 확산을 방지하고 도시 주변

의 자연환경을 보전하여 도시민의 건전한 생활환경의 확보 또는 국가보안상의 필요를 위하여 인정된다([국토계획법]38①, [개발제한특별법]3① 참조).

개발제한구역은 영국의 그린벨트(greenbelt)42)에서 유래하며, (구)도시계획법에서 1971년 처음으로 도입되어 현행 [국가계획법]에 의하여 인정되고 있다.

[국토계획법](국토의 계획 및 이용에 관한 법률) 제38조(개발제한구역의 지정)은 개발제한구역의 지정 또는 변경을 도시·군관리계획으로 결정할 수 있다는 점과 이에 따로 법률로 정한다고 규정하고 있다. 이러한 [국토계획법]의 규정에 따라 [개발제한특별법](개발제한구역의 지정 및 관리에 관한 특별조치법)이 제정되었다.

(나) 법적 성질　　　개발제한구역은 구속적 행정계획인 도시·군관리계획에 의하여 지정됨으로써 토지이용을 제한하는 공용계획제한에 해당한다. 이러한 개발제한구역은 구역 내의 토지가 지정당시의 지목에 따라 현상유지적 혹은 현상개량적 사용 외에는 일체의 사용행위가 원칙적·포괄적으로 제한된다는 특징이 있다. 반면에 '용도지역'·'용도지구'의 지정으로 인한 행정계획상의 제한은 원칙적으로 토지의 자유로운 사용을 보장하면서 개별적으로 혹은 예외적으로 각 지정목적에 어긋나는 사용을 제한하는 방식을 취하고 있다는 점에서 개발제한구역의 지정과 차이가 있다(헌재 1998.12.24, 89헌마214 등).

개발제한구역의 지정은 행정계획으로서 그 입안·결정에 관하여 광범위한 형성의 자유를 가지는 계획재량이 인정된다(대판 1997.06.24, 96누1313). 개발제한구역의 지정은 공공사업(제2 경인고속도로 개설사업)과 관계없이 가해진 일반적 계획제한에 해당하므로, 토지의 정당한 수용보상액을 산정함에 있어서는, 그러한 제한이 있는 상태 그대로 평가하여야 할 것이다(대판 1993.10.12, 93누12527 참조).

개발제한구역 내 토지의 이용방법을 제한함으로 인하여 개발제한구역 내에 거주하는 주민들이 토지를 이용하여 영위할 수 있는 직업이 제한된다고 하더라도 이는 토지재산권의 제한에 따른 간접적인 효과 내지 반사적 불이익에 지나지 않으며 직업선택의 자유를 침해하는 것으로 볼 수 없다(대판 2005.01.14, 2003도4768; 헌재 2004.11.25, 2003헌바29등·2004헌바7; 대판 2006.04.28, 2005도4485 등 참조).

(2) 지정

(가) 형식과 기준　　　개발제한구역의 지정은 도시·군관리계획으로 결정되고, 지정의 기준은 대상 도시의 인구·산업·교통 및 토지이용 등 경제적·사회적 여건과 도시확산 추세, 그 밖의 지형 등 자연환경 여건을 종합적으로 고려하여 대통령령으로 정한다(법3). 개발제한구역은 그 지정 목적을 달성하기 위하여 공간적으로 연속성을 갖도록 지정하되, 도시의 자족성 확보, 합리적인 토지이용 및 적정한 성장 관리 등을 고려하여야 한다(법시행령2②).

(나) 대상　　　개발제한구역의 지정은 1) 도시가 무질서하게 확산되는 것 또는 서로 인접한 도시가 시가지로 연결되는 것을 방지하기 위하여 개발을 제한할 필요가 있는 지역, 2) 도시주변의 자연환경 및 생태계를 보전하고 도시민의 건전한 생활환경을 확보하기 위하여 개발을 제한할 필요가 있는 지역, 3) 국가보안상 개발을 제한할 필요가 있는 지역, 4) 도시의 정체성 확보 및 적정한 성장 관리를 위하여 개발을 제한할 필요가 있는 지역을 대상으로 한다(법시행령2①).

(다) 입안권자   개발제한구역의 지정에 관한 도시·군관리계획의 입안권자는 해당 도시지역을 관할하는 특별시장·광역시장·특별자치시장·특별자치도지사·시장 또는 군수 등이다. 그러나 개발제한구역의 지정이 국가계획과 관련된 경우에는 국토교통부장관이 도시·군관리계획을 입안하고, 개발제한구역의 지정이 [국토계획법]의 광역도시계획과 관련된 경우에는 도지사가 도시·군관리계획을 입안한다(법4①). 입안권자는 기초조사 등을 하고, 주민과 지방의회의 의견청취를 하여야 한다(법6·7).

(라) 결정권자   개발제한구역의 지정에 관한 도시·군관리계획의 결정권자는 국토교통부장관이다(법8①). 국토교통부장관이 도시·군관리계획을 결정하기 위하여 관계 중앙행정기관의 장과 미리 협의하여야 하고(법8②), 중앙도시계획위원회의 심의를 거쳐야 한다(법8③).

(3) 행위제한

(가) 개발행위의 원칙적 금지   개발제한구역에서는 건축물의 건축 및 용도변경, 공작물의 설치, 토지의 형질변경, 죽목(竹木)의 벌채, 토지의 분할, 물건을 쌓아놓는 행위 또는 [국토계획법] 제2조 제11호에 따른 도시·군계획사업의 시행을 원칙적으로 금지한다(법12①본). 다만 일정한 개발행위를 하려는 자에 한하여 특별자치시장·특별자치도지사·시장·군수 또는 구청장[시장·군수·구청장]의 허가를 받아 그 행위를 할 수 있다(법12①단).

주택 및 근린생활시설의 대수선 등 대통령령으로 정하는 행위는 시장·군수·구청장에게 신고하고 할 수 있으며(법12③), 국토교통부령으로 정하는 경미한 행위는 허가를 받지 아니하거나 신고를 하지 아니하고 할 수 있다(법12④).

(나) 위반행위자에 대한 행정처분

시장·군수·구청장은 위반행위자에 대해서 허가를 취소할 수 있으며, 해당 행위자에 대하여 공사의 중지 또는 상당한 기간을 정하여 건축물·공작물 등의 철거·폐쇄·개축 또는 이전, 그 밖에 필요한 조치[시정명령]를 할 수 있다(법30①).

시장·군수·구청장은 시정명령을 받은 후 그 시정기간 내에 그 시정명령의 이행을 하지 아니한 자에 대하여 1억원의 범위 안에서 이행강제금을 부과한다(법30의2).

2. 사업제한(부담제한)

사업제한(事業制限)이란 공익사업(예, 도로·하천·사방 사업·도시계획사업 등)을 원활하고 안전하게 수행하기 위하여 사업지·인접지역·예정지 등에서 타인의 재산권에 가해지는 제한을 말한다. 이러한 사업제한에는 ① 부작위의무를 수반하는 사업제한[예,

---

42) 영국은 토지소유권에서 개발권을 분리하여 공유화한 결과 도시의 지상 또는 지하에 걸친 건설 등의 행위 또는 토지나 건물의 용도의 실질적 변경을 가하는 행위 등 모든 개발행위는 행정청의 허가를 받아야만 시행할 수 있다. 따라서 일정한 지역을 그린벨트(greenbelt)로 지정하여 개발을 엄격히 제한함으로써 시가지의 팽창을 제한하고 전원의 쾌적성을 보호하고 있다.

접도구역에 있는 토지에서의 공작물설치금지(도로법40③)], ② 작위의무를 수반하는 사업제한 [예, 접도구역 내에토지나 물건의 소유자나 점유자가 도로안전을 위하여 재해방지시설을 할 의무(도로 법40④), 도로보전입체구역에서의 행위제한(도로법46)], ③ 수인할 의무를 수반하는 사업제한 ([국토계획법]130⑦) 등이 있다.

3. 공물제한

공물제한(公物制限)이란 타인의 소유에 속하는 특정한 토지·물건 등의 재산이 그 자체로서 공공목적에 제공되고 있기 때문에, 그 필요한 한도 내에서 재산권에 가하여지는 공법상 제한을 말한다. 이러한 공물제한의 종류는 사유공물에 대한 경우, 특허기업용재산에 대한 경우로 구분할 수 있다.

사유공물에 대한 공물제한은 개인 소유의 공물이 직접적으로 공용 또는 공공용에 제공되기 위하여 가하여지는 공법상 제한을 말한다(예, 도로법4, 문화재보호39①). 따라서 도로법상 도로부지에 대하여는 소유권자라 할지라도 그 토지의 인도를 구할 수 없다(대판 1969.7.22, 69다783).

특허기업용재산에 대한 공물제한은 특허기업의 원활한 수행을 도모하기 위하여 특허기업에 사용·제공되고 있는 토지, 기타의 물건 등 특허기업용 물건의 재산권에 대하여 공법상 제한이 가해지는 경우를 말한다.

4. 보존제한

보존제한(保存制限)은 공익목적을 위하여 자연·자원 및 문화재 등의 보전을 위하여 가하여지는 공법상 제한을 말한다. 이러한 보존제한에는 ① 지역·지구(예, 녹지지역·미관지구·풍치지구 등) 안에 있는 토지 등에 대한 행위제한, ② 자연보전제한, ③ 자원보전제한, ④ 문화재 등 보전제한(문화재보호법13(역사문화환경보존지역의 보호)), ⑤ 택지보전제한 등이 있다.

문화재 주변지역에서 이루어지는 건설공사 등을 제한함에 있어서는 건설공사 등으로 인한 문화재의 훼손가능성, 문화재 보존·관리에 미치는 영향 등의 공익적 요소와 그 건설공사 등의 내용, 건설공사 등의 제한으로 인한 국민의 재산권 침해 정도 등의 사익적 요소를 비교·교량하여야 하고, 그 비교·교량은 비례의 원칙에 적합하도록 하여야 한다(대판 2013.2.14, 2012두20953).

문화재보호구역 내에 있는 토지소유자 등은 문화재보호구역의 지정해제를 요구할 수 있는 법규상 또는 조리상의 신청권이 있다. 따라서 이러한 신청에 대한 거부행위는 행정소송의 대상이 되는 처분에 해당한다(대판 2004.4.27, 2003두8821<문화재보

호구역지정해제거부>).

5. 사용제한(공용사용제한)

사용제한(使用制限)은 특정한 공익사업을 위하여 사업자 또는 관계행정청이 타인의 재산권 위에 공법상 사용권을 취득하고, 재산권자는 그 사용을 수인할 의무를 지는 공용제한을 말한다. 이러한 공용사용제한의 종류로는 일시적 사용과 계속적 사용이 있다. 1) 일시적 사용은 공사·측량·실지조사 등을 위해서 일시적으로 타인의 토지 등을 출입·통행하는 경우(도로법46,전기사업법87)와 비상재해, 기타 긴급한 필요에 의한 일시적 사용이 있다. 2) 계속적 사용이란 특정한 공익사업, 기타의 복리행정을 시행하는 사업자가 그 사업을 위하여 타인의 재산을 비교적 장기간 사용하는 것을 말한다. 계속적 사용권의 설정은 권리자의 보호를 위하여 [토지등보상법]에 의한 정식의 수용절차에 의하는 것이 원칙이다.

「국민임대주택건설 등에 관한 특별조치법」 제13조 제4항에 따라 국민임대주택단지예정지구가 지정·고시되어 개발제한구역 해제를 위한 도시관리계획의 결정이 있는 것으로 본 예정지구를 보금자리주택지구 지정·고시가 있은 것으로 본 경우, 그 보금자리주택지구를 해제하더라도 보금자리주택지구의 지정으로 해제되었던 개발제한구역이 다시 개발제한구역으로 원상회복되는 것은 아니다.

III. 공용제한과 손실보상

1. 의 의

공용제한으로 인한 손실이 사회통념상 당연히 수인하여야 할 한도를 넘어 개인에게 특별한 희생을 과하는 경우에는 정당한 보상을 하여야 한다. 공용제한 중 사업제한·보전제한 및 공물제한은 그 사례도 많지 않고 보상법제도도 비교적 잘 정비되어 있는 편이다.

공용사용의 경우에는 [토지등보상법](§71①)에서 사용재결 당시의 그 토지 및 인근토지의 지료·임대료·사용방법·사용기간 및 그 토지의 가격 등을 참작하여 평가한 적정가격으로 보상하도록 하고 있다. 토지가 하천법에 의하여 준용하천구역으로 적법하게 편입된 경우에는 사용수익에 관한 사권의 제한을 받아 손실을 입고 있다고 할 것이므로 손실보상을 청구할 수 있다(대판 1992.10.13, 92다18511).

그러나 개인의 토지를 법률상 원인없이 사실상 도로로 사용하는 경우에는 어떠한 처분 또는 제한으로 인하여 개인에게 어떠한 손실을 입힌 것이 아니기 때문에 손실보상청구권은 인정되지 않고 부당이득반환청구권이 인정된다(대판 1981.10.13, 81 후932).

공용제한 중 가장 중요하면서도 논란이 많은 경우는 도시계획 등에 따르는 손실 보상의 문제이다.

2. 계획제한과 손실보상

(1) 손실보상의 인정

과거 국토이용관리법·도시계획법 등 계획제한에 관하여 정하고 있는 법률은 거의 보상규정을 두고 있지 않았다. 특히 (구)도시계획법상의 개발제한구역에 대하여는 보상이 이루어져야 한다는 학자들의 논란이 활발하게 있었다. 이에 대해서 대법원은 부정적인 입장을 나타내고 있었으나(대판 1990.5.8, 89부2; 대판 1996.6.28, 94다 545110), 헌법재판소는 진일보하는 결정(헌재 1998.12.24, 89헌마214 등)을 내림으로써 과거의 판례 입장이 다소 긍정적으로 변화하는 계기를 마련하였다.

이러한 헌법재판소의 결정으로 인하여 (구)도시계획법이 2002년에 폐지되고 새로운 [국토계획법]을 통하여 1) 도시·군계획시설의 공중 및 지하설치기준과 보상(법 46), 2) 도시·군계획시설부지의 매수청구(법47①), 3) 도시·군계획시설결정의 실효(법48 ①) 등 도시계획으로 인한 피해의 구제제도를 마련하였다.

그리고 헌법재판소의 결정취지를 살리기 위하여 [개발제한특별법]을 제정하여 존속중인 건축물 등에 대한 특례(법13), 취락지구에 대한 특례(법15), 주민지원사업(법 16), 토지매수의 청구(법17) 등을 규정하고 있다.

(2) 보상규정의 흠결

보상에 관한 명시적 규정이 없는 경우에 손실보상에 관한 헌법조문의 성격을 어떻게 보는가에 따라서 손실보상을 인정할 수도 있다. 1) 방침규정설에 의하면 보상에 관한 규정이 흠결된 경우는 손실보상을 인정하지 않게 된다. 그러나 2) 직접적용설과 간접적용설(일반법원칙적용설)에 의하면 손실보상을 인정하게 되고, 3) 독일에서 주장되고 있는 수용침해보상이론에 의해서도 손실보상을 인정하게 된다. 그리고 4) 위헌무효설에 의하면 손해배상을 인정하게 된다.

(3) 보상여부의 판단기준

(가) 학 설   손실보상의 인정여부는 <u>사회적 구속과 특별한 희생의 구별</u>에 관한 문제이다. 이에 대하여는 피침해자의 범위를 기준으로 하는 형식적 기준설과

침해행위의 성질을 기준으로 하는 실질적 기준설(목적위배설·보호가치설·수인한도설·사적
효용설·상황구속성설 등)이 있다.

　(나) 판 례　　　　과거 대법원은 (구)도시계획법(21)에 의한 개발제한구역지정의
재산권제약은 사회적 제약에 해당한다고 판시하였다(대판 1990.5.8, 89부2; 대판 1995.4.28,
95누627). 그런데 헌법재판소(헌재 1998.12.24, 89헌마214·90헌바16·97헌바78병합)는 이러한 개
발제한구역지정으로 인한 재산권의 제약을 두 가지 범주로 나누어 판단하였다. 1)
토지를 종래 목적으로도 사용할 수 없거나[목적위배설], 실질적으로 토지의 사용·수
익의 길이 없는 경우에는[사적효용설] 이는 수인한계를 넘는 것[수인한도설]이므로 특
별희생에 해당한다. 2) 개발가능성의 소멸과 그에 따른 지가의 하락이나 지가상승
률의 상대적 감소로 인한 재산권의 제약은 사회적 제약이다. 따라서 토지가 종래
농지 등으로 사용되었으나 개발제한구역의 지정이 있은 후에 주변지역의 도시과밀
화로 인하여 농지가 오염되거나 수로가 차단되는 등의 사유로 토지를 더 이상 종
래의 목적으로 사용하는 것이 불가능하거나 현저히 곤란하게 되어 버린 경우에도
당해 토지소유자에게 가혹한 부담이 된다고 판시하였다.

　(4) 보상액의 산정기준
　보상액 산정기준으로는 적극적 실손보전설, 지가저락설, 상당인과관계설, 지대설,
공용지역권설정설 등이 제시되고 있으나, 아직까지 명확하게 확립된 원칙은 없다.
1) 적극적 실손보전설(實損補塡說)이란 토지소유자가 현실적으로 예기하지 않았던 지
출을 하게 된 경우에 한하여 적극적이고 현실적인 실손만을 보전하여야 한다는 입
장이다. 2) 지가저락설(地價低落說)이란 토지이용제한에 의하여 초래된 토지이용가치
의 객관적 저하가 지가의 하락으로 나타난다고 보고, 그 지가저락분을 보상한다는
입장이다. 이러한 지가저락설에는 다시 i) 저락분을 모두 보상하여야 한다는 입장,
ii) 보상없이도 합헌으로 될 수 있는 범위를 넘는 부분에 대한 저락분만 보상하면
된다는 입장, iii) 정부활동에 의한 우발적 이득·손실을 전체적으로 조정하여 산정
하여야 한다는 입장으로 나뉜다. 3) 상당인과관계설(相當因果關係說)이란 토지소유자
가 받는 손실 중에서 이용제한과 상당인과 관계가 있다고 인정되는 모든 손실을
보상하여야 한다는 입장이다. 4) 지대설(地代說)이란 지대상당액이 보상의 기준이
되어야 한다는 입장이다. 5) 공용지역권설정설(公用地役權設定說)은 토지의 이용제한
을 공용지역권의 성질로 보아 이에 대한 대상을 보상하여야 한다는 입장이다.

제 5 절 공용환지와 공용환권

제1. 공용환지

1. 의 의

공용환지(公用換地)란 토지의 효용(이용가치)을 증진시키기 위하여 일정한 지역 안에 있는 토지의 구획 또는 형질을 변경함으로써 (권리자의 의사여하에 불구하고) 강제적으로 토지소유권 기타의 권리를 교환 또는 분합하는 것을 말한다. 공용환지는 강제적으로 토지에 관한 물권적 변동을 가한다는 점에서 물적 공용부담의 일종으로 보기도 한다. 그러나 공용환지는 되도록 권리의 실질에 변경을 가하지 않으면서 목적물을 변경하여 같은 가치의 토지와 교환하게 할 뿐이라는 점에서 공용제한이나 공용수용과 구별된다.

현행법상 인정되고 있는 공용환지의 종류는 ① 도시개발법에 의한 도시개발사업, ② 농어촌정비법에 의한 농업기반정비사업과 생활환경정비사업이 있다.

2. 도시개발사업

(1) 의 의

도시개발사업(都市開發事業)이란 도시개발구역 안에서 주거·상업·산업·유통·정보통신·생태·문화·보건 및 복지 등의 기능을 가지는 단지 또는 시가지를 조성하는 사업을 말한다(도시개발법2①ii). 따라서 이러한 도시개발사업의 시행은 토지 등의 수용 또는 사용에 의한 방식과 공용환지의 방법 그리고 이들을 혼용하는 방식이 있다. 수용 또는 사용 방식에 의해 사업이 시행되는 경우에는, (1) 구역 지정 및 개발계획 수립 단계, (2) 실시계획 수립 단계, (3) 토지수용 단계, (4) 공사 단계를 차례로 거치게 된다(헌재 2013.02.28, 2012헌바33<도시개발법제22조제1항위헌소원>)

(2) 도시계발구역의 지정

도시개발구역의 지정(指定)은 계획적인 도시개발이 필요하다고 인정되는 때에 특별시장·광역시장·도지사·특별자치도지사[시·도지사], 대도시시장이 한다(도시개발법3①). 도시개발구역지정권자는 해당 도시개발구역에 대한 도시개발사업의 계획을 수립하여야 하고, 환지방식에 의한 개발계획수립에는 그 지역의 토지면적의 3분의 2 이상에 해당하는 토지소유자와 그 지역의 토지소유자 총수의 2분의 1 이상의 동의를 얻어야 하며(도시개발법4④), 기초조사·주민등의견청취·도시계획위원회심의 등을 거쳐 고시하여야 한다(도시개발법6부터9까지).

(3) 환지계획

환지계획(換地計劃)이란 도시개발사업이 완료된 경우에 행하는 환지처분의 계획을 말한다. 사업시행자는 도시개발사업의 전부 또는 일부를 환지방식으로 시행하려면 환지설계 등의 사항이 포함된 환지계획을 작성하여야 한다(도시개발법28①). 행정청이 아닌 시행자가 환지계획을 작성하는 경우는 특별자치도지사·시장·군수·구청장의 인가를 받아야 한다(도시개발법29①). 행정청이 아닌 시행자가 환지계획의 인가를 신청하려고 하거나 행정청인 시행자가 환지계획을 정하려고 하는 경우에는 토지소유자와 임차권자 등에게 환지계획의 기준 및 내용 등을 알리고 대통령령으로 정하는 바에 따라 관계 서류의 사본을 일반인에게 공람시켜야 한다(도시개발법29③).

환지계획 인가 후에 당초의 환지계획에 대한 공람과정에서 토지소유자 등 이해 관계인이 제시한 의견에 따라 수정하고자 하는 내용에 대하여 다시 공람절차 등을 밟지 아니한 채 수정된 내용에 따라 한 환지예정지지정처분은 환지계획에 따르지 아니한 것이거나 환지계획을 적법하게 변경하지 아니한 채 이루어진 것이어서 당연무효라고 할 것이다(대판 1999.8.20, 97누6889).

이러한 환지계획의 처분성을 판례는 부정하고 있으나(대판 1999.8.20, 97누6889) 처분성을 인정하는 것이 타당하다.

(4) 환지예정지의 지정

(가) 의 의   사업시행자는 도시개발사업의 시행을 위하여 필요하면 도시개발구역의 토지에 대하여 환지예정지를 지정할 수 있다. 이 경우 종전의 토지에 대한 임차권자 등이 있으면 해당 환지예정지에 대하여 해당 권리의 목적인 토지 또는 그 부분을 아울러 지정하여야 한다(도시개발법35). 따라서 환지예정지(換地豫定地)란 환지처분을 행하기 전에 종전의 토지 위에 있는 건축물 등을 환지로 될 토지 위에 이전시키거나 종전의 토지의 소유자 기타 토지 위에 임차권의 사용·수익권을 이동시키는 것을 말한다. 이러한 환지예정지의 지정은 종전 토지와 환지에 관한 법률적 분쟁을 예방하고 토지의 권리관계를 조속히 안정시키기 위하여 인정된다.

환지예정지의 지정은 시행자가 필요하다고 인정될 때 행할 수 있으며, 이러한 지정행위는 상대방에 대하여 서면통지의 수령을 요하는 행정처분의 성질을 가진다(대판 1962.5.17, 62누10). 도시개발구역 내에 있는 토지가 행정재산인 경우에 그 용도폐지를 하지 아니하여도 환지예정지로 지정할 수 있다(대판 1981.2.24, 80다2464 참조).

(나) 효 과   환지예정지가 지정되면 종전의 토지에 관한 토지소유자 및 임차권자 등은 환지예정지 지정의 효력발생일로부터 환지처분의 공고가 있는 날까지 환지예정지나 해당 부분에 대하여 종전과 동일한 내용의 권리를 행사할 수 있으며, 종전의 토지는 사용하거나 수익할 수 없다(도시개발법§36①). 따라서 환지예정지의 원래 소유자는 종전의 토지를 임대할 수는 없지만(대판 1961.12.28, 4293행상89) 환지예정지의 지정처분 당시의 상태하에서 그 예정지를 사용·수익할 수는 있다(대판 1970.4.28, 70다334). 그리고 환지예정지의 지정이 있다고 해서 소유권을 상실하는 것은 아니므로 환지의 인가와 고시가 있을 때까지는 그 토지를 처분할 수 있다(대판 1963.5.15, 63누21).

환지예정지가 지정되더라도 소유권에는 변동이 없으므로 종전의 토지소유자는 그 토지를 처분할 수 있으나, 지정받은 환지예정지는 처분할 수 없다. 따라서 환지예정지를 목적으로 하는 매매계약은 그 환지예정지에 의하여 표현되는 종전의 토지매매로 본다(대판 1962.10.8, 62다56).

(다) 쟁 송   환지예정지 지정처분은 환지처분의 공고일까지만 효력이 있으므로 그에 대한 항고소송은 환지처분이 유효하게 공고되면 그 소의 이익이 소멸된다(대판 1999.8.20, 97누6889).

(5) 환지처분

(가) 의 의   환지처분(換地處分)이란 공사가 완료된 후 종전의 토지에 대하여 소유권을 가진 자에게 종전의 토지에 갈음하여 환지계획에 정하여진 토지를 할당하는 것을 말한다. 이러한 환지처분의 성질은 <u>형성적 행정행위</u>이다. 따라서 환지처분에 의하여 종전의 토지의 구획·형질이 변경되어 불확정의 상태로 된 환지계획구역에 있어서 소유권 기타의 권리관계가 확정되게 된다.

종전의 토지가 단독 또는 다른 토지들과 합동으로 환지되었다면 그 환지가 제자리 환지라 하더라도 환지처분이 대인적 처분이 아닌 <u>대물적 처분의 성격</u>을 가진 점에 비추어 종전 토지소유자는 환지에 대하여 단독 또는 공동으로 환지의 소유권을 취득한다 할 것이다. 따라서 사업시행자가 종전 토지소유자가 아닌 다른 사람을 환지받는 권리자로 지정하였다 하여 종전 토지소유자가 환지의 소유권을 취득하고 이를 행사함에 있어서는 아무런 영향이 없다 할 것이다(대판 1978.9.26, 78누134; 대판 1987.2.10, 86다카285).

(나) 내 용   환지처분의 내용은 모두 환지계획에 의하여 미리 결정되는 것이며, 환지처분은 다만 환지계획구역에 대한 공사가 완료되기를 기다려서 환지계획에 정하여져 있는 바를 토지소유자에게 통지하고 그 뜻을 공고함으로써 효력이

발생되는 것이다. 따라서 환지계획과는 별도의 내용을 가진 환지처분은 있을 수 없는 것이므로 환지계획에 의하지 아니하고 환지계획에도 없는 사항을 내용으로 하는 환지처분은 무효로서 그 효력을 발생할 수 없다(대판 1993.5.27, 92다14878; 대판 2000.2.25, 97누5534).

　(다) 효 과　　　　환지처분이 있으면 환지계획에 정하여진 환지는 그 환지처분 공고의 익일부터 종전의 토지로 보며, 종전의 토지에 대한 모든 권리는 환지 위로 옮겨지며, 종전의 토지에 대한 권리는 공고일이 종료할 때에 소멸한다(도시개발법42 ①). 여기서 '종전의 토지로 본다'는 것은 종전의 토지 위에 존재한 모든 권리·의무가 사정이 허락하는 한 동일한 내용으로 환지 위에 존속한다는 것을 의미한다. 따라서 환지의 면적이 종전토지에 감보율을 적용한 권리면적보다 큰 이른바 증평환지의 경우에 있어서도 환지 전체를 종전의 토지로 보는 효과에는 아무런 영향이 없다(대판 1998.4.14, 97누13856; 대판 2005.4.29, 2003두3284<스타상호저축은행>).

　(라) 구 제　　　　사업시행자는 건축물 등을 이전하거나 제거하여 공사를 완료한 후 환지처분을 함으로써 사업구역 내의 토지소유자가 환지처분받은 토지의 사용수익을 방해받지 않도록 할 의무가 있다. 따라서 사업시행자가 환지처분에 이르기까지 환지로 지정된 토지상의 무허가 건물을 철거하여 대지조성공사를 완료하지 아니함으로써 환지처분받은 사람이 위 토지를 사용할 수 없게 한 경우에는 그 손해를 배상할 책임이 있다(대판 2007.6.14, 2005다1810<환지처분지장물>).

　환지처분은 직접 토지소유자 등의 권리의무에 변동을 초래하기 때문에 항고소송의 대상이 된다(대판 1999.8.20, 97누6889). 그러나 환지처분 중 일부토지에 대해 위법사유가 있더라도 환지확정처분의 일부에 대한 취소소송을 할 수 없다(대판 1985.4.23, 84누446).

(6) 청산금과 감가보상금

　시행자는 환지처분의 공고가 있은 후에 확정된 청산금(清算金)을 징수하거나 교부하여야 한다. 다만 환지를 정하지 않은 토지에 대해서는 환지처분 전이라도 청산금을 교부할 수 있다(도시개발법46①). 청산금의 징수·교부의 대상은 원칙적으로 환지처분공고 당시의 등기부상의 토지소유자이다(대판 1989.11.10, 88누9923). 그리고 이러한 청산금을 받을 권리 또는 징수할 권리는 5년간 이를 행사하지 않을 경우에 시효소멸한다(도시개발법47).

　시행자는 도시개발사업의 시행으로 인하여 토지가액의 총액이 사업시행 전보다 감소한 때에는 그 차액에 상당하는 감가보상금(減價補償金)을 종전 토지소유자 또는 임차권자 등에게 지급하여야 한다(도시개발법45).

제2. 공용환권

1. 의 의

(1) 개 념

공용환권(公用換權)이란 토지와 건축시설의 전체에 관하여 권리의 교환·분합을 권리자의 의사와 관계없이 강제적으로 행하는 것을 말한다. 공용환권의 특징은 교환·분합되는 대상이 토지에 한정되는 것이 아니고, 새로 취득하는 권리가 환권이전의 권리내용과 동질적인 것이 아니라는 점에 있다. 따라서 공용환권은 토지의 평면적·입체적 변환방식으로서 성질상 공용환지의 변형으로 이해된다.

공용환권이 현행법상 인정되는 경우는 [도시정비법]43)(2)에 의한 정비사업, 즉 주거환경개선사업, 주택재개발사업[주택재건축정비사업], 주택재건축사업, 도시환경정비사업 등이 있다([도시정비법]2ii참조).

(2) 주택재건축사업

(가) 의 의　　　　주택재건축사업이란 '정비기반시설은 양호하나 노후·불량건축물이 밀집한 지역에서 주거환경을 개선하기 위하여 시행하는 사업'을 말한다([도시정비법]2ii(다)). 이러한 주택재건축사업은 도시·주거환경 정비기본계획의 수립(법3), 정비계획의 수립 및 정비구역의 지정·고시(법4), 조합설립추진위원회의 구성 및 인가(법13), 조합의 설립 및 인가(법16), 사업시행인가(법28), 관리처분계획의 수립 및 인가(법48), 이전고시(법54), 청산(법57) 등의 절차를 거쳐서 이루어진다.

따라서 주택재건축사업의 내용·목적·시행절차 등을 고려할 때, 주택재건축사업은 사적 개발사업이라는 측면이 없는 것은 아니지만 노후·불량한 건축물을 정비하여 주거환경을 개선한다는 공익적 측면이 강하다고 할 것이다.

(나) 주택재건축조합과 주택재개발조합　　　　주택재건축조합은 법에 의하여 그 설립목적과 절차가 규율되고, 조합원들에 대하여 각종의 권한을 행사하고 의무를 강제할 수 있으며, 사업시행과 관련하여 여러 가지 특례가 인정되며, 행정청의 감독을 받고, 국가 등으로부터 각종 지원을 받을 수 있다. 이러한 사정에 비추어 보면 주택재건축조합은 조합원에 대한 법률관계에서는 특수한 존립목적을 부여받은 특수한 행정주체로서 국가의 감독하에 그 존립 목적인 특정한 공공사무를 행하고

---

43) [도시정비법]의 제정(2002.12.30.)으로 종래 도시재개발법에 의한 재개발사업, 도시저소득주민의주거환경개선을위한임시조치법에 의한 주거환경개선사업, 주택건설촉진법에 의한 재건축사업을 '정비사업'으로 통일하여 관리하게 되었다.

있다고 볼 수 있는 범위 내에서는 공법상의 권리·의무 관계에 있는 사단법인이라고 할 것이다(대판 1996.02.15, 94다31235 전원합의체<동소문구역 주택개량재개발조합>; 대판 2002.12.10, 2001두6333<도원구역 주택재개발조합> 참조). 이러한 주택재건축조합은 주택재개발조합과 그 성격이 다르지 않고, 그 수행하는 사업의 공공성의 유무에 있어서도 본질적인 차이가 없다.

▣ 재건축조합 ▣

(1) 재건축조합의 법적 지위

따라서 적법한 절차를 거쳐 설립된 재건축조합은 관할 행정청의 감독 아래 정비구역 안에서 도시정비법상의 '주택재건축사업'을 시행하는 목적 범위 내에서 법령이 정하는 바에 따라 일정한 행정작용을 행하는 행정주체로서의 지위를 갖는다(대판 2009.9.24, 2008다60568). 과거 주택건설촉진법에 의하여 조합설립인가처분을 받은 주택재건축정비사업조합이 [도시정비법] 부칙 제10조 제1항에 따라 설립등기를 마친 후에는 해당 재건축조합도 행정주체(공법인)로 보게 된다(대판 2014.02.27, 2011두11570<조합설립무효확인등>). 따라서 정비구역 내에 토지를 소유하고 있는 지방자치단체는, 반대의 의사를 표시하거나 반대하였다고 볼 수 있는 행위를 하지 않았다면, 조합설립인가처분을 통하여 해당 정비사업조합의 설립에 동의한 것으로 볼 수 있다(대판 2005.03.11, 2004두138; 대판 2013.05.24, 2011두14937; 대판 2014.02.27, 2011두11570).

(2) 정관과 조합원

(가) 정 관　　　법인의 정관이나 그에 따른 세부사업을 위한 규정 등 단체 내부의 규정은 특별한 사정이 없는 한 이를 유효한 것으로 시인하여야 할 것이지만, 그것이 선량한 풍속 기타 사회질서에 위반되는 등 사회통념상 현저히 타당성을 잃은 것이거나 결정절차가 현저히 정의에 어긋난 것으로 인정되는 경우 등에는 그러하지 아니하다(대판 1992.11.24, 91다29026; 대결 2007.07.24, 2006마635; 대판 2012.8.23, 2010두13463 등 참조). 법정동의서의 정관에 관한 사항 부분은 정관에 포함될 구체적 내용에 대한 동의를 얻기위한 취지라기보다는 조합의 운영과 활동에 관한 자치규범으로서 정관을 마련하고 그 규율에 따르겠다는 데에 대한 동의를 얻기 위한 취지로 해석된다(대판 2014.01.16, 2011누12801<조합설립인가취소>).

재개발조합 정관의 필요적 기재사항이자 엄격한 정관변경절차를 거쳐야 하는 '조합의 비용부담'에 관한 사항이 당초 재개발조합 설립인가 당시와 비교하여 볼 때 조합원들의 이해관계에 중대한 영향을 미칠 정도로 실질적으로 변경된 경우에는 비록 그것이 정관변경에 대한 절차가 아니라 하더라도 특별다수의 동의요건을 규정하여 조합원들의 이익을 보호하려는 [도시정비법] 제20조(정관의 작성 및 변경) 제3항(조합원 과반수 또는 3분의 2이상의 동의와 시장·군수의 인가 요건), 제1항 제8호(조합의 비용부담 및 조합의 회계)의 규정을 유추적용하여 조합원의 3분의 2 이상의 동의를 필요로 한다고 보는 것이 타당하다(대판 2013.10.24, 2012두12853<조합설립변경인가처분취소>). 따라서 재개발조합원들의 이해관계에 중대한 영향을 미치고 당초의 재개발조합 설립인가의 내용을 실질적으로 변경하는 '조합의 비용부담'에 관한 의결정족수를 조합원의 3분의 2 이상에 못 미치는 동의로도 가결될 수 있도록 하고 있는 정관의 규정은 사회통념상 현저히 타당성을 잃은 것으로서 그 효력을 인정하기 어렵다(대판 2009.01.30, 2007다31884; 대판 2012.08.23, 2010두13463; 대판 2013.10.24, 2012두12853<조합설립변경인가처분취소>). 또한 이러한 정관의 규정은 [도시정비법](16①)의 엄격한 동의요건(토지소유자의 4분의 3이상)을 거쳐 성립한 재개발조합 설립인가의 내용이 손쉽게 변경되어 재개발조합 설립인가의 기초가 흔들릴 수 있을 뿐만 아니라, 일단 변경된 내용도 다시 이해관계를 달리하는 일부 조합원들의 이합집산에 의하여 재차 변경될 수 있어 권리관계의 안정을 심히 해하고 재개발사업의 원활한 진행에 상당한 장애를 가져올 수 있다.

조합설립인가 신청시 제출된 동의서에 포함된 '조합정관'의 사항에 변경이 있다고 하더라도 조합설립의 인가에 동의하였던 토지 등 소유자가 동의 철회의 시기와 방법 등 절차에 따라 동의를 철회하지 아니하는 한 그 동의서의 효력은 그대로 유지된다고 할 것이다. 따라서 행정청은 추진위원회가 작성한 정관 초안의 내용이 창립총회에서 변경되었다고 하더라도 조합설립인가 신청시 제출된 토지 등 소유자의 동의서만으로 조합설립인가 여부를 심사하는 것으로 충분하다(대판 2014.01.16, 2011두12801<조합설립인가취소>).

(나) 조합원   조합은 각자의 사정 내지는 필요에 따라 일정한 범위 내의 무허가 건축물 소유자에게 조합원의 자격을 부여하도록 정관으로 정할 수 있다(대판 1999.07.27, 97누4975). 따라서 재개발조합의 정관이 일정한 요건을 갖춘 무허가 건축물의 소유자에게도 조합원의 자격을 부여하도록 규정하고 있다면 무허가건축물이 재개발조합의 정관에서 정한 요건에 해당한다는 사실을 입증하여 당해 재개발조합의 조합원이 될 수 있다.

국가 또는 지방자치단체가 조합설립에 대한 동의를 얻어야 하는 토지 또는 건축물 소유자에 해당하는 경우에는 정비사업과 관련한 여러 권한과 역할을 부여받고 있는 특수한 공적 지위 등을 고려해서 정비사업조합 설립을 비롯한 정비사업의 추진에 관한 동의의 의사는 반드시 서면 등에 의하여 명시적으로 표시될 필요가 없다(대판 2014.04.14, 2012두1419 전원합의체<서울마포구청장/신수1주택재건축정비사업조합>). 그리고 정비구역 안에 여러 필지의 국·공유지가 있는 경우에도 그 소유권의 수에 관계없이 토지 또는 건축물 소유자를 소유자별로 각각 1명으로 산정한다(대판 2014.04.14, 2012두1419 전원합의체).

(3) 재건축조합설립

(가) 설립인가의 성질   재건축조합설립인가처분은 단순히 사인들의 조합설립행위에 대한 보충행위로서의 성질을 갖는 것에 그치는 것이 아니라, 법령상 요건을 갖출 경우 도시정비법상 주택재건축사업을 시행할 수 있는 권한을 갖는 행정주체(공법인)로서의 지위를 부여하는 일종의 설권적 처분의 성격을 갖는다(대판 2009.9.24, 2008다60568). 과거 주택건설촉진법에 의한 조합설립인가처분도 도시정비법 부칙 제3조에 의하여 일종의 설권적 처분으로 의제되어 그 처분의 당부를 항고소송으로 다툴 수 있다(대판 2014.02.27, 2011두11570<조합설립무효확인등>).

[도시정비법]부칙(3)에 의하여 조합설립인가처분의 법적 성격이 설권적 처분으로 의

제된다고 하더라도 이는 주택건설촉진법상 유효하게 성립한 조합설립인가처분만을 대상으로 하는 것일 뿐 주택건설촉진법상 무효였던 조합설립인가처분이 도시정비법의 시행으로 인하여 유효하게 되는 것은 아니다(대판 2014.02.27, 2011두11570<조합설립무효확인등>).

조합설립변경인가처분은 당초 조합설립인가처분에서 이미 인가받은 사항의 일부를 수정 또는 취소·철회하거나 새로운 사항을 추가하는 것으로서 유효한 당초 조합설립인가처분에 근거하여 설권적 효력의 내용이나 범위를 변경하는 성질을 가진다. 따라서 당초 조합설립인가처분이 쟁송에 의하여 취소되었거나 무효인 경우에는 이에 터잡아 이루어진 조합설립변경인가처분도 원칙적으로 효력을 상실하거나 무효이다. 그런데 선행 조합설립변경인가처분이 쟁송에 의하여 취소되었거나 무효인 경우라도 후행 조합설립변경인가처분이 선행 조합설립변경인가처분에 의해 변경된 사항을 포함하여 새로운 조합설립변경인가처분의 요건을 갖추고 있는 경우에는 그에 따른 효과가 인정될 수 있다. 이러한 경우에 조합은 당초 조합설립인가처분과 새로운 조합설립변경인가처분의 요건을 갖춘 후행 조합설립변경인가처분의 효력에 의하여 정비사업을 계속 진행할 수 있으므로, 그 후행 조합설립변경인가처분을 무효라고 할 수는 없다(대판 2014.05.29, 2011다46128<매도·매도청구(화곡3지구주택재건축정비사업조합)>).

(나) 설립인가변경   [도시정비법] 관계법령은 '조합설립인가의 변경에 있어서 신고사항'과 '변경인가사항'을 구분하고 있다. 그런데 행정청이 신고사항을 변경하면서 신고절차가 아닌 변경인가 형식으로 처분을 한 경우, 그 성질은 신고사항을 변경하는 내용의 신고를 수리하는 의미에 불과한 것으로 보아야 하므로, 그 적법 여부 역시 변경인가의 절차 및 요건의 구비 여부가 아니라 신고 수리에 필요한 절차 및 요건을 구비하였는지 여부에 따라 판단해야 한다(대판 2013.10.24, 2012두12853<조합설립변경인가처분취소>).

조합설립인가와 조합설립변경인가는 동의서에 동의를 받도록 하고, 정관의 확정·변경, 사업시행계획서의 수립·변경, 관리처분계획의 수립·변경 등은 총회 의결에 따라 동의를 받도록 하여 동의서 방식과 총회 의결 방식을 구별하고 있다. 총회 의결의 경우 조합원의 100분의 10 이상이 직접 출석하도록 하여 총회 의결의 실질화를 꾀하고 있으므로, '조합설립인가의 변경에서 신고사항'을 변경하면서 변경인가 형식으로 처분을 한 경우 변경인가 절차에 따른 조합원 4분의 3 이상의 동의서를 받았다고 하더라도 이로써 총회 의결에 의한 동의에 갈음할 수는 없다(대판 2013.10.24, 2012두12853<조합설립변경인가처분취소>).

(4) 재건축조합의 법률관계
(가) 민사소송   재건축조합의 설립결의도 민사소송이 아닌 행정소송으로 이의를 제기하여야 한다. 그런데 [도시정비법]상 재개발조합과 조합장 또는 조합임원 사이의 선임·해임 등을 둘러싼 법률관계의 성질은 사법상 법률관계이다(대결 2009.9.24, 2009마168·169<가처분이의·직무집행정지가처분>). 조합설립에 동의하지 않은 자의 토지 및 건축물에 대한 주택재건축정비사업조합의 매도청구권을 둘러싼 법률관계는 사법상 법률관계로서 그 매도청구권 행사에 따른 소유권이전등기의무의 존부를 다투는 소송은 민사소송에 의한다(대판 2010.04.08, 2009다93923<소유권이전등기>).

(나) 항고소송   재개발조합이 조합원들에게 정해진 기한까지 분양계약에 응해 줄 것을 안내하는 '조합원 분양계약에 대한 안내서'를 보낸 행위는 조합원들에게 분양계약의 체결 또는 분양금의 납부를 명하거나 기타 법률상 효과를 새로이 발생하게 하는 등 조합원들의 구체적인 권리의무에 직접적 변동을 초래하는 행정처분에 해당하지 아니하고 그 부존재확인을 구할 법률상 이익도 없다(대판 2002.12.10, 2001두6333; 대판 2002.12.27, 2001두2799).

주택재개발사업조합이 당초 조합설립변경인가[A]를 변경하는 조합설립변경인가[B]를 받은 경우에 당초 조합설립변경인가[A]는 취소·철회되고 변경된 조합설립변경인가[B]가 새로운 조합설립변경인가가 된다. 이 경우 당초 조합설립변경인가[A]는 더 이상 존재하지 않는 처분이거나 과거의 법률관계가 되므로 특별한 사정이 없는 한 그 취소를 구할 소의 이익이 없다.

그러나 당해 주택재개발사업조합이 당초 조합설립변경인가[A]에 기초하여 사업시행계획의 수립 등의 후속 행위를 하였다면 당초 조합설립변경인가[A]가 무효로 확인되거나 취소될 경우 그 유효를 전제로 이루어진 후속 행위 역시 소급하여 효력을 상실하게 되므로, 위와 같은 형태의 변경된 조합설립변경인가[B]가 있다고 하여 당초 조합설립변경인가[A]의 취소를 구할 소의 이익이 소멸된다고 볼 수는 없다(대판 2013.10.24, 2012두12853<조합설립변경인가처분취소>).

(다) 당사자소송   조합설립변경인가 또는 사업시행계획안에 대한 인가가 이루어지기 전에 행정주체인 재건축조합을 상대로 그 조합설립변경 결의 또는 사업시행계획 결의의 효력 등을 다투는 소송은 행정처분에 이르는 절차적 요건의 존부나 효력 유무에 관한 소송으로서 그 소송결과에 따라 행정처분의 위법 여부에 직접 영향을 미치는 공법상 법률관계에 관한 것이므로 이는 행정소송법상의 당사자소송에 해당한다(대판 2009.9.17, 2007다2428 전원합의체; 대판 2010.07.29, 2008다6328<재건축조합총회결의무효확인의소>).

(다) 주택재건축조합과 주택법에 의한 주택조합   주택법에 의한 주택조합도 그 설립을 위해서는 인가가 필요하다는 점(주택법32) 등에서는 주택재건축조합과 비슷한 측면이 있다. 그러나 주택조합이 시행하는 사업은 조합원들이 자율적으로 결정하고 법령에 의한 강제나 특례 등이 거의 없어 공공성이 있다고 할 수 없다. 따라서 주택재건축사업과 주택조합이 시행하는 사업은 공공성의 유무에 있어서 근본적인 차이가 있다(대판 2007.4.27, 2007도694)

2. 정비사업의 계획

(1) 정비기본계획과 정비계획

특별시장·광역시장·특별자치시장·특별자치도지사 또는 시장은 10년 단위로 정비사업의 기본방향 등을 제시하는 도시·주거환경정비기본계획[정비기본계획]을 수립하여야 한다([도시정비법]3①). 이러한 정비기본계획은 주민에게 공람하고 지방의회의 의견청취 후 [국토계획법]에 의한 지방도시계획위원회의 심의를 거쳐야 한다([도시정비법]3③).

시장·군수 또는 구청장은 정비기본계획에 적합한 범위 안에서 노후·불량건축물이 밀집하는 등 대통령령이 정하는 요건에 해당하는 구역에 대하여 정비사업의 명칭과 정비구역 및 그 면적 등의 사항이 포함된 정비계획을 수립할 수 있다. 이러한 경우도 주민에게 서면통보한 후 주민설명회를 하고 주민의 공람과 지방의회의 의견을 들은 후 특별시장·광역시장·도지사에게 정비구역지정을 신청하여야 한다([도시정비법]4①).

(2) 정비구역

(가) 정비구역의 지정   시·도지사가 정비구역을 지정한 때에는 이를 공보에 고시하고 국토교통부장관에게 그 지정내용을 보고하여야 하며, 관계서류를 일반인이 열람할 수 있도록 한다([도시정비법]4⑥). 정비구역지정은 공공복리의 증진을 위한 전문적·기술적 판단을 기초로 이루어지는 재량행위이다(대판 1993.10.8, 93누10569<도시재개발구역지정·변경>).

(나) 지정의 효과   정비구역으로 지정되면 정비계획의 내용에 적합하지 않은 건축물 또는 공작물의 설치가 제한된다. 정비구역 안에서 건축물의 건축, 공작물의 설치, 토지의 형질변경, 토석의 채취, 토지분할, 물건의 적재행위 등을 하고자 하는 자는 시장·군수의 허가를 받아야 한다([도시정비법]5①).

따라서 정비구역지정은 개인의 권리·의무에 직접적이고 구체적인 영향을 미치는 행위로서 행정소송의 대상이 되는 처분에 속한다고 할 것이다(대판 1993.10.8, 93누10569<도시재개발구역지정·변경>). 그런데 정비구역의 지정 또는 변경을 지역주민들이 청구할 수 있는가가 문제된다. 이에 대해서 대법원은 법규상 또는 조리상 신청권이 없으므로 사업변경신청에 대한 불허통지는 항고소송의 대상이 되는 행정처분에 해당하지 않는다(대판 1999.8.24, 97누7004<재개발구역분할및사업계획변경신청>)고 판시하였다.

3. 정비사업의 시행

(1) 시행자

주거환경개선사업은 토지 등 소유자 또는 지상권자의 3분의 2 이상의 동의와 세입자세대수 과반수의 동의를 각각 얻어 시장·군수가 직접 시행하거나 주택공사 등을 사업시행자로 지정하여 시행할 수 있다([도시정비법]7).

주택재개발사업은 조합이 이를 시행하거나 조합이 조합원 과반수의 동의를 얻어 시장·군수, 주택공사 등, 건설업자, 등록사업자 또는 대통령령이 정하는 요건을 갖춘 자와 공동으로 시행할 수 있다([도시정비법]8①).

주택재건축사업은 조합이 이를 시행하거나 조합이 조합원 과반수의 동의를 얻어 시장·군수 또는 주택공사 등과 공동으로 이를 시행할 수 있다([도시정비법]8②).

도시환경정비사업은 조합 또는 토지등소유자가 시행하거나, 조합 또는 토지등소유자가 조합원 또는 토지등소유자의 과반수의 동의를 얻어 시장·군수, 주택공사 등, 건설업자, 등록사업자 또는 대통령령이 정하는 요건을 갖춘 자와 공동으로 시행할 수 있다([도시정비법]8③).

그리고 시장·군수는 장기간 정비사업이 지연되거나 권리관계에 대한 분쟁 등으로 인하여 해당 조합 또는 토지등소유자가 정비사업을 계속 추진하기 어려운 경우는 직접 사업을 시행하거나 사업대행자를 지정할 수 있다([도시정비법]9).

(2) 사업시행인가

(가) 의 의   사업시행자가 정비사업을 시행하고자 하는 경우에는 사업시행계획서에 정관 등과 그 밖에 국토교통부령이 정하는 서류를 첨부하여 시장·군수에게 제출하고 사업시행인가를 받아야 하고, 인가받은 내용을 변경하거나 정비사업을 중지 또는 폐지하고자 하는 경우에도 또한 같다([도시정비법]28①).

정비사업조합이 수립한 사업시행계획이 인가·고시를 통해 확정되면 이해관계인에 대한 구속적 행정계획으로서 독립된 행정처분에 해당하므로(대결 2009.11.02, 2009마596 참조), 사업시행계획의 인가행위는 주택재개발정비사업조합의 사업시행계획에 대한 법률상의 효력을 완성시키는 보충행위에 해당한다(대판 2008.01.10, 2007두16691; 대판 2010.12.9, 2009두4913 참조).

주택재건축사업시행의 인가는 상대방에게 권리나 이익을 부여하는 효과를 가진 이른바 수익적 행정처분으로서 법령에 행정처분의 요건에 관하여 일의적으로 규정되어 있지 아니한 이상 행정청의 재량행위에 속한다. 그러므로 처분청으로서는 법령상의 제한에 근거한 것이 아니라 하더라도 공익상 필요 등에 의하여 필요한 범위 내에서 여러 조건(부담)을 부과할 수 있다(대판 2007.7.12, 2007두6663).

(나) 효 과   사업시행인가를 받은 토지 등 소유자들은 관할 행정청의 감독 아래 정비구역 안에서 정비사업을 시행하는 목적 범위 내에서 법령이 정하는 바에 따라 일정한 행정작용을 행하는 행정주체로서의 지위를 가진다. 따라서 토지 등 소유자들이 직접 시행하는 정비사업에서 토지 등 소유자에 대한 사업시행인가처분은 단순히 사업시행계획에 대한 보충행위로서의 성질을 가지는 것이 아니라 정비사업을 시행할 수 있는 권한을 가지는 행정주체로서의 지위를 부여하는 일종의 설

권적 처분의 성격을 가진다고 할 것이다(대판 2013.6.13, 2011두19994).

그리고 정비사업을 직접 시행하려는 토지 등 소유자들은 시장·군수로부터 사업시행인가를 받기 전에는 행정주체로서의 지위를 가지지 못하기 때문에, 그가 작성한 사업시행계획은 인가처분의 요건 중 하나에 불과하고 항고소송의 대상이 되는 독립된 행정처분에 해당하지 아니한다고 할 것이다(대판 2013.6.13, 2011두19994).

(3) 정비사업시행을 위한 조치

조합은 조합설립인가를 받은 후 조합총회에서 국토교통부장관이 정하는 경쟁입찰의 방법으로 건설업자 또는 등록사업자를 시공자로 선정하여야 한다([도시정비법]10①). 시장·군수는 정비계획의 수립 또는 주택재건축사업의 시행여부를 결정하기 위하여 안전진단을 실시하여야 하고([도시정비법]12①), 안전진단의 결과와 도시계획 및 지역여건 등을 종합적으로 검토하여 정비계획의 수립 또는 주택재건축사업의 시행여부를 결정하여야 한다([도시정비법]12⑤).

사업시행자는 정비사업을 시행하고자 하는 경우에 사업시행계획서를 시장·군수에게 제출하고 사업시행인가를 받아야 한다([도시정비법]28①).

사업시행자는 주거환경개선사업 및 주택재개발사업의 시행으로 철거되는 수택의 소유자 또는 세입자에 대하여 당해 정비구역 내·외에 소재한 임대주택 등의 시설에 임시로 거주하게 하거나 주택자금의 융자알선 등 임시수용에 상응하는 조치를 하여야 한다([도시정비법]36①1문). 이 경우 사업시행자는 그 임시수용을 위하여 필요한 때에는 국가·지방자치단체 그 밖의 공공단체 또는 개인의 시설이나 토지를 일시 사용할 수 있다([도시정비법]36①2문). 이러한 공공단체 또는 개인의 시설이나 토지를 임시 사용함으로써 손실을 받은 자가 있는 경우에는 사업시행자는 그 손실을 보상하여야 한다([도시정비법]37).

사업시행자는 정비구역 안에서 정비사업을 시행하기 위하여 필요한 경우에는 [토지등보상법] 의 규정에 의한 토지·물건 또는 그 밖의 권리를 취득하거나 사용할 수 있다([도시정비법]38). 사업시행자는 주택재건축사업을 시행할 때 조합설립의 동의를 하지 아니한 자, 건축물 또는 토지만을 소유한 자 등의 토지 또는 건축물에 대하여 매도청구를 할 수 있다([도시정비법]39①). 매도청구에 관한 이러한 [도시정비법]의 규정은 매도청구권 행사에 있어서 그 요건·절차·기간 등을 제한함으로써 상대방의 이익을 충분히 보장하고 있고, 매도의 기준가격으로 정하고 있는 시가에는 재건축으로 인하여 발생할 것으로 예상되는 개발이익까지 포함되므로, 재산권이나 평등권을 침해하지 않는다(헌재 2012.12.27, 2012헌바27<[도시계획법]제39조등위헌소원>). 그리고 조합원이 분양신청을 하지 아니하거나 철회하는 등 현금청산 대상자를 상대로 재건축조합은 [도시정비법] 제39조의 매도청구권을 행사하여 정비구역 내 부동산에 관한 소유권이전등기를 청구할 수 있다(대판 2013.9.26, 2011다16127).

4. 분양절차

(1) 분양공고와 분양신청

사업시행자는 사업시행인가의 고시가 있은 날로부터 60일 이내에 개략적인 부담금내역 및 분양신청기간 등을 토지등소유자에게 통지하고 분양의 대상이 되는 대지 또는 건축물의 내용 등을 일간신문에 공고하여야 한다([도시정비법]46①1문). 분양신청기간은 공고한 날로부터 30일 이상 60일 이내로 하여야 한다([도시정비법]46①2문).

분양신청을 하지 아니한 자 또는 분양신청을 철회44)한 자 등에 대해서는 관리처분계획인가를 받은 날의 다음날로부터 90일 이내에 토지·건축물 또는 그 밖의 권리에 대하여 현금으로 청산하여야 한다([도시정비법]47①). 이와 같이 90일 이내에 현금으로 청산하도록 한 것은 재개발사업을 신속하고도 차질없이 추진할 수 있도록 하려는 취지이다(대판 2010.08.19, 2009다81203 등 참조). 재개발사업시행자가 분양신청을 하지 아니한 재개발구역 내의 토지소유자에 대하여 대지 및 건축시설을 분양하지도 아니하고 청산금도 지급하지 아니한 채 분양처분고시를 함으로써 토지의 소유권을 상실시킨 경우 토지소유자에 대하여 불법행위의 책임을 진다(대판 2002.10.11, 2002다33502).

(2) 관리처분계획(환권계획·권리변환계획)

(가) 의 의   관리처분계획(管理處分計劃)이란 사업이 완료된 경우에 행할 환권처분의 예정을 말하며, 환권계획과 같은 것이다. 관리처분계획은 정비사업 완료 후에 행할 이전고시(분양처분)의 내용을 미리 정하는 것이기 때문에, 이전고시(분양처분)의 논리적 전제가 될 뿐만 아니라 법적 토대가 된다.

(나) 인 가   사업시행자는 분양신청기간이 종료된 때에는 기존의 건축물을

---

44) 분양신청기간 중 분양신청을 한 자는 무제한적으로 분양신청을 철회할 수 있는 것이 아니다. 분양신청 기간종료전에 철회할 수는 있으나, 분양신청기간이 종료된 이후부터 관리처분계획인가 고시일 이전의 기간 중에 분양신청을 철회할 수 없다고 보아야 한다. 분양신청기간 종료일 이후 개별적인 분양신청 철회를 무제한으로 인정한다면 원칙적으로 분양신청기간 종료시를 기준으로 작성되고 시장·군수의 인가 및 조합원 총회의 의결을 거쳐야 하는 관리처분계획이 지속적으로 수정 또는 변경될 수밖에 없어 재개발사업이 지연될 뿐만 아니라, 관리처분계획과 관련된 절차 자체가 진행되지 못하여 재개발사업이 중단되는 경우도 발생할 수 있기 때문이다.

철거하기 전에 관리처분계획을 수립하여 토지등소유자에게 공람하게 하고 의견을 들어 시장·군수의 인가를 받아야 한다([도시정비법]48). 행정청이 관리처분계획에 대한 인가여부를 결정할 때에는 그 관리처분계획에 [도시정비법] 관계법령에 규정된 사항의 포함여부와 기준의 부합여부 등을 심사·확인하여 그 인가 여부를 결정할 수 있을 뿐 기부채납과 같은 다른 조건을 붙일 수는 없다(대판 2012.8.30, 2010두24951).

주택재개발정비사업시 1주택 1분양권 공급원칙을 규정한 [도시정비법] 제48조 제2항 제6호는 정비구역 내 토지등소유자 사이의 이해관계를 조정하고, 투기수요를 차단하여 국민의 주거 안정을 확보하기 위한 것으로써 재산권보장 및 평등원칙에 반하지 않고, 관리처분계획의 내용, 관리처분의 방법·기준 등을 대통령령에 위임한 [도시정비법] 제48조 제7항은 탄력적 규율이 필요한 부분이어서 위임입법의 필요성이 인정되고 법률에서 구체적인 기준을 제시하는 등 예측가능성도 있어 위임입법의 한계를 벗어나지 않으므로 헌법에 위반되지 않는다(헌제 2012.3.29, 2010헌바217<[도시정비법]제48조제2항제6호 등 위헌소원>).

시장·군수가 관리처분계획을 인가한 때에는 그 내용을 지방자치단체의 공보에 고시하여야 하고, 사업시행자는 분양신청을 한 자에게 관리처분계획의 인가내용을 통지하여야 한다. 그리고 관리처분계획의 인가고시가 있은 때에는 종선의 토지 또는 건축물의 소유자·지상권자·전세권자·임차권자 등 권리자는 이전고시가 있은 날까지 종전의 토지 또는 건축물을 사용·수익할 수 없다([도시정비법]49).

당초 관리처분계획의 경미한 사항을 변경하는 경우와 달리, 관리처분계획의 주요 부분을 실질적으로 변경하는 내용으로 새로운 관리처분계획을 수립하여 시장·군수의 인가를 받은 경우에는, 당초 관리처분계획은 달리 특별한 사정이 없는 한 효력을 상실한다(대판 2012.03.22, 2011두6400 전원합의체).

(다) 쟁 송   관리처분계획은 토지소유자 등의 권리의무에 구체적이고 직접적인 영향을 미치는 것으로서 조합이 행한 처분에 해당하므로 항고소송의 대상이 된다(대판 2002.12.10, 2001두6333). 그런데 이전고시의 효력 발생으로 이미 대다수 조합원 등에 대하여 획일적·일률적으로 처리된 권리귀속 관계를 모두 무효화하고 다시 처음부터 관리처분계획을 수립하여 이전고시 절차를 거치도록 하는 것은 정비사업의 공익적·단체법적 성격에 배치된다. 따라서 이전고시(분양처분)의 효력발생 이후에는 원상회복이 불가능하므로 조합원 등이 관리처분계획의 취소 또는 무효확인을 구할 법률상 이익이 없다(대판 1999.10.8., 97누12105; 대판 2012.03.22, 2011두6400 전원합의체[다수의견][45]; 대판 2012.5.24, 2009두22140), 이는 관리처분계획에 대한 인가처분의 취소 또는

---

45) [별개의견] 관리처분계획의 무효확인이나 취소를 구하는 소송이 적법하게 제기되어 계속 중인 상태에서 이전고시가 효력을 발생하였다고 하더라도, 이전고시에서 정하고 있는 대지 또는 건축물의 소유권 이전에 관한 사항 외에 관리처분계획에서 정하고 있는 다른 사항들에

무효확인을 구하는 경우에도 마찬가지이다(대판 2012.5.24, 2009두22140).

(3) 이전고시(분양처분·환권처분·관리처분)

(가) 의 의   이전고시(분양처분)란 사업의 완료로 시행자가 관리처분계획(환권계획)에 따라 주택공급 등과 청산을 행하는 형성적 행정행위를 말한다(대판 1989.9.12, 88누9763 참조). 종전의 토지 등에 대하여 가지고 있던 조합원의 권리는 이전고시(분양처분)에 의하여 비로소 새로운 대지 또는 건축시설에 대한 권리로 변환된다. 따라서 이전고시(분양처분)가 있기 전에는 종전의 토지 또는 장차 부동산을 취득할 수 있는 권리만이 그 취득의 대상이 될 수 있을 뿐이고, 신축아파트 자체는 취득의 대상이 될 수 없다. 그러므로 비록 관리처분계획에 의하여 조합에 대한 청산금을 모두 완납하였다는 사정만으로 곧바로 조합원이 신축아파트를 취득한 것으로는 볼 수 없다(대판 2003.8.19, 2001두11090 참조).

(나) 토지 등의 공급과 소유권이전 등   사업시행자는 정비사업의 시행으로 건설된 건축물을 관리처분계획에 따라 토지 등의 소유자에게 공급하여야 한다([도시정비법]50①). 사업시행자는 공급대상자에게 주택을 공급하고 남은 주택에 대하여는 공급대상자 외의 자에게 공급할 수 있다([도시정비법]50⑤).

시장·군수가 아닌 사업시행자는 정비사업공사를 완료한 때에는 시장·군수의 준공인가를 받아야 하고([도시정비법]52①), 준공인가의 고시가 있은 때에는 지체없이 대지확정측량을 하고 토지의 분할절차를 거쳐 관리처분계획에 정한 사항을 분양을 받을 자에게 통지하고 대지 또는 건축물의 소유권을 이전하여야 한다([도시정비법]54①).

대지 또는 건축물을 분양받은 자가 종전의 가격과 분양받은 가격에 차이가 있을 때에는 사업시행자는 이전고시가 있은 후에 그 차액에 상당하는 청산금을 분양받은 자로부터 징수하거나 분양받은 자에게 지급하여야 한다([도시정비법]57).

(다) 구 제   이전이 고시되어 효력이 발생한 이후에는 그 전체의 절차를 처음부터 다시 밟지 않는 한 그 일부만을 따로 떼어 이전고시(분양처분)를 변경할 수 없다. 따라서 그 위법을 이유로 민사절차에 의한 권리관계의 존부를 확정하거나 손해배상을 구하는 것은 별론으로 하고 이전고시(분양처분)의 일부에 대하여 취소 또는 무효확인을 구할 법률상 이익이 없다(대판 1991.10.8, 90누10032).

사업시행자가 관련 조례에 정한 '기존 무허가건축물'에 대하여 그 일부 면적만

관하여서는 물론이고, 이전고시에서 정하고 있는 사항에 관하여서도 여전히 관리처분계획의 취소 또는 무효확인을 구할 법률상 이익이 있다고 보는 것이 이전고시의 기본적인 성격 및 효력에 들어맞을 뿐 아니라, 행정처분의 적법성을 확보하고 이해관계인의 권리·이익을 보호하려는 행정소송의 목적 달성 및 소송경제 등의 측면에서도 타당하며, 항고소송에서 소의 이익을 확대하고 있는 종전의 대법원 판례에도 들어맞는 합리적인 해석이다.

에 상응한 분양을 하고 차액부분에 대하여 청산금을 지급하지 아니한 채 분양처분 고시를 하여 그 소유권을 상실시킨 경우에는 불법행위의 책임을 진다(대판 2007.6.29, 2006다60441<대한주택공사>).

사 례 재개발사업사건

서울특별시 중구구청장(X)은 정비기반시설이 열악하고 노후·불량건축물이 밀집한 A 지역에 대한 정비계획을 세워 주민공람 및 지방의회의 의견을 들은 후 서울특별시 장에게 정비구역지정을 신청하였고, 서울특별시장(Y)은 지방도시계획위원회와 건축 위원회의 심의를 거쳐 A지역을 주택재개발사업을 위한 정비구역으로 지정하였다. 이에 A지역주민들은 주택재개발사업을 위한 추진위원회를 결성하여 주택재개발정비 사업조합(Z)을 결성하였고, A지역 토지등소유자의 5분의 4이상의 동의를 얻어 정관 및 건설교통부령이 정하는 서류를 첨부하여 중구청장의 인가를 받았다. 그리고 주택 재개발정비사업조합(Z)은 분양신청을 공고한 후 그 분양신청기간이 종료된 후 관리 처분계획을 수립하여 중구구청장(X)의 인가를 받았다. 공사가 완료된 후 A주택재개 발정비사업조합(Z)은 관리처분계획이 정한 사항을 분양받을 자에게 통지하고 그에 관련된 대지 또는 건축물의 소유권을 이전하는 이전처분을 하고 그 이전을 고시하 였다.

(1) 주택재개발사업을 반대하는 A지역에 주택과 토지를 소유하고 있는 A지역 주민 (B)의 권익구제방법은 무엇인가?

(2) 주택재개발정비사업조합(Z)의 정관에 의하면, 사업시행구역 안의 토지·건물의 소 유자와 별도로 일정한 요건을 갖춘 무허가건물소유자에게도 조합원자격을 부여하고 있는 경우, 신축자로부터 제3자를 거쳐 이중으로 매수하여 무허가건물대장에 소유자 명의자로 등재된 C에 대해서 조합원자격을 인정한 경우에 당해 무허가건물의 사실 상 소유인 D의 권익구제방법은 무엇인가?

(3) 관리처분계획에서 정한 분양에 관한 사항들이 위법하고, 분양신청공고도 제대로 하지 않음으로써 정비사업지역 안에 있는 토지소유자 E가 분양신청을 하지 못한 경 우의 권익구제방법은 무엇인가?

(4) 주택재개발정비사업조합(Z)가 관련 조례에 정한 '기존 무허가건축물'에 대하여 그 일부 면적만에 상응한 분양을 하고 차액부분에 대하여 청산금을 지급하지 아니 한 채 분양처분고시를 하여 그 소유권을 상실시킨 경우에 불법행위의 책임을 지는 가?

풀이해설 재개발사업과 관련된 법적인 쟁점을 사업진행단계별로 종합적으로 묻는 문 제이다. 따라서 정비계획·정비구역지정의 법적 성격, 조합원자격의 인정 그리고 관리 처분계획과 관련된 분쟁 등을 정리하는 문제이다.

Ⅰ. 서 론 -문제의 제기-
Ⅱ. 정비계획·정비구역지정
　1. 정비계획·정비구역지정의 개념
　2. 정비계획·정비구역지정의 법적 성격

제 6 편 부문별 개별행정작용론

部門別 個別行政作用論

제6편 부문별 개별행정작용론

제1장 조직행정

제1절 의의와 기본원리
Ⅰ. 개념과 기본원리   Ⅱ. 행정기관

제2절 행정청(행정기관) 상호간의 관계
제1. 권한대리

제2. 권한위임
제3. 권한행사의 감독
제4. 행정기관(행정청)의 대등관계

제2장 지방자치행정

제1절 의의
Ⅰ. 개념
Ⅱ. 지방자치권

제2절 지방자치조직
제1. 지방자치단체
제2. 지방자치단체의 명칭과 구역변경
제3. 주민
제4. 지방의회 -의결기관-
제5. 지방의회 의원
제6. 지방자치단체의 장 -집행기관-
제7. 지방자치단체 상호간의 관계

제3절 자치입법작용
제1. 조례   제2. 규칙

제4절 자치행정작용
Ⅰ. 의의
Ⅱ. 자치사무(고유사무)
Ⅲ. 단체위임사무 Ⅳ. 기관위임사무

제5절 자치재정작용
Ⅰ. 의의
Ⅱ. 지방자치단체의 수입
Ⅲ. 지방자치단체의 예산과 결산

제6절 지방자치행정의 행정적 관여
Ⅰ. 행정적 관여의 의의
Ⅱ. 행정적 관여의 수단

제3장 경찰행정

제1절 의의
Ⅰ. 개념과 성질
Ⅱ. 경찰행정의 일반법원칙

제2절 경찰권의 행사(경찰작용)
Ⅰ. 경찰권의 근거와 한계
Ⅱ. 경찰관직무집행법에 의한 경찰권의 발동

제4장 경제행정

제1절 의의
Ⅰ. 개념과 특성 Ⅱ. 법적 근거

제2절 경제행정의 행위형식
Ⅰ. 권력적 수단 Ⅱ. 비권력적 수단
Ⅲ. 보조금

제5장 토지행정

제1절 의의
Ⅰ. 개념   Ⅱ. 법적 근거

제2절 토지계획
Ⅰ. 국토기본법에 의한 국토계획
Ⅱ. [국토계획법]에 의한 도시계획

제3절 토지의 규제
제1. 지가공시제
제2. 개발행위허가제
제3. 토지거래(계약)허가제
제4. 개발이익의 환수

제6장 환경행정

제1절 의의
Ⅰ. 개념과 특징 Ⅱ. 법적 근거

제2절 환경행정의 행위형식
제1. 환경기준의 설정
제2. 환경영향평가

제3절 환경행정과 권리구제
Ⅰ. 환경오염과 권리구제의 특수성
Ⅱ. 행정상 손해전보제도
Ⅲ. 행정쟁송절차
Ⅳ. 환경분쟁조정

제7장 재무행정(재정)

제1절 의의
Ⅰ. 개념과 기본원리

제2절 조세
Ⅰ. 의의   Ⅱ. 일반법원칙(기본원칙)
Ⅲ. 조세의 부과(과세)요건

Ⅳ. 조세의 부과(과세)처분
Ⅴ. 조세의 징수와 조세채권의 확보
Ⅵ. 납세의무(조세채권)의 소멸
Ⅶ. 조세와 행정구제

부문별 개별행정작용(部門別 個別行政作用)이란 행정작용을 목적에 의해 분류한 행정을 말하며, 학자에 따라서 '특별행정작용법', '특별행정법' 등의 제목으로 다루어지고 있다. 「부문별 개별행정작용」은 총론적 차원에서 공부한 행정법의 총론적 이론이 행정실무의 영역에서 어떻게 적용되고 있는가를 전체적이고 입체적으로 연구하게된다. 그런데 이러한 부문별 개별행정작용은 행정법의 일반적 연구에서 이미 분리되어 독자적인 학문의 영역을 형성하고 있는 경우도 있다. 예컨대, 지방자치법, 경찰법, 경제법, 토지법, 환경법, 재정법 등을 들 수 있다. 따라서 행정법의 영역에서 공부하게되는 「부문별 개별행정작용」은 행정법의 일반적 연구에서 떨어져 나가 독립적 지위를 갖고 있는 특별행정법 분야에 대한 개론적 이해를 돕는 의미가 있다.

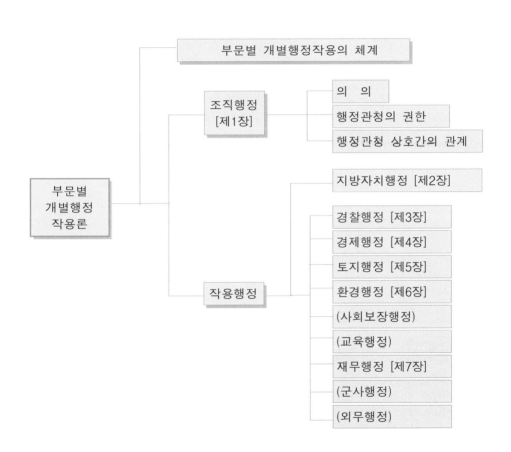

▣ 부문별 개별행정작용의 체계 ▣

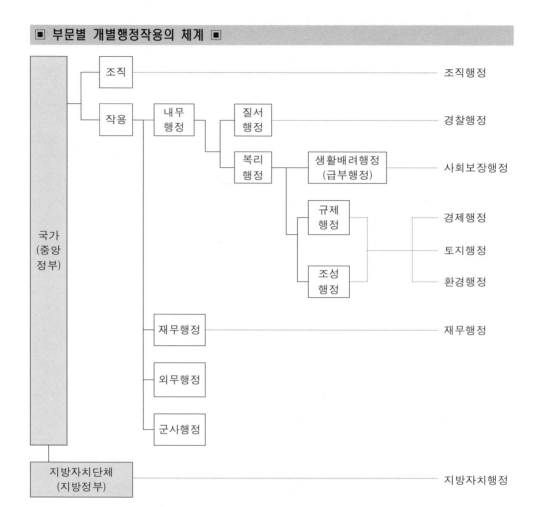

▣ 급부행정 ▣

(1) 의 의
(가) 개 념   급부행정(給付行政)은 질서국가로부터 복리국가 내지 사회국가로 변천함에 따라 생긴 행정작용의 새로운 형태로서, 국가가 국민에게 '주는 자'로서의 기능을 말한다. 이러한 급부행정은 복리행정을 의미하는 광의의 개념과 복리행정을 실현하기 위한 한 부분으로 이해되는 협의의 개념이 있으며, 공공복리의 증진이라는 적극적인 행정작용이라는 특징이 있다.
(나) 종 류   급부행정은 급부의 목적(임무)에 의하여 공급행정(생활배려행정)과 사회보장행정(사회행정)이 있다. 1) 공급행정(供給行政) 사회구성원의 일상생활에 필요한 재화·역무·시설 등을 공급하는 급부활동을 말하고(예, 도로·학교의 설치, 전기·

가스·수도의 공급 등), 2) 사회보장행정(社會行政)이란 개인의 건강하고 문화적인 생활을 확보하기 위한 활동을 의미한다(예, 질병·재해·실업·사회적 약자에 대한 공적부조 등).

(2) 급부행정의 일반법원칙

(가) 사회국가의 원칙　　　사회국가(社會國家)란 모든 국민을 위하여 인간다운 생활을 보장할 수 있는 광범위한 사회보장과 사회복지의 증진을 국가의 의무로 하는 국가를 말한다. 따라서 급부행정의 일반법원칙으로서 사회국가의 원리란 국가 또는 공공단체가 급부행정의 영역에 있어서 사회국가를 실현하기 위한 책무를 진다는 원리를 말한다. 이러한 사회국가의 원리는 우리나라 헌법에 명시적으로 규정하고 있지는 않으나 간접적으로 이를 인정하고 있다고 하겠다.

(나) 법치행정(법률적합성)의 원칙　　　법치행정(法治行政)의 원칙이란 국민의 자유와 권리를 보장하기 위하여 권력분립을 바탕으로 한 자유주의적 정치이념으로서 법치주의가 행정의 영역에 적용되는 것을 말한다. 이러한 법치행정의 원리는 법률우위의 원칙과 법률유보의 원칙 등으로 이루어져 있으나, 급부행정의 영역에 있어서 특히 이론적으로 문제가 되는 것은 법률유보의 적용에 관한 문제이다. 이 점에 관해서 법률유보에 관한 침해유보설·사회유보설·전부유보설·중요사항유보설 등을 바탕으로 법률유보부정설과 법률유보긍정설 그리고 절충설의 대립이 있다. 생각건대 법률유보에 관한 침해유보설을 취하지 않는 한 기본적으로 급부행정의 영역에서도 법률유보의 적용이 있으나, 그렇다고 모든 급부행정의 영역에 법률유보의 적용이 있다는 전부유보설을 따를 수도 없는 것이 현실이다. 따라서 사회유보설과 중요사항유보설을 결합하는 중요한 급부행정의 경우에 법률유보의 원칙이 적용되어야 한다.

따라서 급부행정 중 특히 법률유보의 요구가 강하게 나타나는 영역으로서 일반적으로 들고 있는 것은 1) 급부가 상대방의 부담과 결부되어 행하여지는 경우, 2) 급부를 받을 권리를 법률상 공권으로 보호할 필요가 있는 경우, 3) 급부의 법형식 또는 조직을 공권력에 의하여 구성할 필요가 있는 경우, 4) 이용자에게 이용강제를 명하거나 제공자에게 이용제공의무를 명할 필요가 있는 경우, 5) 경쟁자의 기본권이 침해될수 있는 경우 및 국민의 정치의사결정에 영향을 미치는 경우 등이다.

(다) 평등의 원칙　　　평등(平等)의 원칙이란 급부행정에 있어서 특별한 합리적 사유가 없는 한 행정객체인 국민을 공평하게 처우하여야 한다는 원칙을 말한다. 따라서 급부주체가 수급자(受給者)에 대해서 부당한 차별처우를 한다면 그것은 불공평한 수익의 금지 또는 평등한 배분의 제공에 반하는 것으로서 위법의 문제가 발생한다.

(라) 신뢰보호의 원칙　　　신뢰보호(信賴保護)의 원칙이란 수익적 급부행정의 적법성·계속성을 신뢰한 자의 이익을 보호하여야 하는 원칙을 말한다. 이러한 신뢰보호의 원칙이 중요한 의미를 가지는 경우는 수익적 급부행위를 급부주체가 철회하는 경우에 있어서 철회권의 제한에 관한 법리로서 나타난다. 국민기초생활보장법(34(급여변경금지))의 불이익변경금지(不利益變更禁止)에 관한 규정도 급부행정의 영역에서 상대방의 신뢰를 보호하기 위한 입법적 조치이다.

(마) 과잉급부금지(비례)의 원칙　　　과잉급부금지(過剩給付禁止)의 원칙은 뒤에 설명하는 보충성의 원칙과 상관관계가 있는 것으로서 다음과 같은 내용으로 이루어져 있다.

급부행정은 행정목적달성을 위하여 적합한 것이어야 하며[적합성의 원칙], 일반인에게 가장 필요한 수단으로 활용되어야 한다[필요성의 원칙]. 그리고 구체적 목적달성에 필요한 수단이라도 그에 따른 불이익과 실현하려는 결과(이익) 사이에 명백한 비례가 유지되어야 한다[상당성의 원칙].

(바) 부당결부금지의 원칙   부당결부금지(不當結付禁止)의 원칙이란 급부행정주체가 행정(급부)을 함에 있어서 이러한 급부행정과 관련성이 없는 상대방의 반대급부와 결부시키거나 반대급부에 의존해서는 안 되는 원칙을 말한다.

(사) 보충성의 원칙   보충성(補充性)의 원칙이란 사인의 생활영역에 대한 급부행정작용은 급부행정목적을 달성하기 위하여 다른 수단이 없는 최후의 경우에 행해져야 하는 것을 말한다("국가는 최후의 공공의 손[手]이다"). 따라서 사인의 생활수단의 확보 기타의 이익추구행위는 원칙적으로 사인 또는 단위생활공동체에 맡겨져야 하고, 일반납세자의 조세부담이 되는 행정주체의 급부활동은 사인 등이 스스로 행할 수 없거나 그들에게 맡기는 것이 부적당한 경우에 보충적으로 이루어져야 한다. 예컨대, 국민기초생활보장법(3①)에 의하면, "이 법에 따른 급여는 수급자가 자신의 생활의 유지·향상을 위하여 그의 소득, 재산, 근로능력 등을 활용하여 최대한 노력하는 것을 전제로 이를 보충·발전시키는 것을 기본원칙으로 한다"고 규정하고 있다.

▣ 규제행정 ▣

(1) 의 의

(가) 개 념   규제행정(規制行政)은 국민의 경제적·사회적·지리적·환경적 생활을 보전하고 개선하기 위하여 국민생활을 일정한 방향으로 규제하는 행정활동을 말한다. 행정규제기본법(2①i)에 의하면, "행정규제란 국가나 지방자치단체가 특정한 행정목적을 실현하기 위하여 국민(국내법을 적용받는 외국인을 포함한다)의 권리를 제한하거나 의무를 부과하는 것으로서 법령 등이나 조례·규칙에 규정되는 사항을 말한다". 그리고 규제행정을 유도행정·개발행정·정서행정·개발정서행정이라고 부르는 경우도 있다.

규제행정을 경제규제행정과 환경규제행정으로 나누는 것이 일반적 경향이었으나, 차츰 경제행정·토지행정·환경행정의 독자적 영역으로 분화·발전하는 경향이 있다.

(나) 성 질   규제행정은 적극적으로 사회공공의 복리를 증진하기 위한 목적을 달성하기 위해서 개인의 사회·경제활동에 대하여 규제적으로 개입하는 특징이 있다. 따라서 규제행정은 일정한 행위를 명령·제한 또는 금지하는 권력작용적 성질을 띤 경우가 보통이지만, 비권력적 수단에 의한 경우도 있다(예, 권고 등 행정지도 또는 지침적 행정계획의 수단). 그리고 규제로 인한 편익보다 부담이 더 큰 비중을 차지하게 됨에 따라 규제완화의 문제가 활발히 논의되고 있다.

(2) 규제의 법원리

(가) 규제법정주의   규제는 법률에 근거하여야 하며, 그 내용은 알기 쉬운 용어로 구체적이고 명확하게 규정되어야 한다(행정규제기본법4①). 규제는 법률에 직접 규정하되,

규제의 세부적인 내용은 상위법령이 구체적으로 범위를 정하여 위임한 바에 따라 대통령령·총리령·부령 또는 조례·규칙으로 정할 수 있다(같은법4②). 따라서 행정기관은 법률에 근거하지 아니한 규제로 국민의 권리를 제한하거나 의무를 부과할 수 없다(같은법4③).

(나) 규제의 일반법원칙　　국가 또는 지방자치단체는 국민의 자유와 창의를 존중하여야 하며 규제를 정하는 경우에도 그 본질적 내용을 침해하지 아니하도록 하여야 하고(같은법5①)[본질적내용침해금지원칙], 국민의 생명·인권·보건과 환경 등의 보호와 식품·의약품의 안전을 위한 실효성 있는 규제가 되도록 하여야 한다(같은법5②)[실효성원칙]. 그리고 규제의 대상과 수단은 규제의 목적을 실현하는 데 필요한 최소한의 범위 안에서 가장 효과적인 방법으로 객관성·투명성 및 공정성이 확보되도록 설정되어야 한다(같은법5③)[비례원칙, 개관성·투명성·공정성원칙].

(3) 규제완화

(가) 의 의　　현대국가에 있어서 행정기능의 확대·강화가 이루어진 대표적인 영역이 규제행정이지만, 이러한 규제행정은 급속하게 발전한 나머지 과잉규제의 현상을 낳게 되었다. 이러한 과잉규제는 자유로운 경제활동을 억제하고 자유경쟁을 둔화시킴으로써 사회·경제활동의 자유로운 흐름을 왜곡할 위험성이 나타나게 되었다. 이러한 현상은 규제로 인한 편익보다 부담이 더 큰 비중을 차지하게 됨에 따라, 개인의 창의와 활력을 되살리기 위한 논의가 바로 규제완화(規制緩和)의 문제이다.

요컨대, 규제완화의 기본 뜻은 규제영향평가를 통한 적정하고 객관적인 이익형량에 따라 과잉규제가 이루어지지 않도록 하는 데 있다.

(나) 법적 근거　　규제완화는 1970년대 미국에서 시작되었으며, 이러한 노력의 결과로서 1980년 규제유연법(Regulatory Flexibility Act)의 제정과 사무경감법(Paperwork Reduction Act)의 제정을 들 수 있다. 1993년에 제정된 우리나라의 [기업규제완화특별법]은 각종 법령에 의하여 규정된 행정규제 가운데 특히 기업활동에 대한 규제를 완화하기 위한 입법이다. 그리고 행정규제에 관한 기본적인 사항을 규정하여 불필요한 행정규제를 폐지하고 비효율적인 행정규제의 신설을 억제하는 것을 목적으로 하는 1997년 제정된 행정규제기본법이 있다.

(다) 규제완화의 내용　　[기업규제완화특별법]에 의한 규제완화의 내용은 다음과 같다. ① 창업 및 공장설립에 관한 규제완화(제2장), ② 의무고용의 완화(제3장), ③ 수출입에 관한 규제완화(제4장), ④ 검사 등의 완화(제5장), ⑤ 신입제한 등의 완화(제6장) 등이 있다.

▣ 조성행정 ▣

(1) 의 의

조성행정(助成行政)이란 행정주체(국가 또는 공공단체 등)가 공공복리를 증진시키기 위하여 개인의 경제·문화활동을 조성·촉진하는 자금·정보 등의 수단을 제공하는 비권력적 작용을 말한다. 공급행정과 사회보장행정을 포함하는 급부행정은 개인의 생활환경에 관한 공공복리를 목적으로 한 미시적 행정인 반면에, 조성행정은 개인의 생활환경이나 기업의 상태를 구조적으로 개선시키는 것을 목적으로 한 거시적·적극적 행정이라는 점에서 차이가 있다.

(2) 법률유보의 적용

사회유보설과 중요사항유보설을 결합하는 중요한 조성행정의 경우에 법률유보의 원칙이 적용된다. 따라서 자금조성행정 중 ① 조성받을 권리를 공권으로 보호할 필요가 있는 경우, ② 자금조성이 상대방의 부담과 결부되어 있는 경우, ③ 제공자에게 조성의무를 명할 필요가 있는 경우, ④ 조성의 형식을 공권력의 행사에 의할 필요가 있는 경우 등에는 법률유보의 원칙이 적용된다고 본다.

이러한 조성행정에 관한 근거법률로서 [보조금법], 국민체육진흥법, 사회복지사업법, 교육기본법, 문화예술진흥법 등이 있다.

제 1 장 조직행정

組織行政

제1절 의 의

I. 개념과 기본원리

1. 개 념

(1) 조직행정과 행정조직

행정주체는 행정기관을 설치하여 행정사무를 분장시킴으로써 행정을 행하게 되는데, 이러한 행정기관의 체계적 조직을 정적인 개념으로서 '행정조직'이라고 하고, 행정기관의 조직 및 유지·관리를 목적으로 하는 작용적 측면에서 고찰한 동적인 개념을 '조직행정'이라 한다. 따라서 조직행정(組織行政)이란 행정목적달성을 위하여 행정기관의 조직 및 그 유지·관리를 목적으로 하는 행정을 말한다. 그리고 행정기관의 설치·폐지·명칭·구성·소관사무와 행정기관 상호간의 관계를 정한 법을 행정조직법이라고 한다.

(2) 중앙행정기관과 지방행정기관

국가의 중앙행정기관은 법률에 의하여 설치하고 중앙행정기관은 특별한 규정이 있는 경우를 제외하고 부·처 및 청으로 한다(정부조직법2①②). 중앙행정기관에는 소관사무를 수행하기 위하여 필요한 때에는 특히 법률로 정한 경우를 제외하고는 대통령령으로 정하는 바에 따라 지방행정기관을 둘 수 있다(정부조직법3①). 그리고 이러한 지방행정기관은 업무의 관련성이나 지역적인 특수성에 따라 통합하여 수행함이 효율적이라고 인정되는 경우에는 대통령령으로 정하는 바에 따라 관련되는 다른 중앙행정기관의 소관사무를 통합하여 수행할 수 있다(정부조직법3②).

2. 기본원리

조직행정의 기본원리(基本原理)는 조직법정주의, 능률성의 원리, 민주성의 원리, 지방분권주의, 분배·결합·조정의 원리, 통일계층성의 원리 등을 들고 있다.

첫째, 근대 초기에는 행정조직에 관한 사항을 행정부의 고유한 권한사항으로 보았으나, 현대국가에서는 행정권에 대한 민주적 통제라는 관점에서 행정조직에 관한 기본적인 사항을 법률로 정하고 있다. 헌법은 행정각부·감사원·선거관리위원회·지방자치단체 등의 조직과 설치를 입법사항으로 규정하고 있으며, 이에 따라 각각의 단행법률(예, 정부조직법, 지방자치법 등)이 마련되어 있다.

둘째, 능률성(能率性)의 원리란 행정목적에 적합한 행정조직을 가져야 한다는 원리를 말하며, 이를 위해서 독임제의 행정조직이 활용되고 있다.

셋째, 민주성(民主性)의 원리란 행정조직에 있어서 국민의 의사가 제대로 반영될 수 있는 구조를 이루어야 하는 것을 말한다. 이러한 점에서 독립성을 가진 기관의 설치, 권한의 분권, 기관의 선거제 등이 문제된다.

넷째, ① 분배(分配)의 원리란 단위행정기관에 대한 사무의 횡적 분배에 관한 원리를 말하고, ② 결합(結合)의 원리란 횡적으로 분배된 사무를 종적으로 하나의 체계로 결합하는 원리를 말한다. 그리고 ③ 조정(調停)의 원리란 행정목적을 통일적으로 수행하기 위해서는 행정기관 또는 구성원들의 상이한 기능·정책·계획·견해 등을 조화있게 통합하는 과정을 말한다.

다섯째, 통일계층성(統一階層性)의 원리란 행정목적의 통일적 수행을 위하여 행정조직이 원칙적으로 상하행정기관 사이에는 명령복종의 관계에 의하여 규율되는 것을 말한다.

II . 행정기관

1. 의 의

(1) 개 념

(가) 광의와 협의의 행정기관   행정기관(行政機關)은 행정주체의 업무영역을 분

담하여 행하는 행정조직이다. 따라서 행정기관이 행사하는 특정한 권한은 행정주체를 위한 것이므로 행정기관의 권한 행사로 인한 권리·의무는 행정주체에 귀속된다.

행정기관을 광의와 협의로 구별하는 경우가 있는데, 광의의 행정기관은 행정주체인 국가 또는 공공단체의 행정사무를 실제로 담당하는 기관을 말하며, 협의의 행정기관은 국가 또는 공공단체의 의사를 결정·표시하는 기관[의사기관]만을 의미한다. 이러한 협의의 행정기관을 행정관청 또는 행정청(行政廳)이라 부르기도 한다. 행정절차법(2i)에 의하면, 행정청이란 "행정에 관한 의사를 결정하여 표시하는 국가 또는 지방자치단체의 기관 기타 법령 또는 자치법규에 의하여 행정권한을 가지고 있거나 위임 또는 위탁받은 공공단체나 그 기관 또는 사인을 말한다"고 개념정의하고 있다.

(나) 독임제행정기관과 합의제행정기관   행정기관구성의 원칙적 형태는 행정사무의 통일적이고 신속한 처리와 책임소재의 명백성이라는 장점이 있는 독임제(獨任制)행정기관 또는 단독제행정기관이다. 그러나 사무처리의 신중성·공정성 그리고 조직의 민주화에 부응하는 장점이 있는 합의제(合議制)행정기관으로 운영되는 경우도 있는데, 예컨대 감사원, 행정심판위원회, 소청심사위원회, 토지수용위원회, 노동위원회(대판 1997.6.27, 95누17380) 등을 둘 수 있다. 정부조직법(5(합의제행정기관의 설치))에 의하면, "행정기관에는 그 소관사무의 일부를 독립하여 수행할 필요가 있는 때에는 법률로 정하는 바에 따라 행정위원회 등 합의제행정기관을 둘 수 있다"고 규정하고 있다.

(2) 행정기관과 공무원

행정기관은 그 기관의 구성자인 공무원과 구별된다. 행정기관의 이름으로 실제로 행정업무를 담당하는 자는 공무원이다. 이러한 공무원은 자기 자신의 권리를 주장하는 인격자가 아니고 어느 단체의 기관으로서 다만 명의상 법률관계에 참가하는 당사자이다. 따라서 행정주체의 기관으로서 행정기관은 그 인적구성원인 공무원이 변동되더라도 기관으로서 한 행위에는 영향이 없다. 예컨대, 경찰서장은 국민에 대하여 행정주체인 국가의 경찰행정을 수행하는 지위에서 볼 때는 행정기관이지만, 경찰서라는 행정기관을 구성하는 자로서 국가에 대하여 근무관계에 있는 지위에서 볼 때는 공무원이다.

2. 행정기관의 법인격성 여부

(1) 학설과 판례

행정기관의 법인격성(法人格性)에 관하여 부정설(통설)과 제한적 긍정설이 있다. 여기서 제한적 긍정설이란 행정기관의 성질에 관하여 행정주체의 단순한 표현기관 (손발)이 아니라 독립된 법인격(기관인격)을 인정하여야 한다는 입장이다. 행정기관의 법인격이 제한적으로 인정되는 경우는 1) 행정심판법(13①)에서 행정청(행정기관)을 피청구인적격으로 인정한 경우와 행정소송법(13①)에서 처분청(행정기관)을 피고적격 으로 인정한 경우, 그리고 2) 행정기관이 권한쟁의의 당사자가 되거나, 3) 권한의 위임 또는 사무촉탁 등에 있어서 그 법적 효과가 귀속되는 경우를 들고 있다.

"서울국제우체국장은 우편사업을 담당하는 국가의 일개 기관에 불과할 뿐이고, 담세능력이 없고 책임재산을 가질 수 없기 때문에 관세법상 납세의무자가 될 수 없다"(대판 1987.4.28, 86누93<서울국제우체국장>)고 판시함으로써, 대법원은 행정기관의 법 인격성을 부정하고 독립한 권리·의무의 주체가 되지 못한다는 입장이다.

(2) 결 어(부정설)

생각건대, 행정쟁송법에 의하여 피청구인적격이나 피고적격이 인정되는 경우는 모든 행정쟁송의 경우가 아니라, 항고쟁송의 경우에 인정되는 것으로서 항고쟁송 의 수행에 있어서 현실적 필요성이라는 항고쟁송의 특수성을 고려한 것이다. 권한 쟁의 역시 현실적 필요성에 의한 것이고, 권한의 위임 등에 있어서 법적 효과의 귀속은 종국적으로 행정기관이 아니라 법인격이 있는 행정주체에 귀속된다고 할 것이다. 따라서 행정기관의 법인격은 부정된다는 것이 논리적으로 타당하다.

3. 행정기관의 종류

(1) 의사기관

의사기관(意思機關)이란 행정주체의 의사를 결정하고 이를 외부에 표시할 수 있는 권한을 가진 행정기관을 말하며, 행정관청 또는 행정청(行政廳)이라고 한다. 실정법 에서는 행정청(행정심판법2④, 행정소송법2②) 또는 행정기관의 장(정부조직법2·7)으로 표현 하고 있다. 예컨대 정부의 원·부·처·청·국(外局)의 장 등을 들 수 있다.

(2) 보조기관과 보좌기관

(가) 보조기관   보조기관(補助機關)은 주로 행정업무를 보조하여 행정목적의 달성에 직접적으로 공헌하는 기관이다. 따라서 보조기관은 행정기관에 소속되어 행정기관의 의사·판단을 결정·표시함에 있어서 보조함을 임무로 하는 행정기관이 다. 예컨대 중앙행정기관의 보조기관은 차관·차장·실장·국장·과장 등이 있고(정부조 직법2③),[1] 지방자치단체행정의 보조기관은 부지사·부시장·국장·과장 등을 들 수

있다. 보조기관의 설치 및 사무분장은 특히 법률로 정하는 것을 제외하고는 대통령령으로 정하는데, 다만 과의 설치와 사무분장은 총리령 또는 부령으로 정할 수 있다(정부조직법2④).

(나) 보좌기관　　　보좌기관(補佐機關)은 보조기관 중에서 특히 정책의 기획, 계획의 입안 및 연구·조사 등을 통하여 행정기관을 지원·조성·촉진하여 행정목적에 간접적으로 공헌하는 참모기관이다. 예컨대, 대통령비서실, 국무총리비서실·국무조정실, 각 부의 차관보·담당관 등을 들 수 있다.

(3) 의결기관과 집행기관

(가) 의결기관　　　의결기관(議決機關)은 행정주체 내부에서 행정에 관한 의사 또는 판단을 결정할 수 있는 권한만을 가지고 외부적으로 표시할 권한은 갖지 않는 합의제행정기관을 말한다. 예컨대 각종 징계위원회·지방의회·경찰위원회·광업조정위원회 등을 들 수 있다. 의결기관은 행정의사의 공정하고 신중한 결정을 도모할 필요가 있는 경우에 설치되고, 이러한 의결기관은 국가의사결정기관이므로 중앙행정기관의 경우는 그 설치에 있어서 법률적 근거가 있어야 한다.

(나) 집행기관　　　집행기관(執行機關)은 행정청의 명을 받아 국가의사를 사실상 집행하는 행정기관을 말한다. 예컨대, 경찰청, 소방방재청, 국세청 등을 들 수 있다.

(4) 부속기관

부속기관(附屬機關)은 행정조직에 있어서 행정권의 직접적 행사를 임무로 하는 기관에 부속하여 지원하는 기관을 말한다. 예컨대, 자문기관·시험연구기관·교육훈련기관·문화기관·의료기관·제조기관·휴양기관·제조공작기관·관리보존기관 등을 들 수 있다. 정부조직법(4)에 의하면, "행정기관에는 그 소관사무의 범위에서 필요한 때에는 대통령령으로 정하는 바에 따라 시험연구기관·교육훈련기관·문화기관·의료기관·제조기관 및 자문기관 등을 둘 수 있다"고 규정하고 있다.

(5) 기업기관(현업기관) 또는 영조물기관

기업기관(企業機關) 또는 영조물기관(營造物機關)이란 국가공기업의 경영 또는 영조물의 관리를 임무로 하는 기관을 말한다. 기업기관(현업기업)의 예로서는 체신관서 등이 있고, 영조물기관의 예로서는 국립대학·국립병원·국립도서관 등이 있다.

---

1) 실장·국장 및 과장의 명칭은 대통령령으로 정하는 바에 따라 본부장·단장·부장·팀장 등으로 달리 정할 수 있으며, 실장·국장 및 과장의 명칭을 달리 정한 보조기관은 이 법을 적용할 때 실장·국장 및 과장으로 본다(정부조직법2③).

⑹ 책임운영기관

책임운영기관(責任運營機關)이란 정부가 수행하는 사무 중 공공성을 유지하면서도 경쟁원리에 따라 운영하는 기관으로서 행정 및 재정상의 자율성을 부여하고 그 운영성과에 대하여 책임을 지도록 하는 행정기관을 말한다(예, 국립영상간행물제작소, 운전면허시험관리단 등). 이에 관한 법적 근거로서 [책임운영기관법]이 있다.

4. 행정기관(행정청)의 권한

⑴ 의 의

행정기관(행정청)의 권한(權限)이란 행정기관이 법령상 유효하게 국가의사 또는 판단을 결정·표시할 수 있는 범위를 말하며, '행정청(행정관청)의 관할'이라고 부르기도 한다. 행정기관의 권한을 정부조직법(2①)은 '직무범위'라고 적고 있다.

권한의 종류는 사항적 권한, 지역적 권한, 인적 권한, 형식적 권한, 기능적 권한 등으로 구분할 수 있다.

⑵ 권한의 획정

행정청의 권한획정은 행정의 통일성과 경제성을 기하여야 하고, 국민으로 하여금 소관행정청의 권한을 명확히 알 수 있도록 하여야 한다. 그리고 한번 획정된 행정청의 권한은 법령에 특별한 근거가 없이 자의적으로 이를 변경되어서는 안 된다. 이렇게 함으로써 ① 행정의 중복과 모순을 방지하고, ② 행정의 전문화와 책임 소재를 분명히 할 수 있으며, ③ 불필요한 외부의 간섭·영향을 차단할 수 있다. 또한 ④ 위법·부당한 업무수행에 대한 사인의 권익구제를 손쉽게 할 수 있다.

⑶ 권한의 행사방식

행정청은 법령에 의하여 주어진 자신의 권한범위 내에서 업무를 수행하게 된다. 그러나 행정업무의 전문화를 제고하고 행정업무의 합리성·효율성을 높이기 위하여 행정권한의 대리·위임 등 여러 가지 행정청의 권한행사방식이 등장하게 된다.

제 2 절 행정청(행정기관) 상호간의 관계

제1. 권한대리

1. 의 의

(1) 개 념

권한대리(權限代理)란 행정관청[X]의 권한의 일부 또는 전부를 다른 행정관청 또는 보조기관[Y]이 자기의 이름으로 피대리관청[X]을 위한 것임을 표시하여 행하고, 그 행위의 효과가 피대리관청[X]에 대해서 발생하는 경우를 말한다. 실정법에서는 권한의 대행[헌법71(대통령 궐위·사고시 권한대행)], 직무대행[정부조직법22(국무총리의 직무대행)], 직무대리(직무대리규정)라고도 부른다. 그리고 권한대리의 종류에는 수권대리와 법정대리가 있다.

(2) 권한위임과 구별

1) 권한위임(權限委任)은 행정관청(위임관청)[X]의 권한이 피위임관청(수임관청)[Y]에 이전되어 수임관청[Y]의 권한으로 되는 반면에, 권한의 대리는 행정관청의 권한이 다른 행정기관[Y]에 이전되는 것이 아니다[권한귀속상 차이]. 2) 권한위임은 행정관청[X]의 권한이 이전되기 때문에 반드시 법령의 명시적 근거를 필요로 하는 반면에, 권한대리의 경우는 법령상 근거를 요하지 않는다[법령근거상 차이]. 3) 권한위임과 권한대리는 모두 다른 행정기관 또는 보조기관 등을 각각 수임기관과 대리기관으로 할 수 있다는 점에서 같지만, 권한위임은 사인(공무수탁사인)을 수임기관으로 할 수 있다는 점에서 권한대리와 구별된다[기관지위상 차이]. 4) 권한위임을 한 행정행위에 대한 항고소송의 피고는 수임관청[Y]이 되지만, 권한대리를 한 행성행위에 대한 항고소송의 피고는 피대리관청[X]이 된다[피고적격상 차이].

(3) 위임전결 및 대결과 구별

1) 위임전결(委任專決)이란 행정청의 보조기관 등이 당해 행정청의 이름으로 미리 제시된 조건 아래서 권한을 사실상 대리행사하는 경우를 말하며{[행정사무업무규정]10, 감사원사무처리규칙7(위임전결)}, '내부전결' 또는 '전결'이라고도 한다. 위임전결은 법령상 처분권자인 행정관청이 내부적인 사무처리의 편의를 도모하기 위하여 그의 보조기관 또는 하급 행정관청으로 하여금 그의 권한을 사실상 행사하게 하는 것으로

서 법률이 위임을 허용하지 않는 경우에도 인정된다(대판1992.4.24, 91누5792; 대판 1995.11.28, 94누6475; 대판 1998.02.27, 97누1105<공유재산대부신청반려처분무효확인>), 이러한 위임 전결은 비교적 경미한 사항의 편의적 처리를 위한 내부적 사무처리방법이다{(구)사 무관리규정16② (현 [행정사무업무규정]10② 참조}. 그런데 전결규정에 위반하여 원래의 전 결권자가 아닌 보조기관 등이 처분권자인 행정관청의 이름으로 행정처분을 한 경 우는 권한 없는 자에 의하여 행하여진 무효의 처분이라고 할 수 없다(대판 1998.2.27, 97누1105).[2)]

2) 대결(代決)이란 행정관청의 구성원이 일시부재한 경우에 보조기관이 행정관청 에 갈음하여 외부에 표시함이 없이 일시적으로 결재하는 것을 말한다{(구)사무관리규 정16③, (현)[행정사무업무규정]10③),감사원사무처리규칙8(사무대결),검찰근무규칙7(사무대결)}. 이러한 대결은 행정의 편의와 신속을 도모하기 위한 내부적 사무처리방법의 하나이다. 이 러한 대결은 대리행위임을 표시하지 않고 본래의 행정관청의 이름으로 행해지는 내부적 사실상 행위라는 점에서 위임전결과 같다.

3) 권한대리(權限代理)는 대리행위임을 표시하고 대리행정관청의 이름으로 행하 는 외부적 법률상 행위라는 점에서 내부적 사무처리방법인 위임전결 및 대결과 구별된다.

2. 수권대리(임의대리·위임대리)

(1) 개념과 법적 근거

수권대리(授權代理)란 피대리관청의 수권에 의하여 대리관계가 발생하는 경우를 말하며, 임의대리 또는 위임대리라고도 한다.

수권대리를 인정하는 명문의 규정이 없는 경우에도 수권대리가 허용되는지의 여 부에 관해서 적극설(다수설)과 소극설의 대립이 있다. 1) 적극설(積極說)이란 권한의 일부에 관해서는 명문의 규정이 없어도 수권이 가능하다고 보는 입장을 말하며, 2) 소극설(消極說)이란 법의 명시적 근거없는 수권대리는 허용되지 않는다고 보는 입장을 말한다. 생각건대, 3) 행정사무의 능률을 위해서 명문의 규정이 없는 경우 에도 그 성질상 대리를 허용하지 못할 사항을 제외하고는 수권대리를 인정하는 적 극설이 현대행정에 적합한 해석이라고 생각된다.

---

2) 태안군사무전결처리규칙상 공유재산의 사용허가는 원래 부군수의 전결사항으로 규정되어 있 으나 이 사건 거부처분 당시 부군수에게 직무를 담당할 수 없는 사정이 발생하여 재무과장이 태안군직무대리규칙에 의하여 직무대행자로 지정되어 이에 따라 재무과장이 전결권자로서 처분권자인 피고(태안군수) 이름으로 이 사건 거부처분을 한 것임이 명백하므로, 재무과장은 정당한 전결권자라 할 것이다(대판 1998.02.27, 97누1105<공유재산대부신청반려처분무효확인>).

(2) 범 위

수권대리의 범위(範圍)와 관련해서, 1) 수권은 일반적·포괄적 권한에 대해서만 인정되며[일반·포괄적 권한에 대한 수권], 2) 수권대리의 내용은 피대리관청의 권한 일부에 한정한다[권한의 일부에 대한 수권]. 그리고 3) 수권대리의 경우 복대리는 원칙적으로 허용되지 않는다[복대리의 제한].

법령에서 개별적으로 지정되어 있는 권한을 수권할 수 있을 것인가 ? 소극설과 적극설의 대립이 있을 수 있으나, 그 성질상 수권대리를 허용하지 못할 사항을 제외하고는 수권대리가 가능하다고 할 것이다.

(3) 효 과

수권대리의 효과(效果)로서 대리관청[Y]의 행위는 실체법상·쟁송법상 피대리청[X]의 행위로 귀속되며, 권한을 넘은 대리행위에 대해서는 표현(表見)대리의 법리가 인정된다. 그리고 피대리관청[X]은 대리관청[Y]의 권한행사에 대하여 지휘·감독권을 행사할 수 있으며, 수권의 위법성이나 부당성에 대한 선임·감독상책임을 진다.

(4) 소 멸

수권대리의 소멸(消滅)은 대리권의 소멸에 의하여 이루어진다. 대리권의 소멸에 대표적인 것은 피대리관청[X]의 대리명령의 철회를 들 수 있으며, 수권행위에서 정한 기한의 경과, 조건의 성취 등에 의해서도 수권대리는 소멸한다.

(5) 피고적격

대리관계에 있어서 피고는 원칙적으로 사무의 귀속주체인 피대리 행정청[X]이 된다. 그런데 대리권을 수여받은 자[Y]가 대리관계를 밝히지 않고 그 자신[Y]의 명의로 행정처분을 하였다면 처분명의자인 당해 행정청[Y]이 항고소송의 피고가 된다.

그러나 비록 대리관계를 명시적으로 밝히지는 않았지만 처분명의자[Y]가 피대리 행정청[X]의 산하의 행정기관으로서 실제로 피대리 행정청[X]으로부터 대리권한을 수여받아 피대리 행정청[X]을 대리한다는 의사로 행정처분을 하였고, 처분명의자 [Y]는 물론 그 상대방[A]도 피대리 행정청[X]을 대리한 것임을 알고서 이를 받아들인 예외적인 경우는 피대리 행정청[X]이 피고가 되어야 한다(대결 2006.2.23, 2005부4<근로복지공단>[3]).

---

3) 근로복지공단의 이사장으로부터 보험료의 부과 등에 관한 대리권을 수여받은 지역본부장이 대리의 취지를 명시적으로 표시하지 않고서 산재보험료 부과처분을 한 경우, 그러한 관행이

3. 법정대리

(1) 개 념

법정대리(法定代理)란 법정사실의 발생으로 인하여 법령상 당연히 대리관계가 발생하는 경우를 말한다. 이러한 법정대리는 다시 협의의 법정대리와 지정대리로 나눌 수 있다.

1) 협의(狹義)의 법정대리란 법정사실의 발생으로 인하여 당연히 대리관계가 성립하는 것을 말한다. 예컨대, 대통령의 궐위 또는 사고시 국무총리·국무위원의 권한대행(헌법71), 국무총리의 사고시 부총리의 직무대행, 국무총리와 부총리가 모두 사고시 대통령의 지명이 없는 경우에는 정부조직법 제26조 제1항에 규정된 순서에 따른 국무위원의 직무대행(정부조직법22) 등을 들 수 있다.

2) 지정대리(指定代理)란 법정사실이 발생한 경우에 일정한 자가 대리자를 지정함으로써 대리관계가 발생하는 경우를 말한다. 예컨대, 국무총리와 부총리가 모두 사고시 행하는 대통령의 지정에 의한 국무위원의 직무대행(정부조직법22) 등을 들 수 있다. 지정대리는 피대리관청의 구성자에게 일시적 사고가 있는 경우에 행해지는 것이 보통이나, 사망·면직 등의 사유로 궐위된 경우에도 일시적으로 그 대리자를 지정하는 경우가 있는데, 이를 특히 서리(署理)라고 한다. 서리와 대리를 구별하는 입장도 있으나, 서리도 일종의 법정대리(지정대리)로 본다(다수설). 그리고 헌법관행상 이어져 온 국무총리서리에 관해서는 위헌시비가 있다.

(2) 범 위

1) 법정대리의 대리권은 피대리관청의 권한 전부에 대하여 미친다. 2) 대리관청은 대리권의 일부에 대해서 타행정관청으로 하여금 대리하게 할 수 있기 때문에, 수권대리의 성질이 있는 복대리권이 인정된다.

(3) 효 과

1) 대리관청의 대리행위효과는 피대리관청에 귀속된다. 2) 대리관청은 대리권의 행사에 있어서 피대리관청의 지휘·감독을 받지 않는다. 법정대리는 신뢰관계가 아니라 법령에 의하여 강제된 것이기 때문이다. 그런데 해외출장이나 경한 질병의 경우에는 피대리관청의 지휘·감독권은 유보되고 있다고 보는 것이 타당하다고

약 10년간 계속되어 왔고, 실무상 근로복지공단을 상대로 산재보험료 부과처분에 대한 항고소송을 제기하여 온 점 등에 비추어 지역본부장은 물론 그 상대방 등도 근로복지공단과 지역본부장의 대리관계를 알고 받아들였다는 이유로, 위 부과처분에 대한 항고소송의 피고적격이 근로복지공단에 있다(대결 2006.2.23, 2005부4<근로복지공단>).

본다.

피대리관청이 대리관청에 대하여 지휘·감독이 인정되는 경우는 대리관청의 행위에 대하여 피대리관청도 책임을 진다고 할 것이다.

(4) 소 멸

대리관계를 발생하게 한 법정사실의 소멸로 인하여 소멸한다. 예컨대, 피대리인의 질병치료, 외국출장 후 귀국 등을 들 수 있다.

제2. 권한위임

1. 의 의

(1) 개 념

행정관청의 권한위임(權限委任)이란 행정관청(위임기관)[X]이 그의 권한일부를 다른 행정기관(수임기관)[Y]에게 이전히여 수임기관[Y]의 권한으로 행시히게 히는 것을 말한다. 이러한 권한위임은 <u>권한의 법적 귀속을 변경</u>하는 것이므로 법률이 허용하는 경우에 한하여 인정된다(대판 1989.9.12, 89누671). 따라서 권한의 위임이 이루어지면, 위임의 범위 내에서 수임기관[Y]은 이관된 권한을 자기의 명의와 책임 아래 행사하고, 이에 반하여 위임관청[X]은 위임관계가 존속하는 한 그 권한을 상실한다(대판 1992.9.22, 91누11292).

그리고 권한위임은 위임의 해제에 의하여 종료되며, 위임의 종료에 의하여 행정관청의 권한은 다시 수임기관[Y]에서 위임기관[X]으로 이전된다.

(2) 구별되는 개념(위임전결·내부위임·대결·권한이양)

위임전결 및 내부위임과 대결은 권한 자체의 귀속에 있어서 변경을 가져오지 않고 본래의 행정관청의 이름으로 행해지는 내부적 사실상 행위라는 점에서, 행정관청의 권한귀속의 변동을 가져오는 권한위임과 구별된다. 그리고 권한위임은 권한 자체가 수권규범의 변경을 통하여 확정적으로 다른 기관에 이전되는 권한이양(權限移讓)과 구별된다.

행정권한의 위임은 중앙과 지방간의 행정사무의 배분을 조정하는 기능을 수행하며, 우리나라는 1970년대 이후 행정사무의 지방이관의 방법으로 권한위임의 방법이 채택되었다.

(3) 종 류

(가) 지도감독 아래 있는 기관(보조기관·하급행정관청)에 대한 권한위임   지도감독 아래 있는 기관에 대해서 이루어지는 권한위임은 전통적이고 가장 보편적인 형태이다. 이러한 형태의 권한위임은 위임관청의 일방적 위임행위에 의하여 이루어지고 수임기관의 동의를 요하지 아니한다.

지방자치법 제95조[현행 제104조] 제1항에 의한 지방자치단체장의 보조기관, 소속 행정기관 또는 하부행정기관에 대한 권한의 위임은 내부적으로 집행사무만을 위임하는 것이라기보다는 이른바 외부적 권한 위임에 해당한다(대판 1997.2.14, 96누15428<남제주군대정읍장>).

(나) 대등관청 또는 지도감독 아래 있지 않는 기관에 대한 권한위임   행정기능의 양적·질적 발달에 따라 대등관청 또는 계통을 달리하는 행정관청 상호간의 긴밀한 협력수단의 하나로써 행해지고 있다. 이러한 경우의 권한위임을 특히 '권한의 위탁'이라고 부르기도 한다.

(다) 지방자치단체 또는 그 기관에 대한 권한위임   국가행정사무의 권한위임이 지방자치단체 자체에 대하여 이루어지는 경우를 단체위임이라 하고, 지방자치단체의 기관에 대하여 이루어지는 경우를 기관위임이라 한다. 국가위임사무의 대부분은 기관위임사무이다. 단체위임에 있어서 근본방침은 법률로 정하지만, 사무는 지방자치단체가 자율적으로 처리하며 국가는 최소한도의 사후적 감독만을 행사한다.

(라) 사인에 대한 권한위임(민간위탁)   [행정권한위임규정](10부터15의2까지)에 의하면, 주로 기술적·전문적 성격의 업무는 사인에게 위탁하여 시행할 수 있도록 하고 있다. 이러한 사인의 신청 또는 동의가 있는 경우에 인정되며, 수임자에게 일정한 공권을 부여한다. 이와 같이 권한을 위탁받은 사인을 공무수탁사인이라고 한다.

2. 권한위임과 내부위임의 구별

(1) 내부위임의 의의

(가) 개 념   내부위임(內部委任)이란 행정관청의 내부적인 사무처리의 편의를 도모하기 위하여 그의 보조기관 또는 하급행정관청[Y]으로 하여금 그의 권한을 위임관청[X]의 이름으로 행하고 위임관청[X] 스스로의 행위로 인정하는 것을 말한다(대판 1989.9.12, 89누671; 대판 1992.4.24, 91누5792; 대판 1995.11.28, 94누6475; 대판 1998.2.27, 97누1105).

(나) 성 립 -법적 근거-   내부위임은 위임관청의 권한을 사실상 행사하도

록 하는 데 그치는 것이므로 법률이 허용하고 있지 아니한 경우에도 인정된다(대판 1989.9.12, 89누671; 대판 1992.4.24, 91누5792; 대판 1995.11.28, 94누6475; 대판 1998.2.27, 97누1105). 따라서 지방자치사무의 권한위임은 조례로서 규정하여야 하기 때문에, 조례가 아닌 지방자치단체의 사무위임규칙은 내부위임의 근거규정이 될 수는 있으나 권한위임의 근거는 될 수 없다(대판 1989.2.14, 88누4645).

　(다) 권한행사의 주체와 명의　　　　내부위임의 경우에는 수임관청[Y]은 위임관청[X]의 이름으로만 그 권한을 행사할 수 있을 뿐 자기[Y]의 이름으로는 그 권한을 행사할 수 없다(대판 1989.9.12, 89누671; 대판 1989.3.14, 88누10985; 대판 1992.4.24, 91누5792; 대판 1995.11.28, 94누6475). 따라서 행정처분의 권한을 내부적으로 위임받은 수임기관[Y]이 그 권한을 행사함에 있어서는 행정처분의 내부적 성립과정은 스스로 결정하여 행하고 그 외부적 성립요건인 상대방에의 표시만 위임기관[X]의 명의로 하면 된다(대판 1984.12.11, 80누344). 그럼에도 불구하고 내부위임의 경우에는 수임관청[Y]이 자기[Y] 이름으로 행정처분을 한 경우는 권한 없는 자에 의한 무효의 처분이 된다(대판 1986.12.9, 86누569; 대판 1989.2.14, 88누4645; 대판 1989.9.12, 89누671). 그런데 이러한 흠(하자)은 행정청의 내부사정을 이유로 하는 것이어서 법적 안정성의 차원에서 취소사유에 불과하다고 보는 견해(김남진, 류지태) 또는 그 흠(하자)이 외견상 명백하다고 볼 수 없기 때문에 취소사유로 보는 견해(이병철)도 있다.

　(라) 피 고　　　　행정처분을 행할 적법한 권한 있는 상급행정청[X]으로부터 내부위임을 받은 데 불과한 하급행정청[Y]이 권한 없이 행정처분을 한 경우에도 실제로 그 처분을 행한 하급행정청[Y]을 피고로 할 것은 아니다(대판 1989.11.14, 89누4765; 대판 1991.2.22, 90누5641; 대판 1991.10.8, 91누520; 대판 1994.6.14, 94누1197). 그런데 내부위임임에도 불구하고 수임기관[Y]이 자신[Y]의 명의로 행정처분을 하였다면 항고소송의 피고적격자는 사실상 명의자인 수임기관[Y]이 된다(대판 1994.6.14, 94누1197).

■ 권한대리·대결·위임전결·내부위임·권한위임의 구별 ■

구 분	권한대리	대결(代決)	위임전결	내부위임	권한위임
권한행사의 주체	다른 행정관청 또는 보조기관	보조기관	행정청 내부의 보조기관	하급행정관청 또는 보조기관	다른 행정기관 또는 보조기관, 사인(민간위탁)

권한행사의 명의	· 대리관청의 이름으로 · 피대리관청을 위한 것임을 표시	피대결관청의 이름으로	피위임전결관청의 이름으로	· 피내부위임관청의 이름으로 · 피내부위임관청을 위한 것임을 표시	수임기관의 이름으로
권한의 귀속	피대리관청	피대결관청	피위임전결관청	피내부위임관청	수임관청
권한행사의 효과	피대리관청	피대결관청	피위임전결관청	피내부위임관청	수임관청
특 징	·법령의 근거 불필요 · 법정대리는 권한의 전부에 대해서도 대리가능하고, 수권대리는 권한이 일부에 대해서만 대가가능 · 피대리관청의 지휘·감독권인정 · 법정대리는 복대리가 인정되고, 수권대리는 원칙적으로 불인정	권한행사자의 일시부재시에 행하는 결재	비교적 경미한 사항에 대한 내부의 편의적 사무처리	통상적인 사항에 대한 내부의 편의적 사무처리	·법령의 근거 필요 ·권한의 일부에 대해서만 위임이 가능하고, 전부·본질적 사항의 위임은 무효 · 원칙적으로 복대리가 인정되지 않고, 예외적으로 법령상 근거가 있고 위임기관장의 승인이 있는 경우에만 가능

3. 법적 근거

(1) 명시적 법적 근거

　행정관청의 권한위임은 법령으로 정하여진 권한분배의 실질적 변경을 초래하기 때문에 법적 근거를 요한다(대판 1992.4.24, 91누5792; 대판 1995.11.28, 94누6475). 행정관청의 권한위임에 관한 법적 근거로서는 개별법(예,여객운송사업법 등)뿐만 아니라 일반적 원칙을 규정한 정부조직법(6)을 비롯하여 [행정권한위임규정]{제2장(행정기관간위임위탁)}, 지방자치법(102,104) 등이 있다(대판 1991.6.14, 90누1557 참조). 지방자치사무의 권한위임은 조례에 의하여 인정된다(대판 1989.2.14, 88누4645).

　법적 근거 없이 행한 권한위임에 의한 행위는 무권한의 행위로서 무효이다. 다만 정부조직법 및 [행정권한위임규정]에 의하여 규칙으로 위임·재위임에 관한 규정을 정하여야 할 사항을 조례로 정하고 그에 근거한 처분은 당연무효가 아니라 취소사유에 불과하다고 보는 것이 대법원의 입장이다(대판 1995.7.11, 94누4615). 적법한 권한 위임 없이 세관출장소장[피고]에 의하여 행하여진 관세부과처분이 그 하자가 중대하기는 하지만 객관적으로 명백하다고 할 수 없어 당연무효는 아니다(대판 2004.11.26, 2003두2403<관세부과처분취소(군산세관 익산출장소장)>).

(2) 법령에 특별한 규정이 없는 경우

법령에 특별한 규정이 없는 경우에 정부조직법 제6조 또는 지방자치법 제104조에 근거해서 권한을 위임할 수 있는가가 문제된다. 이에 대해서 부정설과 긍정설(다수설)의 대립이 있으나, 판례는 정부조직법 제6조 또는 지방자치법 제104조를 위임과 재위임의 일반적 근거규정으로 보고 위 규정에 의하여 권한의 위임·재위임이 가능하다고 본다(대판 1997.6.19, 95누8669; 대판 1995.7.11, 94누4615 전원합의체<건설영업정지(난지도펜스)>; 대판 1990.4.10, 89누7023<지방자치법제95조>; 대판 1989.9.26, 89누12127).

4. 한 계

(1) 위임범위

행정관청의 권한일부에 대해서만 가능하고, 권한의 전부위임 또는 주요부분의 위임은 인정되지 아니한다. 그리고 수임관청이 위임받은 사무의 일부를 보조기관 또는 하급행정기관 등에 다시 재위임할 수 있다고 보는 것이 실정법(정부조직법6, [행정권한위임규정]4)과 판례(대판 1995.8.22, 94누5694; 대판 1990.2.13, 89누3625; 대판 1989.9.26, 88누12127)의 태도이다.

(2) 기관위임사무의 재위임

기관위임사무의 경우는 지방자치법(104④)에 의하면, 그 위임기관의 장의 승인을 얻어 다시 위임할 수 있다. 따라서 위임기관의 장의 승인을 얻지 못하고 이루어진 재위임은 무권한 행위로서 위법하다고 할 것이다.

5. 효 과

(1) 비용부담

위임기관은 수임기관의 수임능력을 점검하고 필요한 인력과 예산을 이관하도록 규정하고 있다([행정권한위임규정]3②). 그러나 국가와 지방자치단체 사이에는 인력과 예산의 이관이 허용되지 않기 때문에, 국가행정사무를 지방자치단체 또는 그 기관에 위임하는 경우는 소요경비를 국가가 전부 교부하여야 한다(지방재정법21②).

(2) 수임기관의 권한행사

위임관청은 사무를 처리할 권한을 잃게 되고, 수임기관이 자기의 권한으로 자기의 이름과 책임 아래서 그 권한을 행사한다. 그리고 수임기관은 위임된 사무와 관련된 이의신청을 수리하고 결정할 권한도 포함되어 있으며(대판 1982.3.9, 80누334), 쟁송법상으로도 수임기관이 직접 쟁송당사자가 된다.

(3) 위임관청의 지휘감독

수임관청에 대한 위임관청의 지휘감독권 인정여부에 대해서, 수임관청이 위임관청의 보조기관·하급기관인 경우는 긍정적으로 해석한다. 따라서 수임관청의 행위가 위법·부당하다고 인정된 때에는 이를 취소하거나 중지시킬 수 있다. 대법원도 지휘·감독권의 범위와 관련해서 처분의 합법성뿐만 아니라 합목적성의 확보에까지 미친다고 판시하고 있다(대판 1996.12.23, 96추114).

그런데 [행정권한위임규정](6)에 의하면, 수임기관이 위임기관의 지휘감독 아래 있는 기관인지 여부를 구별하지 않고 지휘·감독권과 위법·부당한 사무처리에 대해서는 취소·정지권을 인정한다.

(4) 피고적격

위임기관[X]이 수임기관[Y]에게 권한의 일부를 위임하여 자신의 명의와 책임 아래 행사하게 한 경우에 상대방[A]은 수임기관[Y]을 피고로 하여 소송상 다툴 수 있다. 따라서 에스에이치(SH)공사[Y]가 택지개발사업 시행자인 서울특별시장[X]으로부터 이주대책 수립권한을 포함한 택지개발사업에 따른 권한을 위임 또는 위탁받은 경우, 위 공사[Y] 명의로 이루어진 이주대책에 관한 처분에 대한 취소소송의 정당한 피고는 위 공사[Y]라고 할 것이다(대판 2007.8.23, 2005두3776<SH공사(입주권확인)>).

제3. 권한행사의 감독

1. 의 의

(1) 개 념

권한행사의 감독(監督)이란 상급관청이 하급관청의 권한행사에 대하여 그 적법성과 합목적성을 확보하기 위하여 지휘하고 통제하는 것을 말한다. 이러한 상급관청의 감독권은 상급관청의 일반적 권한이기 때문에 개별적 법령의 근거는 필요 없지만 감독권 자체에 대한 일반적·추상적인 법령상 근거는 필요하다(예, 정부조직법7(행정기관장의 직무권한)·11(대통령의 행정감독권), 지방자치법 167(국가사무나 시·도사무 처리의 지도·감독) 등).

⑵ 종 류

권한행사감독의 종류는 내용적으로 예방적 감독(사전감독)과 교정적 감독(사후감독)이 있다. 1) 예방적 감독(豫防的監督)(사전감독)이란 하급기관의 위법·부당한 권한행사를 미리 방지하기 위하여 행하는 감독권의 행사를 말한다. 2) 교정적 감독(敎正的監督)(사후감독)이란 이미 행하여진 위법·부당한 하급기관의 행위를 시정하기 위하여 실시되는 것을 말한다.

2. 감독의 수단

⑴ 감시권

감시권(監視權)이란 상급관청이 하급관청의 사무처리상황을 파악하기 위하여 보고를 받거나 사무감독 등을 행하는 것을 말한다. 이러한 감시권은 특별한 법적 근거를 요하지 않지만, 보고통제규정 및 행정감사규정에 의한 제한이 있다.

⑵ 훈령권

(가) 의 의   훈령(訓令)이란 상급기관이 하급기관에 대하여 상당한 장기간에 걸쳐, 하급기관의 권한행사를 일반적으로 지시하기 위하여 발하는 행정규칙을 말한다. 이러한 훈령은 상관이 부하공무원에 대해서 공무원의 복무·행동 등에 관하여 발하는 직무명령과 구별된다.

행정규칙으로서 훈령은 경우에 따라서 행정기관으로 하여금 새로운 법률시행에 미리 대비하게 하고, 그 적용상의 경험축적과 법률시행상의 문제점을 보완하기 위해서 발령되는 경우도 있다. 예컨대, 행정절차법을 대비한 과거 [행정절차훈령]과 정보공개법을 대비한 과거 [정보공개(국무총리)훈령] 등을 들 수 있다.

(나) 성 질   훈령의 성질을 행정조직의 내부관계에 대해서만 효력이 있는 것으로서 법규성이 없다고 보는 것이 전통적 입장이다[비법규설]. 따라서 훈령은 하급관청이나 관계공무원을 구속함에 그치고 법원이나 일반 개인에 대하여는 구속력이 없기 때문에(대판 1967.6.20, 67누57; 대판 1998.10.27, 96누15879; 대판 2002.10.11, 2000도6067), 훈령에 위반된 행위는 하급관청을 구성하는 공무원의 직무상 의무위반에

그치며, 당해 행위가 위법이 되는 것은 아니다(대판 1962.4.4, 94행상160). 이러한 입장에 따르게 되면, 개인은 훈령위반의 행정행위에 대하여 위법성을 주장할 수 없게 된다.

   행정사무처리 또는 법령해석의 기준을 제시하는 것을 내용으로 하는 훈령 가운데 실질적으로 법의 보충적 기능을 하고, 또한 그에 따르는 행정작용을 통하여 개인에게 영향을 미치게 되는 경우가 있다. 이러한 경우에 법규성을 인정하지 않을 수 없다고 보는 견해가 오늘날 지배적인 입장이다[법규설]. 대법원도 국세청장의 훈령인 재산제세사무처리규정에 관하여 법규성을 인정하였다(대판 1987.9.29, 86누484; 대판 1989.11.14, 89누5676; 대판 1992.1.21, 91누5334). 이 외에도 대법원이 훈령의 법규적 성질을 인정한 판례로는 건설부장관의 훈령인 건축사사무소의등록취소및폐쇄처분에관한규정(대판 1984.9.11, 82누166), 국무총리의 훈령인 개별토지가격합동지침(대판 1994.2.8, 93누111) 등을 들 수 있다.

   (다) 종 류   [행정업무규정](4(공문서의 종류)ii(지시문서),(구)사무관리규정(7ii))에 의하면, 지시문서(훈령)를 협의의 훈령·지시·예규 및 일일명령 등으로 구분한다. 여기서 ① 협의(狹義)의 훈령이란 상급관청이 하급관청에 대하여 상당한 장기에 걸쳐 그 권한의 행사를 일반적으로 지시하기 위하여 발하는 행정규칙이고, ② 지시(指示)는 상급관청이 직권 또는 하급관청의 문의에 의하여 하급관청에 대하여 개별적·구체적으로 발하는 행정규칙을 말하며, ③ 예규(例規)는 행정사무의 통일을 기하기 위하여 반복적 행정사무의 처리기준을 제시하는 행정규칙이고, ④ 일일명령(日日命令)은 당직·출장·특근·휴가 등의 일일업무에 관하여 발하는 행정규칙을 말한다.

   실정법에서 사용하고 있지는 않지만 행정실무에서는 널리 쓰이고 있는 용어로서, 상급행정기관이 지휘권에 의거하여 하급행정기관에 대하여 발하는 명령으로서 문서로 시달되는 통첩(通牒)이 있다.

   (라) 효 력   하급관청이 훈령에 대한 형식적 심사권을 가지지만, 훈령의 실질적 요건충족 여부에 대한 실질적 심사권은 행정조직의 통일적인 질서의 파괴를 이유로 소극적으로 해석한다고 보는 것이 통설이다(실질적 심사부정설). 그런데 훈령이 합목적성·공익성의 요구에 명백히 반한다든가, 법령해석상 위법(違法)이 중대하고 명백하여 절대무효라고 판단되는 경우는 복종의무가 없다(대판 1967.2.7, 66누168; 대판 1988.2.23, 87도2358). 위법한 훈령에 따르는 공무원의 책임은 구체적인 경우에 있어서 기대가능성을 기준으로 판단하게 된다.

   경합(競合)되는 훈령이 상·하관계에 있는 상급관청들의 것인 경우는 직근상급관청의 훈령에 따라야 한다. 그리고 주관상급관청과 비주관상급관청의 훈령이 경합된 경우에는 당연히 주관상급관청의 훈령에 따라야 한다.

(3) 인가·승인권

인가·승인(認可·承認)이란 상급관청이 하급관청의 일정한 권한행사에 대하여 미리 동의를 주는 것을 말한다. 이러한 인가·승인은 하급기관의 권한행사에 대한 적법·타당성을 확보하기 위한 예방적 감독(사전감독) 수단의 하나이다. 하급관청에 대한 상급관청의 이러한 인가·승인은 상급기관의 지도·감독작용으로서 행한 행정기관내부의 행위에 불과한 것으로 항고소송의 대상이 되는 처분에 해당한다고 볼 수 없다고 보는 것이 대법원의 입장이다(대판 1997.9.26, 97누8540<폐기물처리시설설치허가에 대한 건설교통부장관의 사전승인>).

상급행정기관의 하급행정기관에 대한 승인·동의·지시 등은 행정기관 상호간의 내부행위로서 국민의 권리·의무에 직접 영향을 미치는 것이 아니므로 항고소송의 대상이 되는 행정처분에 해당한다고 볼 수 없다(대판 1989.6.27, 88누9640; 대판 1997.9.26, 97누8540; 대판 2008.5.15, 2008두2583 등 참조).

하급관청이 상급관청의 법령에 근거한 인가를 받아서 행하여야 함에도 불구하고 인가를 받지 않고 행한 경우에 하급관청의 행위는 위법하다고 할 것이다. 그러나 상급관청의 인가가 법령에 근거한 것이 아닌 경우에 그 인가는 행정내부관계에 불과하기 때문에 인가를 받지 않은 하급관청의 행위는 위법하다고 할 수 없다.

(4) 취소·정지권

취소·정지(取消·停止)란 상급관청이 하급관청의 위법·부당한 행위의 효력을 소급적으로 소멸시키거나 일시적으로 정지시키는 것을 말한다. 법령의 규정이 없는 경우에도 상급관청의 감독권에 의한 취소·정지권을 인정할 것인가에 관해서 적극설과 소극설이 대립된다. 생각건대, 감독청의 취소·정지권을 인정함으로써 개인에게 예측하지 못한 손해를 가져다 준다면 신뢰보호라는 관점에서 문제가 있고, 또한 현대행정의 전문성을 고려하면 원칙적으로 감독청에게는 취소·정지권을 인정하지 않는 것이 타당하다.

그런데 실정법의 규정에 의하여 상급기관의 취소·정지권을 인정하는 경우(정부조직법19, [행정권한위임규정]6 등)가 있다.

(5) 권한쟁의결정권

하급기관 상호간에 있어서 권한쟁의가 발생한 경우에 상급관청은 이를 결정할 권한을 갖는다. 이러한 권한쟁의결정권(權限爭議決定權)은 원칙적으로 쌍방의 하급기관의 공통상급기관에 인정되며, 그러한 기관이 없는 경우는 쌍방의 상급기관의 협의에 의하여 결정된다. 그런데 이러한 협의가 이루어지지 않는 경우는 최종적으로 행정각부간의 주관쟁의로서 국무회의의 심의를 거쳐 대통령이 결정한다.

그러나 이러한 사실상 힘에 의한 권한쟁의해결방법 이외에 행정소송법에 의한 기관소송과 헌법재판소법에 의한 권한쟁의심판 등 법적인 힘에 의한 분쟁해결방법이 있다.

제4. 행정기관(행정청)의 대등관계

1. 권한의 상호존중관계

대등한 행정기관간에는 서로 다른 행정청의 권한을 존중하여야 하며 다른 행정청의 권한을 침해해서는 안 된다(권한불가침의 구속). 따라서 한쪽 행정청의 행위에는 처음부터 당연무효가 아닌 한 다른 쪽 행정청에 대해서도 효력(예선적 효력·공정력 또는 구성요건적 효력)이 인정된다.

2. 권한의 상호협력관계

(1) 협 의

협의(協議)란 하나의 사항이 둘 이상의 행정청의 권한에 관련되어 있는 경우에 행정청간에 의사통일을 통해서 결정·처리하는 것을 말한다. 이러한 협의의 종류는 ① 2이상의 관청이 공동주관청으로서 대등하게 협의하는 경우, ② 주관관청이 관계관청과 협의하는 경우{예, 감사원법30(관계기관의 협조)·49(회계관계법령 등에 대한 의견표시 등), [토지보상법]21(의견청취), [공유수면법]10(공유수면의 점용·사용 협의 또는 승인)}, ③ 행정청이 일정한 사업을 경영함에 있어서 사업의 주관관청과 협의하거나 승인을 받아야 하는 경우 등 3가지로 나누어 볼 수 있다.

이와 같이 법령상 요구되는 협의 없이 행한 행위는 원칙적으로 위법하다.

(2) 사무의 촉탁(위탁)

사무의 촉탁(囑託)이란 대등한 다른 관청 사이에 한쪽 관청의 직무상 필요한 사무가 다른 쪽의 행정관청에 속하는 경우에 당해 행정사무를 위양(委讓)하는 것을 말한다.

(3) 협조와 행정응원

행정절차법에 의하면, "행정청은 행정의 원활한 수행을 위하여 서로 협조하여야

한다"(법7)고 규정하고 있고, "안전행정부장관(제4장의 경우에는 법제처장)은 행정절차법
의 효율적인 운영을 위하여 노력하여야 하며, 필요한 경우에는 그 운영상황과 실
태를 확인할 수 있고, 관계행정청에 대하여 관련자료의 제출 등 협조를 요청할 수
있다"(법56)고 규정하고 있다.

　행정응원(行政應援)이란 대등관청 사이에 한쪽 관청의 직무수행상 필요한 특정행
위 또는 필요한 공무원의 파견근무 기타 일반적 협력을 다른 관청에 요구하는 것을
말한다. 이러한 행정응원에 관한 명문의 규정이 있는 경우(예, 경찰직무응원법1(응원경찰관
의 파견),소방기본법11(소방업무의 응원),[재난관리법]44(응원))는 피요구관청은 이를 거부하지 못
한다. 재해·사변 기타 비상시에 행하는 행정응원을 '협의의 행정응원'이라 부르기도
한다.

제2장 지방자치행정
地方自治行政

제1절 의 의

I. 개 념

1. 개념정의

지방자치행정(地方自治行政)이란 지방분권주의에 의하여 일정한 지역 내의 행정{그 지방주민의 복리에 관한 사무·재산관리에 관한 사무·기타 법령이 정하는 사무(헌법117①)}을 지방자치단체에 의하여 이루어지는 행정을 말한다. 이러한 지방자치행정은 이념적으로는 국민주권주의와 자유민주주의를 구현하고 권력분립주의를 지방적 차원에서 실현할 뿐만 아니라 국민의 기본권을 신장하는 데 기여하고 있다고 할 것이다(헌재 1991.3.11, 91헌마21). 또한 지방자치행정은 민주성과 능률성을 제고하고 지방의 균형 있는 발전과 아울러 국가의 민주적 발전을 도모하게 된다(헌재 2006.03.30, 2003헌라2 참조).

따라서 지방자치행정은 지역의 주민에 의하여 행정이 이루어진다는 주민자치적 요소[실질적 관념]와 국가의 일정한 지역을 기초로 지역단체(지역주민이 선출한 기관)가 자주적으로 지방의 공공사무를 처리한다는 단체자치적 요소[형식적 관념]를 함께 가지고 있다.

[판 례] 헌재 2009.3.26, 2007헌마843〈지방자치의 의의와 성격〉: 지방자치는 지역 중심의 지방자치단체가 독자적인 자치기구를 설치하여 그 고유사무를 국가기관의 간섭 없이 스스로의 책임 아래 처리하는 것을 말한다. 전통적으로 지방자치는 주민의 의사

에 따라 지방행정을 처리하는 '주민자치'와 지방분권주의를 기초로 하여 국가내의 일
정한 지역을 토대로 독립된 단체가 존재하는 것을 전제로 하여 그 단체의 의회와 기
관이 그 사무를 처리하는 '단체자치'를 포함하고, 이러한 지방자치는 국민의 기본권
이 아닌 헌법상의 제도적 보장으로 이해되고 있다. 이러한 지방자치제의 헌법적 보장
은 국민주권의 기본원리에서 출발하여 주권의 지역적 주체인 주민에 의하여 자기통
치를 실현하는 것으로 요약될 수 있고, 이러한 지방자치의 본질적이고 핵심적인 내용
은 입법 기타 중앙정부의 침해로부터 보호되어야 한다는 것이 헌법상의 요청이기도
하다(헌재 2003.1.30, 2001헌가4 참조).

2. 개념에 관한 학설

지방자치행정의 개념(槪念)에 관해서 협의·광의·최광의의 구별이 있다. 1) 협의의
개념은 지방자치단체가 자신의 고유한 업무를 자신의 기관에 의하여 처리하는 행
정을 말한다[=고유사무]. 2) 광의의 개념은 지방자치단체가 자치단체로서 처리하는
모든 행정을 말한다[=고유사무+단체위임사무]. 3) 최광의의 개념은 지방자치단체의
구역 내에서 행해지는 모든 행정 중에서 중앙정부의 특별행정기관에 의하여 직접
처리되는 행정(예, 경찰, 국세징수 등)을 제외한 것을 말한다[=고유사무+단체위임사무+
기관위임사무].

▣ 지방자치의 연혁(기원) -주민자치와 단체자치- ▣

(1) 주민자치

주민자치(住民自治)란 국가(중앙정부)로부터 독립하여 주민이 조직한 지방적 단체
를 통한 지역주민 스스로 또는 그 대표자에 의하여 지역주민들의 의사와 책임 아래
지역공동사회의 공공·공동의 사무를 결정하고 집행하는 것을 말한다. 이러한 주민자
치는 영미국가에서 발달된 것으로서 자치행정을 실제로 움직이는 주민에 착안하여 만
들어진 정치적 의미의 자치이다.

주민자치의 실현방법은 ① 주민 전부가 직접 그들의 의사와 책임 아래 행정사무를
처리하는 직접자치와 ② 주민이 선출한 명예직공무원에 의해 행정사무를 처리하는 대
표자치가 있다.

(2) 단체자치

단체자치(團體自治)란 지역공동사회의 공동 관심사를 국가 내의 일정한 지역을 기
초로 하는 법인격 있는 지방공공단체(지방자치단체)에 의하여 스스로의 의사와 책임
아래 이루어지는 행정을 말한다. 지방적 단체의 법인격이 강조된다는 점에서 단체자
치를 법적 의미의 자치라고 부른다. 이러한 의미의 단체자치는 독일 등 대륙법계의

국가에서 발달된 관념이다.

 (3) 단체자치와 주민자치의 관계

　주민자치와 단체자치는 상호접근하는 경향이 있기 때문에, 오늘날 지방자치는 단순한 주민자치나 단체자치가 아니라 상호보완적 제도로 정착되고 있다. 따라서 오늘날 각국의 지방자치제도는 주민자치와 단체자치의 요소 중에서 자국에 적합한 것만을 채택하여 제도화하는 것이 보통이다. 우리나라의 지방자치제도 역시 단체자치를 기본으로 하면서 주민자치적 요소를 가미한 형태를 띠고 있다고 할 것이다.

■ 단체자치와 주민자치의 특징 ■

구 분	주민자치	단체자치
자치권의 성질	자연법상 권리 주민의 권리	실정법상 권리 자치단체의 권리
기 원	영미법계 국가	대륙법계 국가
자치권의 주체	주 민	자치단체
자치권한의 여부방식	개별적 지정주의	포괄적 위임주의
자치단체의 성격	지방정부(Local Government)	지방자치단체(Autonom Authorité; Autonomous Authorities)
자치단체의 형태	권력통합주의에 의한 기관단일형의 내각책임제(권력집중형)	권력분립주의에 의한 기관대립형의 수장제(권력분립형)
지방세제	독립세주의	부가세주의
국가의 감독·통제	입법적·사법적 감독 국가의 약한 통제	입법적·사법적·행정적 감독 국가의 강한 통제

II. 지방자치권

1. 의 의

 (1) 개 념

　지방자치단체가 자신의 사무를 자신의 책임하에 행할 수 있는 권한을 지방자치단체의 자치권(自治權) 혹은 자치고권(自治高權)이라 부른다. 이러한 지방자치권(자치고권)은 지방자치의 제도적 보장의 한 내용으로서 지방자치의 본질적 요소 중의 하나이다. 따라서 지방자치권을 인정하지 않는 것은 위헌이고, 헌법상 제도적으로 보장된 자치권은 자치사무의 수행에 있어 다른 행정주체(특히 중앙행정기관)로부터 합목적성에 관하여 명령·지시를 받지 않는 권한도 포함된다고 볼 수 있다(헌재 2009.5.28, 2006헌라6).

(2) 한 계

그리고 우리나라의 지방자치권은 지방자치단체의 고유한 것이 아니라, 국가로부터 승인된 것으로서 법령의 범위 내에서 인정된다. 우리 헌법규정(117,118)에 의하면 의회는 입법재량에 따라 지방자치행정의 구체적인 내용을 형성할 수 있기 때문에, 지방자치권은 법률에 의하여 형성되고 그 범위가 제한된다(헌재 2002.10.31, 2002헌라2; 헌재 2002.10.31, 2001헌라1; 헌재 2009.5.28, 2006헌라6). 따라서 지역적 특수성을 보장하기 위하여 인정된 지방자치권은 전체 국민의 일반적 이익(공공의 복리)을 보장하기 위하여 법률에 의하여 제한될 수 있다.

그런데 이러한 제한이 비록 법치주의에 의한 제한이자 민주주의에 의한 제한이라고 해서, 무제한적으로 인정되는 것이 아니라 일반법원칙에 의하여 일정한 한계가 있다. 즉 자치권제한의 한계법리는 국민전체의 다수의사인 법률에 의하여 무제한적으로 소수집단인 주민의 이익을 제한하는 것을 방지함으로써, 지방적 특수성이 다수의 횡포에 희생되지 않도록 하는 데 그 의의가 있다. 이러한 점을 헌법재판소는 "지방자치단체의 자치권은 헌법상 보장을 받고 있으므로 비록 법령에 의하여 이를 제한하는 것이 가능하다고 하더라도 그 제한이 불합리하여 자치권의 본질을 훼손하는 정도에 이른다면 이는 헌법에 위반된다"(헌재 2002.10.31, 2002헌라2 참조)고 하였다.

▣ 지방자치권의 본질 ▣

(1) 고유권설

고유권설(固有權說)이란 자치권을 지방자치단체에 고유한 것으로 보는 입장을 말한다. 이러한 고유권설에 의하면 지방자치단체의 자치권은 자연권에 속하거나 국가가 생성되기 이전부터 인정되는 것이라는 점에서, 연혁적으로 주민자치에 있어서 자치권을 잘 설명할 수 있는 이론이다. 따라서 고유권설은 자치권을 역사적 의미로 이해하는 입장이다.

(2) 통치권일부이양설(전래권설:자치위임설)

통치권일부이양설(統治權一部移讓說)이란 지방자치단체(지방정부)의 자치권을 국가만이 가지고 있는 통치권의 일부가 지방정부로 이양 혹은 전래된 권력으로 보는 입장을 말한다. 이러한 통치권일부이양설에 의하면 지방정부의 자치권은 국가의 생성 이후 혹은 생성과 함께 이양 내지 전래되었다고 이해할 수 있다. 따라서 통치권일부이양설은 자치권을 정치적 의미로 이해하는 입장이다.

(3) 법적 수탁권설

법적 수탁권설(法的受託權說)이란 지방자치단체의 자치권은 법률에 의하여 국가로
부터 수탁받은 것으로 보는 입장이다. 즉 자치권은 지방자치단체의 고유한 것도 아니
고 또한 국가의 통치권의 일부를 통째로 건네받은 것도 아니고, 지방행정의 필요에
따라 법률에 의하여 수권받은 것에 불과하다고 본다. 따라서 법적 수탁권설은 자치권
을 법적 의미로 이해하는 입장이다.

(4) 신고유권설

신고유권설(新固有權說)은 개인이 자연권으로서 기본권을 향유하는 것과 유사한 고
유의 권리를 갖는다는 견해이다. 이러한 신고유권설은 지방자치단체에 대하여 폭넓은
자치권의 확보를 위한 주장으로서, 일본 헌법 제95조4)를 근거로 주민주권론까지 주장
되는 일본학자들의 견해이다.

(5) 결 어(법적 수탁권설)

우리나라 지방자치제도가 "단체자치를 근간으로 한다"는 의미는 지방자치가 국가의
생성 이전부터 고유한 것이 아니라는 의미이다. 그렇다고 지방자치단체에 대해서 자
치권을 아무런 법적 근거도 없이 정치적으로 국가로부터 통치권의 일부를 이양받은
것도 아니다. 기본적으로 헌법적 근거를 바탕으로 지방자치제도가 인정되고 지방자치
법 등 법률에 의하여 지방자치가 이루어지는 현실을 생각하면, 우리나라 지방자치의
본질은 법적 수탁권설로 이해하는 것이 타당하다.5) 이러한 입장에서 우리나라 지방자
치행정은 국가행정에 대한 대립이 아니라 상호보완을 통하여 국가목적을 실현하는 데
있다고 할 것이다.

2. 지방자치권의 내용6)

(1) 지역에 관한 자치권(자치지역권·지역고권)

지역(地域)에 관한 자치권이란 일정한 구역을 기초로 하는 지역적 사단으로서 지

---

4) 일본 헌법 제95조 : 하나의 지방공공단체만에 적용되는 특별법은…그 지방공공단체의 주민투
  표에 있어서 과반수의 동의를 얻지 아니하면 국회는 이것을 제정할 수 없다.
5) '통치권일부이양설'이라는 새로운 학설의 이름을 만든 것은 지금까지 통설적으로 설명해 왔
  던 '전래설'과 그 내용은 같지만, '전래설'을 '자치위임설'이라고 소개하는 경우(류지태, 장태
  주, 홍정선)가 있기도 하고, 또한 '전래설' 내지 '자치위임설'과 뒤에 설명하는 '수탁권설'과의
  차이를 제대로 이해하지 못하는 문제가 있었기 때문이다.
    그리고 전통적으로 설명되어 왔던 '수탁권설'을 '법적 수탁권설'로 새로운 이름을 만든 이
  유는 사실 법적으로 수탁하는 것이 곧 위임인데, 그렇다면 학설의 이름만 보면 '자치위임설'
  과 '수탁권설'을 혼돈할 수 있는 문제점이 있기 때문이다.
    또한 "지방자치에 관한 우리나라 헌법규정(117, 118)은 전래권설에 입각한 것으로 보는 것이
  통설적 입장이다"도 수정하지 않을 수 없다.
6) 지방자치권(자치고권)의 내용은 학자에 따라 다소 다르게 분류되는 경우가 있으나, 대체로 1)
  지역에 관한 자치권, 2) 입법에 관한 자치권, 3) 계획에 관한 자치권, 4) 조직에 관한 자치권,
  5) 인사에 관한 자치권, 6) 재정에 관한 자치권 등이 있다.

방자치단체가 일정한 구역에서 자신의 자치권을 행사할 수 있는 권한을 의미한다. 따라서 지방자치단체는 그 구역에 있는 모든 사람이나 물건에 대하여 지배할 수 있는 지역에 관한 자치권을 가진다. 이러한 지방자치단체의 지역자치권은 지방자치단체의 행정작용이 미치는 효력범위와 그에 복종하는 사람의 범위를 결정하는 기능을 한다.

지방자치단체의 구역은 주민·자치권과 함께 지방자치단체의 구성요소이며, 자치권을 행사할 수 있는 장소적 범위를 말하며, 다른 지방자치단체와의 관할범위를 명확하게 구분해준다.

지방자치단체는 지방자치법 제9조 제1항에 따라 자신의 관할구역의 자치사무와 법령에 의하여 지방자치단체에 속하는 사무를 처리할 권한을 가지며, 같은 조 제2항 제1호에서 열거하는 지방자치단체의 구역, 조직 및 행정관리 등에 관한 사무를 처리할 권한을 가진다. 따라서 지방자치단체는 자신의 관할구역 내에서 헌법 제117조 제1항과 지방자치법 제9조 및 기타 개별 법률들이 부여한 자치권한 내지 관할권한을 가진다(헌재 2004.9.23, 2000헌라2<당진군/평택시 권한쟁의>).

(2) 입법에 관한 자치권(자치입법권·입법고권·법규제정고권)

입법(立法)에 관한 자치권이란 지방자치단체가 관련업무를 처리하기 위하여 법령의 범위 내에서 자기책임하에 일반적·추상적인 법규를 제정할 수 있는 권한을 말한다. 우리 헌법(117①)은 지방자치단체의 자치입법권을 보장하고 있다. 그리고 지방자치법은 조례제정권(법22), 규칙제정권(법23)을, 그리고 [자치교육법]은 교육규칙제정권(법35) 등을 규율함으로써 헌법이 보장하고 있는 자치입법권을 재확인하고 있다. 따라서 자치입법의 종류로서 지방의회가 제정하는 조례(條例)와 지방자치단체의 장이 정하는 규칙(規則)을 인정하고, 그 밖에 [자치교육법]에 의한 교육규칙(敎育規則)이 있다.

지방자치단체가 '법령의 범위 안에서 자치에 관한 규정'을 제정할 수 있다고 규율하고 있는 헌법(117①)의 자치입법권에 관한 규정의 성질에 관하여 확인규정설과 창설규정설의 대립이 있다.[7] 생각건대 지방자치권의 본질을 고유권설로 보지 않는 한 창설규정설(創設規定說)로 보는 것이 논리적이다.

지방의회가 제정하는 조례는 중앙행정부가 제정하는 법규명령과 달리 별도의 법적 근거를 요하지 않는 특징이 있는데, 이는 조례가 지방주민의 대표기관인 지방의회의 의결을 거친다는 자주법(自主法)의 성질을 갖기 때문이다. 따라서 지방의회는

---

7) 자치입법권의 성질에 관하여 1) 고유권설에 입각한 조례자주입법설, 2) 전래설(통치권일부이양설)에 입각한 조례자주입법설, 3) 조례위임입법설로 분류하는 경우도 있다(박윤흔).

법률의 위임을 받음이 없이 직접 헌법(117①)에 근거하여 조례를 제정할 수 있다.

그런데 지방자치법(22단서)에 의하면, 이러한 자치입법권은 법률유보원칙에 의하여 그 대상이 주민의 권리제한이나 의무부과 또는 벌칙을 정하는 경우에는 구체적인 법률의 위임을 필요로 한다고 규정하고 있다. 이러한 지방자치법의 규정에 대해서 위헌론과 합헌론의 대립이 있다(뒤의 설명 참조).

(3) 계획에 관한 자치권(자치계획권·계획고권)

계획(計劃)에 관한 자치권이란 지방자치단체가 그의 업무를 수행하기 위하여 구속력 있는 계획을 수립하고 그와 관련된 상급계획에 참여할 수 있는 권한을 말한다. 이러한 자치계획권은 전통적인 자치권의 내용에 속하지는 않았지만, 지방자치의 발전과정에서 새롭게 추가된 내용이다. 예컨대, [국토계획법](18①,24①)에 의하면, 지방자치단체는 도시·군기본계획과 도시·군관리계획을 스스로 입안할 수 있는 권한을 가지게 된다.

자치계획권은 오늘날 가장 많은 제한을 받고 있는 자치권으로 이해되고 있다. 예컨대, 토지이용과 관련된 계획은 종합적인 측면에서의 조정을 필요로 하므로, 지방자치단체가 자주적으로 자치권을 행사하지 못하는 한계가 있다.8) 그러나 자치계획권이 제대로 보장되기 위해서는 1) 지역적으로 광범위하고 종합적인 성격을 갖는 계획수립과정에 있어서는 관련 지방자치단체의 이해관계가 반영될 수 있는 결정과정의 참여 내지 의견진술권이 보장되어야 하고, 2) 당해 지방자치단체의 지역에 한정된 의미의 행정계획(예, 도시계획)은 그 수립 및 결정에 있어서 지방자치단체가 주도적 역할을 할 수 있어야 한다. 따라서 현행 [국토계획법]이 광역도시계획의 수립 또는 변경에 있어서 지방자치단체(의회와 시장 또는 군수)의 의견을 듣도록 규정한 것(법15)과 도시기본계획 및 도시관리계획의 입안 등의 주도권을 지방자치단체의 장에게 부여한 것(법18, 24)은 타당하다고 할 것이다.

(4) 조직에 관한 자치권(자치조직권·조직고권)

조직(組織)에 관한 자치권이란 자치단체가 스스로 당해 자치단체의 조직을 결정할 수 있는 권한을 말한다. 헌법(118②)은 "지방자치단체의 조직과 운영에 관한 사항은 법률로 정한다"는 자치조직권의 헌법적 보장을 규정하고 있고, 이에 따라 지방자치법,9) [자치교육법] 등이 지방자치단체의 조직에 관한 기본적인 사항만을

---

8) 예컨대, 도시관리계획입안의 지침이 되는 도시기본계획의 수립이나 광역도시계획의 수립은 국토교통부장관의 승인을 필요로 하고([국토계획법]16①), 국가계획과 관련되는 광역도시계획의 수립은 지방자치단체의 장이 아니라 국토교통부장관이 입안하고(법11①iv) 결정할 수 있다(법16②).

정하고 있다. 특히 지방자치법은 자치단체의 조직에 관한 기본적 사항만을 정하고, 나머지 사항은 일정한 범위 안에서 당해 자치단체에 맡김으로써 광범위한 자치조직권을 인정하고 있다. 또한 법률로 자치단체의 조직·구성 등에 관하여 정하는 경우에도 당해 지방자치단체의 의견을 듣도록 하고 있는 경우가 많다. 따라서 자치구가 아닌 구·읍·면·동의 명칭과 구역의 변경 및 폐치·분합, 지방자치단체의 보조기관·소속행정기관·하부행정기관에 대한 규정 등은 자치조직권의 예라고 할 수 있다.

(5) 인사에 관한 자치권(자치인사권·인사고권)

인사(人事)에 관한 자치권이란 지방자치단체가 그의 업무를 수행하기 위하여 필요한 인적 요소인 지방자치단체의 공무원 등을 선출·임명·승진·강임·해임·징계하고, 그 복무와 수당·급료 및 후생에 관한 인사행정을 자기 책임하에 규율할 수 있는 권한을 말한다. 지방자치단체가 자치인사권을 갖는다고 할 수 있기 위해서는 지방자치단체의 인사에 관한 업무가 주민에 의하여 직접 혹은 그 대표기관에 의하여 간접적으로 민주적인 정당성을 획득한 지방자치단체의 기관에 의하여 수행되어야 한다. 그리고 이러한 자치인사권은 인사행정이 다른 업무의 수행에 결정적인 영향을 미친다는 점에서 지방자치단체가 존립하고 활동하기 위한 기본적인 업무에 속한다.

지방자치법에 의하면, 지방의회직원(91②)·지방자치단체소속직원(105)·지방자치단체공무원(112) 등의 인사에 관한 자치권을 확인하고 있다. 그러나 이러한 인사에 관한 자치권은 입법자의 법률에 의하여 제한이 일정한 한계 내에서 가능하다(헌법118②). 그런데 지방자치단체에는 법률이 정하는 바에 따라 국가공무원으로 지방자치단체의 공무원을 임명할 수 있도록 규정한 점(지방자치법112⑤)과 특별시·광역시 및 특별자치시의 부시장과 도와 특별자치도의 부지사를 일반직 국가공무원으로 대통령이 임명하도록 한 점(같은법110②)은 다소 인사에 관한 지치권에 빈하는 것으로 평가된다.10)

---

9) 자치조직권을 규정한 예로는 자치단체의 폐치분합·경계변경 또는 명칭의 변경에 관한 법률의 제정에 있어서 당해 지방의회의 의견을 듣도록 한 경우(법4②), 지방의회위원회의 설치(법56), 행정기구와 공무원(법112), 하부행정기구(법120) 등을 들 수 있다.

10) 이러한 내용은 지방자치의 정착을 위한 정책적 배려를 고려한다고 하더라도, 그 실질에 있어서 지방자치단체의 인사고권을 침해하는 행위이므로 헌법상의 제도적 보장에 반하는 것으로 보아야 한다는 견해(류지태)가 있다.

(6) 재정에 관한 자치권(자치재정권·재정고권)

재정(財政)에 관한 자치권이란 지방자치단체가 법령의 범위 내에서 그 수입과 지출을 자기 책임하에서 규율할 수 있는 권한을 말한다. 이러한 재정고권이 인정되는 것은 지방자치단체가 주민의 복리에 관한 사무를 자기 책임하에 처리하기 위하여 요구되는 비용을 독자적으로 마련하고 지출할 수 있도록 하기 위한 것이다. 이러한 지방자치단체의 자치재정권은 자치수입권, 자치지출권, 자치예산권 등을 포함한다. 예컨대 지방자치단체장이나 지방자치단체조합은 따로 법률이 정하는 바에 따라 지방채를 발행할 수 있다(지방자치법124①).

제 2 절 지방자치조직

제1. 지방자치단체

1 .의 의

(1) 개 념

지방자치단체(地方自治團體)는 주민의 공공복리를 증진하기 위하여 조직된 공법상 사단법인으로서 법인격을 가진 권리주체이다(지방자치법3①). 이러한 지방자치단체는 지역적 요소로서 일정한 구역(區域)과 인적 요소로서 주민(住民) 그리고 법제도적 구성요소로서 자치권(自治權)으로 이루어져 있다.

지방자치단체는 일정한 지역을 지배하는 공법인으로서 단순한 사업단체나 경제단체가 아닌 통치단체의 성질을 갖는다. 다만 지방자치단체는 그 지역이 국가의 영토의 일부이고 그 권한은 국가로부터 법률에 의하여 수탁된 것이라는 점에서 국가와 구별된다.

(2) 권리·의무의 주체성

지방자치단체는 권리·의무의 주체이며 단순한 국가의 행정구역과는 다르다. 그러므로 지방자치단체는 공·사법상 배상책임을 지지만, 형법상의 범죄능력이나 책임능력은 인정되지 않는다. 다만 양벌규정이 있는 경우에 행정법상 행정벌의 부과

대상은 될 수 있다(대판 2005.11.10, 2004도2657<고속도로운행제한위반>). 요컨대 지방자치단체가 그 고유의 자치사무를 처리하는 경우에 지방자치단체는 국가기관의 일부가 아니라 국가기관과는 별도의 독립한 공법인으로서 양벌규정에 의한 처벌대상이 되는 법인에 해당한다. 그러나 대법원은 국가가 본래 그의 사무의 일부를 지방자치단체의 장에게 위임하여 그 사무를 처리하게 하는 기관위임사무의 경우에는 지방자치단체는 국가기관의 일부로 볼 수 있기 때문에 행정법상 양벌규정에 의한 처벌대상이 될 수 없다는 입장을 취하고 있다(대판 2009.6.11, 2008도6530<불법개조승합차운행>).[11]

(3) 기본권의 주체성

공법상 법인으로서 지방자치단체가 기본권의 주체로 인정될 수 있을 것인가에 대해서 부정설과 긍정설의 대립이 있으며, 헌법재판소는 부정설의 입장에 따라 지방자치단체의 기본권주체성을 부정하고 헌법소원의 청구적격을 부인하고 있다. 따라서 지방자치단체의 의결기관인 서울특별시의회는 기본권의 주체가 될 수 없기 때문에 헌법소원을 제기할 수 있는 적격이 없다(헌재 1998.3.26, 96헌마345).

지방자치의 연혁이 기본적으로 단체자치에 있고 자치권이 국가로부터 법적으로 수탁받은 점을 고려하고, 또한 권한쟁의심판제도와 기관소송제도를 둔 취지를 생각하면 지방자치단체의 기본권주체성을 부정하는 것이 타당하다.

2. 지방자치단체의 헌법적 보장

헌법은 지방자치의 가장 근원적인 법원으로서 지방자치에 관한 기본원칙 내지 기본적 사항을 정하여 지방자치를 제도적(制度的)으로 보장하고 있다(헌법제8장). 헌법(117,118)이 제도적으로 보장하고 있는 지방자치의 본질적 내용은 '자치단체의 보장, 자치기능의 보장 및 자치사무의 보장'이라고 할 것이다(헌재 1994.12.29, 94헌마201; 2001.6.28, 2000헌마735; 헌재 2006.3.30, 2003헌라2 참조). 따라서 국가는 지방업무를 처리하는 행정단위로서 지방자치단체를 폐지할 수 없고, 헌법상 보장된 내용과 다른 형태의 지방자치조직을 만들지 못한다. 또한 지방자치단체의 권리능력이나 행위능력을 제한하거나, 자치적 독립성을 박탈하거나, 지역사단적 요소를 배제하거나, 지방의회를 두지 않는 것은 헌법위반이 된다.

그러나 지방자치제도의 보장은 지방자치단체에 의한 자치행정을 일반적으로 보

---

11) 형벌권과 행정벌권의 목적은 다르기 때문에, 획일적으로 국가기관을 양벌규정에 의한 처벌대상으로 보지 않는 것은 전근대적 발상이고 법률관계를 실질적으로 보지 않고 형식적으로 보는 잘못이 있다. [제3편 제3장 제4절 행정벌] 참조.

장한다는 것뿐이고, 마치 국가가 영토고권을 가지는 것과 마찬가지로 지방자치단체에게 자신의 관할구역 내에 속하는 영토·영해·영공을 자유로이 관리하고 관할구역 내의 사람과 물건을 독점적·배타적으로 지배할 수 있는 권리가 부여되어 있다고 할 수는 없다(헌재 2006.3.30, 2003헌라2). 따라서 지방자치단체의 통·폐합, 분할, 영역의 변경 등은 헌법위반이 되지 않는다. 또한 특별시·광역시·도, 시·군·자치구 등은 헌법상 보장된 지방자치단체의 행정단위가 아니기 때문에 이를 변경하는 것은 가능하다. 헌법은 특정한 지방자치단체의 존립을 개별적으로 보장하는 것이 아니라 단지 제도적으로 보장하는 것이기 때문이다(이기우).

3. 지방자치단체의 종류

(1) 보통지방자치단체

(가) 광역지방자치단체와 기초지방자치단체　　　보통(普通)지방자치단체란 조직·구성·권능 등에 있어서 일반적 성격을 가지고, 전국적·보편적으로 존재하는 지방자치단체를 말한다. 현행법상 보통지방자치단체는 광역지방자치단체와 기초지방자치단체로 구분된다. 광역지방자치단체[상급지방자치단체, 제2차적 지방자치단체]로는 특별시·광역시·특별자치시·도·특별자치도가 있고, 기초지방자치단체[하급지방자치단체·제1차적 지방자치단체]는 시·군·자치구가 있다(지방자치법2①). (제주)특별자치도는 광역지방자치단체이자 기초지방자치단체에 해당한다. 광역자치단체와 기초자치단체의 관계는 기본적으로 상하의 계층관계도 아니고 법령에 정함이 없는 한 감독관계도 존재하지 않는다.

특별시·광역시·특별자치시·도·특별자치도는 정부의 직할로 두고, 시는 도의 관할 구역 안에, 군은 광역시·특별자치시나 도의 관할구역 안에, 그리고 자치구는 특별시·광역시·특별자치시의 관할구역 안에 둔다(법3②). 여기서 '직할로'와 '관할구역 안에'의 의미는 통제·감독 아래 둔다는 의미가 아니라 '구역 안에 위치한다'는 의미이다.

(나) 비(非)자치구·읍·면·동·리　　　특별시·광역시 및 특별자치시가 아닌 인구 50만 이상의 시에는 자치구가 아닌 구를 둘 수 있고, 군에는 읍·면을 두며, 시와 구(자치구·비자치구)에는 동을, 읍·면에는 리를 둔다(지방자치법3③).

'시'는 그 대부분이 도시의 형태를 갖추고 인구 5만 이상이 되어야 하는데(법7①), 일정한 경우12)는 도농(都農)복합형태의 시로 할 수 있다(법7②). '읍'은 그 대부분이

---

12) i) 시와 군이 통합한 지역, ii) 인구 5만 이상의 도시 형태를 갖춘 지역이 있는 군, iii) 인구 2만 이상의 도시 형태를 갖춘 2개 이상의 지역의 인구가 5만 이상인 군(이 경우 군의 인구가 15만 이상으로서 대통령령으로 정하는 요건을 갖추어야 한다), iv) 국가의 정책으로 인하여

도시의 형태를 갖추고 인구 2만 이상이 되어야 한다(법7③본문). 그러나 인구 2만 미만의 경우에도 i) '군사무소 소재지의 면', 또는 ii) '읍이 없는 도농 복합형태의 시에서 그 면 중 1개 면'에 속하는 경우에도 '읍'으로 할 수 있다(법7③단서). 인구감소 등 행정여건 변화로 인하여 필요한 경우 그 지방자치단체의 조례로 정하는 바에 따라 2개 이상의 면을 하나의 면으로 운영하는 등 행정 운영상 면[행정면]을 따로 둘 수 있다(법4의2③). 동·리에서는 행정능률과 주민의 편의를 위하여 그 지방자치단체의 조례로 정하는 바에 따라 하나의 동·리를 2개 이상의 동·리로 운영하거나 2개 이상의 동·리를 하나의 동·리로 운영하는 등 행정운영상 동·리[행정동·리]를 따로 둘 수 있다(법4의2④). 그리고 행정동·리에 그 지방자치단체의 조례로 정하는 바에 따라 하부 조직을 둘 수 있다(법4의2⑤).

　(다) 서울특별시 등 대도시와 세종특별자치시 및 제주특별자치도　　　지방자치법(제10장)은 서울특별시 등 대도시와 세종특별자치시 및 제주특별자치도의 행정특례를 인정하고 있다. 서울특별시는 수도로서의 특수성을 고려하여 법률로 정하는 바에 따라 특례를 둘 수 있도록 하고(지방자치법174①), 이에 따라 [서울시행정특례법]이 제정되었다. 그리고 세종특별자치시와 제주특별자치도는 행정체제의 특수성을 고려하여 법률로 정하는 바에 따라 특례를 둘 수 있도록 하고(법174②), 이에 따라 [세종특별자치시법]과 [제주특별자치도법]을 제정하였다. 그리고 서울특별시·광역시 및 특별자치시를 제외한 인구 50만 이상 대도시의 행정, 재정운영 및 국가의 지도·감독에 대하여는 그 특성을 고려하여 관계 법률로 정하는 바에 따라 특례를 둘 수 있다(법175).

⑵ 특별지방자치단체

특별(特別)지방자치단체는 특정한 목적을 수행하기 위해 설치되는 것으로서 그 존재가 보편적이지 않고 예외적인 지방자치단체를 말한다. 지방자치법은 1) 특별지방자치단체를 특정한 목적을 수행하기 위한 필요에 따라 대통령령이 정하는 바에 의하여 설치되는 것(지방자치법2③, ④)과 2) 2 이상의 보통지방자치단체가 그 사무의 공동처리를 위하여 설립한 지방자치단체조합(법159)의 2가지를 인정하고 있다. 그러나 현재는 지방자치단체조합이 있을 뿐이다.

도시가 형성되고, 도의 출장소가 설치된 지역으로서 그 지역의 인구가 3만 이상이고, 인구 15만 이상의 도농 복합형태의 시의 일부인 지역.

4. 지방자치단체의 구성

(1) 의결기관과 집행기관 – 기관대립형 –

지방자치단체의 기관은 자치단체의 의사를 결정하는 의결기관(議決機關)과 이를 집행하는 집행기관(執行機關)으로 나눌 수 있다. 이러한 지방자치단체의 기관구성형태는 의사결정기능과 집행기능을 단일기관에 귀속시키는 기관통합형과 다른 기관에 분담시키는 기관대립형으로 대별된다. 우리나라의 지방자치단체는 기관대립형을 채택하여, 의결기관인 지방의회(地方議會)와 (일반)집행기관인 지방자치단체장(地方自治團體長) 및 교육등집행기관인 교육감(敎育監)이 있다.

따라서 지방자치법상 지방자치단체의 집행기관과 지방의회는 서로 분립되어 각기 그 고유권한을 행사하되 상호 견제의 범위 내에서 상대방의 권한 행사에 대한 관여가 허용되나, 지방의회는 집행기관의 고유권한에 속하는 사항의 행사에 관하여는 견제의 범위 내에서 소극적·사후적으로 개입할 수 있을 뿐 사전에 적극적으로 개입하는 것은 허용되지 않는다(대판 2009.9.24, 2009추53<조례안재의결무효확인>).

(2) 특별집행기관

지방의회 또는 지방자치단체의 장으로부터 직무상 독립하여 특정사무를 처리하는 지방자치단체의 특별집행기관이 있다. 이러한 특별집행기관으로는 ① 선거관리위원회, ② 인사위원회(대판 1997.3.28, 95누7055), ③ 지방공무원소청심사위원회, ④ 행정심판위원회, ⑤ 토지수용위원회, ⑥ 도시계획위원회 등이 있다.

제2. 지방자치단체의 명칭과 구역변경

1. 명 칭

지방자치단체의 명칭은 종전과 같이 하고, 명칭을 바꿀 때는 법률로 정하는데, 한자 명칭의 변경은 대통령령으로 정하며(지방자치법4①), 지방자치단체의 명칭을 변경할 때에는 주민투표를 한 경우가 아니면 관계 지방의회의 의견을 들어야 한다(법4②).

자치구가 아닌 구와 읍·면·동의 명칭은 종전과 같이 하고, 명칭의 변경은 그 지방자치단체의 조례로 정하고, 그 결과를 특별시장·광역시장·도지사에게 보고하여야 한다(법4의2①). 리(里)의 명칭은 종전과 같이 하고, 명칭을 변경할 때는 그 지방자치단체의 조례로 정한다(법4의2②).

2. 구역변경

(1) 의 의

(가) 구 역   지방자치단체의 구역(區域)이란 지방자치단체의 권한을 행사할 수 있는 지역적 범위를 말하며, 주민·자치권과 함께 자치단체의 구성요소이다. 지방자치단체의 관할구역은 육지뿐만 아니라 그 구역 내의 하천·호수·수면 등은 물론 그 지역에 접속하는 영해와 그 상공 및 지하도 포함된다(대판 2002.12.24, 2000도 1048; 헌재 2004.9.23, 2000헌라2<당진군/평택시 권한쟁의>). 따라서 지방자치권이 미치는 관할구역의 범위에는 육지는 물론 바다도 포함되므로, 공유수면에 대해서도 지방자치단체의 자치권한이 존재한다고 할 것이다.

지방자치단체의 구역은 종전과 같이 하고(지방자치법4의2①참조), 자치구가 아닌 구와 읍·면·동의 구역은 종전과 같이 하며, 리의 구역은 자연 촌락을 기준으로 한다(법4의2②참조).

(나) 구역변경   구역변경이란 자연적 요인과 인위적 요인에 의하여 지방자치단체의 구역이 변경되는 것을 말한다. 자연적 요인은 천재·지변에 의한 토지의 침강(沈降) 또는 융기(隆起), 하천의 유역변경과 같은 자연현상에 따른 구역변경 등을 들 수 있고, 인위적 요인은 간척사업·댐건설·신도시개발·공업단지의 조성에 따른 구역변경, 자치단체 규모의 적정화를 위한 구역변경 등을 들 수 있다.

지방자치단체구역의 변경은 폐치·분합, 경계변경, 미소속지의 편입 등 3가지 방법이 있다. 1) 폐치·분합은 지방자치단체의 신설 또는 폐지의 경우로서 합체(신설합병), 편입(흡수합병), 분할 등으로 구분된다. 2) 경계변경은 지방자치단체의 존폐와는 관계없이 단지 경계에 변경을 발생시키는 경우를 말한다. 3) 미소속지의 편입에는 미소속지역(지적공부에 등록이 누락되어 있는 토지)을 어느 지방자치단체의 구역에 편입시키는 경우와 공유수면매립으로 인하여 조성된 지역을 어느 지방자치단체의 구역에 편입시키는 두 가지 경우가 있다.

(2) 절 차

지방자치단체의 구역변경은 국가의 조직권에 해당하는 사항이기 때문에 지방자치단체의 자치권에 의해 보장되는 것은 아니다. 그러나 국가의 조직권한은 무제한적으로 행사되어서는 안 되고 지방자치단체의 이해관계가 반영되어야 한다. 또한 구역변경은 기본적으로 지역주민의 이해관계가 밀접한 경우가 많기 때문에, 주민의 참여 등 민주적 절차에 따라 신중하게 이루어지도록 하여야 한다.

현행 지방자치법에 의하면, 지방자치단체의 구역변경 또는 폐지·설치·분할·합체는 주민투표 또는 지방의회의 의견청취 후 법률로 정하고, 지방자치단체의 관할구역 경계변경은 대통령령으로 정한다(지방자치법4①②참조). [공유수면법]에 따른 매립지와 [지적법]의 지적공부록누락토지가 속할 지방자치단체는 안전행정부장관의 결정으로 정한다(법4①②참조).[13] 그리고 자치구가 아닌 구와 읍·면·동을 폐치·분합할 때는 안전행정부장관의 승인을 받아 조례로 정하고, 구역변경은 조례로 정하고 특별시장·광역시장·도지사에게 보고하여야 한다(법4의2①참조). 리의 구역변경·폐치·분합 등은 그 지방자치단체의 조례로 정한다(법4의2②).

지방자치단체의 구역변경 등을 일방적으로 법률이나 대통령령의 형식으로 행하는 경우에 당해 지방자치단체의 이해관계가 무시되는 것을 방지하기 위하여 지방의회의 의견 또는 주민투표의 절차를 따르도록 하고 있다. 따라서 지방자치단체의 구역변경 등에 있어서 지방의회의 의견청취절차를 거치지 않는 경우는 위법한 구역변경 등이 되지만, 구역변경 등에 있어서 지방의회의 의견내용을 그대로 따라야 하는 것은 아니다. 즉 지방의회의 의견내용은 구속력을 가지지 않고, 국회가 입법할 때 판단의 자료로 기능하는 데 불과하다고 본다(헌재 1994.12.29, 94헌마201<경기도남양주시등33개도농복합형태의시설치등에관한법률>).

그리고 주민투표절차는 구역변경 등을 위한 필수적 절차는 아니고 또한 국가의 구역변경에 있어서 법적 구속력을 갖는 것은 아니지만, 지방자치단체의 장에 의해 주민투표가 실시되는 경우에는 그 결과가 고려되어야 한다.

3. 구역변경의 사후처리

(1) 문제되는 경우

폐치·분합 또는 경계변경이 있는 경우에는 그 사후처리가 문제되는데, 특히 사무와 재산의 승계, 기존의 조례 또는 규칙의 효력, 기관구성의 조정, 예산 및 결산, 사무소소재지 등의 문제가 생긴다.

① 지방자치단체가 분합되어 새로운 지방자치단체가 설치되거나 지방자치단체의 격이 변경된 때에는 당해 지방자치단체장은 필요한 사항에 관하여 새로운 조례 또는 규칙이 제정·시행될 때까지 종래 그 지역에 시행되었던 조례 또는 규칙을 계속 시행할 수 있다(지방자치법25).

---

13) 지방자치단체의 구역을 바꾸거나 지방자치단체를 폐지하거나 설치하거나 나누거나 합칠 때에는 법률로 정하고, 지방자치단체의 관할구역 경계변경은 대통령령으로 정한다(지방자치법4①). 그리고 이러한 지방자치단체를 폐지하거나 설치하거나 나누거나 합칠 때 또는 그 구역을 변경할 때에는 주민투표법(법8)에 따라 주민투표를 하는 경우를 제외하고는 관계 지방의회의 의견을 들어야 한다(법4②). 그러나 i) [공유수면법]에 따른 매립지 또는 ii) [지적법] 제2조 제19호의 지적공부에 등록이 누락되어 있는 토지를 어느 지방자치단체의 구역으로 할 것인가는 일정한 절차(신청·관보게재·지방자치단체중앙분쟁조정위원회심의·의결·통보·공고 등)를 거쳐 안전행정부장관이 결정하고(법4③), 이러한 안전행정부장관의 결정에 이의가 있으면 그 결과를 통보받은 날로부터 15일 이내에 관계 지방자치단체의 장은 대법원에 소송을 제기할 수 있다(법4⑧). 그리고 안전행정부장관은 대법원의 인용결정이 있으면 그 취지에 따라 다시 결정하여야 한다(법4⑨).

② 소멸된 지방자치단체의 기관은 당연히 그 지위를 상실하며, 신설된 자치단체의 기관을 새로 선임·보충하는 조정원칙이 있다. 새로 지방자치단체장을 선거하여야 하는 경우에 새로 지방자치단체의 장이 선거될 때까지 시·도지사는 안전행정부장관이, 시장·군수·구청장은 시·도지사가 각각 직무대행자를 지정하여야 하며, 2 이상의 동격 지방자치단체의 통·폐합으로 인한 경우는 종전의 지방자치단체장 중에서 직무대행자를 지정한다(법97). 헌법재판소는 "세종특별자치시의회를 신설하면서 지방의회의원선거를 실시하지 아니하고 연기군의회의원 등에게 세종특별자치시의회의원의 자격을 취득하도록 규정하고 있는 [세종특별시법] 부칙조항이 충남 연기군 주민의 선거권 및 공무담임권을 침해하지 않았다"(헌재 2013.2.28, 2012헌마131)고 결정하였다.

③ 지방자치단체의 폐치·분합으로 인하여 새로 지방자치단체가 설치된 때에는 그 지방자치단체의 예산을 새로 편성하여야 한다. 지방자치단체의 장은 예산안을 편성하여 제출한 후 부득이한 사유로 그 내용의 일부를 수정하려면 수정예산안을 작성하여 지방의회에 다시 제출할 수 있다(법127④). 그리고 지방자치단체의 폐치·분합으로 없어진 지방자치단체의 수입과 지출은 없어진 날로써 마감하되, 그 지방자치단체의 장이었던 사람이 이를 결산하여야 하고, 이러한 결산은 사무를 인수한 지방자치단체의 의회의 승인을 받아야 한다(법134의2).

④ 구역변경으로 인한 사무소 소재지의 변경 또는 신설은 당해 지방자치단체의 조례로 정하되, 지방자치단체의 조례는 그 지방의회의 재적의원 과반수의 찬성을 받아야 한다(법6①·②).

(2) 사무와 재산의 승계

지방자치단체의 구역변경, 폐치·분합으로 새로 그 지역을 관할하게 된 지방자치단체는 계속적 행정수행의 보장과 주민편익의 계속적 보장을 위하여 사무와 재산을 승계함을 원칙으로 한다(지방자치법5①). 여기서 '재산'이라 함은 현금 외의 모든 재산적 가치가 있는 물건 및 권리를 말하는 것으로서 채무는 재산에 포함되지 않는다고 해석하여야 한다(대판 1991.10.22, 91다17027; 대판 1992.6.26, 91다40498; 대판 1993.4.27, 92다47090). 그리고 승계되는 재산의 범위는 행정재산·보존재산·일반재산 등의 종류를 가리지 않고 특별한 사정이 없는 한 새로운 관할지방자치단체가 승계하도록 한다(대판 1999.5.14, 98다8489).

그런데 승계할 사무와 재산을 지역에 의하여 구분하기 곤란한 경우는 시·도에서는 안전행정부장관이, 시·군·자치구에서는 특별시장·광역시장·특별자치시장·도지사·특별자치도지사가 그 사무와 재산의 한계 및 승계할 지방자치단체를 지정한다(지방자치법5②).

승계되는 사무와 재산은 당해 지방자치단체 고유의 재산이나 사무를 지칭하는

것으로, 별개의 법률규정에 의하여 국가로부터 관할 지방자치단체의 장에게 기관
위임된 국가사무(예, 하천법에 의한 하천부속물 관리사무 등)는 관할구역의 변경으로 당연
히 이전되는 것은 아니다(대판 1991.10.22, 91다5594).

도로(道路)를 사실상 지배하는 주체로서 이를 점유하는 경우는 지방자치법(5①)에
따라 자치구에 당연히 이전된다(대판 1992.10.27, 91다35649; 대판 1996.6.11, 95다43686; 대판
1997.7.22, 96다14227[14]; 대판 2005.8.25, 2005다21517).

채무(債務)는 기존 자치단체가 존재하는 경우는 채무의 승계가 인정되지 않지만(대
판 1962.1.31, 61다270; 대판 1991.9.24, 95다23455; 대판 1993.4.27, 92다47090[15]), 기존 자치단체가
폐지된 경우에는 새로운 지방자치단체가 채무를 승계한다(대판 1995.12.8, 95다36053<거제
시/장승포시>).

4. 구역변경과 행정구제

(1) 구역변경의 하자

지방자치단체의 구역을 변경함에 있어서 국가 또는 지방자치단체는 실체법적으
로 뿐만 아니라 절차법적으로도 하자가 없어야 한다. 따라서 구역변경이 공공복
리적합성의 원칙 또는 비례의 원칙에 실체법적으로 위반되거나 지방의회의 의견
청취 또는 행정자치부장관의 승인 등의 절차가 결여된 경우는 그 위법성을 면할
수 없을 것이다.

위법한 구역변경에 대한 분쟁해결방법으로서 법원에 의한 행정소송이나 헌법재
판소에 의한 권한쟁의심판을 생각할 수 있다.

(2) 헌법소송

지방자치단체의 구역을 변경하는 법률이 위법한 경우에 그것이 처분적 법률이라

---

14) 서울특별시가 현행 지방자치법 시행 이전에 사유지에 하수도 암거 시설을 하고 복개하여 지
하는 하수도로, 지상은 도로로 점유·사용하다가 현행 지방자치법이 시행된 경우, 그 토지의
지상 부분에 관하여는 지방자치법이 시행된 1988.5.1.부터는 그 점유 주체가 서울특별시로부
터 자치구에 당연히 이전된 것으로 보아야 하지만, 이와는 별도로 지방자치법이 시행된 이후
에도 그 지하는 여전히 서울특별시가 하수도로 사용하면서 이를 점유하고 있다고 봄이 상당
하다(대판 1997.07.22, 96다14227<부당이득금반환>).

15) 지방자치단체의 사무로서 산하 행정기관의 조직관리, 산하 행정기관 및 단체의 지도감독, 소
속공무원의 인사, 후생복지 및 교육등을 예시하고 있는 취지에 비추어 볼 때, 피고[노원구]는
서울특별시와 원고와의 고용계약관계도 승계하는 것으로 봄이 타당하다고 할 것이고, 피고
[노원구]가 원고에게 퇴직금을 지급할 의무는 서울특별시가 원고에 대하여 부담하는 이미 발
생된 채무를 승계하는 것이 아니고 원고의 퇴직시에 비로소 발생, 부담하는 것이다(대판
1993.04.27, 92다47090<퇴직금>).

고 해도 현행 행정소송법상으로는 다툴 수 없다. 따라서 위헌적 법률에 대해서만 헌법재판에 의하게 될 것이다. 여기서 헌법재판은 주민들이 제기하는 헌법소원과 지방자치단체가 제기하는 권한쟁의심판이 있을 수 있다. 우리 헌법재판소는 지방자치단체의 폐치·분합에 대하여 지방자치단체의 헌법소원은 부정하고 주민의 헌법소원은 긍정하였다(헌재 1994.12.29, 94헌마201).

지방자치단체의 구역은 지방자치단체의 중요한 구성요소로서 헌법상 인정되고 있는 제도적 보장과 관련이 있기 때문에, 이에 관한 분쟁은 기본적으로 헌법적 문제이다. 따라서 법률뿐만 아니라 대통령령의 경우도 이해관계 있는 지방자치단체는 권한쟁의심판을 제기할 수 있다고 보아야 한다.

(3) 행정소송

구역변경 등을 규정한 대통령령 또는 조례가 위법한 경우는 행정소송의 대상으로서 처분성을 넓게 보거나(2원설·쟁송법적 개념설), 처분적 대통령령의 경우는 행정소송상 다툴 수 있게 된다. 구역변경을 규정한 위법한 조례에 대한 행정소송(항고소송)을 제기하는 경우에 피고는 지방자치단체장설과 지방의회설이 있을 수 있다. 그런데 우리 대법원은 조례를 외부에 표시하는 기관은 지방자치단체장이기 때문에 지방자치단체장을 피고로 하여야 한다는 입장을 취하고 있다(대판 1996.9.20, 95누8003<두밀분교폐지조례> 참조).

제3. 주 민

1. 의 의

(1) 개 념

주민(住民)은 지방자치단체의 본질적 요소인 인적 구성요소로서, 지방자치단체의 구역 안에 주소를 가진 자를 말한다(지방자치법12). '지방자치단체의 구역 안에 주소를 가진 자'는 자연인과 법인이 있을 수 있으나 지방자치법 제12조의 주민은 자연인만을 의미하며, 자연인은 국민인 주민과 외국인인 주민도 포함한다.

지방자치법 제12조의 '주소'가 주민등록법상의 주소인지 민법상의 주소인지가 문제되는데, 기본적으로 민법상의 주소로 이해하는 것이 타당하다. 주민등록법(23①)에 의하면 "다른 법률에 특별한 규정이 없으면 이 법에 따른 주민등록지를 공법상의 주소로 한다"고 규정하고 있다. 따라서 대한민국의 국민인 주민은 지방자치법에 특별한 규정이 없는 한 주민등록법상의 주소를 지방자치법상 주소로 인정된다고 할 것이다. 그리고 <u>외국인인 주민</u>에 대하여 주민투표법과 공직선거법에서 지방자치단체장과 지방의원의 선거권을 인정하고 있는 것은 특별한 규정에 따른 주민의 개념에 따른 것이다.

(2) 주민과 공민의 구별

주민은 참정권의 주체를 의미하는 시민(citizen) 또는 공민(公民)과 구별된다. 따라서 외국인이나 법인은 주민에는 해당하지만 시민 또는 공민에는 포함되지 않는다. 그러나 이러한 것은 본질적 사항이 아니라 입법정책적 문제에 해당하기 때문에, 외국인에 대해서 일정한 공민권을 부여할 수도 있다. 현행법은 외국인들에게 일정한 경우 선거권 등 일정한 공민권을 인정하고 있다.

2. 주민의 권리

(1) 공공시설이용권

(가) 의 의   주민은 법령이 정하는 바에 의하여 소속 자치단체의 재산과 공공시설을 이용할 권리가 있다(지방자치법13①). 여기서 재산(財産)이란 주민의 이용에 제공되는 행정재산 중 원칙적으로 공공용재산을 의미하며(법142참조), 공공시설(公共施設)이란 주민의 이용에 제공되는 시설로써 주민의 복리증진을 위해 지방자치단체에 의하여 설치·관리되는 일체의 시설 등을 말한다(법144참조). 예컨대, 공원, 도로, 병원, 도서관, 초등학교(대판 1996.9.20, 95누7994), 상·하수도시설, 극장, 박물관, 양로원 등을 들 수 있다.

주민은 아니지만 자치단체의 구역 내에 토지나 영업소를 가지고 있는 자는 그 토지나 영업소와 관련된 범위 내에서 주민에 준하여 공공시설이용권을 가진다.

(나) 내 용   주민의 공공시설이용권은 법령에 의한 한계, 시설목적에 의한 한계, 시설수용능력 등과 같은 사실상의 한계, 위험방지상의 한계 등 일정한 한계가 인정된다. 시설수용능력과 관련해서 지방자치단체는 공공시설의 이용을 주민에게 한정시키거나 주민과 비주민 사이의 이용에 차등을 둘 수도 있으며, 이용횟수 또는 이용시간의 제한 등을 합리적 범위 내에서 행할 수 있다. 그리고 공공시설의 이용으로 공공의 위험 또는 시설손상이 발생하거나 발생할 우려가 있는 경우는 위험방지와 시설보존을 위하여 공공시설이용을 제한할 수 있으나, 담보제공의 요구나 이용배제 등이 합리적 범위 내에서 이루어져야 하고 자의적으로 행사되어서는 안 된다.

그리고 공공시설이용에 따른 사용료(使用料)를 부과할 수 있는데, 이러한 사용료의 부과는 합리적 타당성이 있어야 한다(대결 1997.7.9, 97마1110).

(다) 행정구제　　　공공시설이용과 관련된 법적 분쟁(紛爭)은 개별적인 이용관계의 내용·성질에 따라 행정소송과 민사소송으로 이루어지게 된다. 대법원은 공공시설에 관한 사용료부과처분의 경우는 행정쟁송으로 다투어야 한다고 판시하고 있다(대판 1994.6.24, 94누2497). 그리고 공공시설의 설치·관리상의 하자로 인한 이용자의 손해(損害)를 배상할 수 있다.

⑵ 균등하게 행정의 혜택을 받을 권리

지방자치단체의 주민은 소속 지방자치단체로부터 균등하게 행정의 혜택을 받을 권리를 가진다(지방자치법13①). 예컨대, 각종의 인·허가, 지역개발을 위한 계획의 책정, 영세민지원자금의 지원 등을 들 수 있다. 이러한 '혜택을 받을 권리'의 핵심은 자치단체에 의한 자의(恣意)의 배제에 있다.

⑶ 선거권·피선거권

> **■ 주민의 참정권 ■**
>
> 　참정권(參政權)이란 당해 지방자치단체의 정치에 참여하는 권리를 말하며, 지방자치법상 주민들에게 인정되는 참정권에는 선거권 및 피선거권, 주민투표권, 주민소환권, 조례제정 및 개폐청구권, 주민감사청구권, 주민소송제기권 등이 있다.
>
> 　그런데 이러한 참정권은 지방자치법이 비록 주민에게 길을 열어 놓고 있다 하더라도 어디까지나 입법자의 결단에 의하여 채택된 것일 뿐, 헌법이 이러한 제도의 도입을 보장하고 있는 것은 아니다(헌재 2001.6.28, 2000헌마735).

주민은 지방의회의원 및 지방자치단체의 장의 선거에 대한 선거권과 피선거권을 가진다(지방자치법13②). 선거권(選擧權)은 대한민국 국민인 19세 이상의 자에게 인정되며, 출입국관리법령에 따라 영주의 체류자격 취득일 후 3년이 경과한 19세 이상의 외국인도 체류시의 지방자지단체선거의 선거권이 인정된다(공직선거법15). 피선거권은 선거권이 있는 자로서 선거일 현재 계속해서 60일 이상 주소를 가지고 선거일 현재 25세 이상인 자에게 인정된다(공직선거법 §16③). 선거권의 연령을 몇 세로 할 것인가는 입법재량에 속하며(헌재 2001.6.28, 2000헌마111), 공직선거법이 '지방의회의원 피선거권'부분에 대하여 25세 미만인 사람의 기본권을 침해하지 않는다(헌재 2012헌마288<공직선거법제16조제2항 위헌확인>).

▣ 대의제와 직접민주주의(헌재 2009.3.26, 2007헌마843) ▣

(1) 국민주권주의와 대의제

헌법 제1조 제2항은 "대한민국의 주권은 국민에게 있고 모든 권력은 국민으로부터 나온다."고 규정하여 국민주권주의를 천명하고 있는데, 이러한 국민주권의 원리는 일반적으로 어떤 실천적인 의미보다는 국가권력 내지 통치권을 정당화하는 원리로 이해되고 있다(헌재 2000.3.30, 99헌바113; 헌재 2006.2.23, 2003헌바84; 헌재 2009.3.26, 2007헌마843 등 참조).

국민주권주의를 구현하기 위하여 헌법은 국가의 의사결정 방식으로 대의제를 채택하고, 이를 가능하게 하는 선거제도를 규정함과 아울러 선거권, 피선거권을 기본권으로 보장하며, 대의제를 보완하기 위한 방법으로 직접민주제 방식의 하나인 국민투표제도를 두고 있다(헌법72, 130②).

이러한 대의제는 국민주권의 이념을 존중하면서도 현대국가가 지니는 민주정치에 대한 현실적인 장애요인들을 극복하기 위하여 마련된 통치구조의 구성원리이다. 특히 국민이 선출한 대의기관은 일단 국민에 의하여 선출된 후에는 법적으로 국민의 의사와 관계 없이 독자적인 양식과 판단에 따라 정책 결정에 임하기 때문에 자유위임 관계에 있게 된다는 것을 본질로 하고 있다.

(2) 대의제와 직접민주제

오늘날 세계 각국은 전통적인 의미의 대의제의 문제점들을 보완하기 위하여 각자의 고유한 사정을 감안하여 국민발안·국민투표 및 국민소환과 같은 직접민주주의의 방식을 일부 도입하고 있는 실정이다. 그런데 대의제는 국가의사를 간접적으로, 직접민주제는 직접적으로 결정하는 방식으로서, 상호 본질적으로 성격을 달리하므로 이들을 근본적으로 결합하기에는어려움이 있다 할 것이나, 어느 한 원리를 원칙으로 하면서 그 본질적인 요소를 훼손하지 않는 범위 내에서 이를 보완하기 위하여 다른 원리에서 유래된 제도를 일부 도입할 수는 있다 할 것이다.

근대국가가 대부분 대의제를 채택하고도 후에 이르러 직접민주제적인 요소를 일부 도입한 역사적인 사정에 비추어 볼 때, 직접민주제는 대의제가 안고 있는 문제점과 한계를 극복하기 위하여 예외적으로 도입된 제도라 할 것이므로, 헌법적인 차원에서 직접민주제를 직접 헌법에 규정하는 것은 별론으로 하더라도 법률에 의하여 직접민주제를 도입하는 경우에는 기본적으로 대의제와 조화를 이루어야 하고, 대의제의 본질적인 요소나 근본적인 취지를 부정하여서는 아니된다는 내재적인 한계를 지닌다 할 것이다.

따라서 현행 지방자치제에 있어 대의제는 원칙적인 요소이고, 직접민주제로서의 주민소환은 예외적으로 대의제의 결함을 보완하는 것으로 볼 수 있을 것이다.

(4) 주민투표권

(가) 의 의   주민은 지방자치단체의 장이 부의하는 지방자치단체의 주요 결정사항 등에 대한 주민투표권을 가진다(지방자치법14). 이러한 주민투표권(住民投票權)은 지방자치단체의 장이 주민투표를 실시하면 주민으로서 주민투표에 참여할

수 있는 권리로서 법률이 보장하는 권리(참정권)일 뿐이지 헌법이 보장하는 기본권 또는 헌법상 제도적으로 보장되는 주관적 공권(참정권)으로 볼 수 없다(헌재 2001.6.28, 2000헌마735; 헌재 2005.12.22, 2004헌마530 참조). 우리 지방자치법이 비록 주민에게 주민투표권을 인정하고 있으나, 헌법이 보장하고 있는 제도는 아니기 때문에, 주민투표법이 제정되어야 비로소 주민투표권이 인정된다. 그런데 이러한 주민투표법의 제정을 하여야 할 국회의 헌법상 의무가 없다(헌재 2001.6.28, 2000헌마735). 그런데 오랫동안 입법을 미루다가 부안군 핵폐기장설치사건과 관련해서 주민투표법의 제정필요성이 부각되어 마침내 2004년 1월 29일 주민투표법이 제정되었다.

(나) 대 상   주민투표에 부칠 수 있는 사항은 아무 것이나 가능한 것이 아니고 지방자치단체의 폐치·분합 또는 주민에게 과도한 부담을 주거나 중대한 영향을 미치는 지방자치단체의 주요 결정사항 등에 한한다. 이러한 규정의 취지는 지방자치단체의 장이 권한을 가지고 결정할 수 있는 사항에 대하여 주민투표에 부쳐 주민의 의사를 물어 행정에 반영하려는 데에 있다. 따라서 미군부대이전은 지방자치단체장의 권한에 의하여 결정할 수 있는 사항이 아니기 때문에 주민투표의 대상이 될 수 없다(대판 2002.4.26, 2002추23<부평미군부대이전조례안>). 그리고 주민투표회부여부는 지방자치단체장의 재량권에 속한다. 따라서 지방의회가 조례로 정하는 사항에 대해서는 반드시 주민투표에 붙이도록 규정한 조례는 지방자치단체장의 고유권한을 침해한 것으로 위법한 것이 된다(대판 2002.4.26, 2002추23).

▣ 주민투표법의 내용 ▣

(1) 의 의

주민투표는 헌법상 민주주의이념을 실현하고 주민의 참정권을 실질화하며, 지방자치행정에 주민의 참여를 보장함으로써 지방행정의 민주화·합리화를 기할 수 있는 데 그 의의가 있다. 따라서 주민투표법은 지방자치단체의 주요 결정사항에 대한 주민의 직접참여를 보장함과 동시에 지방자치행정의 민주성과 책임성을 제고하고 주민복리를 증진함을 목적으로 한다고 규정하고 있다.

그런데 1) 주민투표의 대상에서 '행정기구의 설치·변경'을 제외한 것, 2) 지방자치단체장의 직권에 의한 주민투표의 발의요건이 지나치게 엄격한 점, 3) 확정된 주민투표결과의 담보수단이 미흡하다는 점 등을 문제점으로 지적하고 있다.

(2) 주민투표의 정보제공의무(법4·17)

주민투표에 관하여 주민이 정확하고 객관적인 판단과 합리적인 결정을 내릴 수 있도록 지방자치단체장은 지방자치단체의 공보, 일간신문, 인터넷 등 다양한 수단을 통하여 주민투표에 관한 정보와 자료를 제공하여야 하며, 해당 선거관리위원회는 설명회·토론회 등을 개최하여야 한다. 관할선거관리위원회는 설명회·토론회 등을 개최하는 때에는 주민투표에 부쳐진 사항에 관하여 의견을 달리하는 자가 균등하게 참여할 수 있도록 하여야 한다.

관할선거관리위원회는 주민투표안의 내용, 주민투표에 부쳐진 사항에 관한 의견 및 그 이유, 투표절차 그 밖의 필요한 사항을 게재한 주민투표공보를 1회 이상 발행하여야 한다.

주민투표사무에 필요한 다음 각호의 경비는 주민투표를 발의한 지방자치단체의 장이 속하는 지방자치단체(제8조의 규정에 의한 국가정책에 관한 주민투표인 경우에는 국가를 말한다. 다만, 구역변경에 관한 주민투표인 경우는 지방자치단체를 말한다)가 부담하며(법27①), 지방자치단체는 경비를 주민투표발의일부터 3일 이내에 관할선거관리위원회에 납부하여야 한다(법27②).

(3) 투표권자와 대상

(가) 주민투표권자(법5)　　　주민투표권은 19세 이상의 주민에게 있고, 외국인은 19세 이상의 자로서 출입국관리 관계법령의 규정에 의하여 대한민국에 계속 거주할 수 있는 자격을 갖추어야 하고, 조례에서 이를 정하는 자에게 인정된다. 주민투표권자의 연령은 투표일 현재를 기준으로 산정한다. 그리고 공직선거법 제18조에 따라 선거권이 없는 주민에게는 주민투표권이 인정되지 않는다.

(나) 주민투표의 대상(법7·8①)　　　주민에게 과도한 부담을 주거나 중대한 영향을 미치는 지방자치단체의 주요 결정사항으로서 조례로 정하는 사항은 주민투표에 부칠 수 있다. 그런데 주민투표에 부칠 수 없는 사항으로는 i) 법령에 위반되거나 재판중인 사항, ii) 국가 또는 다른 자치단체의 권한 또는 사무에 속하는 사항, iii) 자치단체의예산·회계·계약 및 재산관리에 관한 사항과 지방세·사용료·수수료·분담금 등 각종 공과금의 부과 또는 감면에 관한 사항, iv) 행정기구의 설치·변경에 관한 사항과 공무원의 인사·정원 등 신분과 보수에 관한 사항, v) 다른 법률에 의하여 주민대표가 직접 의사결정주체로서 참여할 수 있는 공공시설의 설치에 관한 사항, vi) 동일한 사항에 대하여 주민투표가 실시된 후 2년이 경과되지 아니한 사항 등이다.

중앙행정기관의 장은 지방자치단체의 폐치·분합 또는 구역변경, 주요시설의 설치 등 국가정책의 수립에 관하여 주민의 의견을 듣기 위하여 필요하다고 인정하는 때에는 주민투표의 실시구역을 정하여 관계 지방자치단체의 장에게 주민투표의 실시를 요구할 수 있다.

(4) 주민투표의 사전절차

(가) 주민투표의 직권 또는 청구·요구(법8·9·10)　　　지방자치단체장의 직권, 지역주민 또는 지방의회의 청구에 의하여 주민투표를 실시할 수 있다.

1) 직권에 의한 주민투표는 재적의원 과반수의 출석과 출석의원 과반수의 지방의회 동의를 얻어야 한다. 지방자치단체의 폐치·분합 또는 구역변경, 주요시설의 설치 등 국가정책의 수립에 관하여 필요한 경우에 중앙행정기관의 장이 안전행정부장관과 협의하에 주민투표실시구역을 정하여 관계 지방자치단체장에게 주민투표실시를 요구할 수 있다. 이러한 경우 지방자치단체의 장은 지체없이 주민투표의 실시를 공표하여야 하며, 공표일로부터 30일 이내에 지방의회의 의견을 들어야 한다.

2) 지역주민은 주민투표청구권자 총수의 20분의 1 이상 5분의 1 이하의 범위 안에서 조례로 정하는 수 이상의 서명으로 당해 지방자치단체장에게 주민투표의 실시를

청구할 수 있다. 주민이 주민투표청구를 하고자 하는 때에는 주민투표청구인대표자를 선정하여야 하며, 주민투표청구인대표자 등은 그 지방자치단체의 조례가 정하는 서명요청기간 동안 주민에게 청구인서명부에 서명할 것을 요청할 수 있다.

3) 지방의회는 재적의원 과반수의 출석과 출석의원 3분의 2 이상의 찬성으로 당해 지방자치단체장에게 주민투표의 실시를 청구할 수 있다.

(나) 주민투표의 발의(법13)　　　관계 중앙행정기관의 장에게 주민투표를 발의하겠다고 통지한 경우, 주민투표청구가 적법하다고 인정되는 경우, 지방의회의 동의를 얻은 경우에는 지체 없이 그 요지를 공표하고 관할선거관리위원회에 통지하여야 한다. 지방자치단체의 장은 주민투표를 발의하고자 하는 때에는 주민투표발의 공표일부터 7일 이내에 투표일과 주민투표안을 공고하여야 한다. 다만, 지방자치단체의 장 또는 지방의회가 주민투표청구의 목적을 수용하는 결정을 한 때에는 주민투표를 발의하지 아니한다.

(다) 주민투표의 투표일(법14)　　　주민투표의 투표일은 주민투표 발의일부터 20일 이상 30일 이하의 범위 안에서 지방자치단체의 장이 관할선거관리위원회와 협의하여 정한다. 동일한 사항에 대하여 2 이상의 지방자치단체에서 주민투표를 실시하여야 하는 때에는 관계 지방자치단체의 장이 협의하여 동시에 주민투표를 실시하여야 한다. 다만, 협의가 이루어지지 아니하는 때에는 특별시·광역시 또는 도에 있어서는 안전행정부장관이, 자치구·시 또는 군에 있어서는 특별시장·광역시장 또는 도지사가 정하는 바에 의한다.

(라) 주민투표의 운동(법20·21·22·23)　　　주민투표법 또는 다른 법률의 규정에 의하여 금지 또는 제한되는 경우를 제외하고는 누구든지 주민투표에 부쳐진 사항에 관하여 찬성 또는 반대하게 하거나 주민투표에 부쳐진 두 가지 사항 중 하나를 지지하게 하는 행위[투표운동]를 자유롭게 할 수 있다. 주민투표에 부쳐진 사항에 관한 단순한 의견개진 및 의사표시는 투표운동으로 보지 아니한다.

주민투표권이 없는 자, 지방의회 의원을 제외한 공무원, 각급 선거관리위원회의 위원, 방송법에 의한 방송사업 또는 [정기간행물법]에 의한 발행 또는 경영하거나 이에 상시 고용되어 편집·제작·취재·집필 또는 보도의 업무에 종사하는 자는 투표운동을 할 수 없다.

그리고 누구든지 지방자치단체의 조례로 금지기간을 정한 야간호별방문 및 야간옥외집회, 투표운동을 복석으로 서명 또는 날인을 받는 행위, [공직선거법]에 의한 연설금지장소에서의 연설행위와 확성장치 및 자동차의 사용제한을 위반하는 행위의 방법으로 투표운동을 하여서는 아니 된다.

관할선거관리위원회의 위원 및 직원은 주민투표법 및 중앙선거관리위원회규칙에 위반되는 행위를 발견한 때에는 중지·경고 또는 시정명령을 하여야 하며, 그 위반행위가 투표의 공정을 현저히 해치는 것이거나 중지·경고 또는 시정명령을 불이행하는 때에는 관할 수사기관에 수사를 의뢰하거나 고발하여야 한다.

(5) 주민투표의 실시

(가) 주민투표의 형식(법15·18)과 실시구역(법16)　　　주민투표는 특정한 사항에 대하여 찬성 또는 반대의 의사표시를 하거나 두 가지 사항 중 하나를 선택하는 형식으로 실시

된다. 투표는 [공직선거법]의 기표방법에 의한 투표로 하고 직접 또는 우편으로 하되, 1인 1표로 한다. 투표를 하는 때에는 투표인의 성명 등 투표인을 추정할 수 있는 표시를 하여서는 아니 된다.

주민투표는 그 지방자치단체의 관할구역 전체를 대상으로 실시하지만, 특정한 지역 또는 주민에게만 이해관계가 있는 경우는 지방자치단체의 장이 지방의회의 동의를 얻어 시·군·구 또는 읍·면·동을 대상으로도 실시할 수 있다.

(나) 주민투표결과의 확정과 효력(법24)   전체 투표수가 주민투표권자 총수의 3분의 1에 미달되는 때에는 개표를 하지 아니한다. 따라서 주민투표권자 총수의 3분의 1 이상의 투표와 유효투표수 과반수의 득표로 확정된다. 다만, 전체 투표수가 주민투표권자 총수의 3분의 1에 미달되는 경우, 주민투표에 부쳐진 사항에 관한 유효득표수가 동수인 경우에는 찬성과 반대 양자를 모두 수용하지 아니하거나, 양자택일의 대상이 되는 사항 모두를 선택하지 아니하기로 확정된 것으로 본다.

관할선거관리위원회는 주민투표의 미개표 또는 주민투표의 개표결과를 지체 없이 공표한 후 지방자치단체의 장에게 통지하여야 한다. 지방자치단체의 장은 주민투표결과를 통지받은 때에는 지체 없이 이를 지방의회에 보고하여야 하며, 국가정책에 관한 주민투표인 때에는 관계 중앙행정기관의 장에게 주민투표결과를 통지하여야 한다.

지방자치단체장 및 지방의회는 주민투표의 결과로 확정된 내용대로 행정·재정상 필요한 조치를 하여야 한다. 지방자치단체장 및 지방의회는 주민투표의 결과로 확정된 사항에 대하여 2년 이내에는 이를 변경하거나 새로운 결정을 할 수 없다. 다만 찬성과 반대 양자를 수용하지 않거나 양자택일의 대상이 되는 사항 모두를 선택하지 아니하기로 확정될 때에는 그러하지 아니한다.

(6) 주민투표의 사후절차

(가) 주민투표쟁송(법25)   주민투표의 효력에 관하여 이의가 있는 주민투표권자는 주민투표권자 총수의 1/100 이상의 서명으로 주민투표결과가 공표된 날부터 14일 이내에 시·군 및 자치구에 있어서는 특별시·광역시·도 선거관리위원회에, 특별시·광역시 및 도에 있어서는 중앙선거관리위원회에 관할선거관리위원회 위원장을 피소청인으로 하여 소청(訴請)할 수 있다.

소청의 결정에 대하여 불복하는 소청인은 관할선거관리위원회 위원장을 피고로 하여 소청결정서를 받은 날(결정서를 받지 못한 때에는 결정기간이 종료된 날)부터 10일 이내에 광역지방자치단체의 경우는 대법원에, 기초자치단체의 경우는 관할 고등법원에 주민투표소송을 제기할 수 있다.

(나) 재투표(법26)   지방자치단체의 장은 주민투표의 전부 또는 일부무효의 판결이 확정된 때에는 그 날부터 20일 이내에 무효로 된 투표구의 재투표를 실시하여야 한다. 이 경우 투표일은 늦어도 투표일전 7일까지 공고하여야 한다. 이러한 재투표를 실시하는 때에는 그 판결에 특별한 명시가 없는 한 제6조의 규정에 불구하고 당초 투표에 사용된 투표인명부를 사용한다. 천재·지변으로 인하여 투표를 실시할 수 없거나 실시하지 못한 때에는 지방자치단체의 장은 관할선거관리위원회와 협의하여 투표를 연기하거나 다시 투표일을 지정하여야 한다.

(5) 조례제정·개폐청구권

(가) 의 의   만 19세 이상의 지방자치단체의 주민은 당해 자치단체장에게 일정한 사항을 제외한 조례제정·개폐청구권이 인정된다(지방자치법15). 그 밖에 조례의 제정·개정 및 폐지 청구에 관하여 필요한 사항은 대통령령으로 정한다(같은법15⑪).

기본적으로 자치사무와 단체위임사무에 속하는 조례규정사항은 조례제정·개폐청구권이 인정되지만, ① 법령을 위반하는 사항, ② 지방세·사용료·수수료·부담금의 부과·징수 또는 감면에 관한 사항과 ③ 행정기구의 설치·변경에 관한 사항 또는 공공시설의 설치를 반대하는 사항은 청구대상에서 제외된다(같은법15②). 이와 같이 조례제정·개폐청구권을 제한한 것은 건전한 지방재정의 확보, 행정기구의 설치·변경의 신중성, 혐오시설의 확보 등을 고려한 것이다.

(나) 청구인   시·도와 인구 50만 이상 대도시에서는 19세 이상 주민 총수의 100분의 1 이상 70분의 1 이하, 시·군 및 자치구에서는 19세 이상 주민 총수의 50분의 1 이상 20분의 1 이하의 범위에서 지방자치단체의 조례로 정하는 19세 이상의 주민 수 이상의 연서(連署)로 해당 지방자치단체의 장에게 조례를 제정하거나 개정하거나 폐지할 것을 청구할 수 있다(같은법15①). 이러한 19세 이상의 주민에는 i) 해당 지방자치단체의 관할 구역에 주민등록이 되어 있는 사람, ii) [재외동포법]에 따라 해당 지방자치단체의 국내거소신고인명부에 올라 있는 국민, iii) '출입국관리법'에 따른 영주의 체류자격 취득일 후 3년이 경과한 외국인으로서 해당 지방자치단체의 외국인등록대장에 올라 있는 사람을 포함하며(같은법15①i,ii,iii참조), 19세 이상의 주민 총수는 전년도 12월 31일 현재의 주민등록표 및 재외국민국내거소신고표, 외국인등록표에 의하여 산정한다(같은법15⑩).

조례의 제정·개정·폐지 청구에 필요한 유효한 서명자의 수가 미달된 경우, 지방자치법 시행령에 따른 청구인명부의 보정기간에 당초의 청구인명부에 서명하지 아니한 주민으로부터 새로운 서명을 받는 것이 가능하다.

(다) 절 차   지방자치단체의 19세 이상의 주민이 조례를 제정하거나 개정하거나 폐지할 것을 청구하려면 청구인의 대표자를 선정하여 청구인명부에 적어야 하며, 청구인의 대표자는 조례의 제정안·개정안 및 폐지안["주민청구조례안"]을 작성하여 제출하여야 한다(같은법15③).

지방자치단체의 장은 주민으로부터 조례제정·개정·폐지의 청구를 받은 날부터 5일 이내에 그 내용을 공표하여야 하며, 청구를 공표한 날부터 10일간 청구인명부나 그 사본을 공개된 장소에 비치하여 열람할 수 있도록 하여야 한다(같은법15④).

청구인명부의 서명에 관하여 이의가 있는 자는 열람기간 동안에 해당 지방자치

단체의 장에게 이의를 신청할 수 있다(같은법15⑤). 이러한 이의신청을 받은 지방자
치단체의 장은 열람기간이 끝난 날부터 14일 이내에 심사·결정하되, 그 신청이 이
유 있다고 결정한 때에는 청구인명부를 수정하고, 이를 이의신청을 한 자와 청구
인의 대표자에게 알려야 한다. 그리고 이의신청이 이유 없다고 결정한 때에는 그
뜻을 즉시 이의신청을 한 자에게 알려야 한다(같은법15⑥).

지방자치단체의 장이 청구를 수리하거나 각하하는 경우는 그 사실을 대표자에게
알려야 하고(같은법15⑦), 청구를 각하하는 경우에는 청구인의 대표자에게 의견을 제
출할 기회를 주어야 한다(같은법15⑧).

(라) 지방의회의 처리   조례제정·개폐청구의 상대방은 당해 자치단체장이
며, 자치단체장이 조례제정·개폐청구를 수리한 때에는 수리한 날부터 60일 이내에
지방의회에 부의하여야 한다(같은법15⑨). 지방자치단체의 장은 제15조에 따라 청구된
주민청구조례안에 대하여 의견이 있으면 제15조 제9항에 따라 주민청구조례안을
지방의회에 부의할 때 그 의견을 첨부할 수 있다(같은법15의2①). 지방의회는 심사 안
건으로 부쳐진 주민청구조례안을 의결하기 전에 청구인의 대표자를 회의에 참석시
켜 그 청구취지(청구인의 대표자와의 질의·답변을 포함한다)를 들을 수 있다(같은법15의2②).

주민은 지방의회에서 방청 또는 참고인 자격으로 참여시킬 수 있으나, 발언할
수 있는 권리는 허용되지 않는다(대판 1993.2.26, 92추109<완주군의회회의규칙>).

(6) 주민감사청구권

(가) 의 의   당해 지방자치단체와 그 장의 권한에 속하는 사무의 처리가 법
령에 위반되거나 이익을 현저히 해한다고 인정되는 경우에는 주민감사청구권이 인
정된다(지방자치법16). 이러한 주민감사청구제도는 주민에 의한 자치행정의 감시기능
과 주민의 참여를 통한 주민의 권익보호기능을 수행한다. 그 밖에 19세 이상의 주
민의 감사청구에 관하여 필요한 사항은 대통령령으로 정한다(같은법16⑧). 그리고 19
세 이상의 주민의 감사청구에 관하여는 조례제정·개폐청구에 관한 제15조 제3항부
터 제7항까지의 규정을 준용한다(같은법16⑨).

(나) 감사청구인과 감사청구대상   시·도는 500명, 50만 이상 대도시는 300
명, 그 밖의 시·군·자치구는 200명을 초과하지 아니하는 범위 안에서 조례가 정하
는 만 19세 이상의 주민수 이상이 연서로 감사를 청구하게 된다(같은법16①참조).

지방자치단체와 그 장의 권한에 속하는 사무의 처리가 법령에 위반되거나 이익
을 현저히 해한다고 인정되는 사항을 감사청구의 대상으로 한다(같은법16①참조). 그
런데 i) 수사나 재판에 관여하게 되는 사항, ii) 개인의 사생활을 침해할 우려가 있
는 사항, iii) 다른 기관에서 감사하였거나 감사 중인 사항, iv) 동일한 사항에 대하

여 주민소송이 진행 중이거나 그 판결이 확정된 사항은 감사청구의 대상이 될 수 없다(같은법16①단). 그런데 다른 기관에서 감사한 사항이라도 새로운 사항이 발견되거나 중요 사항이 감사에서 누락된 경우와 주민소송의 대상이 되는 경우에 감사청구의 대상이 될 수 있다(같은법16①iii단).

(다) 감사청구의 처리   주무부장관이나 시·도지사는 감사청구를 수리한 날부터 60일 이내에 감사청구된 사항에 대하여 감사를 끝내야 하며, 감사결과를 청구인의 대표자와 해당 지방자치단체의 장에게 서면으로 알리고 공표하여야 한다(같은법16③본). 다만 그 기간에 감사를 끝내기가 어려운 정당한 사유가 있으면 그 기간을 연장할 수 있는데, 이러한 경우 이를 미리 청구인의 대표자와 해당 지방자치단체의 장에게 알리고 공표하여야 한다(같은법16③단).

주무부장관 또는 시·도지사는 주민감사청구를 처리함에 있어서 청구인의 대표자에게 반드시 증거제출 및 의견진술의 기회를 부여하여야 한다(같은법16⑤). 그리고 주무부장관 또는 시·도지사는 당해 지방자치단체장에게 감사결과에 따른 필요한 조치를 요구할 수 있으며, 이 경우 당해 지방자치단체장은 이를 성실히 이행하여야 하고 그 조치결과를 지방의회와 주무부장관 또는 시·도지사에게 보고하여야 한다(같은법16⑥). 주무부장관이나 시·도지사는 감사결과에 따른 필요한 조치요구내용과 지방자치단체의 장의 조치결과를 청구인의 대표자에게 서면으로 알리고, 공표하여야 한다(같은법16⑦).

(7) 주민소송제기권

(가) 주민소송의 의의   주민소송(住民訴訟)제도는 일정한 재정사항에 관하여 감사청구한 주민은 감사해태 또는 감사결과와 관련된 위법한 행위에 대하여 당해 자치단체장을 상대로 소송을 제기할 수 있는 제도를 말한다(지방자치법17①참조). 이러한 주민소송은 지방재정의 투명성과 건전성을 확보하고 주민의 감사청구를 실질적으로 실현하는 이익이 있다.

주민감사청구의 대상은 어떠한 사무의 처리가 '법령에 위반되거나 공익을 현저히 해한다고 인정되는 경우'이므로 반드시 위법할 것을 요구하지 않으나, 주민소송의 대상은 어떠한 재무회계 행위가 반드시 위법할 것을 요한다. 따라서 주민소송제도는 주민감사청구만으로는 지방자치단체의 위법한 재무회계행위의 시정이 이루어지지 않는다고 판단할 경우에 주민이 그 위법 여부 등의 판단을 법원에 소송으로 구하는 보충적 의미가 있는 제도이다.

주민소송은 위법한 재무회계행위의 시정을 구하는 특별행정소송에 해당하며, 객관적 소송으로서 구체적인 권익의 침해가 없어도 제기할 수 있는 행정소송법상 공익소송(민중소송)의 하나이다. 따라서 주민소송에 관한 사항이 지방자치법에 규정된 것 외에는 「행정소송법」에 따른다(같은법17⑰).

(나) 주민소송의 종류   주민이 제기할 수 있는 주민소송의 유형은 중지청구소송, 취소소송, 무효확인소송, 부작위위법확인소송, 손해배상청구소송 또는 부당이득반환청구소송 및 변상명령소송 등이 있다(같은법17②참조). 이러한 주민소송들은 「민사소송등인지법」(2④)에 따른 소정의 비재산권을 목적으로 하는 소송으로 본다(같은법17⑮).

1) 중지청구소송은 해당 행위를 계속하면 회복하기 곤란한 손해를 발생시킬 우려가 있는 경우에는 그 행위의 전부나 일부를 중지할 것을 요구하는 소송을 말한다(같은법17②i참조). 이러한 중지청구소송은 해당 행위를 중지할 경우 생명이나 신체에 중대한 위해가 생길 우려가 있거나 그 밖에 공공복리를 현저하게 저해할 우려가 있으면 제기할 수 없다(같은법17③).

2) 취소소송은 행정처분인 해당 행위의 취소 또는 변경을 요구하는 소송을 말하고, 무효확인소송은 그 행위의 효력 유무 또는 존재 여부의 확인을 요구하는 소송을 말한다(같은법17②ii참조).

3) 부작위위법확인소송은 업무를 게을리한 사실의 위법 확인을 요구하는 소송을 말한다(같은법17②iii참조).

4) 손해배상청구소송 또는 부당이득반환청구소송은 해당 지방자치단체의 장 및 직원, 지방의회의원, 해당 행위와 관련이 있는 상대방에게 손해배상청구 또는 부당이득반환청구를 할 것을 요구하는 소송을 말한다(같은법17②iv본 참조).

5) 변상명령소송은 해당 지방자치단체의 직원이 「지방재정법」(94)이나 [회계직원책임법](4)에 따른 변상책임을 져야 하는 경우에는 변상명령을 할 것을 요구하는 소송을 말한다(같은법17②iv단 참조).

(다) 주민소송의 당사자   피고는 해당 지방자치단체장이 되고, 해당 사항의 사무처리에 관한 권한을 소속 기관의 장에게 위임한 경우에는 그 소속 기관의 장이 피고가 된다(같은법17①참조).

원고는 주민감사를 청구한 주민이고 1인의 주민에 의한 제소도 가능하다. 그런데 주민소송이 진행 중이면 다른 주민은 같은 사항에 대하여 별도의 소송을 제기할 수 없다(같은법17⑤). 소송의 계속(繫屬) 중에 소송을 제기한 주민이 사망하거나 주민의 자격을 잃은 때에는 소송대리인이 있는 경우에도 소송절차가 중단된다(같은법17⑥).[16] 그러나 감사청구를 연서한 다른 주민이 중단사유가 발생한 사실을 안 날

---

16) 민사소송의 경우도 당사자의 사망으로 소송절차가 중단되지만(민사소송법233①), 소송대리인이 있는 경우는 중단되지 않는다(같은법238). 주민소송에서 소송대리인이 있는 경우에도 당사

로부터 6월 이내에 소송절차를 수계(受繼)할 수 있다(같은법17⑦).

(라) 주민소송의 대상   주민소송의 대상은 감사청구한 공금의 지출에 관한 사항, 재산의 취득·관리·처분에 관한 사항, 당해 지방자치단체를 당사자로 하는 매매·임차·도급이나 그 밖의 계약의 체결·이행에 관한 사항, 지방세·사용료·수수료·과태료 등 공금의 부과·징수의 해태에 관한 사항 등과 관련이 있는 위법한 행위나 업무를 게을리한 사실 등이다(같은법17①참조).

주민소송의 대상으로서 '공금의 지출에 관한 사항'이라 함은 지출원인행위 즉, 지방자치단체의 지출의 원인이 되는 계약 그 밖의 행위로서 당해 행위에 의하여 지방자치단체가 지출의무를 부담하는 예산집행의 최초 행위와 그에 따른 지급명령 및 지출 등에 한정된다. 따라서 특별한 사정이 없는 한 이러한 지출원인행위 등에 선행하여 그러한 지출원인행위를 수반하게 하는 당해 지방자치단체의 장 및 직원, 지방의회 의원의 결정 등과 같은 행위는 포함되지 않는다(대판 2011.12.22, 2009두14309).

(마) 감사청구전치주의   주민소송을 제기하고자 하는 경우에 먼저 주민감사청구를 하여야 하는 감사청구전치주의의 적용이 있다. 따라서 주민소송은 i) 주무부장관이나 시·도지사가 감사청구를 수리한 날부터 60일이 지나도 감사를 끝내지 아니한 경우, ii) 주무부장관이나 시·도지사의 감사결과 또는 해당 지방자치단체장에 대한 주무부장관이나 시·도지사의 조치요구에 불복하는 경우, iii) 주무부장관이나 시·도지사의 조치요구를 지방자치단체의 장이 이행하지 아니한 경우, iv) 주무부장관이나 시·도지사의 조치요구에 대한 지방자치단체장의 이행조치에 불복하는 경우에 제기할 수 있다(같은법17①참조).

(바) 제기기간과 관할법원   1) 중지청구소송은 해당 60일이 끝난 날(감사기간이 연장된 경우에는 연장기간이 끝난 날)부터, 2) 취소소송은 해당 감사결과나 조치요구내용에 대한 통지를 받은 날로부터, 3) 부작위위법확인소송은 해당 조치를 요구할 때에 지정한 처리기간이 끝난 날로부터, 4) 지방자치단체장의 이행조치에 불복하는 경우에 해당 이행 조치결과에 대한 통지를 받은 날로부터, 각각 90일 이내에 제기하여야 한다(같은법17④).

주민소송은 해당 지방자치단체의 사무소소재지를 관할하는 행정법원에 제기하게 되는데, 행정법원이 설치되지 아니한 지역에서는 행정법원의 권한에 속하는 사건을 관할하는 지방법원본원에 제기하게 된다(같은법17⑨).

자의 사망으로 소송절차가 중단되도록 규정한 것은 감사청구에 연서한 다른 주민이 소송절차를 수계할지 여부를 결정할 수 있는 기회를 부여하기 위한 것이다(정형근). 따라서 지방자치법(17⑧)은 법원이 제6항에 따라 소송이 중단되면 감사청구에 연서한 다른 주민에게 소송절차를 중단한 사유와 소송절차 수계방법을 지체 없이 알려야 한다"고 규정하고 있다.

(사) 주민소송의 참가   해당 지방자치단체의 장은 중지청구소송·취소소송·부작위위법확인소송이 제기된 경우 그 소송 결과에 따라 권리나 이익의 침해를 받을 제3자가 있으면 그 제3자에 대하여 소송고지를 하여 줄 것을 법원에 신청하여야 한다(같은법17⑩전). 그리고 손해배상청구소송 및 변상명령소송이 제기된 경우 해당 지방자치단체의 직원, 지방의회의원 또는 해당 행위와 관련이 있는 상대방에 대하여 소송고지를 하여 줄 것을 법원에 신청하여야 한다(같은법17⑩후). 국가, 상급 지방자치단체 및 감사청구에 연서한 다른 주민과 주민소송고지를 받은 자(제3자, 해당 지방자치단체의 직원, 지방의회의원 또는 해당 행위와 관련된 상대방)는 법원에서 계속 중인 소송에 참가할 수 있다(같은법17⑬).

손해배상청구소송 및 변상명령소송이 제기된 경우에 지방자치단체의 장이 한 소송고지신청은 그 소송에 관한 손해배상청구권 또는 부당이득반환청구권의 시효중단사유에 해당한다(같은법17⑪참조). 이러한 시효중단의 효력은 그 소송이 끝난 날부터 6개월 이내에 재판상 청구, 파산절차참가, 압류 또는 가압류, 가처분을 하지 아니하면 효력이 생기지 아니한다(같은법17⑫).

(아) 주민소송의 판결   손해배상청구나 부당이득반환청구를 명하는 판결이 확정되면, 지방자치단체의 장(해당 사항의 사무처리에 관한 권한을 소속 기관의 장에게 위임한 경우에는 그 소속 기관의 장)은 판결이 확정된 날부터 60일 이내를 기한으로 하여 당사자에게 그 판결에 따라 결정된 손해배상금이나 부당이득반환금의 지불을 청구하여야 한다(같은법18①본). 다만, 손해배상금이나 부당이득반환금을 지불하여야 할 당사자가 지방자치단체의 장이면 지방의회 의장이 지불을 청구하여야 한다(같은법18①단). 손해배상금 등의 지불청구를 받은 자가 60일의 기한 내에 손해배상금이나 부당이득반환금을 지불하지 아니하면, 지방자치단체는 손해배상·부당이득반환의 청구를 목적으로 하는 소송을 제기하여야 한다(같은법18②1문). 이 경우 그 소송의 상대방이 지방자치단체의 장이면 그 지방의회 의장이 그 지방자치단체를 대표한다(같은법18①2문).

변상명령소송에 대하여 변상할 것을 명하는 판결이 확정되면, 지방자치단체장은 판결이 확정된 날부터 60일 이내를 기한으로 하여 당사자에게 그 판결에 따라 결정된 금액을 변상명령하여야 한다(같은법19①). 변상명령받은 자가 60일의 기한 내에 변상금을 지불하지 아니하면, 지방자치단체장은 지방세 체납처분의 예에 따라 징수할 수 있다(같은법19②). 그런데 변상명령받은 자는 변상명령에 불복하는 경우 행정심판법에 따른 행정심판을 청구할 수는 없고, 행정소송만을 제기할 수 있다(같은법19③참조).

(자) 주민소송의 중단 등   민중소송에서 당사자는 법원의 허가를 받지 아

니하고는 소의 취하, 소송의 화해 또는 청구의 포기를 할 수 없다(법17⑭1문). 법원은 소의 취하, 소송의 화해 또는 청구의 포기를 허가하고자 하는 경우에는 허가하기 전에 감사청구에 연서한 다른 주민에게 이를 알려야 하며, 알린 때부터 1개월 이내에 허가 여부를 결정하여야 한다(법17⑭2문). 위 통지에 관하여는 제8항 후단을 준용한다(법17⑭3문).

(8) 주민소환권

(가) 의 의   ① 개 념 : 주민소환(住民召還)이란 주민이 당해 지방자치단체장·지방의회의원 기타 지방자치단체의 공무원을 임기 중에 주민의 의사(청원 또는 투표)에 의하여 공직자를 공직에서 소환함으로써 해임시키는 제도를 말한다. 현행 지방자치법(20)은 지방자치단체의 장 및 지방의회의원(비례대표 지방의회의원은 제외)에 대한 주민의 소환권을 인정하고 있다. 그리고 '주민소환에 관한 법률'[주민소환법]에 제정되어, 주민소환의 투표 청구권자·청구요건·절차 및 효력 등에 관하여 규정하고 있으며, 이러한 [주민소환법]에 규정한 사항을 제외하고는 일정한 사항들이 [주민투표법]의 규정이 준용된다([주민소환법]27).

② 성 질 : 주민소환의 성질은 헌법이 보장하는 참정권이 아니라 법률이 보장하는 참정권이다(헌재 2001.06.28, 2000헌마735; 헌재 2011.12.29, 2010헌바368). 주민소환제 자체는 지방자치의 본질적인 내용이라고 할 수 없으므로 이를 보장하지 않는 것이 위헌이라거나 어떤 특정한 내용의 주민소환제를 반드시 보장해야 한다는 헌법적인 요구가 있다고 볼 수는 없다(헌재 2009.03.26, 2007헌마843; 헌재 2011.12.29, 2010헌바368).

그리고 주민소환은 [주민소환법]이 주민소환의 청구사유를 두지 않았기 때문에, 기본적으로 정치적인 절차(정치적인 행위)로 보는 것이 입법자의 의도이다(헌재 2009.03.26, 2007헌마843). 따라서 위법행위를 한 공직자뿐만 아니라 정책적으로 실패하거나 무능하고 부패한 공직자까지도 그 대상으로 삼아 공직에서의 해임이 가능하도록 하여 책임정치 혹은 책임행정의 실현을 기하려는 데 그 목적이 있기 때문이다(헌재 2009.03.26, 2007헌마843).

③ 기 능 : [주민소환법](1)에 의하면, 주민소환은 지방자치에 관한 주민의 직접참여를 확대하고 지방행정의 민주성과 책임성을 높이는 것을 목적으로 한다고 규정하고 있다. 따라서 주민소환은 주민에 의한 지방행정 통제의 가장 강력한 수단이며, 주민의 참정기회를 확대하고 주민대표의 정책이나 행정처리가 주민의사에 반하지 않도록 주민대표나 행정기관에 대한 통제와 주민에 대한 책임성을 확보하게 된다(헌재 2009.03.26, 2007헌마843).

이러한 주민소환제는 주민의 참여를 적극 보장함으로써 주민자치를 실현하는 지방자치에도 부합한다는 점에서 위헌의 문제가 발생할 소지가 없으며, 직접민주제 원리에 충실한 주민소환은 어디까지나 대외제의 결함을 보완하는 것이기 때문에 대의제의 본질적인 부분을 침해하여서는 아니 된다는 입법형성권의 한계가 있다 (헌재 2009.03.26, 2007헌마843).[17)]

(나) 주민소환의 투표사무관리 등   ① 투표사무의 관리와 비용부담 : 주민 소환의 투표사무는 '공직선거법'(13①)의 규정에 의하여 해당 지방자치단체장 및 지 방의회의원의 선거구선거사무를 행하는 선거관리위원회가 관리한다([주민소환법]3).

주민소환의 투표사무관리에 필요한 비용은 당해 지방자치단체가 부담하되, 소환 청구인대표자 및 주민소환투표대상자가 주민소환투표운동을 위하여 지출한 비용은 각자 부담한다([주민소환법]26①).

② 주민소환의 투표권자 : 주민소환투표권자는 주민소환투표일 현재를 기준으로 19세 이상의 주민으로서 당해 지방자치단체 관할구역의 주민등록된 19세 이상의 주민과 영주체류자격을 취득한 후 3년이 경과한 외국인 중에서 당해 지방자치단체 관할구역의 외국인등록대장에 등재된 19세 이상의 외국인이다([주민소환법]3참조).

(다) 주민소환의 준비   ① 소환청구인대표자 증명서의 교부신청 : 주민소환 의 준비는 주민소환사유가 될 사건이나 쟁점을 중심으로 다수 주민들의 의견을 공 론화하고, 주민소환청구를 위한 조직을 구성하며, 대표자를 선정하는 등의 준비가 이루어지는 단계이다. 소환청구인대표자가 관할 선거관리위원회에 소환청구인대표 자 증명서의 교부를 신청하면([주민소환법]시행령4①) 주민소환절차가 시작된다.

② 투표인명부의 작성 및 확정 : 주민소환투표 발의일부터 5일 이내에 주민소환 투표인명부를 작성하여야 한다([주민소환법]4참조).

③ 주민소환투표권 행사의 보장 및 주민소환투표 홍보·계도 : 국가 및 지방자치 단체는 주민소환투표권자가 주민소환투표권을 행사할 수 있도록 필요한 조치를 취 하여야 한다([주민소환법]5①). 관할선거관리위원회는 그 주관하에 문서·도화·시설물· 신문·방송 등의 방법으로 주민소환투표 참여·투표방법 그 밖에 주민소환투표에 관 하여 필요한 계도·홍보를 실시하여야 한다([주민소환법]5②).

④ 투표의 청구 : 전년도 12월 31일 현재 주민등록표 및 외국인등록표에 등록된 주민소환투표권자는 광역지방자치단체장(특별시장·광역시장·도지사)에 대하여 주민소환

---

17) 지방자치단체장도 선거에 의하여 선출되므로 주민소환제라 하더라도 이들의 공무담임권을 과잉으로 제한하여서는 아니 된다. 주민이 대표자를 수시로 임의로 소환한다면 이는 곧 명령 적 위임을 인정하는 결과가 될 것이나, 대표자에게 원칙적으로 자유위임에 기초한 독자성을 보장하되 극히 예외적이고 엄격한 요건을 갖춘 경우에 한하여 주민소환을 인정한다면 이는 대의제의 원리를 보장하는 범위 내에서 적절한 수단이 될 수 있을 것이다(헌재 2009.3.26, 2007 헌마843).

투표청구권자 총수의 100분의 10 이상의 서명, 기초지방자치단체장에 대하여는 주민소환투표청구권자 총수의 100분의 15 이상의 서명, 의회의원은 당해 지방의회의원 선거구 안의 주민소환투표권자 총수의 100분의 20 이상의 서명으로 주민소환투표실시를 관할선거관리위원회에 청구할 수 있다([주민소환법]7①).[18]

그러나 해당 지방자치단체장 및 지방의회의원의 임기개시일부터 1년이 경과하지 아니하거나 임기만료일로부터 1년 미만인 때 또는 주민소환투표를 실시한 날로부터 1년 이내인 때에는 주민소환투표의 실시를 청구할 수 없다([주민소환법]8). 이러한 투표청구제한기간을 둔 것은 선출직 공직자의 임기 초에는 소신정책을 추진할 수 있는 기회를 주고 임기종료가 임박한 때에는 소환의 실익이 없는 점을 고려하고, 주민소환투표를 실시하여 부결되었음에도 불구하고 반복적으로 주민소환투표를 청구하는 주민소환의 폐해를 줄이기 위한 것이다(헌재 2009.03.26, 2007헌마843).

⑤ 서명요청 : 주민소환투표청구인대표자는 서명요청활동기간 동안 주민소환투표청구인서명부를 사용하여 주민소환투표청구권자에게 서명할 것을 요청할 수 있다([주민소환법]9). 그러나 주민소환의 대상이 되는 선출직 지방공직자의 선거구의 전부 또는 일부에 대하여 선거가 실시되는 때에는 선거일전 60일부터 선거일까지 서명요청을 할 수 없다([주민소환법]10①). 그리고 주민소환투표권이 없는 자, 교원을 제외한 공무원법상 공무원, '공직선거법'에 의하여 선거운동을 할 수 없는 자, 선출직 지방공직자의 해당 선거 후보자예정자 또는 그 가족 등은 주민소환투표 청구인대표자 등이 될 수 없으며, 서명요청 활동을 하거나 서명요청 활동에 관여할 수 없다([주민소환법]10②).

주민소환 청구인대표자 등이 소환청구인서명부를 제시하거나 구두로 주민소환투표의 취지나 이유를 설명하는 경우를 제외하고는 누구든지 인쇄물·시설물 및 그 밖의 방법을 이용하여 서명요청 활동을 할 수 없다([주민소환법]10④).[19] 소환청구인

---

18) 시장에 대한 주민소환 발의요건을 규정한 [주민소환법]의 규정(7①ii)은 특정 지역 주민의 의사에 따라 청구가 편파적이고 부당하게 이루어질 위험성이 거의 없이 주민들의 전체 의사가 어느 정도 고루 반영되도록 하고 있다는 점에서 과잉금지원칙에 위반하여 청구인의 공무담임권을 침해한다고 볼 수 없다(헌재 2009.3.26, 2007헌마843).

19) '소환청구인서명부를 제시'하거나 '구두로 주민소환투표의 취지나 이유를 설명하는 경우'를 제외하고는 인쇄물·시설물 및 '그 밖의 방법'을 이용하여 서명요청 활동을 할 수 없도록 규정한 이 사건 법률조항은 그 금지내용을 파악함에 있어 어떠한 불명확성이 존재한다고 보기 어렵고, 수범자가 예견할 수 없을 정도로 모호하다거나 해석자의 자의를 허용하는 것이라 할 수 없으므로 명확성원칙에 반하지 않는다(헌재 2011.12.29, 2010헌바368).
대의제의 본질적인 부분을 침해하지 않도록 극히 예외적이고 엄격한 요건을 갖춘 경우에 한하여 주민소환을 인정하려는 제도적 고려에서, 서명요청이라는 표현의 방법을 '소환청구인서명부를 제시'하거나 '구두로 주민소환투표의 취지나 이유를 설명'하는 방법, 두 가지로만 엄격히 제한함으로써, ⅰ) 주민소환투표청구가 정치적으로 악용·남용되는 것을 방지함과 동시

서명부를 '제시'한다 함은 서명요청을 위하여 소환청구인서명부라는 물건을 내어보이는 것을 의미하고, '서명요청 활동'이란 주민소환투표를 청구하는 취지의 의사표시로서 서명을 해 줄 것을 요청하는 활동을 의미한다(헌재 2011.12.29, 2010헌바368).

(라) 주민소환의 실행   ① 투표의 발의 : 관할선거관리위원회는 주민소환투표청구가 적법하다고 인정하는 경우에는 지체 없이 그 요지를 공표하고, 소환청구인대표자 및 해당선출직 지방공직자에게 그 사실을 통지하여야 한다([주민소환법]12①). 관할선거관리위원회는 주민소환투표대상자의 소명요지 또는 소명서 제출기간이 경과한 날부터 7일 이내에 주민소환투표일과 주민소환투표안을 공고하여 주민소환투표대상자에 대한 주민소환투표를 발의하여야 한다([주민소환법]12②).

② 투표의 운동 : 주민소환투표운동이라 함은 주민소환투표에 부쳐지거나 부쳐질 사항에 관하여 찬성 또는 반대하는 행위를 말하며, i) 주민소환투표에 부쳐지거나 부쳐질 사항에 관한 단순한 의견개진 및 의사표시, ii) 주민소환투표운동에 관한 준비행위에 해당하는 행위는 주민소환투표운동으로 보지 아니한다([주민소환법]17). 보통의 주민소환투표운동기간은 주민소환투표 공고일의 다음날부터 투표일 전일까지 할 수 있고, 병합 또는 동시에 실시하는 주민소환투표운동기간은 주민소환투표일 전 25일부터 투표일 전일까지 할 수 있다([주민소환법]18①②).

③ 투표의 실시 : ① 관할선거관리위원회는 주민소환투표 공고일부터 20일 이상 30일 이하의 범위 안에서 주민소환투표일을 정하여, 찬성 또는 반대를 선택하는 형식으로 주민소환투표를 실시한다([주민소환법]13①,15①참조). 주민소환투표 공고일 이후 90일 이내에 i) '주민투표법'에 의한 주민투표, ii) '공직선거법'에 의한 선거·재선거 및 보궐선거(대통령 및 국회의원 선거는 제외), iii) 동일 또는 다른 선출직 지방공직자에 대한 주민소환투표에 해당하는 투표 또는 선거가 있을 때에는 주민소환투표를 병합하거나 동시에 실시할 수 있다([주민소환법]13②).

④ 투표의 확정 : 주민소환은 주민소환투표권자 총수의 3분의 1 이상의 투표와 유효투표 총수 과반수의 찬성으로 확정된다([주민소환법]22①). 전체 주민소환투표자의 수가 주민소환투표권자 총수의 3분의 1에 미달하는 때에는 개표를 하지 아니한다([주민소환법]22②).[20]

에, ii) 서명요청 활동 단계에서 흑색선전이나 금품 살포와 같은 부정한 행위가 이루어지는 것을 방지하여 주민소환투표청구권자의 진정한 의사가 왜곡되는 것을 방지하기 위한 입법목적이 있다(헌재 2011.12.29, 2010헌바368).

[20] 객관적으로 볼 때 그 요건이 너무 낮아 주민소환의 확정이 아주 형식적으로 쉽게 이루어질 수 있는 정도라고 보기 어렵고, 외국의 입법례에 비하여도 이를 지나치게 낮은 수준이라고 보기도 어렵다. 또 선거에서 당선자 확정을 위해서는 투표율을 묻지 않고 결정하는 데 비하여 주민소환투표에서는 최소한 3분의 1 이상의 투표율을 요구한 것은 일반선거에 비하여 상대적으로 엄격한 요건을 설정한 것이라고 볼 수 있고, 이는 오히려 임기가 정해진 소환대상자의

관할선거관리위원회는 주민소환투표자수의 미달로 개표를 하지 않거나 또는 개표가 끝난 때에는 지체 없이 그 결과를 공표한 후 소환청구인대표자, 주민소환투표대상자, 관계 중앙행정기관장, 당해 지방자치단체장 및 당해 지방의회의장에게 통지하여야 한다([주민소환법]22③).

⑤ 투표의 효력 : 주민소환투표대상자는 관할선거관리위원회가 주민소환투표안을 공고한 때부터 주민소환투표결과를 공표할 때까지 그 권한행사가 정지된다([주민소환법]21①). 이와 같이 지방자치단체의 장의 권한이 정지된 경우에는 부단체장(부지사·부시장·부군수·부구청장)이 그 권한을 대행하고, 부단체장이 권한을 대행할 수 없는 경우에는 그 지방자치단체의 규칙에 정하여진 직제 순서에 따른 공무원이 그 권한을 대행한다([주민소환법]21②,지방자치법111④⑤참조). 권한행사가 정지된 지방의회의원은 그 정지기간 동안 '공직선거법'에 의한 의정활동보고를 할 수 없으나, 인터넷에 의정활동보고서를 게재할 수는 있다([주민소환법]21③).

주민소환이 확정되고 그 결과가 공표된 시점부터 주민소환투표대상자의 직을 상실하고([주민소환법]23①), 그 직을 상실한 자는 그로 인하여 실시하는 해당 보궐선거에 후보자로 등록할 수 없다([주민소환법]23②).

(마) 주민소환과 쟁송　　주민소환투표의 효력에 관하여 이의가 있는 해당 주민소환투표대상자 또는 (주민소환투표권자 총수의 100분의 1 이상의 서명을 받은)주민소환투표권자는 주민소환투표결과가 공표된 날부터 14일 이내에 관할선거관리위원회 위원장을 피소청인으로 하여 특별시·광역시·도선거관리위원회에(지역구시·도의원, 지역구자치구·시·군의원 또는 시장·군수·자치구의 구청장을 대상으로 한 주민소환투표의 경우) 또는 중앙선거관리위원회에(시·도지사를 대상으로 한 주민소환투표의 경우) 소청할 수 있다([주민소환법]24①).

주민소환투표소청에 대한 결정에 관하여 불복이 있는 소청인은 관할선거관리위원회 위원장을 피고로 하여 그 결정서를 받은 날부터 10일 이내에 관할고등법원(지역구시·도의원, 지역구자치구·시·군의원 또는 시장·군수·자치구의 구청장을 대상으로 한 주민소환투표의 경우) 또는 대법원에(시·도지사를 대상으로 한 주민소환투표의 경우) 소를 제기할 수 있다([주민소환법]24②).

주민소환투표에 관한 소청 및 소송의 절차에 관하여 [주민소환법]에 규정된 사항을 제외하고는 '공직선거법'(219 내지 229)의 규정 중 지방자치단체장 및 지방의회의원에 관한 규정을 준용한다([주민소환법]24③).

공무담임권을 충분히 배려한 결과라 할 것이다(헌재 2009.3.26, 2007헌마843<주민소환법 제22조 제2항(주민소환투표 결과의 확정요건)> 참조).

(9) 청원권

주민은 지방의회에 청원(請願)을 하고자 하는 자는 의원의 소개를 얻어 청원서를 제출하여야 한다(§73). 청원의 소개위원은 1인이라도 가능하다. 지방의회에 청원을 할 때에 지방의회 의원의 소개를 얻도록 한 것은 의원이 미리 청원의 내용을 확인하고 이를 소개하도록 함으로써 청원의 남발을 규제하고 심사의 효율을 기하기 위한 것이다(헌재 1999.11.25, 97헌마54).

국민의 국가기관에 대한 청원권은 헌법상 보장된 기본권의 하나이지만, 지방의회에 대한 주민의 청원권은 법률로써 인정되는 개인적 공권이다. 청원할 수 있는 사항은 제한이 없으나, 재판에 간섭하거나 법령에 위반되는 내용의 청원은 허용되지 아니한다.

지방의회의 의장은 청원서를 접수한 때에는 이를 소관위원회 또는 본회의에 회부하여 심사하게 한다. 위원회가 청원을 심사하여 본회의에 회부할 필요가 없다고 결정한 때에는 그 처리결과를 의장에게 보고하고, 의장은 청원인에게 이를 통지하여야 한다. 그리고 지방의회가 채택한 청원으로서 그 지방자치단체의 장이 처리함이 타당하다고 인정되는 청원은 의견서를 첨부하여 지방자치단체의 장에게 이송한다. 이 경우 지방자치단체의 장은 그 청원을 처리하고 그 처리결과를 지체 없이 지방의회에 보고하여야 한다.

청원의 결과통보는 그 자체에 의하여 청구인의 권리의무나 법률관계에 직접 영향을 미치는 것이 아니므로 그러한 통보조치는 헌법소원의 대상이 되는 구체적인 공권력의 행사 내지 불행사라고 볼 수는 없다(헌재 2000.10.25, 99헌마458<납골당설치허가>).

(10) 기타의 권리

[국토계획법](26)에 의하면, 주민은 기반시설의 설치·정비 또는 개량에 관한 사항과 지구단위계획구역의 지정 및 변경과 지구단위계획의 수립 및 변경에 관한 사항에 관한 도시관리계획의 입안을 제안할 수 있다. 이러한 입안을 제안받은 자는 그 처리결과를 제안한 주민에게 통보하여야 한다.

주민은 법령이 정한 바에 따라 지방자치단체에 대하여 행정쟁송제기권·손실보상청구권·손해배상청구권·정보공개청구권 등을 가지며, 각종 조례에 의한 개별적 권리(예, 정보공개조례에 의한 정보공개청구권 등)가 인정된다.

주민의 지방의회 방청발언권이 인정되는지 여부에 관해서, 대법원은 대의제에 반한다는 점을 이유로 부정적으로 판시하고 있다(대판 1993.2.26, 92추109).

사 례 시장의 위법한 행위에 대한 주민의 통제[제50회(2006년) 행정고시(행정·공안직)]

C시에 사는 주민 A 등은 시장 X가 재선을 위한 사전선거운동에 업무추진비를 위법하게 지출하였다고 주장하고 있다. 이 경우 주민 A 등이 시장 X의 위법행위에 대하여 취할 수 있는 지방자치법상의 수단에 대해서 설명하시오.

풀이해설 지방자치법상 주민의 권리에 대한 이해를 바탕으로 최근에 인정된 주민감사청구권, 주민소송, 주민소환 등에 대한 지식을 묻는 문제이다. 따라서 지방자치법의 실정법 내용을 잘 정리해서 사례에 적용해가면서 답하면 된다.

> Ⅰ. 서 론 -문제의 제기-
> Ⅱ. 주민감사청구권
>   1. 주민감사청구권의 요건
>   2. 소 결
> Ⅲ. 주민소송
>   1. 주민소송의 요건
>   2. 소 결
> Ⅳ. 주민소환
>   1. 주민소환의 요건
>   2. 소 실
> Ⅴ. 결 론 -문제의 해결-

3. 주민의 의무

(1) 비용의 분담의무

주민은 법령이 정하는 바에 따라 그 소속 지방자치단체의 비용을 분담하는 의무를 진다(지방자치법21). 즉 주민은 명칭여하에 불구하고 지방세(같은법135)·사용료(같은법136)·수수료(같은법137)·분담금(같은법138) 등의 공과금납부의무를 진다. 지방세를 제외한 사용료·수수료·분담금의 징수에 관한 사항은 조례로 정하며, 이들의 징수는 지방세징수의 예에 의한다(같은법139①,140②).

사용료·수수료 또는 분담금의 부과나 징수에 이의가 있는 때에는 처분의 통지를 받은 날로부터 90일 이내에 지방자치단체의 장에게 이의신청을 할 수 있고(같은법140③), 이의신청을 받은 날로부터 60일 이내에 해당 지방자치단체장은 이를 결정하여 이의신청자에게 알려 주어야 한다(같은법140④).

사용료·수수료 또는 분담금의 부과나 징수에 대하여 행정소송을 제기하려면 이의신청에 대한 결정을 통지받은 날부터 90일 이내에 처분청을 당사자로 하여 소를 제기하여야 하고(같은법140⑤), 이의신청의 결정기간 내에 결정의 통지를 받지 못하면 그 결정기간이 지난 날부터 90일 이내에 소를 제기할 수 있다(같은법140⑥).

(2) 노역·물품제공의무

주민은 개별법에 의하여 노역이나 물품을 제공할 의무를 진다. 예컨대, 도로법(47) 또는 자연재해대책법(50)·농어업재해대책법(7)에서 정한 비상재해시의 응급부담 등을 들 수 있다.

(3) 공공시설의 이용강제

주민이 지방자치단체가 설치·경영하는 공공시설을 강제적으로 이용하게 되는 경우가 있다. 지방자치법에서는 공공시설의 이용강제를 규정하고 있지 않지만, 상·하수도시설, 청소사업, 가스사업, 화장장시설 등은 지방자치단체의 법적 또는 사실적 독점사업으로 인정되는 것이 보통이기 때문에 주민의 공공시설의 이용은 사실상 강제되고 있다.

(4) 주민참여의무

지방자치에 있어서 주민의 참여는 필수불가결한 것이다.21) 그럼에도 불구하고 주민의 참여가 저조하여 일부에서는 '지방자치의 위기'라고 이야기한다. 따라서 헌법적 제도보장인 지방자체제도를 활성화하기 위하여 과거 단순한 주민의 권리로 여겨지던 여러 가지 주민참여제도(예, 선거권 및 피선거권, 주민투표권, 조례제정 및 개폐청구권, 시민감사청구권 등) 중에서 선거권·주민투표권 등은 지방자치제도의 필수불가결한 요소로서 일정한 의무를 가할 필요가 있다.

이러한 맥락에서 우리나라의 지방자치법에는 명문의 규정이 없으나, 외국의 입법례(예, 독일)는 지방자치의 내실화·활성화를 위하여 명예직수락의무에 관한 일반규정을 두고 있는 경우도 있다. 따라서 특별한 이유가 없는 한 지방자치단체가 위촉하는 명예직(예, 선거감시위원, 공공봉사활동위원 등)을 수락하여 활동해야 하는 의무를 부담하는 것도 지방자치의 주민참여를 강화하기 위한 노력의 일환으로 이해할 수 있을 것이다.

---

21) 주민참여의 의의는 1) 공동체의 운영에 대하여 주민이 책임을 부담하고, 2) 지방자치단체에 대한 주민의 관심을 제고시키고, 3) 행정의 관료적인 경직성과 독립성의 경향에 예방적으로 작용하고, 4) 지방자치단체의 정치적 의사형성의 연원으로서 기능을 한다는 지적(홍정선)이 있다.

제4. 지방의회 -의결기관-

1. 의 의

(1) 지방의회의 지위

지방의회(地方議會)는 주민의 정치적인 동시에 법적인 대표기관이다. 또한 지방의회는 지방자치단체의 최고의사결정기관으로서 자치단체의 의사를 내부적으로 결정하는 의결기관이며 자치입법기관이고, 집행기관의 행정을 통제하는 감시기관이다. 집행기관에 대한 지방의회의 감사·통제권은 고유권한이므로 이러한 권한을 제한·박탈하거나 제3의 기관 또는 집행기관 소속의 특정 행정기관에 일임하는 조례는 위법하다(대판 1997.4.11, 96추138).

이러한 지방의회는 법적 의미에서 행정기관(합의제 행정기관)에 불과하다고 보는 것이 다수설이고 판례(대판 1994.10.11, 94두23)의 입장이다. 그런데 최근에는 지방의회를 단순히 행정기관으로 보는 것은 문제가 있기 때문에 국회와 같이 하나의 입법기관[헌법기관]으로 보는 것이 타당하다는 견해가 있으나, 이러한 주장은 영미법적 지방자치제도에 근거를 눈 것으로 이해된다.

(2) 지방의회의 조직

지방의회는 회의제(會議制)의결기관으로서 4년 임기의 의원으로 구성되며(지방자치법30,32참조), 2년 임기의 의장과 부의장(같은법48참조) 그리고 조례가 정하는 바에 의하여 위원회(상임위원회·특별위원회)를 둘 수 있으며(같은법56), 조례로써 사무기구를 설치하고 그 직원을 둘 수 있다(같은법90부터92까지).

시·도의 경우에는 의장 1인과 부의장 2인을 두며, 시·군 및 자치구의 경우에는 의장 1인과 부의장 1인을 두고, 의장과 부의장은 의원 중에서 무기명투표로 선출한다(같은법48①참조). 의장 또는 부의장이 법령을 위반하거나 정당한 이유 없이 직무를 수행하지 아니한 때에는 지방의회는 불신임을 의결할 수 있다(같은법55참조). 지방의회의 의장·부의장선거는 행정처분의 일종으로서 항고소송의 대상이 되고(대판 1995.1.12, 94누2602), 지방의회 의장·부의장에 대한 불신임의결도 의장·부의장으로서의 권한을 박탈하는 행정처분의 일종으로서 항고소송의 대상이 된다(대판 1994.10.11, 94두23).

(3) 지방의회의 회의

(가) 정례회와 임시회   지방의회의 회의는 정례회와 임시회로 나누어진다.

정례회는 매년 2회 개최되고(지방자치법44①), 임시회는 자치단체의 장 또는 재적의원 3분의 1 이상의 요구가 있을 때에 소집된다(같은법45②). 과거에는 지방의회의 상설기구화를 방지하기 위하여, 정례회와 임시회를 합한 연간 회의총일수의 제한을 두었으나, 현행법은 연간회의총일수와 정례회 및 임시회의 회기를 해당 지방자치단체의 조례로 정하도록 하였다(같은법47②).

(나) 의결정족수   지방의회는 재적의원 3분의 1 이상의 출석으로 개의(開議)하며[의사정족수], 회의 중 의사정족수에 달하지 못한 때에는 의장은 회의의 중지 또는 산회(散會)를 선포한다(같은법63). 일반의결정족수는 재적의원과반수의 출석과 출석의원과반수의 찬성으로 의결되는데, 의장은 의결권을 가지지만 가부동수인 경우는 부결된 것으로 본다(같은법64). 특별의결정족수는 1) 지방자치단체 사무소소재지의 변경·설정에 관한 조례(같은법6② : 재적의원 과반수의 찬성), 2) 의장단의 불신임결의(같은법55② : 재적의원 과반수의 찬성), 3) 조례안의 재의결과 재의요구에 대한 재의결(같은법26④, 107②, 172② : 재적과반수의 출석과 출석의원 3분의 2 이상의 찬성), 4) 회의의 비공개(같은법65 : 출석의원 3분의 2 이상의 찬성), 5) 자격상실의결(같은법80① : 재적의원 3분의 2 이상의 찬성), 6) 제명(같은법88② : 재적의원 3분의 2 이상의 찬성) 등이 있다.

(다) 표 결   지방의회에서 표결할 때에는 의장이 표결할 안건의 제목을 의장석에서 선포하여야 하고, 의장이 표결을 선포한 때에는 누구든지 그 안건에 관하여 발언할 수 없다(같은법64의2①). 표결이 끝났을 때에는 의장은 그 결과를 의장석에서 선포하여야 한다(같은법64의2②).

(라) 회의운영   지방의회의 회의운영에 관해서는 지방자치법과 회의규칙에 정하고 있는데, 회의의 공개원칙(같은법65), 회기계속의 원칙(같은법67), 일사부재의의 원칙(같은법68) 등이 적용된다.

2. 지방의회의 권한

(1) 의결권

(가) 의 의   지방의회의 의결권(議決權)은 지방의회의 고유한 권한에 속한다. 지방의회의 의결사항을 정하는 방법으로서 개괄주의(무제한주의)와 열기주의(제한주의)가 있다. 우리나라 지방자치법(지방자치법39)[22]은 열기주의를 취하고 있기 때문에, 지

---

22) 지방의회는 i) 조례의 제정·개정 및 개폐, ii) 예산의 심의·확정, iii) 결산의 승인, iv 법령에 규정된 것을 제외한 사용료·수수료·분담금·지방세 또는 가입금의 부과와 징수, v) 기금의 설치·운용, vi) 대통령령으로 정하는 중요재산의 취득·처분, vii) 대통령령으로 정하는 공공시설의 설치·처분, viii) 법령과 조례에 규정된 것을 제외한 예산 외 의무부담이나 권리의 포기, ix) 청원의 수리와 처리, x) 외국 지방자치단체와의 교류협력에 관한 사항, xi) 그 밖에 법령에

방자치법과 기타의 특별법에 의결사항으로 규정되어 있는 경우에 한하여 의결권을
행사할 수 있다. 의결의 종류는 조례와 기타의 의결이 있다.

  (나) 발의·제출   의결할 의안은 지방자치단체장이나 재적의원 5분의 1 이
상 또는 의원 10인 이상의 서명으로 발의하고, 위원회는 그 소관에 속하는 사항에
관하여 의안을 제출할 수 있다(같은법66). 그런데 예산안과 추가경정예산안은 지방자
치단체장만이 제출할 수 있다(같은법127①, 130①).

  (다) 변경·폐지   지방의회 자신에 의한 의결의 변경이나 폐지는 의사일정
이 종료된 후 새로이 소집되는 회의에서 의결하게 되는데, 이미 집행된 의결의 경
우는 그 집행이 변경될 수 있을 때에 변경의결이 가능하다(대판 1963.11.28, 63다362).
의결은 지방의회의 독자적인 의결, 집행기관장의 이의에 대한 의결, 감독청 또는
행정법원에 의해서 소급적으로 폐지될 수 있다.

  (라) 행정쟁송의 대상   의결은 집행기관의 집행이 있어야 비로소 법적 효
력을 발생하는 것으로 보기 때문에 행정쟁송의 대상이 되는 처분이 아니라고 보는
것이 우리나라 실무의 입장이다. 즉 의결은 내부의 법적 행위 내지 의사행위이고,
지방의회 의장 또는 집행기관의 장의 집행을 통하여 비로소 외부적으로 효력을 발
생하는 것으로 본다. 그러나 의원의 제명의결은 집행기관의 집행이 없어도 직접
효력을 발생하기 때문에 행정쟁송의 대상이 되는 처분으로 보고 행정쟁송상 다툴
수 있다고 본다.

(2) 행정사무감사·조사권

  (가) 의 의   지방의회는 당해 지방자치단체의 사무를 감사(監査)하거나, 그의
사무 중 특정사안에 관하여 의결로써 조사(調査)할 수 있다(지방자치법41). 사무감사는
지방자치단체의 사무 전반에 대하여 실시하는 것이고, 사무조사는 특정한 사안에
대하여 실시하는 것이다.

  이러한 집행기관에 대한 행정감사 및 조사권은 의결기관인 의회 자체의 권한이
고 의회를 구성하는 의원 개개인의 권한이 아니다. 따라서 의원은 의회의 본회의
및 위원회의 활동과 아무런 관련 없이 의원 개인의 자격에서 집행기관의 사무집행
에 간섭할 권한이 없다(대판 1992.7.28, 92추31).

  행정사무감사는 매년 1회 실시하지만, 행정사무조사는 재적의원 3분의 1 이상의
연서에 의한 발의와 본회의의결이 있을 때 실시한다(같은법41①②).

  따라 그 권한에 속하는 사항을 의결한다(지방자치법39①). 그리고 지방자치단체는 제1항의 사
  항 외에 조례로 정하는 바에 따라 지방의회에서 의결되어야 할 사항을 따로 정할 수 있다(같
  은법39②).

　　(나) 대 상　　　행정사무감사는 원칙적으로 지방자치단체의 자치사무에 대해서
할 수 있지만, 우리 지방자치법의 규정(같은법41③)에 의하면 국회 등이 직접 감사하
기로 결정한 사무 이외의 단체위임사무와 기관위임사무에 대해서도 감사할 수 있
다. 이러한 규정은 감사의 중복으로 인한 혼란과 낭비를 방지하기 위하여 입법화
하였는데, 지방의회의 주민대표기관으로서의 지위를 크게 높이고, 지방자치를 강화
시키는 의미가 있다.

　　(다) 실 시　　　행정사무의 감사 또는 조사를 위하여 필요하면 현지확인을 하
거나 서류제출을 요구할 수 있으며, 지방자치단체의 장 또는 관계 공무원이나 그
사무에 관계되는 자를 출석하게 하여 증인으로서 선서한 후 증언하게 하거나 참고
인으로서 의견을 진술하도록 요구할 수 있다(같은법41④). 이러한 증언에서 거짓증언
을 한 자는 고발할 수 있으며, 서류제출을 요구받은 자가 정당한 사유 없이 서류
를 정하여진 기한까지 제출하지 아니한 경우, 출석요구를 받은 증인이 정당한 사
유 없이 출석하지 아니하거나 선서 또는 증언을 거부한 경우에는 500만원 이하의
과태료를 부과할 수 있다(같은법41⑤).

　　(라) 결과처리　　　지방의회는 본회의의 의결로 감사 또는 조사 결과를 처리한
다(같은법41의2①). 지방의회는 감사 또는 조사 결과 해당 지방자치단체나 기관의 시
정을 필요로 하는 사유가 있을 때에는 그 시정을 요구하고, 그 지방자치단체나 기
관에서 처리함이 타당하다고 인정되는 사항은 그 지방자치단체나 기관으로 이송한
다(같은법41의2②). 지방자치단체나 기관은 지방의회로부터 시정 요구를 받거나 이
송받은 사항을 지체 없이 처리하고 그 결과를 지방의회에 보고하여야 한다(같은법41
의2③).

　　(3) 서류제출 및 출석·답변요구권
　　지방의회의 본회의나 위원회는 그 의결로 안건의 심의 또는 행정사무감사나 조
사와 직접 관련된 서류(書類)의 제출을 지방자치단체의 장에게 요구할 수 있다(지방
자치법40). 그리고 지방의회는 지방자치단체의 장 또는 관계공무원에 대하여 지방의
회나 위원회에 출석(出席)을 요구하고 답변(答辯)하게 할 수 있다(같은법42).

　　(4) 의견제출권
　　지방의회는 집행기관의 사무처리와 관련하여 비구속적인 성질의 의견을 제시할
수 있고(지방자치법42①참조), 당해 지방자치단체에 이해관계를 갖는 주요사무와 관련
하여 국가의 행정기관에 대하여 의견을 진술할 수 있다. 예컨대 지방자치단체의
구역변경(같은법4②), 국토교통부장관의 광역도시계획수립([국토계획법]15①) 등을 들 수

있다.

(5) 인사권(선거·선임·추천 등)

지방의회는 의장·부의장·임시의장을 선출(選出)하고, 이들에 대한 불신임(不信任)을 의결할 수 있다. 그리고 지방의회는 소속 의원의 자격을 심사할 수 있고, 이에 따른 의원의 자격상실을 의결할 수 있으며, 의원의 징계(懲戒)를 의결할 수 있고, 의원의 사직을 의결로써 허가할 수 있다. 또한 지방의회는 위원회 위원을 선출하고, 위원회위원과 결산검사위원을 선임한다.

지방의회는 조례가 정하는 바에 의하여 사무기구를 설치할 수 있으며, 소속 사무직원의 임명에 대하여 의장은 추천권을 행사할 수 있다.

지방의회 의장의 선임결의, 불신임결의 그리고 지방의회 의원의 징계의결은 그 법적 성질이 행정처분으로서 행정소송의 대상이 된다(대판 1995.1.12, 94누2602<김제군의회의장선임>; 대판 1994.10.11, 94두23<광주시서구의회의장불신임>; 대판 1993.11.26, 93누7341<대전시대덕구의회의원제명>).

(6) 승인권

지방의회는 결산에 대한 승인권(承認權)과 지방자치단체장의 선결처분에 대한 승인권이 인정된다. 결산에 대한 승인권은 매 회계연도마다 지방의회가 선임한 검사위원이 검사한 결산을 다음 연도 지방의회에 제출하여 행하며, 지방자치단체의 장이 행하는 선결처분은 지체 없이 지방의회에 보고하여 승인을 얻어야 그 효력을 발생한다(지방자치법109).

(7) 내부운영 및 회의운영의 자율권

지방의회는 내부운영에 관하여 이 법에서 정한 것 외에 필요한 사항을 규칙으로 정할 수 있고(지방자치법43), 지방의회의 회의운영은 지방자치법이 정한 사항을 제외하고는 기관내부적인 효력이 있는 회의규칙으로 정할 수 있다(같은법71). 지방자치법이 정하고 있는 지방의회의 운영에 관한 주요사항은 임시회소집권, 개회·휴회·폐회 및 회의일수의 결정, 운영에 관한 회의규칙의 제정 등을 들 수 있다.

그리고 지방의회 의장이나 위원장은 회의장의 내부적 질서를 유지하기 위하여 소속 의원 또는 방청인에 대해서 경고·제지·발언취소·발언금지·퇴장·회의중지·산회선포권(같은법82), 모욕등발언금지권(같은법83), 발언방해등금지권(같은법84) 등 자율적인 통제권(의회경찰권)을 갖는다.

(8) 청원의 수리·처리권

지방의회는 의원의 소개로 수리된 청원을 심사·처리하되, 지방자치단체의 장이 처리함이 타당하다고 인정되는 경우에는 의견서를 첨부하여 장에게 이송 처리하게 한다.

제5. 지방의회 의원

1. 의 의

(1) 의원의 법적 지위

지방의회 의원(議員)은 주민의 대표기관인 지방의회의 구성원이 되며, 자치구역주민의 대표자이다. 여기서 대표의 성질은 법적 대표가 아니라 법령의 범위 안에서 주민전체의 이익을 위하여 활동하고 선거나 여론 등의 방법 그 책임을 물을 수 있는 정치적 대표를 의미한다.

지방의회 의원은 전무직 직업공무원이 아니라 다른 직업을 가지면서 지방자치의 업무수행에 참여하는 것으로 '비전무직(非專務職) 공무원'이라고 할 것이다. 따라서 현행 지방자치법(지방자치법33①i)은 의정자료의 수집·연구와 이를 위한 보조활동을 위해 의정활동비를 매월 지급하고 있다. 그러나 대법원은 지방의회 의원에 대하여 유급보좌관을 두는 것은 지방의회 의원을 명예직으로 한다는 규정에 위반된다고 판시하였는데(대판 1996.12.10, 96추121<서울시의회사무처설치조례>), 이러한 판결은 명예직을 폐기한 현행 지방자치법 아래서는 새로운 해석이 가능하다.

(2) 의원의 선출

(가) 피선거권과 선거권   임기 4년인 지방의회 의원의 피선거권은 선거일 현재 계속하여 60일 이상 당해 지방자치단체의 관할구역 안에 주민등록이 되어 있는 주민으로서 25세 이상의 자에게 인정된다. 선거권연령을 몇 세로 할 것인가는 입법재량의 영역에 속한다(헌재 1997.6.26, 96헌마89)고 할 것이나, 개정(2005.6.30) 공직선거법은 선거권을 19세로 규정하고 있다.

의원선거에 있어서 정당의 참여를 인정할 것인가 말 것인가에 대해서 논란이 있으나, 우리 헌법재판소는 입법재량의 영역에 속한다고 판시하였다(헌재 1999.11.25, 99헌바28). 개정 공직선거법(같은법47①)은 광역지방의회 의원뿐만 아니라 기초지방의회 의원의 선거에 있어서도 정당후보자추천을 허용하고 있다. 그리고 예비후보자의 배우자·직계존비속 그리고 선거사무장 등도 명함교부에 의한 선거운동을 할 수 있도록 한 공직선거법 제60조의3 제2항 제2호는 헌법에 위반되지 않는다(헌재 2012.3.29, 2010헌마673<공직선거법 제57조제1항 등 위헌확인>).

　(나) 비례대표의원　　　　개정 공직선거법(20)에 의하면, 광역의회와 기초의회는 지역구를 단위로 하여 주민에 의해 직선되는 지역구의원과 시·도 또는 시·군·자치구를 단위로 선출되는 비례대표의원으로 구성된다. 비례대표의원의 정수는 지역구 의원정수의 100분의 10으로 한다.

　(다) 선거구와 의원정족수　　　　지방의회 의원의 선거구와 의원정족수도 공직선거법에 규정하고 있다. 시·군·자치구 의원은 당해 선거구를 단위로 2인 이상 4인 이하의 범위 안에서 선출하는 중선거구제도를 개정 공직선거법이 도입하기로 하였다. 시·도별 의원 총 정수는 2,992인으로 인구에 비례하여 공직선거법 별표 3으로 정하도록 하며, 시·군·자치구지역구의 명칭·구역 및 의원정수는 인구와 지역 대표성을 고려하여 중앙선거관리위원회규칙이 정하는 바에 따라 시·도조례로 정한다(공직선거법23,26). 자치구·시·군의회의 최소정수는 7인으로 한다(같은법23②). 총선거를 실시할 때가 아니면 증감할 수 없지만 지방자치단체의 구역변경이나 폐치·분합의 경우에 한하여 의원정수를 조정할 수 있다(같은법28).

2. 의원의 권리

　의원은 당해 지방자치단체의 의장·부의장 등 기관의 선거권과 피선거권을 가지며, 지방의회의 임시회소집요구권을 가진다. 그리고 당해 의회에 의안을 발의하고[발의권] 질문하거나 발언할 수 있으며[질문·발언권] 표결에 참여할 수 있는 권리[표결권]를 가진다. 또한 지방의회 의원은 지방자치단체장 또는 관계공무원에게 행정사무처리상황을 질문할 수 있다[행정사무처리질문권].

　개정 지방자치법(2005.6.30)은 지방의원이 전문성을 가지고 의정활동에 전념할 수 있도록 회기에 따라 지급되는 회기수당을 직무활동에 대하여 지급하는 월정수당으로 전환하였다.[23] 따라서 지방의회 의원은 의정활동비(보조활동비는 특별시·광역시·도의원에 한하여 지급) 및 공무수행 중의 여비와 월정수당을 지급받는다(지방자치법33①). 그리고 지방의회 의원이 회기 중 직무로 인하여 신체에 상해를 입거나 사망한 때와 그 상해 또는 직무로 인한 질병으로 사망한 때에는 보상금청구권이 인정된다(같은

---

23) 월정수당(제3호)은 지방의회 의원의 직무활동에 대하여 매월 지급되는 것으로서, 지방의회 의원이 전문성을 가지고 의정활동에 전념할 수 있도록 하는 기틀을 마련하고자 하는 데에 그 입법 취지가 있다는 점을 고려해 보면, 지방의회 의원에게 지급되는 비용 중 적어도 월정수당(제3호)은 지방의회 의원의 직무활동에 대한 대가로 지급되는 보수의 일종으로 봄이 상당하다(대판 2009.01.30, 2007두13487<인천시서구의회>).

법34②).

지방의회 의원은 면책특권이나 불체포특권이 인정되지 아니한다. 다만 체포 또는 구금된 지방의회 의원이 있을 때에는 관계수사기관의 장은 지체 없이 의장에게 영장의 사본을 첨부하여 이를 통지하도록 하고 있다(같은법37①).

3. 의원의 의무

의원은 다른 지방의회의 의원, 국회의원, 헌법재판소 재판관, 각급 선거관리위원회 위원, 국가공무원과 지방공무원, 공공기관의 임직원, 지방공사와 지방공단의 임직원 등 일정한 직책을 겸직할 수 없다(지방자치법35①).[24] 의원은 또한 당해 지방자치단체 및 공공단체와 영리를 목적으로 하는 거래를 할 수 없으며, 이와 관련된 시설 또는 재산의 양수인 또는 관리인이 될 수 없다(같은법35②). 그리고 의원은 그 직무수행에 있어 공공이익우선의무와 성실의무(같은법36①), 청렴의무 및 품위유지의무(같은법36②), 지위남용금지의무(같은법36③) 등의 의무를 진다.

지방의회 구성원으로서 지방의회의원은 본회의와 위원회에 출석하여야 하고, 회의의 의사에 관한 법령, 회의규칙을 준수하여 회의장의 질서를 문란케 하여서는 안 된다(같은법82①). 또한 질서의 유지를 위한 의장의 명령에 복종하고(같은법82②), 본회의 또는 위원회에서 타인을 모욕하거나 타인의 사생활에 대한 발언을 하여서는 아니 된다(같은법83①).

이러한 지방의회 의원의 의무를 위반한 경우는 지방의회의 의결로써 징계할 수 있다(같은법86). 징계의 종류는 1) 공개회의에서의 경고, 2) 공계회의에서의 사과, 3) 30일 이내의 출석정지, 4) 제명 등이 있다(같은법88①). 이러한 의원징계는 일종의 행정행위로서 행정소송의 대상이 된다(대판 1993.11.26, 93누7341).

4. 제척제도

지방의회의 의장이나 의원은 본인·배우자·직계존비속 또는 형제자매[25]와 직접 이해관계가 있는 안건에 관하여는 그 의사에 참여할 수 없고, 다만 의회의 동의가 있는 때에는 의회에 출석하여 발언할 수 있다(지방자치법70). 이러한 제척제도를 인정하는 이유는 공정한 의회심의와 그로 인한 주민의 신뢰확보를 위한 것이다.

---

24) 지방의회의원의 지방공사 직원 겸직을 금지하고 있는 지방자치법 제35조 제1항 제5호 중 '지방공사의 직원'에 관한 부분은 청구인의 직업선택의 자유 및 평등권을 침해하지 아니한다(헌재 2012.04.24, 2010헌마605<지방자치법 제35조 제1항 제5호 위헌확인>).

25) 배우자의 직계존속과 배우자의 형제자매와 이들이 중심적인 역할을 하는 법인의 경우도 제척을 인정할 필요가 있다(홍정선).

제척이 인정되는 이해관계는 지방의회 의원의 지위에 관련된 이해관계뿐만 아니라 그 밖에 의원 개인의 재산상의 이해관계도 포함된다. 일정한 직업단체나 주민단체의 공공이익에 관련된 탓으로 지방의회 의원이 관련을 맺는 경우는 제척을 위한 직접적인 이해관계에 해당하지 않는다.

제척의 효과는 의안에 관한 제안·토론·표결 등 일체의 과정에서 참여가 배제되며, 의사가 진행되는 장소에서도 떠나야 한다. 그리고 제척사유가 있는 지방의회 의원이 참여한 의사는 위법한 것이 된다. 무효설과 취소설의 대립이 있는데 사후적으로 불공정한 심의가 실질적으로 이루어졌는지를 검토해서 취소할 수 있는 것으로 해도 무방할 것이다.

대법원은 "교육감선출투표권을 가지고 있는 교육위원이 교육감으로 피선될 자격도 아울러 가지고 있어서 그 자신에 대하여 투표를 하였다고 하더라도 이를 가리켜 교육위원이 그와 직접적인 이해관계에 있는 안건의 의사에 참여한 것으로서 그 교육감선출을 무효라고 할 수 없다"(대판 1997.5.8, 96두47)고 판시하였다.

5. 의원의 사직·퇴직

지방의회의 의결로 소속의원의 사직을 허가할 수 있으며, 폐회 중에는 의장이 이를 허가할 수 있다(지방자치법77). 지방의회 의원은 겸임할 수 없는 직에 취임한 때, 피선거권이 없게 된 때, 징계에 의해 제명된 때에는 의원직을 상실한다(같은법78).

지방자치법시행령은 지방의회 의원이 사직하고자 하는 때에는 본인이 서명·날인한 사직서를 의장에게 제출하여야 한다고 규정하고 있지만, 반드시 본인이 그 사직서에 직접 서명·날인하여야 한다거나 본인이 직접 의장에게 출석하여 그 사직서를 제출하도록 요구하는 것은 아니다(대판 1997.11.14, 97누14705<김해시의회>).[26]

[사 례] 지방의회 의원의 제명의결(대판 1993.11.26, 93누7341[<대전대덕구의회>] ▬▬

1. X광역시 X구의회는 소속 의원인 A를 S아파트 하자보수공사의 분규 및 다른 지역 집단민원의 분규에 개입하였다는 점을 이유로 A를 제명하기로 징계의결하였다. 그런데 이 사건에서 A에 대한 제명의결의 징계사유로 삼은 비위사실이 일부 사실과 다르거나 과장되어 있는데다가 그 주요비위사실이 원내의 행위이거나 의사에 관련

---

26) 비록 시의회의 의원 그 자신이 직접 서명·날인한 사직서를 시의회의 의장에게 제출하지는 아니하였으나 위 의원의 의사에 기하여 위 의원의 명의로 서명·날인된 사직서가 시의회 의장에게 제출되었으므로 그 사직서의 제출은 적법하고 거기에 지방의회 의원의 사직서 제출의 절차·요건에 관한 법리오해 등의 위법이 없다(대판 1997.11.14, 97누14705<김해시의회>).

된 행위도 아닌 개인적 자격에서의 행위에 불과한 점을 들어 지방의회 의원 A는 X
구의회의 제명의결을 다투고자 한다. A의 구제방법을 무엇인가?

[풀이해설] 지방의회의 법적 성질을 바탕으로 제명의결의 법적 성질을 이해하게 되면
일반적인 행정처분에 관한 다툼과 이론구성이 같은 문제이다. 그러나 지방의회의원이
공무원인 점을 고려하면 일반 공무원의 권익구제방법을 적용할 수 있을 것이다.

Ⅰ. 서 론 -문제의 제기-
Ⅱ. 제명의결의 법적 성질
　　1. 지방의회의 법적 지위
　　2. 제명의결의 법적 성질
Ⅲ. X구의회 제명의결의 적법·타당성
　　1. 제명의결의 실체법적 적법·타당성
　　2. 제명의결의 절차법적 적법·타당성
　　3. 소결
Ⅳ. A의 구제방법
　　1. 행정소송
　　　(1) 소송의 종류
　　　(2) 피고적격
　　　(3) 소송의 대상
　　　(4) 관할법원
　　　(5) 가구제
　　2. 행정상 손해전보
　　　(1) 행정상 손해배상
　　　(2) 실질적 권익구제
Ⅴ. 결 론 -문제의 해결-

제6. 지방자치단체의 장 -집행기관-

1. 의 의

(1) 지방자치단체장의 지위

특별시장·광역시장·특별자치시장·도지사·시장·군수·자치구청장은 지방자치단체장
으로서 당해 지방자치단체를 대표(代表)하고 그 사무를 총괄한다(지방자치법93,101). 그리
고 지방자치단체장은 하급행정기관에 대한 감독기관으로서의 지위와 지방의회의 견
제기관으로서의 지위가 인정된다.

지방자치단체장은 지방자치단체기관이지 국가기관이 아니다. 그러나 지방자치단

체에서 시행하는 국가사무는 법령에 다른 규정이 없는 한 자치단체장에게 위임하여 행하게 되어 있으므로(기관위임사무), 그 한도에서 자치단체장은 <u>국가의 행정청으로서의 지위</u>를 아울러 가진다. 따라서 기관위임사무는 국가행정기관으로서의 사무이고 따라서 국가가 손해배상책임을 진다(대판 1982.11.24, 80다2303).

※ **지방자치법102**

시·도지사가 관할구역의 시·군·자치구에 대하여 지방자치법 제9장(국가의 지도·감독)에 따라 감독권을 행사하는 것은 지방자치단체장의 지위에서 나오는 권한으로 이해하는 견해가 있으나, 이는 국가행정기관으로서의 시·도지사의 권한에 속한다(이기우).

(2) 지방자치단체장의 선출

지방자치단체장은 임기 4년으로(지방자치법95전), 선거일 현재 계속하여 60일 이상 그 구역 안에 주소를 가지고 있고, 선거일 현재 25세 이상인 주민 중에서 주민이 직접 선거한다. 헌법재판소의 결정에 의하면, 지방자치단체장 선거에 있어서 기탁금제도는 원칙적으로 합헌이라고 선언하고 있다(헌재 1996.8.29, 95헌마108). 지방자치단체의 장은 3기에 한하여 계속 재임할 수 있는데(같은법95후), 헌법재판소는 3기연임제한의 규정이 지방자치단체 장들의 공무담임권과 평등권을 침해했거나 주민들의 선거권을 침해하는 것도 아니며, 지방자치제도에 있어서 주민자치를 과도하게 제한함으로써 입법형성의 한계를 벗어난 것이 아니라고 판시하였다(헌재 2006.2.23, 2005헌마403<지방자치단체장3기재임제한위헌법률심사>).

2. **지방자치단체장의 권한**

(1) 대표권

지방자치단체장은 당해 지방자치단체를 대표한다(§101전단). 여기서 '대표(代表)한다'는 의미는 공·사법상 법률행위에 있어서 지방자치단체를 위해 외부에 대해서 구속적인 의사표시를 할 수 있는 권능을 가진다는 것을 말한다. 이러한 대표권은 법률에 의하여 직접 주어진 것이기 때문에, 지방의회는 법령의 근거 없이 의결로써 자치단체장의 대표권을 제한할 수 없다.

(2) 업무수행에 관한 권한

(가) 총괄권   지방자치단체장은 지방자치단체의 사무를 총괄(總括)한다(법101후단). 여기서 '총괄'이란 당해 지방자치단체에 귀속된 사무의 기본방향을 정하고 동시에 전체 사무의 일체성을 유지하는 것을 말한다.

(나) 관리·집행권　　　　지방자치단체장은 특별기관의 권한에 속하는 것을 제외한 당해 지방자치단체의 사무와 법령에 의하여 그 지방자치단체의 장에게 위임된 사무를 관리(管理)하고 집행(執行)한다(법103). 여기서 '사무를 관리하고 집행한다'는 의미는 자치단체장이 자치사무를 그의 책임 아래 처리하는 것을 말한다. 자치단체장이 처리하는 주요사무는 ① 지방의회에 대한 의안의 제출, ② 예산의 집행, ③ 지방세의 부과·징수, 사용료·수수료·분담금·과태료 등의 징수, ④ 지방의회에의 결산서의 제출, ⑤ 수입·지출의 명령과 회계의 감독, ⑥ 재산의 취득·관리·처분, ⑦ 공공시설의 설치·관리, ⑧ 증서와 공문서의 보관 등이 있다.

(다) 사무의 위임·위탁권　　　　지방자치단체장은 조례 또는 규칙이 정하는 바에 의하여 그 권한에 속하는 사무의 일부를 보조기관 또는 소속 행정기관 또는 하부행정기관에 위임하거나(법104①), 관할지방자치단체·공공단체 또는 그 기관(사업소·출장소 포함), 법인·단체 또는 그 기관이나 개인에게 위탁할 수 있다(법104②③). 지방자치단체장이 위임받거나 위탁받은 사무의 일부를 다시 위임하거나 위탁하려면 그 사무를 위임하거나 위탁한 기관장의 승인을 받아야 한다(법104④).

이러한 지방자치단체장의 사무위임·위탁은 내부적으로 집행사무만을 위임한 것이라기보다는 외부적 권한위임에 해당한다고 볼 것이다(대판 1977.4.12, 77누4; 대판 1994.5.27, 93누18754; 대판 1997.2.14, 96누15428). 따라서 군수가 군사무위임조례의 규정에 따라 무허가건축물에 대한 철거대집행사무를 하부 행정기관인 읍·면에 위임하였다면, 읍·면장에게는 관할구역 내의 무허가건축물에 대하여 그 철거대집행을 위한 계고처분을 할 권한이 있다(대판 1997.2.14, 96누15428).

(라) 주민투표부의권　　　　지방자치단체의 장은 당해 자치단체의 폐치·분합 또는 주민에게 과도한 부담을 주거나 중대한 영향을 미칠 중요결정사항에 대하여 주민투표(住民投票)에 부칠 수 있다(§14).

(마) 규칙제정권　　　　지방자치단체의 장은 법령 또는 조례가 위임한 범위 안에서 그 권한에 속하는 사무에 관하여 규칙(規則)을 제정할 수 있다.

(바) 예산편성·지방채발행권　　　　지방자치단체장은 예산편성과 지방채발행(地方債發行) 등의 권한을 가진다(법127,124①).

(사) 직원의 임면·지휘·감독권　　　　지방자치단체장은 소속 직원을 지휘·감독하고 법령과 조례·규칙이 정하는 바에 의하여 그 임면·교육훈련·복무·징계 등에 관한 사항을 처리한다(§105). 집행기관의 고유권한에 속하는 인사권의 행사에 있어서 지방의회는 견제의 범위 내에서 소극적·사후적으로 개입할 수 있을 뿐 사전에 적극적으로 개입하는 것은 허용되지 아니한다(대판 2000.11.10, 2000추36). 따라서 지방자치단체장의 소속 지방공무원에 대한 임용권 행사에 대하여 지방의회가 동의절차

를 통하여 단순한 견제의 범위를 넘어 적극적으로 관여하는 것은 법령에 위반된다(대판 1994.4.26, 93추175<전북행정불만처리조례안>; 대판 1997.4.11, 96추138<충북옴부즈만조례>; 대판 2001.2.23, 2000추67). 그런데 지방의회가 옴부즈만의 위촉·해촉시에 지방의회의 동의를 얻도록 한 조례는 집행기관의 인사권에 소극적으로 개입한 것으로서 인사권을 침해한 것이라고 할 수 없다(대판 1997.4.11, 96추138<충북옴부즈만조례>).

(아) 기관 또는 시설 등의 설치권   1) 지방자치단체장은 소방기관·교육훈련기관·보건진료기관·시험연구기관 및 중소기업지도기관 등의 직속기관을 설치할 수 있다(법113). 지방자치단체장은 2) 특정 업무를 효율적으로 수행하기 위한 사업소(법114)와 3) 원격지 주민의 편의와 특정지역의 개발 촉진을 위한 출장소(법115)를 설치할 수 있다. 또한 4) 지방자치단체장은 그 소관 사무의 일부를 독립하여 수행할 필요가 있으면 법령이나 그 지방자치단체의 조례로 정하는 바에 따라 합의제행정기관을 설치할 수 있다(법116). 5) 지방자치단체장은 그 소관 사무의 범위에서 법령이나 그 지방자치단체의 조례로 정하는 바에 따라 심의회·위원회 등의 자문기관을 설치·운영할 수 있다(법116의2).

지방자치단체의 장으로 하여금 지방자치단체의 대표자로서 당해 지방자치단체의 사무와 법령에 의하여 위임된 사무를 관리·집행하는 데 필요한 행정기구를 설치할 고유한 권한과 이를 위한 조례안의 제안권을 가진다. 반면 지방의회로 하여금 지방자치단체의 장의 행정기구의 설치권한을 견제하도록 하기 위하여 지방자치단체의 장이 조례안으로서 제안한 행정기구의 축소, 통폐합의 권한을 가지고 있다(대판 2005.8.19, 2005추48<광주광역시북구>).

(3) 사무의 감독·통제에 관한 권한

(가) 행정지도·지휘·감독권   지방자치단체장은 직속기관, 하급행정기관, 공공단체 등에 대한 지도·지휘·감독권을 가진다(법119 참조). 지방자치단체나 그 장이 위임받아 처리하는 국가사무에 관하여 시·도지사는 국가기관의 지위에서 소속 시·군·자치구 및 그 장에 대한 지도·감독권을 가진다(법167).

(나) 시정명령권과 취소·정지권   시·도지사는 시·군·자치구의 장의 명령이나 처분이 위법하거나 현저히 부당하여 공익을 해치는 경우에 기간을 정하여 서면으로 시정을 명하고, 그 기간 내에 시정되지 않으면 이를 취소하거나 정지할 수 있다(법169①).

(다) 직무이행명령·대집행권   시·군·자치구의 장이 법령의 규정에 의하여 그 의무에 속하는 국가 또는 시·도의 위임사무에 대하여 관리와 집행을 명백히 게을리 하고 있는 경우에 시·도지사는 기간을 정하여 그 이행명령을 할 수 있다. 당

해 시·군·구청장이 소정기간 내에 이를 이행하지 않으면, 당해 시·군·자치구의 비용부담으로 대집행하거나 행정·재정상 필요한 조치를 할 수 있다(법170).

(라) 보고·감사권　　　시·도지사는 시·군·자치구의 자치사무에 관하여 보고(報告)를 받거나 서류·장부 또는 회계를 감사(監査)할 수 있다(법171①). 이러한 감사는 법령위반사항에 대하여만 실시하고, 시·도지사는 감사를 실시하기 전에 해당 사무의 처리가 법령에 위반되는지 여부를 확인하여야 한다(법171②). 그리고 시·도지사는 이미 감사원 감사 등이 실시된 사안에 대하여는 새로운 사실이 발견되거나 중요한 사항이 누락된 경우 등 대통령령으로 정하는 경우를 제외하고는 감사대상에서 제외하고 종전의 감사결과를 활용하여야 한다(법171③).

(4) 지방의회에 대한 권한

(가) 임시회소집 또는 소집요구권　　　지방자치단체장은 지방의회의원선거 후 최초로 모이는 임시회를 소집하며, 그 외의 경우는 지방의회 의장이 소집하게 된다.

(나) 의회출석·진술권　　　지방자치단체장은 지방의회나 위원회에 출석하여 행정사무의 처리상황을 보고하거나 의견을 진술하고 질문에 응답할 수 있다.

(다) 안건부의·공고권과 의안발의권　　　지방자치단체장은 지방의회에 안건을 부의(제출)할 수 있고, 회의 중 제출되는 긴급한 안건의 경우가 아니면 이를 공고하여야 한다. 그리고 지방자치단체장은 지방의회에서 의결할 의안을 발의할 수 있다.

(라) 의견제시권　　　지방의회가 새로운 재정부담을 수반하는 조례나 안건을 의결하고자 할 때에는 미리 지방자치단체장의 의견을 들어야 한다.

(마) 조례안공포권　　　지방의회에서 의결된 조례안이 이송되면 지방자치단체의 장은 20일 이내에 조례를 공포하여야 하고, 조례안에 대하여 이의가 있는 때에는 이송받은 날로부터 20일 이내에 이유를 붙여 지방의회로 환부하여 재의를 요구할 수 있다.

(바) 재의요구권　　　지방자치단체장은 조례안과 일정한 지방의회의 의결에 대해서 이송받은 날로부터 20일 이내에 재의요구(再議要求)를 할 수 있고(법26③1문,107,108), 재의결된 사항에 대해서 지방자치단체장은 제소(提訴)할 수 있다(법107③,172④). 지방자치단체장이 재의를 요구하는 경우에 조례안의 일부에 대하여 또는 조례안을 수정하여 재의를 요구할 수 없다(법26③2문).

조례안 이외의 지방의회의결에 대해서 재의를 요구할 수 있는 경우는 ① 월권 또는 법령에 위반되거나 공익을 현저히 해한다고 인정되는 경우(법107①), ② 예산

상 집행할 수 없는 경비가 포함되어 있다고 인정되는 경우(법108①), 또는 ③ 법령
상의 의무적 경비나 비상재해로 인한 시설의 응급복구를 위하여 필요한 경비를 삭
감하는 내용인 경우(법108②) 등이다.

지방의회의 의결이 법령에 위반되거나 공익을 현저히 해친다고 판단되면, 지방
의회의 의결을 송부받은 날로부터 20일 이내에 이유를 붙여, 시·도에 대하여는 안
전행정부장관이, 시·군 및 자치구에 대하여는 시·도지사가 당해 자치단체장에게
재의할 것을 요구할 수 있다(법172①). 지방자치단체장의 재의요구에 대해서 지방의
회가 재의한 결과 재적의원 과반수의 출석과 출석의원 3 분의 2 이상으로 동일한
의결을 하면 그 의결사항은 확정된다(법172②).

(사) 제소권   지방자치단체장의 제소권(提訴權)은 재의요구에 대하여 지방의
회가 재의결한 경우[지방의회의 재의결에 대한 제소권]와 감독청의 취소·정지권
그리고 직무이행명령에 이의가 있는 경우[감독청의 처분에 대한 제소권]에 인정
된다.

1) 지방의회의 재의결사항이 법령에 위반된다고 인정되는 때에는 자치단체장은
재의결된 날부터 20일 이내에 대법원에 제소할 수 있으며, 필요한 경우에 그 의결
의 집행정지결정을 신청할 수 있다(법172③). 재의결된 사항이 법령에 위반된다고
판단됨에도 당해 지방자치단체장이 소를 제기하지 아니하는 때에 주무부장관 또는
시·도지사는 당해 지방자치단체장에게 제소를 지시하거나 직접 제소 및 집행정지
결정을 신청할 수 있다(법172④).

2) 자치단체장은 주무부장관이나 시·도지사가 한 자치사무에 관한 명령이나 처
분의 취소 또는 정지에 대하여 이의가 있는 경우에는 취소 또는 정지처분을 받은
날로부터 15일 이내에 대법원에 제소할 수 있다. 또한 자치단체장은 주무부장관이
나 시·도지사의 직무이행명령에 이의가 있는 경우에도 그 이행명령서를 접수한 날
로부터 15일 이내에 대법원에 제소할 수 있다. 이러한 소송의 성질에 관하여 항고
소송설과 기관소송설이 있으나, 형식적으로는 기관소송에 해당하지만 그 실질적 성
질은 항고소송에 해당하기 때문에 '항고소송적 성질의 기관소송'이라고 할 것이다.

(아) 선결처분권   지방자치단체장은 지방의회가 성립되지 아니한 때 또는
주민의 생명과 재산보호를 위하여 긴급하게 필요한 의결사항으로서 지방의회를 소
집할 시간적인 여유가 없거나 지방의회에서 의결이 지연되어 의결되지 아니한 때
에는 선결처분(先決處分)을 할 수 있다(법109①). 이러한 선결처분은 국가에 있어서 대
통령의 긴급재정·경제처분권에 상응하는 일종의 긴급권(緊急權)이라고 할 수 있으
며, 지방자치단체장의 고유한 권리가 아니라 지방의회로부터 파생된 조직상 권리
라고 본다.

선결처분의 요건은 1) 의원의 구속 등의 사유로 의결정족수에 미달하여 지방의회가 성립되지 아니한 경우, 2) 주민의 생명과 재산보호를 위하여 긴급하게 필요한 사항을 의결하여야 하는 데 시간적인 여유가 없거나 의결이 지연되어 의결되지 아니한 경우에 해당하여야 한다. 이러한 선결처분권은 긴급상황의 경우에 예외적으로 인정되는 것이기 때문에, 선결처분의 요건을 엄격하게 판단하여야 한다.

지방자치단체장이 선결처분을 한 때에는 지체 없이 지방의회에 보고하여 승인을 얻어야 하며 승인을 얻지 못한 때에는 그때부터 효력을 상실한다(법109②③). 자치단체의 장은 선결처분의 보고와 의회의 승인여부 및 승인거부시 그 효력상실을 공고하여야 한다(법109④).

그런데 이러한 선결처분권은 1) 요건이 불명확하고 광범위하여 남용의 우려가 있으며, 2) 사전·사후적 통제수단이 미흡하다는 문제점이 지적되고 있다(류지태, 김희곤).

(5) 지방자치단체장의 권한대행

첫째, 지방자치단체장이 i) 궐위된 경우, ii) 공소 제기된 후 구금상태에 있는 경우, iii) 의료기관에 60일 이상 계속하여 입원한 경우 등이 되면 부단체장이 단체장의 권한을 대행한다(법111①). 이와 같이 자치단체장인 청구인의 공무담임권을 제한함에 있어 과잉금지원칙와 무죄추정의 원칙에 위반되지 않으며, 국무총리, 행정 각부의 장, 국회의원과는 달리 자치단체장만을 합리적 이유 없이 차별한 것이 아니고, 또한 입원한 경우와는 달리 60일 미만 구금된 경우에도 직무를 정지시키는 것이 합리적 이유 없는 차별이라고 볼 수 없다(헌재 2011.04.28, 2010헌마474<지방자치법 제111조제1항제2호 위헌확인>).

둘째, 지방자치단체장이 그 직을 가지고 그 지방자치단체장의 선거에 입후보하면 예비후보자 또는 후보자로 등록한 날부터 선거일까지 부단체장이 그 지방자치단체의 장의 권한을 대행한다(법111②).

셋째, 지방자치단체장이 출장·휴가 등 일시적 사유로 직무를 수행할 수 없으면 부단체장이 그 직무를 대리한다(법111③).

부단체장이 2명 이상인 시·도에서는 대통령령으로 정하는 순서에 따라 그 권한을 대행하거나 직무를 대리한다(법111④). 그리고 권한을 대행하거나 직무를 대리할 부단체장이 부득이한 사유로 직무를 수행할 수 없으면 그 지방자치단체의 규칙에 정하여진 직제 순서에 따른 공무원이 그 권한을 대행하거나 직무를 대리한다(법109④).

제7. 지방자치단체 상호간의 관계

1. 협력관계

(1) 의 의

지방자치단체의 상호간의 협력관계(協力關係)란 지방자치단체가 다른 지방자치단체로부터 사무의 공동처리에 관한 요청이나 사무처리에 관한 협의·조정·승인 또는 지원의 요청이 있는 때에는 법령의 범위 안에서 이에 협력하는 것을 말한다. 이러한 지방자치단체 상호간의 협력의 방법으로는 사무위탁, 사무의 일부를 공동으로 처리하기 위한 법인격을 갖지 않는 '행정협의회'의 구성과 법인격을 갖는 '지방자치단체조합'의 설립 등이 있다.

지방자치단체 상호간의 협력에 의한 사무의 공동처리는 광역행정의 요청에 응하기 위한 방법 중의 하나이다. 그런데 이러한 자치단체 상호간의 협력은 ① 지방자치법 등 지방자치관계법률에 의하여 이루어지는 자율적 협력과 ② [국토계획법] 등 지방자치관계법 이외의 법률에 근거하여 행하는 타율적 협력이 있다. 그러나 제도 자체의 문제도 있겠지만 근본적으로 우리 지역사회의 폐쇄성(閉鎖性)과 자치단체의 행정운영이 할거주의(割據主義)로 흐르고 있기 때문에, 현실적으로 이러한 협력방식이 제대로 충분히 활용되지 못하고 있다.

(2) 사무위탁

사무위탁(事務委託)이란 지방자치단체 또는 그 장이 소관사무의 일부를 다른 지방자치단체 또는 그 장에게 위탁하여 처리하게 하는 것을 말한다(법151). 지방자치단체가 사무를 위탁받은 경우에는 단체위임사무로서 처리하고, 지방자치단체의 장이 위탁받은 경우에는 기관위임사무로서 그 업무를 수행한다. 이러한 사무위탁은 공법상 계약의 성질을 가진다. 지방자치단체는 위임사무의 위탁이나 법률에 특별한 규정이 있는 경우에는 계약을 체결하여야 할 의무가 있는 경우도 있다.

사무위탁은 관계 지방자치단체의 협의에 따라 규약을 정하여 이를 고시하여야 하며, 그에 관하여 감독청에 보고하여야 한다. 사무위탁에 관한 규약의 내용은 ① 사무를 위탁하는 지방자치단체 및 사무를 위탁받는 지방자치단체, ② 위탁사무의 내용과 범위, ③ 위탁사무의 관리와 처리방법, ④ 위탁사무의 관리 및 처리에 소요되는 경비의 부담 및 지출방법, ⑤ 기타 사무위탁에 관하여 필요한 사항을 포함한다.

사무가 위탁된 경우에 위탁된 사무의 관리 및 처리에 관한 조례 또는 규칙은 규약에 달리 정하여진 경우를 제외하고는 사무를 위탁받은 지방자치단체에 대해서도 적용된다.

(3) 행정협의회를 통한 공동처리

행정협의회(行政協議會)란 둘 이상의 지방자치단체에 관련된 사무의 일부를 공동으로 처리하기 위하여 관계 지방자치단체 간의 협의에 의하여 구성되는 지방자치단체 상호간의 협력기관이다(법152). 행정협의회는 지방자치단체조합과는 달리 그 자체로서는 법인격을 가진 독립된 단체가 아니고, 관계 지방자치단체의 공동기관으로서 행정위원회적 성격을 가진다. 행정협의회는 관계 지방자치단체 간의 협의에 따라 규약을 정하여 관계 지방의회의 의결을 각각 거친 다음, 이를 고시함으로써 구성된다. 여기서 협의는 행정협의회의 구성을 목적으로 하는 합동적인 공법상의 행위이고, 고시는 규약의 효력발생요건이라고 하겠다.

지방자치단체의 감독기관인 행정안전부장관 또는 시·도지사는 공익상 필요할 때에는 관계 지방자치단체에 대하여 행정협의회의 구성을 권고할 수도 있다(법152③).

행정협의회에서 합의되지 아니한 사항에 대하여 관계 지방자치단체의 장으로부터 조정요청이 있는 때에는 감독청이 조정할 수 있다(법156①). 감독관청이 조정을 하고자 하는 경우에는 소속 지방자치단체 분쟁조정위원회의 심의와 관계 중앙행정기관의 장과의 협의를 거쳐야 한다(법156②).

협의회를 구성한 관계 지방자치단체는 협의회에서 결정한 사항이 있는 경우에는 그 사무를 처리하여야 하며, 협의회가 지방자치단체 또는 그 장의 명의로 한 사무처리는 지방자치단체 또는 단체장이 한 것으로 본다(법157).

(4) 지방자치단체장협의체 또는 지방의회의장협의체의 설립

지방자치단체장 또는 지방의회의장은 상호간의 교류와 협력을 증진하고 공동의 문제를 협의하기 위하여 시·도지사, 시·도의회의장, 시장·군수·자치구청장, 시·군·자치구의회 의장으로 구성된 각각의 전국적 협의체를 설립할 수 있다. 이러한 협의체가 설립된 때에는 당해 협의체의 대표자는 지체 없이 안전행정부장관에게 신고하여야 한다(법165).

(5) 지방자치단체조합의 설립

지방자치단체조합(地方自治團體組合)이란 2개 이상의 지방자치단체가 하나 또는 둘 이상의 특정한 사무를 공동으로 처리하기 위하여 설립한 법인으로서 특별지방자치단체에 속한다(법159). 현행법은 자치단체의 사무의 일부를 공동처리하기 위한 일부

사무조합만을 인정하고 있으며, 지방자치단체조합이 조례를 제정할 수 있는지에 대해서 명문의 규정을 두고 있지 않다.

지방자치단체조합은 지방자치단체를 구성원으로 하는 특별지방자치단체성이 인정되며, 자치단체간의 협력기구로서 법인격이 있다. 지방자치단체조합은 그 설치가 원칙적으로 임의적이고, 지방자치단체조합을 설립하기 위해서는 규약을 정하여 당해 지방의회의 의결을 거쳐 안전행정부장관 또는 상급지방자치단체의 승인을 얻어야 한다. 그러나 안전행정부장관은 공익상 필요한 경우에는 지방자치단체조합의 설립을 명할 수 있다(법163②). 이러한 경우 안전행정부장관은 법에 의해 지방자치단체의 수행의무가 주어진 사무에 대해서만 설립명령을 할 수 있으며, 임의적인 자치사무에 대해서는 그 수행을 위한 조합설립명령을 할 수가 없다고 보아야 한다.

지방자치단체조합은 조합회의와 조합장 그리고 사무직원을 둔다(법160①). 조합회의의 위원은 조합규약이 정하는 바에 따라 선임하는데, 관계 지방자치단체의 지방의회의원이나 단체장도 조합회의의 위원이 될 수 있다(법160②).

시·도가 구성원인 지방자치단체조합은 안전행정부장관의, 시·군 및 자치구가 구성원인 지방자치단체조합은 1차로 시·도지사, 2차로 안전행정부장관의 지도·감독을 받는다(법163①). 그리고 안전행정부장관은 공익상 필요한 경우에는 지방자치단체조합의 해산 또는 규약의 변경을 명할 수 있다(법163②).

(6) 지방공사·지방공단의 공동설립

지방공기업법(50,76)에 의하여 자치단체가 상호규약을 통하여 지방공사·지방공단을 공동으로 설립하는 경우가 있다.

2. 조정관계

(1) 분쟁조정

지방자치법에 의한 분쟁조정(紛爭調整)이란 지방자치단체 상호간 또는 지방자치단체장 상호간에 분쟁이 있는 경우에 안전행정부장관(특별시·광역시·도 또는 그 장이 당사자인 경우) 또는 특별시장·광역시장·도지사(시·군·자치구 또는 그 장이 당사자인 경우)가 당사자의 신청 또는 직권에 의하여 이를 조정하는 제도를 말한다(§148). 국무총리는 수도권지역에서 서울특별시와 관계 중앙행정기관의 장 사이를 조정하게 된다. 이러한 지방자치법상 분쟁조정제도는 지방자치단체 상호간의 자율적인 협조가 이루어지지 않는 경우에 대비하여 마련된 제도이다.

분쟁의 조정과 협의사항의 조정에 필요한 사항을 심의하기 위하여 감독관청인 행정안전부장관 또는 시·도지사의 소속하에 [중앙분쟁조정위원회](지방자치단체중앙분쟁조정위원회) 또는 [지방분쟁조정위원회](지방자치단체지방분쟁조정위원회)(지방자치법149)와 국무총리 소속하에 [행정협의조정위원회](중앙행정기관과 지방자치단체간의 행정협의조정위원회)(지방자치법시행령104)가 있다.

안전행정부장관 또는 시·도지사가 분쟁을 조정하고자 할 때에는 지방자치단체 분쟁조정위원회의 심의와 관계중앙행정기관의 장과의 협의를 거쳐야 한다. 안전행정부장관 또는 시·도지사는 분쟁조정의 결정을 서면으로 지체 없이 관계지방자치단체의 장에게 통보하여야 한다. 분쟁조정결정을 통보받은 지방자치단체의 장은 그 조정결정사항을 이행하여야 한다.

분쟁조정결정사항 중 예산이 수반되는 사항이 있는 경우는 이에 필요한 예산을 관계지방자치단체가 우선적으로 편성하여야 하며, 이러한 경우에 연차적으로 추진하여야 할 사항은 연도별 추진계획을 안전행정부장관 또는 시·도지사에게 보고하여야 한다.

안전행정부장관 또는 시·도지사는 분쟁조정결정사항이 성실히 이행되지 아니한 때에는 당해 지방자치단체에 대하여 기간을 정하여 이행을 명할 수 있다. 이 기간 내에 이행하지 않는 경우는 당해 지방자치단체의 비용으로 대집행을 하거나 행정·재정상 필요한 조치를 취할 수 있다.

(2) 권한쟁의

지방자치단체 상호간 또는 지방자치단체의 장 상호간에 분쟁에 대해서 조정이 이루어지지 않으면, 정치적·행정적 해결방법 또는 사법적 해결방법을 강구하게 된다. 정치적·행정적 해결방법은 결국 국무회의의 심의(헌법89vi)를 거쳐 정부수반인 대통령이 해결하여야 할 것이다. 사법적 해결방법은 당사자의 제소에 의하여 헌법재판소에 권한쟁의(權限爭議)심판을 제기하거나, 행정소송법에 의한 기관소송을 제기하여 해결하는 방법이 있을 수 있다.

제 3 절 자치입법작용

제1. 조 례

1. 의 의

(1) 개 념

조례(條例)는 지방자치단체가 법령의 범위 안에서 그 권한에 속하는 사무에 관하여 지방의회의 의결로써 제정하는 법규범이다. 이러한 조례는 보통 법규의 성질을 가지지만, 법규 아닌 행정규칙적 성질을 가지는 것도 있다. 그리고 지방자치단체의 사무에 관한 조례와 규칙 중 조례는 규칙보다 상위규범이다(대판 1995.7.11, 94누4615).

조례는 모두 그 지방자치단체 주민 전체에 효력이 미치는 일반적이고 추상적인 법규범으로서(대판 1962.9.7, 62추1) 일정구역에서만 효력을 갖는 지역법이고, 지방자치단체 스스로의 의사에 기한 자주법(自主法)으로서의 성질을 가진다. 또한 대법원은 "특정 국민학교의 분교를 조례에 의해 폐교하기로 한 의결은 처분성을 갖는다"(대판 1996.9.20, 95누8003)고 판시함으로써 처분적 조례도 인정되고 있다.

(2) 종 류

(가) 자치조례   헌법 제117조 제1항에 의하면, "지방자치단체는 법령의 범위 안에서 자치에 관한 규정을 제정할 수 있다"고 규정하고, 지방자치법 제22조 제1항에 의하면, "지방자치단체는 법령의 범위 안에서 그 사무에 관하여 조례를 제정할 수 있다"고 규정하고 있다. 이러한 조례제정권의 법적 근거인 헌법 제117조 제1항에 기초를 둔 지방자치법 제22조 제1항의 일반적 수권에 의하여 자치사무에 관하여 정하는 조례를 자치조례(自治條例)라고 한다.

(나) 위임조례   국가의 지방행정에 관하여 정한 법률(예, 건축법57①, 도로법24 (도지사의 국도유지·수선사무)) 등과 같이 법률의 개별조항에서 국가의 지방행정에 관한 일정한 사항의 규율을 조례에 위임하고 있는 경우에 그러한 위임에 따라 제정하는 조례를 위임조례(委任條例)라고 한다. 이러한 위임조례는 국가의 지방사무에 관하여 정하는 국가의 법체계에 속한다. 그리고 이러한 위임조례의 내용은 개별법령이 위임하고 있는 사항에 관한 것으로서 개별법령의 취지에 부합하여야 하고, 그 위임의 범위를 벗어난 위임조례는 효력이 없다(대판 1999.9.17, 99추30<울진군발전소주변지역지원산업시행에관한조례>).

2. 조례의 규정사항

(1) 지방자치단체의 권한에 관한 사항

(가) 자치사무·단체위임사무에 관한 사항   조례로써 규정할 수 있는 사항의 범위는 법령의 범위 안에서 지방자치단체의 권한에 속하는 사무이다. 따라서 조례의 규정사항은 자치사무·단체위임사무의 전반에 걸치지만, 자치단체의 장에 대한 기관위임사무는 조례로 규정할 사항이 아니다(대판 1992.6.23, 92추17<행정정보공개조례안>; 대판 1992.7.28, 92추31 <광주시서구동정자문위원회조례안>; 대판 1992.9.17, 99추30<울진군발전소조례안>; 대판 1994.5.10, 93추144; 대판 1995.12.22, 95추32; 대판 1997.6.19, 95누8669; 대판 2001.11.27, 2001추57<인천시도시가스조례>). 또한 기관위임사무의 집행에 관한 세부적 사항 또는 부수적 사항에 대해서도 조례제정을 할 수 없다(대판 1999.4.13, 98추40). 따라서 기관위임사무에 관한 조례는 무효이다(대판 1995.5.12, 94추28).

그런데 예외적으로 개별법률에서 기관위임사무를 조례로 규율하도록 규정한 경우는 위임조례를 만들 수 있다(대판 1999.9.17, 99추30<울주군발전소주변지원산업조례>; 대판 2004.06.11, 2004추34<창녕군골재채취직영사업조례>; 대판 2007.12.13, 2006추52<제주도여객자동차운수사업조례>; 대판 2009.12.24, 2007추141<인천시민간투자심의위원회조례>), 따라서 조례가 국가사무에 관한 사항을 전혀 규율할 수 없는 것은 아닌 셈이다.

(나) 지방자치단체장의 집행권을 침해하지 않는 사항   지방자치단체장을 통제할 목적으로 지방의회가 조례를 제정하는 경우가 있다. 지방의회와 지방자치단체장의 권한은 분립되어 있으므로, 자치사무에 관한 것이라고 할지라도 법령으로 정해진 단체장의 집행권을 침해하는 조례는 제정할 수 없다. 따라서 조례들이 지방의회가 법령에 의하여 주어진 권한의 범위를 넘어 1) 지방자치단체장의 사무집행권을 본질적으로 침해하는 경우,27) 2) 인사문제 등 지방자치단체장의 고유권한에 사전적·적극적으로 개입하는 경우,28) 3) 집행기관에 대하여 법령에 없는 새

---

27) 대판 2001.11.27, 2001추57<인천시도시가스조례안>; 대판 2011.02.10, 2010추11<서울 중구사무민간위탁조례(지방자치단체 사무의 민간위탁에 관하여 지방의회의 사전 동의요건)> 등.
"수업료, 입학금의 지원에 관한 사무는 지방자치단체 고유의 자치사무인 지방자치법 제9조 제2항 제2호에서 정한 주민의 복지증진에 관한 사무에 속하고, '화천군 관내 고등학교 학생 교육비 지원 조례안' 제6조 제3항에서 화천군의회가 교육비 지원대상에 해당하는 경우에는 군수로 하여금 교육비를 지급하도록 규정하였다는 이유만으로 집행기관인 지방자치단체장 고유의 재량권을 침해하였다거나 예산배분의 우선순위 결정에 관한 지방자치단체장의 권한을 본질적으로 침해하여 위법하다고 볼 수 없다"(대판 2013.4.11, 2012추22<화천군고등학생교육비지원조례>).

28) 대판 1992.7.28, 92추31<동정자문위원회>(위원위촉과 해촉에 구의원과 협의하도록 하는 내용); 대판 1994.4.26, 94추175<전북행정불만처리조례안>; 대판 1996.5.14, 96추15<공유재산심의회위원추천>; 대판 1997.4.11, 96추138<지방의회옴부즈맨위촉·해촉동의>; 대판 2001.11.10, 2000

로운 견제장치를 만드는 것과 같은 경우[29] 등은 상위법령에 위반된다고 할 것이다. 그리고 지방의회의 통제권을 박탈하는 조례도 허용되지 않는다(대판 1997.4.11, 96추138<충북옴부즈만조례안>).

(2) 법령에 위반되지 않는 사항

(가) 필요적·임의적 조례규정사항과 명시적·묵시적 조례규정사항   조례는 법령이 특히 조례로써 정할 것을 규정하고 있는 경우[필요적 조례규정사항]와 법령에 규정이 없더라도 국가의 전권에 속하지 아니하는 사무에 관하여 일방적으로 재량에 의하여 조례로써 정할 수 있는 경우[임의적 조례규정사항]로 구별된다. 따라서 임의적 조례는 반드시 법률의 명시적 위임이 있는 사항만을 정할 수 있는 것이 아니라, 법률의 개별적 위임이 없는 사항에 관하여도 법령에 저촉되지 않는 한도에서 규율할 수 있다(대판 1992.6.23, 92추17 〈청주시행정정보공개조례(안)〉; 대판 2006.10.12, 2006추38<정선군3자녀양육비지원조례안>). 또한 이미 존재하는 국가 법령의 취지가 반드시 전국에 걸쳐 일률적인 규율을 하려는 것이 아니라 각 지방자치단체가 그 지방의 실정에 맞게 별도로 규율하는 것을 용인하고 있다고 해석될 경우에는 조례가 국가 법령에서 정하지 아니하는 사항을 규정하고 있다(대판 2000.5.30, 99추85<서울시도시공원조례>; 대판 2000.11.24, 2000추29<단양군공유재산관리조례>; 대판 2007.12.13, 2006추52<제주도여객자동차운수사업조례>).

(나) 자주법적 성질   조례의 규율범위가 법규명령의 경우보다 넓은 이유는 조례가 지방주민의 대표기관인 지방의회의 의결을 거친다는 자주법의 성질을 갖기 때문이다. 따라서 1) 지방자치법 제22조 본문의 '법령의 범위 안에서'라는 의미는 "법령에 위반되지 아니하는 범위 안에서"라고 이해하게 되고(대판 2000.11.24, 2000추29; 대판 2003.5.27, 2002두7135; 대판 2004.7.22, 2003추51; 대판 2006.3.10, 2004추119), 2) 지방자치단체의

추36<인천시동구주민자치센터조례안>; 대판 2001.2.23, 2000추67<광주비엔날레지원조례안>; 대판 2002.3.15, 2001추95, 대판 2004.7.22., 2003추44<전북공기업사장인사청문회조례안(임명·해촉권의 행사에 대한 지방의회의 동의와 지방공기업대표임명전 지방의회 인사청문회)>; 대판 2005.8.19, 2005추48<광주북구행정기구설치조례안(지방의회의원이 지방자치단체의 장이 조례안으로서 제안한 행정기구를 종류 및 업무가 다른 행정기구로 전환하는 수정안을 발의하여 지방의회가 의결 및 재의결하는 것)>; 대판 2009.04.09, 2007추103<결산검사위원조례(결산검사의견서에 추징·환수·변상 및 책임공무원징계 등의 시정조치에 관한 의견 기록)>; 대판 2009.8.20, 2009추77; 대판 2013.4.11, 2012추22<화천군 관내고등학생교육비지원조례안> 등.

29) 대판 1994.5.10, 93추144<경기도도시계획위원회개정조례안>; 대판 1997.3.28, 96추60<하남시행정심판청구지원조례안(집행기관의 행정작용에 대하여 시정요구 외에 관계자의 문책 등까지 요구할 수 있도록 규정한 경우); 대판 2003.9.23, 2003추13; 대판 2011.4.28, 2011추18<서울서초구행정사무감사·조사조례>; 대판 2013.9.27, 2012추169<광주시조례안(지방공사·공단의 사장 또는 이사장 후보자에 대한 인사청문위원회 및 공청절차)> 등.

자주법인 만큼 지방자치단체가 법령에 위반되지 않는 범위 내에서 주민의 권리의무에 관한 사항을 조례로 제정할 수 있으며(대판 1991.8.27, 90누6613; 대판 2006.9.8, 2004두947<하천무단점용부당이득금부과처분무효확인>), 3) 조례의 제정이 법률의 위임에 의하여 행해지는 경우는 일정한 한도의 포괄적(包括的) 위임도 허용된다(대판 1991.8.27, 90누6613; 대판 1995.6.30, 93추83; 대판 2006.9.8, 2004두947). 헌법재판소도 [부천시담배자동판매기설치금지조례]에 대한 헌법소원사건에서 포괄적 위임이 가능하다고 결정하였다(헌재 1995.4.20, 93헌마264·279).

(3) 구체적 사례

대법원은 [서울시립체육시설사용료징수조례]사건(대판 1997.7.9, 97마1110<마이클잭슨내한공연>)에서 "공공시설사용료의 요율을 법률로 정하지 아니하고 조례로 정하도록 위임하였다고 하여 그 위임에 관한 지방자치법 제130조 제1항의 규정을 무효라고 볼 수도 없다"고 판시하였다.[단양군공유재산조례안]사건(대판 2000.11.24, 2000추29)에서 "법령에서 중요재산의 취득·처분에 관하여 지방의회의 의결을 하도록 규정한 반면, 공유재산의 관리행위에 관하여는 별도로 규정하지 않은 것은 일률적으로 지방의회의 의결을 배제하고자 하는 취지는 아니고 조례로써 별도로 정할 것을 용인하고 있는 것이라고 보아야 한다"고 판시하였다. 또한 [정선군3자녀양육비지원조례안]사건(대판 2006.10.12, 2006추38)에서 "지방자치단체의 세 자녀 이상 세대양육비 등 지원에 관한 조례안은 지방자치법 제9조 제2항 제3호 (라)목에서 예시하고 있는 아동·청소년 및 부녀의 보호와 복지증진에 해당되는 사무이고 또한 주민의 편의 및 복리증진에 관한 내용을 담고 있기 때문에 반드시 법률의 개별적 위임이 따로 필요한 것이 아니다"라고 판시하였다.

3. 조례규정의 한계(조례제정권의 범위)

(1) 법령우위의 원칙

(가) 의 의   조례는 자주법이기는 하지만, 넓은 의미에서 국법질서체계에 속하는 국가법령의 하나이다. 따라서 조례도 통일적인 국법질서를 유지하기 위해서는 상위법령에 위반되어서는 안 된다는 법률우위의 원칙이 적용된다.

헌법(117)과 지방자치법(22)에 의하면 지방자치단체는 '법령의 범위 안에서' 조례를 제정할 수 있다고 규정하고 있다. 여기서 '법령의 범위'는 헌법 및 평등원칙(대결 1997.7.9, 97마1110)·비례원칙 등 일반법원칙도 포함되며, '법령의 범위 안'이라는 의미는 '법령에 위반되지 아니하는 범위 안'으로 풀이된다(대판 2000.11.24, 2000추29; 대판 2003.5.27, 2002두7135; 대판 2004.7.22, 2003추51; 대판 2006.3.10, 2004추119).

조례에 정하고자 하는 특정사항에 관하여 이미 법령이 존재하는 경우에도 조례가 당해 법령의 목적과 효과를 전혀 저해하지 않거나, 또는 법령이 전국에 걸쳐 일률적으로 동일한 내용을 규율하려는 취지가 아니고 지방의 실정에 맞게 별도로 규율하는 것을 용인하는 취지라고 해석되는 경우에 그 조례는 법령에 위반된 것이 아니다(대판 2006.10.12, 2006추38<정선군3자녀양육비지원조례안>).

[판 례] 대판 2006.10.12, 2006추38〈정선군3자녀양육비지원조례안〉 : 지방자치단체는 법령에 위반되지 아니하는 범위 내에서 그 사무에 관하여 조례를 제정할 수 있는 것이고, 조례가 규율하는 특정사항에 관하여 그것을 규율하는 국가의 법령이 이미 존재하는 경우에도 조례가 법령과 별도의 목적에 기하여 규율함을 의도하는 것으로서 그 적용에 의하여 법령의 규정이 의도하는 목적과 효과를 전혀 저해하는 바가 없는 때, 또는 양자가 동일한 목적에서 출발한 것이라고 할지라도 국가의 법령이 반드시 그 규정에 의하여 전국에 걸쳐 일률적으로 동일한 내용을 규율하려는 취지가 아니고 각 지방자치단체가 그 지방의 실정에 맞게 별도로 규율하는 것을 용인하는 취지라고 해석되는 때에는 그 조례가 국가의 법령에 위반되는 것은 아니다.

(나) 판단기준　　　법령에 의하여 위임된 조례가 위임의 한계를 준수하고 있는지 여부를 판단할 때는 당해 법령 규정의 입법목적·내용·체계 그리고 다른 규정과의 관계 등을 종합적으로 살펴야 한다. 그리고 위임규정이 그 의미 내용을 정확하게 알 수 있는 용어를 사용하여 위임의 한계를 분명히 하고 있는데도 그 문언적 의미의 한계를 벗어났는지 여부나 수권규정에서 사용하고 있는 용어의 의미를 넘어 그 범위를 확장하거나 축소하여서 위임 내용을 구체화하는 단계를 벗어나 새로운 입법을 하였는지 여부 등도 아울러 고려되어야 한다(대판 2010.4.29, 2009두17797; 대판 2012.10.25, 2011두10355<주택재개발정비구역지정취소(경기도도시및주거환경정비조례)>).

(다) 구체적 사례　　　대법원 판례에 의하면, 1) 지방의회에서의 사무감사·조사를 위하여 법관이 아닌 지방의회 의장이 발부하는 증인의 동행명령장제도는 헌법(12③)의 영장주의를 위반한 조례이다(대판 1995.6.30, 93추83). 2) 지방자치단체가 소속 공무원의 대학생 자녀에게 학비를 지원하도록 하는 조례안은 법령에 규정하지 아니한 명목의 금전을 소속 공무원에게 변형된 보수로서 지급하는 것으로 관계 법령에 위반된다(대판 1996.10.25, 96추107<인천시공무원장학금조례>). 3) 지방의회의원에 대하여 유급보좌관을 두는 조례는 지방자치법이 예정하고 있지 않는 전혀 새로운 항목의 비용을 변칙적으로 지출하는 것으로서 지방자치법 제15조의 규정에 위반된다(대판 1996.12.10, 96추121<서울시의회사무처설치조례>). 4) 지방자치법령상의 지방공무원의 총 정

원을 늘리는 것을 내용으로 하는 조례는 내무부장관의 사전승인이 없이 제정된 경우는 법령에 위반되어 무효이다(대판 1997.4.11, 96추138<충북옴부즈만조례안>). 5) 지방의회 의원에 대한 회기수당을 비회기 중에 회의 등 활동할 경우 참석일수에 따라 수당을 지급할 수 있도록 한 조례안은 헌법(117)과 지방자치법(§15, §32①iii)의 규정에 위반되어 위법하다(대판 2004.7.22, 2003추51<전북의회의원의정활동비등지급조례>). 6) 영유아보육법이 보육시설 종사자의 정년에 관한 규정을 두거나 이를 지방자치단체의 조례에 위임한다는 규정을 두고 있지 않음에도 보육시설 종사자의 정년을 규정한 '서울특별시 중구 영유아 보육조례 일부개정조례안' 제17조 제3항은, 법률의 위임 없이 헌법이 보장하는 직업을 선택하여 수행할 권리의 제한에 관한 사항을 정한 것이어서 그 효력을 인정할 수 없다(대판 2009.05.28, 2007추134<조례안재의결무효확인청구>).

(2) 법률선점이론과 수정법률선점이론

(가) 의 의   조례로서 법률상의 환경규제를 완화하거나 지방세에 대하여 법률로 정한 사유 이외의 것을 공제하는 조례를 제정하는 경우 등은 법률에 정면으로 저촉되는 것으로서 허용될 수 없다. 그런데 법률이 어떤 사항에 대하여 어느 정도까지 규제조치를 하고 있는 경우에 조례로서 동일한 사항에 대하여 동일한 목적으로 당해 법률 이상으로 엄격한 규제조치를 할 수 있는가가 문제된다.

이 점에 관해서 조례가 법률의 선점영역을 침해하는 것은 허용될 수 없다는 법률선점이론(法律先占理論)이 있다. 즉 조례가 법률과 동일한 목적을 당해 법률의 규제범위 이외의 사항을 규제하거나, 법률의 규제기준 이상의 엄격한 기준을 두어 규제하는 것은 법률에 이를 허용한다는 특별한 규정이 없는 이상 허용될 수 없다는 것이다.

이러한 법률선점이론에 의하면 공해 등 환경행정영역에 있어서 국가의 규제수준 여하에 따라 지역주민의 생명과 건강 및 지역의 환경을 보전할 수 없게 되는 결과를 초래하게 된다. 따라서 우리나라의 다수설은 법률선점이론을 완화하여 다음과 같이 수정(修正)법률선점이론이 주장되고 있고 판례도 이를 인정하고 있다.

(나) 최대한의 규제입법   법률이 전국적으로 일률적인 기준을 두어 동등한 규제를 실시하고자 하는 취지라고 해석되는 최대한(最大限)규제입법의 경우에는 조례로써 당해 법률의 규제범위 이외의 사항에 대한 규제나 법률의 규제기준 이상의 엄격한 기준으로 규제할 수 없다. 이와 같이 조례의 내용이 상위법령보다 더 높은 기준을 정하여 개인의 권익을 제한하는 '침익초과조례'는 법률우위의 원칙에 위반되어 위법하다.

대법원은 자동차관리법령보다 높은 수준의 기준인 차고지 확보입증을 자동차등록요건으로 한 시의회조례는 비록 법률적 위임근거는 있지만 그 내용이 상위법령의 제한범위를 초과하여 위법(무효)하다(대판 1997.4.25, 96추251〈차고지확보조례안〉)고 보았다. 또한 과거의 대법원 판례에서도 관계인의 책임을 법률이 정한 것 이상으로 불리하게 조례로 정하거나 또는 법률이 정한 쟁송기간을 조례로써 단축하는 것 등은 위법·무효가 된다(대판 1962.3.22, 62누348)고 판시하였다.

[판 례] 대판 1997.4.25, 96추251〈차고지확보조례안〉 : 차고지확보 대상을 자가용자동차 중 승차정원 16인 미만의 승합자동차와 적재정량 2.5t 미만의 화물자동차까지로 정하여 자동차운수사업법령이 정한 기준보다 확대하고, 차고지확보 입증서류의 미제출을 자동차등록 거부사유로 정하여 자동차관리법령이 정한 자동차 등록기준보다 더 높은 수준의 기준을 부과하고 있는 차고지확보제도에 관한 조례안은 비록 그 법률적 위임근거는 있지만 그 내용이 차고지 확보기준 및 자동차등록기준에 관한 상위법령의 제한범위를 초과하여 무효이다.

[판 례] 대판 2013.9.27, 2012두15234〈도로점용료산정기준〉 : 국도가 아닌 도로의 점용료 산정기준에 관하여 대통령령이 정하는 범위에서 지방자치단체의 조례로 정하도록 규정한 구 도로법 제41조 제2항 및 구 도로법시행령 제42조 제2항의 위임에 따라 국도 이외 도로의 점용료 산정기준을 정한 구 '서울특별시 양천구 도로점용허가 및 점용료 징수 조례' 규정이 구 도로법 시행령이 개정되었음에도 그에 맞추어 개정되지 않은 채 유지되어 구 도로법시행령과 불일치하게 된 사안에서, 구 도로법 제41조 제2항의 '대통령령으로 정하는 범위에서'라는 문언상 대통령령에서 정한 '점용료 산정기준'은 각 지방자치단체 조례가 규정할 수 있는 점용료의 상한을 뜻하는 것이므로, 구 양천구 조례 규정은 구 도로법시행령이 정한 산정기준에 따른 점용료 상한의 범위 내에서 유효하고, 이를 벗어날 경우 그 상한이 적용된다는 취지에서 유효하다.

(다) 최소한의 규제입법   법률이 최소한의 규제조치를 정하고 있는 데 불과한 최소한(最小限)규제입법의 경우에는 지방자치단체의 특수한 사정을 고려하여 조례로써 당해 법률의 규제범위 이외의 사항에 대한 규제나 법률의 규제기준 이상의 엄격한 기준으로 규제할 수 있다고 본다. 이와 같이 조례의 내용이 상위법령보다 더 낮은 기준을 정하여 개인의 권익에 이익이 되는 '수익초과조례'는 상위법령에 위반된 것이 아니고 적법하다.

대법원 판례에 의하면 수정법률선점이론을 적용할 수 있는 경우들이 나타나고 있다. 생활보호법과 달리 자활보호대상자에 대해 생계비를 지원하도록 한 조례는 국가의 법령에 반하지 않는다(대판 1997.4.25, 96추244)고 판시하였다. 그리고 지방자치법 및 지방재정법 등의 국가법령에서 중요재산의 취득과 처분에 관하여 지방의회의 의결을 받도록 규정하면서 공유재산의 관리행위에 관해서 별도의 규정을 두지 않은 것은 조례로써 별도로 규정할 것을 용인한 것이기 때문에 국가의 법령에 반하는 것이 아니다(대판 2000.11.24, 2000추29)고 판시하였다.

(3) 상위조례우위의 원칙

지방자치법(지방자치법24)에 의하면, "시·군 및 자치구의 조례는 시(특별시·광역시)·도의 조례에 위반하여서는 안 된다"라고 규정하고 있다. 이러한 규정에 대해서 ① 상하간의 관계에 있는 것이 아니기 때문에 준칙적(準則的) 효력만을 규정한 것이라고 보는 견해와 ② 행정상 통일성(統一性)을 확보하기 위하여 규정한 효력규정으로 보아야 한다는 견해(김동희, 장태주, 한견우)가 있다.

(4) 법률유보의 원칙

(가) 지방자치법 제22조 단서   법률유보원칙과의 관계에서 특히 문제되는 것은 지방자치법 제22조 단서의 규정이다. 지방자치법(22)에 의하면 "지방자치단체는 법령의 범위 안에서 그 사무에 관하여 조례를 제정할 수 있다. 다만, 주민의 권리제한 또는 의무부과에 관한 사항이나 벌칙을 정할 때에는 법률의 위임이 있어야 한다"고 규정하고 있다. 여기서 지방자치법 제22조 본문은 자치사무에 관한 자치단체의 일반적 조례제정권을 규정하고 있으며, 지방자치법 제22조 단서는 일정한 조례제정에 있어서의 법률유보원칙을 규정하고 있다고 해석한다. 즉 '주민의 권리제한 또는 의무부과에 관한 사항'에 관한 조례의 경우는 기존의 법령에 위반되어서는 안 될 뿐만 아니라, 법률의 개별적 위임이 있는 경우에만 제정할 수 있다는 것이다. 따라서 법률의 위임 없이 주민의 권리제한 또는 의무부과에 관한 사항을 정한 조례는 효력이 없다(대판 2012.11.22, 2010두19270 전원합의체<건축허가신청불허가처분취소>).[30]

---

30) 구 주차장법 제19조의4 제1항 단서 및 구 주차장법 시행령 제12조 제1항 제3호가 일정한 경우 건축물·골프연습장 기타 주차수요를 유발하는 시설 부설주차장의 용도변경을 허용하면서 그에 관하여 조례에 위임하지 않고 있음에도, 순천시 주차장 조례 제13조 제2항(이하 '이 사건 조례 규정'이라 한다)이 당해 시설물이 소멸될 때까지 부설주차장의 용도를 변경할 수 없도록 규정한 사안에서, 이 사건 조례 규정이 부설주차장의 용도변경 제한에 관하여 정한 것은 법 제19조 제4항 및 시행령 제7조 제2항에서 위임한 '시설물의 부지 인근의 범위'와는 무관한 사항이고, 나아가 부설주차장의 용도변경 제한에 관하여는 법 제19조의4 제1항 및 시행령 제12조 제1항에서 지방자치단체의 조례에 위임하지 않고 직접 명확히 규정하고 있으므

(나) 위헌여부   헌법(117)에 의하면, 지방자치단체는 "법령의 범위 안에서 자치에 관한 규정을 제정할 수 있다"고만 규정하고 지방자치법 제22조 단서와 같은 제한규정(制限規定)을 두고 있지 않다. 따라서 지방자치법 제22조의 단서규정이 헌법에서 정하지 않은 제한을 추가한 것이라는 점에서 위헌이라는 위헌설(강구철, 김남진, 박윤흔, 유상현)과 기본권의 제한에 관한 법률유보의 원칙(헌법37②)을 명시한 것이라는 합헌설(김동희, 류지태, 이기우, 장태주, 홍정선, 한견우, 정형근)의 대립이 있다. 그리고 입법론적으로 이와 같은 단서조항을 자치입법권의 실효성확보를 위해 삭제하는 것이 바람직하다는 견해도 있다(신봉기), 대법원(대판 1964.5.5, 63다874; 대판 1995.5.12, 94추28)과 헌법재판소(헌재 1995.4.20, 92헌마264·279)는 법률유보의 헌법적 정신을 논거로 합헌설을 따르고 있다.

(다) 포괄적 위임가부   제22조 단서에 있어서 조례에 대한 법률의 위임은 법규명령에 대한 법률의 위임과 같이 반드시 구체적으로 범위를 정하여 할 필요가 없으며 포괄적 위임도 가능하다(헌재 1995.4.20, 93헌마264·279<부천시담배자판기>; 대판 1997.4.25, 96추251<수원시차고지조례안>; 대판 2000.11.24, 2000추29<단양군공유재산조례안>; 헌재 1995.4.20, 92헌마264; 헌재 2004.9.23, 2002헌바76<하수도법제32조제5항(원인자부담금)>).

■ 지방자치법 제22조 단서의 위헌성 여부 ■

(1) 위헌설

1) 상위법인 헌법(117①)에서 '법령의 범위 안에서'라고 규정하고 있음에도 하위법인 지방자치법에서 '법령의 위임이 있어야'라고 규정한 것은 헌법의 취지를 제약한 것이다.

2) 주민의 권리·의무에 관한 사항을 개별적인 법률의 위임이 있는 경우에 한하여 조례로써 정할 수 있게 함은 헌법이 지방자치단체에 대하여 포괄적인 자치권을 부여한 취지(전권한성의 원칙 및 자기책임의 원칙)에 반한다.

3) 조례가 갖는 민주적 정당성에 비추어 조례의 경우는 법률유보의 원칙이 수정될 수 있음에도 불구하고 엄격한 법률유보를 규정한 것은 위헌적 요소가 있다. 특히 지방자치법 제22조 단서가 자치사무에 관해서 규정했다면 위헌적 요소가 더욱 있다.

(2) 합헌설

1) 헌법에서 국민의 자유와 권리의 제한은 법률에 의하여야만 한다는 자유와 권리 제한의 법률주의, 즉 침해유보설에 충실한 입장으로서 침해적 성질을 가진 조례는 법률유보의 적용이 있다.

2) 헌법에서 규정하는 '법령의 범위내'라는 표현은 명시적인 법령의 근거가 필요하다는 의미와 법령에 반하지 않으면 좋다는 의미가 있는데, 헌법의 규정은 적극적으

로, 이 사건 조례 규정은 법률의 위임 없이 주민의 권리제한에 관한 사항을 정한 것으로서 법률유보의 원칙에 위배되어 효력이 없다(대판 2012.11.22. 2010두19270 전원합의체<건축허가신청 불허가처분취소>).

법령에 근거하여야 한다는 것으로 이해하기 때문에 지방자치법은 헌법의 정신에 충실하게 규율한 것으로 본다.

3) 지방자치법 제22조 단서의 규정을 국가사무에 관해서만 규정한 것으로 이해한다면 합헌이라고 판단한다(한견우).

4) 조례제정권의 한계규정으로 특정영역에 대하여 법령이 직접 규율하고 있는 경우에는 조례가 독자적으로 법령과 충돌되거나 경합되는 내용을 정할 수 없다(이기우). 따라서 법령에 규율이 없는 경우에만 지방자치단체가 법령의 위임 없이도 직접 규율할 수 있다(류지태).

(3) 판례의 입장

기본권의 제한에 대하여 법률유보의 원칙을 선언한 헌법 제37조 제2항[법률유보의 헌법적 정신]을 논거로 합헌설을 따르고 있다. 따라서 [전북공동주택입주자보호조례안](대판 1995.5.12, 94추28; 대판 1997.4.25, 96추251)사건과 [부천시담배자판기설치제한조례](헌재 1995.4.20, 92헌마264·279)사건에서 대법원과 헌법재판소는 지방자치법 제22조는 헌법 제37조 제2항의 취지에 부합한다고 판시하였다.

(5) 조례와 벌칙규정

(가) 지방자치법의 벌칙조례　　　　지방자치법 제22조 단서에 의하면 "벌칙을 정할 때에는 법률의 위임이 있어야 한다"고 규정하고 있으며, 같은법 제27조와 제139조 제2항에서 지방자치단체가 조례로써 벌칙을 정할 수 있는 범위는 다음과 같이 규정하고 있다. 1) 지방자치단체는 조례로써 조례위반행위에 대하여 1천만원 이하의 과태료를 정할 수 있다. 2) 각 지방자치단체는 조례로써 "사기 기타 부정한 수단으로 사용료·수수료·분담금의 징수를 면한 자에 대하여는 그 징수를 면한 금액의 5배 이내의 과태료에, 공공시설을 부정사용한 자에 대하여는 50만원 이하의 과태료에 처하는 규정"을 제정할 수 있다.

(나) 벌칙조례에 관한 지방자치법규정의 위헌성　　　　지방자치법이 조례에 벌칙규정에 관한 일반적·포괄적 수권을 하고 있는 점에 대해서 위헌론(이상규)과 합헌론(김동희, 홍정선, 한견우)의 대립이 있다.

1) 벌칙규정에 관한 지방자치법의 일반적·포괄적 수권은 위헌의 여지가 있다고 보는 위헌론은 죄형법정주의의 원칙(헌법 §12①)이나, 입법권의 위임은 구체적으로 범위를 정하여 하도록 하고 있는 헌법규정(§75·§95)을 위헌의 논거로 든다. 반면에 2) 합헌론에 의하면, 민주적으로 구성된 지방의회에 의하여 제정되는 조례는 법률에 준하는 성질을 가지므로, 법률의 수권이 상당한 정도로 구체적·한정적이라면 위임이 인정된다.

3) 대법원 판례에 의하면, "조례안의 벌칙규정들이 적법한 법률의 위임 없이 제정된 경우는 지방자치법 제22조 단서에 위반되고 나아가 죄형법정주의를 선언한

헌법 제12조 제1항에도 위반한 것이 된다"고 판시하였다(대판 1995.6.30, 93추113<서울시의회의증언·감정조례(안)>). 한편 헌법재판소는 "처벌법규의 위임은 특히 긴급한 필요가 있거나 부득이한 사정이 있는 경우에, 처벌대상행위가 어떠한 것임을 예측할 수 있을 정도로 구체적으로 정하여야 하며, 형벌의 종류 및 그 상한과 폭을 명백히 규정하여야 한다"(헌재 1995.10.26, 93헌바65)고 판시하였다.

생각건대 4) 지방자치법 제27조의 벌칙규정은 조례의 특수성과 지방자치제도의 특수성을 고려한 입법으로서 합헌으로 보는 것이 타당하다. 그리고 지방자치법 제139조의 벌칙규정은 지방자치제도의 특수성을 고려한 것이기도 하지만, 헌법상의 죄형법정주의를 일정한 한도 내에서 벌칙의 개별적 위임이 가능하다는 입장에서 볼 때 합헌으로 보는 것이 타당하다. 요컨대 행정형벌의 경우에 있어서는 형법의 원리인 죄형법정주의를 그대로 적용하는 것이 아니라 행정의 목적을 고려해서 적용하여야 한다.

4. 조례제정절차

(1) 조례안이 제안과 의결

(가) 일반조례안　　　　조례안은 지방자치단체장·지방의회의원(재적의원 1/5 이상 또는 의원 10인 이상)·교육위원회 등의 제안으로, 지방의회의 의결로써 제정된다. 그런데 지방의회의원이 지방자치단체의 장이 조례안으로서 제안한 행정기구를 종류 및 업무가 다른 행정기구로 전환하는 수정안을 발의하여 지방의회가 의결 및 재의결하는 것은 허용되지 않는다(대판 2005.8.19, 2005추48<광주광역시북구>). 조례안이 지방의회에서 의결된 때에는 지방의회의장은 의결된 날로부터 5일 이내에 그 지방자치단체장(교육감)에게 이송하여야 한다(법26①). 지방자치단체장(교육감)은 이송받은 조례안에 대하여 이의가 있는 때에는 20일 이내에 이유를 붙여 지방의회로 환부(還付)하고 그 재의를 요구할 수 있다(법26③). 이러한 경우 지방자치단체장(교육감)은 조례안의 일부에 대하여 또는 조례안을 수정하여 재의를 요구하지 못한다(법26③). 지방의회가 조례안을 재의에 붙여 재적의원 과반수의 출석과 출석의원 3분의 2 이상의 찬성으로 전과 같은 의결을 하면 그 조례안은 확정된다(법26④).

(나) 재정부담을 수반하는 조례안　　　　새로운 재정부담을 수반하는 조례인 경우에는 의결 전에 미리 지방자치단체장의 의견을 들어야 한다(법132). 이와 같이 지방자치단체장의 의견을 듣도록 한 것은 <u>지방재정의 계획적이고 건전한 운영을 확보하기 위한</u> 것이다. 그런데 이러한 규정의 취지가 지방의회가 지방자치단체장의 의견에 반드시 따라야 한다는 것이 아님은 물론이고 지방자치단체장

역시 지방의회가 의결한 조례에 대하여 재의를 요구할 수 있는 점 등에 비추어 보면, 지방의회가 지방자치법 제132조에 위반하여 지방자치단체장의 의견을 듣지 아니하고 새로운 재정부담을 수반하는 조례를 제정하였거나 재의결을 하였다고 하더라도 이를 가지고 곧바로 무효라고 할 수는 없다(대판 2004.4.23, 2002추16).

(2) 사전승인과 보고 및 공포

(가) 사전승인   조례는 자주법이기 때문에 기본적으로 감독청의 승인을 요하지 아니한다. 그러나 일정한 조례의 제정에 있어서 사전에 주무부장관 또는 시·도지사의 승인을 받도록 법률이 규정하고 있는 경우((구)도로법77)가 있었으나 현재는 없다. 과거 있었던 조례의 사전승인에 있어서 그 승인은 조례의 효력요건이다(대판 1969.12.30, 69누20 〈도로수익자부담금〉).

(나) 보 고   조례의 제정 또는 개폐안이 지방의회에서 의결되면 이송된 날로부터 5일 이내에 보고하여야 한다. 이러한 경우 시·도지사는 안전행정부장관에게 보고하고, 시장·군수 및 자치구의 구청장은 시·도지사에게 그 전문을 첨부하여 각각 보고하여야 한다.

(다) 공 포   지방자치단체의 장은 지방의회가 의결한 조례안을 이송받은 때에는 20일 이내에 공포하여야 한다. 지방자치단체의 장이 20일 내에 공포나 재의요구를 하지 아니한 때에는 그 조례안은 조례로서 확정되며, 즉시 공포하여야 한다(법26⑤⑥).

5. 위법한 조례

(1) 위법한 조례의 효력

헌법과 법령 그리고 행정법상 일반법원칙과 조례제정절차에 위반된 조례는 위법한 조례가 된다. 이러한 위법한 조례의 법령에 특별한 규정이 없는 한 무효로 본다. 그러나 절차상의 위법은 외부적으로 입증이 곤란하므로 처음부터 당연무효로 보기 보다는 법적 안정성을 위하여 일정한 시간이 경과하면 다툴 수 없도록 하는 것이 타당하다는 견해(류지태, 이기우, 홍정선)가 있다.

조례가 법령에 위반되는지 여부는 법령과 조례의 각각의 규정취지, 규정의 목적과 내용 및 효과 등을 비교하여 양자 사이에 모순, 저촉이 있는지의 여부에 따라서 개별적·구체적으로 결정하여야 한다(대판 2004.4.23, 2002추16<서울시서초구의정회>). 그리고 지방자치단체가 제정한 조례가 법령에 위반되는 경우에는 효력이 없다(대판 2002.4.26, 2002추23; 대판 2003.9.23, 2003추13; 대판 2004.4.23, 2002추16<서울시서초구의정회>).

(2) 위법한 조례에 근거한 처분의 효력

위법한 조례에 근거한 처분은 원칙적으로 무효라고 할 것이다. 그러나 이러한 하자는 중대하기는 하지만 명백하지 않으므로 단순취소의 사유로 보는 것이 판례의 다수의견(대판 1995.7.11, 94누4615<난지도펜스공사> 전원합의체; 대판 2007.06.14, 2004두619; 대판 2009.10.29, 2007두26285)이고 학설의 다수입장이다.

(3) 조례안의 일부무효

재의결의 내용 전부가 위법이 아니라 그 일부만이 위법한 경우에도 의결 전부에 대하여 효력을 인정하지 않는다. 조례의 일부무효를 인정한다는 것은 무용한 절차의 반복을 피할 수 있는 장점도 있지만, 대법원은 지방의회의 고유한 권한을 침해하는 것이 되기 때문에 이를 부정한다(대판 1992.7.28, 92추31; 대판 1994.5.10, 93추144<경기도도시계획위원회조례안>; 대판 2000.11.10, 2000추36; 대판 2001.11.27, 2001추57; 대판 2006.3.10, 2004추119). 조례안 중 일부 또는 부칙 조항이 상위법령에 위반한 경우에도 조례안 전부의 효력을 부인하게 된다(대판 1994.4.26, 93추175<전북행정불만처리조례>; 대판 2005.9.29, 2005추31<평창군행정기구설치조례>). 그러나 만약 법원에 의한 일부만의 효력배제가 조례의 전체적인 의미를 변질시켰나고 판난되는 경우에는 조례의 개정을 통해 지방의회의 의사를 바로 잡을 수 있다는 점을 들어 일부무효를 긍정하여야 한다는 견해(홍정선)가 있다.

사 례 환경개선부담금권한재위임[제47회(2003년) 행정고시]

도지사(X)는 환경개선비용부담법 제9조 제1항의 규정에 의한 환경개선부담금부과징수권한을 같은법 제22조 및 같은법시행령 제28조 제1항 제1호에 의해 환경부장관(Y)으로부터 위임을 받았다. 그런데 X는 이 권한을 직접 행사하지 않고, 재위임에 관하여 법에 아무런 규정이 없기 때문에 행정권한을 도 조례에 의해 시장(Z)에게 재위임하였는바, 시장(Z)은 이에 의거하여 A에 대하여 환경개선부담금을 부과하였다.
(1) 이에 내하여 A는 무효확인소송을 세기하였나. A의 권리구제의 가능성을 논하시오.
(2) 이 경우 일반적인 재위임의 법적 근거와 문제점을 논하시오.

풀이해설 환경개선부담금부과징수권한은 기관위임사무인데, 이러한 기관위임사무를 조례로써 재위임할 수 있는가가 문제되고, 재위임의 법적 근거에 관한 정부조직법(제6조)과 [행정권한위임규정](제4조)의 일반조항인정여부 그리고 위법한 조례에 근거한 처분의 효력 등이 논점이 된다.

Ⅰ. 서 론 -문제의 제기
Ⅱ. 환경개선부담금부과징수권한의 재위임
  1. 재위임의 법적 근거

　　· 기관위임사무인 환경개선금부과징수권한을 조례로 재위임하는 것은 조례의 제정대상을 벗어난 무효이다(통설·판례).

　　· 위법한 조례에 근거한 처분은 원칙적으로 무효라고 할 것이다. 그러나 대법원 판례 (대판 1995.7.11, 94누4615)의 [다수의견]에 의하면 하자가 중대하기는 하지만 명백하지 않으므로 단순취소의 사유로 보고 있다.

　　· A가 제기한 환경개선금부과처분에 대한 무효확인소송은 인용될 수 없으나, 소의 변경을 통하여 취소소송으로 다툴 수 있다.

　　· 정부조직법 제6조 또는 지방자치법 제104조를 위임과 재위임의 일반적 근거규정으로 보는 것이 다수설과 판례의 입장이기는 하지만, 그렇게 되면 법령에 특별한 규정을 두지 않아도 언제나 항상 위임·재위임이 가능한 것으로 보게 되어 위임·재위임의 법리에 반한다.

6. 조례에 대한 통제

(1) 주민에 의한 직접적 통제

주민은 조례에 대하여 청원을 할 수 있다. 그리고 주민은 조례제정·개폐청구권(법15①)을 통하여 통제할 수 있다. 조례에 직접적으로 이해관계가 있는 주민은 해당 조례를 다투는 행정쟁송을 제기할 수 있다.

(2) 지방자치단체장에 의한 통제

(가) 의 의　　　　조례안에 대해서 지방자치단체장이 가할 수 있는 통제수단으로는 재의요구와 대법원제소가 있다. 재의요구(再議要求)는 지방자치법 제26조(조례안에 대한 재의요구)에 의한 경우와 지방자치법 제107조(일반적인 재의요구)에 의한 경우가 있다. 제26조에 의한 재의요구는 그 사유에 제한이 없으나, 제107조에 의한 재의요구는 그 사유가 월권 또는 법령에 위반되거나 공익을 현저히 해한다고 인정되는 때에 인정된다. 그리고 제26조의 경우는 제소(提訴)를 인정하는 규정이 없지만 제107조의 경우는 제소에 관하여 규정하고 있다. 따라서 조례안에 대한 제소를 인정

할 것인가가 문제된다.

지방자치법 제26조는 지방의회의 의결사항 중 하나인 조례안에 대하여 지방자치단체장에게 재의요구권을 폭넓게 인정한 것으로서 지방자치단체의 장에게 재의요구권을 일반적으로 인정한 지방자치법 제107조에 대한 특별규정이라고 할 것이다(대판 1999.4.27, 99추23<안양시건축조례안>). 따라서 조례안의 제소는 지방자치법 제107조에 의하여 인정된다고 할 것이고, 대법원 또한 지방자치법 제107조 제3항에 따라 법령위반이 있음을 이유로 제소할 수 있다(대판 1999.4.27, 99추23<안양시건축조례안>)고 판시하였다.

그리고 지방의회가 새로운 재정부담을 수반하는 조례를 의결하고자 할 때에는 미리 지방자치단체장의 의견을 들어야 한다(법132).

(나) 재의요구   지방자치단체장은 일정한 지방의회의 의결에 대해서 이를 송부받은 날로부터 20일 이내에 이유를 붙여 재의를 요구할 수 있다. 재의요구의 사유에는 제한이 없으나, 조례안의 일부 또는 조례안을 수정하여 재의를 요구할 수는 없다. 이러한 재의요구에 대하여 지방의회가 재적의원 과반수의 출석과 출석의원 3분의 2 이상의 찬성으로 동일한 의결을 하면 그 의결사항은 확정된다.

대법원 판례에 의하면, 재의결의 내용 전부가 아니라 그 일부만이 위법한 경우에도 의결 전부의 효력을 부인할 수밖에 없다고 본다(대판 2001.11.27, 2001추57; 대판 1994.5.10, 93추144; 대판 1992.7.28, 92추1). 그러나 조례제정절차의 무용한 반복을 피하고, 현실적으로 주민복리에 중요한 조례안이 내용상 일부 하자가 있음을 이유로 폐기되는 것을 방지하기 위하여 조례안의 일부무효를 인정하는 것이 타당하다는 견해(홍정선)도 있다. 이러한 견해에 의하면, 지방의회의 의결내용의 일부에만 위법사유가 있는 경우에는 그 부분만의 효력을 다투는 청구가 가능하고, 일부무효판결도 가능하다고 보는 소수설(신봉기)이 있다.

(다) 제 소   재의결된 조례안이 법령에 위반된다고 인정되는 경우는 지방자치단체장이 대법원에 소를 제기할 수 있다. 이러한 소송형태는 기관소송으로 행해진다. 그리고 제소에 있어서 지방자치단체장은 필요하다고 인정되는 때에는 재의결의 집행정지결정을 신청할 수 있다.

소송의 대상은 재의결된 조례안인가, 그렇지 않으면 재의결 자체인가? 이 점에 관해서 실무는 재의결 자체를 심판대상으로 본다. 즉 [조례안(A)+재의결(B)]의 관계에서 A는 B의 과정으로 보고 최종적 결정인 B를 소송대상으로 한다. 그리고 판결이유에서 조례안이 법령에 위반된다고 하고, 판결주문에서 "OO개정조례안에 대한 재의결은 효력이 없다"는 방식을 취한다.

(3) 감독청에 의한 통제

조례는 자주법으로서의 성격상 그 제정에 있어 원칙적으로 감독청의 사전승인을 요하지 아니한다. 그러나 법률에서 조례제정 전(지방의회의 의결 전)에 효력승인요건으로서 주무부장관의 승인을 받도록 규정하고 있는 경우가 과거에 있었으나 현재는 없다.

조례를 제정·개정하거나 폐지할 경우 조례는 지방의회에서 이송된 날부터 5일 이내에 시·도지사는 안전행정부장관에게, 시장·군수 및 자치구의 구청장은 시·도지사에게 그 전문(全文)을 첨부하여 각각 보고하여야 하며, 보고를 받은 안전행정부장관은 이를 관계 중앙행정기관의 장에게 통보하여야 한다(지방자치법28(보고)).

감독청의 통제수단으로는 지방자치법 제172조에 의한 자치단체장에 대한 <u>재의요구</u> 또는 <u>직접 제소</u>를 들 수 있다. 그리고 안전행정부장관은 지방의회의 의결 또는 재의결사항이 <u>2개 이상의 부처와 관련되거나 주무부장관이 불분명한 경우</u>에는 재의요구 또는 제소지시·직접제소를 할 수 있다.

　(가) 재의요구　　　조례안이 법령에 위반되거나 공익을 현저히 해한다고 판단될 때에는 감독청은 재의를 요구할 수 있다. 감독청의 재의요구기간과 관련해서 판례는 "언제라도 할 수 있는 것이 아니라 의결이 <u>재의요구를 할 수 없는 상태로 확정될 때까지로 제한한다</u>"(대판 1993.6.23, 92추17)고 판시하였는데, 감독청의 재의요구지시도 지방자치단체장이 의결사항을 이송받은 날로부터 20일 이내에 행사하여야 한다고 본다.

재의의 요구를 받은 지방자치단체장은 의결사항을 이송받은 날로부터 20일 이내에 지방의회에 이유를 붙여 재의를 요구하여야 한다(법172①). 만약 재의요구를 받은 지방자치단체장이 감독청의 재의요구에 불응한 채 20일이 경과한다면 그 조례안은 조례로 확정된다.

<u>재의요구불응</u>에 대하여 감독청이 당해 지방자치단체장을 상대로 조례안의 효력을 다투는 소를 제기할 수는 없다는 것이 판례(대판 1999.10.22, 99추54<대전유성구세특례조례>)의 입장이었다. 그러나 개정(2004.12.29) 지방자치법(법172⑦)은 감독청의 재의요구지시를 받고도 지방자치단체장이 20일이 지나도 재의요구를 하지 않는 경우에 감독청은 그로부터 7일 이내에 직접 대법원에 제소 및 집행정지결정을 신청할 수 있도록 개정하였다.

지방자치단체장은 재의결된 사항이 법령에 위반된다고 판단되면, 재의결된 날로부터 20일 이내에 대법원에 소를 제기할 수 있다. 이 경우 필요하다고 인정되면 그 의결의 집행을 정지하게 하는 집행정지결정을 신청할 수 있다(법172③).

　(나) 제소지시·직접제소　　　　재의결된 조례안이 법령에 위반됨에도 불구하고

지방자치단체장이 스스로 대법원에 소를 제기하지 않은 경우에 감독청은 당해 지방자치단체장에게 제소를 지시하거나 직접 제소할 수도 있다. 이러한 경우 감독청은 필요하다고 인정되는 때에는 집행정지를 신청할 수 있다(법172④).

감독청의 제소지시는 제3항의 기간이 지난 날부터 7일 이내에 하고, 해당 지방자치단체의 장은 제소지시를 받은 날부터 7일 이내에 제소하여야 한다(법172⑤). 주무부장관이나 시·도지사는 제5항의 기간이 지난 날부터 7일 이내에 직접 제소할 수 있다(법172⑥). 지방자치단체장이 감독청의 제소지시를 받고 제소를 하였다가 감독청의 동의없이 이를 취하한 경우는 소취하의 효력발생을 안 날로부터 7일 이내에 감독청은 직접 제소할 수 있다(대판 2002.5.31, 2001추88).

지방의회의 의결이나 재의결된 사항이 둘 이상의 부처와 관련되거나 주무부장관이 불분명하면 안전행정부장관이 재의요구 또는 제소를 지시하거나 직접 제소 및 집행정지결정을 신청할 수 있다(법172⑧).

이러한 소송의 형태에 관해서 1) 특수한 형태의 항고소송으로 보는 입장, 2) 기관소송으로 보는 입장(한견우), 3) 재판의 전제성을 요하지 않는 특수한 규범통제소송으로 보는 견해(조정찬)의 대립이 있다. 생각건대 4) 소송의 성질은 소송당사자가 바뀐나고 해서 다르게 볼 것이 아니다. 따라서 지방자치단체장이 제소하는 경우와 그 소송의 성질은 행정주체 내부의 행정법에 관한 분쟁을 해결하는 것이라는 점에서 동일하기 때문에 기관소송으로 보는 것이 타당하다.

(4) 법원에 의한 통제

주민이 직접 조례를 행정소송으로 다툴 수 없다는 것이 다수설·판례의 입장이다. 그러나 조례가 집행행위의 개입 없이 그 자체로서 직접 국민의 구체적인 권리의무나 법적 이익에 영향을 미치는 등의 법률상 효과를 발생하는 경우[처분적 조례]는 항고소송의 대상이 된다(대판 1996.9.20, 95누8003<두밀분교폐지조례>). 이러한 경우 피고는 대법원 판례에 의하면 지방자치단체장 또는 교육감이 된다고 보지만(대판 1996.9.20, 95누8003<두밀분교폐지조례>), 행정소송법이 처분청을 피고로 하는 취지를 생각하면 지방의회설이 타당하다.

또한 감독청이 제기하는 소송의 형태로 조례의 위법성을 다툴 수 있다. 2004년 12월에 신설된 지방자치법의 규정(172⑦)에 의하면, "법령에 위반되는 지방의회의 의결사항이 조례안인 경우로서 재의요구지시를 받기 전에 당해 조례안을 공포한 경우"는 감독청이 소송을 제기할 수 있다. 이러한 소송은 일종의 추상적 규범통제의 성격을 띠고 있다.

조례는 명령의 성질을 가지지 때문에, 위헌·위법명령심사권이 대법원에 있는 점

을 생각하면 위헌·위법적인 조례에 대해서는 행정소송의 대상으로 삼을 수도 있을
것으로 보인다. 조례불제정에 대해서는 부작위위법확인소송을 제기할 수 있고, 조
례안재의결무효확인소송은 조례에 대한 사전적·추상적 규범통제의 성질을 가진다
(정형근).

(5) 헌법재판소에 의한 통제

조례로 인하여 기본권의 침해를 받은 자는 헌법재판소법 제68조 제1항의 헌법소
원을 제기할 수 있다(헌재 1994.12.29, 92헌마216<과외사건>; 헌재 1995.4.20 92헌마264·279). 즉 헌
법재판소법 제68조 제1항에서 말하는 공권력(公權力)에는 입법작용이 포함되며 조례
제정행위도 입법작용의 일종으로서 헌법소원의 대상이 된다.

그러나 조례 자체는 헌법재판소법 제68조 제2항의 위헌여부헌법소원의 대상이
될 수는 없다. 헌법재판소법 제68조 제2항에 의한 헌법소원의 대상은 당해 사건의
재판의 전제가 되는 법률(法律)이기 때문이다(헌재 1998.10.15, 96헌바77). 따라서 조례는
법률이 아니라 명령의 일종으로 이해하기 때문에 우리 헌법이 규율하고 있는 형식
적 구분에 의하면 헌법재판소의 위헌법률심사의 대상이 되지 않는다고 할 것이다.

그러나 대통령령 등 행정입법에 대한 행정소송의 처분성을 부정하여 소송대상성
을 인정하지 않는 상황에서는 헌법재판소가 법규명령을 헌법소송의 대상으로 하듯
이 헌법소송상 통제가 가능하다고 할 것이다.

사 례 강남구담배자동판매기설치(헌재 1995.4.20, 92헌마264·279)

강남구의회(X)는 최근에 청소년들의 흡연율이 급격히 증가하자 다음과 같은 '담배자
동판매기설치금지조례안'을 의결하였다. 이 조례안은 성인들만이 출입할 수 있는 업
소를 제외하고 강남구 전역에 담배자판기의 설치를 금지하고 있다. 그리고 기존의
담배자동판매기를 조례 시행일로부터 3개월 이내에 철거하도록 조례의 부칙에 규정
하였다. 이에 강남구청장(Y)과 감독청(Z) 그리고 담배소매업자들(A)은 이 조례안이
법률의 위임근거가 없이 제정되었고, 담배소매업종사자들의 직업선택의 자유를 침해
하고 있으며, 부칙규정은 소급입법에 해당하는 위법한 조례안에 해당한다는 판단하
였다.
(1) 위법한 조례안이라는 주장은 타당한가?
(2) 지방의회가 의결한 조례안에 대한 강남구청장(Y)의 통제방법은 무엇인가?
(3) 지방의회가 의결한 조례안에 대한 감독청(Z)의 통제방법은 무엇인가?
(4) 적법한 의결·공포절차를 거쳐 시행된 위법한 조례에 대한 담배소매업자들(A)의
구제방법은 무엇인가?

풀이해설 조례의 제정한계와 통제수단에 관해서 묻는 사례이다. 기본적으로 아래 제46
회 사법시험의 해결과 같다.

Ⅰ. 서 론 -문제의 제기-
Ⅱ. 담배자동판매기설치금지조례안의 위법성여부
Ⅲ. 담배자동판매기설치금지조례안에 대한 통제방법
　1. 강남구청장(Y)의 통제방법
　2. 감독청(Z)의 통제방법
　3. 담배소매업자들(A)의 구제방법
Ⅳ. 결 론 -문제의 해결-
　· 조례 자체로 인하여 직접 그리고 현재 자기의 기본권을 침해받은 자는 그 권리구제의 수단으로서 조례에 대한 헌법소원을 제기할 수 있다.
　· 조례에 대한 법률의 위임은 법규명령에 대한 법률의 위임과 같이 반드시 구체적으로 범위를 정하여 할 필요가 없으며 포괄적인 것으로 족하다.
　· 청소년의 보호를 위하여 자판기설치의 제한은 반드시 필요하다고 할 것이고, 이로 인하여 담배소매인의 직업수행의 자유가 다소 제한되더라도 법익형량의 원리상 감수되어야 할 것이다.
　· 조례의 부칙은 장래에 향하여 자판기의 존치·사용을 규제할 뿐이므로 그 규정의 법적 효과가 시행일 이전의 시점에까지 미친다고 할 수가 없어 헌법 제13조 제2항에서 금지하고 있는 소급입법이라고 할 수 없다.

사 례 조례안재의의결무효(대판 2002.5.31, 2001추88)

서울시 서초구의회(X)가 2001.7.9. 서초구개발제한구역내행위허가기준등에관한조례안을 의결하여 서초구청장(Y)에게 이송하자, 서초구청장(Y)은 2001.7.28. 지방자치법 제159조 제1항에 기한 서울시장(Z)의 재의요구지시에 따라 서초구의회(X)에게 재의를 요구하였으나, X는 2001.9.27. 이 사건 조례안을 원안대로 재의결함으로써 조례안이 확정되었다. Y는 이 사건 조례안에 대하여 제소를 하지 아니하던 중 Z가 2001.10.23. 지방자치법 제159조 제4항에 의하여 제소를 지시하자, 2001.10.30. 대법원에 이 사건 조례안의 효력을 다투는 소송을 제기하였다가 2001.11.22. X의 동의를 얻어 이를 취하하였다.

(1) 서울시장(Z)는 이 사건 조례안의 효력을 다투는 소송을 제기할 수 있는가?

(2) 소송을 제기할 수 있다면 서울시장(Z)는 언제까지 소송을 제기하여야 하는가?

(3) 개발제한구역의지정및관리에관한특별조치법령상의 도시계획위원회의 심의를 거쳐야 할 행위의 대상과 범위를 확대하거나 그 심의대상에서 제외되는 경우를 배제하지 아니한 이 사건 조례안은 적법한가?

(4) 개발제한구역의지정및관리에관한특별조치법령에 개발제한구역에서의 개발행위허가부 부지면적에 대한 일반적인 범위를 제한하는 규정이 없음에도 이를 일률적으로 30,000㎡ 이하로 제한한 이 사건 조례안은 적법한가?

(5) 이해관계인의 보호여부를 상위 법령의 위임 없이 추가적으로 개발행위허가의 기준으로 정하여, 이해관계인의 보호에 저촉되는 경우에는 개발행위허가를 할 수 없도록 한 이 사건 조례안은 적법한가?

사 례 조례안통제[제46회(2004년) 사법시험]

C군(郡은) 포도 등 과일의 주산지로 이들 과일의 생산에 의하여 전체농가소득의 대부분을 올리고 있다. 그런데 관상용으로 주택, 가로 또는 묘지 등에 심은 T나무가 포도 등 과일나무에 해로운 영향을 미치고 있으므로 T나무의 식재(植栽)를 금지하여야 한다는 여론이 제기되었다. 이에 C군 의회(X)는 이러한 여론을 수렴하여 "1) C군에서는 T나무를 심거나 기르지 못한다. 2) 기존의 T나무에 대하여 소유권 등 권리가 있는 자는 1년 안에 T나무를 제거하여야 하며, 이를 이행하지 않는 자는 300만원 이하의 과태료에 처한다"라는 내용의 'T나무식재금지에관한조례안'을 의결하였다.
(1) 위 의결된 조례안에 대한 군수 및 도지사의 통제방법을 논하시오.
(2) 위 조례가 공포·시행된 후 C군 관내에서 T나무 묘목을 생산·판매하는 A가 취할 수 있는 권리구제수단을 논하시오.

풀이해설 조례의 위법성에 관한 문제는 조례제정의 한계로써 판단하게 되는데 사례의 경우는 지방자치법 제22조 단서와 관련해서 그 위법성이 문제된다. 그리고 이러한 위법한 조례에 대한 통제방법을 전체적으로 잘 정리해서 사례에 적용할 수 있는지를 묻는 문제이다.

Ⅰ. 서 론 -문제의 제기-
Ⅱ. T나무식재금지에관한조례안의 위법성여부
Ⅲ. C군수의 통제방법
Ⅳ. 도지사의 통제방법
Ⅴ. A의 권리구제수단
Ⅵ. 결 론 -문제의 해결-
  · 나무식재금지조례안은 지방자치법 제15조 단서에 의하여 주민의 권리제한 및 의무부과에 관한 내용이기 때문에 법률의 위임이 있어야 한다. 지방자치법 제15조 단서에 대해서 위헌이라는 주장이 있기는 하지만 판례는 합헌으로 본다는 입장에서 위 조례안은 위법하다.
  · C군수는 재의요구·제소 그리고 집행정지를 신청하여 위법한 조례안을 통제할 수 있다.

- 도지사는 재의요구명령·제소지시 그리고 직접제소의 방법으로 위법한 조례안을 통제할 수 있다.
- A는 위법한 조례에 대해서 항고소송을 제기할 수 있고, 항고소송이 인정되지 않는 경우는 헌법소원을 제기할 수 있으며, 청원 및 조례개폐청구권을 행사할 수 있다.

사 례 위법한 폐수배출허용기준조례와 공장증설허가거부[제50회(2006년) 행정고시]

사업자 A는 울산광역시와 경기도에 각각 염색공장을 건설하여 현재 조업 중에 있다. 그러던 중 울산광역시에서는 기존 시조례에서 정한 지역환경기준을 유지하기 어렵다고 판단하여, 환경관련 법령상의 기준보다 엄격한 배출허용기준을 내용으로 하는 조례를 새로 제정하였다. 한편, 사업자 A는 제품생산을 확대하기 위하여 경기도지사와 울산광역시장에 대하여 폐수배출시설을 포함한 공장증설허가를 각각 신청하였다. A의 공장증설허가신청에 대해 경기도지사로부터는 허가가 내려졌으나, 울산광역시장으로부터는 A가 신청한 폐수배출시설이 시조례가 정한 지역환경기준을 달성하기 어렵고 조례에서 정한 배출허용기준을 충족하지 못한다는 이유로 공장증설허가가 거부되었다. 이에 대하여 A는 울산광역시 조례가 법령보다 엄격한 규정을 두고 있으며 또한 경기도의 배출허용기준에 관한 조례와 비교하더라도 형평에 어긋나므로, 울산광역시 조례에 근거한 공장증설허가거부처분이 위법하다고 주장하고 있다. A가 취할 수 있는 권리구제수단 및 그 인용가능성을 논하시오. 단, 환경관련 법령에서 정한 기준보다 조례에 의해 엄격한 배출허용기준을 설정할 수 있다는 법규정이 없음을 전제로 한다.

Ⅰ. 서 론 -문제의 제기-
Ⅱ. 울산광역시환경조례의 위법성
  1. 조례규정의 한계(조례제정권의 범위)
  2. 환경규제의 성질
Ⅲ. 공장증설허가거부처분의 위법성
  1. 위법성의 판단기준
  2. 형평성위반에 대한 주장
Ⅳ. 공장증설거부처분에 대한 A의 구제방법
  1. 행정쟁송
  2. 행정상 손해배상
  3. 헌법소원
Ⅴ. 결 론 -문제의 해결-

제2. 규 칙

1. 의 의

(1) 개 념

지방자치단체의 사무에 관한 조례와 규칙 중 조례가 보다 상위규범이다(대판 1995.7.11, 94누4615). 따라서 규칙(規則)은 지방자치단체의 일반사무에 관한 집행기관인 지방자치단체장이 법령 또는 조례가 위임한 범위 안에서 그 권한에 속하는 사무에 관하여 제정하는 법규범이다(지방자치법23). 따라서 이러한 규칙은 법령 또는 조례의 위임에 의한 위임규칙과 법령이나 조례의 세부적 시행을 위한 집행규칙이 있다. 그리고 교육과 학예 등에 관하여 교육감이 발하는 규칙을 교육규칙이라고 한다(지방교육자치법25).

(2) 성 질

규칙은 법규로서 외부적 효력을 갖는 법규명령적 성질의 것과 행정내부의 사무처리준칙에 불과한 행정규칙적 성질의 것이 있다.

대법원 판례에 의하면, 지방자치단체가 제정한 개인택시운송사업면허사무처리규칙은 재량권 행사의 기준으로 마련된 행정청 내부의 사무처리준칙에 불과하고(대판 2002.1.22, 2001두8414), 지방자치단체장이 제정한 액화석유가스판매사업허가기준에관한고시는 법령의 규정과 결합하여 대외적인 구속력이 있는 법규명령으로서의 효력을 갖게 된다(대판 2002.9.27, 2000두7933)고 판시하였다.

2. 규정사항

규칙은 법령 또는 조례의 위임이 있는 경우에 한하여 규정할 수 있다는 견해(김남진)와 그러한 위임이 반드시 있어야 하는 것이 아니라는 견해(김동희, 장태주, 홍정선, 한견우)가 있다. 생각건대, 위임이 없는 경우도 집행명령으로서 규칙을 제정할 수 있고, 또 행정규칙적 성질을 가진 규칙도 만들 수 있다.

따라서 규칙으로 규정할 수 있는 사항은 학예에 관한 사무를 제외하고는, 지방자치단체장의 권한에 속하는 사무에 관한 사항이며, 자치사무·단체위임사무·기관위임사무를 모두 포함한다. 시·도지사가 기관위임사무를 시장·군수·구청장에게 재위임하는 경우도 조례가 아니라 규칙으로 정하여야 한다(대판 1995.11.14, 94누13572). 조례로 정할 사항을 규칙으로 정한 경우는 무효이다(대판 1997.6.19, 95누8669).

3. 한 계

규칙은 법령과 조례에 위반될 수 없으며, 시·군 및 자치구의 규칙은 특별시·광역시·도의 조례나 규칙에 위반될 수 없다(법24). 그리고 교육·학예에 관한 사항도 규칙으로 발할 수 없다. 또한 규칙은 조례의 경우와는 달리, 개별적인 법령의 근거가 없는 한 벌칙을 정하는 것은 허용되지 않는다.

현행 지방자치법은 규칙에 대하여 벌칙을 위임하지 않았으므로 규칙으로 벌칙을 정할 수 없다(법27).

4. 제정절차

규칙은 지방자치단체장이 제정하되, 공포예정 15일 전에 감독청(시·도지사는 안전행정부장관, 시장·군수·구청장은 시·도지사)에 보고하여야 한다. 보고를 받은 안전행정부장관은 이를 관계 중앙행정기관의 장에게 통보하여야 한다. 보고를 받은 시·도지사는 안전행정부장관이 지정하는 사항이 있을 때에는 안전행정부장관에게 보고하여야 한다.

그리고 예외적으로 규칙제정에 있어서 상급기관이 사전승인이 요구되는 경우도 있다(예, 하급행정기관의 설치(법111)).

5. 규칙에 대한 통제

감독청은 지방자치단체의 장이 제정한 규칙이 "법령에 위반되거나 현저히 부당"할 때(다만, 자치사무에 관한 규칙의 경우에는 법령위반에 한한다)에는 시정명령·취소·정지권을 발동할 수 있다. 이러한 감독청의 취소·정지처분에 대하여 이의가 있는 지방자치단체의 장은 대법원에 제소할 수 있다. 그러나 흠있는 규칙에 대하여 주민에 의한 직접적인 통제수단(예, 소청·주민소송 등)을 인정하지 않고 있다.

제 4 절 자치행정작용

I. 의 의

1. 자치사무와 위임사무의 구별

(1) 의 의

지방자치단체가 관할구역에서 처리하는 자치행정작용(自治行政作用)은 자치사무와 위임사무로 구별할 수 있는데, 이러한 구별의 실익은 주로 경비부담관계, 감독관계, 지방의회의 관여관계 등에서 차이가 있기 때문이다.

지방자치법 제9조 제1항에 의하면, "지방자치단체는 그 관할구역의 자치사무와 법령에 의하여 지방자치단체에 속하는 사무를 처리한다"라고 규정하고 있다. 이러한 지방자치법 제9조 제1항에서는 자치사무(또는 고유사무)와 위임사무를 구별하고 있는데, '법령에 의하여 지방자치단체에 속하는 사무'를 위임사무라고 한다.31) 여기서의 위임사무는 단체위임사무만을 의미하고, 이른바 기관위임사무는 포함되지 아니한다.

지방자치법 제11조는 외교·국방·사법·국세 등 국가의 존립에 필요한 사무 등 7가지 사무에 관하여 지방자치단체가 처리할 수 없는 사무로 규정하고 있다.32) 따라서 이러한 사무들은 국가가 직접 처리하거나 기관위임사무로서만 처리가 가능하다. 그런데 제11조 단서에 의하면 따로 법률의 규정이 있는 경우는 예외적으로 자치사무나 단체위임사무가 될 수 있다.

(2) 지방자치법 제9조 제2항

제9조 제2항에서는 자치행정작용을 ① 지방자치단체의 구역, 조직, 행정관리 등

---

31) 그런데 위임사무를 명확히 하기 위해서는 "법령에 의하여 지방자치단체에 속하는 사무"로 규정할 것이 아니라 "법령에 의하여 지방자치단체의 권한으로 행사하게 하는 사무"로 규정하는 것이 바람직하다.

32) 1. 외교, 국방, 사법, 국세 등 국가의 존립에 필요한 사무 / 2. 물가정책, 금융정책, 수출입정책 등 전국적으로 통일적 처리를 요하는 사무 / 3. 농림·축·수산물 및 양곡의 수급조절과 수출입 등 전국적 규모의 사무 / 4. 국가종합경제개발계획, 직할하천, 국유림, 국토종합개발계획, 지정항만, 고속국도·일반국도, 국립공원 등 전국적 또는 이와 비슷한 규모의 사무 / 5. 근로기준, 측량단위 등 전국적으로 기준의 통일 및 조정을 요하는 사무 / 6. 우편, 철도 등 전국적 규모 또는 이와 비슷한 규모의 사무 / 7. 고도의 기술을 요하는 검사·시험·연구, 항공관리, 기상행정, 원자력개발 등 지방자치단체의 기술 및 재정능력으로 감당하기 어려운 사무.

에 관한 사무, ② 주민의 복지증진에 관한 사무, ③ 농림·상공업 등 산업 진흥에 관한 사무, ④ 지역개발과 주민의 생활환경시설의 설치·관리에 관한 사무, ⑤ 교육·체육·문화·예술의 진흥에 관한 사무, ⑥ 지역민방위 및 소방에 관한 사무로 나누어 구체적으로 예시하고 있다.

이러한 제9조 제2항에 대해서 ① 자치사무와 단체위임사무를 포함하여 예시한 것으로 보는 견해[33]와 ② 자치사무만을 예시한 것으로 보는 견해의 대립이 있다. 생각건대 ③ 단체위임사무는 법률의 규정에 의하여 비로소 지방자치단체에 속하는 사무를 말하기 때문에 개별규정에 앞서 단체위임사무를 예시한다는 것은 의미가 없다. 따라서 위 규정은 자치사무만을 예시한 것으로 보는 것이 타당하다.

2. 지방자치단체별 사무배분
- 광역지방자치단체와 기초자치단체의 사무배분 -

(1) 사무배분의 원칙

지방자치법(10③)에서는 기초지방자치단체와 광역지방자치단체의 사무배분에 관한 원칙으로서 불경합성의 원칙과 보충성의 원칙을 규정하고 있다.

(가) 불경합성 　　　불경합성(不競合性)의 원칙은 시·도와 시·군 및 자치구는 그 사무를 처리함에 있어서 서로 경합하지 않아야 한다는 것을 말한다. 이러한 불경합성의 원칙은 사무의 귀속과 권한, 책임의 소재 등을 명확하게 하고 이중행정, 중복행정을 피하기 위한 것이다. 따라서 동일한 성질의 사무라도 개별적·구체적 내용이 동일하지 않으면, 시·도와 시·군 및 자치구의 관할로 할 수 있다. 예컨대, 일정규모 이상의 건축허가는 도에, 그 이하 규모의 건축허가는 시·군에 귀속하게 할 수 있다.

(나) 보충성 　　　보충성(補充性)의 원칙이란 시·도와 시·군 및 자치구의 사무가 서로 경합되는 경우에는 시·군 및 자치구에서 우선적으로 처리한다는 기초지방자치단체 우선의 원칙을 말한다. 이러한 보충성의 원칙은 지방자치제도의 핵심이 풀뿌리 민주주의에 있으므로 기초지방자치단체가 광역지방자치단체보다 자치사무에 가장 가까이 있기 때문이다. 즉 자치사무를 가장 가까이 있는 당사자가 우선적으로 해결하는 것이 지방자치의 정신에 합당하기 때문이다.

---

33) 이러한 입장에서는 주민의 복리에 관한 사무로서의 성질을 갖는 경우는 원칙적으로 자치사무에 속하지만, 그런 경우도 개별법에 의하여 국가사무로 되어 있는 경우는 위임사무로 보게 된다.

⑵ 광역지방자치단체와 기초지방자치단체의 사무배분

단체별 사무배분의 기준에 관하여 다음과 같이 규정하고 있다.

㈎ 공통사무   지방자치단체의 구역·조직·행정관리 등에 관한 사무(지방자치법9②i)는 각 지방자치단체의 공통사무로 한다(지방자치법10①단서). 이러한 사무는 지방자치단체가 하나의 행정주체로서 존립하고 활동할 수 있는 바탕이 되는 사무이다.

㈏ 시·도의 사무(광역지방자치단체의 사무)   시·도는 기초자치단체인 시·군·자치구가 처리하기에 부적합한 사무를 자신의 사무로 처리한다. 지방자치법(10①i)은 광역지방자치단체의 사무로서 광역적(廣域的) 사무(㉮행정처리결과가 2개 이상의 시·군 및 자치구에 미치는 사무), 조정적(調整的) 사무(㉯시·도단위로 동일한 기준에 따라 처리되어야 할 성질의 사무, ㉰지역적 특성을 살리면서 시·도 단위로 통일성을 유지할 필요가 있는 사무, ㉱국가와 시·군 및 자치구간의 연락·조정 등의 사무), 보충적(補充的) 사무(㉲시·군 및 자치구가 독자적으로 처리하기에 부적당한 사무, ㉳2개 이상의 시·군 및 자치구가 공동으로 설치하는 것이 적당하다고 인정되는 규모의 시설의 설치 및 관리에 관한 사무)로 예시하고 있다. 그리고 지방자치법시행령 제8조에 의한 [별표 1]에는 시·도가 처리하는 구체적인 사무배분을 규정하고 있다.

㈐ 시·군·자치구의 사무(기초지방자치단체의 사무)   시·군·자치구는 시·도가 처리하는 것으로 되어 있는 사무를 제외한 사무를 처리한다. 다만, 인구 50만 이상의 시에 대하여는 도가 처리하는 사무의 일부를 직접 처리하게 할 수 있으며(지방자치법10①ii단서), 자치구의 자치권은 법령으로 시·군과 다르게 할 수 있다(§2②). 지방자치법시행령 제9조에 의한 [별표 2]에는 자치구의 사무처리에 대한 특례에 의해 자치구에서 처리하지 아니하고 특별시·광역시에서 처리하는 사무를 예시하고 있다. 그리고 지방자치법시행령 제10조 제2항에 의한 별표 3에는 인구 50만 이상 시가 직접 처리할 수 있는 도(道)의 사무를 예시하고 있으며, 이와는 별도로 각 개별법에서 도시의 특례에 대한 사무배분을 규정하고 있다.

㈑ 현행법의 문제점과 개선방향   현행 지방자치법상 지방자치단체 사이의 사무배분은 1) 기초지방자치단체와 광역지방자치단체의 무차별성과 2) 업무배분기준의 불준수 등을 문제점으로 들 수 있다.

첫째, 기초지방자치단체와 광역지방자치단체는 그 규모와 역할에 있어서 현저한 차이가 있음에도 불구하고 그 조직이나 업무의 수행을 동일하게 규정하고 있어서 시·도의 특성이 반영되지 못하고 있다. 예컨대, 노인복지시설의 설치·운영 및 지원'사무와 같이 똑 같은 행정기능을 시·도와 시·군·구가 담당하도록 하고 있다. 그리고 현행 지방자치법은 기초지방자치단체를 중심으로 틀이 짜여 있어서 광역지방자치단체에게는 맞지 않는다. 따라서 기초자치단체와 광역자치단체의 특성을 반영하여 차별화하기 위하여 지방자치법 안에 시·군·자치구에 관한 규정과는 별도로

시·도에 관한 규정을 두는 것이 바람직하다(이기우).

둘째, 지방자치법 제10조가 시·도와 시·군·자치구간의 사무배분기준을 제시하고 있으나, 같은법시행령 별표에 정해진 구체적인 사무의 배분은 이 기준에 합치되지 않는 경우가 많다. 더구나 각 개별법에서는 이들 원칙을 고려하지 않고 있다. 그리고 지방자치법(10③)이 보충성의 원칙을 채택하고 있음에도 불구하고 실제의 업무배분은 시·도를 중심으로 배분되어 있기 때문에, 기초지방자치단체는 업무와 권한의 빈곤에 처해 있다. 특히 교육사무와 소방사무는 시·도에만 배분되어 있기 때문에, 이들 업무의 수행에 있어서 기초지방자치단체의 시·도의존성이 증대된다(이기우). 따라서 업무배분에 있어서 보충성의 원칙을 준수하여 모든 지방적인 사무는 원칙적으로 기초지방자치단체의 관할로 하되 기초지방자치단체가 수행하는 것이 불가능하거나 현저히 곤란한 경우에만 시·도의 관할로 하여야 할 것이다. 그리고 집행기능은 기초자치단체에 집중시키고 광역지방자치단체는 기획·감독기능, 조정기능, 보충기능 및 감독기능을 중심으로 업무를 배분하는 것이 타당하다.

II. 자치사무(고유사무)

1. 의 의

자치사무(自治事務) 또는 고유사무(固有事務)란 지방자치단체의 고유한 존립목적으로 예정되어 있는 사무로서, 주민의 복리증진에 관한 사무를 말한다. 지방자치단체는 본래 지역적인 공공사무를 처리함을 목적으로 하기 때문에, 주민의 복리증진에 관한 사무인 자치사무를 핵심적으로 수행한다.[34] 따라서 자치사무는 지역적 이해관계를 가지며 지역공동체에 뿌리를 두고 있다는 의미에서 지방자치단체의 지방적 복리사무를 말한다.

자치사무의 헌법적 근거는 "주민의 복리에 관한 사무"를 규정하고 있는 헌법 제117조 제1항을 들 수 있다. 이러한 헌법의 규정에 의하면, 지방자치단체는 국가 또는 다른 지방자치단체의 전권에 속하는 사무를 제외하고는 그 지방주민의 복리에 관한 각종의 공공사무를 포괄적으로 처리할 수 있다. 따라서 법령에 특별한 규정이 없는 한 지방자치단체는 널리 지방주민의 공공이익을 위한 사무를 고유사무로서 행할 수 있는 것이다(대판 1973.10.23, 73다1212<기업체생산실적사실증명>).

---

34) 자치사무는 지방자치단체가 주민의 복리를 위하여 처리하는 사무이며, 법령의 범위 안에서 그 처리 여부와 방법을 자기책임 아래 결정할 수 있는 사무로서 지방자치권의 최소한의 본질적 사항이므로 지방자치단체의 자치권을 보장한다고 한다면 최소한 이 같은 자치사무의 자율성만은 침해해서는 안 된다(헌재 2009.5.28, 2006헌라6).

자치사무는 조례로써 규율할 수 있으므로, 자치사무의 위임이나 재위임에 대해서도 조례로써 규율할 수 있다(법104 참조).

2. 종 류

(1) 임의적 자치사무와 의무적 자치사무

지방자치법(9·10)은 자치사무의 구체적 범위를 명시하지는 않고, 자치사무의 전형적인 것을 예시하고35) 단체별 사무배분기준을 정하는 데 그치고 있다. 따라서 자치사무 중에서 어떤 사무를 행하는가는 지방자치단체의 재량으로 결정하는 것이 원칙이나[임의적 자치사무·수의사무(隨意事務)], 때로는 법률상 사무처리의 의무가 부과되는 경우가 있다[의무적 자치사무·필요사무(必要事務)]. 즉 임의적 자치사무는 그 수행여부와 수행방법에 있어서 지방자치단체의 자율성이 인정되고, 의무적 자치사무는 그 수행방법에 있어서 지방자치단체의 자율성이 인정된다.

임의적 자치사무의 예로는 지방도로의 건설, 박물관·도서관 등 문화시설의 설치, 지역경제촉진을 위한 업무 등을 들 수 있다. 그리고 의무적 자치사무(필요사무)의 예로는 초·중등학교의 설치·운영(초·중등교육법4·12②), 상수도의 설치 및 관리(수도법8①), 하수도의 설치 및 관리(하수도법7), 폐기물처리시설의 설치 및 관리(폐기물관리법4), 예방접종·시행·예방시설설치의 의무([감염병예방법] 제6장), 화재예방과 소방사무(소방기본법6)36), 청소년의 보호(청소년보호법5①), 묘지와 화장장의 설치([장사법]4②) 등을 들 수 있다.

(2) 판례에 나타난 자치사무

대법원이 판례에 의하여 인정하고 있는 자치사무는 기업체의 생산실적 사실증명에 관한 사무(대판 1973.10.23, 73다1212), 도지사의 의료기관감독에 관한 사무(대판 1994.9.13, 94누3599; 대판 1994.5.27, 93누18754), 호적사무(대판 1995.3.28, 94다45654<광주시북구청위조제적부>; 대판 1995.3.28, 94다48349; 대판 1994.12.27, 77다36285; 대판 2003.4.22, 2002두10484), 재단법인이 운영하는 묘지 등의 허가와 종중 등이 설치하는 묘지 등의 허가사무(대판 1995.12.22, 95추32), 학교급식의 실시에 관한 사항과 학교급식시설지원사무(대판 1996.11.29, 96추84), 시·도지사의 지역별 가스공급시설의 공사계획 수립·공고나 도시가스의 공급조건에 관한 공급규정의 승인에 관한 업무(대판 2001.11.27, 2001추57<인천도시가스조례안>), 학교용지부담금

---

35) 따라서 지방자치법 제9조 제2항에서 열거하고 있는 사무라도 개별 법령에 의하여 국가의 사무로 규정하고 있는 경우는 자치사무가 아니라 국가사무가 된다. 또한 새로운 시대에 맞는 주민복리를 위한 새로운 자치사무의 유형도 얼마든지 자치단체가 수행할 수 있다.

36) 소방사무는 광역지방자치단체의 자치사무로 되어 있다.

의 부과·징수(대판 2008.1.17, 2007다59295<부당이득금>), 공항고속도로통행료지원사무(대판 2008.6.12, 2007추42), 수업료·입학금의 지원에 관한 사무(대판 2013.4.11, 2012추22<화천군조례>) 등이 있다.

(3) 자치사무와 국가사무의 판단기준

어떤 사무가 지방자치법 제9조 제2항에서도 예시하고 있지 않고 다른 법률에도 특별한 규정이 없는 경우에 그 사무의 성질이 자치사무인가 국가사무인가를 판단 함에는 개별법령상의 비용부담규정, 수입의 귀속규정, 감독규정 등을 고려하여야 한다. 그리고 헌법과 지방자치법의 합목적적인 해석을 전제로 하여 지방자치단체 의 사무의 포괄성의 원칙이 적용되어 지방자치단체의 사무로 추정된다(홍정선).

대법원 판례에 의하면, "법령상 지방자치단체의 장이 처리하도록 규정하고 있는 사무가 기관위임사무에 해당하는지 여부를 판단함에 있어서는 그에 관한 법령의 규정 형식과 취지를 우선 고려하여야 할 것이지만 그 외에도 그 사무의 성질이 전 국적으로 통일적인 처리가 요구되는 사무인지 여부나 그에 관한 경비부담과 최종 적인 책임귀속의 주체 등도 아울러 고려하여 판단하여야 할 것이다"(대판 1999.9.17, 99추30<울진군발전소조례안>; 대판 2001.11.27, 2001추57<인천시도시가스조례안>; 대판 2004.6.11, 2004 후34<골재채취허가사무>; 대판 2006.7.28, 2004다759<부랑인선도시설등지도·감독>; 대판 2008.1.17, 2007 다59295<학교용지부담금부과징수>; 대판 2009.6.11, 2008도6530<불법개조승합차운행>; 대판 2010.10.14, 2008다92268; 대판 2010.12.9, 2008다71575; 대판 2013.5.23, 2011추56<교원능력개발평가사무>)라고 판 시하였다.

따라서 사무의 성질상 전국적 통일이 필요하지 않고 지역적 특성에 따라 자율적 으로 처리하는 것이 바람직한 사무는 자치사무로 보아야 한다. 반면에 전국적 기 준에 의하여 처리됨으로써 국가적인 통일이 필요하고 지방적 이해가 미미하거나 전혀 없는 사무는 국가사무(기관위임사무)로 보아야 할 것이다.

3. 법률관계

(1) 사무의 처리 및 귀속

자치사무는 지방자치단체 자체의 사무이므로 자신의 의사와 판단에 의하여 사무 를 자신의 이름으로 처리한다. 따라서 자치사무의 효과는 지방자치단체에 귀속된다.

(2) 경비부담

지방자치단체는 자치사무의 수행에 필요한 경비를 지출할 의무를 진다(법141(경비 지출)본문). 자치사무는 지방자치단체 자신의 사무이므로, 그에 소요되는 경비는 당

해 지방자치단체가 당연히 전액 부담한다(지방재정법20(자치사무경비)). 그러나 국가시책
상 필요하다고 인정할 때에는 보조금을 교부할 수 있다(지방재정법23(보조금의교부)).

(3) 배상책임

자치사무는 지방자치단체의 책임하에 이루어지기 때문에, 자치사무로 인한 배상
책임 또한 지방자치단체가 진다. 따라서 지방자치단체 소속공무원의 직무상 위법
행위로 인한 손해배상책임과 지방자치단체의 공물 등의 설치·관리하자로 인한 손
해배상책임을 진다.

(4) 감독관계

자치사무에 관한 한 중앙행정기관과 지방자치단체의 관계를 상명하복의 관계가
아니라 병립적 협력관계로 설정하고 있다(헌재 2009.5.28, 2006헌라6). 그럼에도 불구하
고 안전행정부장관 또는 시·도지사는 지방자치단체의 자치사무에 대하여도 감사·
감독을 할 수 있다. 지방자치법 제171조에 의하면, "안전행정부장관 또는 시·도지
사는 지방자치단체의 자치사무에 관하여 보고를 받거나 서류·장부 또는 회계를 감
사할 수 있다"고 규정하고 있다.

그리고 지방자치법(169①2문)에 의하면, 자치사무에 대한 국가 또는 시·도지사의
시정명령과 취소·정지권의 행사는 <u>자치사무의 교정적(사후적) 감독 및 적법성의 통
제만을 허용</u>하고, 예방적(사전적) 감독 혹은 합목적성의 통제는 인정되지 아니한다.
이는 자치사무에 대한 자치단체의 독자적인 책임수행을 보장하기 위한 것이다.

그리고 국가의 감독권행사에 대하여 이의가 있는 지방자치단체의 장은 대법원에
제소할 수 있다(§169②). 이러한 소송의 형태에 대해서 항고소송이라는 입장도 있으
나, 그 본질은 기관소송으로서 '항고소송적 성질을 가진 기관소송'이다.

(5) 지방의회관여

자치사무는 <u>집행기관의 전속적 권한에 속하는 사항</u>을 제외하고는 지방의회의 의
결·동의, 사무감사 및 조사, 회계감사 등에 의한 관여가 인정된다. 또한 지방의회
는 지방자치단체장이나 관계공무원의 출석·답변을 요구할 수도 있고, 조례의 제정
을 통하여 자치사무를 규율하게 된다.

III. 단체위임사무

1. 의 의

(1) 개 념

단체위임사무(團體委任事務)란 국가 또는 다른 지방자치단체가 법령에 의하여 자신의 관련 사무 전체를 지방자치단체 자체에 위임하는 사무를 말한다. 따라서 단체위임사무는 권한의 법적 귀속을 변경시키고, 수임기관인 지방자치단체에 대하여는 사무처리의 의무를 부담시키기 때문에, 개별적인 법률 또는 이에 기한 명령 등의 법적 근거를 요한다(대판 1973.10.23, 73다1212). 그리고 단체위임사무는 수임기관인 지방자치단체가 자신의 이름과 책임 아래 위임사무를 기본적으로 수행하지만, 위임기관인 국가 또는 다른 지방자치단체의 지시와 감독을 전혀 받지 않는 것은 아니다. 요컨대 단체위임사무의 수행에 있어서 어느 정도의 자율성(自律性)과 독자성(獨自性)이 인정되고 제한된 범위에서 위임기관의 지시·감독권이 인정된다고 할 것이다.

이러한 단체위임사무는 국가 또는 다른 지방자치단체 등과 함께 자치단체도 이해권계를 가지는 사무인데, 사무의 성질상 위임기관인 국가 또는 다른 지방자치단체가 수행하는 것보다 수임기관인 지방자치단체가 수행하는 것이 효율적이고 실용적인 경우에 인정된다. 따라서 사무의 성질이 주민근접행정과 관련된 경우 또는 수임기관인 지방자치단체가 수행하는 것이 비용이 절감되는 경우 등에 있어서 단체위임사무가 행해질 수 있다.

지방자치법은 '법령에 의하여 지방자치단체에 속하는 사무'(법9①), '지방자치단체가 위임받아 처리하는 국가사무'(법167①), '시·군·자치구가 위임받아 처리하는 시·도의 사무'(법167②)로 표현하고 있다. 단체위임에 관한 일반적인 근거규정은 없고, 개별법령에 의하여 위임되고 있다.

(2) 법적 성질

(가) 학 설   단체위임사무의 법적 성질에 관해서 국가사무설(위임기관사무설)과 자치단체사무설(수임기관사무설)의 대립이 있다. ① 국가사무설(위임기관사무설)이란 단체위임사무가 수임기관인 지방자치단체 자체에 위임되더라도 당해 사무의 성질은 위임기관인 국가 또는 다른 지방자치단체의 사무가 된다는 입장을 말한다(김남진, 홍정선). 반면에 ② 자치단체사무설(수임기관사무설)이란 단체위임사무가 수임기관인 지방자치단체 자체에 위임된 경우에는 수임기관인 당해 수임지방자치단체의 사무가 된다는 입장을 말한다(박균성).

(나) 결 어(자치단체사무설(수임기관사무설))   생각건대 단체위임사무를 이념적
으로는 자치단체사무(수임기관사무)로 보면서, 현실적으로는 기관위임사무와 마찬가
지로 국가 또는 광역자치단체의 사무(위임기관사무)로 본다면, 그것은 우리나라 지방
자치현실이 낳은 기형적인 시각으로서 개선되어야 할 부분이다. 따라서 단체위임
사무는 기본적으로 관련 사무 전체를 위임한다는 점에서 수임 자치단체사무(수임기
관사무)로 보는 것이 지방자치의 발전을 위해서뿐만 아니라 행정법의 권한위임에
관한 이론에도 충실한 것으로 여겨진다.

▣ 단체위임사무와 기관위임사무의 구별 ▣

(1) 수임기관

단체위임사무는 관련 사무 전체를 위임하기 때문에 지방자치단체 그 자체를 수임
기관으로 하여 위임되는 사무인 데 대하여, 기관위임사무는 관련 사무의 집행권만을
위임하기 때문에 지방자치단체의 장 기타의 집행기관을 수임기관으로 하여 위임되
는 사무라는 점에서 양자는 기본적으로 구별된다.

(2) 법적 근거

단체위임사무는 관련 사무 전체를 위임하기 때문에 위임의 법리에 따라 개별적인
법령의 법적 근거를 요한다. 그러나 기관위임사무는 관련 사무 전체가 아니라 집행
권에 관해서만 권한을 넘겨주기 때문에 개별적인 법령의 법적 근거는 반드시 요하
지 아니하지만, 실무적으로 개별법에 의하여 기관위임사무를 규율하는 경우가 많다.
또한 정부조직법(6①)에 의하면 "행정기관은 법령으로 정하는 바에 따라 그 소관사무
의 일부를…다른 지방자치단체 또는 그 기관에 위탁 또는 위임할 수 있다"고 규정
하고 있고, 지방자치법(102)에 의하면, "시·도와 시·군 및 자치구에서 시행하는 국가
사무는 법령에 다른 규정이 없으면 시·도지사와 시장·군수 및 자치구의 구청장에게
위임하여 행한다"고 규정하고 있다. 따라서 이러한 법률들이 기관위임사무의 법적
근거가 된다.

(3) 권한의 귀속

단체위임사무는 원래 국가 또는 다른 지방자치단체의 사무이었지만 위임에 의하
여 수임 지방자치단체로 권한의 귀속이 변경되었다. 따라서 단체위임사무는 수임 지
방자치단체의 이름과 책임 아래 사무를 수행하고, 그 사무는 수임 지방자치단체에
귀속된다. 반면에 기관위임사무는 국가 또는 위임 지방자치단체가 관련 사무의 집행
권만을 수임 지방자치단체의 장 또는 집행기관에게 위임하게 된다. 따라서 기관위임
사무를 수행하는 수임 지방자치단체의 장 또는 집행기관은 국가 또는 위임 자치단
체의 집행권을 수임 지방자치단체의 장 또는 집행기관이 국가 또는 위임 자치단체
의 기관으로서 자신의 이름과 책임 아래 사무를 수행하지만, 결국 기관위임사무의
귀속주체는 국가 또는 위임 자치단체가 된다.

(4) 지시·감독

단체위임사무나 기관위임사무나 모두 국가 또는 위임 지방자치단체의 지시와 감

독을 받는다. 그런데 단체위임사무는 기관위임사무에 비하여 사무의 수행에 있어서 어느 정도의 자율성과 독자성이 인정된다. 따라서 단체위임사무는 자치사무와 같이 교정적(사후적) 합법성 통제(시정명령, 취소·정지)만이 인정되고, 기관위임사무는 예방적(사전적)·적극적 합목적성·합법성 통제(시정명령, 취소·정지, 직무이행명령·대집행)가 인정된다.

2. 종　류

현행법상 단체위임사무는 법문상 '지방자치단체 자체'에 위임한 경우를 찾는다면 지방세법 제53조(도세징수위임)의 경우[37]를 제외하면 거의 찾아볼 수 없다.[38] 판례 또한 단체위임사무를 인정한 예를 찾아보기 어렵다. 학문적으로 그렇게 명확하게 논의하고 있는 단체위임사무를 실정법에서 제대로 구현되지 못하고 있는 것은 문제가 있다.

국가가 직할하천의 점용료 등의 징수를 시·도에 위임(하천법37①), 도가 도세징수사무를 시·군에 위임(지방세법53), 지방자치단체가 다른 지방자치단체에 의무교육하령아동의 일부에 대한 교육사무를 위탁(초·중등교육법12③)하는 것 등을 들 수 있다. 개별법령에 기관위임사무로 규정하고 있는 경우에 그 성질이 자치사무적 성질이 있는 경우(지방자치법9②에서 예시하는 성질의 경우)는 단체위임사무로 해석할 수 있을 것이다.

법문상 자치단체의 장이라고 하는 '기관'에 대하여 위임한 경우를 기관위임사무라고 하여 단체위임사무와 구별하지만, 실제로는 그 자치단체의 장의 보조기관에 의하여 처리되는 것이므로 '지방자치단체'에 위임된 것과 다름이 없다. 따라서 비

---

37) 지방세법 제53조 제1항에 의한 도세징수사무를 자치사무로 보는 견해(홍정선)가 있다. 그 논거로는 "동 조문은 국가와 지방자치단체 사이의 권한배분을 규정한 것이지, 권한배분을 전제로 다시 구체적으로 위임을 규정하는 조문으로 보기는 어렵기 때문이다"라고 적고 있다. 그러나 자치사무가 되려면 종국적인 사무의 귀속주체가 자치단체(시·군)이어야 할 것인데 법문에 의하면 도세징수사무의 귀속주체는 분명 시·군이 아니라 도가 된다는 점에 문제가 있다. 따라서 지방세법 제53조 제1항에 의한 시·군의 도세징수사무는 법률의 규정에 의하여 권한이 위임된 것으로 단체위임사무로 보는 것이 타당하다.
그런데 시·군의 국세징수사무는 시장·군수에게 위임하였기 때문에 기관위임사무로 보게 된다(국세징수법8(시·군위탁징수)).
38) 자연공원법에 의한 도립공원과 군립공원에 관한 사무(예, 공원의 지정, 공원계획, 비용징수 등)도 단체위임사무로 볼 수 있다. 공원의 입장료나 사용료 또는 점용료의 징수에 있어서 도립공원 및 군립공원의 공원관리청이 속하는 지방자치단체의 조례로 정하도록 법률에서 위임하고 있다(자연공원법37(입장료·사용료징수)·38(점용료등징수) 참조).

록 법문에 '지방자치단체의 장'에 위임한 경우라도 일정한 경우는 단체위임사무로 인정할 필요가 있다. 예컨대 그 업무의 성질이 ① 주민복리증진에 관한 사무 내지 주민근접행정과 관련된 경우, ② 관련 사무의 집행권을 위임한 것이 아니라 관련 사무 전체를 위임한 것으로 보여지는 경우, ③ 수임기관인 지방자치단체가 수행하는 것이 비용의 절감 등 효율적이고 실용적인 경우 등을 들 수 있다. 물론 이러한 해석에 앞서 입법적으로 단체위임사무로 규율하는 것이 타당하다는 것은 말할 필요가 없다.

[판 례] 대판 2006.9.8, 2004두947〈하천무단점용부당이득금부과처분무효확인〉: 구 하천법 제33조에서는 직할하천의 경우에도 그 하천을 유지·관리하는 도지사로 하여금 점용료와 부당이득금 등을 징수하도록 규정하고 있고, 같은 법 제64조 제2항에서는 위와 같이 징수한 점용료 등은 당해 도의 수입으로 하도록 규정하고 있으며, 구 지방자치법 제9조 제2항 제1호 (바)목에서는 지방세와 지방세외 수입의 부과 및 징수사무를 지방자치단체의 사무로 예시하고 있는 바, 경기도지사가 이 사건 하천구역에서의 점용료나 부당이득금 등의 징수권을 행사하는 것은 국가기관의 지위에서 수행하는 사무가 아니라 지방자치단체 자체의 사무이므로, 구 지방자치법 제95조 제2항에 따라 조례 또는 규칙에 의하여 시장·군수에게 그 권한의 위임이 가능하다.

---

3. 법률관계

(1) 사무의 처리 및 귀속

단체위임사무의 처리는 국가의 지시를 받지만 완전히 국가에 종속된 것이 아니고 상당한 자율성과 독자성을 갖는다. 단체위임사무는 수임한 국가 등의 이름으로 하는 것이 아니고 수임 지방자치단체의 이름으로 자신의 책임 아래 행한다. 자신의 판단에 의하는지? 완전히 독자성은 인정되지 않지만 어느 정도의 독자성이 인정된다고 보아야 할 것이다.

단체위임사무는 사무를 위임한 국가 또는 다른 지방자치단체 등의 사무(위임기관사무)로 보는 경우에는 단체위임사무의 처리효과는 국가 또는 위임 지방자치단체에 귀속된다고 볼 것이다[국가사무설의 입장]. 반면에 수임지방자치단체(수임기관)의 사무로 보는 입장에서는 단체위임사무의 처리효과는 수임지방자치단체에 귀속된다고 볼 것이다[자치단체사무설의 입장].

단체위임사무는 수임 자치단체사무(수임기관사무)로 보는 것이 지방자치의 발전을 위해서 뿐만 아니라 행정법의 권한위임에 관한 이론에도 충실하다. 따라서 단체위임사무의 귀속은 수임지방자치단체에 속한다고 할 것이다.

(2) 경비부담

(가) 지방자치법과 지방재정법의 규정   지방자치단체는 자치사무뿐만 아니라 위임사무에 소요되는 경비도 부담할 의무(자치부담)가 있으나(지방자치법141본문), 국가사무 또는 다른 지방자치단체사무를 위임받은 경우에는 이를 위임한 국가 또는 지방자치단체에서 그 경비를 부담하여야 한다(지방자치법141단서). 그리고 지방재정법 제21조 제1항에 의하면, "지방자치단체 또는 그 기관이 법령에 의하여 처리하여야 할 사무로서 국가와 지방자치단체 상호간에 이해관계가 있는 경우에, 그 원활한 사무처리를 위하여 국가에서 부담하지 아니하면 아니 될 경비는 국가가 그 전부 또는 일부를 부담한다"고 규정하면서, 제2항에서는 "국가가 스스로 행하여야 할 사무를 지방자치단체 또는 그 기관에 위임하여 수행하는 경우에, 그 소요되는 경비는 국가가 그 전부를 당해 지방자치단체에 교부하여야 한다"고 규정하고 있다. 그리고 기초지방자치단체가 광역지방자치단체의 사무를 위임받아 행하는 경우에도 소요비용은 사실상 위임자가 부담하도록 하고 있다(지방재정법24).

(나) 비용부담에 관한 학설   단체위임사무에 대한 비용을 국가가 전액 부담하여야 하는지, 그렇지 않으면 국가와 지방자치단체가 함께 비용을 분담하여야 하는지에 관해서 분담설과 국가전액부담설로 견해가 나뉜다. 이러한 견해의 대립은 지방재정법 제21조(부담금과 교부금)의 해석과 관련이 있다. 즉 지방재정법 제21조 제1항을 우선적으로 해석하게 되면 분담설을 따르게 되고, 지방재정법 제21조 제2항을 우선적으로 해석하게 되면 국가전액부담설을 따르게 된다.

생각건대, 지방재정법 제21조 제2항은 위임사무의 비용에 관한 원칙을 규정한 것인 데 반하여, 제1항은 위임사무가 국가와 지방자치단체 상호간에 이해관계가 있는 경우는 지방자치단체도 그 이해관계의 정도에 따라 비용을 일부 부담하게 하는 데 규정의 취지가 있다. 따라서 단체위임사무의 비용부담은 획일적으로 국가가 전액부담한다든지, 국가와 지방자치단체가 함께 부담한다든지 양자택일적으로 결론내릴 것이 아니라, 위임되는 사무의 성질에 따라서 결정하여야 할 것이다 [위임사무성질설]. 이러한 결론은 기관위임사무의 경우도 국가와 수임지방자치단체가 서로 이해관계를 가지는 경우는 수임지방자치단체도 그 비용을 부담할 수 있다는 것이다.

(3) 배상책임

① 지방자치단체의 사무로 보는 견해에서는 수임기관인 지방자치단체가 단체위임사무의 손해배상책임자로 이해한다.[39] 그러나 ② 단체위임사무는 여전히 국가사무로 보는 견해에서는 국가가 단체위임사무의 손해배상책임자라고 본다.

생각건대, ③ 단체위임사무는 원래 국가 또는 다른 지방자치단체의 사무이었지만 위임에 의하여 수임 지방자치단체로 권한의 귀속이 변경되었다. 따라서 단체위임사무는 수임 지방자치단체의 이름과 책임 아래 사무를 수행하고, 그 사무는 수임 지방자치단체에 귀속되기 때문에, 수임 지방자치단체가 위법한 단체위임사무의 집행에 대한 손해배상책임을 원칙적으로 진다고 할 것이다.

그러나 위임자인 국가도 비용부담자로서 단체위임사무에 대한 손해배상책임을 지게 되는 경우도 있다.

(4) 감독관계

(가) 적법성통제와 합목적성통제　　　단체위임사무는 자치사무와 마찬가지로 지방자치단체의 사무로서 자주적인 책임에서 이를 처리하는 어느 정도의 자율성과 독자성이 인정된다. 따라서 단체위임사무에 대한 국가의 감독도 위법한 사무집행에 대한 교정적(사후적) 감독(시정명령, 취소·정지)에 그친다고 할 것이다.

그러나 우리 지방자치법 제169조는 제1항에서 '단서의 규정'으로 자치사무에 관해서만 명시적으로 위법성통제가 가능하다고 규정하고 단체위임사무에 관해서는 아무런 언급이 없다. 따라서 단체위임사무의 합목적성 통제에 대해서는 학설의 대립이 있다. 실정법의 문언적 해석에 충실하거나 단체위임사무의 성질을 국가사무로 보는 입장[국가(위임기관)사무설]에서는 단체위임사무에 대한 합목적성 통제를 긍정하게 된다. 그러나 단체위임사무의 성질을 수임자치단체사무로 보는 입장[자치단체(수임기관)사무설]에서는 자치사무와 같이 합목적성 통제를 부정하는 것이 타당하다.

(나) 직무이행명령　　　단체위임사무에 대해서 지방자치법 제170조에 의한 직무이행명령을 통한 감독권을 행사할 수 있을 것인가에 대해서 긍정설(장태주, 홍준형)과 부정설(김남진, 김동희, 한견우)의 대립이 있다. 생각건대, 단체위임사무의 특성(자율성과 독자성)과 성질(자치단체(수임기관)사무성)을 고려하면 직무이행명령을 부정하는 것

---

39) 사법연수원 교재인 「행정구제법」(2006)에 의하면, "단체위임사무는 지방자치단체의 사무인 점, 사실상 단체위임사무와 고유사무가 구별하기 어려운 점 등에 비추어 그 배상책임의 주체는 지방자치단체라고 보아야 할 것이다. 이 점을 명백히 한 판례는 없으나 기관위임에 관한 판례들은 이를 전제로 하고 있는 것으로 보인다"(311면)라고 적고 있다.

이 타당하다.[40)]

(5) 지방의회관여

지방의회는 단체위임사무가 수임 지방자체단체의 사무이기 때문에 당연히 단체위임사무에 관여할 수 있다. 즉 단체위임사무는 원래 지방자치단체의 고유한 사무는 아니지만, 지방자치단체가 수행하는 사무이고 이를 통하여 지방자치단체에 영향을 미치게 되므로, 자치사무와 마찬가지로 지방의회가 관여할 수 있다.

따라서 지방의회는 단체위임사무에 대한 행정사무감사 및 조사(법41①), 자치단체장 또는 관계공무원의 출석요구 등을 하거나 단체위임사무에 관한 조례를 제정할 수 있다(법22).

IV. 기관위임사무

1. 의 의

(1) 개 념

기관위임사무(機關委任事務)는 국가 또는 다른 지방자치단체가 지방자치단체의 장에게 또는 지방자치단체의 장이 타 지방자치단체의 기관에게 위임하여 처리하게 하는 사무를 의미한다(지방자치법 §102). 국가로부터 기관위임사무를 처리함에 있어서 지방자치단체의 기관은 당해 지방자치단체의 기관으로서가 아니고 국가의 행정기관으로서의 법적 지위를 갖는다. 이러한 의미에서 기관위임사무는 국가의 직접적 행정에 속하며, 기관위임사무의 처리효과는 국가에 귀속된다(대판 1966.1.25, 65다2257).

이러한 기관위임와 제도는 국가의 사무를 처리하기 위한 국가의 지방행정관청을 별도로 설치하는 대신에 이를 이용하면 경비절감 등 편리한 점이 많고, 주민의 저항이 예상되는 업무를 중앙기관이 행하기보다는 자치단체에게 맡기는 것이 수월하다는 점 때문에 생겨난 제도이다.

지방자치단체의 장이 처리하고 있는 사무가 기관위임사무에 해당하는지 여부를 판단함에 있어서는 그에 관한 법규의 규정 형식과 취지를 우선 고려하여야 할 것이지만, 그 외에도 그 사무의 성질이 전국적으로 통일적인 처리가 요구되는 사무인지 여부나 그에 관한 경비부담과 최종적인 책임귀속의 주체 등도 아울러 고려하여 판단하여야 한다(대판 2001.11.27, 2001추57; 대판 2004.06.11, 2004추34<골재채취업등록및골재채

---

40) 직무이행명령을 긍정해 왔던 필자의 견해를 단체위임사무의 존재의의와 성질에 보다 충실하기 위하여 [현대행정법강의] 제3판(2007)부터 직무이행명령부정설로 바꾼다.

취허가사무>; 대판 2006.7.28, 2004다759<부랑인선도시설지도·감독사무>).

(2) 기관위임사무의 재위임

기관위임사무를 재위임하는 형태는 다음 두 가지가 있을 수 있다. 1) 수임사무주체가 수임된 사무를 곧바로 전면적으로 다른 기관에 재위임하는 경우와 2) 수임사무주체가 위임된 사항에 관한 일정한 기준을 정하여 그 세부적 사항의 규정을 다시 다른 기관에 재위임하는 경우이다.

기관위임사무의 재위임 또는 재위탁은 미리 당해 사무를 위임 또는 위탁한 기관의 장의 승인을 얻어야 한다(지방자치법104④). 그리고 대법원 판례에 의하면, 기관위임사무의 재위임은 지방자치단체의 조례에 의하여 재위임할 수는 없고 정부조직법(6①) 및 [행정권한위임규정](4)에 의하여 위임기관의 장의 승인을 얻은 후 지방자치단체의 장이 제정한 규칙에 따라 재위임할 수 있다고 본다(대판 1995.11.14, 94누13572; 대판 1990.7.27, 89누6846; 대판 1992.7.28, 92추31; 대판 1995.7.11, 94누4615).

(3) 기관위임사무의 문제점 -기관위임사무의 범람-

기관위임사무는 정부조직법(5)에 근거를 둔 단일 대통령령과 지방자치법(102)에 근거를 둔 수많은 조례로써, 중앙행정기관과 지방자치단체 장의 법률상의 권한이 하급기관 등에게 위임·재위임·내부위임된 것이다. 그런데 오늘날 극히 소수의 권한을 제외하고는 법률에서 권한이 부여된 기관이 직접 그것을 행사하는 예가 드물다. 그리고 법률상의 권한의 소재와 그 권한행사자가 일치하지 아니하는 것이 보통이다. 서정쇄신·민원사무간소화 등의 이름으로 권한이양·권한위임의 현상이 지나치게 많다. 이러한 현상으로 말미암아 지방자치단체장은 자치단체장이라기보다 광범위한 국가행정사무를 도맡아 처리하는 일선 국가기관이 되고 있다는 점에서 자치사무의 효율적 시행에 지장을 초래하고 지방자치의 본말이 전도된 것이라는 지적이 있다. 또한 현실적으로 그 기관위임사무가 지방자치단체의 사무 가운데 양적으로뿐만 아니라 질적으로도 큰 비중을 차지하고 있는 것이 사실이다.

따라서 기관위임사무는 그 성질을 면밀히 검토해서 지방적 사무는 주민복리에 관한 사무는 자치사무로 과감히 이양하거나 주민근접행정과 관련된 경우는 단체위임사무로 전환하는 것이 지방자치발전을 위하여 바람직하다.

2. 종 류

기관위임사무는 대부분이 국가위임사무로서 병무·대통령선거·국회의원선거·경찰·지적·통계·경제정책에 관한 사무, 각종의 인·허가사무 등이 기관위임사무로서의 성격을 가진다. 개별법에 기관위임사무가 정해진 예는 무수히 많다(예, [공유수면법]에 의한 공유수면매립사무, 여객자동차운수사업법에 의한 자동차운수사업면허 및 그 취소사무, 도로법에 의한 국도의 유지·수선사무, 식품위생법에 의한 영업시간제한사무, 국세징수법에 의한 시·군의 국세징수위탁사무등).

법령상 지방자치단체의 장이 처리하도록 규정하고 있는 사무가 기관위임사무에 해당하는지 여부를 판단함에 있어서는 그에 관한 법령의 규정형식과 취지를 우선 고려하여야 할 것이지만, 그 외에도 그 사무의 성질이 전국적으로 통일적인 처리가 요구되는 사무인지 여부나 그에 관한 경비부담과 최종적인 책임귀속의 주체 등도 아울러 고려하여 판단하여야 할 것이다(대판 2001.11.27, 2001추57; 대판 1999.9.17, 99추30<울진군발전소조례안>).

대법원 판례에 의하면, 1) 주택의 공급조건·방법·절차 등에 관한 사항(대판 1995.5.12, 94추28), 2) 공유수면매립에 관한 사무(대판 1981.11.24, 80다2303), 3) 자동차운전면허시험관리사무(대판 1991.12.24, 91다3409), 4) 경기도사무위임조례에 의하여 시장·군수에게 묘지 등의 허가사무위임(대판 1995.12.22, 95추32), 5) 시장이 국도의 관리청이 되어 행하는 국도의 유지·수선사무(대판 1993.1.26, 92다2684), 6) 발전소 주변지역에 대한 지원사업사무(대판 1999.9.17, 99추30<울주군발전소주변지역지원사업>), 7) 부랑인선도시설 및 정신질환자요양시설에 대한 지방자치단체장의 지도·감독사무(대판 2006.7.28, 2004다759<부랑인선도시설지도·감독사무>), 8) 교원능력개발평가는 국가사무로서 각 시·도 교육감에게 위임된 기관위임사무(대판 2013.5.23, 2011추56<교원능력개발평가사무>), 9) 교육감의 학교생활기록의 작성에 관한 사무에 대한 지도·감독 사무(대판 2014.02.27, 2012추213<직무이행명령취소청구>) 등을 들 수 있다. 그런데 국도의 유지·수선사무를 기관위임사무로 보는 견해41)와 단체위임사무로 보는 견해42)의 대립이 있다.

3. 법적 근거

단체위임사무는 개별적인 법률 또는 이에 기한 명령에 의하여 행해지지만(법9①,95), 기관위임사무도 법령에 근거하여 인정된다.(정부조직법6①, 지방자치법9①,102,104).

기관위임사무의 일반적 법적 근거는 정부조직법 제6조 제1항과 [행정권한위임규

---

41) 국도는 국가 전체의 교통망을 종합적으로 관리하기 위하여 지정된 것이라는 점, 각 지방자치단체가 각기 다른 방식으로 관리하는 것이 바람직하지 아니하다는 점 그리고 지방자치법 제11조 제4호의 규정 등을 그 논거로 든다.

42) 도로법 제22조 제1항과 제2항을 각각 나누어 규정하고 있다는 점, 그 사무에 소요되는 비용을 관리청이 속하는 지방자치단체의 부담으로 한다(도로법56)는 점, 비용보조에 관한 규정(도로법72 2문) 그리고 특별시 등 관할구역 내의 일반국도는 당해 특별시 등과 밀접한 이해관계가 있다고 볼 수 있는 점 등을 제시하고 있다.

정]이 있고, 개별적 법적 근거는 지방자치법 제102조(국가사무의 위임), 제103조(사무의 관리 및 집행권)가 있고, 광역지방자치단체의 사무의 근거로는 제104조 제2항(지방자치단체장의 사무위임)이 있다.

즉 지방자치법 제102조에 의하면, "시·도와 시·군 및 자치구에서 시행하는 국가(행정)사무는 법령에 다른 규정이 없으면 시·도와 시·군 및 자치구의 장에게 위임하여 행한다"는 일반적 규정을 두고 있다.43) 그리고 지방자치법 제104조 제2항에 의하면, "지방자치단체의 장은 조례 또는 규칙이 정하는 바에 의하여 그 권한에 속하는 사무의 일부를 지방자치단체의 기관에 위임할 수 있다"고 규정함으로써 기관위임사무에 관한 법적 근거를 마련하고 있다.44) 대법원도 "지방자치법 제85조, 제93조, 제95조 제2항의 규정취지를 종합하여 보면 지방자치단체의 장이 조례에 의하여 그 권한을 관할지방자치단체의 기관에 위임할 수 있다고 해석된다"(대판 1994.5.27, 93누18754)고 판시하였다.

따라서 기관위임사무는 지방자치법상의 근거규정에 의하면 족하고(대판 1984.7.10, 82누563), 별도의 개별법상의 근거규정을 요하지 않는다. 그런데 개별법에 의하여 기관위임사무를 규정하고 있는 경우가 있다. 예컨대, 도지사의 국도유지·수선사무(도로법24) 등을 들 수 있다.

4. 법률관계

(1) 사무의 처리와 귀속

기관위임사무는 국가 등의 사무이기 때문에 기관위임사무를 수임하여 처리하는 지방자치단체의 기관은 그 범위 안에서 국가 등의 기관이라는 지위에서 위임사무를 처리하게 된다. 따라서 기관위임사무의 수행에 있어서 자율성이 약하고 국가 등의 감독·통제가 강하게 나타난다.

기관위임사무는 국가 등의 사무이기 때문에 그 효과도 국가 등에귀속된다.

(2) 경비부담

기관위임사무는 국가 또는 위임 지방자치단체가 위임한 경우이기 때문에, 경비

---

43) 이러한 규정은 지방자치단체의 장을 아직도 국가기관으로 보는 사고에서 비롯된 것이며, 지방자치의 이념이 아직 충분히 인식되지 못하였음을 입증한다고 평가하기도 한다(박윤흔).

44) 기관위임사무의 법적 근거에 대해서 지방자치법 제102조는 "국가사무가 지방자치단체에게 (단체위임사무로) 위임된 경우에, 구체적인 사무의 집행이 자치단체 스스로가 아니라 통상적으로 자치단체의 장에 의해 (다시) 위임되어 행해진다"는 의미로 해석하면서, 이는 기관위임사무와 무관한 것이라고 보는 견해가 있다(류지태). 따라서 이러한 견해에 의하면 기관위임사무의 법적 근거는 지방자치법 제102조가 아니라 제104조라고 본다.

부담에 관하여 위임자인 국가 또는 다른 지방자치단체 측에서 반드시 부담한다(지방자치법 §141단서). 지방재정법 제18조(부담금과 교부금) 제2항에 의하면, "국가가 스스로 행하여야 할 사무를 지방자치단체 또는 그 기관에 위임하여 수행하는 경우에, 그 소요되는 경비는 국가가 그 전부를 당해 지방자치단체에 교부하여야 한다"고 규정하고 있다. 그러나 개별법에서 수임 지방자치단체의 비용부담을 규정하고 있는 경우에는 그 개별법이 우선한다(지방재정법21①②).

(3) 배상책임

기관위임사무를 처리하는 당해 지방자치단체의 기관은 지방자치단체의 기관으로서가 아니라 국가 등의 행정기관으로서의 법적 지위를 갖는다. 따라서 기관위임사무의 귀속주체는 국가 등의 위임기관이기 때문에 원칙적으로 위임기관의 책임과 비용으로 사무가 수행된다. 따라서 손해배상책임자는 당해 기관이 형식적으로 소속된 수임 지방자치단체가 아니라 실질적 선임·감독자이자 실질적 비용부담자인 위임기관이다. 그러나 수임기관이 담당 공무원의 봉급 등 비용을 부담하는 경우에는 수임기관도 비용부담자로서 손해배상책임을 진다(대판 1994.12.9, 94다38137).

따라서 기관위임사무의 경우는 위임기관과 수임기관이 모두 손해배상책임이 인정되는 경우가 있으며, 이러한 경우에 피해자는 양자에 대해서 선택적으로 손해배상을 청구할 수 있게 된다. 양자의 손해배상책임은 부진정연대채무관계에 있다(대판 1998.9.22, 97다42502·42519<육교붕괴>).

따라서 경기도지사가 행하는 공유수면매립에 관한 사무[기관위임사무]의 집행으로 인하여 발생한 행정상 손해배상책임은 경기도가 아니라 국가에 있다(대판 1981.11.24, 80다2303; 대판 1982.11.24, 80다2303). 그리고 군수가 도지사로부터 사무를 기관위임 받은 경우 원칙적으로 군은 국가배상책임이 없지만, 군소속 지방공무원의 봉급을 군이 부담한 경우는 군도 비용부담자로서 국가배상책임이 있다(대판 1994.1.11, 92다29528). 또한 국가사무를 도지사에게 위임하고 다시 도지사가 군수에게 재위임한 경우에, 군수는 그 사무귀속주체인 국가 산하 행정기관의 지위에서 그 사무를 처리한 것에 불과하므로 원칙적으로 군에는 국가배상책임이 없고 사무의 귀속주체인 국가가 손해배상책임을 지지만, 군은 비용부담자로 볼 수 있는 경우에 한하여 국가와 함께 손해배상책임을 진다(대판 2000.5.12, 99다70600<개간허가취소사무>).

(4) 감독관계

기관위임사무는 위임받은 한도 안에서 당해 집행기관은 위임자인 국가(때로는 다른 자치단체)의 기관으로서의 지위에 서게 되고, 그의 <u>직무상 지휘감독을 전면적으로</u>

받게 된다(정부조직법29③·31·24④,지방자치법169,[교육자치법]50 등). 즉 기관위임사무에 대한 감독(시정명령, 취소·정지)은 하급행정기관에 대한 감독에 해당하므로 위법한 경우뿐만 아니라, 부당한 경우에도 발동될 수 있다(지방자치법169①전단)(대판 1996.12.23, 96추114). 따라서 사무수행상 위임자인 국가 등은 수임기관인 지방자치단체에 대하여 지시권도 갖는다.

지방자치단체나 그 장이 위임받아 처리하는 국가사무에 관하여 시·도에서는 주무부장관의, 시·군 및 자치구에서는 1차로 시·도지사의, 2차로 주무부장관의 지도·감독을 받는다(지방자치법167①). 시·군 및 자치구나 그 장이 위임받아 처리하는 시·도의 사무에 관하여는 시·도지사의 지도·감독을 받는다(지방자치법167②).

또한 기관위임사무의 관리 및 집행을 명백하게 해태한 때에는 감독관청은 이행명령(履行命令)을 발할 수 있고, 이러한 경우 일정한 기간 내에 명령을 이행하지 않는 경우는 대집행(代執行)을 할 수 있다(지방자치법 §170①·②). 이러한 이행명령에 대하여 이의가 있는 경우는 이행명령서를 접수한 날로부터 15일 이내에 지방자치단체장은 대법원에 제소할 수 있다(지방자치법 §170③).

그런데 국가가 국토이용계획과 관련한 지방자치단체의 장의 기관위임사무의 처리에 관하여 지방자치단체의 장을 상대로 취소소송을 제기하는 것은 허용되지 않는다(대판 2007.9.20, 2005두6935<국토이용계획변경신청거부처분취소>).

(5) 지방의회관여

지방의회는 당해 지방자치단체에서 경비를 부담하는 경우를 제외하고는 원칙적으로 기관위임사무에 관여하지 못한다. 따라서 지방의회는 기관위임사무에 대하여 조례를 정할 수 없을 뿐만 아니라 의결 등의 방법을 통한 관여도 할 수 없다.

그러나 기관위임사무도 지방자치단체가 수행하는 사무이고 이를 통하여 지방자치단체에 영향을 미치게 되므로 일정한 경우에 한하여 자치사무와 마찬가지로 지방의회의 관여를 인정하고 있다. 예컨대 감사에 대해서는 국회와 시·도의회가 직접 감사하기로 한 사무를 제외하고는 기관위임사무의 감사를 당해 시·도의회와 시·군·구의회가 각각 행할 수 있는 특례가 인정된다(법41③).

▣ 자치사무와 기관위임사무 및 단체위임의 구별 ▣

구분	고유사무	단체위임사무	기관위임사무
① 사무성질· 사무귀속	·자치단체 존립목적이 되는 지방적 복리사무 ·자치단체에 귀속. ·지역적 공공사무 및 지방적 복리사무(호적·주민 등록사무 등).	·자치단체 자체에 위임된 사무. ·사무수행에 있어서 자율성과 독자성이 인정 ·수임기관인 자치단체에 귀속 ·하천·도로의 점용료·사용료징수, 기초자치단체의 도세징수사무 등.	·자치단체장 기타의 집행기관에게 위임된 사무 ·수임기관인 자치단체장은 국가 등의 기관으로서 지위 ·위임기관인 국가 등에 귀속 ·초지역적·국가적 일반사무(병무·선거사무 등)
② 법적근거	·법적 근거가 없더라도 법령에 저촉되지 않는 한 행할 수 있다.	·개별적인 법령의 근거를 요한다.	·개별적인 법령의 근거를 반드시 요하지 않지만, 정부조직법(6①)·지방자치법(9①·102·104)이 근거규정이다.
③ 경비부담· 배상책임	·당해 자치단체가 비용부담하는 것이 원칙 ·지방자치단체가 손해배상책임을 부담	·국가 또는 위임 자치단체가 원칙적으로 경비부담하지만, 수임 자치단체도 경비분담. ·수임 자치단체가 배상책임을 원칙적으로 지고, 국가 또는 위임 자치단체도 비용부담자로서 배상책임을 진다.	·국가 또는 위임 지방자치단체가 부담 ·국가 또는 위임 자치단체가 배상책임을 원칙적으로 지고, 수임 자치단체도 비용부담자로서 배상책임을 진다.
④ 감독관계	·교정적(사후적)·합법성 감독(시정명령, 취소·정지)이 인정. ·감독권행사에 대해서 이의가 있는 경우는 자치단체장이 제소가능	·①교정적(사후적)·합법성 감독(시정명령, 취소·정지)만이 인정된다는 견해와②예방적(적극적)·합목적성 감독(직무이행명령·대집행)도 인정된다는 견해의 대립이 있으나, ①설이 타당	·위임받은 한도 안에서 직무상 전면적 지휘감독을 받는다. ·예방적(사전적)·적극적 감독과 합목적성·합법성 감독이 인정(시정명령, 취소·정지, 직무이행명령·대집행 등)
⑤ 지방의회 관여	·의결·동의·감사 등의 방법으로 관여	·의결·동의·감사 등의 방법으로 관여	·원칙적으로 관여불가 ·예외적으로 가능(41③)

제 5 절 자치재정작용

I. 의 의

1. 개 념

자치재정작용(自治財政作用)이란 자치행정작용의 하나로서 자치단체가 자치행정의
경비를 충당하기 위하여 스스로 필요한 세입을 확보하고 지출을 관리하는 작용을
말한다. 이러한 자치재정작용에 관한 지방자치단체의 권한을 자주재정권 또는 자
치재정권이라 한다.

2. 재정운영의 기본원칙

지방자치단체의 지방재정운영을 위한 기본원칙으로서 1) 지방자치단체는 수지균
형(收支均衡)의 원칙에 따라 재정을 건전하게 운영하여야 하며(법122①), 2) 지방자치
단체는 국가시책(國家施策)의 구현을 위하여 노력하여야 한다(법123①).

지방자치단체의 자주재정의 확립은 지방자치의 실질적인 구현을 위한 중요한 요
소이기 때문에, 지방자치단체는 재정수입을 확보하기 위한 노력을 하여야 한다. 그
런데 지역간의 부의 편중과 세원의 중앙집중 등으로 말미암아 재정자립도는 그리
높지 않고, 지방자치단체간의 격차도 심한 것이 현실이다.

국가는 지방재정의 자주성과 건전한 운영을 조장하여야 하며, 국가의 부담을 지
방자치단체에 넘겨서는 아니 된다(법122②).

II. 지방자치단체의 수입

1. 지방세

지방자치단체는 법률에 의하여 지방세(地方稅)를 부과·징수할 수 있다(법126). 지방
세는 그 과세주체에 따라 서울특별시세·광역시세·도세와 시·군세 및 구세로 나누
어진다. 그리고 지방세는 과세의 목적 및 대상에 따라 보통세와 목적세로 나누어
진다.

2. 협의의 세외수입

지방자치단체는 사용료(공공시설의 사용대가)·수수료(역무에 대한 반대급부) 및 분담금(재산 또는 공공시설의 설치로 인한 수익자분담금)을 부과·징수할 수 있다(법136조부터138까지). 그리고 지방자치단체의 기타 세외수입으로는 ① 재산수입, ② 사업수입, ③ 교부금, ④ 이월금, ⑤ 과태료, ⑥ 잡수입(기부금, 체납처분비, 위약금 등) 등이 있다.

지방자치법 제128조[현행 137조] 제1항의 취지는 지방자치단체의 사무가 특정인만을 위한 사무인 경우에 한정하여 수수료를 징수할 수 있도록 하는 것이 아니라 당해 사무가 특정인을 위한 사무인 동시에 지방자치단체 자신을 위한 사무인 경우에도 수수료를 징수할 수 있도록 하는 데 있다(대판 1997.10.14, 97다21253; 대판 1998.9.8, 98추26<횡성군제증명등수수료징수조례>), 지방자치단체가 사경제 주체로서 주민 등과 계약을 체결함에 있어서 수의계약신청 또는 견적서 제출에 대하여 건당 금 10,000원의 수수료를 징수하도록 한 부분은 지방자치법 제128조 제1항에 위반되지 아니한다(대판 1998.9.8, 98추26<횡성군제증명등수수료징수조례>).

3. 지방교부세

지방교부세(地方交付稅)는 국가가 재정적 결함이 생기는 자치단체에 교부하는 금액을 말하는 것으로서(지방교부세법2), 보통교부세·특별교부세 및 분권교부세로 나누어진다(법3). 보통교부세는 매년도 기준재정수입액이 기준재정수요액에 미달하는 자치단체에 대하여 그 미달액을 기초로 교부한다(법6). 특별교부세는 기준재정수요액의 산정방법으로 포착할 수 없는 특별한 재정수요가 있을 때와 보통교부세의 산정기일 후에 발생한 재해로 인하여 특별한 재정수요가 있거나 재정수입의 감소가 있을 때 교부된다(법9). 분권교부세는 국고보조사업을 이양받은 자치단체에 대하여 교부한다(법9의2). 그리고 지방교육재정교부금법에 의한 지방교육재정교부금이 있다.

4. 국고보조금

국고보조금(國庫補助金)은 국가가 지방자치단체의 경비의 일부 또는 전부로 충당하게 하기 위하여 용도를 특정하는 자금을 의미한다. 용도가 특정된다는 점에서 지방교부세와 구별된다. 따라서 국가는 시책상 필요한 때 또는 지방자치단체의 재정사정상 필요하다고 인정될 때에는 예산의 범위 내에서 보조금을 교부할 수 있다.

5. 지방채와 일시차입금

1) 지방채(地方債)는 지방자치단체가 재정수입의 부족액을 보전하기 위하여 증서차입 또는 채권발행의 방법에 의하여 자금을 조달하는 일회계연도를 넘는 장기차입금을 의미한다. 그리고 2) 일시차입금(一時借入金)은 당해 회계연도 내의 일시적인 자금부족을 보전하기 위하여 빌리는 금전을 말한다.

지방자치단체장은 그 지방자치단체의 항구적 이익이 되거나 또는 비상재해복구 등의 필요가 있는 때에는 안전행정부장관의 승인을 받아 대통령령으로 정하는 지방채 발행 한도액의 범위에서 지방의회의 의결을 얻어 지방채를 발행할 수 있다(지방재정법11). 그리고 예산에 계상된 범위 안에서 필요한 때에는 지방의회의 의결을 얻어 회계연도마다 회기별로 일시차입금을 이용할 수 있다.

III. 지방자치단체의 예산과 결산

1. 예 산

예산의 편성제안권은 자치단체장에게 인정된다. 따라서 지방자치단체장은 회계연도마다 예산안을 편성하여 시·도의 회계연도개시 50일 전까지, 시·군·구는 40일 전까지 지방의회에 제출하여야 한다(법127①). 시·도의회는 회계연도개시 15일 전까지, 시·군·구의회는 10일 전까지 예산안을 의결하여야 한다(법127②). 지방의회는 지방자치단체장의 동의없이 지출예산 각항의 금액을 증가하거나 새 항목을 설치할 수 없다(법127③).

지방의회에서 새로운 회계연도가 개시될 때까지 예산안이 의결되지 못한 때에는 지방자치단체장은 지방의회에서 예산안이 의결될 때까지 일정한 경비를 전년도예산에 준하여 집행할 수 있다(법131).

지방자치단체의 장은 예산을 변경할 필요가 있으면 추가경정예산안을 편성하여 지방의회의 의결을 받아야 한다(법130①). 이러한 추가경정예산을 지방재정법 제36조에 의하여 지방의회가 삭감할 수 있다(대판 2004.5.27, 2003추68<추가경정예산안삭감(무주군)>).

지방의회는 지방자치단체의 예산을 심의·확정할 권한이 있으므로 군비 부담을 수반하는 국·도비보조금의 사업이 적절하지 않다고 판단되면 관련 예산안에 대한 심의를 통하여 사후에 감시·통제할 수 있고(대판 1996.5.10, 95추87; 대판 2010.09.30, 2010다23265<부여군>), 적어도 군비에 관한 한 지방의회는 계상된 예산을 삭감할 수 있다(대판 2010.09.30, 2010다23265<부여군>).

2. 결 산

지방자치단체장은 출납폐쇄 후 80일 이내에 결산서 및 증빙서류를 작성하고 지방의회가 선임한 검사위원의 검사의견서를 첨부하여 다음 연도 지방의회의 승인을 얻어야 한다(§134①). 지방의회의 승인을 얻은 경우에 지방자치단체장은 시·도에서는 안전행정부장관에게, 시·군·자치구에서는 시·도지사에게 각각 보고하고 그 내용을 고시하여야 한다(법134②).

제 6 절 지방자치행정의 행정적 관여[45)]
-중앙정부(국가)에 의한 통제-

I. 행정적 관여의 의의

지방행정에 대한 행정적 관여(關與)는 국가 또는 상급지방자치단체가 지방자치단체의 임무수행에 관하여 권고하거나 지방행정의 적법성과 타당성에 관여하는 것을 말한다.

지방행정의 중앙정부(국가)에 의한 관여에 있어서 감독기관은 대통령, 국무총리·부총리·각부 장관, 그리고 광역 지방자치단체의 장이 있다. 안전행정부장관은 자치단체에 대한 일반적 감독권을 가진다. 감사원은 자치단체의 회계검사와 직무감찰에 관하여 감독권을 가진다.

위임사무에 대해서는 당해 사무의 각 수부부장관이 감독하고, 그 밖에는 안전행정부장관이 일반적 감독권을 가진다. 지방자치단체 또는 그 장이 위임받아 처리하는 국가사무에 관한 감독기관은 시·도의 경우 주무부장관이, 시·군·자치구의 경우는 1차로 시·도지사가 2차로 주무부장관이 된다.

자치사무에 대한 적법성의 감독은 지방자치단체가 행한 자치사무가 법률에 합당하지의 여부를 감독하는 것을 말한다. 자치사무에 관한 적법성의 감독은 1) 법적 의무의 이행여부, 2) 법적 권한의 남용여부, 3) 법적 절차의 준수여부, 4) 재량남용·일탈의 여부, 5) 불확정개념의 해석·적용의 적정여부 등이 그 주된 내용이 된다.

---

45) 행정적 관여 이외에도 입법적 관여(통제)와 사법적 관여(통제) 등이 있을 수 있다.

그리고 자치사무에 대한 감독권의 행사에 대하여는 이를 소송상 다툴 수 있다. 그런데 위임사무에 대한 타당성의 감독은 수임자의 결정이 위임자인 감독청의 합목적성에 부합하는가에 대해서 이루어진다. 따라서 타당성의 감독은 지방자치단체의 재량권이 부여된 사항에 대해서도 이루어지는데, 이러한 타당성의 감독권행사에 대해서는 일반적으로 피감독지방자치단체는 소송을 제기할 수 없다.

감사원의 지방자치단체에 대한 감사는 합법성 감사에 한정되지 않고 자치사무에 대하여도 합목적성 감사가 가능하여(헌재 2008.05.29, 2005헌라3), 국가감독권 행사로서 지방자치단체의 자치사무에 대한 감사원의 사전적·포괄적 감사가 인정된다(헌재 2009.5.28, 2006헌라6).

II. 행정적 관여의 수단

1. 시정명령권과 취소·정지권

(1) 의 의

시정명령(是正命令)제도는 지방자치단체의 사무에 대한 <u>사후적·소극적 감독수단</u>이고, 취소·정지(取消·停止)제도는 당해 지방자치단체의 별도 행위를 거치지 않고 <u>처분의 효력을 직접 상실시키는 형성적 행위</u>에 속한다. 이러한 시정명령과 취소·정지가 단계구조인지, 아니면 시정명령을 하지 않고 바로 취소·정지할 수도 있는지가 문제된다. 현대행정법의 원리로 보면 시정명령을 원칙으로 하고 예외적으로 취소·정지를 인정하는 것이 바람직하다. 따라서 <u>시정명령과 취소·정지를 단계구조로 보는 것이 타당하다.</u> 그런데 이러한 시정명령과 취소·정지와 관련해서 시정명령 자체는 처분이 아니라 취소·정지만 처분에 해당한다고 보는 견해(정형근)가 있다.

(2) 요 건

(가) 법령위반 또는 현저히 부당한 명령·처분　　　지방자치단체장의 <u>법령위반 또는 현저히 부당</u>하여 공익을 해치는 명령·처분에 대하여 주무부장관 또는 시·도지사는 시정명령하고 취소·정지할 수 있는데, <u>자치사무에 대한 명령 또는 처분은 위법인 경우에 한하여</u> 시정명령과 취소·정지가 인정된다. 따라서 시·도에 대하여는 주무부장관이, 시·군·자치구에 대하여는 시·도지사가 기간을 정하여 서면으로 시정할 것을 명하고, 그 기간에 이행하지 아니하면 이를 취소하거나 정지할 수 있다(법169①참조).

대법원 판례에 의하면, "자치단체장이 징계의결의 요구를 할 의무가 있고 직위해제를 할 필요성도 매우 높은 경우에 이를 하지 않고 오히려 승진임용시킨 것은 재량권의 범위를 일탈한 것으로서 현저히 부당하여 공익을 해하는 위법한 처분이다"라고 판시하였다(대판 1998.7.10, 97추67[46]);대판 2007.3.22, 2005추62 전원합의체<임용승진직권취소(울산북구)>). 지방자치단체의 사무에 관한 그 장의 명령이나 처분이 '법령에 위반되는 경우'라 함은 명령이나 처분이 현저히 부당하여 공익을 해하는 경우, 즉 합목적성을 현저히 결하는 경우와 대비되는 개념으로, 시·군·구의 장의 사무의 집행이 명시적인 법령의 규정을 구체적으로 위반한 경우뿐만 아니라 그러한 사무의 집행이 재량권을 일탈·남용하여 위법하게 되는 경우를 포함한다고 할 것이다. 따라서 시·군·구의 장의 자치사무의 일종인 당해 지방자치단체 소속 공무원에 대한 승진처분이 재량권을 일탈·남용하여 위법하게 된 경우 시·도지사는 지방자치법 제157조 제1항 후문에 따라 그에 대한 시정명령이나 취소 또는 정지를 할 수 있다(대판 2007.3.22, 2005추62 전원합의체<임용승진직권취소(울산북구)>).

(나) 기관위임사무의 시정명령과 취소·정지권   지방자치법에 의한 시정명령권과 취소·정지권은 자치사무와 단체위임사무에만 적용될 뿐이고 기관위임사무에는 적용되지 않는다는 견해가 일반적이다. 그렇다고 해서 기관위임사무도 시정명령이나 취소·정지를 받지 않는다는 뜻은 아니고, 기관위임사무도 시정명령이나 취소·정지를 받게 되는데, 그 법적 근거가 지방자치법이 아니라 [행정권한위임규정] 제6조가 된다.

⑶ 시정명령 또는 취소·정지처분에 대한 제소

주무부장관 등의 취소·정지처분에 대하여 이의가 있으면 지방자치단체장은 그 취소·정지처분을 통보받은 날로부터 15일 이내에 대법원에 제소할 수 있다는 명문의 규정(법169②)이 있다. 그러나 시정명령에 대해서 이의가 있는 지방자치단체는 제소할 수 있는 명문의 규정이 없기 때문에 제소할 수 없다는 견해(김남진)도 있으나, 입법적 불비에 해당하고 또한 제소가 가능하다고 할 것이다. 대법원은 "지방자치법 제169조 제2항 소정의 소를 제기할 수 있는 대상은 자치사무에 관한 명령이

---

46) 이 사건에서 대법원은 광역지방자치단체장(전북도지사)이 지방자치법 제157조[현행 제169조] 제1항 소정의 기간을 정하여 기초자치단체장(부안군수)의 위와 같은 위법한 승진임용의 시정을 명하고, 기초자치단체장이 그 기간 내에 이를 이행하지 아니하자, 광역지방자치단체장(전북도지사)이 그 승진임용을 취소한 것이 적법하다고 보았다. 또한 이러한 사건에서 당해 공무원[A]은 광역자치단체장[X]이 기초자치단체장[Y]의 승진임용처분을 취소함으로써 당해 처분의 취소를 구할 법률상 이익이 인정되기 때문에, 지방자치법 제169조 제2항에 의한 기초자치단체장[Y]의 대법원 제소와 관계없이 광역자치단체장[X]의 승진임용취소처분의 취소를 구하는 취소소송을 제기할 수 있다고 할 것이다.

나 처분의 취소 또는 정지에 한정된다"(대판 2013.5.23, 선고 2011추56)고 본다.

제169조 제2항에 의한 소송형태를 형식적으로는 감독기관[국가 또는 광역지방자치단체]과 지방자치단체간의 권한행사에 관한 다툼을 구하는 기관소송으로 이해하고, 실질적으로는 항고소송적 성질을 가지는 것으로 이해하는 것이 타당하다. 따라서 우리 행정소송법의 체계상으로는 항고소송적 성질을 가진 기관소송이라고 할 것이다.

2. 직무이행명령·대집행

(1) 의 의

직무이행명령(職務履行命令)이란 자치단체장이 위임사무의 관리·집행을 게을리하는 경우에 감독청이 그 이행을 명하여 부작위를 시정하는 제도이다. 지방자치법(170①)은 "지방자치단체의 장이 법령의 규정에 따라 그 의무에 속하는 국가위임사무 또는 시·도위임사무의 관리·집행을 명백히 게을리하고 있다고 인정되면 시·도에 대하여는 주무부장관이, 시·군·및 자치구에 대하여는 시·도지사가 기간을 정하여 서면으로 이행할 사항을 명령할 수 있다"고 규정하고 있다.

이러한 직무이행명령은 지방자치단체장이 국가에 의한 임명직에서 민선에 의한 선출직으로 변하면서 국가사무의 성실한 직무수행이 이루어지지 않을 것을 우려해서 만들어 놓은 제도이다. 즉 국가위임사무의 관리·집행에 관한 두 기관 사이의 분쟁을 대법원의 재판을 통하여 합리적으로 해결함으로써 그 사무집행의 적법성과 실효성을 보장하려는 데 있다(대판 2013.6.27, 2009추206). 따라서 지방자치법상 직무이행명령은 사전적·적극적 감독수단으로서 자치단체장이 직무수행을 명백히 해태하는 경우에 인정된다는 점에서 사후적·적극적 감독수단인 시정명령 및 취소·정지제도와 구별된다.

(2) 요 건

(가) 사무관리·집행의 명백한 해태   직무이행명령의 요건과 관련해서, 지방자치법은 '사무의 관리·집행을 명백히 게을리하고 있는 경우'만을 규정하고 있으나, 사무의 관리·집행이 위법한 경우뿐만 아니라 부당한 경우도 인정이 되며, '명백히 게을리하고 있는 경우'의 의미는 객관적으로 아무런 사유 없이 사무의 관리·집행을 게을리하는 것을 의미하는데, 여기에는 부작위도 포함된다고 할 것이다.

이러한 요건은 국가위임사무를 관리·집행할 의무가 성립함을 전제로 하는데, 지방자치단체의 장은 그 의무에 속한 국가위임사무를 이행하는 것이 원칙이므로, 지방자치단체의 장이 특별한 사정이 없이 그 의무를 이행하지 아니한 때에는 이를 충족한다고 해석하여야 한다(대판 2013.6.27, 2009추206). 여기서 특별한 사정이란, 국가위임사무를 관리·집행할 수 없는 법령상 장애사유 또는 지방자치단체의 재정상 능력이나 여건의 미비, 인력의 부족 등 사실상의 장애사유를 뜻한다(대판 2013.6.27, 2009추206). 따라서 지방자치단체의 장이 특정 국가위임사무를 관리·집행할 의무가 있는지 여부에 관하여 주무부장관과 다른 견해를 취하여 이를 이행하고 있지 아니한 사정은 이에 해당한다고 볼 수 없다(대판 2013.6.27, 2009추206).

(나) 직무이행명령의 대상   직무이행명령의 대상과 관련해서, 기관위임사무설(김남진,김동희,류지태,홍정선,한견우,정형근)·단체위임사무설(홍준형)·기관·단체위임사무설(장태주)의 대립이 있다. 1) 기관위임사무설은 법문상 '지방자치단체의 장'이라고 표현하고 있다는 점과 단체위임사무라고 보게 되면 지방자치단체의 사무에 대해 지나친 감독권을 인정하게 되어 자치권을 침해하는 결과가 된다는 점을 근거로 들고 있다. 2) 단체위임사무설은 기관위임사무에 대해서는 지방자치법에 포괄적인 감독권이 인정되어 있으므로 별도로 제170조에서 직무이행명령을 둘 필요가 없다는 점을 근거로 들고 있다.

생각건대, 3) 단체위임사무의 성질은 수임 지방자치단체의 사무로 이해하는 입장에서 보면, 단체위임사무는 성질상 자치사무와 같이 다루는 것이 타당하다. 요컨대 단체위임사무는 자율성과 독자성을 존중해 줄 필요가 있기 때문에 직무이행명령의 대상이 되지 않는다고 해석하는 것이 타당하다.

(다) 직무이행명령의 형식   이행명령의 형식은 서면으로 하여야 하고, 직무이행명령을 수행하는 데 필요한 상당한 기간을 정하여야 한다.

(3) 대집행

주무부장관이나 시·도지사는 해당 지방자치단체의 장이 정해진 기간 내에 직무이행명령을 이행하지 않을 때에는 해당 지방자치단체의 비용부담으로 행정대집행법을 준용하여 대집행(代執行)을 하거나 행정상·재정상 필요한 조치를 취할 수 있다(법170②참조).

(4) 단체장의 제소

직무이행명령에 이의가 있는 자치단체장은 이행명령서를 접수한 날로부터 15일 이내에 대법원에 소를 제기할 수 있으며, 이행명령의 집행정지결정도 신청할 수 있다(§170③).

자치단체장이 제기하는 소송의 성질에 관해서 행정내부적 행위임을 이유로 '특수한 형태의 항고소송'(장태주, 홍정선) 혹은 지방자치법이 특별히 인정한 '특수한 소

송'(정형근)으로 보는 견해가 있다. 또한 직무이행명령에 대한 소송은 헌법재판소의
권한쟁의심판대상이기 때문에 입법론적으로 지방자치법 제170조 제3항을 삭제하여
야 한다는 주장(류지태)도 있다. 그러나 행정소송법상 기관소송은 바로 이러한 행정
주체 내부간의 분쟁을 법적으로 해결하기 위하여 만들어진 것이라는 점을 생각하
면, 형식적으로는 기관소송(機關訴訟)으로 보는 것이 타당하다. 이러한 기관소송의 실
질적 내용을 고려한다면, 직무이행명령에 대한 소송의 성질은 <u>항고소송적 성질을
가진 기관소송</u>이라고 할 것이다.

3. 지방의회의 의결·조례안에 대한 통제·감독권

(1) 재의요구지시

(가) 의 의 　지방의회의 의결이 법령에 <u>위반되거나 공익을 현저히 해친다
고 판단될 때에는 주무부장관·안전행정부장관</u>(2개이상 부처가 관련되거나 주무부장관이 불
분명한 경우(법172⑧)과 시·도지사는 관계 지방자치단체장으로 하여금 재의요구(再議要
求)할 것을 지시할 수 있다(법172①1문).

이러한 재의요구지시의 법적 성질은 행정기관간의 지휘·감독작용이라고 할 것
이다.

(나) 요 건 　① "공익을 현저히 해친다"라 함은 지방의회의 의결이 재량권
의 범위를 벗어나 위법으로 판단된 경우를 말하며, 단순한 재량하자나 합목적성을
이유로 재의요구를 지시할 수 없다고 할 것이다.

② 감독청의 재의요구기간과 관련해서 판례는 "언제라도 할 수 있는 것이 아니
라 의결이 재의요구를 할 수 없는 상태로 확정될 때까지로 제한한다"(대판 1993.6.23,
92추17)고 판시하였는데, 감독청의 재의요구지시도 지방자치단체장이 의결사항을 이
송받은 날로부터 20일 이내에 행사하여야 한다고 본다.

(다) 효 과 　재의요구를 지시받은 지방자치단체장은 의결사항을 이송받은
날로부터 20일 이내에 지방의회에 이유를 붙여 재의를 요구하여야 한다(§172①2문).
만약 재의요구를 지시받은 지방자치단체장이 감독청의 재의지시에 불응한 채 20일
이 경과하면 그 조례안은 조례로 확정된다. 그리고 지방의회가 이러한 재의요구에
대해서 재의한 결과 재적의원 과반수의 출석과 출석의원 3분의 2 이상으로 동일한
의결을 하면 그 의결사항은 확정된다(§172②).

(라) 불 복 　<u>재의요구불응</u>에 대하여 감독청이 해당 지방자치단체장을 상대
로 조례안의 효력을 다투는 소를 제기할 수는 없다는 것이 판례(대판 1999.10.22, 99추
54<대전유성구세특례조례>)의 입장이었다. 그러나 개정(2005.1.27) 지방자치법(§172⑦)은 감

독청의 재의요구지시를 받고도 지방자치단체장이 20일이 지나도 재의요구를 하지 않는 경우에 감독청은 그로부터 7일 이내에 직접 대법원에 제소 및 집행정지결정을 신청할 수 있도록 개정하였다. 이러한 대법원의 직접제소와 집행정지신청은 법령에 위반되는 지방의회의 의결사항이 조례안인 경우로서 재의요구지시를 받기 전에 그 조례안을 공포한 경우에도 인정된다.

다른 한편 재의요구지시의 법적 성질과 관련해서 재의요구지시 자체에 대한 불복방법으로써 제소규정이 없다는 점을 들어 소송대상이 되는 처분이 아니라 행정청 내부의 지휘·감독작용으로 보아야 한다는 견해가 있다. 그러나 기관소송의 대상은 처분성의 문제가 아니라 '권한의 존부 또는 그 행사에 관한 다툼'에 관한 것이다. 따라서 감독청의 지휘·감독작용에 대해서도 (감독)'권한의 존부 또는 그 행사에 관한 다툼'이 있다면 기관소송으로 다툴 수 있다고 보아야 할 것이다. 지방자치법 (172⑤)에 의하면 "감독청의 제소지시에 대하여 해당 지방자치단체장은 제소지시를 받은 날로부터 7일 이내에 제소하여야 한다"고 규정하고 있는데, 이러한 법규정은 감독청의 지휘·감독작용을 기관소송의 대상으로 한다는 것을 보여주고 있다.

현행 지방자치법이 재의요구지시에 대한 해당 지방자치단체장의 불복방법에 대하여 명시직으로 규정하지 않은 점은 입법적 불비에 해당하고, 지방자치법 제172조 제5항을 유추하여 지방자치단체장은 감독청을 피고로 대법원에 제소할 수 있다고 보아야 할 것이다.

(2) 감독청의 제소지시·직접제소권

(가) 재의요구불응에 대한 직접제소   지방의회의 의결이 위법하다고 판단되어 주무부장관·안전행정부장관(2개이상 부처가 관련되거나 주무부장관이 불분명한 경우(법172⑧)) 또는 시·도지사가 당해 지방자치단체장에게 재의요구를 지시(指示)하였음에도 자치단체장이 불응한 경우는 대법원에 직접제소(直接提訴) 및 집행정지를 신청할 수 있다(법172⑦). 이러한 직접제수제도는 지방의회의 위법한 의결에 대한 국가기관의 실효적인 통제제도로서 지방의회와 지방자치단체장에 대한 감독권의 행사라고 할 것이다.

(나) 재의결에 대한 제소지시 또는 직접제소   재의요구에 의하여 재의결된 사항이 법령에 위반됨에도 불구하고 지방자치단체장이 스스로 대법원에 소를 제기하지 않은 경우에 안전행정부장관 또는 시·도지사는 당해 지방자치단체장에게 제소를 지시하거나 직접 제소할 수도 있다. 이러한 경우 감독청은 필요하다고 인정되는 때에는 집행정지를 신청할 수 있다(법172④).

(다) 소취하에 대한 직접제소   지방자치단체장이 감독청의 제소지시를 받

고 제소를 하였다가 감독청의 동의없이 이를 취하한 경우는 소취하의 효력발생을 안 날로부터 7일 이내에 감독청은 직접 제소할 수 있다(대판 2002.5.31, 2001추88).

(라) 소송의 성질   감독청이 제기하는 소송의 형태에 관해서 1) 특수한 형태의 항고소송으로 보는 입장, 2) 기관소송으로 보는 입장, 3) 재판의 전제성을 요하지 않는 특수한 규범통제소송으로 보는 견해의 대립이 있다. 생각건대 4) 소송의 성질은 소송당사자가 바뀐다고 해서 다르게 볼 것이 아니다. 따라서 지방자치단체장이 제소하는 경우와 그 소송의 성질은 행정주체 내부의 행정법에 관한 분쟁을 해결하는 것이라는 점에서 동일하기 때문에 기관소송[항고소송적 기관소송]으로 보는 것이 타당하다.

4. 기타 행정적 관여수단

(1) 보고·신고·자료제출요구

안전행정부장관이나 시·도지사는 감독상 필요할 때에는 지방자치단체의 자치사무에 관하여 보고를 받을 수 있고(법171 전단), 조언·권고·지도를 할 수 있으며, 이를 위하여 필요한 때에는 지방자치단체에 대하여 자료의 제출을 요구할 수 있다(법166①).

자치구가 아닌 구와 읍·면·동의 명칭과 구역의 변경(법4의2①), 주민감사청구의 결과에 따른 조치결과(법16⑥), 지방자치단체장의 체포 및 확정판결(법100), 예산·결산(법133②,134②), 조례·규칙의 제정·개정(법28), 예산조정결정사항 중 연도별추진계획(법148⑤), 사무위탁(법151①④), 행정협의회의 구성(법152①) 등에 관하여 지방자치단체의 보고의무가 있다.

지방자치단체장 또는 지방의회의장의 협의체를 설립한 때에는 안전행정부장관에게 신고하여야 한다(법165③).

(2) 임의적·비권력적 조언·지도·권고와 지원

중앙행정기관의 장 또는 시·도지사는 지방자치단체에 대하여 임의적·비권력적 수단으로서 사무의 처리에 관한 조언(助言) 또는 권고(勸告)하거나 지도할 수 있고, 이를 위하여 필요하면 지방자치단체에 자료의 제출을 요구할 수 있다(법166①). 따라서 중앙행정기관의 장 또는 시·도지사는 자치단체의 고유사무에 대하여 임의적이고 비권력적인 일반적인 지도권을 행사할 수 있으나, 규제적·억제적인 권력적 지도권은 인정되지 않는다. 그리고 안전행정부장관이나 시·도지사는 공익상 필요하면 관계 지방자치단체에 대하여 행정협의회구성을 권고할 수 있다(법152③).

국가나 광역자치단체는 자치단체의 일정한 사무처리에 필요한 재정 또는 기술지원을 할 수 있다(법166②). 그런데 이러한 재정·기술지원은 지방자치단체의 입장에서 절실하게 필요한 재정 및 기술지원을 거부 또는 중단함으로써 국가가 지방자치단체에 대한 강력한 통제수단이 될 수도 있다는 지적이다.

(3) 규제적·권력적 지도·감독

시·도가 구성원인 지방자치단체조합에 대해서 안전행정부장관은 지도·감독할 수 있고, 시·군·자치구가 구성원인 지방자치단체조합에 대해서는 시·도지사의 1차 지도·감독과 안전행정부장관의 2차지도·감독이 인정되지만, 지방자치단체조합의 구성원인 시·군·자치구가 2개 이상의 시·도에 걸치는 지방자치단체조합에 대해서는 안전행정부장관의 지도·감독을 받는다(법163).

시·도의 지방자치단체 또는 그 장이 위임받아 처리하는 국가사무에 관하여 주무부장관은 지도·감독권을 행사할 수 있고, 시·군·자치구에서 처리하는 국가사무에 대해서는 시·도지사의 1차지도·감독과 주무부장관의 2차지도·감독을 받는다(법167①). 그리고 시·군·자치구나 그 장이 위임받아 처리하는 시·도의 사무에 관하여는 시·도지사의 지도·감독을 받는다(법167②).

(4) 사무·회계감사

(가) 사무·회계감사기관　　안전행정부장관이나 시·도지사는 지방자치단체의 자치사무에 관하여 서류·장부·회계를 감사할 수 있는데(법171①본). 안전행정부장관 또는 시·도지사는 이러한 감사를 실시하기 전에 해당 사무의 처리가 법령에 위반되는지 여부 등을 확인하여야 한다(171②). 그리고 자치단체의 사무에 대해서 감사원의 회계검사(감사원법22)·직무감찰(감사원법24①) 등이 있다.

그런데 주무부장관, 안전행정부장관 또는 시·도지사는 이미 감사원 감사 등이 실시된 사안에 대하여는 새로운 사실이 발견되거나 중요한 사항이 누락된 경우 등 대통령령으로 정하는 경우를 제외하고는 감사대상에서 제외하고 종전의 감사결과를 활용하여야 한다(171의2①).

또한 주무부장관과 안전행정부장관이 각각 위임사무감사 또는 자치사무감사를 실시하고자 하는 때에는 지방자치단체의 수감부담을 줄이고 감사의 효율성을 높이기 위하여 같은 기간 동안 함께 감사를 실시할 수 있다(법171의2②참조).

(나) 자치사무에 대한 사무·회계감사　　자치사무에 대한 감독기관의 감사권은 법령위반사항에 한한다(법171①단). 지방자치단체의 사무에 대하여 행하는 감독기관의 감사권행사는 실질적으로 자치행정권을 침해하는 문제가 있기 때문에, 기본적으로 자치사무에 대한 감사는 위법성이 현실적으로 존재하거나 확실한 존재가능

성이 있는 경우에 한하여 실시할 수 있다고 할 것이다. 헌법재판소의 결정(헌재 2009.5.28, 2006헌라6<서울시와 정부간 권한쟁의>)에 의하면, 자치사무에 대하여 감사원의 합법성·합목적성 감사가 가능하고(헌재 2008.05.29, 2005헌라3), 자치사무에 대한 감사원의 사전적·포괄적 감사가 인정되기 때문에 중앙행정기관에도 사전적·포괄적 감사를 인정하게 되면 지방자치단체는 그 자치사무에 대해서도 국가의 불필요한 중복감사를 면할 수 없게 된다고 본다.

⑸ 명령·지정

안전행정부장관은 공익상 필요에 의하여 지방자치단체조합의 설립·해산·규약변경을 명할 수 있으며(법163②), 지방자치단체의 폐치·분합에 따른 사무·재산의 한계 및 승계에 관한 지정(법5②)이 인정된다.

⑹ 승 인

승인(承認)이란 국가 또는 상급지방자치단체가 일정한 지방자치행정에 관하여 예방적 감독수단의 하나로서 행하는 것을 말한다. 현행 지방자치법상 승인을 요하는 사항은 자치구가 아닌 구와 읍·면·동의 폐치·분합에 따른 안전행정부장관의 승인(법4의2①), 지방자치단체조합의 설립승인(법159①), 지방채발행승인(지방재정법11) 등이 있다.

이와 같이 사전적 승인을 요하는 행위에 있어서 승인을 받지 않고 행한 행위의 효과는 그 행위의 성질에 따라 다르다. 예컨대 지방채발행과 같은 사법상 행위는 반드시 무효라고 할 수 없으나, 지방자치단체조합의 설립은 공법상 행위로서 무효라고 볼 것이다.

건설부훈령인 '개발제한구역관리규정(건설부훈령)'에 따라 시장·군수의 폐기물처리시설 설치허가에 앞서 건설부장관의 사전승인은 허가권자인 시장·군수에 대한 지도·감독작용으로서 행한 것으로서 행정기관 내부의 행위에 불과하다. 따라서 건설부장관의 승인행위에 의하여 국민의 구체적인 권리·의무에 직접적인 변동을 초래하는 것이 아닐 뿐만 아니라 직접적으로 도시계획이 변경되는 효력이 발생하는 것이 아니므로 건설부장관의 승인행위는 항고소송의 대상이 되는 (행정)처분에 해당한다고 볼 수 없다(대판 1997.9.26, 97누8540<개발제한구역내행위허가승인처분취소등>).

⑺ 행정협의·조정

지방자치단체 상호간이나 지방자치단체장 상호간 사무처리분쟁은 당사자의 신청 또는 직권에 의하여 분쟁조정위원회에서 조정할 수 있다(법148①). 직권에 의하여 분쟁조정은 분쟁이 공익을 현저히 저해하여 조속한 조정이 필요한 경우에 인정되며 (법148①단), 이러한 경우 감독청이 그 취지를 미리 당사자에게 알려야 한다(법148②).

행정협의회에서 합의가 이루어지지 아니한 사항에 대하여 관계 지방자치단체장의 요청에 의하여 감독청은 관계 중앙행정기관장의 협의를 거쳐 분쟁조정위원회의 의결에 따라 조정할 수 있다(§156①②). 중앙행정기관장과 지방자치단체장이 사무를 처리함에 있어서 의견을 달리하는 경우 이를 협의·조정하기 위하여 국무총리 소속 하에 행정협의조정위원회를 둔다(법168①).

(8) 징계처분 등

감사원은 지방공무원의 비위를 감찰하여(감사원법24) 징계처분(懲戒處分) 또는 문책 등을 요구하고(법32), 변상책임 유무를 판정하며(법31), 청구 또는 직권에 의하여 재심의를 한다.

감사원은 감사의 결과 위법 또는 부당하다고 인정되는 사실이 있을 때에는 소속 장관, 감독기관의 장 또는 당해 기관의 장에게 시정·주의 등을 요구할 수 있다(법33). 그리고 감사결과 법령상·제도상 또는 행정상의 모순이 있거나 기타 개선할 사항이 있다고 인정할 때에는 법령 등의 제정·개정 또는 폐지를 위한 조치나 제도상 또는 행정상의 개선을 요구할 수 있다(법34).

감사원은 감사결과 제32조 내지 제34조의 규정에 의한 조치 등을 요구를 하는 것이 부적절하거나 자율적으로 처리하게 할 필요가 있거나 또는 행정운영 등의 경제성·효율성 및 공정성 등이 인정되는 때에는 그 개선 등에 관한 사항을 권고 또는 통보할 수 있다(법34의2).

사 례 감독청의 시정명령[제44회(2000년) 행정고시]

X광역시장은 X광역시 시립수영장의 이용규칙을 만들면서 주말과 공휴일에는 X광역시 시민만이 동 수영장을 사용할 수 있음을 규정하고 이를 시행하였다. 그러자 문화관광부장관은 지방자치법 제157조 제1항이 정하는 바에 따라 X광역시장에게 주말과 공휴일에도 모든 국민이 다 이용할 수 있도록 이용규칙을 한 달 내에 개정토록 통보하였다. 그러나 X광역시장은 이에 응하지 않았다. 이에 문화관광부장관은 이용규칙의 시행을 정지시켰다. X광역시장은 취소소송의 제기를 통해 이를 다투려고 한다. 문화관광부장관의 정지처분은 적법한가?

풀이해설 감독청의 시정명령 등에 대하여 지방자치단체가 다툴 수 있는 방법과 관련해서 정지처분의 적법성 여부를 묻는 문제이다. 그런데 이러한 정지처분의 적법성을 검토하는 데 있어서 선행되어야 할 것은 광역시의 시립수영장업무가 자치사무인가 위임사무인가를 검토하여야 한다.

372 제 6 편 부문별 개별행정작용론

Ⅰ. 서 론 -문제의 제기-
Ⅱ. 시립수영장이용규칙의 위법성여부
  1. 시립수영장업무의 법적 성질
  2. 시립수영장이용규칙의 위법성
Ⅲ. 문화관광부장관의 정지처분
  1. 정지처분의 의의
  2. 정지처분의 효력
  3. 정지처분에 대한 불복
Ⅳ. 결 론 -문제의 해결-
  · 시립수영장업무는 자치사무이다.
  · 자치사무는 법령에 위반하는 것에 한하여 기간을 정하여 시정을 명하고 그 기간 내
    에 이행하지 아니할 때에는 이를 취소하거나 정지할 수 있다(지방자치법 제157조
    제1항).
  · 문화관광부장관의 정지처분은 주말과 공휴일에 비주민의 X광역시 시립수영장의 사
    용가능성을 완전히 배제하는 것은 위법하다고 할 것이다.

제3장 경찰행정

警察行政

제1절 의 의

I. 개념과 성질

1. 개 념

(1) 개념정의

(가) 국민의 자유·권리의 보호 및 공공의 안녕·질서 유지   경찰행정(警察行政)이란 국민의 자유와 권리를 보호하고 공공의 안녕과 질서 유지를 위하여 경찰상 위해(危害)가 되는 행위나 상태를 예방하고 제거하는 행정작용을 말한다. 경찰관 직무집행법(1(목적))에 의하면, 경찰관의 직무수행은 "국민의 자유와 권리를 보호하고 사회공공의 질서를 유지하기 위한" 점에 있음을 규정하고 있다. 여기서 '국민의 자유와 권리의 보호'는 '공공의 안녕과 질서유지'를 통해서 이루어지는 것으로써, '공공의 안녕과 질서유지'를 위한 경찰작용은 궁극적으로 '국민의 자유와 권리의 보호'를 위한 것임을 의미한다.

(나) 국민의 자유·권리의 보호와 제한   "법치국가에 있어서의 경찰은 국민의 자유를 제한하기 위한 도구가 아니라, 국민의 자유를 침해하는 위험 및 장해의 방지·제거를 통하여 국민의 자유를 유지하는 법적 도구이다. 그러므로 그것은 약화되어서는 안 되며 강화되어야 한다"(Wolff/Bachof)라고 지적하기도 한다. 또한 경찰이 명령·강제함으로써 국민의 자유와 권리를 일부 제한하는 것은 선량한 일반

대다수의 국민의 경우가 아니라 '공공의 안녕과 질서유지에 위해를 가하거나 가할 우려가 있는 극소수의 국민'을 대상으로 한다.

(2) 경찰행정의 분산화

(가) 일반경찰행정작용과 특별경찰행정작용의 분리   경찰행정은 어떤 국가에서도 필수적이고 기본적인 국가작용의 하나이기 때문에, 연혁적으로도 오랜 역사성을 가지고 있고, 앞으로도 국가작용의 민영화 등이라는 환경 속에서 유일하게 국가 본래적 기능으로 남아 있어야 할 국가작용일 것이다. 과거에는 '공공의 안정과 질서 유지를 위한 모두 경찰작용이 경찰기관에 의해서 이루어졌으나, 오늘날 '경찰행정의 분산화(分散化)'에 따라 과거 경찰기관에 의한 경찰작용이 해당 주무행정청의 관할에 의한 경찰작용[특별경찰작용]로 넘어 가게 되었다. 즉 일반적인 공공의 안녕과 질서유지는 일반경찰행정작용(일반행정경찰작용)으로서 경찰기관이 담당하고, 특별행정작용과 관련된 공공의 안녕과 질서유지에 관한 특별경찰행정작용(특별행정경찰작용)은 해당 주무행정기관이 담당하게 된다.

(나) 일반경찰행정작용의 중첩적·보충적 행사   이러한 경찰행정의 분산화 현상에서도 일반경찰행정작용과 특별경찰행정작용을 중첩적으로 함께 규정하고 있는 경우가 있고(예,청소년보호법31(청소년 통행금지·제한구역의 지정 등)④,[풍속영업규제법]9(출입)), 이러한 개별법규정이 없는 경우도 경찰은 여전히 공공안녕과 질서유지를 위한 긴급한 위해 방지를 위하여 경찰권을 일반행정기관과 중첩적으로 행사한다고 할 것이다. 예컨대, 도로의 관리에 있어서 일반관리권에 의한 공물관리와 경찰권에 의한 공물관리가 중첩적으로 행해지는 경우를 들 수 있다. 또한 경찰의 위해방지 기능은 특별법에서 따로 규정되어 있지 않은 경우에 보충적으로 적용된다. 예컨대, 환경과 관련된 위해방지임무를 환경관련법에 규정하고 있는 경우에는 환경관련부처에서 이를 관할하지만, 환경관련법에 이를 규정하고 있지 않는 경우는 보충적으로 경찰관련법의 적용에 의하여 경찰기관이 관여하게 된다.

(3) 다양한 경찰의 개념

경찰의 기본개념을 바탕으로 형식적 의미의 경찰과 실질적 의미의 경찰, 그리고 협의의 경찰과 광의의 경찰 등으로 구분하기도 한다. 또한 국가경찰과 지방자치단체경찰, 평시경찰과 비상경찰 등으로 구분하기도 한다.

(가) 형식적 의미의 경찰   형식적 의미(形式的意味)의 경찰은 경찰이라는 조직에 따라 경찰의 개념을 정립하는 것으로서, 경찰기관(경찰청·지방경찰청·경찰서·자치경찰단([제주자치도법]106))의 권한에 속하는 모든 경찰작용을 말한다. 오늘날 우리가 경

찰이라고 하면 일반적으로 '형식적 의미의 경찰'을 의미하며, 이러한 형식적 의미의 경찰을 행하는 주체를 '제도적 의미의 경찰' 또는 '조직적 의미의 경찰'이라고 부른다. 정부조직법(34④)은 '치안에 관한 사무'를 경찰청의 사무로 규정하고 있고, 경찰법(3(국가경찰의 임무))에서는 경찰의 임무를 ① 국민의 생명·신체 및 재산의 보호, ② 범죄의 예방·진압 및 수사, ③ 경비·요인경호 및 대간첩작전수행, ④ 치안정보의 수집·작성 및 배포, ⑤ 교통의 단속과 위해의 방지, ⑥ 그 밖의 공공의 안녕과 질서유지 등을 규정하고 있다.

(나) 실질적 의미의 경찰　　실질적 의미(實質的意味)의 경찰은 조직적·제도적 의미의 경찰(경찰조직)과 관계없이 '공공의 안녕과 질서에 대한 위해를 방지하기 위한 목적으로 행해지는 활동'을 말한다. 따라서 실질적 의미의 경찰에는 사법경찰(司法警察)은 제외되지만, 일반행정경찰작용과 부문별 개별행정의 영역과 관련해서 행해지는 특별행정경찰작용(특별경찰행정작용)은 포함한다고 할 것이다.

(다) 협의의 경찰과 광의의 경찰　　1) 협의(狹義)의 경찰이란 공공의 안녕과 질서유지를 목적으로 하는 경찰기관에 의한 일반적 경찰작용으로서 '보안경찰'을 의미하며 '일반경찰'이라고 부른다[일반경찰행정작용]. 반면에 2) 광의(廣義)의 경찰이란 보안경찰 이외에 부문별 개별행정의 영역별로 특별한 행정목적의 달성을 위하여 행하는 해당 주무행정기관에 의한 행정경찰(예, 산림경찰, 어업경찰, 보건위생경찰, 건축경찰 등 '특별경찰'이라고 부른다)[특별경찰행정작용]을 포함하는 개념을 말한다.

내용	제도적·조직적 행위주체		명칭	형식 또는 실질의 의미	광협의 의미		
공공의 안녕과 질서유지	①경찰기관(경찰청·지방경찰청·자치경찰단)	경찰행정작용 (행정경찰작용)	일반경찰행정작용 (일반행정경찰작용)	형식적·실질적 의미의 경찰	최협의	협의	광의
	②해당 주무행정기관		특별경찰행정작용 (특별행정경찰작용)	실질적 의미의 경찰			
수사	③경찰기관(경찰청·지방경찰청·자치경찰단)	경찰사법작용 (사법경찰작용)	일반경찰사법작용 (일반사법경찰작용)	형식적 의미의 경찰			
	④해당 주무행정기관		특별사법경찰작용 (특별경찰사법작용)	실질적 의미의 경찰			
	⑤검찰기관	검찰사법작용		형식적·실질적 의미의 검찰			

2. 경찰행정의 성질

(1) 소극목적성

(가) 의 의   경찰의 소극목적성(消極目的性)이란 경찰작용이 공공의 안녕과 질서 유지를 보장함에 그 목적이 있음을 의미한다. 그런데 근대국가 이전의 경찰은 소극적 위해방지뿐만 아니라 적극적인 복리행정까지도 포함하는 넓은 개념이었다. 그러나 근대국가에 접어들면서 절대군주시대의 경찰권을 소극목적적으로 제한하게 되었는데, 그 이유는 경찰권의 자의적 행사를 억제하고 그 남용을 방지하기 위한 것이다. 독일의 경우 크로이츠베르크(Kreuzberg)판결을 통하여 "경찰권의 발동은 오로지 소극적인 위해방지를 위한 활동에 국한된다"고 판시하였다. 따라서 과거 경찰권의 발동은 적극적 복리목적을 위하여 발동되는 것은 위법한 것으로 보았다.

그런데 오늘날 효과적으로 위해의 발생을 예방하고 제거하기 위해서는 전통적인 경찰권의 소극목적성은 한계가 있다. 따라서 오늘날 다양한 경찰상 위해의 개념이 확대됨에 따라 경찰의 직무도 새롭게 확장되고 있다. 즉 경찰권의 발동은 발생한 위해에 대한 방어만 하는 것이 아니라, 다양한 위해를 그 피해의 정도와 발생개연성의 등급에 따라 사전에 예방하고 대비한다는 측면에서 보다 적극적으로 이루어질 것을 요한다.

(나) 공공의 안녕   공공의 안녕(安寧)이란 개인의 생명·신체·명예와 재산 등 개인의 자유와 권리, 국가의 법질서, 국가와 국가의 여러 기관의 존속 내지 기능의 무사온전성(無事穩全性)·불가침성을 의미한다. 이러한 공공의 안녕이라는 개념은 객관적 법질서의 유지와 신체·생명·자유·재산 등 개인의 권리보호 및 국가의 시설과 기능의 보호라고 할 수 있다.

공공의 안녕에 우선적으로 속하는 것은 개인의 생명·신체·명예·재산 및 기타 개인적 법익(권리)들에 관한 것이다. 그러나 이러한 개인적 법익(권리)은 기본적으로 사법에 의하여 보호되는 법익이기 때문에, 경찰의 보호임무는 보충성의 원칙에 의하여 제한된다. 따라서 경찰은 사법상의 권리를 적시에 실행시킬 수 없거나 경찰의 도움 없이는 권리실현이 불가능한 경우에는 사법상의 권리라 하더라도 권리구제를 위하여 필요한 조치를 취할 수가 있다. 반면 이들 개인의 법익이 공법상 보호하고 있는 이익이라면 이러한 보충성의 원칙은 적용되지 않고 적시에 즉각적으로 경찰권의 발동대상이 된다.

국가의 존속도 공공의 안녕의 본질적인 요소에 속한다. 국가의 존속보호에는 영토보전뿐만 아니라 헌법적 기본질서의 보호를 포함한다. 국가의 존속 이외에도 국가시설과 국가기관의 기능도 공공의 안녕의 개념에 속한다. 법질서의 보호 역시 공공의 안녕의 중요한 개념적 요소이다. 사법질서(私法秩序)의 침해는 민사법에 의하여 보호되고 있기 때문에, 경찰행정상 법질서의 내용은 공법상의 법규범들이라고 할 것이다.

(다) 공공의 질서   공공의 질서(秩序)는 공공의 안녕에 대한 보충적 개념이다. 따라서 공공의 질서는 건전한 공동생활을 위하여 요구되는 지배적인 사회의 가치관을 준수하는 것이 원만한 공동생활을 위한 불가결한 전제요건이 되는 법규범 이외의 규범의 총체를 말한다. 즉 공공의 질서의 대상이 되는 것은 국가에 의하여 제정된 법규범이 아니라 명백한 다수에 의하여 지지되는 사회적 가치관에 근거하고 있는 사회규범을 의미한다.47) 따라서 공공질서의 개념에는 공동체의 가치개념으로 인식되는 윤리와 도덕이 그 대상이 된다. 예컨대, 타인의 종교적 감정을 해하는 특정종교의 모독행위, 타인의 무지나 미신을 이용하는 행위, 부부스와핑, 미성년자의 동거행위 등을 들 수 있다. 요컨대, 공공의 안녕이 구체적인 개인의 생명·신체·명예·재산의 보호와 이미 법규범으로 수용된 사회적 가치의 보호에 있다면, 공공의 질서는 아직 법규범으로 수용되지 않았지만 사회의 기본 가치를 형성해 나가는 질서를 의미한다.

(라) 위 해   '공공의 안녕과 공공의 질서 유지'는 공공의 생활이 평온하고 정상적으로 이루어지는 상태의 유지 및 평온상태의 교란이나 장해의 제거를 의미한다. 따라서 공공의 안전과 질서 유지는 위해의 발생을 전제로 한다. 따라서 위해(危害)란 위험과 장해를 의미하기 때문에, 위험보다 넓은 개념이다. 여기서 장해(障害)는 이미 경찰상 침해가 발생된 상태를 의미하고, 위험(危險)의 개념은 구체적 위

---

47) 이러한 개념에 대해서는 다음과 같은 비판이 있다. 첫째, 법규범이 아닌 불문의 사회규범이 공공의 질서의 내용을 이룬다면 이는 개인이 법규범이 아닌 사회규범에 의하여 요구되는 행동을 경찰에 의하여 강요받음을 의미한다. 둘째, 공공의 질서의 내용을 다수의 입장에서 찾는 것은 민주주의에서 요구되는 소수자 보호에 위반된다. 셋째, 공공의 질서의 개념은 그 내용상의 불명확성 때문에 법치주의 원칙에 배치된다. 법규범의 구성요건과 법률효과는 법을 적용하는 기관이 명확하게 취급할 수 있도록 규정되어야 한다. 그리고 더 나아가서 수범자인 개인이 구체적인 경우에 법률이 그에게 무엇을 요구하고 있는지 알 수 있도록 명확히 규정하여야 한다는 등이다.
　이러한 비판에 근거하여 공공의 안녕과 질서의 엄격한 분리취급을 포기하고 양자를 일원적으로 파악하여 공공질서는 향후 법으로 규정되고 보호되는 질서로 파악하기도 한다. 그러나 모든 사회규범을 법에서 수용할 수 없을 뿐 아니라 사회의 급속한 변화로 인해 법으로 수용되지 못하는 규범은 나타나기 마련이므로 공공의 안녕의 보충적 개념으로서 공공의 질서는 인정되어야 하리라 본다. 또한 반대설이 지적하는 다수의 가치관에 소수를 복종시키는 것은 소수자의 입장을 무시하는 것이라기보다는 공동생활의 유지를 위한 필수불가결한 기준의 준수를 유지, 관철시키는 것으로 봄이 더욱 타당하다고 할 것이다. 물론 이 경우의 다수의 가치도 헌법과 법률의 범위 내의 것이어야 하며, 형식적 법규범이 꾸준히 사회의 규범을 수용해 나가는 것이 필요함은 물론이다.

험과 추상적 위험이 있다. 1) 구체적 위험이란 경찰직무수행자의 관점에서 객관적·
이성적·합리적인 사실상태의 평가에 의하여 현재의 상태나 행위가 아무런 방해 없
이 계속 진행된다면 가까운 장래에 발생할 수 있는 충분한 가능성(개연성)이 있는
위험을 말한다(예, 만취자가 자동차운전을 하려는 경우). 반면에 2) 추상적 위험이란 특정
한 태도나 상황을 일반적 또는 추상적으로 고찰한 결과 그러한 일반추상적인 사실
상태가 갖는 위험성을 말한다.

따라서 경찰상의 개별처분은 이미 경찰상 침해가 발생된 장해 또는 구체적인
위험이 존재하는 경우에 발동되고, 경찰상 행정입법(명령)은 추상적 위험을 규율하
게 된다.

(2) 권력적 수단성 - 경찰권의 행사 -

(가) 경찰권력의 내용   경찰행정은 '공공의 안녕과 질서 유지'라는 경찰행
정목적을 달성하기 위하여 개인의 신체·재산에 대하여 명령·강제하는 권력인 경찰
권을 행사함으로써 이루어진다. 경찰권의 발동에 의한 명령은 작위·부작위·수인·
급부의무를 명하는 것이고, 경찰권의 발동에 의한 강제는 경찰의무의 불이행 또는
위반에 대해서 개인의 신체·재산 등에 대하여 실력을 가함으로써 사실상 필요한
상태를 실현하는 공권력의 행사를 말한다.

그런데 경찰은 권력적 수단에 의해서만 경찰작용을 하는 것이 아니라 상대방의
임의적 협력을 바탕으로 행하는 비권력적 수단에 의해서도 경찰작용을 행하는 경
우가 있다(예, 권고·조언·지도, 물건의 임의제출 등). 현행 경찰관직무집행법 제3조에 의한
'불심검문'도 상대방의 임의적 협력을 바탕으로 행하는 비권력적 작용으로 규율하
고 있다.

(나) 경찰권력의 대상   '공공의 안녕과 질서유지'를 위한 경찰작용은 그 자
체가 목적이 아니라, 궁극적으로 '국민의 자유와 권리의 보호'를 위한 것이다. 따
라서 경찰권은 국민의 자유와 권리를 제한하기 위한 도구가 아니라, 국민의 자유
와 권리를 침해하는 위해(위험 및 장해)의 방지·제거를 통하여 국민의 자유와 권리를
유지하는 법적 도구이다. 또한 경찰권력의 행사로써 국민의 자유와 권리를 제한하
는 것은 대다수의 선량한 일반국민의 경우가 아니라 '공공의 안녕과 질서유지에
위해를 가하거나 가할 우려가 있는 극소수의 국민'을 대상으로 한다. 즉 대다수의
선량한 일반국민을 위하여 극소수의 위해혐의자에 대하여 경찰권력을 행사하는 것
이다.

(다) 경찰사법권력   경찰권이 범죄행위·질서위반행위의 방지를 위하여 발동
되는 경우는 경찰행정작용으로서 권력을 행사하지만, 경찰이 행하는 범죄수사는

이미 공공의 안전을 파괴해 버린 행위에 대한 공권력의 행사로서 경찰사법권의 발동인 경찰사법작용(사법경찰작용)으로 이해한다.

II. 경찰행정의 일반법원칙

1. 경찰평등의 원칙

경찰평등의 원칙이란 모든 국민에 대하여 성별·종교·인종·사회적 신분 등을 이유로 불합리한 조건에 의하여 차별적으로 경찰권을 발동해서는 안 된다는 것을 말한다. 이러한 경찰평등원칙은 우리 헌법의 명문 규정(11①)에 근거하고 있기 때문에, 경찰평등원칙에 위반한 경찰권의 행사는 위헌의 문제가 된다.

2. 경찰비례의 원칙

(1) 의 의

경찰비례(警察比例)의 원칙이란 경찰권의 발동이 경찰행정의 목적에 적합하여야 하고 그 목적을 위한 필요한 수단을 선택하여 그 선택된 수단의 행사가 상당한(합리적) 비례(균형)를 유지하여야 한다는 원칙을 말한다. 경찰비례의 원칙은 '경찰과잉금지의 원칙'이라고 부르기도 한다.

실정법적 근거는 헌법 제37조 제2항(국민의 자유와 권리의 필요적 제한)의 규정과 "경찰관의 직권은 그 직무수행에 필요한 최소한도에서 행사되어야 하며 이를 남용되어서는 아니 된다"고 규정하고 있는 경찰관직무집행법(1②) 등을 들 수 있다.

(2) 내 용

경찰비례원칙의 내용으로서 ① 적합성의 원칙, ② 필요성의 원칙과 ③ 상당성의 원칙이 인정된다. 적합성의 원칙은 경찰권의 발동여부와 관련이 있고, 필요성의 원칙은 경찰권발동의 수단선택과 관련이 있으며, 상당성의 원칙은 선택된 경찰수단의 발동정도와 관련이 있다.

예컨대, ① 음주측정을 하는 것[공권력행사]이 경찰행정목적에 적합한가를 따지고(적합성의 원칙), 적합하다면 ② 음주측정을 위하여 어떠한 수단을 채택할 것인가를 결정한 후(필요성의 원칙), 필요한 수단이 음주측정기라면 ③ 어떤 방법으로 몇 번의 측정을 하는 것이 합리적인가(상당성의 원칙)를 판단하는 것이 비례원칙의 위반여부를 따지는 순서가 될 것이다. 그런데 경찰공무원이 운전자에 대하여 음주여부나 주취정도를 측정함에 있어서는 그 측정방법이나 측정횟수에 있어서 합리적인 필요한 한도에 그쳐야 하겠지만 그 한도 내에서는 어느 정도의 재량이 있다고 할 것이다(대판 1992.4.28, 92도220).

> **[판례]** 대판 1992.04.28, 92도220〈공무집행방해〉 : 경찰공무원이 운전자에 대하여 음주 여부나 주취정도를 측정함에 있어서는 그 측정방법이나 측정횟수에 있어서 합리적인 필요한 한도에 그쳐야 하겠지만 그 한도 내에서는 어느 정도의 재량이 있다고 하여야 할 것인바, 경찰공무원이 승용차에 가족을 태우고 가던 술을 마시지 않은 운전자에게 음주 여부를 확인하려고 후렛쉬봉에 두 차례 입김을 불게 했으나 잘 알 수 없어 동료경찰관에게 확인해 줄 것을 부탁하였고 그가 위와 같은 방법으로 다시 확인하려 했으나 역시 알 수 없어 보다 정확한 음주측정기로 검사받을 것을 요구했다면 다른 사정이 없는 한 위와 같은 상황에서의 음주 여부의 확인을 위하여 한 위 경찰공무원의 행위는 합리적인 필요한 한도를 넘은 것이라고 할 수 없어 적법한 공무집행에 해당한다.

> 해설 이 사건에서 원심은 "지나친 단속에 화가 난 피고인이 차에서 내려 공소외 1 [경찰관]의 뺨을 때리고 멱살을 잡고 밀어 그에게 전치 10일 간의 전경부찰과상을 입게 한 사실을 인정하고 나서 술을 마시지 않은 피고인에게 세 차례에 걸쳐 위와 같이 음주 여부를 확인하였음에도 또 다시 음주측량기로 확인하자는 것은 공무집행의 한계를 벗어난 적법하지 못한 행위라 할 것이어서 그에 대항하기 위하여 폭행을 한 피고인의 행위는 공무집행방해죄를 구성하지 아니한다"고 판단하였다.
>
> 그러나 도로교통법 제41조 제2항은 경찰공무원은 교통안전과 위험방지를 위하여 필요하다고 인정하는 때에는 운전자가 술에 취하였는지의 여부를 측정할 수 있으며 운전자는 이러한 경찰공무원의 측정에 응하여야 한다고 규정하고 있다. 따라서 공무집행이 처음부터 당연무효가 아닌 한 그러한 공무집행은 공정력(예선적 효력)이 있기 때문에, 피고인은 일단 경찰의 음주측정에 따라야 한다고 판단하였어야 하고, 경찰관 직무집행 당시는 당연무효가 아니기 때문에 불법적인 공무집행으로 볼 수 없다고 판시하는 것이 행정법이론을 제대로 반영한 것이라고 할 것이다.

불법시위를 진압하는 경찰관들의 직무집행이 비례의 원칙에 반하는 위법한 것으로 판단되는 경우는 그 시위진압이 불필요하거나[적합성의 원칙 위반] 또는 불법시위의 태양 및 시위장소의 상황 등에서 예측되는 피해발생의 구체적 위험성의 내용에 비추어 시위진압의 계속 수행 내지 그 방법 등이 현저히 합리성을 결하였다[필요성의 원칙과 상당성의 원칙 위반]고 평가할 수 있는 경우이다(대판 1997.7.25, 94다2480; 대판

2000.11.10, 2000다26807·26814 참조). 또한 어린 미성년자가 범법행위를 하고 도주하는 경우에 총기를 사용하는 것은 침해가 최소화될 수 있는 수단을 선택하였다고 보기 어렵다[필요성의 원칙 위반].

3. 경찰공공의 원칙(사생활자유의 원칙)

(1) 의 의

경찰공공의 원칙이란 경찰권의 행사가 공공의 안녕과 질서 유지를 위해서만 발동되어야 하는 것을 말한다. 따라서 공공의 안녕과 질서 유지와 직접적으로 관계가 없는 사회생활관계는 경찰권의 발동대상이 되지 않는다. 이러한 경찰공공의 원칙은 경찰제도의 본질에서 도출되는 일반법원칙으로서, 사생활불가침의 원칙, 사주소불가침의 원칙, 민사관계불간섭의 원칙 등을 그 내용으로 한다.

(2) 사생활불가침의 원칙

사생활불가침(私生活不可侵)의 원칙은 공공의 안녕과 질서 유지와 관계가 없는 개인적 사생활의 영역에는 경찰권이 개입할 수 없다는 원칙을 말한다. 그러나 아무리 사생활이라도 특정인의 사생활을 방치하는 것이 공공의 안녕과 질서 유지에 위해가 되는 경우는 경찰권이 특정인의 사생활에 개입하게 된다. 예컨대 정신착란 또는 술 취한 상태로 인하여 자기 또는 타인의 생명·신체 또는 재산에 위해를 가하거나 가할 우려가 있는 자 또는 자살을 기도하는 자에 대한 보호조치(경찰관직무집행법4①i), 청소년 통행금지·제한구역에의 청소년통행금지·제한 및 퇴거명령(청소년보호법31) 등을 들 수 있다. 헌법재판소의 결정(헌재 2003.10.30, 2002헌마518<도로교통법118위헌확인>)에 의하면, 운전할 때 운전자가 좌석안전띠를 착용하는 문제는 더 이상 사생활영역의 문제가 아니어서 사생활의 비밀과 자유에 의하여 보호되는 범주를 벗어난 행위라고 보았다.

(3) 사주소불가침의 원칙

사주소불가침(私住所不可侵)의 원칙은 사인의 주소 내에서 일어나는 행위가 공공의 안녕과 질서 유지와 관계가 없는 경우는 사주소 내에 경찰권을 발동(관여)할 수 없다는 원칙을 말한다. 따라서 공공의 장소에서 행해진다면 당연히 경찰상 위해가 될 수 있는 행위라고 하더라도, 일반인과 직접 접촉되지 않는 가택 내에서 행해지는 경우에 공공의 안녕과 질서 유지에 위해가 되지 않는다면 경찰권발동의 대상이 될 수 없다. 예컨대, 사주소 내에서는 나체로 생활하거나 성행위를 하는 것이 허용되지만, 그러한 행위가 공공의 장소에서 행해지는 경우는 경찰권의 발동대상이 된다(경찰관직무집행법7②참조). 여기서 '사주소'란 직접 공중과 접촉되지 않는 장소를 말한다. 따라서 사인의 가택에 한하지 않고 공장·사무실·창고 등과 같은 비거주건조물도 '사주소'에 포함되지만, 흥행장·여관·음식점·역·버스터미널(정류장) 등은 불특정다수인의 자유로운 출입이 가능한 장소이기 때문에 진정한 의미의 사주소로 보기 어렵다.

(4) 민사관계불간섭의 원칙

민사관계불간섭(民事關係不干涉)의 원칙은 직접 공공의 안녕과 질서 유지에 위해를 가하는 것이 아닌 민사상 법률관계에 경찰권이 개입할 수 없는 것을 말한다. 경찰공무원복무규정(10)에 의하면, "경찰공무원은 직위 또는 직권을 이용하여 부당하게 타인의 민사분쟁에 개입하여서는 아니된다"고 규정하고 있다. 따라서 경찰관은 개인간의 임대차분쟁에 개입하거나 민사상의 채권행사 등에 관여할 수 없다. 그러나 민사상 법률관계라고 하더라도 공공의 안녕과 질서 유지에 영향을 미치는 경우에는 경찰권의 발동대상이 될 수 있다. 예컨대 공연장·경기장 등 입장료를 받고 출입이 허용되는 경우에 암표를 판매하는 행위에 대해서 경찰관은 단속행위를 할 수 있다.

[판 례] 대판 2007.09.28, 2007도606 전원합의체〈협박등〉: 정보보안과 소속 경찰관이 자신의 지위를 내세우면서 타인의 민사분쟁에 개입하여 빨리 채무를 변제하지 않으면 상부에 보고하여 문제를 삼겠다고 말한 사안에서, 상대방이 채무를 변제하고 피해변상을 하는지 여부에 따라 직무집행 여부를 결정하겠다는 취지이더라도 정당한 직무집행이라거나 목적 달성을 위한 상당한 수단으로 인정할 수 없어 정당행위에 해당하지 않는다.

---

4. 경찰책임의 원칙

(1) 의 의

경찰책임(警察責任)의 원칙이란 공공의 안녕과 질서유지에 위해가 되는 요소에 대하여 책임이 있는 자[경찰책임자]에 대하여 경찰권이 행사되어야 한다는 원칙으로서, 경찰권행사의 상대방 또는 대상이 누구인가 또는 무엇인가에 관한 문제이다.[48] 경

---

48) 경찰책임을 처음 듣는 사람은 "경찰이 지는 책임"이 아닌가 하고 생각할 수 있다. 그러나

찰책임은 사실상 공공의 안녕과 질서에 대한 위해의 발생 또는 발생가능성에 대해서 인정되기 때문에, 위해발생에 대한 고의·과실과 같은 주관적 요건의 유무는 고려대상이 되지 아니한다. 따라서 경찰책임자는 객관적인 사실상 상태에 의하여 결정되기 때문에, 공공의 안녕과 질서유지에 대한 위해가 사실적으로 지배권 내에서 발생된 것이라면 지배범위 또는 지배권에 정당한 권원이 없는 경우도 지배자는 경찰책임이 인정된다.

경찰권의 행사는 원칙적으로 경찰책임자에 대하여 이루어지지만, 부득이한 사유가 있는 때에는 예외적으로 경찰책임의 범위를 확대하는 경우가 있다. 따라서 경찰책임은 행위(경찰)책임, 상태(경찰)책임, 혼합(경찰)책임, 제3자경찰책임49) 등으로 구분하고 있다.

(2) 행위(경찰)책임

(가) 개 념　　　　행위책임(行爲責任)이란 자기 또는 자신의 지배권에 속하는 자의 행위에 의하여 공공의 안전과 질서에 대한 위해가 발생하게 된 경우에 지는 경찰책임[경찰권의 발동]을 말한다. 타인의 행위를 지배하는 권한을 가진 자(예, 친권자·사용인 등)가 그의 지배를 받는 자(예, 자녀·고용원 등)의 행위로부터 생기는 공공의 안녕과 질서위반의 상태에 대해서 지는 경찰책임은 타인의 행위에 대한 대위책임이 아니라 자기책임으로 이해한다. 행위책임은 작위에 의한 경우뿐만 아니라 부작위에 의한 경우도 인정될 수 있다. 여기서 부작위는 법적으로 요구되는 행위를 행하지 않는 것을 말하며, 작위의 경우에 행위자의 행위의사는 요구되지 않는다(예, 만취자에 대한 경찰권의 발동).

(나) 인과관계　　　　어떠한 기준으로 행위자의 행위와 위해[위험야기]의 인과관계를 판단할 수 있는가에 대해서 조건설,50) 등가설, 상당인과관계설,51) 직접원인(제

경찰책임은 상대방(개인)이 지는 책임이다. 형사책임을 우리는 "형사권을 행사하는 국가 등이 지는 책임"으로 이해하는 것이 아니라 "개인이 시는 형법상의 책임"으로 이해하는 것과 같다. 여기서 책임(責任)이란 어떤 의무가 있는데 이의 불이행 또는 위반에 대한 제재를 말한다. 따라서 경찰책임이란 경찰법적인 의무가 있음에도 불구하고 그 의무를 불이행하거나 위반한 경우에 지는 제재라고 할 수 있고, 그 제재로서 경찰권을 발동하게 되기 때문에, 경찰책임을 "경찰권행사(발동)의 상대방 또는 대상"이라고 이해하게 된다.

49) 경찰책임원칙의 한 내용으로 '제3자경찰책임'을 포함하는 것은 문제가 있다. 제3자경찰책임은 "경찰책임[경찰의무]이 없는 자에 대하여 경찰책임[경찰권의 발동]을 인정한다"는 논리모순이 있기 때문이다. 따라서 경찰책임을 단순하게 '경찰권의 발동'이라는 기준으로 묶을 것이 아니라, '경찰의무의 불이행·위반에 대한 제재로서' 경찰권을 발동한다는 기준으로 묶을 필요가 있다. 즉 경찰책임은 [경찰의무]있는 자에 대한 [경찰권의 발동]으로 이해하여야 한다. 그런 의미에서 제3자경찰책임은 경찰책임의 원칙과 독립하여 '제3자(비경찰책임자)에 대한 경찰권의 발동' 혹은 '긴급한 경찰권의 발동' 등으로 표현하는 것이 좋지 않을까 생각한다.

공)설 등의 대립이 있다. 여기서 직접원인(제공)설(直接原因(提供)說)이란 원칙적으로 조건설이나 등가설의 입장에 서면서도 결과발생에 대해서 당해 행위가 위해를 직접적으로 야기한 경우에 한하여 인과관계의 원인으로서의 조건성을 인정하는 입장을 말한다. 생각건대, 직접원인설이 타당하다. 그러나 직접적 행위자는 아니지만 목적적 야기자(의도적 유발자)로서 행위책임을 지는 경우도 있다. 예컨대 도로변에서 상인이 상품을 선전하거나 판매함으로써 다수의 사람이 모임으로써 도로의 통행에 지장을 초래하거나 사고의 위험이 있는 경우에는 그 상인은 행위책임자로서 경찰권발동의 대상이 된다.

▣ 직접원인설에 따른 구체적 사례(류지태) ▣

1) 적법한 권리행사로서 행하는 행위는 행위책임의 원인행위가 되지 않는다. 예컨대, 임대인의 정당한 임대차 계약해지로 인하여 임차인이 거리에서 방황하는 상태가 야기되더라도 임대인의 행위는 경찰책임의 원인으로 인정되지 않는다.

2) 간접적인 원인제공자에 의한 간접적인 원인제공행위와 구체적인 위해행위 사이에 내부적인 밀접한 관계가 인정될 수 없거나, 간접적인 원인제공행위가 목적지향적이 아닐 경우에는 직접적인 인과관계를 인정할 수 없다. 예컨대, i) 정치목적집회가 개최된 경우에 그 집회를 반대하는 집단이 있었다고 하더라도 개개인의 구체적인 실력행사로 모임이 저지되는 경우에 그로 인한 경찰상의 장애의 원인제공자는 이에 참여한 개개인이지 그 집회를 반대하는 집단이 아니다. 그러나 ii) 상품진열장(show window)에 통행인의 흥미를 자극할 만한 내용을 전시함으로써 구경꾼이 모이고 교통의 혼잡을 초래한 경우는 간접적인 원인제공행위와 구체적인 위해행위 사이에 내부적인 밀접한 관계를 인정할 수 있기 때문에 전시자에게도 목적적 야기자로서 행위책임을 인정할 수 있다[상품진열자사건]. 또한 iii) 특정집단을 모독하는 노래를 부르는 음악공연에서 다수의 군중이 노래를 따라 부르도록 유도한 경우에는 노래를 부른 사람뿐만 아니라 음악연주단원도 행위책임을 지게 된다. 그러나 iv) 축구시합이나 대중음악공연장에서 흔히 일어나는 관중들의 난동행위나 소요사태는 행사주최자가 얼마나 법적 의무를 다했는가에 따라서 행위책임을 물을 수 있다. 반면에 v) 정치집회와 같은 대규모집회에서 반대파들의 난동이 발생한 경우에는 집회의 자유라는 기본권이 갖는 중요성에 비추어 정치집회 개최자체를 경찰책임의 원인행위로 볼 수 없다. 또한 vi) 적법한 허가를 받아 영업을 하는 주유소 주위의 도로가 허가 당시와는 달리 주유소로 진입하는 자동차의 증가로 인하여 교통상 장애가 발생한 경우에 주유소 주인에 대한 행위책임은 인정될 수 없다.

---

50) 조건설(條件說)이란 일정한 행위가 없었다면 경찰상 위해가 없었을 것이라고 인정되는 모든 조건을 기준으로 하는 입장을 말한다.

51) 상당인과관계설(相當因果關係說)이란 자연과학적 인과율에 따라 위반행위와 위해 사이에 상당한 인과관계가 유지되느냐를 기준으로 판단하는 입장을 말한다.

(3) 상태(경찰)책임

(가) 개 념　　상태책임(狀態責任)이란 물건 또는 동물의 소유자나 점유자 기타의 관리자가 당해 물건 또는 동물의 일정한 상태로 인하여 공공의 안녕과 질서유지의 위해상태가 발생된 경우에 지는 경찰책임[경찰권의 발동]을 말한다(예, 붕괴위험이 있는 축대의 소유자에 대한 경찰책임). 상태책임의 근거는 물건·동물의 소유 등 그 자체에 있는 것이 아니라 물건·동물의 소유 등과 일반적으로 결합되고 있는 물건·동물의 위험한 상태에 대하여 영향력을 가할 수 있는 가능성에 있다. 이러한 상태책임은 경찰상의 위해상태가 존재하는 한 당사자의 법적 승계인(承繼人)에게 승계된다.

(나) 내 용　　상태책임은 물건 등의 소유권자, 기타 물건 등에 대한 정당한 권원을 가지는 자가 원칙이지만, 경우에 따라서는 이들의 의사와는 관계없이 부당하게 사실상의 지배권을 행사하는 자[사실상의 지배권자]에 대해서도 인정되는 경우가 있다(예, 불법주차로 인하여 발생한 교통장해의 경우 자동차의 소유자에 대한 경찰책임). 그러나 사실상의 지배권자가 소유자의 의사에 반하여 지배권을 행사하는 경우에는 소유권자는 상태책임으로부터 면제된다(예, 도난이나 국가 등에 의한 압류의 경우).

■ **경찰책임의 승계(承繼)** ■

경찰책임의 승계란 경찰상 위험을 직접 야기시킨 사람이 아님에도 불구하고 경찰책임자[경찰권발동의 대상자]인 피승계인에 갈음하여 경찰책임이 인정되는 경우를 말한다. 행위책임의 경우는 위험을 야기한 행위자만이 문제가 되기 때문에 승계가 원칙적으로 인정되지 않고, 상태책임의 경우에만 문제가 된다(통설).

그러나 1) 상속은 포괄적인 승계이므로 행위책임도 상속인에게 승계된다는 견해(박균성), 2) 행위책임이 대체가능한 의무를 내용으로 하고 승계를 인정하는 법규정이 있는 경우에는 승계가 인정된다는 견해(정하중)가 있다. 그런데 이들의 소수견해는 1) 경찰책임을 (형식적)경찰작용[일반경찰행정작용]에 국한하지 않고 일반행정작용의 (실질적)경찰작용[특별경찰행정작용](예, 불법건축물을 한 사람에 대한 철거명령과 대집행, 부정휘발유판매주유소영업양도에 따른 허가철회 등)으로 확장하고 있으며, 2) 이러한 일반행정작용의 경우도 대인적 행위에 따른 것이 아니라 대물적 행위에 따른 것이기 때문에 행위책임의 승계를 인정하는 것은 논리적이지 못하다.

(4) 혼합(경찰)책임(복합적(경찰)책임)

(가) 개 념　　혼합책임(混合責任) 또는 복합적 책임(複合的責任)이란 행위책임과 상태책임이 결합되어 공공의 안녕과 질서위반의 상태가 빚어진 경우에 인정되는 경찰책임과 다수인의 행위 또는 다수인의 지배물에 대한 경찰책임[경찰권의 발동]을 말한다. 예컨대 붕괴위험이 있는 건물의 경우에 소유자, 임차인, 현실적으로 출

입하는 자에 대해서도 경찰책임을 지게 된다.

(나) 내 용   행위책임과 상태책임이 경합되는 경우는 일반적으로 행위책임이 상태책임에 우선한다. 예컨대, A가 B소유의 자동차를 국도 위에 방치하고 달아난 경우에 행위책임이 있는 A에 대해서 우선적으로 경찰권을 발동하게 된다. 그런데 B소유의 자동차를 누가 국도 위에 방치하고 달아났는지를 모를 경우는 상태책임이 있는 B에 대하여 경찰권을 발동하게 된다.

다수인의 행위 또는 다수인의 지배물에 대한 경찰책임이 인정되는 경우에 있어서 경찰권의 발동은 경찰청의 재량에 의하여 행해지지만, 일정한 제한이 있을 수 있다. 예컨대 시간적으로 최후에 행한 자, 당해 결과에 대해 가장 가치평가적으로 중대한 비중을 갖는 원인행위를 한 자, 또는 위해를 가장 신속하고 효과적으로 방지 또는 제거할 위치에 있는 자에 대해서 우선적으로 경찰권이 발동된다.

5. 제3자(비경찰책임자)에 대한 경찰권의 발동
- 긴급한 경찰권의 발동 -

(1) 의 의

제3자(비경찰책임자)에 대한 경찰권의 발동이란 긴급하고 부득이한 사유가 있는 때에는 경찰상 위해와 관계가 없는 제3자(비경찰책임자)에 대해서 경찰권을 발동하는 경우를 말한다. 이러한 경찰권의 발동은 경찰책임에 대한 예외로서 '경찰긴급권에 의한 경찰권의 행사'라고 할 것이다. 예컨대, 범인을 추격하기 위하여 타인의 차량을 사용하는 경우, 도주차량을 순찰차가 추적하는 직무를 집행하는 중에 그 도주차량의 주행에 의하여 제3자가 손해를 입은 경우(대판 2000.11.10, 2000다26807·26814), 화재현장에 있는 자에 대한 소화작업동원, 수난구호를 위한 징용 등을 들 수 있다. 그리고 적법한 집회시위에 대하여 제3자가 집회시위 참가자들의 생명·신체에 대하여 위해를 가하는 경우는 위해행위를 하는 제3자에 대하여 행위경찰책임을 물어 경찰권을 발동하여야 하지만, 그 위해의 정도가 급박하고 중대한 경우로서 제3자에 대한 경찰권의 발동만으로 공공의 안녕과 질서유지를 할 수 없다고 판단될 경우는 경찰긴급권의 행사로써 적법한 집회시위를 해산할 수 있다.

(2) 법적 근거

제3자(비경찰책임자)에 대한 경찰권의 발동과 같이 예외적인 경찰권의 발동에는 기본적으로 법적 근거가 있어야 한다. 그러나 오늘날 경찰행정의 현실은 모든 경찰상 위해가능성에 대하여 일일이 명문의 규정을 둘 수 없다는 데 문제가 있다.

이 점에 관해서 학설은 1) 경찰관직무집행법 제2조 제7호를 개괄적 수권조항으로 인정하는 견해, 2) 경범죄처벌법 제1조 제36호(공무원원조불응)를 일반적인 법적 근거로 하는 견해, 3) 법령의 근거규정 없이는 제3자(비경찰책임자)에게 경찰권발동을 할 수 없다는 견해가 있다. 생각건대 4) 법령의 근거 없이는 제3자(비책임자)에 대하여 경찰권을 발동할 수 없다고 보아야 한다. 그런데 경찰관직무집행법 제2조 제7호는 경찰책임자에 한정적으로 경찰권을 발동할 수 있다는 의미가 아니라, 공공의 안녕과 질서유지를 위하여 일반적으로 경찰권을 발동할 수 있다는 의미로 입법화된 개괄적 수권조항이다. 따라서 제3자(비경찰책임자)에 대해서도 경찰권을 발동할 수 있는 법적 근거가 된다고 할 것이다.

개별법(예,소방기본법24(소화종사명령)·25(강제처분등)·26(피난명령)·27(위험시설등의긴급조치), 도로법47(비상재해시 토지등의 사용), 자연재해대책법55(복구사업의 관리) 등)에서 규정하고 있는 긴급권의 발동은 경찰행정작용에 속하는 (형식적)경찰행정작용[일반경찰행정작용]이 아니라 일반행정작용에 속하는 (실질적)경찰행정작용[특별경찰행정작용]의 영역들이다. 따라서 이들 개별법을 근거로 경찰공무원이 일반경찰행정작용으로서 경찰권을 발동할 수 있는 것은 아니다.

⑶ 요 건

제3자(비경찰책임자)에 대한 경찰긴급권의 행사는 어디까지나 예외적인 것이기 때문에 다음과 같이 엄격한 요건 아래 이루어져야 한다.

1) 경찰위반(경찰상 위해)의 상태가 현존하거나 급박한 경우로서 위해의 정도가 중대하여야한다. 따라서 이미 경찰상 장애가 존재하거나 경찰상 위해의 발생이 목전에 예상되는 경우이어야 하며, 비례의 원칙에 의하여 경찰상 장애 또는 위해가 중대한 것이어야 한다.

2) 직접적인 원인행위(경찰상 위해행위)를 한 본래의 경찰책임자에 대한 경찰권의 발동만으로는 경찰상 위해의 제거를 기대할 수 없거나 불가능한 경우이어야 한다. 예컨대 본래의 경찰책임자에 대한 경찰권의 발동이 불가능하거나 이에 대한 경찰상의 처분이 시간적으로 늦게 행해질 경우 또는 비례의 원칙에 따라 경찰권발동이 배제되는 경우 등을 들 수 있다. 이러한 요건의 인정은 경찰권의 발동시점에 경찰기관의 관점에서 합리적으로 평가하여 결정하여야 한다. 따라서 사후에 경찰권의 발동이 본래의 경찰책임자에 대해서 이루어졌어야 한다는 평가를 받게 되어도 당해 경찰권의 발동행위에 대한 적법성에는 아무런 영향이 없다.

3) 제3자(비경찰책임자)에 대한 조치가 그의 생명, 신체 등에 대한 현저한 위험발생의 우려가 없고, 보다 고차원의 다른 의무를 침해함이 없이 행해질 수 있어야 한

다. 즉 수인기대가능성이 요구된다. 예컨대 심장병환자에게 신체적으로 힘이 드는
일에 참여할 것을 요구할 수는 없다.

4) 경찰책임자 이외의 자[비경찰책임자]에 대한 경찰권의 행사는 <u>법령이 정하는 바</u>
에 따라서 허용된다.

⑷ 행 사

제3자(비경찰책임자)에 대한 경찰긴급권의 행사는 요건을 충족한 경우에도 다른 방
법으로는 위험방지 내지 제거가 불가능한 경우에 인정되며[보충성의 원칙], 인적·물
적·시간적으로 최소한의 범위에 그쳐야 한다[비례의 원칙].

그리고 경찰긴급권의 요건이 소멸한 경우에 경찰행정청은 즉시 경찰권의 발동을
정지하여야 한다. 이러한 경우 위법한 경찰권의 발동에 대해서 원상회복청구권이
인정될 수 있다.

⑸ 손실보상

제3자(비경찰책임자)에 대한 예외적 경찰권의 행사로 인하여 제3자(비경찰책임자)가
입은 손실에 대해서는 정당한 손실보상이 인정되어야 한다(헌법23③, 경찰관직무집행법
11의2(손실보상), 소방기본법24(소방활동종사명령)②·25(강제처분등)④·2(위험시설등에 대한 긴급조치)
③, 자연재해대책법68(손실보상) 등 참조).

국가는 경찰관의 적법한 직무집행으로 인하여 재산상 손실을 입은 자에 대하여
정당한 보상을 하게 된다. 이러한 손실보상이 인정되는 경우는 i) <u>손실발생의 원인</u>
<u>에 대하여 책임이 없는 자</u>가 재산상의 손실을 입은 경우, ii) 손실발생의 원인에
대하여 책임이 없는 자가 <u>경찰관의 직무집행에 자발적으로 협조하거나 물건을 제</u>
<u>공하여</u> 재산상의 손실을 입은 경우, iii) <u>손실발생의 원인에 대하여 책임이 있는 자</u>
가 자신의 책임에 상응하는 정도를 초과하는 재산상의 손실을 입은 경우 등을 들
수 있다(경찰관직무집행법11의2①). 이러한 경찰관직무집행법상 손실보상청구권은 손실
이 있음을 안 날부터 3년, 손실이 발생한 날부터 5년간 행사하지 아니하면 시효의
완성으로 소멸한다(같은조②).

경찰관의 적법한 직무집행으로 인하여 멸실·훼손된 물건에 대한 손실보상액은
다음의 기준으로 정한다 : i) 손실을 입은 물건을 수리할 수 있는 경우는 수리비에
상당하는 금액, ii) 손실을 입은 물건을 수리할 수 없는 경우: 손실을 입은 당시의
해당 물건의 교환가액, iii) 영업자가 손실을 입은 물건의 수리나 교환으로 인하여
영업을 계속할 수 없는 경우는 영업을 계속할 수 없는 기간 중 영업상 이익에 상
당하는 금액(같은법시행령9(손실보상의 기준 및 보상금액)①).

　대법원은 도주차량을 순찰차가 추적하는 직무를 집행하는 중에 그 도주차량의 주행에 의하여 제3자가 손해를 입은 경우에 있어서 피해자가 제기한 손해배상청구사건에서 경찰관의 추적행위가 위법하지 않기 때문에 국가배상청구를 부인하였다(대판 2000.11.10, 2000다26807·26814). 이러한 경우 피해자는 현행 경찰관직무집행법 제11조의2에 의하여 손실보상을 청구할 수 있다.

제 2 절   경찰권의 행사(경찰작용)

I. 경찰권의 근거와 한계

1. 경찰권의 근거

(1) 법적 근거

　경찰권(警察權)은 공공의 안녕과 질서의 유지를 위하여 개인의 자유(기본권)를 제한하는 법적·사실적 행위를 할 수 있는 권력적 강제력이다. 따라서 경찰권의 근거는 법치행정의 원칙상 원칙적으로 법률에 의하여야 한다. 따라서 경찰권의 일반적 수권법으로는 경찰작용에 관한 기본법으로서 경찰관직무집행법(警察官職務執行法)이 있고, 기타 특정한 사항에 관한 개별법(예, [총포등단속법], 도로교통법, [풍속행위규제법] 등)이 있다.

　경찰작용의 기본법인 경찰관직무집행법의 법규정 형식이 주로 경찰사법작용을 중심으로 규율하고 있는 점은 대단히 큰 문제가 아닐 수 없다. 실무적으로 경찰작용은 4/5 정도가 경찰행정작용이고 1/5 정도만 수사, 즉 경찰사법작용으로 이루어져 있다. 그런데 경찰작용의 기본법인 경찰관직무집행법에서 경찰사법작용 중심으로 규율하는 것은 경찰행정작용에 있어서 법적 근거를 찾는 데 실무적 어려움이 있고, 종국적으로 경찰관직무집행법 제2조 제7호의 일반조항에 의존하지 않을 수 없는 상황을 만들어 놓은 것이다.

(2) 직무규범과 수권규범(권한규범)의 분리

　경찰권의 행사와 관련된 규범은 직무에 관한 규범(職務規範)과 구체적인 행위에 관한 권한규범(權限規範)으로 구별된다. 직무규범은 경찰관이 수행할 직무의 조직법

적인 범위를 정한 것으로서 다른 행정청의 직무와 관련해서 법적으로 허용되는 경
찰조직의 외적 직무한계를 규율하는 법규정을 말하고, 수권규범(권한규범)이란 구체
적인 경찰작용을 할 수 있는 작용법적인 권한을 부여한 경찰작용의 내적 직무수행
한계를 규율하는 법규정을 말한다.

경찰상 위해방지의 목적이 경찰의 직무라고 해서, 구체적인 법적 근거도 없이
위해방지를 위한 개별적인 행위로서 개인의 자유와 권리를 제한하거나 불이익을
야기할 수 있는 경찰권의 발동이 당연히 인정되는 것은 아니라고 본다. 즉 원칙적
으로 직무규범에 의해서는 개인의 권리영역에 직접적인 불이익이나 부담을 주지
않는 수단만이 인정되기 때문에, 침해적 성질을 띤 경찰권의 실질적인 발동은 직
무규범 외에도 구체적인 행위를 할 수 있는 권한을 부여하는 수권규정(권한규범)을
필요로 한다고 보게 된다.

이러한 입장에서 현행법상 직무규범은 경찰관직무집행법 제2조에서 규율하고 있
고, 수권규범(권한규범)은 경찰관직무집행법 제3조 이하에서와 같이 일반법의 개별적
수권규정(특별조항)을 규정하는 경우와 개별법(예,총포·도검·화약류단속법, 도로교통법, [풍속
영업규제법] 등)에서 특정한 사항에 관한 경찰권발동을 규율하고 있다는 것이다.52) 대
법원도 "경찰은 범죄의 예방, 진압 및 수사와 함께 국민의 생명, 신체 및 재산의 보
호 기타 공공의 안녕과 질서유지를 직무로 하고 있고, <u>그 직무의 원활한 수행을 위
하여</u> 경찰관직무집행법, 형사소송관계법 등 <u>법령에 의하여 여러 가지 권한이 부여되
어 있다</u>"(대판 2004.9.23, 2003다49009<군산윤락업소화재>; 대판 2010.8.26, 2010다37479<손해배상>)고
판시함으로써 직무규범과 권한규범을 구별하고 있다.

(3) 경찰권의 일반적·포괄적 수권(일반조항)의 인정여부

(가) 일반조항의 의의   경찰권의 일반적·포괄적 수권인 일반조항(一般條項)이
란 경찰권의 발동을 위한 개별적 수권규범(권한규범)인 특별조항이 구체적으로 규율
하지 못하는 경찰상 위해발생 상태를 대비하여 마련된 일반적이고 포괄적인 내용

---

52) 경찰이 수행할 직무의 조직법적 범위(경찰작용의 외적 한계)는 경찰법 제3조(국가경찰의 임
    무)와 정부조직법 제34조(안전행정부) 제4항에서 "치안에 관한 사무를 관장하기 위하여 안정
    행정부장관 소속으로 경찰청을 둔다"라고 규정하고 있다. 그리고 경찰관직무집행법은 경찰이
    구체적인 권한 행위를 할 수 있는 작용법적 권한(경찰작용의 내적 한계)을 규율하고 있다. 요
    컨대 '경찰관 직무집행법'은 경찰관의 '직무'와 '집행'을 분리한 의미의 '경찰관 직무·집행법'
    이 아니라, 집행에 방점이 있는 "직무를 수행한다"는 의미의 '직무수행'을 규율하기 위한 법
    이다. 이러한 의미에서 경찰법 제3조는 "국가경찰의 임무는 다음 각 호와 같다"라고 규정하
    고, 경찰관직무집행법 제2조는 "경찰관은 다음 각 호의 직무를 수행한다"라고 규정하고 있다.
    따라서 경찰관직무집행법 제2조의 규정을 '직무규범'으로 보는 것은 타당하지 않고, 경찰관
    직무집행법 전체가 '경찰관이 직무를 수행하기 위한 법규정'이라고 할 것이다.

의 수권규정(권한규범)을 말한다. 이러한 일반조항은 개괄적 수권조항으로서 개별적 수권조항에 대비되는 개념이다.

개괄적 수권조항을 인정할 수 있는 근거는 다음과 같다 : 첫째, 경찰의 직무는 경찰상 위해의 방지 및 공공의 안녕·질서 유지라는 포괄적인 범위의 것이기 때문에 그 내용을 미리 예측하여 구체적·개별적으로 입법화하기가 어렵다. 둘째, 개괄적 수권조항은 개별적 수권조항에 비해 보충적으로 적용되는 것인 만큼 남용의 위험이 적다. 셋째, 개괄적 수권조항의 의미내용이나 그의 의거한 조치는 독일에서는 지난 수십 년간 학설과 판례를 통해서 충분히 해명되었으며, 각종 구제절차(헌법소원, 행정쟁송, 손해전보 등)에 의해 구제책을 마련해 놓고 있다. 넷째, 현대의 복잡한 산업기술사회에 있어 입법자는 모든 경찰상 위해를 미리 예측하여 규율할 수 없다는 점 등이다.

(나) 인정여부에 관한 학설   경찰권의 발동을 위한 일반적·포괄적 수권규정(일반조항·개괄조항)을 규율할 수 있을 것인가에 대해서 기본적으로 긍정설과 부정설의 견해대립이 있다.

1) 긍정설은 '위험의 방지'라는 경찰의 특수한 임무성에 미루어 경찰권발동의 요건과 효과를 구제적으로 모두 정할 수 없기 때문에, 경찰권발동에 대한 일반적 수권(일반조항)이 허용된다고 보는 입장이다.

2) 부정설은 법치주의의 취지에 비추어 경찰권발동은 개별적인 작용법에 의한 구체적인 법적 수권을 필요로 한다는 시각에서 경찰권발동의 일반적 수권(일반조항)을 부정하는 입장이다.

3) 절충설은 일반조항을 두는 경우에도 법치주의의 원리상 법적 안정성과 법적 명확성을 위해서 입법자는 구체적인 경우에 일반조항을 특별조항으로 대치시키는 노력이 필요하다고 보는 입장이다.

생각건대, 4) 이론적으로 보면 부정설의 입장이 타당하지만, 경찰행정의 특성상 실제적으로 긍정설을 따르지 않을 수 없다. 이러한 경우 일반적 수권규정(일반조항)은 구체적·개별적 수권(특별조항)이 없는 경우에 보충적으로 적용되는 관계에 있다. 요컨대, 현대사회에서 등장하는 다양한 경찰상 위해를 개별적으로 전부 규율할 수 없는 한계성이 있기 때문에, 공공의 안녕과 질서의 유지를 위하여 경찰권발동의 보충적 근거법규로 일반조항의 필요성이 인정된다.

(4) 현행 경찰관직무집행법 제2조 제7호의 법적 성질 - 일반조항 인정여부 -

(가) 학설·판례   경찰관직무집행법 제2조 제7호에 의하면, "경찰관은 그 밖에 공공의 안녕과 질서유지의 직무를 행한다"고 규정하고 있는데, 이러한 규정에

대해서 '일반조항의 성격'을 긍정하는 입장과 부정하는 입장의 대립이 있다. 1) 긍정설(김남진, 석종현, 강구철, 류지태)은 경찰관직무집행법 제2조가 직무규범과 권한규범을 철저히 서로 구별하고 있지 못하기 때문에, 일반조항으로 보는 것이 경찰권의 행사에 관한 개별적 수권규정이 없는 경우에 보충적·2차적 수권규정으로서 경찰권 행사의 근거가 될 수 있다고 본다. 2) 부정설(박윤흔, 이상규, 정형근)은 경찰관직무집행법 제2조를 경찰관의 임무를 정한 규범(직무규범)으로서 경찰임무수행에 있어서 개인의 권익침해까지 가능하게 하는 규정이 아니라고 본다. 일반조항의 성격을 부정하면서, 앞으로 입법개정을 통하여 임무규정과 권한규정을 엄격히 구별할 필요가 있다고 주장하는 견해도 있다. 3) 군청에 근무하는 청원경찰의 불법주택개축단속행위와 관련된 사건(대판 1986.1.28, 85도2448<양산군청원경찰>)에서, 대법원이 경찰관직무집행법 제2조를 일반조항으로 보았다는 입장과 그렇지 않다는 입장이 나뉜다.53)

  (나) 결   어   생각건대, 4) 현행법상 일반조항의 인정여부에 관해서 다툼이 있기 때문에, 명확하게 입법화할 필요가 있다. 그러나 그러한 법개정이 있을 때까지는 제2조의 규정을 일반조항으로 인정하여 경찰권발동이 가능하게 하여야 한다. 그리고 일반조항을 입법화하는 경우는 "경찰관은 본법 또는 다른 법령에서 경찰의 권한에 관하여 특별히 규정하지 않는 경우에도 공공의 안전과 질서에 대한 위험을 방지 또는 제거하기 위하여 필요한 조치를 취할 수 있다"라고 규율하게 될 것이다. 따라서 경찰권은 공공의 안녕과 질서유지에 대한 구체적인 위험을 방지하거나 이미 발생한 장해를 제거하기 위하여 발동하게 된다. 전자의 위험방지는 예방적 성격을 가지고 있는 반면, 장해의 제거는 사후적 진압의 성격을 가지고 있다.

[판 례] 대판 1986.1.28, 85도2448〈양산군청원경찰〉 : 청원경찰법 제3조는 청원경찰은 청원주와 배치된 기관, 시설 또는 사업장 등의 구역을 관할하는 경찰서장의 감독을 받아 그 경비구역 내에 한하여 경찰관직무집행법에 의한 직무를 행한다고 정하고 있다. 한편 경찰관직무집행법 제2조에 의하면 경찰관은 범죄의 예방, 진압 및 수사, 경

---

53) 일반조항은 경찰의 본래적 위험방지와 장해제거의 임무영역에만 적용되기 때문에, 사법경찰이나 청원경찰의 경우에는 적용되지 않는다고 보는 입장(장태주)이 있다. 이러한 입장에서 <양산군청원경찰>사건의 경우에 일반조항의 적용을 긍정한 것은 문제가 있다고 지적한다. 대법원의 <양산군청원경찰>사건은 경찰공무원에 의한 일반경찰행정작용[형식적 의미의 경찰]에 관한 것이 아니라 일반공무원에 의한 특별경찰행정작용[실질적 의미의 경찰]에 관한 논의이다. 경찰관직무집행법 제2조의 일반조항은 어디까지나 일반경찰행정작용에 관한 문제이기는 하지만, 일반경찰행정작용에 적용되는 경찰관직무집행법 제2조의 일반조항의 성질을 원용해서 특별경찰행정작용의 영역에 있어서도 적용했다는 점에서 대법원의 <양산군청원경찰>사건은 그 판례적 의미가 있다.

비요인, 경호 및 대간첩작전 수행, 치안정보의 수집작성 및 배포, 교통의 단속과 위해의 방지, 기타 공공의 안녕과 질서유지 등을 그 직무로 하고 있는 터이므로 경상남도 양산군 도시과 단속계 요원으로 근무하고 있는 청원경찰관인 공소외 김차성 및 이성주가 원심판시와 같이 1984.12.29 경상남도 양산군 장안면에 있는 피고인의 집에서 피고인의 형 공소외 1이 허가없이 창고를 주택으로 개축하는 것을 단속한 것은 그들의 정당한 공무집행에 속한다고 할 것이므로 이를 폭력으로 방해한 피고인의 판시 소위를 공무집행방해죄로 다스린 원심조치는 정당하고 이에 위법이 있다고 할 수 없다.

사 례 호스트바단속[제47회(2003년) 행정고시]

경찰관은 경찰관직무집행법을 근거로 이른바 '호스트바(남자접대부를 고용한 술집)'을 단속할 수 있는가 ?

풀이해설 주어진 설문이 비록 아주 짧기는 하지만 경찰행정에 대한 기본적인 이해를 묻는 중요한 문제이다. 언젠가 신문지상에 경찰이 '부부스와핑'을 단속한 적이 있는데, 무슨 법적 근거로 그리고 처벌법규가 있는가 등에 대해서 의문을 제기한 적이 있다. 바로 이러한 의문에 대한 대답이 이 문제에 담겨져 있다.

Ⅰ. 서 론 -문제의 제기-
Ⅱ. 경찰관직무집행법 제2조 제5호
　　1. 개괄적 수권조항(개괄조항·일반조항)의 의의
　　2. 경직법 제2조 제5호의 법적 성질
Ⅲ. 공공의 안녕과 질서유지
　　1. 공공의 안녕
　　2. 공공의 질서
Ⅳ. 결 론 -문제의 해결
　　· 경찰관직무집행법 제2조 제5호는 일반조항으로 인정할 수 있고, 경찰권발동의 근거가 될 수 있다.
　　· 호스트바를 단속하는 것은 '공공의 질서'를 유지하기 위한 경찰권의 발동에 해당한다.

2. 경찰권의 한계

(1) 법령상의 한계

경찰권의 행사는 기본적으로 법령에 의하여 규정된 내용에 따라 이루어져야 하는 법령상의 한계가 인정된다. 따라서 경찰법규 중에서 경찰권의 행사에 관하여 구체적 한계를 규정한 것이 있으면, 당연히 그러한 한계 내에서만 유효하게 발동될 수 있다(대판 1991.9.10 91다19913; 대판 1993.7.27, 93다9163).

경찰권의 발동을 규정하고 있는 개별법 규정들은 그 존재목적이 위해방지가 주된 것은 아니지만 당해 행정작용의 수행과정에서 나타나는 공공의 안전과 질서의 부수적인 위해를 방지하기 위해서 인정되는 경우가 있다. 따라서 경찰관의 음주측정은 교통안전과 위험방지의 필요성이 있을 때에 한하여 운전자에게 요구할 수 있는 예방적 행정행위일 뿐이지, 경찰관에게 이미 발생한 도로교통상의 범죄행위에 대한 수사를 위한 음주측정권한이 부여되는 것은 아니다(대판 1993.5.27, 92도3407).

(2) 일반법원칙상의 한계

경찰권의 행사에 있어서 구체적 한계 등이 법령상 명시적으로 규정되어 있지 않아도, 헌법이념과 경찰의 목적 및 성질 등에 비추어 필요한 일정한 한계 내에서 경찰권이 행사되어야 한다. 따라서 경찰권의 행사는 경찰평등의 원칙, 경찰소극목적의 원칙, 경찰비례의 원칙, 경찰공공의 원칙, 경찰책임의 원칙 등의 한계가 인정되며, 경찰권의 적극적 한계로서 경찰권의 경찰개입의무가 있다. 여기서 경찰개입의무는 경찰재량권이 영(零)으로 수축됨에 따라 경찰개입의 의무가 성립되고 그에 상응한 개인의 개입청구권이 발생한다고 보는 것이다.

■ 국가기관에 대한 경찰권의 발동 ■

경찰행정청이 다른 국가 또는 지방자치단체의 기관에 대해서 경찰권을 발동할 수 있을 것인가가 문제된다. 이에 대한 긍정설(류지태·박종수, 정형근)과 부정설(홍정선)의 대립이 있다.1) 부정설에 의하면, 행정기관은 각각 권한분배에 의하여 그 권한의 범위 내에서 다른 기관의 간섭을 받지 않고 자신의 권한을 행사할 수 있어야 하기 때문에, 권한행사와 관련된 공공의 안녕과 질서유지도 자신의 권한과 책임 아래 행해져야 한다고 본다. 따라서 경찰기관은 다른 행정기관에 대하여 경찰권을 발동할 수 없고, 필요한 경우는 오직 시정권고만을 할 수 있다고 본다. 반면에 3) 긍정설에 의하면, 법령에 의하여 고유한 권한이 분배되어 있다는 이유만으로 공공의 안녕과 질서유지를 위한 경찰권의 발동을 금지할 수 없다고 본다.

생각건대, 다른 국가기관에 대한 경찰권발동은 다른 국가기관의 고유한 업무수행에 영향을 주어서는 안 되기 때문에, 다른 국가기관의 적법한 업무수행을 방해하지 않는 범위 내에서 경찰권을 발동할 수 있다고 보는 것이 타당하다. 또한 다른 행정기관의 고유한 권한에 의하여 자신의 권한행사 과정에서 발생하는 공공의 안녕과 질서유지에 대한 위해를 스스로 예방 내지 제거할 수도 있지만, 경찰권에 의한 공공의 안녕과 질서유지에 대한 위해의 예방 내지 제거도 상호보완적·중첩적으로 인정된다고 할 것이다.54)

사 례 이웃집소음[제50회(2006년) 행정고시]

A는 이웃집 주민 B가 심야에 악기연습을 하거나 친구들을 불러 악기를 연주하는 등 과도한 소음을 발생케 하는 일이 잦아 밤잠을 설치기 일쑤이다. 이에 A는 수차 례 B에게 자제를 요청하였으나 묵살되었고, 결국 신경쇠약으로 정신과 치료를 받기에 이르렀다. A는 여러 차례 인근 경찰관서에 신고하고 단속을 요청하였으나 경찰관서에서는 사생활 및 사주소(私住所)에 대하여는 개입할 수 없다는 이유로 출동조차 하지 않고 있다. 이에 대하여 A는 어떠한 권리구제수단을 갖는가? 단, 환경분쟁조정법에 의한 권리구제는 논외로 한다.

[A형]	[B형]
Ⅰ. 서 론 - 문제의 제기-	Ⅰ. 서 론 - 문제의 제기-
Ⅱ. 경찰공공(사생활자유)의 원칙	Ⅱ. 경찰권불행사의 위법성
	1. 경찰공공(사생활자유)의 원칙
	2. 경찰개입청구권과 경찰개입의무
	3. 소 결
Ⅲ. A의 권리구제수단	Ⅲ. A의 권리구제수단
1. 행정개입청구	1. 행정쟁송
2. 행정쟁송	2. 행정상 손해배상
3. 행정상 손해배상	
Ⅳ. 결 론 - 문제의 해결-	Ⅳ. 결 론 - 문제의 해결-

참고판례 대판 2010.8.26, 2010다37479〈부부싸움살해〉: [1] 경찰은 범죄의 예방, 진압 및 수사와 함께 국민의 생명, 신체 및 재산의 보호 기타 공공의 안녕과 질서유지를 직무로 하고 있고, 그 직무의 원활한 수행을 위하여 경찰관직무집행법, 형사소송법 등 관계 법령에 의하여 여러 가지 권한이 부여되어 있으므로, 구체적인 직무를 수행하는 경찰관으로서는 제반 상황에 대응하여 자신에게 부여된 여러 가지 권한을 적절하게 행사하여 필요한 조치를 취할 수 있는 것이고, 그러한 권한은 일반적으로 경찰관의 전문적 판단에 기한 합리적인 재량에 위임되어 있는 것이나, 경찰관에게 권한을 부여한 취지와 목적에 비추어 볼 때 구체적인 사정에 따라 경찰관이 그 권한을 행사하여 필

---

54) 공공의 안녕과 질서유지에 관하여 경찰기관의 권한이 (다른 행정기관의 권한)보다 더 우월하다는 점을 들어 국가기관 등에 대한 경찰권의 발동을 긍정하는 견해(정형근)가 있다. 그러나 각각의 행정기관은 자신의 임무와 권한을 행사함에 있어서 공공의 안녕과 질서유지를 위한 고유한 권한이 있으나, 그렇다고 해서 경찰기관에 의한 공공의 안녕과 질서유지를 위한 권한을 무시할 수는 없다고 보아야 한다. 따라서 다른 국가기관 등에 의한 특별경찰행정작용으로서 경찰권의 발동과 경찰기관에 의한 일반경찰행정작용으로서 경찰권의 발동은 상호보완적·중첩적인 관계에 있다고 보는 것이 타당하다.

요한 조치를 취하지 아니하는 것이 현저하게 불합리하다고 인정되는 경우에는 그러한 권한의 불행사는 직무상의 의무를 위반한 것이 되어 위법하게 된다(대판 1998.5.8. 97다 54482; 대판 2004.9.23, 2003다49009 등 참조). [2] 경찰관이 폭행사고 현장에 도착한 후 가해자를 피해자와 완전히 격리하고, 흉기의 소지 여부를 확인하는 등 적절한 다른 조치를 하지 않은 것이 피해자에게 발생한 피해의 심각성 및 절박한 정도 등에 비추어 현저하게 불합리하여 위법하므로, 국가는 위 경찰관의 직무상 과실로 말미암아 발생한 후속 살인사고로 인하여 피해자 및 그 유족들이 입은 손해를 배상할 책임이 있다.

II. 경찰관직무집행법에 의한 경찰권의 발동

1. 불심검문(법3)

(1) 의 의

불심검문(不審檢問)이란 경찰관이 거동이 수상한 자를 발견한 때에 이를 정지시켜 조사하는 행위를 말한다. 불심검문은 일반경찰행정작용으로서 공공의 안녕과 질서 유지에 대한 구체적인 위험을 방지하거나 이미 발생한 장해를 제거하기 위하여 행하게 된다. 그리고 사법경찰작용(경찰사법작용)의 하나인 수사(搜査)의 단초로써 어떠한 죄를 범하려 하고 있다고 의심할 만한 경우뿐만 아니라, 수사작용으로써 이미 죄를 범하였다고 의심할 만한 경우에도 불심검문을 행할 수 있다. 요컨대 경찰관 직무집행법에 의한 불심검문은 경찰행정작용으로 행하는 경우도 있고, 경찰사법작용으로 행하는 경우도 있을 수 있다.

현행 경찰관직무집행법은 사법경찰작용(경찰사법작용)으로서 불심검문에 대해서 명문의 규정을 두고 있다. 즉 i) '수상한 행동이나 그 밖의 주위 사정을 합리적으로 판단하여 볼 때 어떠한 죄를 범하였거나 범하려 하고 있다고 의심할 만한 상당한 이유가 있는 사람' 또는 ii) '이미 행하여진 범죄나 행하여지려고 하는 범죄행위에 관하여 그 사실을 안다고 인정되는 사람'에 대해서 불심검문이 가능하다. 그런데 일반경찰행정작용으로서 불심검문은 i) '수상한 행동이나 그 밖의 주위 사정을 합리적으로 판단하여 볼 때 공공의 안녕과 질서유지에 위해가 되는 행위를 범하였거나 범하려 하고 있다고 의심할 만한 상당한 이유가 있는 사람' 또는 ii) '이미 행하여졌거나 행하여지려고 하는 공공의 안녕과 질서유지에 대한 위해행위의 사실을 안다고 인정되는 사람'에 대해서 가능하다.

현행법상 불심검문의 방법으로 인정되는 것은 정지, 질문, 흉기소지조사, 임의동행요구 등이 있다. 그리고 불심검문과 관련된 문제로서 자동차등검문이 있다.

누가 보아도 명백히 경찰상의 위해와 관련이 없는 사람을 정지하여 질문하거나 조사하는 것은 위법한 경찰권발동이 된다. 현행법상 불심검문은 원칙적으로 임의적 수단에 의하여 행해지지만, 경찰행정목적의 달성을 위해서 어느 정도의 물리력의 행사가 허용된다고 보는 것이 타당하다. 다른 방법에 의해서는 경찰목적을 달성하기 어려운 경우에는 상대방의 의사를 제압하지 않는 정도의 물리력의 행사는 허용된다.

(2) 정 지

정지는 불심검문의 제1차적 수단이며, 경찰관직무집행법의 명문에 의하면 원칙적으로 임의처분이다. 보행자일 경우 불러 세우거나, 자동차나 자전거를 타고 있는 사람의 경우에는 정차시키는 것이 대표적인 정지의 유형이다. 움직이지 않는 사람에 대해서는 그 상태에서 질문 등의 절차로 나아가게 되지만, 일단 정지상태에서 질문을 개시한 후에 움직이기 시작한 사람에 대해서도 정지시킬 수 있다.

첫째, '정지시기기 위해 추적하는 행위'는 적법한 정지의 한계를 벗어난 것이 아니다. 따라서 거동이 수상한 자로서 경찰이 불심검문을 하고 파출소까지 임의동행을 요구받은 자가 갑자기 도주한 경우, 경찰이 급히 불심검문을 하기 위해 추적하는 것은 경찰의 적법한 직무행위로 인정될 수 있다.[55] 둘째, 뛰어가고 있는 자의 면전에서 양팔을 벌려 가로막고 정지시키는 행위에 대해서도 이를 적법한 것으로 인정한다. 셋째, 어깨, 손목 등에 손을 얹어 정지시키는 행위도 상대방이 범인으로서의 혐의가 농후한 경우에는 적법한 것으로 보았다.

그러나 위협적으로 불러 세우거나 본인에게 정지를 하지 않을 수 없게 하는 듯한 유형적 동작 등의 강제에 의해 정지시키는 것은 위법하다. 따라서 정지는 질문을 위해 본인을 정지상태에 두는 수단이기 때문에, 구두로 부르거나 설득의 방법에 의해 멈출 것을 요구할 수는 있다. 또한 정지는 구두의 요구와 더불어 본인에게 주의를 촉구하는 정도의 유형적 동작에 그쳐야 할 것이라는 것이다.

---

55) 이러한 경우를 형사소송법 제211조 제2항 제4호 '누구임을 물음에 대하여 도망하려 하는 때'에 해당하는 준현행범으로서 형사소송법 제212조에 의하여 영장 없이 체포할 수 있다고 보기도 한다. 경찰사법작용(사법경찰작용)으로 행하는 경우는 전적으로 타당한 논리이지만, 경찰행정작용으로 행하는 경우는 형사소송법의 규정이 적용될 여지가 전혀 없고, 경찰관직무집행법에 의한 규율이 타당하다.

(3) 질문 및 흉기소지조사

(가) 질 문 　　　　질문(質問)은 거동수상자에게 행선지나 용건 또는 성명, 주소, 연령 등을 묻고 소지품 등의 내용을 물어보는 경찰공무원의 조사방법이다. 이러한 경찰조사에는 '신원확인'을 위한 질문과 '범죄'에 관련된 질문으로 구분할 수 있다. 전자의 질문에 대해서는 진술거부권을 부정하고, 후자의 질문은 경찰사법작용이기 때문에 진술거부권을 인정하는 것이 바람직하다.

(나) 흉기소지조사(법3③) 　　　　흉기소지조사(凶器所持調査)란 거동수상자의 의복이나 휴대품을 가볍게 손으로 만지면서 혐의물품의 존부를 확인하고, 흉기소지의 혐의가 있는 경우에 상대방으로 하여금 이를 제출하게 하거나 경찰관이 직접 이를 꺼내는 조사방법을 말한다. 이러한 흉기소지조사는 무기·흉기 등 그 밖의 위험한 물건을 소지하거나 은닉하고 있다고 의심할 만한 상당한 이유가 있는 경우에 인정된다.

흉기소지조사는 질문시에 할 수도 있지만, 질문이 끝나고도 질문을 통하여 얻게 된 무기·흉기 등 그 밖의 위험한 물건에 대한 의심을 해소하기 위하여 인정된다. 이러한 흉기소지조사는 소지품에 대한 관찰, 소지품의 제시요구 등의 임의적인 방법으로 이루어진다. 그러나 흉기소지조사를 함에 있어서 경찰관이나 다른 사람의 생명·신체에 위협이 될 우려가 눈앞에 다급한 경우는 행정상 즉시강제의 법리에 따라 강제적인 외표검사(外表檢査:옷이나 휴대품의 외부에 손을 가볍게 대어 소지품을 조사하는 행위)나 개피행위(蓋皮行爲:소지품을 경찰관 스스로 열어보는 행위)가 허용된다.

(4) 임의동행(법3②)

임의동행(任意同行)은 당해 장소에서 질문하는 것이 당해인에게 불리하거나 교통의 방해가 되는 경우 부근의 경찰서·지구대·파출소 또는 출장소 등으로 동행할 것을 요구하는 것을 말한다. 임의동행은 상대방의 동의 또는 승낙을 그 요건으로 하므로 당사자는 경찰관의 동행요구를 거절할 수 있을 뿐만 아니라 임의동행 후 언제든지 경찰관서에서 퇴거할 자유가 있다. 그런데 임의동행을 거부하거나 임의동행 후 퇴거하고자 하는 자가 경찰상의 위해와 관련이 있는 경우는, 경찰행정목적의 달성을 위하여 어느 정도의 물리력의 행사에 의한 질문이 허용된다고 보아야 할 것이다.

따라서 임의동행을 요구하다가 거절당하자 무리하게도 대상자(상대방)를 잡아끄는 등 강제로 인치(引致)하려는 것은 현행범의 체포가 아닌 한 적법한 공무집행행위가 아니다(대판 1972.10.31, 72도2005). 그리고 경찰관이 임의동행을 거절하는 사람을 강제로 연행하는 것을 거부하는 방법으로서 경찰관을 폭행, 협박을 하여도 공무집행방해죄는 성립하지 아니한다(대판 1992.5.22, 92도506). 또한 경찰관직무집행법이 임의동행한 상대방을 6시간을 초과하여 경찰관서에 머물게 할 수 없다고 규정하고 있으나, 이러한 규정이 임의동행한 자를 6시간 동안 경찰관서에 구금하는 것을 허용하는 것은 아니다(대판 1997.8.22, 97도1240). 경찰관이 경찰서까지 임의동행할 것을 요구하여 순찰차에 태운 다음 옆에 탑승한 경찰관이 상대방의 오른쪽 손목을 잡고 뒤로 꺾어 올리는 등의 방법으로 피고인을 제압하는 행위는 상대방을 불법하게 체포·구금한 것으로 위법한 임의동행에 해당한다(대판 1999.12.28, 98도138).

(5) 당사자의 절차적 권리

(가) 증표의 제시(법3④)   경찰관이 경찰관직무집행법에 의하여 불심검문을 함에 있어서 증표를 제시하여야 하는가? 경찰관의 정복이 곧 경찰관이라는 신분을 표시하는 명백한 증표이기 때문에, 정복을 입고 불심검문을 하는 경찰관에 대해서는 별도의 신분증제시를 필요로 하지 않는다. 그러나 사복을 착용한 경찰관은 불심검문을 함에 있어서 신분증(경찰관의 공무원증(경찰관직무집행법시행령5))과 같은 증표를 제시하여야 한다. 따라서 증표의 제시가 없는 행정조사인 불심검문은 위법하며, 이러한 불심검문에 대해서는 거부할 수 있고 정당방위 등에 의한 구제방법이 가능하다.

2004년 국가인권위원회는 "정복을 입은 경찰도 신분증을 제시할 의무가 있기 때문에, 신분증을 제시하지 않는 등 적법절차를 거치지 않고 불심검문을 했다면 인권을 침해한 것이다"라고 결정한 바가 있다. 그런데 대법원은 "불심검문에서 정복을 입은 경찰관이 공무원증을 제시하지 않아 절차적·실체적 요건을 결여한 적법한 공무집행이 아니라고 판단한 원심은 잘못이다"(대판 2004.10.14, 2004도4029)라고 판시하였다. 또한 헌법재판소는 "일반적인 질서유지의 직무를 수행하고 있는 모든 경찰관에게 시민이 요구하는 바에 따라 자신의 소속과 성명을 밝혀야 할 헌법상의 작위의무가 있다고 볼 수 없다"(헌재 2012.1.31, 2012헌마27)고 결정하였다.

그리고 주민등록법(26(주민등록증의 제시요구))에 의하면, "사법경찰관리는 정복근무 중인 경우 외에는 미리 신원을 표시하는 증표를 지니고 이를 관계인에게 내보여야 한다"고 명문으로 규정하고 있다.

(나) 흉기소지조사의 영장주의   흉기소지조사에 있어서 영장의 필요 여부에 관해서 긍정설과 부정설 그리고 절충설의 대립이 있다. 여기서 절충설(折衷說)이란 헌법상 영장주의는 예외적인 사유에 해당하는 경우를 제외하고는 원칙적으로 모든 공권력의 행사에 있어서 적용된다는 것을 전제로, 공권력행사의 신속성이 요구되는 경우에 헌법의 규정(12③단서)에 비추어 사전영장주의에 대한 예외를 인정한다는 입장을 말한다.

경찰행정작용의 하나로써 흉기소지조사가 이루어지는 경우는 형사법의 법원리가 아니라 행정법의 법원리에 의하여 판단하여야 한다. 따라서 경찰행정작용의 하나로서 흉기소지조사가 이루어지는 경우는 행정조사 내지 행정상 즉시강제의 법리에 따라 절충설이 타당하다. 따라서 경찰관직무집행법에 의한 흉기소지조사에 있어서 긴급성·신속성이 요구되는 경우에는 영장주의의 예외를 인정할 수 있다고 할 것이다.

(다) 기타 절차적 권리   1) 당사자는 불심검문하는 경찰관의 신분과 불심검문의 목적 및 이유를 알 권리가 있다. 따라서 경찰관은 질문이나 동행의 목적과 이유를 설명하여야 한다(법3④). 이러한 경찰관직무집행법의 명문규정은 행정절차법(23)의 '처분이유제시(이유부기)'에 관한 법리를 다시 규율한 것으로 보아야 한다. 그런데 2) 질문에 있어서 당사자는 자신의 의사에 반하여 불리한 답변을 강요당하지 아니한다. 3) 임의동행의 요구시 동행장소를 알 수 있어야 한다(법3④). 4) 임의동행에 의해 경찰관서에 동행한 경우에 경찰관은 당해인의 가족 또는 친지들에게 동행한 경찰관의 신분, 동행장소, 동행목적과 이유를 고지하여야 한다(법3⑤). 그리고 5) 당사자 스스로가 즉시 연락할 수 있는 기회와 변호인의 조력을 받을 권리가 고지되어야 한다(법3⑤).

2. 보호조치(법4)

(1) 의 의

(가) 개 념   보호조치(保護措置)는 정상적인 의사결정상태나 신체상태에 있지 못하여 자기나 타인의 생명과 신체 등에 위해를 야기할 수 있는 사람 또는 응급구호가 필요한 사람에 대해서 위해방지 또는 응급구호를 위하여 잠정적으로 신체의 자유를 일정한 장소(경찰서 보호실, 보건의료기관, 공공구호기관 등)에 제한하는 행위를 말한다. 그리고 이러한 보호조치의 목적은 보호조치의 대상자로부터 예상되는 어떠한 경찰상 위해를 예방하거나 응급구호를 하기 위한 것이기 때문에, 보호조치의 대상자들에게 예견되는 위해나 응급구호가 단순한 사실이나 가능성이 아닌 현존하거나 확실히 예견가능한 것이어야 한다.

(나) 법적 근거   현행 경찰관직무집행법 제4조는 '보호조치'에 관한 규정과 '영치'에 관한 규정으로 구성되어 있다. 법 제4조 제3항에 규정하고 있는 '무기·흉기 등 위험을 일으킬 수 있는 것으로 인정되는 물건'에 대한 임시영치는 제3조[불심검문]에 의한 '무기·흉기 등 위험한 물건'에 대해서도 인정되어야 한다. 그리고 보건의료기관이 긴급구호를 행한 경우에는 경찰관직무집행법(11의2)상 손실보상이 인정되어야 할 것이다.

(다) 법적 성질   보호조치의 법적 성질에 관하여 경찰상 즉시강제로 보는 견해와 판례(대판 2008.11.13, 2007도9794; 2012.12.13, 2012도11162<만취자음주단속불응도주검거>)도 있다. 그러나 실무적으로 보면 경찰상 의무불이행에 대하여 과하는 경찰상 직접강제인 경우도 있고 경찰상 즉시강제인 경우도 있기 때문에 획일적으로 경찰상 즉시강제로 볼 것은 아니다.

(2) 행 사

(가) 대 상   보호조치의 대상은 i) 정신착란을 일으키거나 술에 취하여 자신 또는 다른 사람의 생명·신체·재산에 위해를 끼칠 우려가 있는 사람, ii) 자살을 시도하는 사람, iii) 미아, 병자, 부상자 등으로서 적당한 보호자가 없으며 응급구호가 필요하다고 인정되는 사람이다. 제4조 제1항 제1호와 제2호는 강제적 보호조치를, 제4조 제1항 제3호는 임의적 보호조치를 각각 규율하고 있다. 따라서 제3호의 경우는 본인이 구호를 거절하는 경우는 제외한다고 규정하고 있다. 이와 같이 열거적으로 규율하고 있는 보호조치대상은 기본적으로 공공의 안녕과 질서유지라는 경찰행정목적을 수행하기 위한 것이라는 점에서 동일하다.

(나) 응급구호의 필요성   경찰상 보호조치는 '응급구호가 필요하다고 믿을 만한 상당한 이유'가 있는 경우에 인정된다. 따라서 이러한 응급구호의 필요성에 대한 판단은 경찰관의 합리적 경험칙 등을 기준으로 하되, 보호조치를 행하는 경찰관 개인의 현장에서 접하는 상황을 고려한 전문적·주관적 판단에 기초한 재량행위이다. 대법원도 "긴급구호권한과 같은 경찰관의 조치권한은 일반적으로 경찰관의 전문적 판단에 기한 합리적 재량에 위임되는 있는 것이고"(대판 1996.10.25, 95다45927<손해배상>), "보호조치를 필요로 하는 피구호자에 해당하는지는 구체적인 상황을 고려하여 경찰관 평균인을 기준으로 판단하되, 그 판단은 보호조치의 취지와 목적에 비추어 현저하게 불합리하여서는 아니 된다"(대판 2012.12.13, 2012도11162<만취자음주단속불응지구대연행>)라고 판시하였다. 그런데 경찰관의 보호조치권한은 구체적 상황 아래서는 기속성이 인정되기도 한다. 이러한 경우에 있어서 보호조치에 관한 경찰관 권한의 불행사가 현저하게 불합리하다고 인정되는 경우에는 국가배상책임을 인정하기도 한다(대판 1996.10.25, 95다45927<정신질환자살인>).

(다) 위법한 보호조치의 사례   경찰서 보호실에 유치될 당시에 긴급구호를 요한다고 믿을 만한 상당한 이유가 있었다고 볼 아무런 자료가 없는 경우에는 당사자를 적법하게 보호조치한 것이 아니다. 경찰관이 보호조치를 한 때에는 지체없이 피구호자의 가족·친지 기타의 연고자에게 그 사실을 통지하여야 한다. 따라서 경찰서 보호실에 유치된 후 가족에게 통지하지 아니한 경우는 당사자를 적법하

게 보호조치한 것이 아니다(대판 1994.3.11, 93도958; 대판 1998.2.13, 96다28578<레스토랑종업원
보호실유치>). 또한 피구호자의 가족 등에게 피구호자를 인계할 수 있다면 특별한 사정
이 없는 한 경찰관서에서 피구호자를 보호하는 것은 허용되지 않는다(대판 2012.12.13,
2012도11162<만취자음주단속불응지구대연행>).

[판 례] 대판 1998.5.26, 98다11635 등 : 가해자가 피해자를 살해하기 직전까지 오랜
기간에 걸쳐 원한을 품고 집요하게 피해자를 괴롭혀 왔고, 이후에도 피해자의 생명·
신체에 계속 위해를 가할 것이 명백하여 피해자의 신변이 매우 위험한 상태에 있어
피해자가 살해되기 며칠 전 범죄신고와 함께 신변보호를 요청하고 가해자를 고소한
경우, 범죄신고와 함께 신변보호요청을 받은 파출소 소속 경찰관들이나 고소장 접수
에 따라 피해자를 조사한 지방경찰청 담당경찰관은 사태의 심각성을 깨달아 수사를
신속히 진행하여 가해자의 소재를 파악하는 등 조치를 취하고, 피해자에 대한 범죄의
위험이 일상적인 수준으로 감소할 때까지 피해자의 신변을 특별히 보호해야 할 의무
가 있다.

---

3. 위험발생의 방지조치(법5)

(1) 의 의

위험발생의 방지조치(危險發生 防止措置)란 사람의 생명 또는 신체에 위해를 끼치
거나 재산에 중대한 손해를 끼칠 우려가 있는 위험한 사태가 발생할 때에 이를 방
지하는 특정조치를 말한다. 여기서 '위험한 사태'란 천재, 사변, 인공구조물의 파손
이나 붕괴, 교통사고, 위험물의 폭발, 위험한 동물 등의 출현, 극도의 혼잡 등을 말
한다.

(2) 수 단

위험발생을 방지하기 위한 조치의 수단으로는 경고, 직접강제 또는 즉시강제(억
류조치나 피난조치), 개별적인 위해방지조치 등이 있다.

경찰관의 경고를 받은 관계인은 이를 수인할 의무가 발생하고, 이러한 경고에
따르지 않는 경우는 경찰관이 신체 또는 재산에 대하여 어떠한 행위를 직접 행하
거나, 관계인 등으로 하여금 어떤 행위를 하게 하는 조치를 취할 수 있다. 그리고
'억류'나 '피난'은 필요한 경우에 상대방의 의사에도 불구하고 직접강제 또는 즉시
강제할 수 있다.

(3) 한 계

경찰관에게 위험발생방지조치를 부여한 취지와 목적에 비추어 볼 때, 구체적인 사정에 따라 경찰관이 그 권한을 행사하여 필요한 조치를 취하지 아니하는 것이 현저하게 불합리하다고 인정되는 경우에는, 그러한 권한의 불행사는 직무상의 의무를 위반한 것이 되어 위법하게 된다(대판 1992.10.27, 92다21371<방치펌프차량충돌>; 대판 1998.8.25, 98다16890<방치트랙터충돌>).

[판 례] 대판 1998.8.25, 98다16890〈트랙터방치〉: [1] 경찰관직무집행법 제5조는 경찰관은 인명 또는 신체에 위해를 미치거나 재산에 중대한 손해를 끼칠 우려가 있는 위험한 사태가 있을 때에는 그 각 호의 조치를 취할 수 있다고 규정하여 형식상 경찰관에게 재량에 의한 직무수행권한을 부여한 것처럼 되어 있으나, 경찰관에게 그러한 권한을 부여한 취지와 목적에 비추어 볼 때 구체적인 사정에 따라 경찰관이 그 권한을 행사하여 필요한 조치를 취하지 아니하는 것이 현저하게 불합리하다고 인정되는 경우에는 그러한 권한의 불행사는 직무상의 의무를 위반한 것이 되어 위법하게 된다(대판 1998.5.8, 97다54482; 대판 1996.10.25, 95나45927 등 참조). [2] 농민들의 시위를 진압하고 시위 과정에 도로상에 방치된 트랙터 1대를 도로 밖으로 옮기는 등 도로의 질서 및 교통을 회복하는 조치를 취하던 소외 1 등 경찰관들로서는 도로교통의 안전을 위하여 나머지 트랙터 1대도 도로 밖으로 옮기거나 그것이 어려우면 야간에 다른 차량에 의한 추돌사고를 방지하기 위하여 트랙터 후방에 안전표지판을 설치하는 등 경찰관직무집행법 제5조가 규정하는 위험발생방지의 조치를 취하여야 할 의무가 있는데도 위 트랙터가 무거워 옮기지 못한다는 등의 이유로 아무런 사고예방조치도 취하지 아니한 채 그대로 방치하고 철수하여 버린 것은 직무상의 의무를 위반한 것으로 위법하다는 취지로 판단하여 이 사건 사고에 대한 피고의 손해배상책임을 인정한 것은 이러한 법리에 따른 것으로 정당하다.

---

4. 범죄의 예방 및 제지조치(법6)

(1) 의 의

(가) 개 념　　　범죄의 예방과 제지란 경찰관이 범죄행위가 눈앞에서 행해지려는 판단이 되는 때에는 이를 예방하기 위하여 관계인에게 <u>필요한 경고</u>를 발하고, 범죄행위로 사람의 생명·신체에 위해를 끼치거나 재산에 중대한 손해를 끼칠 우려가 있는 긴급한 경우에 그 <u>범죄행위를 제지</u>하는 것을 말한다.

'범죄의 예방과 제지'는 경찰관직무집행법 제2조 제2호에 규정된 경찰직무 수행으로서 중요한 비중을 차지하고 있다, 범죄는 사회질서 교란의 가장 직접적인 원인이므로 공공의 안녕과 질서유지의 책무에 있어서 핵심적인 주체인 경찰이 범죄를 사전에 예방하고, 진행 중인 범죄를 제지하여야 하는 것은 당연한 직무수행이라고 할 것이다.

(나) 성 질   '범죄의 예방과 제지'의 법적 성질은 긴급한 경우에 신체·재산에 실력을 가한다는 점에서 경찰상 직접강제 또는 경찰상 즉시강제라고 할 것이다. 경찰관이 상대방에 대하여 의무를 명시적으로 명하였음에도 이행 또는 준수하지 않은 경우는 경찰상 직접강제이다. 그러나 사전에 명시적으로 의무를 명하지 못하고 묵시적으로 의무가 명한 것으로 보여지는 상황에서 발하는 범죄의 예방과 제지는 경찰상 즉시강제라고 할 것이다.

또한 현행 경찰관직무집행법 제6조는 '범죄에 관한 경찰상 즉시강제'를 규정함으로써 '일반적 경찰상 즉시강제'에 대한 특별규정의 형식을 취하고 있다.

(다) 제3조 불심검문 및 [풍속영업규제법]의 범죄예방 등과 관계   '범죄의 예방과 제지'에 관한 제6조는 바로 범죄가 행하여지려고 하는 절박한 사태에 직면하여 직접적으로 범죄를 저지하는 조치인 반면, 제3조의 불심검문은 범죄의 발생을 미연에 방지하려는 간접적이고 일반적인 조치이다.

그리고 [풍속영업규제법]는 특수한 영역에 관한 범죄의 예방을 목적으로 하는 반면, 제6조의 '범죄의 예방과 제지'는 모든 범죄의 절박한 상황 아래서 이루어지는 범죄의 예방과 제지에 관한 일반적인 근거규정이다.

(2) 요 건

(가) 범죄행위   범죄행위란 실정법상 범죄로 규정된 모든 범죄, 즉 국가적·사회적·개인적 법익을 해하는 범죄 중에서 구성요건해당성과 위법성만 갖추어지면 족하고 유책성의 구비여부는 불문한다. 왜냐하면, 경찰목적은 범죄의 발생을 예방하여 사회공공의 질서유지에 있는 것이지 반드시 범인을 형사처벌하는 데 있는 것은 아니기 때문이다.

또한 범죄행위의 주체가 책임능력을 구비하고 있느냐 하는 것도 경찰관이 그와 같은 내적 인격사항까지 위험방지의 현장에서 즉각 판별하도록 기대한다는 것은 불가능하며 경찰목적상 불필요하다.

아울러 객관적으로 보아 형벌부과대상행위인 경우에는 심신상실자나 14세 미만자의 행위, 고의나 과실에 의한 행위를 불문한다. 그러나 법령에 의한 행위, 정당한 업무를 수행하는 행위, 정당방위, 긴급피난, 자구행위 등은 위법성을 결하는 것이므로 본조의 경고나 제지대상이 아니다.

(나) 목전(目前)에 행하여지려 하고 있다고 인정될 때　　　'목전'이란 '눈앞에 다급한' 상황의 뜻으로 사회통념상 범죄의 발생이 상당한 정도로 명백하게 드러났거나, 어떠한 행위가 범죄구성요건에 해당하는 행위(이른바 실행행위)에 착수하기 직전을 말한다. '목전'이란 범죄의 실행가능성이 절박해 있음이 객관적으로 명백한 경우까지 포함한다. 요컨대 경찰관직무집행법 제6조의 경고와 제지는 범죄행위의 전단계에서만 인정되는 것으로 이해하는 것이 타당하다.

예비·음모도 경찰행정작용으로써 범죄의 예방과 제지의 대상이 되지만, 예비·음모를 처벌하는 형사법적 범죄의 경우에는 경찰사법작용으로 이해된다. 그리고 이미 범죄가 실행의 착수가 되어 행하여지고 있거나 종료된 경우에도 경찰행정작용이 아니라 경찰사법작용으로서 수사절차에 의해 현행범체포나 긴급구속의 형사법적 법리에 의하게 된다.

(다) 범죄행위와 목전의 판단　　　범죄행위가 목전에 행하여지려고 하고 있다고 인정될 때에 있어서 '인정될 때'의 판단기준은 경찰관 개인의 자의적·독단적인 판단을 말하는 것이 아니고, 사회평균인이라면 그렇게 판단했을 것이라고 생각되는 객관적인 것이어야 한다. 그런데 범죄행위에 관한 경찰관의 인정은 객관적 사실과 구체적으로 정확히 합치할 필요는 없다. 예컨대, 절도행위에 이르는 줄 알고 경고를 하였는데 사실은 강도나 폭행행위를 범하려고 한 경우라 할지라도 무방하다. 대법원 역시 "경찰관의 제지조치가 적법한지 여부는 제지조치 당시의 구체적 상황을 기초로 판단하여야 하고 사후적으로 순수한 객관적 기준에서 판단할 것은 아니다"(대판 2013.06.13, 2012도9937<중국인한국인·교통사고실랑이>)라고 본다.

(3) 경찰상 경고

(가) 경고의 의의　　　경찰상 '경고'란 범죄의 예방을 위하여 범죄행위로 나아가려고 하는 것을 중지하도록 통고하는 것을 말한다. 즉, 주의를 환기시키려는 것으로서 경고에 따르지 않으면 제지 또는 진압하겠다는 뜻이 내포되어 있다.[56] 이러한 법제6조 제1항의 '경고'의 법적 성질은 기혜지·피혜지 기다의 관계인에게 주의촉구·설득·지시·권고 등을 하는 것을 의미하므로 사실행위인 의사의 통지 내지는 중지할 것을 요구하는 중지하명이다.

(나) 경고의 수단　　　경찰상 경고의 구체적 수단으로는 구두, 확성기의 사용, 경고장의 교부, 게시·고시, 손짓 등의 몸짓, 경적·사이렌 취명, 기(旗)의 사용, 신호,

---

56) 범죄의 예방과 제지를 위한 법제6조의 '경고'는 위험발생의 방지를 위한 법제5조의 '경고'와 구별된다. 그러나 범죄의 피해자의 입장에서 보면 '사람의 생명 또는 신체에 위해를 미치거나 재산에 중대한 손해를 끼칠 우려가 있는' 위험한 사태인 경우에는 법제6조의 경고와 법제5조의 경고가 경합한다고 볼 수 있다.

방송, 새끼줄의 설치, 연막탄 발사, 경찰관의 대오 등 그때그때의 상황에 따라 적절한 방법을 취할 수 있다.

(다) 경고의 대상   경찰상 경고의 대상은 '관계인'이다. 경고의 목적이 '범죄의 예방'과 '범죄 피해의 예방'에 있기 때문에, 이러한 목적을 달성하기 위한 필요한 범위 내에 있는 사람이 경고의 대상이 된다. 따라서 범죄를 행하려 하고 있는 자, 범죄에 의해 피해를 받을 우려가 있는 자가 주된 대상이나 이들이 보호를 요하는 요부조자(要扶助者)들일 경우에는 그 보호자들도 경고의 대상이 된다. 또한 장소, 건물 기타 공작물에 관련된 범죄일 경우에는 건물 등의 관리자, 소유자, 점유자 및 그 장소에 살고 있는 자도 대상자가 될 수 있다.

(4) 경찰상 제지

(가) 제지의 의의   경찰관직무집행법 제7조에 의하면, "…그 행위로 인하여.. 위해를 끼치거나 손해를 끼칠 우려가 있는 긴급한 경우에" 경찰관의 제지가 허용된다. 따라서 경찰상 '제지'는 경찰관이 범죄의 예방을 위하여 범죄예비행위 또는 범죄에 밀접하게 접근된 범죄행위 직전의 행위를 실력으로 저지하는 것을 말한다.

이러한 경찰관의 제지는 범죄의 예방을 위한 경찰행정상 즉시강제로서 권력적 사실행위이다. 행정상 즉시강제는 그 본질상 행정목적 달성을 위하여 불가피한 한도 내에서 예외적으로 허용되는 것이므로, 경찰관의 제지는 불가피한 최소한도 내에서만 행사되도록 그 발동·행사 요건을 신중하고 엄격하게 해석하여야 한다(대판 2008.11.13, 2007도9794<집회·시위원천봉쇄(서울시청앞집회시위/제천시이동제지)>).

따라서 '사람의 생명·신체에 위해를 미치거나 재산에 중대한 손해를 끼칠 우려가 있는' 결과에 미치지 못하는 경미한 결과가 예상되는 경우에는 제지가 허용되지 않는다. 그리고 제지는 '긴급한 경우(긴급성)'에 인정되므로 긴급하지 않는 다른 수단에 의해 예방이 가능한 경우에는 제지가 허용되지 않는다. 또한 제지는 사태가 절박한 경우에만 행할 수 있으므로 '경고'로서는 이미 때가 늦어 곧 제지하지 않으면 범죄가 곧 발생할 수 있는 경우에 한하여 행해야 한다.57)

(나) 제지의 수단   제지의 수단으로서는 구체적 상황에 즉응하여 타당한 방법으로 하여야 한다.58) 다만 이러한 제지는 상대방의 의사에 반하여 실력을 행사하

---

57) 제지할 수 있는 예로서는 사람이 현존하는 주거에 큰 충격을 줌으로써 가옥이 손괴되거나 그 안의 사람이 살상당하게 될 것이 명백한 경우 주거에 큰 충격을 주는 행위(큰 망치로 기둥을 치는 행위)가 목전에 행해지려 하는 때 등을 들 수 있다.

58) 예컨대, 범죄를 행하려고 하는 자를 뒤에서 껴안는 행위, 손을 잡고 파출소로 데리고 가는 행위, 그의 앞을 가로막으면서 떠미는 행위, 집단행동과 관련하여 집단행진을 호위하여 따르거나 집단을 갈라놓거나 해산시키는 행위, 집단폭력에 대해 방수(放水) 또는 최루가스를 사용

는 것이므로 경찰비례의 원칙에 적합하도록 사태에 따라 필요한 한도 내에서 행해야만 할 것이다. 또한 사람의 생명 혹은 신체에 위험이 미치지 않는다든가 재산에 중대한 손해를 받지 않을 경우에는 강제력을 사용하는 제지는 허용되지 않는다.

(다) 제지의 대상   제지의 대상은 '사람의 생명·신체에 위해를 미치거나 재산에 중대한 손해를 끼칠 우려가 있는 행위'이다. 따라서 개인의 생명·신체·재산에 대하여 직접 위해를 주지 않는 위조·증수뢰·배임·횡령 등의 지능범이나 행정법규정 위반행위(소위 행정범)는 원칙적으로 법 제6조의 제지대상이 아니다.

현실적으로 제지의 효력이 미치는 자는 눈앞의 범죄를 범하려는 자이다. 경고의 대상과 달리 당해 행위자에 한정되고, 피해를 받거나 받고 있는 자에 대한 경찰관의 행위는 경찰관직무집행법 제4조 또는 긴급피난의 대상이 된다.

[판 례] 2008.11.13, 2007도9794〈집회·시위원천봉쇄(서울시청앞집회시위/제천시이동제지)〉: [1] 경찰관직무집행법 제6조 제1항 중 경찰관의 제지에 관한 부분은 범죄의 예방을 위한 경찰 행정상 즉시강제에 관한 근거 조항이다. 행정상 즉시강제는 그 본질상 행정 목적 달성을 위하여 불가피한 한도 내에서 예외적으로 허용되는 것이므로, 위 조항에 의한 경찰관의 제지 조치 역시 그러한 조치가 불가피한 최소한도 내에서만 행사되도록 그 발동·행사 요건을 신중하고 엄격하게 해석하여야 한다. 그러한 해석·적용의 범위 내에서만 우리 헌법상 신체의 자유 등 기본권 보장 조항과 그 정신 및 해석 원칙에 합치될 수 있다. [2] [집회·시위법]에 의하여 금지되어 그 주최 또는 참가행위가 형사처벌의 대상이 되는 위법한 집회·시위가 장차 특정지역[서울시청앞 광장]에서 개최될 것이 예상된다고 하더라도, 이와 시간적[예정시간보다 5시간30분 전]·장소적[예정장소로부터 150km 떨어진 거리]으로 근접하지 않은 다른 지역[제천시 보양읍 주민자치센터 앞마당]에서 그 집회·시위에 참가하기 위하여 출발 또는 이동하는 행위를 함부로 제지하는 것은 경찰관직무집행법 제6조 제1항의 행정상 즉시강제인 경찰관의 제지의 범위를 명백히 넘어 허용될 수 없다.

---

5. 위험방지를 위한 출입과 검색(법7)

(1) 의 의

위험방지를 위한 출입과 검색이란 경찰관이 응급의 경우 및 범죄 또는 위해를 예방할 경우에 개인의 주거 및 공개된 장소에 출입하여 검색하는 권한을 행사하는

하는 행위, 쥐고 있는 흉기를 빼앗는 행위, 범죄장소로 접근하고 있는 자를 가지 못하게 저지하는 행위 등이 있다.

것을 말한다. 이러한 위험방지를 위한 출입과 검색은 대가택적 직접강제 또는 즉시강제수단으로서 현행 경찰관직무집행법 제7조에서 규율하고 있으며, 일반위험방지를 위한 '긴급출입'(제1항)과 경찰상 공개된 장소에 대한 '예방출입'(제2항)이 있다.

본래 주거의 불가침은 헌법상의 기본권으로 보장되고 있으며(헌법 제16조), 이에 대한 침해는 형사사법절차상의 수색영장에 의해서만 할 수 있는 것이지만, 경찰관직무집행법 제7조는 수사목적을 위한 것이 아니라 <u>목전의 경찰상 장해를 제거한다는 경찰행정목적을 위한 작용</u>이므로 수색영장을 요하지 않고 출입할 수 있다고 규정한 것이다. 즉, 주거의 불가침은 국민의 기본적 인권의 하나이지만, 개인의 주거 내에서 발생한 사태라 할지라도 사람의 생명·신체와 재산에 대하여 위해 또는 중대한 손해가 일어나려고 할 때에는 경찰관이 그 예방조치를 취할 수 없다면 사회 공공의 질서는 유지할 수 없을 것이다.

(2) 일반위험방지를 위한 출입(긴급출입)

(가) 개 념   일반위험방지를 위한 긴급출입은 경찰관이 위험발생의 방지 등(법5①) 또는 대간첩작전의 수행(법5①), 범죄의 예방과 제지에 따른 위험한 사태가 발생하여 사람의 생명·신체 또는 재산에 대한 임박한 위해를 예방하기 위하여 피해자를 구조하기 위하여 다른 사람의 토지·건물·배 또는 차에 출입할 수 있다(법7①).

긴급출입이 가능한 경우는 1) 법 제5조 제1항·제2항 및 제6조 제1항에 규정한 위험한 사태의 발생, 2) 사람의 생명·신체 또는 재산에 대한 위해가 절박한 때, 3) 위해를 방지하거나 피해자를 구조하기 위하여 부득이 하다고 인정할 때이다.

(나) 성 질   경찰상 긴급출입은 상대방의 의사에 반하여서도 행할 수 있는 강제출입권을 규정한 것으로서 현실적으로 위해를 제거할 필요가 절박하고, 경찰하명에 의하여 경찰의무를 과할 여유가 없는 때에 인정되는 경찰상 즉시강제이다. 따라서 경찰상 긴급출입은 권력적 사실행위로서 상대방의 승낙의사의 여부에 관계없이 경찰관이 출입할 수 있도록 인정하고 있다.

행정규제법령의 경우 그 법령의 집행을 위한 당해 공무원의 출입검사권이 인정되는 경우가 많고, 또한 이 경우에 그 출입을 거절·방해하거나 기피한 자에 대하여는 벌금 등의 벌칙규정을 두고 있는 것이 일반적이다. 그러나 법 제7조 제1항의 경찰상 긴급출입을 거절한 경우에 대한 행정법령상 벌칙규정은 존재하지 않는다. 그러나 경찰관의 정당한 출입을 폭행·협박 등의 방법으로 저지한다면 형법상 공무집행방해죄를 구성하게 된다. 입법론적으로 경찰상 출입을 방해하는 사람에 대해서 바로 형법으로 규율할 것이 아니라, 행정목적달성을 위해서 행정벌의 방법으로도 규율하는 것이 바람직하다.

(다) 위험한 상태의 발생　　'(경찰관직무집행법) 제5조 제1항·제2항 및 제6조 제1항에 규정한 위험한 사태의 발생'이란 ① 인명 또는 신체에 위해를 미치거나 재산에 중대한 손해를 끼칠 수 있는 천재·사변, 공작물의 손괴, 교통사고, 위험물의 폭발, 광견·분마류 등의 출현 및 극단적인 혼잡 등의 발생(법5①), ② 대간첩작전의 수행중이거나 소요사태가 발생한 경우(법5②), 범죄행위가 목전에 행하여지려고 하는 것을 인정한 때(법6①) 등을 말한다.

　법 제4조(보호조치 등)에 규정된 '응급의 구호를 요한다고 믿을 만한 상당한 이유가 있는 자'를 발견했다는 이유로 긴급출입을 인정할 수는 없다. 이 경우에 관리자의 승낙이 있거나 관리자의 요구가 있으면, 경찰관의 출입이 인정될 수 있지만 이것은 긴급출입은 아니다. 그러나 정신착란자 또는 술취한 상태에 있는 자가 타인의 생명·신체와 재산에 위해를 미치고 있는 경우는 법 제6조(범죄의 예방과 제지)의 '범죄행위가 목전에 행하여지려고 하고 있다고 인정되는' 경우이기 때문에 긴급출입(강제출입)이 가능하다, 그러므로 그러한 자의 주거에 출입하여 경고 또는 제지를 행할 수 있고, 또한 응급의 구호를 요한다는 상태에서는 법 제4조(보호조치 등)에 의한 보호조치 등을 행할 수도 있다.

　(라) 사람의 생명·신체 또는 재산에 대한 위해가 절박한 때　　'사람의 생명·신체 또는 재산에 대한 위해가 절박한 때'란 법 제5조 제1항·제2항 및 제6조 제1항에 규정된 위험한 사태가 발생한 경우 가운데 이러한 요건에 충족하고 있는 경우에 한정된다는 취지이다. 법 제5조(위험발생의 방지 등)의 위험한 사태는 모두 이 요건을 충족하고 있지만, 법 제6조(범죄의 예방과 제지)의 경우에는 반드시 이러한 요건을 충족하고 있다고 할 수 없다. 왜냐하면 여기서 위해는 현실적으로 사람의 생명, 신체 또는 재산에 위해를 미치는 상황이 구체적으로 발생]한 것을 요하고[구체적 위험], 위해 발생의 가능성이 추상적인 상태에 그치는 경우[추상적 위험]는 해당하지 않기 때문이다. 따라서 '범죄로 인한 위해가 절박한 때'는, 개인의 생명·신체·재산에 직접 위해를 가하는 범죄로 인해 위해의 구체적 개연성이 있다고 판단되는 경우를 말한다. 여기서 '구체적 개연성'은 경찰관의 합리적인 재량으로 판단하여야 하며, 112신고는 구체적 개연성의 중요한 판단 근거로서 112신고를 접수한 경우에는 명백히 허위신고라고 보여지는 등 특별한 배제사유가 없는 한 구체적 개연성이 있다는 판단이 가능하다. 그리고 법 제7조의 출입이 허용되는 범죄행위는 그 범죄가 이른바 자연범 중에서도 개인의 생명·신체·재산에 직접 위해를 가하는 범죄만이 포함된다.

　(마) 위해의 방지 또는 피해자의 구조를 위하여 부득이한 때　　'위해를 방지하거나 피해자를 구조하기 위하여 부득이하다고 인정할 때'란 출입의 목적을 한정한 것이다. 즉, 범죄수사나 다른 행정목적(풍기의 단속 등과 같이 행정규제법규의 집행확

보를 위한 경우)을 위해서는 경찰상 출입을 하여서는 아니 된다. 또한 법 제5조(위험발생의 방지) 또는 법 제6조(범죄의 예방과 제지)의 사태에 해당하여 경찰관이 출입하였으나 그 행위를 유효적절하게 행할 수 없다고 예상되는 경우나 목적달성이 불가능하다고 분명히 판단되는 경우에는 출입이 허용되지 않는다고 보아야 할 것이다.

'부득이하다고 인정할 때'란 보충성의 원칙을 말하는 것으로서, 그 위해를 방지하거나 피해자를 구조하기 위한 수단으로서 그 장소에 출입하는 방법 이외에는 달리 적당한 수단이 없다고 인정될 때를 의미한다. 즉, 경찰관이 직접 긴급출입(강제출입)하지 않더라도 건물 밖에서 주의 및 경고를 하기에 충분한 여건이 되는 경우에는 출입하지 않는 것이 타당하다. 이에 대한 판단은 현장에 출동한 경찰관 스스로의 판단에 의하는데, 이 경우에 그 판단은 다른 경우와 마찬가지로 사회통념상 객관적으로 타당성이 있는 판단이어야 한다.

(바) 긴급출입의 대상　　　경찰관이 긴급출입할 수 있는 장소, 즉 긴급출입의 객체로서 경찰관직무집행법은 다른 사람의 토지·건물·배 또는 자동차를 규정하고 있다(법7①). 이러한 긴급출입의 객체는 본래 사주거의 자유가 인정되는 장소이지만, 예외적으로 법 제7조 제1항의 요건 아래 자유가 제한되는 것이다. 따라서 사생활의 자유와 공공의 안녕 질서의 유지를 비교형량하여 엄격한 요건 아래 사생활의 자유의 침해를 인정하는 것이기 때문에 경찰상 긴급출입의 대상 범위는 경찰권이 발동됨으로써 일정한 자유가 침해되는 장소이면 모두 포함된다고 할 것이다. 따라서 '토지·건물·선박 또는 차'란 타인이 관리하는 장소를 예시한 것으로서 이러한 장소에만 한정하는 의미는 아니고, 건물 이외의 시설, 수면(水面)상의 일정한 공간, 항공기 등도 포함된다.59)

'다른 사람의 것'이라 함은 자연인뿐만 아니라 법인도 포함되며, 그 물건이 소유자·점유자·기타 관리자의 지배하에 있다는 의미이다. 긴급출입의 객체와 관련하여 소유권의 유무를 불문하고 그 출입을 인정해야 경찰목적을 달성할 수 있기 때문에 법 제7조가 다른 사람의 토지·건물·배 또는 차라고 규정하고 있지만, 그 물건들은 반드시 소유자·점유자·기타 관리자의 지배하에 놓여 있음을 요하지 않고, 무주물이라도 무방하다고 보아야 한다는 견해도 있다.

---

59) 주거의 자유가 인정되는 사주거는 모두 그 보호의 객체가 되어야 하기 때문에, 법 제7조의 '토지·건물'에는 공작물, 기타 시설 등이 포함되고, '선박·차'에는 선박, 기차, 전철, 자동차 등의 차량 이외에도 항공기·우주선 등이 포함된다. 따라서 우리나라의 경찰권이 미치는 범위 내에서는 긴급출입의 객체로서 실질적으로 장소적 제한은 없다고 할 수 있다. 다만 제2항의 내용을 고려해 볼 때 공개된 장소는 제2항 예방출입의 대상으로 하고, 제1항의 경우는 사회공공의 복지를 위하여 사주거의 자유를 제한하는 경우로서 비공개된 장소를 대상으로 한다. 이에 대하여 제2항 예방출입의 경우도 제1항 긴급출입의 객체로 된다는 견해도 있다.

(사) 긴급출입권의 내용   경찰관직무집행법 제7조 제1항의 긴급출입권에는 출입뿐만 아니라 출입의 전단계인 정차권(停車權)·정선권(停船權)이 당연히 포함된다. 아울러 경찰상 긴급출입권에는 통행권도 포함된다. 예컨대, A지역에 범죄 등의 위험한 사태가 발생하였는데, A지역으로 통하는 도로가 차단되어 막혀 있는 경우에는 사인소유의 B지역을 경유하여 A지역으로 가는 것이 허용된다.

또한 경찰관이 이러한 출입대상지역에 들어간 후에는 절박한 위해를 예방하고 인명을 구조하기 위한 활동을 할 수 있어야 하므로, 필요한 한도 내에서 '확인'이 가능하다. 여기서 '확인'이란 주변의 사물을 육안으로 관찰하거나, 의심스러운 사물을 손으로 가볍게 두드려 만져 검사하는 외표검사도 가능하다. 또한 '확인'을 보다 적극적으로 나아가게 되면 해석상 '검색'도 포함된다고 할 수 있으나, 형사소송법상 '수색'과 구별하여야 할 것이다. 그리고 경찰상 긴급출입 대상지역에서 경찰행정작용으로서 불심검문(법3), 보호조치(법4), 위험발생 방지를 위한 경고·억류·피난조치 및 접근·통행의 제한·금지조치(법5), 위험 발생방지를 위한 경고와 제지(법6) 등을 할 수 있고, 경찰사법작용으로서 동행요구, 현행범인의 체포, 범죄의 제지 등의 직무를 행할 수도 있을 것이다.

범죄수사의 목적을 위하여 경찰관이 긴급출입을 행하는 것은 허용되지 않지만, 경찰상 긴급출입을 통하여 '확인' 도중 범죄가 진행 중이거나 범죄의 흔적을 발견한 경우에는 형사법절차에 의한 조치[경찰사법작용]로 전환하게 된다. 요컨대 경찰관직무집행법 제7조는 위해방지 또는 피해자 구조를 위한 출입·확인 권한을, 형사소송법 제216조는 범인 체포를 위한 강제 수사(수색) 권한을 각각 규정하고 있다고 할 것이다.

(아) 필요성의 한계   긴급출입의 한계에 관하여 법 제7조 제1항은 "필요한 한도 내에서 출입할 수 있다"고 규정하고 있다. 여기서 '필요한 한도 내'란 긴급출입함으로써 발생하는 불이익과 긴급출입을 통해 이루어지는 장해제거의 이익 사이에 정당한 비례가 유지되어야 한다는 것으로, '경찰비례의 원칙'을 주의적으로 규정한 것이다. 따라서 경미한 장해제거를 위하여 필요한 한도 이상의 출입권행사는 금지된다. 예컨대 위험물폭발의 우려가 있는 경우에 그 위험물을 모아둔 창고에 출입하는 것은 이 한도 내의 것으로서 정당한 것이지만, 위험에 직접관계가 없는 공원의 기숙사에 출입하는 것은 이 한도를 초과한 것으로 된다.

(3) 경찰상 공개된 장소에 대한 출입(예방출입)

(가) 개 념   예방출입이란 경찰관이 공개된 장소의 범죄 예방 또는 인명·신체와 재산에 대한 위해예방을 목적으로 그 장소에 출입하는 것을 말한다. 경찰관

직무집행법 제7조제2항에서, 흥행장, 여관, 음식점, 역, 그 밖에 많은 사람이 출입하는 장소의 관리자나 그에 준하는 관계인은 경찰관이 범죄나 사람의 생명·신체·재산에 대한 위해를 예방하기 위하여 해당 장소의 출입을 요구할 수 있고, 정당한 이유 없이 그 요구를 거절하지 못한다.

이러한 경찰상 예방출입은 경찰상 위해가 급박한 경우가 아니라도 인정되기 때문에, 경찰상 즉시강제의 수단으로 행하는 강제출입과 구별된다.

(나) 그 밖에 많은 사람이 출입하는 장소(공개된 장소)   '그 밖에 많은 사람이 출입하는 장소(공개된 장소)'란 '흥행장·여관·음식점·역 기타 불특정다수인이 출입하거나 집합하는 장소'를 말하며, '흥행장·여관·음식점·역'은 불특정다수인의 외부인이 출입하거나 집합하는 장소의 예시에 불과하다. 따라서 '다수인이 출입하거나 집합하는 장소'란 공중이 자유로이 출입할 수 있는 장소이며 또한 공개된 장소를 말하고, 이러한 장소에는 시설도 포함된다. 기타 불특정다수인이 출입·집합하는 장소에는 공개된 연설회장, 기차·전철 등의 교통시설, 유원지·백화점, 동물원·식물원 등도 포함되며, 유료인지 여부는 문제되지 않는다.

공개된 장소는 '불특정다수인'이 출입하는 장소이어야 하므로 특정다수인을 대상으로 하는 강연회장, 친목회장 등은 여기에 포함되지 아니한다. 다만, 이러한 특정다수인의 출입장소에도 법 제7조 제1항에 의한 긴급출입의 요건이 충족되는 경우에는 경찰관이 출입할 수 있다.

(다) 관리자에 준하는 관계인   경찰관직무집행법 제7조 제2항에 있어서 '이에 준하는 관계인'은 그 장소의 관리를 위임받고 있는 자나 관리권을 위임받지 않았더라도 현실적으로 그 장소를 지배하고 있는 자를 말하며, 관리자나 소유자의 사용인이라도 무방하다. 예컨대, 음식점의 주인이 부재중인 때에는 그 사용인이 관리자에 준하는 자이고, 역과 야구장의 출입구 개찰자도 현실적으로 그 장소를 지배하고 있는 자로서 관리자에 준하는 자이다.

(라) 출 입   '범죄의 예방 또는 생명·신체·재산에 대한 위해예방'을 위하여 경찰상 출입이 인정된다. 생명·신체·재산에 대하여 추상적인 위험성이 있는 경우도 경찰상 예방출입을 인정한다고 보는 견해가 있다. 그러나 공개된 시간에 공개된 장소에는 항상 위험발생의 가능성은 존재하기 때문에, 추상적 위험에 대해서 경찰상 예방출입을 인정하게 되면 무제한적 경찰예방출입권을 인정하는 결과가 되므로 타당하다고 할 수 없다. 따라서 일반적인 공개장소의 범죄발생 가능성을 넘어 객관적·구체적인 위험성이 존재하는 경우에만 경찰상 예방출입이 가능하다고 보아야 할 것이다.

경찰관의 출입에 있어서 어느 정도의 강제력이 인정되는가가 문제된다. 경찰관의 출입요구를 받은 상대방은 '정당한 이유 없이' 경찰관의 요구를 거절할 수 없

다고 규정하고 있다. 경찰상 예방출입의 목적이 경찰사법작용으로서 범죄수사목적
이 아니라 경찰행정작용으로서 경찰상 위해의 예방에 있기 때문에, 상대방이 정당
한 이유 없이 경찰상 출입요구를 거절하는 경우에는 강제적으로 예방출입이 가능
하다.

경찰상 예방출입에 있어서 경찰관이 예방출입대상인 공개된 장소에 진입한 경우
에 필요한 한도 내에서 '확인'도 가능하다. 그런데 법 제7조 제3항에서는 대간첩
작전수행에 있어서 작전지역에서의 '검색'을 명문으로 규정하고 있기 때문에, '출
입'과 '확인'을 넘어서서 보다 적극적인 '검색'을 인정하고 있다.

⑷ 위해방지를 위한 출입의 절차

(가) 출입거절권의 인정여부   "정당한 이유 없이 이를 거절하지 못 한다"라
는 규정에 대해 상대방의 승낙의 의무를 규정한 것인지 거절권을 규정한 것인지에
대해 견해의 대립이 있다.

일설은 장소관리자의 거절은 정당한 이유가 있을 때에만 가능한 것으로서, 정당
한 이유란 경찰관의 출입요구에 대한 타당성의 심사가 아니라 그 장소가 경찰상
공개된 장소가 아니라는 점, 즉 영업장소 혹은 공개시간 중이 아니라는 이유의 제
기만을 할 수 있을 뿐이라고 한다. 공개시간 내의 공개된 장소는 범죄 또는 위해
발생의 개연성이 항상 존재하는 것으로 볼 수 있다는 것을 이유로 한다. 뿐만 아
니라 공개장소는 그곳을 출입하는 모든 사람에게 포괄적으로 사전 승낙한 것으로
이해할 수 있기 때문에 유독 경찰관에 대해서만 출입을 거절하는 것은 정당하지
못하다는 것이다. 따라서 정당한 이유 없음이 객관적으로 명백한 경우 출입거절하
면서 경찰관에게 폭행·협박의 수단을 써서 저지한 때에는 공무집행방해죄가 성립
할 수 있다고 한다.

그러나 이러한 견해는 지나치게 경찰권행사의 편의만을 고려한 견해라고 할 것
이다. 상대방이 거절할 수 있는 정당한 이유의 내용에는 영업장소 공개시간중이
아니라는 이유 외에 범죄 및 위해 예방의 조건이 형성되지 않았다는 것도 포함되
어야 한다. 이 경우 관리자만이 알고 있는 사실도 그 판단근거로서 인정되어야 할
것이다. 또한 다수인이 출입하는 장소라도 사적인 이익을 가지며 공권력인 경찰권
이 발동됨으로써 예상되는 불이익이 있는 만큼 사주소불가침의 원칙은 기본적으로
지켜져야 한다. 따라서 정당한 거절에도 불구하고 경찰의 강제출입을 막는 과정에
서의 폭행·협박은 정당한 공무에 대한 방해가 아니라고 보아야 한다.

(나) 영업 또는 공개시간 내의 출입여부   '영업 또는 공개시간 내'란 현실
적으로 영업을 하거나 그 장소를 일반의 사용에 제공하고 있는 시간 내를 의미한

다. 경찰상 긴급출입의 경우는 영업 또는 공개 시간 외에도 가능하지만, 경찰상 예방출입의 경우는 영업 또는 공개시간 내에만 가능하다(법7⑧ 참조). 그런데 '시간 내외'의 판단은 형식적 영업시간 등에 따를 것이 아니라 실질적 영업여부에 따른 시간에 의해야 할 것이다. 따라서 공개시간 내이면 제한된 영업금지시간이나 영업휴일에도 출입할 수 있고, 일반적으로는 영업시간이라 할지라도 특별히 휴업하고 있는 경우에는 '시간 외'에 해당하기 때문에 경찰상 예방출입이 허용되지 않는다.

(다) 영업방해금지   경찰상 출입은 '함부로' 관계인이 하는 정당한 업무를 방해해서는 아니 된다(법7④후단). 여기서 '함부로'란 '정당한 이유가 없이'와 동일한 의미인데, 사회통념에 비추어 상당한 이유가 있다고 인정될 수 없는 경우를 말한다. 경찰상 출입은 공공의 안녕과 질서유지라는 경찰목적을 위하여 인정되는 정당한 직무행위이기 때문에 관계자의 자유는 어느 정도 제한될 수밖에 없지만, 그 영업의 수행이 '함부로' 방해되어서는 안 된다. 따라서 경찰상 출입이 사회통념상 합리적 타당성을 벗어나 관계자의 업무를 방해한다면 위법하다고 보아야 한다. 이러한 위법한 업무방해행위는 형법 등에 의한 형사책임, 민법 및 국가배상법 등에 의한 민사책임 및 국가배상책임, 그리고 공무원법 등에 의한 행정책임을 부담하게 된다.

법 제7조 제4항의 '관계인'은 법 제7조 제2항의 관리자 또는 이에 준하는 관계인을 포함하는 것은 물론이고, 그 이외의 종업원 기타 그 장소의 업무에 관계있는 자를 포함하는 넓은 개념이다. 그리고 '정당한 업무'란 법령의 규정에 근거하여 수행되고 있는 업무는 물론이고, 사회통념에 의해 정당화되는 업무를 포함한다. 반면에 법령에 의하여 금지되고 있는 업무 또는 사회통념상 정당한 것으로 인정되지 않는 업무는 법 제7조 제5항의 보호대상으로 되지 않는다. 예컨대, 여관에서 매춘행위를 행하는 경우, 음식점에서 도박을 행하는 경우 등에는 '정당한 업무'가 아니므로 경찰상 긴급출입도 가능하고 경찰상 예방출입도 가능하다.

(라) 증표의 제시   현행 경찰관직무집행법(7④전단)에 의하면, 경찰관이 필요한 장소에 출입할 때에는 그 신분을 표시하는 증표를 제시하여야 한다고 규정하고 있다. 여기서 '신분을 표시하는 증표'란 경찰관이라는 신분을 공적으로 증명할 수 있는 기관이 발행한 증표인 '경찰공무원증'을 말한다. 이러한 규정을 둔 취지는 경찰관의 출입시 상대방에게 본인이 경찰관이라는 것을 증명하여 그 행위가 정당한 직무에 의한 것임을 확인하고, 동시에 상대방으로 하여금 불필요한 오해와 저항을 방지하고자 하는 데 있다.

6. 사실의 확인 등(법8)

(1) 의 의

경찰관서의 장은 직무수행에 필요하다고 인정되는 상당한 이유가 있을 때에는 관계기관 또는 단체 등에 대하여 직무수행에 관련된 사실을 조회할 수 있다(법8①본 참조). 이러한 사실의 확인 등은 경찰직무수행을 위한 예비적인 조치로서 기본권과의 관련성이 크지 않으며, 개념상 예방경찰상의 동일인확인은 형사소송상의 동일인확인(인정신문)과는 구분되는 것이므로 엄격한 규제가 필요한 것은 아니라고 할 수 있다.

(2) 사실조회 및 직접확인

경찰관직무집행법상 사실조회는 사람, 동산, 부동산, 기타 모든 유체물 및 무체물에 대해 물어보는 것을 말한다. 경찰관직무집행법상 직접확인이란 긴급을 요할 때에 경찰관서의 장의 지시에 의해 소속 경찰관이 현장에 출장하여 해당 기관 또는 단체의 장의 협조를 얻어 그 사실을 확인하는 것을 말한다. 경찰관직무집행법은 사실조회의 주체에 대해 경찰관서의 장으로, 직접확인의 주체로 개개의 소속경찰관을 규정하고 있다. 그리고 "직무수행에 필요하다고 인정되는 상당한 이유가 있을 때"를 사실조회의 요건으로 규정하고 있으며, 특히 이 경우에 "긴급한 경우에"를 직접확인의 요건으로 규정하고 있다.

그리고 사실조회 및 직접확인의 대상에 대하여 경찰관직무집행법은 '국가기관이나 공사단체 등'을 규정하고 있다.[60] '지방자치단체의 기관'도 대상이 될 수 있기 때문에 '등'으로 해석할 수 있을 것이다. 사실조회와 직접확인의 수단으로서의 조회는 서면문의 또는 전화문의에 의하는 것이고, 현장출장확인은 구두 또는 서면에 의하여 확인한다.

(3) 출석요구확인

경찰관은 일정한 직무와 관련된 사실을 확인하기 위하여 필요하다고 인정되는 상당한 이유가 있을 때에는 관계인에게 경찰관서에 출석할 것을 요구할 수 있다(법8②). 출석을 요구할 때는 출석사유, 일시 및 장소를 명확히 적은 출석요구서를 발송하여야 한다.

---

[60] 법문 중 '국가기관 또는 공사단체'를 '관계기관 또는 단체'로 개정하는 것이 바람직하다. 오늘날 사실의 확인이 필요한 경우는 비단 '국가기관 또는 공사단체'에 대한 경우뿐만 아니라 보다 범위가 넓다고 할 것이다. 따라서 '국가기관 또는 공사단체'라는 표현보다는 '관계기관 또는 단체'로 하는 것이 경찰실무와 괴리를 줄일 수 있다.

출석요구확인이 필요한 경우는 i) 미아를 인수할 보호자 확인, ii) 유실물을 인수할 권리자 확인, iii) 사고로 인한 사상자 확인, iv) 행정처분을 위한 교통사고 조사에 필요한 사실 확인 등을 들 수 있다.

7. 유치장

(1) 의 의

유치장은 법률이 정한 절차에 따라 구속된 사람 또는 신체의 자유를 제한하는 판결 또는 처분을 받은 사람을 수용하기 위하여 경찰서에 두는 시설을 말한다. 적법한 절차에 의해 구속되거나 자유를 제한받는 판결 또는 처분을 받은 자를 수용하는 시설이므로 경찰관직무집행법 제4조에 해당하는 요보호자를 수용하기 위한 보호실과는 구별된다. 또한 원칙적으로 경찰단계에서의 미결구금장소라는 의미에서 검찰이나 법원단계에서의 원칙적 미결구금장소인 구치소(교도소 일부)와 구별된다. 그리고 재판확정 전의 미결구금장소라는 점에서 재판이 확정된 자(기결수)의 형집행을 위한 교도소와도 구별된다.

현행 경찰관직무집행법 시행 전까지는 경찰서에 설치·운영하고 있는 유치장에 관하여는 경찰관련 법률에 규정되어 있지 않고, 행형법 제68조의 "경찰서에 설치된 유치장은 미결수용실에 준한다"라는 규정과 즉결심판에관한절차법 제17조 제2항의 "구류는 경찰서 유치장 또는 형무소에서 집행한다"는 규정에 의존하여 왔다. 따라서 현행 경찰관직무집행법의 규정에 의하여 비로소 경찰소관의 법률에 경찰서 유치장의 설치근거가 마련된 것이다.61)

유치장에 수용될 자는 '적법절차에 따라 체포구속된 자', '구류형의 선고를 받은 자', '다른 수사기관에서 구속하여 입감이 의뢰된 자'가 주가 된다.

(2) 수용대상자와 수용기간 및 처우

(가) 법률이 정한 절차에 의하여 체포구속된 사람   여기서의 「법률」은 형사소송법뿐만 아니라 사회보호법도 포함되므로 동법 제13조의 감호영장에 의한 보호구속도 포함된다.

---

61) 피의자의 유치 및 호송을 위하여 행형법과 같은 세부적인 법률규정은 경찰관직무집행법 이외의 별도의 입법이 필요하다 할 것이나, 입법의 번잡함을 피하기 위해서는 현행 경찰청훈령 피의자유치및호송규칙에 규정된 사항 중 유치장에의 유치수권 및 인권침해 논쟁이 있는 최소사항은 법에 규정하는 것이 헌법의 원리에도 부합하고 인권침해 논쟁을 불식케 하는 점에서도 바람직하다. 일부 의견으로 유치장 이외에도 별도의 보호실의 설치·운영에 관한 근거가 필요하다는 주장도 있다.

'법률이 정한 절차에 의하여 체포구속된 자'는 긴급체포나 체포영장에 의한 체포, 현행범체포에 의해 경찰관서에 인치된 피의자와 구속영장을 발부받아 구금된 자를 모두 포함한다고 할 것이다. 그런데 우리나라의 미결·기결을 포함한 구금의 집행에 관한 기본법이라고 할 수 있는 형행법에 따르면 형사피의자 또는 형사피고인으로서 구속영장의 집행을 받은 자(형행법 제1조)는 구치소(형행법 제2조 제3항)나 미결수용실(형행법 제3조 제1항)에 수용하도록 규정하고 있어 경찰서 유치장은 일차적으로 구속영장이 발부되지 않은 피의자(긴급체포나 현행범체포)를 임시로 유치하기 위한 시설로서의 기능을 가진다고 본다.

그런데 현실적으로는 구속영장이 집행된 피의자나 피고인을 경찰서 유치장에 수용하는 경우가 많은데 이러한 경우의 유치장을 대용감방이라고 부르기도 한다.

(나) 신체의 자유를 제한하는 판결 또는 처분을 받은 사람　　여기에서 말하는 신체의 자유를 제한하는 판결 또는 처분이라 함은 주로 즉결심판에 의한 구류판결을 의미한다. 그러므로 정식재판에 의해 선고된 자유형의 집행은 교도소 내에서 행해져야 한다.

(다) 수용기간 및 처우　　수용기간은 적법한 수용기간이다. 구속영장의 집행의 경우 구속영장에 명시적으로 기재된 기간이고, 구류판결의 경우는 판결직후부터 구류기간 만료일까지이다.

미결수인 경우 형사절차의 원칙인 무죄추정의 법리에 따라 일반시민에 해당하는 인권보장적 처우를 해야 한다. 구류의 경우에는 무죄추정의 법리가 적용되지는 않지만 인간으로서의 기본적 권리가 보장되어야 함은 물론이다.

보호실의 경우 영장청구가 기각되면 신속히 방면하여야 하고 입실시간의 기재를 정확히 하여야 한다.

8. 경찰장비의 사용 등

(1) 경찰장비의 의의

경찰장비라 함은 무기, 경찰장구, 최루제와 그 발사장치, 살수차, 감식기구, 해안감시기구, 통신기기, 차량·선박·항공기 등 경찰이 직무를 수행할 때 필요한 장치와 기구를 말한다(법10②). 이러한 경찰장비들 중 사람의 생명이나 신체에 위해를 끼칠 수 있는 경찰장비를 '위해성 경찰장비'라고 한다. 위해성 경찰장비는 필요한 최소한도에서 사용하여야 한다(법10④).

(2) 경찰장구의 사용(법10의2)

(가) 경찰장구의 의의　　'경찰장구'란 경찰관이 휴대하여 범인 검거와 범죄

진압 등의 직무 수행에 사용하는 수갑·포승·경찰봉·방패 등을 말한다(법10의2②). '수갑·포승·경찰봉·방패 등'은 경찰장구의 예시에 불과하고, 이외에도 호송용포승·호신용경봉·전자충격기·전자방패, 가스차·살수차·특수진압차·물포·다목적발사기·도주차량차단장비 등도 포함된다고 할 것이다(경찰장비의사용기준등에관한규정2i, iv참조).

(나) 경찰장구의 사용   경찰관은 i) (현행범이나 사형·무기 또는 장기 3년 이상의 징역이나 금고에 해당하는 죄[62]를 범한) 범인의 체포·도주의 방지, ii) 자신이나 다른 사람의 생명·신체에 대한 방어 및 보호, iii) 공무집행에 대한 항거 제지 등의 직무를 수행하기 위하여 경찰장구를 사용할 수 있다.

경찰장구 사용의 대상인 '범인'은 현행범인은 말할 것도 없지만, 누가 범인인가의 여부를 초동단계에서 확정한다는 것은 거의 불가능하므로 '범인일 고도의 개연성을 갖는 경우'를 말한다. 여기서 '범인일 고도의 개연성'은 단순한 사실이나 가능성이 아닌 현존하거나 확실한 예견가능성을 의미하며, 일반인을 기준으로 죄를 범했다고 볼 수 있으면 충족되고 반드시 범인일 것을 요하지는 않는다. 현행범인인 경우는 범죄의 실행중이거나 실행직후인 자인 현행범 외에도 준현행범을 포함하는 개념이다. 현행범의 경우는 질서교란이 목전에 있고 조직적인 경찰활동이 어려워 순간의 질서유지를 위해 물리력 동원을 인정한 것이다. 그런데 이를 성문화한 것은 경찰의 장구사용을 법률상 허용하는 한편 이를 제약하는 억제적 성격을 분명히 하기 위한 것이다.

(다) 사용의 한계   경찰장구 사용의 한계로서 "직무를 수행하기 위하여 필요하다고 인정되는 상당한 이유가 있을 때에 그 사태를 합리적으로 판단하여 필요한 한도에서 경찰장구를 사용할 수 있다"(법10의2①)고 규정하고 있다. 여기서 '상당한 이유가 있는 때'란 경찰장구를 사용하지 않고는 다른 수단이 없는 소위 '보충성'과 '긴급성'의 원칙을 충족하는 경우를 말한다. 이러한 '상당한 이유'는 상황에 따라 구체적으로 판단하여야 할 것이다. 그리고 경찰장구의 사용정도는 '필요한 한도' 내에서 이루어져야 한다. 즉 비례원칙의 한 내용인 '상당성'의 원칙을 충족하여야 한다. 따라서 '필요한 한도'라 함은 사태를 수습하기 위해 필수적이고 최소 한도로 사용되어야 한다고 볼 수 있다.

수갑·포승·경찰봉은 장구사용을 통해 달성하고자 하는 경찰목적을 위하여 사용하여야 하는데, 특히 경찰봉은 상대방의 행동을 저지하는 것에 그쳐야 할 것이므로 경찰봉으로 떠밀거나 막는 정도에 그쳐야 할 것이다. 따라서 경찰봉의 사용이 인명의 살상이나 심각한 위해를 끼칠 정도이면 이는 무기사용의 범주에 포함시켜

---

62) '3년 이상의 징역이나 금고에 해당하는 죄'와 같은 법정형은 행정형법이나 경범죄를 제외하고는 대부분의 형사범이 모두 포함되므로 큰 의미는 없기 때문에, 삭제하는 것이 바람직하다.

야 할 것이다. 판례도 용법에 따라 경찰봉 등이 용법에 따라 무기로써 취급됨을 명시하고 있다.

(3) 분사기 등의 사용(법10의3)

(가) 분사기 등의 의의　　　경찰관은 i) 범인의 체포 또는 범인의 도주 방지, ii) 불법집회·시위로 인한 자신이나 다른 사람의 생명·신체와 재산 및 공공시설 안전에 대한 현저한 위해의 발생 억제의 직무를 수행하기 위하여 분사기 또는 최루탄을 사용할 수 있다. 여기서 분사기란 [총포등단속법]에 따른 분사기를 말하며, 그에 사용하는 최루 등의 작용제를 포함한다(법10의3). 그리고 최루탄은 최루가스를 발생시켜 일시적으로 신체·정신적 기능의 장해를 주는 화학탄의 일종으로서 사람의 살상을 목적으로 제조된 무기는 아니다. 다만 최루탄을 본래의 기능이 아닌 인명살상이나 위해의 수단으로 사용할 경우에는 무기사용에 해당하는 것으로 보아야 한다. 예컨대 최루가루를 직접 사람의 면전에서 살포하는 경우, 직격탄을 발사하는 경우, 통풍이 되지 않는 막힌 길이나 문이 닫힌 사무실 내에서 집중적으로 사용하여 직접 인명·신체에 위험을 줄 수 있는 최루탄의 사용은 경찰관직무집행법의 무기사용에 준해서 파악되어야 할 것이다.

(나) 분사기 등의 사용　　　'범인의 체포와 도주의 방지'의 경우에, '범인'이란 수사기관이 수사중인 피의자, 형사피고인으로서 공소가 제기된 피고인 및 유죄판결이 확정된 기결수를 통틀어 말하며, '체포'란 형사소송법상의 통상구속·체포, 긴급체포·현행범인의 체포와 아울러 피고인에 대한 구속영장·구인장의 집행 및 형의 선고를 받은 자에 대한 형집행자의 집행도 포함된다. '도주의 방지'란 이미 체포·구속된 자 및 체포·구속단계에 있는 자가 그 실력적 지배로부터 이탈하지 못하도록 함을 말한다.

'불법집회·시위'란 [집회·시위법]에 의해 금지되는 집회·시위로서 집단적인 폭행·협박·손괴 등 공공의 안녕질서에 직접적인 위험을 가할 것이 명백한 집회·시위를 말한다. 그리고 '공공시설'이란 국가·지방자치단체 및 기타 공공법인의 시설로서 국민의 생활·질서유지 등에 직접적인 영향을 미치는 시설을 말한다. 따라서 경찰관이 범인의 체포와 도주의 방지 또는 불법집회·시위에 따른 직무를 수행하는 과정에서 자신 또는 다른 사람의 생명·신체와 재산에 현저한 위해 발생이 예견되거나 직접적으로 위해가 발생하는 경우 그 억제를 위해 최루탄을 사용할 수 있다. 그리고 공공시설에 대한 파괴·손괴·방화 등 안전에 현저한 위해가 예견되거나 직접적으로 위해가 발생하는 경우 그 억제를 위해 최루탄을 사용할 수 있다.

(다) 사용의 한계　　　분사기 등의 사용에 관한 한계로서 "직무를 수행하기 위

하여 부득이 한 경우에는 현장책임자가 판단하여 필요한 최소한의 범위에서 분사기 또는 최루탄을 사용할 수 있다"(법10의3)고 규정하고 있다. 여기서 '부득이 한 경우'란 최루탄을 사용하지 않고서는 위해 발생을 억제할 수 없는 경우로서 '보충성의 원리'를 말하며, '현장책임자의 판단'이란 경찰관 개개인의 개인적 판단이 아니라 현장지휘자의 합리적인 판단 아래 사용되어야 한다는 의미이다. '필요한 최소한의 범위'란 비례원칙이 적용되는 경우로서 '필요성'의 원칙과 '상당성'의 원칙을 충족하는 것을 말한다.

▣ 시위진압과 진압장비의 사용 ▣

시위양상이 지나치게 과격화·대형화 되고 있는 경우에 진압경찰과 시위대간의 더 큰 물리적 충돌을 예방하는 차원에서의 최루탄의 사용이 효과적인 경찰장비의 운용이 될 수 있다. 최루탄은 안전하게 사용수칙에 따라 사용한다면 오히려 효과적인 장비의 운용이 될 수 있어 향후 완전히 사용을 배제할 수는 없을 것이다.

그런데 우리 법원의 판결 경향을 보면(대판 1995.11.10, 95다23897<대학생김귀정사망>; 광주지법 1988.7.14, 87가합909<사과탄투척>) 최루탄의 사용은 총기의 사용만큼 가능한 한 억제해야 하고, 사용하더라도 시위나 집회 등의 저지 및 해산에 주된 사용목적이 있으며 시위자가 다치는 일이 없도록 하는 등 신체에 해가 없도록 사용해야 한다고 하고 있다. 그러나 이러한 법원의 판결 태도는 너무나 추상적이고 탁상공론적인 면이 없지 않나 하는 의구심을 들게 한다. 분명 사용수칙에 맞는 최루탄의 사용은 다른 경찰장비(경찰봉·총기 등)보다 피해를 최소화할 수 있는 것임에도 불구하고, 이를 총기와 거의 비슷한 수준으로 사용을 자제해야 한다면 결국 최소침해의 원칙에 맞는 경찰장비 사용의 하한선은 없는 것이 될 것이며무대응이 최선이라는 식의 논리가 되어 현장 경찰근무자들의 여건을 고려하지 않은 것이라고 볼 수밖에 없다.

독일의 경우, 시위군중의 진압 및 해산용으로 살수차나 최루가스가 사용되는 것과 관련하여 시위자에게 상해를 입힐 수도 있는 살수차의 사용이 인간의 존엄을 해치는 것으로 헌법에 위배된다는 헌법소원이 제기된 적이 있었다. 핵쓰레기를 중간처리장으로 옮기는 것을 반대하는 시위대가 연좌시위를 벌이자 경찰이 여러 차례 해산을 명령한 후 해산을 시도하고자 살수차의 수압을 8-9ba에서 13ba까지 올려 15미터 전방의 시위가담자가 갈비뼈와 생식기를 다치게 한 사안인데, 이에 대해 헌법재판소는 시위를 해산하려는 경찰이 어떤 직접강제수단을 선택할 것인지의 결정은 전적으로 경찰에게 달려 있으며 살수차의 사용목적이 인간적 존엄을 해치는 것이 아니기 때문에 불행한 사건이 벌어진 것이 유감이지만 위헌적인 조치라고 볼 수 없다고 판시한 바 있다. 무조건적인 사용자제를 요구하는 한국 법원의 판결 태도와는 사뭇 다르게 탄력적이고 현실적인 태도라고 보여진다.

9. 무기의 사용(법10의4)

(1) 무기사용의 의의

(가) 무기의 개념   사람을 살상할 목적으로 만들어진 경찰장비를 '무기'라고 하는데, 그 범위에 대하여는 경찰관직무집행법 제10조의4 제2항에서 "사람의 생명이나 신체에 위해를 가할 수 있도록 제작된 권총·소총·도검 등을 말한다"고 규정하고 있다. 그런데 경찰장비의사용기준등에관한규정(2ii)을 보면 '권총·소총·기관총(기관단총을 포함)·산탄총·유탄발사기·박격포·3인치포·함포·크레모아·수류탄·폭약류 및 도검'을 무기로 보고 있다. 또한 [총포등단속법]에서는 단속대상으로서의 총을 제작목적에 따라 구분을 하고 있다. 사람에게 살상의 결과가 온다는 점에서는 동일하나 제작목적에서 구분이 되는 것이기 때문에, 사냥용 공기총은 제작목적이 살상용이 아니라는 이유로 무기가 아니다.

(나) 무기사용의 현행법 규정체계   무기사용에 있어서 '사용'은 일반적으로 그 물건의 본래의 용도에 따라 쓰는 것을 말하므로 무기의 사용은 그 본래용도인 인마살상을 뜻하는 것으로 해석될 수 있다. 그러나 현행 경찰관직무집행법 제10조의4 제1항 본문과 단서에서 각각 '사람에게 위해를 끼치지 않는 사용'과 '사람에게 위해를 끼치는 사용'을 따로 규정하고 있다.

'사람에게 위해를 끼치지 않는 무기의 사용'은 사람의 생명·신체를 침해할 가능성이 없는 정도의 무기사용 또는 그러한 방법의 무기사용을 말한다. 외형적으로 보아 총기를 사용할 수 있는 상황을 말하며, '미리 총기를 뽑아들 수 있는 경우'를 말한다. 따라서 총이나 도검을 단순히 사람에게 겨누거나 보여주는 경우로서 "경찰관이 미리 무기를 뽑아들고 무기를 사용할 태세를 취할 수 있는 경우"와 "허공을 향하여 공포탄을 발사하는 경우" 등을 말한다.

그리고 '사람에게 위해를 끼치는 무기의 사용'이란 "경찰관이 무기를 신체에 대하여 직접 사용할 수 있는 경우"를 말한다. 실질적으로 보아 총기를 사용할 수 있는 상황을 말하면, '총기를 발사할 수 있는 경우'를 말한다. 공포탄과는 달리 '허공을 향하여 실탄을 발사하는 경우'도 위해를 수반하는 무기의 사용이라고 할 것이다.

(2) 위해를 수반하지 않는 무기사용의 요건

(가) 범인의 체포·도주방지   '범인의 체포·도주의 방지'를 위한 경찰관의 직무집행은 개인과 사회에 대한 불법적인 공격에 대하여 과거의 불법에 대한 응보, 장래의 공격에 대한 특별예방 그리고 잠재적 범인의 장래 공격을 사전에 방지하기 위한 일반예방의 목적을 위하여 인정된다.

'범인'은 수사기관에 의하여 범죄의 혐의가 있다고 인정되는 자와 형사사건에 관하여 공소가 제기된 자 또는 제기된 것으로 취급되는 자 및 유죄판결이 확정된 자는 물론 현행범인과 당시의 정황으로 보아 충분히 범죄를 범하였다고 인정되는 자로서 체포·구속 및 수감의 대상이 되는 자를 말한다. 범인이 진범인지 아닌지의 여부와 관계없이 무기사용의 대상이 되는 범인에 해당한다. 경찰관의 실무현장에서 보면, 범인을 체포하기 전에 구속과 불구속을 구분하는 것은 사실상 불가능하다. 따라서 누가 보아도 명백하게 불구속 피의자·피고인의 경우는 무기사용의 대상이 되는 범인에 해당하지 않지만, 구속·불구속이 불명확한 경우는 무기사용의 대상이 되는 범인에 해당한다고 보아야 한다.

현행 형사소송법상 범인을 체포할 수 있는 경우는 구속영장·체포영장에 의한 구속 및 체포, 긴급체포, 현행범의 체포 등이다. 따라서 이에 해당하지 않는 피의자의 경우는 범인이라고 하여도 체포·구속할 수 없고, 그러한 경우에는 체포를 위하여 무기를 사용할 수도 없다.

도주의 방지는 체포된 상태를 유지하는 범위 내의 것만을 의미하고 이미 구속상태를 벗어나 도주하고 있는 자는 이에 포함되지 않는다. 즉 구속되었다가 이미 구속장소를 벗어난 자의 경우는 도주의 방지가 아니라 체포에 해당할 수 있다.

(나) 자신 또는 다른 사람의 생명·신체의 방어 및 보호   자신 또는 다른 사람의 생명·신체의 방어 및 보호를 위한 경우는 예컨대, 위험성이 있는 무기·흉기 등 위험한 물건의 소지 또는 자동차 등의 돌진을 방지하기 위한 경우 등을 들 수 있다.

(다) 공무집행에 대한 항거 제지   '공무집행에 대한 항거의 제지'에 있어서 '공무집행'이란 형법 제136조의 공무집행방해죄에서 이해되는 공무와 같은 정도로 이해하였다. 즉 공무원이 직무상 취급할 수 있는 사무를 행하는 것으로서 직무의 성질이 적법한 것이면 이러한 공무집행에 포함될 수 있다고 보았다. 그런데 여기서 '적법한 공무집행'은 결과적으로 적법한 공무집행으로 이해해서는 안 되고, 행위시의 적법한 공무집행 또는 공정력(예선적 효력)이 인정되어 적법한 것으로 다루어지는 공무집행으로 이해하여야 한다.

'항거'라 함은 적법한 공무집행을 적극적 또는 소극적으로 방해하거나 거부 내지 저항하여 그 집행의 목적을 달성하는 것을 불가능 또는 곤란하게 만드는 것을 말한다. 경찰관의 직무행위를 외부적 힘의 투여에 의하여 저항·방해하는 적극적 항거에 있어서 그러한 신체적 행동을 배제하고 원활한 직무집행을 확보하기 위하여 필요한 경우 무기를 사용할 수 있다. 경찰관의 직무행위에 대하여 협력·협조를 거부하는 소극적 항거의 경우에는 무기의 사용이 일반적으로 허용되지 않겠지만 그러한 소극적 항거를 배제하지 않고는 다른 중요한 법익이 침해될 경우에는 무기의 사용이 허용된다고 할 것이다. 예컨대 큰 피해가 예상되는 폭발물을 제거할 의무가 있는 자가 이를 제거하지 않는 소극적 항거의 경우에는 무기의 사용이 허용된다고 할 것이다.

'제지'란 적극적 또는 소극적으로 항거하는 행위를 경찰관이 무기를 사용하여 억제하거나 배제·해산·이동시킴으로써 이를 제압하는 것을 말한다.

(3) 위해를 수반하는 무기사용의 요건

(가) 형법상 정당방위   무기사용에 관한 경찰관직무집행법의 입법취지도 '자신이나 다른 사람의 생명·신체의 방어 및 보호'를 목적으로 무기의 사용이 인정된다는 점을 생각하면, 무기의 사용은 엄격히 제한하는 것이 바람직하다. 따라서 재산권을 보호하기 위하여 사람의 생명·신체를 침해할 수 있는 무기의 사용은 금지된다고 할 것이다.

또한 형법상 정당방위에는 일반적으로 개인적 법익을 보호하기 위한 행위가 아닌 사회적·국가적 법익을 보호하기 위한 정당방위는 부정되고 있다. 그러나 사회적·국가적 법익이 개인의 생명·신체의 보호와 밀접한 관련을 갖는 경우에는 위해를 수반하는 무기의 사용이 허용되고, 그렇지 않고 단순히 재산권과 관련되는 사회적·국가적 법익의 경우에는 위해를 수반하는 무기사용이 허용되지 않는다고 할 것이다. 예컨대, 단순한 경제질서교란범에 대하여는 위해를 수반하는 무기를 사용할 수 없지만, 대규모 방화범에 대하여는 위해수반의 무기사용이 정당화될 수 있다.

(나) 긴급피난   사람에 위해를 주는 무기사용을 통한 긴급피난은 사람의 생명·신체를 보호하는 경우에 한하여 허용될 수 있을 것이다. 그리고 보호하려는 법익은 침해하는 법익보다 본질적으로 우월하여야 할 것이다. 따라서 타인의 생명을 구하기 위하여 무고한 제3자의 생명을 침해하는 긴급피난은 사람의 생명이 절대적인 가치를 가지므로 법익규형에서 본질적 우월성을 인정할 수 없으므로 정당화될 수 없다. 긴급피난에 있어서 위난은 인간의 행위에 한하는 것이 아니므로 경찰관이 사람에게 달려드는 광견·분마류 등을 사살하는 것이 긴급피난의 예가 될 수 있다. 이러한 경우에 있어서 무기사용은 '위험 발생의 방지 등'을 규정한 법 제5조 제1항에 의한 경찰상 즉시강제의 수단으로서 무기를 사용한 경우에 해당한다.

(다) 사형·무기 또는 장기 3년 이상의 징역이나 금고 이상에 해당하는 범죄

'사형·무기 또는 장기 3년 이상의 징역이나 금고 이상에 해당하는 범죄'의 요건을 규정한 현행법의 규정은 기준이 지나치게 광범위하여 합리성이 없다는 지적이 있다. 법정형이 비록 장기 3년 이상의 금고 이상의 죄에 해당하더라도 형법상 위

증죄(152)·무고죄(156)·문서위조죄(225부터)·신용훼손죄(313) 등의 죄와 사기죄(347부터)·횡령·배임죄(355부터) 등의 재산에 대한 죄의 경우는 신체에 위해를 수반하는 무기의 사용을 정당화할만한 불법이 존재한다고 보기 어렵다.

'의심할 만한 충분한 이유가 있는 자'라 함은 객관적으로 당시의 상황, 상대방의 태도, 항거나 도주의 형태 등을 고려해 볼 때 제10조의4 제4항 제2호의 형종에 해당할 만한 현저한 혐의가 있는 자를 말한다. '충분한 이유'라고 표현한 것은 위해를 수반하는 무기사용의 위험성을 고려할 때 신중함이 요구되기 때문에 개연성의 정도를 높이기 위한 것으로 보아야 한다. 그러나 실무적으로 볼 때 무기를 사용할 수 있는 경우는 중범죄인가 아닌가의 개연성이 높은 이유보다는 항거나 도주의 형태 등으로 보아 무기의 사용을 하게 될 것이다. 즉 아무리 중범죄라고 확신해도 항거나 도주의 형태가 '무기사용 이외의 다른 경찰장구의 사용으로는 범인의 체포가 어려운 경우'에 한하여 신체에 대하여 위해를 줄 수 있는 무기의 사용이 허용된다고 할 것이다.

'경찰관의 직무집행'이라 함은 일반적으로 범인을 체포하는 직무를 의미하지만, 현행범인일 경우는 그 범행을 제지하는 경우도 포함한다. 그리고 '항거'라 함은 경찰관의 적법한 직무집행을 적극적으로 방해하거나 저항 또는 거부함으로써 그 집행의 목적달성을 불가능 또는 곤란하게 하는 것을 말한다.

(라) 체포·구속영장과 압수·수색영장의 집행   체포·구속영장과 압수·수색영장의 집행에 항거하거나 도주하려는 자를 방지 또는 체포하기 위한 경우는 범죄혐의에 대한 사법적 판단을 거친 영장의 집행이라는 점에서 독립적 무기사용의 요건으로 규정하게 된다. 여기서 영장의 집행은 적법한 절차에 따라 법관이 발부한 영장을 말한다. 따라서 긴급체포시에는 영장이 없으므로 제3호에 의하여 무기를 사용할 수 있게 된다.

(마) 무기·흉기 등 위험한 물건의 소지   범인이나 소요를 일으킨 사람이 '무기·흉기 등 위험한 물건'을 지니고 경찰관으로부터 3회 이상 물건을 버리라는 명령이나 항복하라는 명령을 받고도 따르지 아니하면서 계속 항거할 때, 경찰관은 위해를 수반하는 무기를 사용할 수 있다(법10의4ii(라)). 여기서 '위험한 물건'이란 인명의 살상 및 중요재산의 파괴가 가능한 능력을 가진 도구를 말한다. 본래의 제작동기나 용도만을 기준으로 위험한 물건이 판단되는 것이 아니고 당시 사용용도에 따라 위험성 있는 물건이 될 수 있다(예, 부엌칼, 드라이버 등).

'소지'라 함은 목적물을 사실상 지배하에 두는 것을 말한다. 따라서 위험한 물건을 현실적으로 사용하고 있는 경우는 물론이고, 현실적으로 사용될 가능성이 높은 상태에 있거나 직접적으로 신체에 부착되어 있거나 아주 가까운 위치에 있어서 사용될 위험성이 있는 경우에도 소지라고 할 수 있다. 따라서 저장·은닉·진열하여 당장 사용할 수 없는 경우에는 여기에서의 소지라고 할 수 없다. 손에 쥐고 있는 경우, 탑승한 자동차 바로 옆자리 또는 자기 몸에 숨기고 있는 경우, 즉시 집을 수 있는 아주 근접한 거리에 있는 경우 등은 소지에 해당한다.

'버리라는 명령[투기명령]'이라 함은 소지한 무기·흉기 등 위험한 물건의 점유를 포기하라는 명령을 말하며, '항복하라는 명령[투항명령]'이란 일체의 공격행위나 위험한 상태의 야기를 포기하고 투항하라는 명령을 말한다. 법문에는 명령을 명시적으로 '3회 이상' 할 것을 규정하고 있으나, 기본적으로 투기 또는 투항을 설득하는 내용이 전달되는 것으로 판단하여야 한다고 보았기 때문이다. 따라서 투기명령 또는 투항명령을 할 여유 없이 상대방의 공격이 있는 경우는 무기를 사용할 수 있으며, 이러한 경우는 묵시적인 명령이 있었다고 보아야 할 것이다.

'불응'이라 함은 점유계속 또는 돌진의 의사를 명백히 하는 것을 말한다. 따라서 투기명령 또는 투항명령에도 불구하고 점유계속 또는 돌진의 의사를 명백히 드러난 경우에 한해서 무기사용이 가능하다고 할 것이다. '항거'란 무기·흉기 등 위험한 물건의 점유배제 혹은 자동차돌진의 포기나 이들에 대한 체포 등의 경찰관직무집행에 내하여 석극석으로 대항하거나 소극적으로 거부하는 일체의 행위를 말한다.

(4) 무기사용의 한계

(가) 일반법원칙   경찰관의 무기사용은 일반 행정공무원과 가장 큰 차이점이자 강력한 권한을 주는 것인 만큼, 공공의 안녕과 질서유지를 위하여 지나칠 수 없는 위해의 예방 또는 제거라는 경찰행정목적의 달성을 위해서만 무기를 사용하여야 한다. 따라서 무기의 사용이 위해의 예방 또는 제거보다 오히려 더 큰 폐해(불이익)을 가져오는 경우라면 다소의 위해를 참는 것이 경찰비례원칙에 적합하다고 할 것이다. 무기사용을 위한 공공의 안녕과 질서에 대한 위해가 오직 발생할 가능성이 있는 정도에 그쳐서는 안 되고, 그 위해가 현존하거나 적어도 보통의 상태하에서 위해발생을 확실히 예견할 수 있는 경우에 한하여 인정된다. 따라서 무기사용은 "다른 수단으로는 경찰목적을 달성할 수 없는 경우에 한하여, 필요한 최소한도에 그쳐야 한다." 현행 경찰관직무집행법 제10조의4에서 "경찰관은…필요하다고 인정되는 상당한 이유가 있을 때에는 그 사태를 합리적으로 판단하여 필요한 한도에서 무기를 사용할 수 있다"(제1항) 그리고 "…무기를 사용하지 아니하고는 다른 수단이 없다고 인정되는 상당한 이유가 있을 때"(제1항 제2호)라고 규정하고 있다. 경찰장비의사용기준등에관한규정에서도 "…필요한 최소한의 범위안에서 사용하여야 한다"(제3조) 그리고 "…필요한 최소한의 범위안에서 이(권총 또는 소총)를 사용할

수 있다"(제10조제1항)라고 규정하고 있다.

경찰관의 무기 사용이 경찰관직무집행법 제10조의4의 요건을 충족하는지 여부는 범죄의 종류, 죄질, 피해법익의 경중, 위해의 급박성, 저항의 강약, 범인과 경찰관의 수, 무기의 종류, 무기 사용의 태양, 주변의 상황 등을 고려하여 사회통념상 상당하다고 평가되는지 여부에 따라 판단하여야 하고, 특히 사람에게 위해를 가할 위험성이 큰 권총의 사용에 있어서는 그 요건을 더욱 엄격하게 판단하여야 한다(대판 1999.03.23, 98다63445<차량절도범칼저항도주(복부실탄격발사망)>; 대판 2004.05.13, 2003다57956<오토바이절도혐의자검문불응도주총격사망>; 대판 2008.02.01, 2006다6713<흉기비소지폭력행위자총격> 등 참조).

(나) 보충성의 원칙　　　무기의 사용은 '다른 수단으로는 경찰목적을 달성할 수 없는 경우에 한하여' 가능하다는 것은 '최후 불가결의 수단'으로만 무기의 사용이 허용된다는 의미이다. '무기를 신체에 대하여 직접 사용하지 않고는 다른 수단이 없는 경우'에 한하여 제한적으로 사람에게 위해를 주는 무기의 사용이 허용된다. 경찰권 발동과 관련한 판례를 보면, 경찰관이 다른 수단을 충분히 사용할 수 있었음에도 불구하고 총기를 사용한 과실을 인정하는 사례가 상당수를 차지하고 있다(대판 1993.07.27, 93다9163<검문불응단순도주권총발사>; 대판 1994.11.08, 94다25896<차량절도범도주총격>; 대판 1999.06.22, 98다61470<신호위반자도주총격사망> 참조). 이것은 판례의 주류적인 태도이며 경찰관직무집행법상 관련조문에서도 명백히 도출할 수 있는 사항이다. 경찰권 발동에 있어 보충성을 무시하여 사망·상해의 결과를 낸 경우 일관되게 경찰관의 책임을 인정함과 동시에 국가의 손해배상책임을 인정하고 있다(대판 1991.05.26, 91다10084<도주범인등부위권총발사>). 따라서 다른 수단을 통하여 경찰행정목적을 달성할 수 있는 경우라든가, 무기를 사용하여도 목적달성에 효용이 없거나 사용하더라도 목적달성이 불가능한 경우에는 무기를 사용할 수 없도록 하고 있다.

(다) 비례성의 원칙　　　1) '필요한 한도에서 무기를 사용할 수 있다'는 것은 무기사용에 있어서 필요성의 원칙과 상당성의 원칙을 명시적으로 규정한 것이다. 따라서 무기의 선택에 있어서는 경찰목적에 필요한 수단을 선택하여야 하고, 선택된 수단의 행사에 있어서 상당성을 유지하여야 한다는 것을 의미한다. 즉 경찰권 발동으로 야기되는 결과는 목적에 필요한 정도로 그쳐야 하고, 그 결과에 대한 이익의 비교형량을 통해 경찰행정목적의 달성과 국민의 자유제한에 비례가 유지되어야 한다(대판 1991.09.10, 91다19913<병원할복자살난동> 참조). 이러한 요건의 충족여부는 조치의 방법, 기간의 계속 및 대상의 관점에서 파악되어야 한다.그리고 범인의 체포 등 현장의 사태에 직면한 경찰관이 무기사용의 필요성을 주체적으로 판단하는 경우, 당해 경찰관의 주관적 판단이 아니라 사회통념에 비추어 객관적으로 그 필요성이 인정되는 것이라는 취지로 보아야 할 것이다. 다만 이러한 직무를 수행하는

전문가로서의 경찰관이 행위당시의 구체적인 사정에 직면하여 무기사용의 필요성이 있다고 판단한 경우에는 사후예측에 의한 법원의 판단이 이와 다를지라도 경찰관의 판단이 일단 존중되어야 한다.

2) 또한 외관상 총기 또는 폭발물을 가지고 대항하는 경우를 제외하고는 14세 미만자 또는 임산부에 대하여 권총 또는 소총을 발사하여서는 아니된다(경찰장비의사용기준등에관한규정10②). 그러나 이러한 경우에도 생명이나 신체에 대한 현재의 위해방지를 위해 무기사용이 유일한 수단일 때는 14세 또는 임산부에 대해서 무기사용이 인정되지 않을 수 없을 것이다. 또한 "범죄와 무관한 다중의 생명·신체에 위해를 가할 우려가 있는 때에는 권총 또는 소총을 사용하여서는 아니 된다"(경찰장비의사용기준등에관한규정10①본).

3) 경찰관의 입장에서 평가하여 명백하게 개별적 행위와 무관한 사람들이 위태롭게 될 개연성이 높은 경우에는 무기사용이 허용될 수 없다. 그러나 이러한 경우에도 현재의 생명에 대한 위해를 방지하기 위한 유일한 수단인 때에는 무기의 사용이 인정되어야 할 것이다. 예컨대 행위자가 다수의 군중 속에 있는 경우에는 그 자로부터 중대한 범죄행위가 행하여졌거나 목전에 이러한 행위가 행해질 것이라고 예상되고 다른 수단은 효과를 갖지 못하는 경우를 들 수 있다. 경찰장비의사용기준등에관한규정은 "권총 또는 소총을 사용하지 아니하고는 타인 또는 경찰관의 생명·신체에 대한 중대한 위험을 방지할 수 없다고 인정되는 때에는 필요한 최소한의 범위 안에서 이를 사용할 수 있다"(10①단)고 규정하고 있다.

■ **살상목적의 무기사용** ■

사람의 생명을 대상으로 하는 살상목적의 무기사용을 허용할 것인가가 문제된다. 예컨대, 인질극을 벌이는 자로부터 인질을 구출하기 위해 살상을 목적으로 총기를 발사할 수 있는가? 우리 헌법상 생명권이 헌법상 권리라고 보는 데에는 이견이 없다. 이러한 최상의 가치를 가지는 생명권을 제약할 수 있는 조치를 법률에 근거하여 취할 수 있는지에 대해 의문의 여지가 있을 수 있으나, 헌법재판소는 사형제도의 위헌성 문제를 다루면서 타인의 생명을 부정하거나 중대한 공공이익을 침해하는 경우에는 생명권도 역시 헌법 제37조 제2항의 일반적 법률유보의 대상이 될 수밖에 없다고 하였다(헌재 1996.11.28, 95헌바1). 물론 비행기납치나 암살계획, 인질극의 범죄인 등도 생명권을 향유하는 사람들이지만, 국가는 그들로부터 피해를 입고 있는 사람들을 보호해 주어야 할 의무를 가지고 있으므로, 생명권 침해의 가능성을 가지는 국가의 권력작용인 경찰관의 무기 등 범죄진압장비의 사용을 최후의 수단(ultima ratio)으로서 고려할 수 있다. 이러한 의도된 생명박탈수단으로서 무기의 사용은 경찰권 발동정도의 극한상황이라고 볼 수 있으며, 이때 총기 등 무기의 사용목적이 공격자의 공격능력 내지 도주

능력을 상실하게 하는 데 목적이 있는 것이고, 그를 위한 최후의 수단으로서 선택된다면 필요성은 어느 정도 충족한다고 본다. 따라서 결과측면에서 경찰권 발동이 수단으로 달성하고자 하는 위험방지 및 장애제거라는 공익이 그로 인한 상대방의 권리 및 자유침해보다 클 수 있는지의 문제이다. 경찰이 감수해야 하는 상대방의 권리는 비교대상이 될 수 없는 범죄자의 생명이기에 그로부터 지키는 공익은 그 이상의 가치를 갖고 있어야 할 것이다. 인간의 생명을 단순한 숫자의 개념으로 볼 수는 없지만 이런 기준을 놓고 볼 때 단순한 강도인질범이라고 해서 바로 사살하는 것은 상당성을 충족시킬 수 없고, 이보다 더 높은 위험을 가진 경우(예, 비행기납치, 대규모 공공시설 파괴목적의 인질범 등)는 살상목적의 무기사용이 인정될 수 있다. 다만 현행 경찰관직무집행법에서 사람에게 위해를 가하는 무기사용의 요건으로서 제시하고 있는 요건들은 치명적인 무기사용의 근거로 원용하기엔 무리가 있다는 지적(김연태)이 있었다. 따라서 이와 관련된 명시적인 규정이 바로 "대간첩·대테러 작전 등 국가안전에 관련되는 작전을 수행할 때에는 개인화기 외에 공용화기를 사용할 수 있다"고 규정한 '경찰관직무집행법 제10조의4 제3항'이다.

사 례 총기사용의 한계(대판 1994.11.8, 94다25896<땅바닥튕긴탄환사망>)

A가 인천에서 B 소유의 트레일러와 트렉터를 절취하여 트렉터로 트레일러를 견인, 운전하여 부산방면으로 가다가 평택시 유천동 소재 유천검문소에 이르러 당시 검문 중이던 경기지방경찰청 평택경찰서 소속 순경인 X로부터 정지신호를 받고 검문을 피하기 위하여 속도를 늦추면서 정지하는 척하다가 갑자기 속력을 내어 도주하였다. 이에 X가 동료 순경 Y와 함께 승용차로 5분가량 추격하자 A는 트렉터를 도로에 세워두고 도로 밑 언덕에 숨어 있다가 X와 Y에 의하여 발각되어 일단 체포되었으나 X가 수갑을 가지러 승용차로 되돌아가는 순간 자신을 붙잡고 있던 Y의 앞가슴을 손으로 밀어 땅에 쓰러뜨린 다음 도주하였다. 그러자 Y는 A를 100여 미터 정도 추격하면서 정지하라고 소리치며 휴대중이던 권총을 사용하여 공포탄 2발을 발사한 후 다시 실탄 1발을 공중을 향하여 발사하였으나 A가 계속 도주하므로 다시 그의 몸쪽을 향하여 실탄 1발을 발사한 결과 위 탄환이 도로의 땅 바닥에 맞아 튕기면서 A의 후두부에 맞아 다발성 두개골골절, 뇌출혈 등으로 사망하였다. Y의 총기사용에 대한 적법성여부와 A의 구제방법을 논하라.

풀이해설 경찰관의 총기사용과 관련해서 사회적으로 항상 문제가 되고 있기 때문에 시사적으로 중요한 문제이다. 따라서 경찰관의 총기사용에 관한 법적 성격, 그리고 위법한 총기사용에 대한 통제 및 총기사용으로 인한 구제방법 등을 잘 정리해서 사례에 적용하여야 한다.

Ⅰ. 서 론 -문제의 제기-
Ⅱ. 총기사용의 의의
  1. 총기사용의 개념

· 총기의 사용은 권력적 사실행위이고, 고도의 위험성이 있는 물건이기 때문에 엄격한 법적 근거 아래 행해져야 한다.

· 따라서 총기사용의 위법성은 법령상의 한계와 일반법원칙상의 한계를 벗어나서는 안 된디.

· 이 사건에서 대법원은 경찰의 총기사용이 경찰관직무집행법 제11조의 허용범위를 벗어난 위법행위라고 하면서 보충성의 원칙을 제시하고 있다(대법원은 원고를 계속하여 추격하든지 다시 한 번 공포를 발사함으로써 원고를 제압할 수 있었을 것이라고 가정하고 있다).

· 위법한 총기사용에 대해서는 손해배상을 인정하게 된다.

· 권력적 사실행위로서 항고소송이 대상이 될 수도 있으나, 단기간에 종료하기 때문에 소이익이 인정될 수 없다. 그러나 집행이 종료한 경우에도 다툴 법률상 이익이 있으면 소이익이 인정될 수는 있으나, 이 사례의 경우는 인정하기 어렵다.

제 4 장 경제행정
經濟行政

제 1 절 의 의

I. 개념과 특성

1. 개 념

경제행정(經濟行政)이란 경제에 관한 공공복리의 증진을 위하여 행정주체(국가)가 전통적 자유주의 시장경제체제에 적극적으로 개입함으로써 경제질서를 일정한 방향으로 유도·형성하거나 규제·조정하는 행정작용을 말한다. 따라서 경제행정은 기본적으로 자유시장경제를 전제로 하면서 자유시장경제에서 야기되는 여러 가지 모순을 해결하기 위하여 경제질서의 자동조절기능을 보환·교정하는 기능을 수행하게 된다. 따라서 자유방임주의시대의 '보이지 않는 손'보다는 '국가의 손'을 요구하게 됨에 따라 경제행정의 중요성이 더욱 부각하게 되었다.

2. 특 색

경제행정의 입법형식상 특색으로서 ① 위임입법의 형성, ② 입법목적의 명시, ③ 개괄조항과 탄력적 규정(폭넓은 재량권인정), ④ 임시성과 한시성 등이 인정된다.
경제행정의 내용상 특색으로서 ① 종합성과 계획성, ② 지도성, ③ 행정수단의 다양성 등이 인정된다.

II. 법적 근거

1. 헌법적 근거와 법률유보

(1) 헌법적 근거

헌법은 모든 영역에 있어서 각자의 기회균등과 국민생활의 균등한 향상을 국가적 목표로 규정하고, 직업선택의 자유와 사유재산권의 보장(헌법23)을 규정하고 있으며, 자유주의 시장경제원칙을 경제기반으로 하면서, 이러한 원칙에 대한 실질적 수정을 인정한다. 즉 헌법은 공공복리를 위한 국민의 기본권 제한을 인정하고 있는 점에서 사회적 복지국가의 원칙을 채택하여 경제에 대한 국가의 개입을 인정하고 있다. 따라서 우리 헌법은 결국 자유경제에 통제적·계획적 경제를 가미한 사회적 시장경제질서 내지는 혼합경제질서를 예상하고 있다.

(2) 경제행정의 법률유보

경제행정은 갑자기 나타나는 경제위기에 대해서 적절히 대처할 수 있는 긴급수단을 필요로 하기 때문에, 긴급한 상황에서 법률유보의 원칙을 고집하기는 사실상 어려운 점이 있다. 따라서 경제행정과 관련된 법률의 규정이 흠결·불비된 경우에 행정권은 법률유보를 이유로 행정을 중단하는 것이 아니라 행정권 자신의 기준(법률대위적 행정규칙)에 의하여 행정을 할 수 있는 경우가 있다. 그리고 중요한 비권력적 행정활동에 대해서는 법적 근거가 있어야 한다(중요사항유보설).

2. 법률적 근거와 일반법원칙

(1) 법률적 근거

경제행정에 관한 일반법은 없고 다수의 개별법들이 있다. 예컨대, 부정경쟁방지법·[공정거래법]·물가안정에관한법률·소비자기본법·대외무역법 등을 들 수 있다.

(2) 경제행정상 일반법원칙

경제행정은 평등원칙, 비례원칙, 보충성의 원칙 등이 적용된다. 따라서 합리적인 이유없이 특정기업을 우대하거나 차별하는 것은 허용될 수 없으며, 또한 경제정책 달성을 위하여 필요한 최소한도에 그쳐야 하고 과도한 규제와 보호가 행해져서는 안 된다. 그리고 행정부가 일반공공의 이익과는 관계없이 순수한 영리사업을 수행하거나, 특정 기업을 조성하여 사적 경제질서에 부당한 간섭을 가하는 것은 허용되지 않는다.

제 2 절 경제행정의 행위형식
-경제행정작용-

I. 권력적 수단

1. 경제행정입법(입법적 수단)

경제행정입법이란 법률 및 행정입법에 의하여 경제에 대해 국가 또는 지방자치
단체가 직접개입하는 것을 말한다. 이러한 경제행정입법의 내용은 ① 경제활동에
관한 의무의 부과, ② 신고·등록·표시의무의 부과, ③ 경제거래에 관한 형성적 개
입 등으로 이루어져 있다.

2. 경제계획(행정계획적 수단)

경제계획이란 경제정책적 목적을 달성하기 위하여 행정청이 책정하는 행정목표
계획을 말한다. 법적 근거가 있는 경제계획은 법적으로 구속적 효력을 가질 수 있
으나, 법적 근거가 없는 경우는 법적으로 반드시 직접적인 구속적 효력을 가진다
고는 할 수 없다.

3. 경제처분(행정행위적 수단)

경제처분이란 경제행정목적을 달성하기 위하여 행정처분적 방법에 의하여 이루
어지는 행정작용을 말한다. 이러한 경제처분은 경제하명, 경제허가, 경제인가, 경제
특허 등의 방법이 있다. 여기서 1) 경제하명(하명에 의한 수단)은 행정청이 국민에 대
하여 개별적으로 작위·부작위·급부·수인의 의무를 명하는 것을 말한다(예, 가격표시
명령, 독과점사업자에 대한 가격인하·행위중지 등의 명령, 긴급수급조정조치(물가안정에관한법률6) 등).
2) 경제허가(허가에 의한 수단)란 법령에 의하여 일반적으로 금지되어 있는 행위를 행
정청이 특정의 경우에 해제하는 것을 말한다(예, 보험업의 허가, 대외지급수단의 수출입허가
등). 이러한 경제허가의 신청이 소정의 요건을 구비한 때에는 반드시 허가하여야
한다(대판 1993.2.12, 92누5959). 이러한 경제허가에 위반되는 행위는 사법상 효력에 아
무런 영향이 없다(대판 1985.3.12, 84다카643; 대판 1987.2.10, 86다카1288). 그리고 3) 경제인가
(인가에 의한 수단)란 법률에 의하여 행정청의 승인이 사인의 법률행위의 유효요건으

로 되어 있는 경우에 행정청이 사인의 법률행위에 승인을 부여하여 그것을 유효하게 하는 행위를 말한다(예, 자동차운송사업의 운임·요금의 인가). 4) 경제특허(특허에 의한 수단)란 기존의 권리범위를 확대하거나 새로운 권리를 설정해 주는 행위를 말한다(예, 수도·전기·가스 등 공급사업, 철도·자동차 등 운송사업 등).

경제행정목적의 달성을 위하여 가장 경미한 규제수단으로서 신고의무를 부과하는 경우가 있다. 예컨대 영업행위의 개시나 영업소의 설치 등에 있어서 주무관청에 신고하도록 하는 경우(식품위생법22⑤)를 들 수 있다. 그런데 이러한 신고행위에 대하여 행정청의 수리를 요하는 경우도 있고, 수리를 요하지 않는 경우도 있다. 행정청의 수리를 요하지 않는 신고의 경우는 자료나 정보수집을 위한 것으로써 신고행위 그 자체는 아무런 권리·의무를 발생하지 않기 때문에 처분성이 인정되지 않는다.

사 례 공정거래위원회시정조치[제48회(2004년) 행정고시]

아래의 판결을 공정거래위원회의 입장에서 비판적으로 논평하시오.(취소소송의 소송요건은 모두 구비되었음)

공정거래위원회는 A회사가 B회사 및 C회사의 선제 주식을 쥐득한 것이 녹점규제및공정거래에관한법률(약칭 '공정거래법') 제7조 제1항 소정의 기업결합에 해당하고 또한 그 기업결합의 폐단을 시정하는 방법으로서는 그 취득 주식의 전부를 매각하도록 하는 방법밖에 없다고 판단하여, 동법 제16조 제1항 제2호에 의거하여 A회사에 대하여 위 취득 주식의 전부를 처분할 것을 명하였다. 그런데 A회사가 제기한 취소소송에서 법원은 A회사가 B회사의 주식을 취득한 것은 공정거래법상 금지되는 기업결합에 해당되지 않는다는 이유로, A회사 C회사의 주식을 취득한 것은 기업결합에 해당되긴 하지만, 예컨대 동법 제16조 제1항 제7호에 따라 경쟁제한의 폐해를 방지할 수 있도록 영업방식이나 영업범위를 제한하는 것이 타당한 방법이기 때문에 그 취득 주식 전부의 처분을 명한 것은 과도한 조치라는 이유로, 공정거래위원회의 위 처분을 취소하는 판결을 선고하였다.(30점)

참조조문 독점규제및공정거래에관한법률

제7조(기업결합의 제한) ① 누구든지 직접 또는 대통령령이 정하는 특수한 관계에 있는 자(이하 "특수관계인"이라 한다)를 통하여 다음 각호의 1에 해당하는 행위(이하 "기업결합"이라 한다)로서 일정한 거래분야에서 경쟁을 실질적으로 제한하는 행위를 하여서는 아니 된다.(이하 생략)
  1. 다른 회사의 주식의 취득 또는 소유
  2.-5.(생략)
제16조(시정조치) ① 공정거래위원회는 제7조(기업결합의 제한) 제1항…의 규정에 위반하거나 위반할 우려가 있는 행위가 있는 때에는 당해 사업자… 또는 위반행위자에 대하여 다음 각호의 1의 시정조치를 명할 수 있다.(이하 생략)

1. 당해 행위의 중지
2. 주식의 전부 또는 일부의 처분
3.-6.(생략)
7. 기업결합에 따른 경쟁제한의 폐해를 방지할 수 있는 영업방식 또는 영업범위의 제한
8. 기타 법위반상태를 시정하기 위하여 필요한 조치

[풀이해설] 이 사례는 공정거래위원회의 시정명령에 대한 취소를 선고한 판결에 대해서 공정거래위원회의 입장에서 비판적으로 논평하라고 했으니, 결국 판결을 비판하라는 의미가 될 것이다.

Ⅰ. 서 론 -문제의 제기-
Ⅱ. 시정조치의 법적 성질
  1. 재량과 판단여지
  2. 시정조치의 재량성
Ⅲ. 시정조치의 위법성여부
  1. 위법성판단기준
  2. 비례원칙의 위반
  3. 논 평
Ⅳ. 결 론 -문제의 해결-
  · 시정조치는 재량행위이지만 구속적 가치평가에 해당하는 '기업결합'에 관해서는 공정거래위원의 자율적인 판단을 존중하였어야 한다.
  · 시정조치는 비례원칙에 반하는 위법한 행위가 될 수는 있으나, 공익적 요소를 더 고려하여야 한다는 점에서 비교형량 과정상의 오류를 지적할 수있다.

II. 비권력적 수단

1. 공법상계약(행정계약)

공법상계약(公法上契約)은 행정청이 행하는 계약으로서 당사자의 의사합치에 의하여 공법적 법률효과를 발생하는 계약을 말한다. 공법상 행정계약적 수단에 의한 경제행정의 운용은 탄력적인 행정목적달성의 수단이라는 점에서 경제행정의 영역에서 그 유용성이 인정된다.

2. 사법적 수단

사법적 수단(私法的手段)이란 국가 또는 공공단체가 직접 경제생활에 참여하는 경우

로서 사법적 경제활동을 말한다. ① 교통시설·양로원 등 각종 보호시설 등의 설치·유지를 위한 사회정책적 생활보호, ② 행정지원으로서 공무수행에 필요한 물자조달, ③ 자신의 영리목적으로 물자를 생산하고 판매·교환하는 경제활동 등이 있다.

행정주체가 생산·판매자로서 활동하는 영리목적의 영업활동과 관련해서 행정주체에 의한 지나친 영업활동은 사경제영역에 중대한 침해가 될 수도 있기 때문에 법적으로 문제가 있다. 행정주체의 영리작용을 인정하는 입장(사회정책적 견해)과 부정하는 입장(자유주의적 견해)의 대립이 있으나, 보충성의 원칙이 적용된다고 하겠다.

3. 경제지도

경제지도(經濟指導)란 경제행정목적을 달성하기 위하여 경제과정상 일정한 행위를 하거나 하지 아니하도록 지도·권고·조언 등을 하는 경제행정작용을 말한다. 경제지도는 예산정책이나 금융정책을 통하여 간접적으로 영향력을 행사함으로써 행하는 간접적 방법도 있고, 경제과정에 직접적으로 개입하여 행하는 직접적 방법(예, 가격통제를 위한 지도, 유통통제를 위한 지도 등)이 있다.

이러한 경제지도는 경제행정분야의 다양한 경제행정수요에 대하여 신속하게 대응하고 경제행정운영에 탄력성을 확보하며, 국민과의 협조에 의하여 경제행정목적을 달성할 수 있도록 사용되는 경제행정작용의 하나이다.

III. 보조금

1. 의 의

(1) 개 념

보조금(補助金)이란 행정주체가 경제활동을 조장·촉진하기 위하여 사경제의 주체에 대하여 교부하는 금전을 말한다. 따라서 보조금은 경제의 촉진을 위하여 기업자에 대하여 활용되는 유도적 성격을 지닌 자금지원의 수단이다. 그리고 국가가 계속적으로 상당한 금액의 물자를 구입함으로써 보조금의 교부보다 더 큰 의미가 있는 경우를 '실질적 보조금교부'라고 부른다.

[보조금법](보조금관리에관한법률)에 의하면, 보조금을 "국가외의 자가 행하는 사무 또는 사업에 대하여 국가가 이를 조성하거나 재정상의 원조를 하기 위하여 교부하는 보조금, 부담금 기타 상당한 반대급부를 받지 아니하고 교부하는 급부금으로서 대통령령으로 정하는 것을 말한다"라고 규정하고 있다.

(2) 법적 성질

보조금은 기본적으로 행정목적의 달성이라는 공익적 성질을 띤 행정작용이다. 따라서 목적 이외의 사용이 금지되는 보조금은 그 금원의 목적 내지 성질상 양도가 금지되고 강제집행의 대상이 될 수 없다(대결 1996.12.24, 96마1302·1303).

보조금지급의 법적 성질에 대하여 사법계약설, 공법계약설(공법상 증여계약설), 이단계설(행정행위+사법행위설), 쌍방적 행정행위설의 대립이 있다. 보조금의 교부는 실무상 행정청에 의한 교부승인결정과 보조금지급이 동일한 단계에서 이루어지기 때문에 쌍방적 행정행위(협력을 요하는 행정행위)의 성질을 가진다. 그리고 [보조금법]에 의하면 교부결정과 직권에 의한 변경·취소 등을 정하고 있는 점을 고려하면, 쌍방적 행정행위로 보는 것이 타당하다.

보조금지급의 법적 성질을 쌍방적 행정행위로 본다고 해서 보조금행정이 반드시 행정처분의 형식으로 이루어져야 하는 것은 아니다. 현대행정에 있어서 행정주체는 행정의 효율성과 관련해서 행정의 행위형식에 관한 선택권이 인정되기 때문이다.

(3) 법적 근거와 한계

보조금에 관한 일반법으로서 [보조금법]이 있고. 개별법으로는 [중소기업진흥법]·[벤처육성법], 여객자동차운수사업법 등이 있다. 따라서 [보조금법]은 보조금의 교부신청·교부결정 및 사후관리에 관해서 일반적으로 적용되고, 보조금의 교부목적·교부대상자에 대하여 각 단행법이 규율하고 있다.

일반적으로 예산상 관계항목이 규정되어 있는 한도 내에서는 반드시 개별법의 근거가 없어도 보조금의 지급이 가능하다(다수설). 따라서 보조금지급은 보통 법적 근거 없이 국회에서 통과된 예산과 행정규칙만을 근거로 이루어질 수도 있다. 특히 우리나라는 보조금예산의 편성이 [보조금법] 제2장에 의하여 규율되고 있다는 점에서, 예산(豫算)에 근거한 보조금행정은 비록 법률에 직접적으로 근거한 것은 아니지만 준법률인 예산에 근거한 것으로서 법률유보의 원칙에 반하지 않는다고 본다.

보조금에 관하여 헌법을 비롯한 성문의 법령에 특별한 제한을 규정하고 있으면 이에 따라야 하고, 성문의 규정이 없는 경우도 불문법을 비롯한 일반법원칙의 제한을 받는다. 보조금의 교부에 적용되는 일반법원칙으로는 1) 평등의 원칙, 2) 자기구속의 원칙, 3) 신뢰보호의 원칙, 4) 과잉급부금지의 원칙, 5) 부당결부금지의 원칙, 6) 영업자유의 원칙 등이 있다. 따라서 보조금의 지원을 필요로 하는 자와 필요로 하지 않는 자와의 사이에 합리적 근거가 없이 차별하는 경우에는 평등원칙에 반하는 위법한 보조금지원이 된다. 또한 보조금의 지원을 특정분야에만 편중하는 경우는 다른 분야의 직업행사의 자유 또는 재산권행사의 자유에 침해가 되는 것으로써 과잉급부금지의 원칙에 반할 수 있다.

2. 교부절차

(1) 교부신청

보조금의 교부를 받고자 하는 자는 신청서를 중앙관서의 장이 지정한 기일 내에 중앙관서의 장에게 제출하여야 한다([보조금법]16). 이러한 보조금교부신청을 개인적 공권으로 볼 수 있을 것인가가 문제된다.

보조금의 법적 성질을 쌍방적 행정행위로 이해하는 입장에서 보면, 행정주체의 보조금결정은 상대방의 신청과 합치되어 이루어지는 것이 아니라 행정주체의 일방적 의사에 의하여 이루어진다. 따라서 일반적으로 보조금교부신청에는 개인적 공권성이 인정될 수 없다. 그러나 법률이 정한 요건을 구비한 신청자에 대해서는 반드시 보조금을 지급하도록 규정하고 있는 경우(기속적 보조금지급)에 있어서 보조금지급신청은 보조금을 지급받을 공권성이 인정된다. 그리고 보조금의 지급에 관하여 행정청의 재량성을 인정하고 있는 경우에도 보조금신청자는 형식적 공권으로서의 무하자재량행사청구권이 인정될 수 있을 것이다.

(2) 교부결정

중앙관서의 장은 보조금의 교부신청서에 대하여 법령 및 예산의 목적에의 적합여부, 보조사업내용의 적정여부, 금액산정의 착오유무, 자기자금의 부담능력유무 등을 조사하여 지체없이 보조금의 교부여부를 결정하여야 한다([보조금법]17). 이러한 교부결정의 법적 성질은 쌍방적 행정행위이기도 하지만, 가행정행위(假行政行爲)의 성질을 가진다. 따라서 보조금교부결정은 행정주체의 일방적 의사에 의하여 이루어지며, 교부결정된 의사는 교부신청자에게 통지하게 되는데, 이러한 교부결정은 그 법적 효과가 본행정행위(보조금의 확정)가 이루어질 때까지 잠정적이고 임시적인 성질을 가진다.

그리고 이러한 교부결정을 함에 있어서 일정한 부관을 붙일 수 있다. 예컨대, 사후에 발생한 이익으로부터 일정한 한도에서 반환할 조건이 붙여져 있는 경우가 있다.

3. 보조금지급목적실현의 확보

(1) 보조금의 용도 외 사용금지 등

(가) 보조금의 용도 외 사용금지   보조사업자가 법령의 규정, 보조금의 교

부결정의 내용 또는 법령에 의한 중앙관서의 장의 처분에 따라 그 보조사업을 수행하여야 하며 그 보조금을 다른 용도에 사용하여서는 아니 된다([보조금법]22,여객자동차운수사업법51①). 보조사업자가 보조금을 용도외 사용한 경우에 중앙관서의 장은 보조사업의 수행상 필요한 명령 또는 보조사업의 수행정지를 명할 수 있으며([보조금법]26), 또한 보조금의 교부결정의 전부 또는 일부를 취소할 수 있다(법30). 그리고 또한 보조금을 다른 용도에 사용한 자는 3년 이하의 징역 또는 2000만원의 벌금에 처하게 되고(법41), 형법상 처벌을 받게 된다(대판 1990.7.24, 90도1042).

이러한 보조금의 용도 외 사용금지에 관한 명문의 규정이 있기는 하지만, [보조금법] 제23조에 의한 보조사업의 내용을 변경함으로써 합법적으로 원래 보조금의 용도를 변경하여 보조금을 사용할 수 있다는 점에서 절대적 용도 외 사용금지라고는 할 수 없다.

(나) 보조사업 완료 후 중요재산의 사용 등의 제한   [보조금법] 제35조는 "보조사업자가 보조금에 의하여 취득하거나 그 효용이 증가된 것으로서 대통령령이 정하는 중요한 재산은 당해 보조사업을 완료한 후에 있어서도 중앙관서의 장의 승인 없이 보조금의 교부목적에 위배되는 용도에 사용하거나, 양도·교환 또는 대여하거나 담보에 제공하여서는 아니 된다"고 규정하고 있다. 이러한 규정은 국가예산으로 교부된 보조금으로 취득한 재산이 그 교부목적과 다른 용도로 사용되거나 처분되는 것을 막음으로써 보조사업에 대한 국가의 적정한 관리와 보조금의 실효성을 지속적으로 확보하기 위한 데에 그 입법 취지가 있다고 할 것이다. 따라서 위 규정은 단속규정이 아닌 효력규정이라고 보아야 할 것이고, 보조금으로 취득한 토지의 양도를 농림부장관이 이를 승인하기까지는 효력이 없는 이른바 부동적 무효 상태에 있다.(대판 2004.10.28, 2004다5563<보조금취득재산>)

(2) 교부결정의 취소

(가) 취소사유   중앙관서의 장은 보조사업자가 보조금을 다른 용도에 사용하거나 법령의 규정, 보조금의 교부결정의 내용 또는 법령에 의한 중앙관서의 장의 처분에 위반한 때 및 허위의 신청이나 기타 부정한 방법으로 보조금의 교부를 받은 때에는 보조금의 교부결정의 전부 또는 일부를 취소할 수 있다([보조금법]30). 대법원은 군(郡)새마을 양식계의 총회회의록을 위조하여 도(道)에 양식어업면허신청을 하고 도(道)로부터 보조금을 교부받아 위 보조금을 실제로 양식시설을 하는 데 투자하였다고 하더라도 이러한 행위는 허위의 신청이나 부정한 방법으로 보조금의 교부를 받은 경우에 해당한다(대판 1990.6.8, 90도400)고 판시하였다.

(나) 보조금의 반환   보조금의 교부결정이 취소된 경우는 그 취소된 부분의 보조사업에 대하여 이미 보조금이 교부되어 있을 때에는 기한을 정하여 그 취소한 부분에 해당하는 보조금의 반환을 중앙관서의 장이 명하게 된다(법31). 이와 같이 반환명령을 받고도 보조금을 반환하지 않는 경우는 그 보조사업자에 대하여 동종의 사무 또는 사업에 대하여 교부하여야 할 보조금이 있을 때에는 그 교부를 일시 정지하거나 그 미반환액과 상계할 수 있으며(법32), 국세징수의 예에 따라 강제징수할 수도 있다([보조금법]33,여객자동차운수사업법52③). 그리고 교부결정의 취소에 따른 교부금의 반환에 있어서 보조사업자는 교부받은 보조금에 법정이자도 가산해서 반환하여야 할 것이다.

(다) 전부취소와 일부취소   교부결정의 취소와 관련해서 대법원은 국고보조조림결정에서 정한 조건에 일부만 위반했음에도 그 조림결정 전부를 취소한 것은 위법하다(대판 1986.12.9, 86누276)고 판단한 사례가 있다.

(3) 교부결정의 철회

교부결정의 성립요건과 효력발생요건을 제대로 충족한 적법한 교부결정도 사후의 일정한 사유가 발생한 경우에는 철회에 의하여 교부결정의 효력을 소멸시킬 수 있다. 따라서 [보조금법] 제21조에 의하면, "중앙관서의 장은 보조금의 교부를 결정한 경우에 있어서 그 후에 발생한 사정의 변경으로 특히 필요하다고 인정할 때에는… 교부결정의 전부 또는 일부를 취소할 수 있다"고 규정하고 있다. 이러한 법률의 규정은 법문이 '취소'라고 적고 있지만, 학문적으로는 '철회'로 이해하여야 한다. 그런데 이러한 교부결정의 철회에 있어서 상대방은 신뢰보호의 원칙을 이유로 한 철회권의 제한을 주장할 수 없다. 왜냐하면 가행정행위(假行政行爲)인 교부결정은 잠정적인 성질을 띤 것으로서 종국적 규율을 통해서 그 효력이 대체될 수 있다는 것을 교부결정의 시점에 이미 상대방이 알고 있기 때문이다.

4. 보조금과 행정구제

(1) 행정구제의 종류

보조금에 대한 통제는 크게 사법부에 의한 통제, 입법부에 의한 통제, 행정부에 의한 통제 그리고 헌법재판소에 의한 통제 등으로 나누어 볼 수 있다.

먼저 1) 입법부에 의한 통제는 예산심의권을 가지고 있는 국회가 보조금에 대한 통제권을 유효·적절하게 행사하거나 법률의 정비를 통해서 행하게 된다. 2) 행정부에 의한 통제는 감사원에 의한 통제와 감독기관에 의한 통제로 나눌 수 있다. 감사원에 의한 통제는 세입·세출의 결산에 대한 검사권을 가지고 있는 감사원이 보조금에 관한 통제를 하는 방법을 말한다. 그리고 감독기관에 의한 통제는 보조금이 교부신청 및 결정으로부터 보조금확정에 이르기까지의 교부절차 및 보조사업에 적정하게 실시되지 못하고 있는 경우에 있어서 인정되는 시정조치명령, 반환명령 등을 들 수 있다. 3) 헌법재판소에 의한 통제는 헌법재판소의 권한인 위헌법률심사, 헌법소원 그리고 탄핵심판 등의 방법을 통해서 보조금을 통제할 수 있다.

보조금에 대한 사법적 통제는 보조금행정이 행정행위의 형식으로 이루어지는 경우는 기본적으로 항고쟁송의 방법에 의하겠지만, 보조금행정이 공법상 계약의 형식으로 행해지는 경우는 당사자쟁송의 방법에 의하게 되고 보조금행정이 사법형식으로 이루어지는 경우는 당연히 민사소송의 방법에 의하게 될 것이다.

⑵ 항고쟁송과 당사자쟁송

보조금의 교부결정, 교부결정의 내용, 교부결정의 취소, 보조금의 반환명령 기타 보조금의 교부에 관한 중앙관서의 장의 처분 등에 대한 위법성이 문제가 되는 경우는 항고소송으로 다툴 수 있다고 보아야 한다. 그러나 보조금 금액의 지급과 같이 순전히 금전에 관한 소송은 보조금행정이 행정처분의 형식으로 행해진 경우도 당사자소송으로 다툴 수 있다고 본다(대판 1997.5.30, 95다28960).

그리고 행정행위의 형식으로 이루어지는 보조금지급의 경우에 보조금수급자가 부관 없는 행정행위의 발급을 구하는 의무이행소송을 제기할 수 있을 것인가? 우리 행정소송법은 이러한 의무이행소송을 인정하고 있지 아니하므로, 부관의 위법을 다투는 항고소송을 제기하게 될 것이다.

지방자치단체가 보조금 지급결정을 하면서 일정 기한 내에 보조금을 반환하도록 하는 교부조건을 부가한 경우에, 보조사업자에 대한 지방자치단체의 보조금반환청구는 공법상 권리관계의 일방 당사자를 상대로 하여 공법상 의무이행을 구하는 청구로서 당사자소송의 대상이 된다(대판 2011.06.09, 2011다2951<대여금(홍성군/홍주미트)>).

⑶ 소이익(원고적격)

보조금수혜자와 경쟁관계에 있는 자의 보조금지급신청이 거부 또는 방치된 경우에 그 수급을 위하여 제기하는 적극적(積極的) 경쟁자소송과 보조금지급을 받지 못한 자가 경업자로서의 수혜자에 대한 보조금결정의 위법을 이유로 그 취소를 구하는 소극적(消極的) 경쟁자소송의 경우에 있어서 소이익(원고적격)이 문제된다.

보조금지급이 개별법에 의하여 이루어지는 경우에는 원칙적으로 보조금지급청구권이 인정되고 소이익이 인정된다는 데 의문이 없다. 그러나 관계법이 없는 경우는 보조금지급청구권을 직접적으로 인정하지 않는 것이 일반적 견해이며, 이러한 경우에 적극적 경쟁자소송을 제기할 수 있는 소이익(원고적격)의 인정여부에 관해서는 학설·판례의 입장이 일치하지 않고 있다. 학설은 행정쟁송법상 '법률상 이익'의 개념을 법적 이익(법적이익구제설)으로 이해하는가 그렇지 않으면 보호가치이익(保護價值利益說)으로 이해하는가에 따라서 소이익(원고적격)의 인정여부가 갈린다.

그리고 우리 대법원은 기본적으로 '근거법률에 의하여 보호되는 이익'이 인정되는 경우에 한하여 소이익(원고적격)을 인정하고 있으며, 여기서 말하는 "법률상 이익은 당해 처분의 근거법률에 의하여 보호되는 직접적이고 구체적인 이익이 있는 경우를 말하고, 다만 간접적이거나 사실적·경제적 이해관계를 가지는 데 불과한 경우는 여기에 포함되지 아니한다"고 판시하고 있다(대판 1989.5.23, 88누8135; 대판 1994.4.12, 93누24247 등 참조). 이러한 판례의 입장으로 보면 현행 [보조금법]을 통해서 보호이익을 도출하기란 그렇게 쉽지 않다. 따라서 제3자보호규범이론 또는 헌법상 기본권의 관념을 통해서 보호이익을 인정할 수 있을 것이다. 보조금결정과 관련된 경쟁자소송에 있어서 예컨대 직업선택의 자유 등을 기초로 보호이익을 인정하는 방법을 생각할 수 있을 것이다.

오늘날 소이익을 넓히는 기본 입장에서 보면 가능한 한 원고적격을 인정하는 것이 타당하다. 그러나 단순한 경쟁상태의 약화나 영업상 기대가능성의 감소로는 불충분하고, 당해 보조금지원이 경쟁자의 법적 지위의 침해로 평가되기 위해서는 그것이 상당한 강도의 것이어야 한다고 보는 것이 일반적 견해이다. 따라서 특정인에게 보조금을 지원하는 것이 제3자의 경영에 중대한 침해가 되는 경우는 보조금교부결정의 취소를 구하는 소를 제기할 수 있어야 할 것이다.

(4) 행정심판전치주의의 적용 – 이의신청 –

[보조금법](37)은 이의신청(異議申請)을 규정하고 있는데, 이러한 법조문은 문언에 비추어 보면 임의적 전치주의로 이해할 수 있을 것이다. 따라서 보조금행정에 대한 행정소송의 제기에 있어서 이의신청 내지 행정심판을 거침이 없이 바로 항고소송을 제기할 수 있다.

그런데 우리 대법원은 (구)행정소송법 아래서 필요적 전심절차로 판시한 적이 있다(대판 1979.9.11, 79누172<초지조성허가취소처분취소등>).

제 5 장 토지행정
土地行政

제 1 절 의 의

I. 개 념

1. 토지행정과 토지행정법

토지행정(土地行政)이란 국가 등 행정주체가 장래 전망적이고 장기적인 관점에서 종합적·계획적인 국토의 이용·개발을 도모하고, 토지이용의 합리적 질서를 확립하고 토지의 이용·거래를 규제하는 행정활동을 말한다. 이러한 토지에 관해서 계획작용과 규제작용을 그 대상으로 행정법적으로 규율하는 것이 토지행정법이다.

토지행정의 중요한 내용 중 하나가 국토개발행정이고, 국토개발행정의 관념은 오늘날 지역개발, 도시개발, 개발행정 등으로 불리고 있다. 여기서 국토개발행정이란 지역사회의 사회적·경제적·문화적 발전의 기반이 되는 기초조건을 정비하고, 미이용 자원이나 토지 또는 생활공간을 효율적으로 이용할 수 있는 상태로 조성하여 전체로서 지역사회와 국토를 적극적·계획적으로 장래에 향하여 형성하는 행정활동을 말한다.

2. 토지행정의 행위형식

토지행정법은 토지행정목적을 달성하기 위하여 권력적 수단뿐만 아니라 비권력수단 등 다양한 행정수단을 통하여 규율하고 있다. 따라서 토지행정의 종합적·장기적·능률적 집행을 위한 행정계획을 비롯하여, 행정입법·행정행위·행정지도·행정조사 등 일반행정법상 인정되는 행정의 행위형식들이 활용되고 있다.

행정계획으로는 국토계획, 도시계획, 도시개발계획 등이 있고, 토지규제에 관한 제도로는 지가공시제([부동산가격공시법]), 개발행위허가제, 토지거래(계약)허가제([개발이익환수법]), 토지거래토지이용강제제도(농지법,산림법), 매매증명제도(산림법), 개발부담금제도([개발이익환수법]) 등이 있다,

---

■ 토지의 공개념 ■

토지의 공개념(公概念)이란 토지가 지니는 사회·경제적 기능을 냉철히 평가하고, 자유민주국가의 원리와 함께 사회국가원리의 실질적인 목표인 사회정의의 실현을 위하여 토지재산권에 대한 공공성·의무성·사회성을 토지의 본래적인 속성으로 인식하는 것을 말한다. 따라서 토지공개념은 토지가 가지는 공적 성격을 강조하고, 토지의 이용 및 거래의 사적 자치가 초래하는 사회적 문제를 극복하기 위하여 토지재산권에 광범위한 구속을 가하는 것으로 이해하는 기본철학 내지 발상의 일대전환을 의미한다.

헌법재판소도 토지의 공공성·사회성을 강조하면서 토지는 다른 재산권과 같게 다룰 수 있는 성질의 것이 아니고 공동체의 이익이 보다 강하게 관철되어야 한다고 판시하였다(헌재 1998.12.24, 89헌마214·90헌바16·97헌바78 병합).

이러한 토지공개념의 등장은 토지에 대한 인식의 전환 내지 토지관의 변화를 초래하였고, 이를 반영하는 입법들이 등장하게 되었다. 그런데 1989년 토지공개념의 실천 입법으로 도입된 「택지소유상한에관한법률」은 과잉금지원칙·신뢰보호원칙·평등원칙 등에 반한다고 하여 위헌결정을 받았다(헌재 1999.4.29, 94헌바37등). 택지는 기능상 직접적인 인간생존의 기반이 된다는 점에서 통상의 토지와 구별되며, 주택과 유사하다. 따라서 주택이나 택지는 인간으로서의 존엄과 가치, 사생활의 비밀과 자유가 실현되고 행복을 추구하는 터전으로서 재산권인 동시에 개인의 인격권·자유권으로서의 성격을 가지고 있다.

II. 법적 근거

1. 헌법적 근거

토지행정의 헌법적 근거는 국토 및 자원의 국가보호와 균형있는 개발·이용을 위한 계획수립의 규정(헌법120②), 그리고 국토의 효율적인 이용·개발과 보전을 위하여 필요한 제한과 의무부과에 관한 규정(헌법122) 등을 들 수 있다. 그리고 토지에 대한 법적 규제에 관한 헌법적 근거로서는 재산권행사의 공공복리 적합의무를 규

정한 헌법 제23조 제2항을 들 수 있다.

2. 법률적 근거

토지행정의 법률적 근거에는 국토기본법, [국토계획법], 도시개발법, 수도권정비계획법, [도시정비법], 자연공원법, 농어촌정비법, 택지개발촉진법, [산업입지법], 산림법, 농지법, 초지법, 토지이용규제기본법, [토지보상법], [부동산가격공시법], [개발제한특별법], 개발이익환수에관한법률, 자연공원법, 토지이용규제기본법 등이 있다.

미실현이득에 대해서 과세를 규정한 「토지초과이득세법」은 헌법불합치결정을 선고받았는데(헌재 1994.7.29, 92헌바49·52), 그 이유는 다음과 같다 : ① 국민의 납세의무의 성부 및 범위와 직접적인 관계를 가지고 있는 중요한 사항인 토초세법상의 기준시가를 전적으로 대통령령에 맡겨 두고 있다는 점, ② 토초세가 이득에 대한 과세가 아니라 원본(元本)에 대한 과세가 되어 버릴 위험부담률이 높아져 재산권을 부당하게 침해할 개연성이 크다는 점, ③ 아무런 토지초과이득이 없는 경우에도 그 과세기간에 대한 토초세를 부담하지 않을 수 없는 불합리한 결과가 발생할 수 있다는 점, ④ 당해 토지가 소유제한범위 내의 택지인지 여부에 관계없이 토초세를 부과하는 것은 인간다운 생활을 할 권리와 국가의 사회보장·사회복지 증진의무 및 쾌적한 주거생활보장의무에 배치된다는 점 등을 든다.

제 2 절 토지계획

I. 국토기본법에 의한 국토계획

1. 의 의

(1) 개 념

국토계획(國土計劃)이란 국토를 이용·개발 및 보전을 목적으로 하는 계획을 말한다. 따라서 국토계획은 국토를 이용·개발 및 보전할 때 미래의 경제적·사회적 변동에 대응하여 국토가 지향하여야 할 발전방향을 설정하고 이를 달성하기 위한 계획이다(국토기본법6①). 이러한 국토계획은 국토종합계획, 도종합계획, 시군종합계획, 지역계획 및 부문별계획으로 구분한다(법6②).

(2) 종 류

1) 국토종합계획이란 국토 전역을 대상으로 하여 국토의 장기적인 발전 방향을 제시하는 종합계획을 말한다(법6②i). 2) 도종합계획이란 도 또는 특별자치도의 관할구역을 대상으로 하여 해당 지역의 장기적인 발전 방향을 제시하는 종합계획을 말한다(법6②ii). 3) 시·군종합계획이란 특별시·광역시·시 또는 군(광역시의 군은 제외한다)의 관할구역을 대상으로 하여 해당 지역의 기본적인 공간구조와 장기 발전 방향을 제시하고, 토지이용, 교통, 환경, 안전, 산업, 정보통신, 보건, 후생, 문화 등에 관하여 수립하는 계획으로서 [국토계획법]에 따라 수립되는 도시·군계획을 말한다(법6②iii). 4) 지역계획이란 특정 지역을 대상으로 특별한 정책목적을 달성하기 위하여 수립하는 계획을 말한다(법6②iv). 5) 부문별계획이란 국토 전역을 대상으로 하여 특정 부문에 대한 장기적인 발전 방향을 제시하는 계획을 말한다(법6②v).

(3) 계획 상호간의 관계

20년 단위로 수립되는 국토종합계획은 도종합계획 및 시군종합계획의 기본이 되며, 부문별계획과 지역계획은 국토종합계획과 조화를 이루어야 한다(법7①③). 또한 국토기본법에 따른 국토종합계획은 군사에 관한 계획을 제외하고 다른 법령에 따라 수립되는 국토에 관한 계획에 우선하며 그 기본이 된다(법8). 따라서 [도시계획법]에 따른 광역도시계획과 도시·군계획은 국가계획에 부합되어야 하며, 광역도시계획 또는 도시·군계획의 내용이 국가계획의 내용과 다를 때에는 국가계획의 내용이 우선한다([국토계획법]4②). 그리고 도종합계획은 해당 도의 관할구역에서 수립되는 시군종합계획의 기본이 된다(국토기본법7②).

국토계획은 원칙적으로 행정내부적 효력을 가지는 데 불과하지만, 경우에 따라서는 국토계획이 국민의 토지에 관한 권리와 관련해서 국민의 권리를 침해하는 경우도 있다.

2. 국토관리의 기본이념

모든 국민의 삶의 터전이며 후세에 물려줄 민족의 자산인 국토의 관리에 관한 기본이념은 첫째, 환경친화적 국토관리(법5), 둘째, 국토의 균형 있는 발전(법3), 셋째, 경쟁력 있는 국토 여건의 조성(법4)이다. 즉 국토에 관한 계획 및 정책은 개발과 환경의 조화를 바탕으로 국토를 균형 있게 발전시키고 국가의 경쟁력을 높임으로써, 국민의 삶의 질을 개선하고 국토의 지속가능한 발전을 도모할 수 있도록 수립·집행하여야 한다(법2참조).

II. [국토계획법]에 의한 도시계획

1. 의 의

도시계획(都市計劃)이란 도시(특별시·광역시·특별자치시·특별자치도·시)를 관할구역으로 하여 수립하는 공간구조와 발전방향에 대한 계획을 말한다. 이러한 도시계획은 광역도시계획, 도시·군계획(도시·군기본계획과 도시·군관리계획), 지구단위계획으로 구분한다.

1) 광역도시계획이란 광역계획권의 장기발전방향을 제시하는 계획으로서, 2 이상의 도시·군의 공간구조 및 기능을 상호 연계시키고 환경을 보전하며 광역시설을 체계적으로 정비하기 위하여 인정된다([국토계획법]2i). 2) 도시·군계획이란 특별시·광역시·특별자치시·특별자치도·시 또는 군(광역시의 군은 제외한다)의 관할 구역에 대하여 수립하는 공간구조와 발전방향에 대한 계획으로서 도시·군기본계획과 도시·군관리계획으로 구분한다([국토계획법]2ii). 도시·군계획은 특별시·광역시·특별자치시·특별자치도·시 또는 군의 관할 구역에서 수립되는 다른 법률에 따른 토지의 이용·개발 및 보전에 관한 계획의 기본이 된다([국토계획법]4). 3) 도시·군기본계획이란 특별시·광역시·특별자치시·특별자치도·시 또는 군의 관할 구역에 대하여 기본적인 공간구조와 장기발전방향을 제시하는 종합계획으로서 도시·군관리계획 수립의 지침이 되는 계획을 말한다([국토계획법]2iii). 4) 도시·군관리계획이란 특별시·광역시·특별자치시·특별자치도·시 또는 군의 개발·정비 및 보전을 위하여 수립하는 토지이용·교통·환경·경관·안전·산업·정보통신·보건·복지·안보·문화 등에 관한 계획을 말한다. 5) 지구단위계획이란 도시·군계획 수립 대상지역의 일부에 대하여 토지이용을 합리화하고 그 기능을 증진시키며 미관을 개선하고 양호한 환경을 확보하며, 그 지역을 체계적·계획적으로 관리하기 위하여 수립하는 도시·군관리계획을 말한다([국토계획법]2v).

재정비촉진구역에서 시행되는 주택재개발사업, 주택재건축사업에 관한 재정비촉진계획은 도시관리계획에 해당하며, 서울특별시의 구청장은 위 계획들이 수립되고 있는 지역에서 [국토계획법]에 따라 개발행위허가를 제한할 수 있다(대판 2012.7.12, 2010두4957).

2. 법적 성질

과거 도시계획법상 도시계획의 법적 성질에 관하여 입법행위설·행정행위설·복수행위설·독자성설 등의 견해대립이 있었다. 그리고 도시계획결정과 관련해서 우리 고등법원은 처분성을 부인한 바 있으나, 대법원은 도시계획결정의 처분성을 긍정하고(대판 1978.12.26, 78누281; 대판 1982.3.9, 80누105), 도시계획시설변경결정의 처분성을 긍정하였다(대판 1988.5.24, 87누388<계획입안절차하자위법성>).

현행 [국토계획법]상 광역도시계획은 도시계획안의 지침이 되는 데 불과하기 때문에 개인에 대한 법적 구속력을 갖지 않는다. 도시기본계획은 도시관리계획수립의 지침이 되는 것으로서 도시계획을 입안하는 행정기관을 구속하지만 개인에 대한 법적 구속력은 없다. 그러나 용도지역(법6)·용도지구(법36)·용도구역(법37), 개발제한구역의 지정(법38), 도시자연공원구역의 지정(법38의2), 시가화조정구역의 지정(법39), 수산자원보호구역의 지정(법40), 공유수면(바다만 해당한다)매립지에 관한 용도지역의 지정(법41) 등을 도시관리계획으로 결정하고, 이에 따라 여러 가지 행위제한 등이 있기 때문에, 도시관리계획은 행정기관을 구속할 뿐만 아니라 개인에 대해서도 법적 구속력이 있다.

3. 수립 등

(1) 광역도시계획의 수립

광역도시계획은 국토교통부장관, 시·도지사, 시장 또는 군수가 기초조사 및 공청회를 거쳐 관계 시·도, 시 또는 군의 의회와 관계 시장 또는 군수의 의견을 들어서 수립하며, 시·도지사가 수립하는 경우에는 국토교통부장관의 승인을 얻어야 한다([국토계획법]11부터).

(2) 도시·군기본계획의 수립

도시·군기본계획은 특별시장·광역시장·특별자치시장·특별자치도지사·시장 또는 군수가 계획수립을 위한 기초조사 및 공청회를 거쳐 수립하고(법18,20), 도시·군기본계획을 수립 또는 변경하는 때에는 미리 당해 특별시·광역시·특별자치시장·특별자치도지사·시 또는 군 의회의 의견을 들어야 한다(법21). 그리고 특별시장·광역시장·특별자치시장 또는 특별자치도지사는 도시·군기본계획을 수립하거나 변경하려면 관계 행정기관의 장(국토교통부장관을 포함)과 협의한 후 지방도시계획위원회의 심의를 거쳐야 한다(법22). 시·군 도시·군기본계획의 수립 또는 변경에는 대통령령이 정하는 바에 따라 도지사의 승인을 얻어야 한다(법22의2).

(3) 도시·군관리계획의 수립

도시·군관리계획은 특별시장·광역시장·특별자치시장·특별자치도지사·시장 또는 군수가 입안한다(법24). 국토교통부장관, 시·도지사, 시장 또는 군수는 도시·군관리계획을 조속히 입안할 필요가 있다고 인정되면 광역도시계획이나 도시·군기본계획을 수립할 때에 도시·군관리계획을 함께 입안할 수 있다(법35). 또한 도시·군관리계획의 입안을 주민도 입안권자에게 제안할 수 있다(법26). 도시·군관리계획은 입안을 위한 기초조사를 할 수 있고(법27), 주민 및 지방의회의 의견청취를 하게 된다(법28). 그리고 시·도지사가 직접 또는 시장·군수의 신청에 의하여 도시·군관리계획을 결정하지만, 특별시와 광역시 및 특별자치시를 제외한 인구 50만 이상의 대도시의 도시·군관리계획은 직접 결정하고, 시장 또는 군수가 입안한 지구단위계획구역의 지정·변경과 지구단위계획의 수립·변경에 관한 도시·군관리계획은 해당 시장 또는 군수가 직접 결정한다(법29①). 국토교통부장관이 입안하거나 개발제한구역의 지정·변경, 시가화조정구역의 지정·변경에 관한 도시·군관리계획은 국토교통부장관이 결정한다(법29②). 국토교통부장관 또는 시·도지사가 도시·군관리계획을 결정한 때에는 대통령령이 정하는 바에 따라 이를 고시하고, 국토교통부장관이나 도지사는 관계 서류를 관계 특별시장·광역시장·특별자치시장·특별자치도지사·시장 또는 군수에게 송부하여 일반(인)이 열람할 수 있도록 하여야 하며, 특별시장·광역시장·특별자치시장·특별자치도지사는 관계 서류를 일반(인)이 열람할 수 있도록 하여야 한다(법30⑥).

개발제한구역 중 일부 취락을 개발제한구역에서 해제하는 내용의 도시관리계획 변경결정에 대하여, 개발제한구역 해제대상에서 누락된 토지의 소유자는 위 결정의 취소를 구할 법률상 이익이 없다(대판 2008.07.10, 2007두10242<도시관리계획변경결정취소의소>).

도시·군관리계획 결정의 효력은 지형도면을 고시한 날부터 발생한다(법30). 도시관리계획의 효력은 고시에 의하여 발생하기 때문에, 이러한 고시는 도시관리계획의 효력발생요건이다(대판 1993.2.9, 92누5607).

제 3 절   토지의 규제

제1. 지가공시제

1. 의 의

지가공시제(地價公示制)란 [부동산가격공시법](부동산가격공시 및 감정평가에 관한 법률)에 따라 국토교통부장관이 토지의 적정가격을 평가·공시하는 제도를 말하며, 이 제도에 따라 공시된 지가를 공시지가(公示地價)라고 한다. 이러한 공시지가제도는 지가의 비정상적인 상승과 부동산(토지)의 왜곡된 이용으로 인한 분배의 불균형이 심화되는 것을 시정하기 위한 노력으로써, 지가에 대하여 국가가 직접적으로 개입하는 제도이다. 따라서 지가공시제의 목적은 지가를 공시함으로써 1) 일반적 거래의 지표가 되어 토지의 적정한 가격형성을 도모하고, 2) 국가·자치단체 등의 업무와 관련해서 가치산정의 기준이 되며, 감정평가업자의 개별토지 감정평가의 기준이 되기 위한 것이다. 요컨대 지가공시제는 토지의 가격을 공개함으로 행정기관이나 이해관계인으로 하여금 당해 지가의 수준을 정확하게 파악할 수 있도록 하였다는 점에 의의가 있다.

지가공시제도의 유형은 국토교통부장관이 표준지의 적정가격을 평가·공시하여 지가산정의 기준이 되게 하는 표준공시지가와 관할구역 안의 개별토지의 단위면적당 가격을 결정·고시하는 개별공시지가가 있다. 보통 지가공시라고 할 때는 표준지가공시를 말한다. 그리고 [부동산가격공시법]은 주택가격공시제를 새로 신설하였다.

2. 표준지가공시

(1) 의 의

표준지가공시(標準公示地價)란 [부동산가격공시법]에 의하여 국토교통부장관이 표준지의 적정가격을 평가·공시한 표준지의 단위면적당 가격을 말한다(법2v). 표준공시지가는 토지시장의 지가정보를 제공하고 토지거래의 지표가 되며, 국가·지방자치단체 등의 기관이 그 업무와 관련하여 지가를 산정하거나 감정평가업자가 개별적으로 토지를 감정·평가하는 기준이 된다(법10). 실무적으로 표준공시지가는 국토교통부장관이 둘 이상의 감정평가업자에게 의뢰하여 이를 기초로 산정하게 된다(법5②),

비교표준지는 특별한 사정이 없는 한 도시계획구역 내에서는 용도지역을 우선으로 하고, 도시계획구역 외에서는 현실적 이용상황에 따른 실제 지목을 우선으로 하여 선정하여야 할 것이나, 이러한 토지가 없다면 지목·용도·주위환경·위치 등의 제반 특성을 참작하여 그 자연적·사회적 조건이 감정대상토지와 동일 또는 가장 유사한 토지를 선정하여야 한다(대판 2001.03.27, 99두7968; 대판 2009.09.10, 2006다64627 참조). 표준지와 감정대상토지의 용도지역이나 주변환경 등에 다소 상이한 점이 있더라도 이러한 점은 지역요인이나 개별요인의 분석 등 품등비교에서 참작하면 되는 것이지 그러한 표준지의 선정 자체가 잘못된 것으로 단정할 수는 없다(대판 1993.08.27, 93누7068; 대판 2009.09.10, 2006다64627 참조).

(2) 법적 성질

표준공시지가의 법적 성질[63]에 관하여 ① 구속력 없는 행정계획으로 보는 입장,[64] ② 행정처분으로 보는 입장,[65] ③ 사실행위로 보는 입장으로 나뉜다. 1) 일반적 견해는 표준공시지가는 토지가격결정 등에 있어서 단순한 지표 내지 기준에 지나지 않기 때문에 행정처분에 해당하지 않는다고 본다. 따라서 표준공시지가는 종전의 국토이용관리법상 인정되었던 기준지가(基準地價)와 마찬가지로 능률적인 지가정책의 집행을 위해 설정되는 활동기준으로서 일종의 내부구속적 행정계획으로 이해한다. 반면에 2) 표준공시지가를 행정처분으로 이해하는 입장은 그 논거로서 [부동산가격공시법](8①)이 이의신청을 인정하고 있는 점을 든다. 3) 판례는 (구) 국토이용관리법상의 기준지가공시에 대해서 행정처분성을 부정하였으나(대판 1979.4.24, 78누242), 최근 판례는 표준공시지가결정에 대하여 처분성을 인정하고 있다(대판 1994.3.8, 93누10828<은진송씨참판공판종중>; 대판 1995.3.28, 94누12920; 대판 1997.2.28, 96누10225<토지초과이득세>; 대판 1998.3.24, 96누6851<법조단지>).

---

63) 표준공시지가 그 자체가 개별공시지가로 인정되는 예외적인 경우(법10의2①단)는 개별공시지가의 법적 성질로 검토되고 이해되어야 할 것이다.

64) 표준공시지가는 능률적인 지가정책의 집행을 위해 설정되는 활동기준으로서 일종의 행정계획(내부구속적 계획)에 속한다고 보는 입장이다. 표준공시지가는 개별공시지가를 결정함에 있어서 그대로 적용되는 것이 아니라 그 목적에 따라 가감하여 적용가능한 것이므로 그 구속적 효력을 인정할 수는 없을 것이다. 즉 표준지 공시지가 결정이 특정토지에 여하히 작용하게 될 것인가는 아직 불확실하다고 보아야 한다. 따라서 이 표준지 공시지가에 의해 바로 당사자의 권리·의무에 영향을 미치는 것은 인정될 수 없을 것이다(류지태/박종수).

65) [부동산가격공시법] 제8조 제1항이 표준지 공시지가에 대하여 이의가 있는 자는 공시일로부터 30일 이내에 서면으로 국토교통부장관에게 이의를 신청할 수 있도록 규정하고 있기 때문에 표준공시지가의 법적 성질을 행정행위라고 본다. 즉 이의신청절차가 존재한다는 사실은 당해 행위가 행정행위의 성질을 갖는다는 것을 의미한다고 보는 입장이다(조용호,"개별토지가격결정의 행정처분성과 이에 관한 쟁송", 인권과 정의, 1993.11, 84면 참조).

(3) 효 력

(가) 효력발생시기   현행 [부동산가격공시법]은 표준공시지가의 효력발생시기에 관하여 명문의 규정을 두고 있지 못하다. 그러나 과거 판례에 의하면 이의신청[행정심판]의 제기에 있어 공시일을 기준으로하였다.

(나) 적 용   표준공시지가는 국가·지방자치단체, [공공기관운영법]에 의한 공공기관, 그 밖에 대통령령이 정하는 공공단체가 다음의 목적을 위하여 토지의 가격을 산정하는 경우에 적용된다(법9) : ㉮ 공공용지의 매수 및 토지의 수용·사용에 대한 보상,㉯ 국·공유토지의 취득 또는 처분, ㉰ 그 밖에 대통령령이 정하는 토지가격의 산정 등을 들 수 있다. 결정·공시된 표준지 공시지가는 토지시장의 지가정보를 제공하고 일반적인 토지거래의 지표가 되며, 국가·지방자치단체 등의 기관이 그 업무와 관련하여 지가를 산정하거나 감정평가업자가 개별적으로 토지를 감정평가하는 경우에 기준이 되는 효력을 갖는다(대판 2009.12.10, 2007두20140<공시지가확정처분취소>).

(4) 표준지가공시와 행정쟁송

(가) 행정생송의 제기가능성   표준지가공시를 행정처분으로 보는 입장은 당연히 행정쟁송을 제기하여 다툴 수 있으나, 표준공시지가의 법적 성질을 비구속적 행정계획으로 보는 입장에서는 행정쟁송의 대상성이 부정된다. 대법원 판례는 (구)국토이용관리법상의 기준지가공시에 대해서 행정처분성을 부정하였으나(대판 1979.4.24, 78누242), 최근의 판례는 표준공시지가에 대한 행정쟁송(취소소송)의 대상성을 긍정하고 있다(대판 1994.3.8, 93누10828<은진송씨참판공판종중>; 대판 1995.3.28, 94누12920; 대판 1997.2.28, 96누10225<토지초과이득세>; 대판 1998.3.24, 96누6851<법조단지>).

표준지의 공시지가에 대한 불복방법을 개별토지가격에 대한 불복방법과 달리 인정한다고 하여 그것이 헌법상 평등의 원칙, 재판권 보장의 원칙에 위반된다고 볼 수는 없다(대판 1997.09.26, 96누7649).

(나) 이의신청의 전치절차   표준공시지가를 행정소송으로 다투는 경우에 이의신청을 반드시 거쳐야 하는가? 이에 관해서 대법원은 필요적 전치절차로 보고 있다(대판 1994.3.8, 93누10828<은진송씨참판공판종중>; 대판 1997.2.28, 96누10225<토지초과이득세>). 그러나 명문의 규정이 없음에도 불구하고 이렇게 해석하는 것은 행정소송법의 규정(18단서)에 비추어 문제가 있다는 지적이 있다. 또한 [부동산가격공시법](8①)의 법문이 단순히 "…이의를 신청할 수 있다"고 규정한 점을 고려할 때, 임의적 전치절차로 보는 것이 타당하다.

(다) 이의신청기간   (구)지가공시및토지등의평가에관한법률(8①)에 의한 표준

지가공시일로부터 60일 이내(현행 [부동산가격공시법](8①)은 30일 이내)에 이의를 신청할 수 있는 기간에 대해서, 헌법재판소는 행정심판법상의 일반규정과는 달리 규정한 것은 표준지공시지가가 가지는 특성상 이를 조속히 그리고 이해관계인 모두에 대해서 일률적으로 확정할 합리적인 필요에 기인하는 것이라고 판시하였다(헌재 1996.10.4, 95헌바11).

(라) 쟁송의 대상 및 피고   이의신청에 대한 국토교통부장관의 결정에 불복하는 행정소송을 제기하는 경우에 원처분주의에 따라 표준공시지가를 대상으로 국토교통부장관을 피고로 제기하게 된다.

(마) 흠의 승계   표준공시지가의 위법성을 다투는 절차를 밟지 않고 개별공시지가를 다투는 소송에서 그 개별토지가격 산정의 기초가 된 표준지 공시지가의 위법성을 다툴 수 없다(대판 1993.3.28, 94누12920; 대판 1995.3.28, 94누12920). 그리고 또한 개별공시지가의 위법성은 조세소송에서 다툴 수 있으나, 표준공시지가의 위법성을 다투는 절차를 밟지 않고 조세소송에서 표준공시지가의 위법성을 다툴 수는 없다는 것이 대법원의 입장이다(대판 1994.3.8, 93누10828<은진송씨참판공판종중>; 대판 1995.3.28, 94누12920; 대판 1997.2.28, 96누10225<토지초과이득세>; 대판 1997.9.26, 96누7649; 대판 1998.3.24, 96누6851<법조단지>).

그러나 대법원은 수용보상금의 증액을 구하는 소송에서 선행처분인 표준지공시지가결정의 위법을 독립한 사유로 주장할 수 있는가에 대하여, 예외적으로 흠의 승계를 인정하였다(대판 2008.8.21, 2007두13845).

3. 개별지가공시

(1) 의 의

개별지가공시(個別地價公示)는 시장·군수 또는 구청장이 특정목적을 위한 지가산정에 사용하기 위하여 표준공시지가를 기준으로 개별토지의 단위면적당 가격을 결정하여 공시하는 것을 말한다([부동산가격공시법]11①). 이러한 개별공시지가는 당해 토지와 유사한 이용가치를 가진다고 인정되는 하나 또는 둘 이상의 표준지의 공시지가를 기준으로 토지가격기준표를 사용하여 지가를 산정하되, 당해 토지의 가격과 표준지의 공시지가가 균형을 유지하도록 하여야 한다(법11②③). 따라서 개별공시지가를 결정하기 위한 표준지로는 대상 토지와 이용상황이 가장 유사한 표준지, 즉 용도지역·지목·토지용도(실제용도)·주위환경·위치·기타 자연적·사회적 조건이 가장 유사한 인근지역 소재 표준지를 선정하여야 한다(대판 1998.12.8, 97누6636; 대판 2007.1.25, 2006두15288<개발부담금부과처분취소>).

(2) 성 질

개별공시지가의 성질에 관하여, 처분성부정설66)과 처분성긍정설(통설)67)의 대립이 있으며, 대법원 판례는 (구)지가공시및토지등의평가에관한법률에 의한 개별공시지가의 행정처분성을 인정하고 있다(대판 1993.1.15, 92누12407<한국야쿠르트유업>; 대판 1993.1.15, 92누12414; 대판 1993.6.11, 92누16706; 대판 1994.2.8, 83누111<삼성생명보험>).

(3) 효 력(적용)

개별공시지가는 개발이익환수에관한법률에 의한 개발부담금의 부과 등 다른 법령이 정하는 목적을 위한 지가산정에 사용된다. 따라서 개별공시지가를 지가산정에 사용하기 위해서는 다른 법령에 명시적으로 정하고 있어야 한다.68) 법령에 명시적인 규정이 없는 경우는 개별공시지가를 지가산정에 사용할 수 없고 필요한 경우는 표준공시지가를 기준으로 하여 개별적으로 결정하여 사용하게 된다.

개별공시지가가 결정되면 이후의 처분 등은 개별공시지가에 구속되어 이루어지는 경우(예, 조세(국세·지방세)부과 등)도 있지만, 소관 행정청이 개별공시지가를 증감한 가액으로 기준을 삼는 경우(예, 부담금의 산정 등)도 있다.

개별토지가격이 현저하게 불합리한 것인지 여부는 그 가격으로 결정되게 된 경위, 개별토지가격을 결정함에 있어 토지특성이 동일 또는 유사한 인근토지들에 대

---

66) 개별공시지가의 처분성을 부정하는 견해에도 다시 ① 행정입법으로 보는 입장[행정입법설], ② 행정내부적 규율에 그치는 행정규칙으로 보는 입장[행정규칙설]과 ③ 지가정보제공이라는 사실적 효과를 가지는 사실행위라고 보는 입장[사실행위설]이 있다.
   그리고 처분성을 부정하는 견해의 논거로서 다음을 들고 있다 : 1) 개별공시지가는 외부에 대한 공권력발동이 아니고 행정내부에서만 효력을 갖는 작용이므로 공권력성이 없다. 2) 개별공시지가는 불특정다수인에 대하여 되풀이 적용될 수 있는 일반성·추상성을 갖는 행정작용이기 때문에 분쟁의 성숙성이 없다. 3) 개별공시지가에 의하여 직접 국민의 권리·의무에 변동이 초래되는 것이 아니라 이를 기준으로 한 토지초과이득세 혹은 개발부담금의 부과처분의 단계에서 비로소 개인의 권리·의무의 변동을 초래하게 된다.
67) 개별공시지가의 처분성을 인정하는 견해의 논거는 다음과 같다 : 1) 개별공시지가는 시장 등에 의한 일방적인 행위로서 공권력성이 인정된다. 2) 개별공시지가는 그 자체에 의해서가 아니라 조세부과처분과 같은 후행처분에 의해서 의무를 부과하지만 개별공시지가에 의해서 과세표준 등이 결정되기 때문에 실질적으로 법적 구속력이 인정된다. 3) 개별공시지가는 개별성·구체성을 가지며, 불특정다수인인 경우에도 지가공시행위는 대물적 행위로서 이들의 권리·의무관계에 구체적인 영향을 미친다는 점에서 그 효과는 구체적이다.
68) 법령에 명시적으로 개별공시지가에 의한 지가산정을 규정한 경우는 ① 공직자윤리법에 의한 등록재산의 가액산정, ② [국토계획법]에 의한 토지거래불허가자에 대한 벌금액의 산정, ③ 농지법에 의한 농지보전부담금의 부과, ④ 소득세법에 의한 토지양도세의 과세표준계산을 위한 기준시가의 산정, ⑤ 법인세법에 의한 토지 등의 양도에 대한 특별부과세의 과세표준계산을 위한 기준시가의 산정 등을 들 수 있다.

하여 적용된 가감조정비율, 표준지 및 토지특성이 동일 또는 유사한 인근토지들의
지가상승률, 당해 토지에 대한 기준연도를 전후한 개별토지가격의 증감 등 여러
사정들을 종합적으로 참작하여 판단하여야 할 것이다(대판 1994.03.11, 93누159<개별토지
가격결정처분취소>).

(4) 개별공시지가와 행정쟁송

(가) 이의신청과 행정소송   개별공시지가의 결정에 불복하는 자는 시장·군
수 또는 구청장에게 이의를 신청할 수 있다(법12①). 그리고 이러한 이의신청에 대
하여 불복하는 경우는 행정소송을 제기하게 된다. 개별토지가격의 결정과정에 있
어 개별토지가격합동조사지침에서 정하는 주요절차를 위반한 하자가 있거나, 비교
표준지의 선정 또는 토지가격비준표에 의한 표준지와 당해 토지의 토지특성의 조
사·비교, 가격조정률의 적용이 잘못되었거나, 기타 위산(違算), 오기로 인하여 지가
산정에 명백한 잘못이 있는 경우 그 개별토지가격결정의 위법 여부를 다툴 수 있
다(대판 1993.6.11, 92누16706; 대판 1994.03.11, 93누159<개별토지가격결정처분취소>).

(나) 행정쟁송의 대상   개별공시지가의 행정처분성을 인정하는 다수의 견해
와 판례(대판 1993.1.15, 92누12407; 대판 1993.6.11, 92누16706; 대판 1994.2.8, 93누111; 대판 1996.6.25,
93누17935)의 입장에 따른다면 개별공시지가를 행정쟁송의 대상으로 할 수 있다는
데 의문이 없다. 그러나 개별공시지가의 법적 성질을 행정입법 혹은 행정규칙으로
보는 입장과 사실행위로 보는 입장에서는 개별공시지가를 행정쟁송의 대상으로 보
는 데 어려움이 따른다.

표준지의 공시지가에 가격조정률을 적용하여 산출된 산정지가를 처분청이 지방
토지평가위원회 등의 심의를 거쳐 가감조정한 결과 그 결정된 개별토지가격이 현저
하게 불합리한 경우에는 그 가격결정의 당부에 대하여도 다툴 수 있다(대판 1993.06.11,
92누16076; 대판 1993.12.24, 92누19262; 대판 1994.03.11, 93누159<개별토지가격결정처분취소> 참조).

토지소유자 등의 토지에 대한 개별공시지가 조정신청을 재조사청구가 아닌 경정
결정신청으로 본다고 할지라도, 이는 행정청에 대하여 직권발동을 촉구하는 의미
밖에 없으므로, 행정청이 위 조정신청에 대하여 정정불가 결정 통지를 한 것은 이른
바 관념의 통지에 불과할 뿐 항고소송의 대상이 되는 처분이 아니다(대판 2002.02.05,
2000두5043<개별공시지가정정불가처분취소>).

시장, 군수 또는 구청장이 개별토지가격을 결정함에 있어 당해 토지의 진입도로
의 유무, 접면도로의 규모, 접면도로의 현황 등을 적정하게 고려하였는지 여부를
판단하기 위하여 법원으로서 반드시 전문가에게 감정을 명하고 그 감정결과와 평
가선례 및 평가관례를 심리하여 이에 따라야 한다고 할 수는 없다(대판 1993.06.11, 92

누16706<개별토지가격결정처분취소>).

(다) 흠의 승계　　　개별공시지가의 위법성이 문제되는 경우는 주로 공시지가의 산정절차상의 하자에 관한 경우이다. 개별공시지가의 결정에 불가쟁력이 발생하지 않은 경우에는 통상의 행정쟁송절차에 따라 시장·군수·구청장을 상대로 취소소송을 제기할 수 있다.

개별공시지가의 결정에 불가쟁력이 발생한 경우는 개별공시지가에 대해서는 행정쟁송을 제기할 수 없으나 이에 근거한 후행행정행위(예, 양도소득세의 부과처분, 손실보상금액결정의 재결 등)의 위법성사유로써 개별지가공시의 하자를 주장할 수 있다. 즉 대법원은 위법한 개별공시지가결정과 이에 근거한 양도소득세과세처분 간에 흠의 승계를 인정하였다(대판 1994.1.25, 93누8542). 요컨대, 대법원은 개별공시지가의 결정에 위법이 있는 경우는 그 자체를 행정처분으로 보아 행정소송으로 다툴 수 있음은 물론, 이를 기초로 과세표준을 산정한 과세처분의 취소를 구하는 조세소송에서 개별공시지가결정의 위법을 독립된 쟁송사유로 주장할 수 있다(대판 1996.6.25, 93누17935)고 본다.

그러나 개별토지가격 결정에 대한 재조사청구에 따른 감액조정에 대하여 더 이상 불복하지 아니한 경우, 이를 기초로 한 양도소득세 부과처분 취소소송에서 다시 개별토지가격 결정의 위법을 당해 과세처분의 위법사유로 주장할 수 없다(대판 1998.3.13, 96누6059).

4. 주택가격공시제

(1) 의 의

주택가격공시제(住宅價格公示制)란 토지와 건물의 적정가격을 통합·평가하여 공시하는 제도를 말한다. 이러한 주택가격공시제는 세부담의 형평성을 제고하기 위하여 주택에 대한 토지·건물 통합과세를 내용으로 하는 부동산보유세제개편에 따라 [부동산가격공시법]이 신설하였다.

(2) 종 류

표준주택가격과 개별주택가격, 공동주택가격이 있다. 1) 표준주택가격(標準住宅價格)이란 국토교통부장관이 용도지역, 건물구조 등이 일반적으로 유사하다고 인정되는 일단의 단독주택 중에서 선정한 표준주택에 대하여 조사·평가한 현재의 적정가격을 말한다(법16①). 2) 개별주택가격(個別住宅價格)이란 표준주택가격을 기준으로 시장·군수 또는 구청장이 관할구역 안의 개별주택에 대하여 시·군·구부동산평가위원회의 심의를 거쳐 결정·공시한 개별주택의 가격을 말한다(법16②). 3) 공동주택가

격(共同住宅價格)이란 국토교통부장관이 공동주택에 대하여 조사·산정한 가격을 말한
다(법17).

(3) 효 력

표준주택가격은 국가·지방자치단체 등의 기관이 그 업무와 관련하여 개별주택
가격을 산정하는 경우에 그 기준이 된다(법18①). 개별주택가격과 공동주택가격은
주택시장의 가격정보를 제공하고, 국가·지방자치단체 등의 기관이 과세 등의 업무
와 관련하여 주택의 가격을 산정하는 경우에 그 기준으로 활용할 수 있다(법18②).

제2. 개발행위허가제

1. 의 의

개발행위허가제란 건축물의 건축, 공작물의 설치, 토지의 형질변경, 토석의 채취,
토지분할 등과 같은 개발행위를 하려는 자로 하여금 허가를 받도록 하는 제도를
말한다([국토계획법]56① 참조). 개발행위허가권자는 특별시장·광역시장·특별자치시장·
특별자치도지사·시장 또는 군수 등이다.

개발행위허가의 대상행위임에도 불구하고 재해복구나 재난수습을 위한 응급조치
에 해당하는 행위는 개발행위허가를 받지 아니하고 응급조치를 한 1개월 이내에
개발행위허가권자에게 신고하여야 한다(법56④).

헌법재판소는 토지의 형질변경을 하기 위해서는 개발행위허가를 받도록 하고 있
는 [국토계획법]제56조 제1항 본문 제2호가 명확성원칙, 포괄위임금지원칙에 위반
되지 않고, 과잉금지원칙에 위반되어 재산권을 침해하지 않는다(헌재 2013.10.24, 2012
헌바241<[국토계획법56①i 위헌소원>)고 결정하였다.

2. 허가 또는 불허가

(1) 신 청

개발행위를 하려는 자는 그 개발행위에 따른 기반시설의 설치나 그에 필요한 용
지의 확보, 위해(危害) 방지, 환경오염 방지, 경관, 조경 등에 관한 계획서를 첨부한
신청서를 개발행위허가권자에게 제출하여야 한다(법57①).

관련 인·허가 등의 의제를 받으려는 자는 개발행위허가를 신청할 때에 해당 법
률에서 정하는 관련 서류를 함께 제출하여야 한다(법61②).

(2) 처 분

개발행위허가권자는 개발행위허가 신청에 대하여 특별한 사유가 없으면 15일(도시계획위원회의 심의 또는 관계 행정기관장의 협의를 하여야 하는 경우는 심의 또는 협의기간을 제외한다) 이내에 허가 또는 불허가의 처분을 하여야 한다(법57②,시행령54①). 허가 또는 불허가의 처분을 할 때에는 지체 없이 그 신청인에게 허가내용이나 불허가처분의 사유를 서면으로 알려야 한다(법57③).

개발행위허가를 하는 경우에는 그 개발행위에 따른 기반시설의 설치 또는 그에 필요한 용지의 확보, 위해 방지, 환경오염 방지, 경관, 조경 등에 관한 조치를 할 것을 조건으로 개발행위허가를 할 수 있다(법57④). 그리고 개발행위허가에 조건을 붙이려는 때에는 미리 개발행위허가를 신청한 자의 의견을 들어야 한다(시행령54②).

기반시설의 설치나 그에 필요한 용지의 확보, 위해 방지, 환경오염 방지, 경관, 조경 등을 위하여 필요하다고 인정되는 경우로서 대통령령으로 정하는 경우에는 이의 이행을 보증하기 위하여 개발행위허가(다른 법률에 따라 개발행위허가가 의제되는 협의를 거친 인가·허가·승인 등을 포함한다)를 받는 자로 하여금 이행보증금을 예치하게 할 수 있다(법60).

개발제한구역 내에서는 구역지정의 목직상 건축물의 건축 및 공작물의 설치 등 개발행위가 원칙적으로 금지되고, 다만 구체적인 경우에 이러한 구역지정의 목적에 위배되지 아니할 경우 예외적으로 허가에 의하여 그러한 행위를 할 수 있게 되어 있음이 그 규정의 체제와 문언상 분명하고, 이러한 예외적인 개발행위의 허가는 상대방에게 수익적인 것이 틀림이 없으므로 그 법률적 성질은 재량행위 내지 자유재량행위에 속한다(대판 2003.03.28, 2002두11905; 대판 2004.03.25, 2003두12837 참조).

3. 준공검사 등

건축물의 사용승인을 받은 경우를 제외하고, 개발행위허가를 받은 자는 그 개발행위를 마치면 국토교통부령으로 징하는 바에 따라 개발행위허가권자의 순공검사를 받아야 한다(법62).

개발행위허가를 받은 행정청이 새로 공공시설을 설치하거나 기존의 공공시설에 대체되는 공공시설을 설치한 경우에는 새로 설치된 공공시설은 그 시설을 관리할 관리청에 무상으로 귀속되고, 종래의 공공시설은 개발행위허가를 받은 자에게 무상으로 귀속된다(법65①).

행정청이 아닌 개발행위허가를 받은 자가 새로 설치한 공공시설은 그 시설을 관리할 관리청에 무상으로 귀속되고, 개발행위로 용도가 폐지되는 공공시설은 새로 설치한 공공시설의 설치비용에 상당하는 범위에서 개발행위허가를 받은 자에게 무상으로 양도할 수 있다(법65②).

제3. 토지거래(계약)허가제

1. 의 의

토지거래(계약)허가제(土地去來(契約)許可制)란 토지의 투기적인 거래가 성행하거나 지가가 급격히 상승하는 지역과 그러한 우려가 있는 지역 안에서의 토지거래계약에 대하여 시장·군수 또는 구청장의 허가를 받도록 하는 제도를 말한다([국토계획법]117①,118① 참조). 이러한 토지거래허가제는 국토의 이용 및 관리에 관한 계획의 원활한 수립 및 집행, 합리적 토지이용 등을 위하여 토지의 투기적인 거래와 지가의 급격한 상승을 억제하기 위하여 인정된다.

그런데 1) 대통령령으로 정하는 용도별 면적 이하 토지의 거래계약(법118②), 2) 국가 등이 행하는 거래계약(법121①), 3) [토지보상법]에 따른 토지수용, '민사집행법'에 따른 경매, 그 밖에 대통령령으로 정하는 경우에 의한 법률관계의 변동(법121②) 등의 경우는 토지거래허가제가 적용되지 아니한다.

2. 성 질

토지거래허가의 법적 성질에 대해서 허가설, 인가설, 인가·허가합성행위설69)의 대립이 있으며, 판례(대판 1991.12.24, 90다12243)는 인가(認可)로 보고 있다. 생각건대, 토지거래허가의 성질을 학문상 인가에 해당한다고 보는 것이 토지거래허가제의 합헌성과 일치될 뿐만 아니라, 토지거래허가제의 효력에 관해서 대법원이 판시한 '유동적 무효'(대판 1991.12.24, 90다12243)와도 조화로운 해석이 된다.

3. 합헌성 여부

토지거래허가를 규정하고 있는 (구)국토이용관리법(현행 [국토계획법])이 헌법규정(23

---

69) 허가·인가합성행위설은 허가 없이 거래계약을 체결한 경우에 형사처벌을 당한다([국토계획법]141v)는 점에서 사실로서의 거래계약행위를 금지하고 이를 해제하는 성질을 가지는 허가의 성질도 갖는다고 보는 입장이다. 그러나 형사처벌[행정형벌]은 행정의무실현의 하나로서 반드시 학문상 허가에만 따르는 것이 아니다. 즉 [국토계획법]이 토지거래허가위반에 대해서 행정형벌을 규정하고 있는 것은 토지거래허가의 실효성을 높이기 위한 것으로써 허가의 성질과 무관하다고 할 것이다. 요컨대 인가인 토지거래허가위반에 대해서도 행정형벌을 규정할 수 있고, [국토계획법]의 벌칙규정은 이러한 내용을 규율하고 있다고 할 것이다.

②·③,122)에 적합한지의 여부에 대하여는 합헌설70)과 위헌설71)의 다툼이 있었다.
이와 관련해서 헌법재판소는 "토지거래계약허가제는 사유재산제도나 사적자치원칙
의 부정이 아니라 헌법의 명문(122)에 의거한 재산권 제한의 한 형태로서 재산권의
본질적 내용을 침해한다거나 과잉금지의 원칙 또는 헌법상 경제질서의 기본원칙에
위배되지도 아니하기 때문에 합헌이다"라고 결정하였다(헌재 1989.12.22, 88헌가13; 헌재
1997.6.26, 92헌바5).

4. 내 용

(1) 허가구역의 지정

국토교통부장관 또는 시·도지사는 토지의 투기적 거래가 성행하거나 성행할 우
려가 있고 지가가 급격히 상승하거나 상승할 우려가 있는 지역으로서 대통령령이
정하는 지역에 대하여 5년 이내의 기간을 정하여 토지의 거래계약허가구역으로
지정할 수 있다(법117①). 따라서 토지거래허가는 지정한 규제구역 내의 토지에 대
하여 적용된다. 거래계약허가의 대상토지인지 여부는 토지거래계약체결일을 기준
으로 한다(대판 1993.4.13, 93다1411; 대판 1994.5.24, 93다53450).

(2) 허가의 절차

허가구역에 있는 토지에 관한 소유권·지상권을 이전하거나 설정(대가를 받고 이전하
거나 설정하는 경우만 해당한다)하는 계약(예약을 포함한다)을 체결하려는 당사자는 공동으
로 허가신청서를 시장·군수 또는 구청장에게 제출하여야 한다(법118①). 시장 등은
허가신청서를 받은 날로부터 [민원사무법]에 따른 처리기간에 허가 또는 불허가처

---

70) 합헌설의 논거는 다음과 같다 : 1) 헌법이 토지에 대해서 다른 재산권보다 더 고도의 헌법상
의무를 부과하고 있는데, 그중의 하나가 토지거래허가제에 관한 규정이다. 2) 토지거래허가제
는 토지의 사용·수익·처분권 중 처분권만을 제한하는 것이기 때문에 헌법에 익한 재산권이
보장에 반하지 않는다. 3) 재산권의 본질적 침해라 함은 사유재산제도의 전면적 부정으로 재
산권의 취득·처분을 전적으로 금지하는 것을 의미한다. 그러나 토지거래허가제는 정상적인
거래가 아닌 투기적인 거래만을 제한하는 것이고, 구제절차로써 이의신청권과 매수청구권을
토지소유자에게 인정하고 있으므로 사유재산권의 본질을 침해하고 있다고 할 수 없다.
71) 위헌설의 논거는 다음과 같다 : 1) 처분에 대해 제한을 가하는 것은 사용·수익·처분의 세
가지 기능을 그 본질적 속성으로 하는 토지소유권을 형해화(形骸化)하고, 나아가 사유재산제
를 유명무실하게 하여 토지소유권의 본질적 내용을 침해한다. 뿐만 아니라 토지거래허가제는
우리 헌법이 추구하는 자본주의 경제질서조차도 위태롭게 하는 제도이다. 2) 토지거래허가제
는 재산권의 본질적 내용을 침해하는 것은 아니므로 위헌이 아니라 하더라도, 토지거래허가
제는 허가처분을 받지 못한 토지소유자가 적정한 값으로 환가할 수 있는 구제수단, 즉 완전한
매수청구권을 인정하지 않고 있다.

분을 하고 허가증을 교부하거나 불허가처분사유를 서면으로 알려야 한다(법118④).

토지거래계약 허가권자는 그 허가신청이 국토이용관리법 제21조의4 제1항[현행 [국토계획법] 제119조(허가기준)] 각 호 소정의 불허가 사유에 해당하지 아니하는 한 허가를 하여야 한다. 그런데 인근 주민들이 폐기물 처리장 설치를 반대한다는 사유는 국토이용관리법 제21조의4[현행 [국토계획법] 제119조(허가기준)] 규정에 의한 불허가 사유로 규정되어 있지 아니하므로 그와 같은 사유만으로는 토지거래허가를 거부할 사유가 될 수 없다(대판 1997.6.27, 96누9362).

시장 등은 토지거래허가신청이 있는 경우에 공익사업토지 등에 대하여 국가·지방자치단체·한국토지주택공사 등이 매수를 원할 때는 이들 중에서 당해 토지를 매수할 자[선매자(先買者)]를 지정하여 그 토지를 협의매수하게 할 수 있다(법122).

(3) 허가의 효과

(가) 효력발생요건　　　허가를 받지 아니하고 체결한 토지거래계약은 그 효력을 발생하지 아니한다(법118⑥). 따라서 허가는 토지거래계약의 효력발생요건이다. 이와 관련해서 우리 대법원은 실제의 토지거래관행을 고려해서 거래계약의 무효를 그 내용에 따라 확정적 무효와 유동적 무효로 나누고 있다(대판 1991.12.24, 90다12243 전원합의체; 대판 1993.9.14, 91다41316; 대판 1995.4.28, 93다26397; 대판 1999.6.17, 98다40459). 1) 토지거래계약 허가구역 내의 토지에 관하여 허가를 배제하거나 잠탈하는 내용으로 매매계약이 체결된 경우에 그 계약은 체결된 때부터 확정적으로 무효라고 할 것이다. 그러나 2) 허가받을 것을 전제로 한 거래계약일 경우에는 일단 허가를 받을 때까지는 법률상 미완성의 법률행위로서 거래계약의 채권적 효력도 전혀 발생하지 아니하지만, 일단 허가를 받으면 그 거래계약은 소급해서 유효로 되고 이와 달리 불허가가 된 때에는 무효로 확정되는 이른바 유동적 무효의 상태에 있다고 할 것이다(대판 1991.12.24, 90다12243전원합의체; 대판 2007.2.8, 2005다61553).

[물 음] 토지거래 허가구역지정 기간 중에 허가구역 안의 토지에 대하여 한 토지거래계약이 유동적 무효의 상태에서 허가구역지정이 해제된 경우, 그 토지거래계약은 확정적으로 유효로 되는가?

• 토지거래 허가구역으로 지정된 토지에 관하여 국토교통부 장관이 <u>허가구역 지정을 해제한</u> 취지는 당해 구역 안에서의 개별적인 토지거래에 관하여 더 이상 허가를 받지 않도록 하더라도 투기적 토지거래의 성행과 이로 인한 지가의 급격한 상승의 방지라는 토지거래허가제도가 달성하려고 하는 공공의 이익에 아무런 지장이 없게 되었고, 허가의 필요성도 소멸되었으므로 허가구역 안의 토지에 대한 거래계약에

대하여 허가를 받은 것과 마찬가지로 취급함으로써 사적 자치에 대한 공법적인 규제를 해제하여 거래 당사자들이 당해 토지거래 계약으로 달성하고자 한 사적 자치를 실현할 수 있도록 함에 있다고 할 것이다.

- 따라서 허가구역 지정기간 중에 허가구역 안의 토지에 대하여 한 토지거래계약이 허가구역지정이 해제되기 전에 다른 사유로 확정적으로 무효로 된 경우를 제외하고는 더 이상 관할행정청으로부터 토지거래 허가를 받을 필요가 없이 확정적으로 유효로 된다고 보아야 할 것이다(대판 1999.6.17, 98다40459 전원합의체; 대판 1999.7.9, 97누 11607 참조).

- 토지거래 허가구역 지정기간 중에 허가구역 안의 토지에 대하여 토지거래허가를 받지 아니하고 토지거래계약을 체결한 후 허가구역 지정이 해제되거나 허가구역 지정기간이 만료되었음에도 재지정을 하지 아니한 때에는 더 이상 관할 행정청으로부터 토지거래허가를 받을 필요가 없이 확정적으로 유효로 되어 거래 당사자는 그 계약에 기하여 바로 토지의 소유권 등 권리의 이전 또는 설정에 관한 이행청구를 할 수 있고, 상대방도 반대급부의 청구를 할 수 있다고 보아야 할 것이다(대판 2010.3.25, 2009다41465).

(나) 허가의 배제·잠탈   이러한 허가의 배제·잠탈행위에는 토지거래허가가 필요한 계약을 허가가 필요하지 않은 것에 해당하도록 계약서를 허위로 작성하는 행위뿐만 아니라, 정상적으로는 토지거래허가를 받을 수 없는 계약을 허가를 받을 수 있도록 계약서를 허위로 작성하는 행위도 포함된다(대판 1990.12.11, 90다8121; 대판 1993.11.23, 92다44671; 대판 1993.12.24, 93다44319·44326). 따라서 토지거래계약 허가구역 내의 토지에 관한 매매계약을 체결하면서 허가요건을 갖추지 못한 매수인이 허가요건을 갖춘 사람의 명의를 도용하여 매매계약서에 그를 매수인으로 기재한 것은 처음부터 토지거래허가를 잠탈한 경우에 해당한다(대판 2010.6.10, 2009다96328).

(다) 허가목적의 이용의무   토지거래계약허가를 받은 자는 당해 토지를 허가받은 목적대로 이용하여야 하고(법124①), 시장·군수 또는 구청장은 허가받은 목적대로 이용하고 있는지를 조사하여야 한다(법124②). 이러한 토지의 이용의무를 이행하지 아니한 자에 대하여는 상당한 기간을 정하여 이행명령을 발할 수 있고, 이행명령에 정하여진 기간에 이행되지 아니한 경우에는 이행강제금을 부과한다(법124의2).

토지취득가액의 100분의 10의 범위에서 대통령령으로 정하는 금액의 이행강제금을 부과하는 [국토계획법] 제124조의2(이행강제금)은 과잉금지원칙에 위배되거나 재산권의 본질적 내용을 침해하지 아니한다(헌재 2013.2.28, 2012헌바94<국토계획법 124의2 위헌소원>).

(라) 위반자에 대한 처분　　토지거래허가를 받지 않고 토지거래계약을 체결한 자 또는 토지거래허가를 받은 토지를 허가받은 목적대로 이용하지 아니한 자에 대하여 국토교통부장관, 시·도지사, 시장·군수 또는 구청장은 허가·인가 등의 취소 등 필요한 처분을 하거나 조치를 명할 수 있다(법133①xⅸ, xⅸ).

(마) 벌칙(행정형벌)　　허가를 받지 아니하고 거래계약을 체결한 때에는 2년 이하의 징역 또는 2천만원 이하의 벌금(행정형벌)을 받는다([국토계획법]141v). 여기서 '허가 없이 토지 등의 거래계약을 체결하는 행위'라 함은 처음부터 허가를 배제하거나 잠탈하는 내용의 계약을 체결하는 행위를 가리키고 허가받을 것을 전제로 한 거래계약을 체결하는 것은 여기에 해당하지 않는다(대판 1992.4.24, 92도245).

5. 불허가처분에 대한 구제

(1) 이의신청

토지거래허가신청에 대한 시장·군수 또는 구청장의 처분에 대하여 이의가 있는 자는 그 처분을 받은 날로부터 1개월 이내에 당해 시장·군수 또는 구청장에게 이의를 신청할 수 있다. 이의신청(異議申請)은 시·군·구도시계획위원회의 심의를 거쳐 그 결과를 알려야 한다(법120). 이러한 이의신청은 행정소송의 제기에 앞서 임의적으로 제기하게 된다.

(2) 행정쟁송

토지거래계약에 관한 허가에 대하여 이의신청을 거치지 아니하고 행정심판이나 행정소송을 제기할 수 있다(법134참조).

토지거래허가 당시에는 허가를 요하는 구역이었으나, 그 후 허가구역지정에서 해제된 경우에 종전의 토지거래허가의 위법성을 다툴 소의 이익을 인정하지 않는다. 허가구역지정이 해제된 토지의 거래에 관하여는 법률상 토지거래허가를 필요로 하지 않으므로, 설사 요허가구역으로 되어 있었을 때 행한 허가를 위법하다고 취소하지 않더라도 다시 허가없이 거래계약을 할 수 있기 때문이다(대판 1999.6.17, 98다40459 전원합의체; 대판 1999.7.9, 97누11607).

토지거래계약허가를 받은 자는 토지를 허가받은 목적대로 이용하여야 하는 의무도 부담하며, 이행강제금을 부과당하게 되는 등 토지거래계약에 관한 허가구역의 지정은 개인의 권리 내지 법률상의 이익을 구체적으로 규제하는 효과를 가져 오게 하는 행정청의 처분에 해당하고, 이에 대하여는 원칙적으로 항고소송을 제기할 수 있다(대판 2006.12.22, 2006두12883<공인중개사자격시험>).

(3) 매수청구권

불허가처분을 받은 토지 등의 소유자는 시장·군수 또는 구청장에 대하여 불허가처분의 통지를 받은 날로부터 1월 이내에 당해 토지에 관한 권리의 매수를 청구할 수 있다(법123①). 이러한 경우 시장·군수 또는 구청장은 매수할 자로 하여금 예산의 범위 안에서 공시지가를 기준으로 당해 토지를 매수하도록 하여야 한다(법123②). 이러한 토지소유자의 매수청구권은 형성권이 아니라 청구권으로 보게 된다.

제4. 개발이익의 환수

1. 의 의

(1) 개 념

개발이익(開發利益)이란 개발사업의 시행 또는 토지이용계획의 변경 기타 사회적·경제적 요인에 의하여 정상지가상승분을 초과하여 발생하는 토지가액의 증가분을 말한다(개발이익환수에관한법률2i). 여기서 '정상지가상승분'이라 함은 금융기관의 정기예금이자율 또는 [국토계획법](125)에 의하여 국토교통부장관이 조사한 평균지가변동률(당해 개발사업 대상 토지가 속하는 해당 시·군·구의 평균지가변동률을 말한다) 등을 감안하여 대통령령이 정하는 기준에 따라 산정한 금액을 말한다(법2iii). 요컨대 개발부담금에 의한 환수의 대상이 되는 개발이익은 개발사업의 시행 기타 사회·경제적 요인에 의하여 개발부담금의 부과대상사업이 시행되는 지역에서 개발사업이 시행되는 기간 동안에 발생하는 토지가액의 증가분이다(대판 2000.01.18, 97누16787). 개발사업 시행자에게 부과·징수할 개발부담금 산정의 전제가 되는 개발이익을 산출함에 있어서는 가능한 한 합리적 방법을 통하여 부과 대상자가 현실적으로 얻게 되는 이익을 실제에 가장 가깝도록 공평하게 산정하여야 한다(대판 1996.01.26, 95다7451; 대판 2003.10.10, 2001다61586 참조).

(2) 기 능

개발이익을 환수하는 것은 토지에 대한 투기를 방지하고 토지의 효율적인 이용을 촉진하여 국민경제의 건전한 발전에 이바지하는 목적이 있다(법1). 개발이익환수제는 오늘날 토지문제의 핵심으로 되어 있는 토지투기와 토지소유의 편중현상에 대처하여 토지개발사업 등으로 인하여 지가가 상승함으로써 생기는 개발이익을 국가가 환수하여 불로소득을 방지하고 경제정의를 실현하며 토지의 효율적 이용을 촉진하여 국민경제의 건전한 발전에 이바지하기 위하여 마련한 제도이다(대판

2000.01.28, 99두9988).

(3) 방 법

개발이익을 환수하는 방법은 과세적 방법(양도소득세, 간주취득세 등)과 비과세적 방법이 있는데, 비과세적 방법은 개발부담금제·재건축부담금제·농지보전부담금제·대체산림자원조성비제 등이 있다.72) 개발이익환수에관한법률(법3)에 의하면, "국가는 개발부담금 부과대상사업이 시행되는 지역에서 발생되는 개발이익을 개발부담금으로 징수하여야 한다"고 규정하고 있다.

2. 개발부담금

(1) 의 의

개발부담금(開發負擔金)이란 개발사업을 시행함으로써 정상지가상승분을 초과하여 사업시행자에게 귀속되는 토지가액의 증가분에 해당하는 불로소득적인 개발이익 중 개발이익환수에관한법률에 의하여 국가가 부과·징수하는 금액을 말한다(법2iv). 이러한 개발부담금제도는 경제정의를 실현하기 위한 개발이익의 적정한 배분과 토지에 대한 투기의 방지 및 토지의 효율적인 이용의 촉진을 위한 제도이다(대판 1993.11.23, 93누8726; 대판 1994.6.14, 93누2409; 대판 1996.7.30, 95누11177 참조).

징수된 개발부담금의 100분의 50에 상당하는 금액은 개발이익이 발생한 토지가 속하는 지방자치단체에 귀속되고, 이를 제외한 나머지 개발부담금은 따로 법률이 정하는 국가균형발전특별회계에 귀속된다(법4). 개발부담금이 귀속되는 지방자치단체는 시·군·자치구로 한다(시행령3①). 또한 국토교통부장관은 물납으로 받은 토지를 시·군·자치구에 귀속되는 부담금으로 배분할 수 있다(시행령3③).

(2) 성 질

개발부담금의 성질에 관해서 조세 또는 준조세설, 인적 공용부담유사설, 신종의 무이행확보수단설 등의 대립이 있다. 생각건대, 개발부담금은 개발이익의 적정한 배분과 토지에 대한 투기방지 및 토지의 효율적 이용의 촉진을 위하여 부과되는 규제수단의 하나로서, 부동산관계법규의 실효성을 확보하기 위한 새로운 형태의 금전급부의무로 보는 것[신종의무이행확보수단설]이 타당하다.

---

72) 과거에는 개발이익환수에관한법률에서 개발사업시행자에 대한 개발부담금과 토지소유자에 대한 개발이익환수를 규정하고 있었다. 그런데 토지소유자에 대한 개발이익환수는 토지초과 이득세법에 의한 토지초과이득세로 징수하도록 규정하고 있었는데, 토지초과이득세법이 폐지되면서 관련 규정도 삭제되었다.

(3) 내 용

(가) 부과대상사업   부과대상사업은 국가 또는 지방자치단체로부터 인·허가·면허 등을 받아 시행하는 사업으로서 택지개발사업(주택단지조성사업을 포함한다)·공업단지조성사업·관광단지조성사업·도시환경정비사업(공장을 건설하는 경우를 제외한다)·유통단지조성사업·온천개발사업·여객자동차터미널사업 및 화물터미널사업·골프장건설사업 등 개발이익환수에관한법률(5)에 규정하고 있다.

개발부담금의 부과대상인 개발사업에 관하여 인가 등을 한 행정청은 인가 등을 한 날로부터 15일 이내에 그 사실을 국토교통부장관에게 통보하여야 한다(법21). 이러한 관계행정청의 통보가 없는 경우에 부담금의 부과대상인 개발사업의 누락을 방지하기 위하여 국토교통부장관은 지방자치단체별로 진행 중인 개발사업에 대한 현지조사 또는 관계행정청에 대한 사실조회 등 필요한 조치를 하여야 한다(시행령20).

시장·군수·구청장은 관계행정청의 통보를 받은 때에는 개발부담금 납부의무자에게 인가 등의 통보가 있은 날로부터 15일 이내에 국토교통부령이 정하는 사항을 미리 고지하여야 한다(시행령20의2,시행규칙15의2). 이러한 시행령 및 시행규칙에 의한 소정의 개발부담금 부과대상사업의 고지에 관한 규정은 행정청에 대한 직무상 훈시규정이다(대판 1999.9.21, 97누1211; 대판 2006.6.9, 2004두46).

불로소득적인 개발이익의 환수라는 개발부담금 부과제도의 목적에 비추어 볼 때, 건축물의 건축과 그에 따른 지목변경으로 인한 개발이익도 개발부담금으로 환수하려는 데 있다고 할 것이므로, 건축 당시에 반드시 토지 자체에 대한 절토·성토·정지 등의 물리적인 개발행위가 요구되는 것은 아니다(대판 1998.11.13, 97누2153; 대판 1999.12.16, 98두18619 전원합의체; 대판 2000.1.18, 97누16787 등 참조).

(나) 부과대상자(납부의무자)   개발부담금의 부과대상자(납부의무자)는 부과대상사업을 시행하는 자이다. 그런데 개발부담금의 부과대상자는 개발이익의 적정한 환수라는 개발부담금 부과의 취지에 부합하기 위하여 개발부담금 납부의무자인 사업시행자라 함은 사업시행자의 명의에 관계없이 개발이익이 실질적으로 귀속되는 자이어야 한다(대판 2005.3.24, 2004두13363; 대판 2006.9.14, 2006두8020). 예컨대 개발이익의 실질적 귀속주체인 당해 개발토지의 소유자와 명의상 사업시행자가 다른 경우에도 실질적 사업시행자인 토지소유자에게 개발부담금을 부과하여야 한다(대판 1993.7.16, 93누2940). 따라서 ① 개발사업을 위탁 또는 도급한 경우에는 그 위탁이나 도급을 한 자, ② 타인소유의 토지를 임차하여 개발사업을 시행한 경우에는 토지소유자, ③ 개발사업을 완료하기 전에 사업시행자의 지위 등을 승계한 경우에는 그 지위를 승계한 자가 개발부담금을 납부할 의무를 진다(법6②). 그리고 개발부담금의 납부의무의 승계, 연대납부의무 및 제2차 납부의무에 관하여는 국세기본법의

규정(법23부터25까지, 38부터41까지)을 준용한다(법6③).

(다) 부과기준·부담률　　부과기준은 부과종료시점의 부과대상토지가액[종료시점지가]에서 부과개시시점의 부과대상토지가액[개시시점지가]과 부과기간동안의 정상지가상승분 및 개발지출비용 등을 뺀 금액으로 한다(법8). 개발이익환수제도에 있어 어떠한 개발이익을 어떠한 기준에 의하여 환수할 것인가는 기본적으로 입법정책적으로 결정될 문제라고 할 것이고, 법 제8조에서 기초공제에 관한 규정을 두지 아니하였다고 하여 헌법 제11조, 제23조에 위반된다고 볼 수 없다(대판 2000.01.18, 97누16787).

부과개시시점은 사업시행자가 국가 또는 지방자치단체로부터 개발사업의 인가 등을 받은 날로 하고, 부과종료시점은 관계법령에 의하여 국가 또는 지방자치단체로부터 개발사업의 준공인가 등을 받은 날로 한다(법9).

종료시점지가 및 개시시점지가 산정의 기초가 되는 '개별공시지가'라 함은 개별토지가격이 결정·공고된 토지의 경우 그 개별토지가격의 결정에 잘못이 있다거나 개별토지가격 결정 당시의 토지현황이 현저히 변동되었다는 등의 특별한 사정이 없는 한 원칙적으로 개별토지가격을 가리키고 그와 다른 토지가격은 인정되지 아니한다고 할 것이다(대판 1999.04.09, 98두6982; 대판 2000.01.18, 97누16787 등 참조).

그러나 일정한 경우에는 그 실제의 매입가액 또는 취득가액에 그 매입일 또는 취득일로부터 부과개시시점까지의 정상지가상승분을 가감한 가액을 개시시점지가로 할 수 있다(법10③단서). 요컨대, 개발부담금의 부과개시시점지가는 개별공시지가로 산정하는 것이 원칙이고, 다만 '실제의 매입가액이 정상적인 거래가격이라고 객관적으로 인정되는 경우로서 대통령령이 정하는 경우' 등에만 예외적으로 실제의 매입가격으로 그 부과개시시점의 지가를 산정하도록 규정하고 있다. 따라서 객관적으로 실제의 매입가액의 진실성이 담보될 수 있는 경우에 한하여 그 매입가액으로 부과개시시점의 지가를 산정할 수 있는 것으로 보아야 한다(대판 2006.3.10, 2005두14486<인천계양구청장>).

개발이익은 개발사업의 완료시점 즉 부과종료시점에서 확정된다고 볼 것이지 부과종료시점 이후 개발사업의 시행자 또는 토지 소유자가 개발된 토지를 현실적으로 처분할 때 확정되는 것으로 볼 것은 아니라고 할 것이다. 따라서 부과종료시점 이후에 토지가격이 하락한다고 하더라도 이는 개발부담금에 의한 환수의 대상이 되는 개발이익과는 무관한 것이다. 그러므로 개발부담금의 부과 및 납부의무를 규정하면서 부과종료시점 이후에 토지의 가격이 하락할 경우를 고려하여 이미 부과·납부된 개발부담금을 정산 내지는 환급하는 제도를 함께 규정하지 아니하였다고 하여 헌법 제11조, 제23조에 위반되는 것이라고는 할 수 없다(대판 2000.01.18, 97누16787).

부담률은 개발부담금의 부과기준에 따라 산정된 개발이익의 100분의 25로 한다(법13본문).[73] 다만 [국토계획법](38)에 의한 개발제한구역에서 개발사업을 시행하는 경우로서 납부의무자가 동 구역의 지정당시부터 토지소유자인 경우에는 100분의 20으로 한다(법13단서).

(4) 부과·납부

(가) 부 과　　개발부담금은 국토교통부장관이 부과종료시점부터 3월 이내에 결정·부과하는 것이 원칙이지만(법14①본문), 이러한 규정은 제척기간에 관한 규정이 아니라 훈시규정이다(대판 1994.4.15, 93누21071; 대판 2005.07.14, 2003다35635). 국토교통부장관은 미리 개발부담금 납부의무자에게 결정될 부과기준과 부담금을 비용내역서가 제출된 날로부터 25일 이내에 통지하여야 한다(법14②,시행령13①②). 그리고 개발부담금은 이를 부과고지할 수 있는 날로부터 5년이 경과한 후에는 부과할 수 없다(법15②본문). 이러한 제척기간과 관련해서 부과처분에 대한 항고쟁송 등의 불복절차에 따른 재결 또는 판결 등이 있기까지 시일이 소요됨으로써 제척기간을 넘기게 되는 경우가 있다. 이러한 경우에 재결 또는 판결 등에 따라 경정결정이나 기타 필요한 처분을 할 수 있는 추가적 기간의 부여에 관한 명문의 규정이 없는 경우에는 국세 부과권과 관련된 국세기본법의 규정(§26의2②)을 유추적용할 수 없다(대판 2006.1.27, 2004두9982)고 판시하였다. 따라서 현행법률은 "행정심판 또는 소송에 의한 재결 또는 판결이 확정된 날로부터 1년이 경과되기 전까지 개발부담금을 정정부과 또는 그 밖에 필요한 처분을 할 수 있다"(법15②단서)는 명문의 규정을 두게 되었다.

국토교통부장관은 개발부담금을 결정한 후에 그 결정내용에 탈루 또는 오류가 있는 것이 발견된 때에는 즉시 그 부담금을 조사하여야 한다(시행령17①). 개발부담금감면대상사업을 시행한 후 특별한 사유 없이 대통령령이 정하는 기간 내에 토지를 당해 개발사업의 목적용도로 이용하지 아니하는 등 대통령령이 정하는 사유가 있는 때에는 감면한 개발부담금을 징수한다(법15의2).

(나) 납 부　　개발부담금의 납부의무자는 부과일로부터 6월 이내에 개발부담금을 납부하여야 한다. 개발부담금의 납부는 현금을 원칙으로 하되, 당해 부과대상 토지 및 그와 유사한 토지에 의한 납부[물납]도 가능하다(법16). 국토교통부장관은 개발부담금의 납부의무자가 일정한 사유로 개발부담금을 납부하기가 곤란하다고 인정되는 때에는 대통령령이 정하는 바에 따라 당해 개발사업목적에 따른 이용상황 등을 고려하여 3년의 범위 내에서 납부기일을 연기하거나 5년의 범위 내에서 분할납부를 인정할 수 있다(법17).

개발부담금을 징수할 수 있는 권리와 개발부담금의 과오납금을 환급받을 권리는

---

73) {[종료시점지가] - [개시시점지가] - 부과기간 동안의 정상지가상승분 - 개발비용 = 개발부담 금기준액} × 25/100 = 개발부담금

5년간 행사하지 않으면 소멸시효가 완성된다(법15의3).

(5) 불복방법

(가) 고지전심사와 행정심판   통지받은 개발부담금에 대하여 이의가 있는
자는 15일 이내에 국토교통부장관에게 심사(고지전심사)를 청구할 수 있다(법14③,시행
령14).

그리고 개발부담금의 부과·징수처분에 대하여 이의가 있는 자는 [토지보상법]에
따른 중앙토지수용위원회가 심리·의결하여 재결한다(법26). 형성적 재결이 있은 경
우에는 그 대상이 된 행정처분은 재결 자체에 의하여 당연히 취소되어 소멸되는
것이다(대판 1994.04.12, 93누1879; 대판 1999.12.16, 98두18619 전원합의체 참조).

(나) 행정소송   A와 B 토지에 대한 개발부담금부과처분 취소소송에서 항소
심법원이 개발부담금부과처분 중 A토지 부분만이 개발부담금 부과대상토지라는
이유로 A토지에 대한 개발부담금을 초과하는 부분을 취소하는 판결을 선고하였다.
그 후 지방자치단체장이 당초의 개발부담금을 A토지에 대한 개발부담금으로 감액
하는 경정처분을 하고서도 항소심판결의 패소 부분에 대하여 상고를 제기하였다.
이러한 경우 감액경정처분은 당초 처분의 일부(감액된 부분)를 취소하는 효력을
갖는 것이므로 감액된 부분에 대한 부과처분취소청구는 이미 소멸하고 없는 부분
에 대한 것으로서 그 소이익이 없어 부적법하다고 할 것이다. 따라서 이 사건에서
대법원은 감액된 부분에 대한 개발부담금부과처분 취소청구 부분에 관하여 상고를
기각하였다(대판 2006.5.12, 2004두12698).

제6장 환경행정

環境行政

제1절 의 의

I. 개념과 특징

1. 개 념

환경행정(環境行政)이란 환경에 관한 공공복리의 증진을 목적으로 하는 행정작용을 말한다. 환경행정은 장래적으로 환경오염(환경부담)을 예방하고, 현재적으로 나타나고 있는 환경오염(환경부담)을 개선하고, 과거적으로 이미 나타난 환경피해를 제거함으로써 사전적·배려적 작용, 사후적·배제적 작용 그리고 복구적·회복적 작용을 그 내용으로 한다. 건강하고 쾌적한 자연환경 및 생활환경의 보호와 개선 및 유지·조성을 목적으로 하는 행정작용이다. 따라서 환경행정의 목적은 자연환경 및 생활환경의 오염으로 인한 위해를 방지하고, 자연환경 및 생활환경을 적정하게 관리·보전하고 유지·조성하여 건강하고 쾌적한 환경을 보장하는 데 있다.

인류문명의 발달은 필연적으로 환경의 희생을 따르게 마련이지만, 환경 스스로가 자정능력을 가지고 있는 한 국가가 환경에 개입할 여지가 없었다. 그러나 산업혁명 이후 급속한 산업화는 환경의 자주적 해결능력을 상실함으로써 환경에 관한 공공복리의 증진을 위하여 불가피하게 국가공권력의 개입을 요하게 됨에 따라 환경행정의 중요성이 부각되게 되었다.

2. 특 징

환경행정은 ① 적극적 행정활동성, ② 생활배려·이해조정행정성, ③ 환경행정의 형식·수단의 다양성, ④ 지역적 특성 등이 인정된다.

첫째, 환경행정은 과거 소극적 공해행정을 지양하고 적극적으로 공공복리의 증진을 위한 행정으로 전환하였다.

둘째, 환경행정은 환경보호와 대립되는 다양한 이해관계들과의 조화·조정하는 특징이 있다.

셋째, 환경행정은 다양한 환경오염(환경부담)을 효과적으로 예방·개선하고, 환경피해를 제거하기 위하여 다양한 형식과 수단을 활용하는 특징이 있다.

넷째, 환경문제는 지역적 특성에 따라 다르게 나타나기 때문에, 환경행정은 지역적 특성을 충분히 고려하여 대처하는 특징이 있다. 따라서 지역환경의 특수성을 고려하여 필요하다고 인정하는 때에는 조례로 법률의 환경기준보다 확대·강화된 별도의 지역환경기준을 설정 또는 변경할 수 있다(환경정책기본법12③ 참조).

II. 법적 근거

1. 헌법적 근거

(1) 연 혁

헌법상 환경권에 관한 규정은 1980년 제5공화국 헌법(33)에서 처음으로 신설되어 현행 헌법(35①)에 이르고 있다. 따라서 현행 헌법에 의하면 "모든 국민은 건강하고 쾌적한 환경에서 생활할 권리를 가지며, 국가와 국민은 환경보전을 위하여 노력하여야 한다"고 규정함으로써 환경권을 생활권적 기본권의 일종으로 인정함과 아울러 국가와 국민의 환경보전을 위한 책임을 인정하고 있다.

(2) 환경권조항의 효력

(가) 학 설   헌법의 환경권조항의 효력에 관하여 1) 입법·행정의 지침이 된다는 방침규정설(서원우), 2) 환경보전입법을 요구할 수 있는 권리라고 보는 추상적 권리설(다수설), 3) 환경침해행위의 배제·예방을 청구할 수 있는 구체적 권리라고 보는 구체적 권리설, 그리고 4) 자유권적 측면에서는 구체적 권리로서 환경침해배제청구권이고 생존권적 측면에서는 추상적 권리로서 환경보호조치청구권으로서의 양면성을 가진다는 양면적 권리설 등으로 나뉜다.

(나) 판 례   대법원 판결에 의하면, 헌법 제35조에 의한 환경권은 구체적인 입법 등을 통하여 구체적 권리로 실현될 수 있는 헌법적 근거인 <u>추상적 권리로</u> 보고 있다(대결 1995.5.23, 94마2218<청당공원골프연습장설치>; 대판 1999.7.27, 98다47528<수직절단공사 (조계종봉은사)>; 대결 2006.6.2, 2004마1148·1149<천성산도롱뇽>). 따라서 헌법 제35조 제1항에서 정하고 있는 환경권에 관한 규정만으로는 그 권리의 주체·대상·내용·행사방법 등이 구체적으로 정립되어 있다고 볼 수 없다(대판 2006.3.16, 2006두330<새만금사업>). 헌법 제35조 제1항이나 자연방위권 등 헌법상의 권리에 의하여 직접 한국철도시설공단에 대하여 고속철도 중 일부 구간의 공사 금지를 청구할 수 없다(대결 2006.6.2, 2004마1148·1149<천성산도롱뇽>).

그리고 대법원은 "사법상의 권리로서 환경권을 인정하는 명문의 규정이 없는 한 환경권에 기하여 직접 방해배제청구권을 인정할 수 없다"는 전제 아래 사법상의 권리로서 일조권, 경관권·조망권, 종교적 환경권, 교육환경권 등을 '<u>수인한도 초과</u>'를 조건으로 삼아 산발적으로 인정해 오고 있다. 예컨대, "종전부터 향유하고 있던 경관이나 조망이 하나의 생활이익으로서의 가치를 가지고 있다고 객관적으로 인정된다면 법적인 보호의 대상이 될 수 있는데, 조망이익이 사회통념상 독자의 이익으로 승인되어야 할 정도로 중요성을 갖는다고 인정되는 경우에 비로소 법적인 보호의 대상이 된다. 이와 같이 법적인 보호의 대상이 되는 조망이익을 침해하는 행위가 사법상 위법한 가해행위로 평가되기 위해서는 조망이익의 침해 정도가 <u>사회통념상 일반적으로 인용되는 수인한도</u>를 넘어야 한다"(대판 2007.6.28, 2004다54282)고 판시하고 있다.

(다) 결 어(쟁송법적 공권)   헌법상의 환경권은 실체법적으로 보호되는 구체적 권리는 아니지만 <u>쟁송법적으로 보호될 수 있는 공권</u>으로서 당사자와 직접적인 관련성이 있는 경우는 <u>소이익</u>을 인정할 수 있다.

(3) 국가의 환경보호의무의 효력

국가의 환경보호의무는 입법·행정에 대한 지침에 불과한 것이 아니라 <u>규범적 효력</u>을 가진다. 이러한 국가의 환경보호임무의 이행을 위한 기본적 수단은 입법이라 할 수 있기 때문에, 헌법 제35조 제2항에서 그 내용과 행사에 관한 사항은 법률에 유보하고 있다고 규정하여 <u>입법자에 대한 입법의무</u>를 부과하고 있다. 따라서 1) 실제 환경입법의 시기와 내용에 관하여 입법재량이 광범위하게 인정될 수 있으나, 구체적 상황과 관련해서 당해 상황에 요청되는 입법조치를 취하지 아니한 경우는 위헌적 입법부작위가 될 수도 있다는 주장(김동희, 홍준형)이 있다. 이러한 주장에 대해서 2) 위헌의 주장은 환경권을 직접적인 효력을 갖는 기본권으로 인정하고,

이에 근거하여 시민이 직접적인 소송제기가 가능한 것으로 보는 경우에만 가능한 것이기 때문에 채택하기 어려울 것이라는 비판(류지태)이 있다. 3) 대법원은 국가의 환경보호의무를 명시적으로 인정하고 있다(대판 1994.3.8, 92누1728; 대판 1999.8.19, 98두 1857).

생각건대 국가의 환경보호의무는 긍정되기 때문에, 국가의 환경입법부작위에 대해서 헌법재판을 통하여 위헌을 구할 수 있다고 보아야 할 것이다.

2. 개별법적 근거

환경입법의 기본법인 환경정책기본법74)을 비롯하여, 자연환경보전법, 대기환경보전법, 토양환경보전법, [수생태보전법](수질및수생태계보전에관한법률), 소음·진동관리법,75) 해양환경관리법, [오존층보호법](오존층보호를위한특정물질의제조규제등에관한법률), 유해화학물질관리법, 폐기물관리법, [가축분뇨법](가축분뇨의관리및이용에관한법률), [폐기물처리시설법](폐기물처리시설설치촉진및주변지역지원등에관한법률), 환경분쟁조정법 등이 환경에 관한 중요한 법원이다.

이러한 개별 법률들은 대체로 환경보건행정 내지 그 수단으로 오염물질에 대한 배출규제와 총량규제(대기환경보전법22, [수생태보전법]4 등) 또는 이른바 환경기준의 설정(환경정책기본법12) 등을 그 내용으로 하고 있다.

■ 환경행정(법)의 체계 ■

대상 또는 영역	관계 법규
환경정책의 기본방향·주요정책 제시	헌법, 환경정책기본법, 환경영향평가법
환경분쟁조정 및 피해구제	환경분쟁조정법
자연환경	자연환경보전법
토양보호	토양환경보전법

---

74) 이는 1990.8.1. 법률 제4257호로 제정된 것으로, 1963년에 제정된 위생법적 성격의 '공해방지법'이 1971년도 개정을 통하여 공해법적 성격의 법률로 변모되었다가 1977년도에 제정된 '환경보전법'에 의하여 대체되었던 것을 다시 전면 개편한 것이다.

75) 대기환경보전법, 수질환경보전법, 소음·진동규제법 3법은 원래 '환경보전법'에서 통합적으로 규정하고 있던 대기·수질·소음진동에 관한 규제를 '환경정책기본법'의 제정을 계기로 각각 분리 규정한 것이다. 이전의 소음·진동규제법을 2009.6.9. '소음·진동관리법'으로 법률의 제명을 바꿈으로써 소음·진동이 관리의 대상임을 명확하게 하였다.

물보호	수질보전·관리	[수생태보전법] [가축분뇨법]
	해양보전·관리	해양환경관리법
공기보호	대기보전·관리	대기환경보전법
	오존층보호	[오존층보호법]
유해물질관리		유해화학물질관리법
폐기물등 관리		폐기물관리법
소음·진동관리		소음·진동관리법

3. 환경행정의 일반법원칙(기본원리)

(1) 사전배려의 원칙

사전배려(事前配慮)의 원칙이란 환경보전을 위하여 환경상 피해를 단순히 방지·제거하는 것만이 아니고 환경의 오염이나 파괴가 일어나지 않도록 사전에 충분한 대책을 수립하여 집행하여야 하는 원칙을 말한다. 이러한 사전배려는 일반적 피해에 대비한 사전배려와 자원의 관리·보전을 위한 사전배려를 그 내용으로 한다. 예컨대, [수생태보전법](1)은 "수질오염으로 인한 국민건강 및 환경상의 위해를 예방하고 하천·호소 등 공공수역의 수질 및 수생태계를 적정하게 관리·보전"할 것을 규정함으로써, 위해방지와 수질관리를 포함하는 사전배려의 원칙을 표명하고 있다.

이러한 사전배려의 원칙을 규정하고 있는 구체적 규정으로는 1) 헌법(35①2문(국가의 환경보전을 위해 노력해야 할 의무)), 2) 환경정책기본법(2(환경이용에 있어서의 환경보전의 우선적 고려),4(국가 및 지방자치단체의 책무),5(사업자의 책무),6(국민의 권리와 의무규정),7의2(오염의 사전예방조치의무),11iii(새로운 과학기술의 사용으로 인한 환경위해의 예방),14의2·14의3(환경계획의 근거규정),31(환경오염의 피해에 대한 무과실책임의 인정)), 3) [환경등영향평가법](영향평가제도에 관한 규정) 등을 들 수 있다.

(2) 원인자책임의 원칙

원인자책임(原因者責任)의 원칙은 자기의 행위 또는 자기의 보호·감독 아래에 있는 자의 행위 내지 물건으로 인하여 환경에 부담을 끼친 자(원인자)는 환경부담의 회피·감경·제거에 대한 책임을 져야 한다는 원칙을 말한다. 여기서 '원인자'는 그 사업활동으로 인하여 당해 방지사업이 시행되는 지역의 환경에 오염의 원인을 직접 야기하게 한 사업자를 의미한다(대판 1989.10.24, 88누9251; 대판 1989.12.22, 88누8944).

　　원인자책임의 원칙은 단순한 비용산정의 원칙으로만 이해되지 않고 실질적인 책임에 관한 원칙으로 이해된다. 그리고 원인자부담의 원칙은 현실적으로 공동부담의 원칙이나, 집단적 원인자부담원칙과 같은 원칙을 통하여 보충되고 있다. 집단적(集團的) 원인자부담원칙이란 환경오염을 발생하게 하는 집단에 대해서 환경오염 등의 제거비용을 전체적으로 부담하게 하는 것을 말한다. 예컨대, 화학산업으로 인한 환경오염에 대해 화학산업에 참여하는 기업전체 혹은 에너지이용 등으로 인한 환경오염발생에 대해 환경개선비용을 부담하도록 하는 경우를 들 수 있다.

　　환경정책기본법은 오염원인자의 비용부담원칙(7)을 명시적으로 규정하고 있으며, 대기환경보전법(19(배출부과금제도)), [수생태보전법](4의7(오염총량초과부과금),41(배출부과금),48의2(종말처리시설의설치·운영부담금의부과징수)), 환경개선비용부담법(9(환경개선부담금제도)), 토양환경보전법(15(토양오염의 원인을 발생하게 한 자에 대한 책임)) 등이 원임자책임의 원칙과 관련이 있다.

(3) 공동부담의 원칙

　　공동부담(共同負擔)의 원칙이란 위험영역과 관련해서 환경오염 등의 책임을 공동으로 부담하는 원칙을 말한다. 공동책임이 인정되는 경우는 환경오염 등이 발생했음에도 불구하고 원인자책임의 원칙이 적용되지 않는 경우 또는 국가 등 행정주체가 스스로 그에 대한 부담을 지지 않는 경우이다. 따라서 일반적으로는 원인자책임의 원칙이 공동부담의 원칙에 우선하는 성격을 가지지만, 원인확정의 곤란성·책임귀속 및 양정상의 난점 그리고 국가 등의 환경보호책무 등을 고려할 때 공동책임의 원칙이 적용된다.

　　공동부담의 원칙이 적용된 예로서는 환경정책기본법의 규정(31②(환경오염 및 그 훼손으로 인한 피해가 어느 사업장에 의해 발생한 것인지를 알 수 없는 때에는 각 사업자는 연대하여 배상하여야 한다)), 환경세(공해세)의 부과·징수 등을 들 수 있다. 대법원 판결 중에는 "공단 소재 공장들에서 배출된 공해물질(각종 유해가스 및 분진)로 인하여 초래된 공단 주변 주민들의 생활환경 침해 및 장차 발병가능한 만성적인 신체건강상의 장해로 인한 정신적 고통에 대하여 공장주들에게 공동불법행위자로서 위자료 지급의무가 있다"(대판 1991.7.26, 90다카26607)고 본 사례가 있다.

(4) 협력(협동)의 원칙

　　협력(協力)의 원칙이란 환경보전의 과제를 국가의 힘뿐만 아니라 국가와 국민 특히 사업자의 협력을 통해서 수행하는 것을 말한다. 따라서 시민들이 환경정책의 형성과정에 참여하는 것도 협력의 원칙의 내용을 이룬다. 또한 오늘날 환경문제의 국제화로 인해 다른 국가와의 협력이 요청되는 것도 이 원칙에 의하여 파생된다.

협력의 원칙을 구체적으로 규정한 경우는 국가와 국민의 환경보전노력을 규정한 헌법(35①)과 환경정책기본법에 의한 사업자의 협력의무(5), 국민의 협력의무(6), 환경보전지식 및 정보의 보급(16), 민간환경단체의 환경보전활동촉진(16의2), 환경의 국제협력(17), 지방자치단체나 사업자 등에 대한 재정지원(32부터35까지) 등이 있다.

(5) 존속보장의 원칙

존속보장(存續保障)의 원칙은 인간의 생활과 생산에 지장을 줄 수 있는 환경에 대한 지나친 규제를 지양하고 크게 손상하지 않는 정도의 환경이용은 허락되어야 하는 원칙으로서 악화금지의 원칙이라고도 한다.

존속보장의 원칙은 환경보호의 목표를 현상의 유지·보호에 두는 특징이 있으며, 이를 구체적으로 규정한 경우는 환경정책기본법(11i(환경악화의 예방 및 그 원인의 제거),11ii(환경오염지역의 원상회복),24(자연환경보전의 기본원칙)), 자연환경보전법(3(자연환경보전의 기본원칙))의 경우를 들 수 있다.

(6) 지속가능한 발전의 원칙

지속가능한 개발의 개념에 관해서는 매우 다양한 견해가 나와 있으나,[76] 생태학적·자연과학적 지식을 통하여 확정할 수 있는 개념이 아니고 규범적으로 정립되어야 하는 개념이다. 따라서 지속가능한 개발이란 사회적·경제적·생태적 이익들간의 정당한 조절 내지 조정을 의미한다. 1) 자원의 재생률, 2) 다른 종류의 자원으로의 대체가능성, 그리고 3) 토지, 물 및 대기 등 개개의 환경매체들의 동화능력 또는 수용능력을 고려하여 사전예방의 원칙을 실행하게 된다. 그리고 자연환경보전법(2ii)의 '자연의 지속가능한 이용'이란 현재와 장래의 세대가 동등한 기회를 가지고 자연을 이용하거나 혜택을 누릴 수 있도록 하는 것을 의미한다.

이러한 지속가능한 개발의 원칙을 규율하고 있는 것으로는 [국토계획법](3), 환경영향평가법(1), 그 밖에 자연환경보전법(2ii,3), 환경정책기본법(2) 등을 들 수 있다.

---

76) 1) 자원의 총물량을 감소시키지 않으면서 그 자원의 증가분만 사용하는 것을 의미한다. 예컨대, 나무나 물고기의 증가분만을 채취, 포획함으로써 그 총량을 유지하는 것을 말한다. 2) 삼림, 수자원, 동·식물 등을 총괄하는 생태계의 지속을 의미하는 확장된 개념이 있다. 3) 생태계의 지속만을 고집하지 않고 경제와 환경을 포괄하는 개념으로 사용한다(브룬트란트보고서, 리오선언, Agenda 21). 예컨대, 화석연료와 같이 감소하고 있는 자원이라도 그것을 적절한 시기에 다른 자원에 의한 대체가능성을 염두에 두고 효율적으로 이용하는 것을 허용한다.

제 2 절   환경행정의 행위형식

제1. 환경기준의 설정

1. 환경기준의 개념과 종류

(1) 개 념

환경기준이란 국민의 건강을 보호하고 쾌적한 환경을 조성하기 위하여 국가가 달성하고 유지하는 것이 바람직한 환경상의 조건 또는 질적인 수준을 말한다(환경정책기본법3viii). 환경기준은 환경오염의 공법적 규제의 제1단계 내지 출발점이다.

환경정책기본법(12(환경기준의 설정),13(환경기분의 유지))은 환경기준제도를 도입하고 있으며, 이러한 환경기준은 정부가 대통령령으로 정하고 환경여건의 변화에 따라 설정된 환경기준의 적정성이 유지되도록 하고 있다.

(2) 종 류

환경관련기준으로는 그 성질에 따라 기술기준과 성과기준이 있다. 1) 기술기준(技術基準)이란 환경오염을 방지·제거하기 위하여 기술과 관련된 소극적 환경기준을 말한다(예, 자동차배기가스를 줄이기 위한 엔진규격이나 정화필터 등의 부착장치에 관한 기준설정 등). 2) 성과기준(成果基準)이란 피규제자가 궁극적으로 달성하여야 할 목표만을 설정하고 그 달성방법은 기업이나 개인에게 맡기는 적극적 환경기준을 말한다(예, 각종 배출기준이나 수질오염에 관한 생물화학적 산소요구량(BOD)의 기준 등).

2. 환경기준의 법적 성격과 기능

(1) 법적 성격

환경기준은 직접적으로 국민을 구속하는 법적 효력은 발생하지 않는다.77) 따라서 환경기준은 환경영향평가와 총량규제 및 배출시설 설치제한에 있어 근거기준으로 작용하거나 환경심사·환경처분의 고려요소로서 사용되는 등 간접적 효력이 있다.

그런데 환경기준의 대표적 수단인 배출허용기준(排出許容基準)은 그 형식이 환경

---

77) 환경정책기본법의 규정이나 규제법적 상관성을 고려할 때 단순한 행정목표가 아니라 법적 목표로 보아야 한다는 견해(홍준형)도 있다.

부령으로 정립되더라도(대기환경보전법8), <u>구체적인 법적 구속력</u>을 갖는다고 본다. 이는 오염물질을 규제하기 위해 최대한계치를 설정한 것으로서 이 기준에 위반하면 행정청은 배출시설의 개선·대체 등의 개선명령을 하거나 배출부과금을 부과하게 된다.

(2) 기 능

환경기준은 1) 환경분쟁시 구체적인 피해의 정도나 책임을 판단하는 기준이 되고, 2) 환경영향의 평가항목(환경영향평가법7) 및 총량규제의 기준(대기환경보전법9)이 되며, 3) 환경심사·환경처분의 내용을 결정하는 기준이 된다. 또한 환경기준은 환경오염으로 인한 민사상 손해배상 또는 유지청구소송에서 수인한도를 고려하고 가해행위의 위법성을 판단하는 데 중요한 판단요소가 되며, 각종 환경정책이나 환경제도의 도입 여부 등을 판단함에 있어서 1차적 기준을 제공해 준다(우성만).

그 밖에도 환경기준은 대기환경보전법·[수생태보전법]의 방지시설설치의 적정여부를 판단하거나 수도법에 의한 음용수의 수질기준 등의 또 다른 환경기준을 설정하는 데 있어 우선적으로 고려할 기준으로 작용한다.

3. 환경기준의 설정과 유지

(1) 설 정

환경정책기본법이 정하고 있는 구체적 환경기준은 대통령령으로 정하도록 되어 있고, 이에 따라 시행령에는 성과기준의 성질에 따라 대기(배출허용기준)·수질(하천·호수·지하수·해역별 배출허용기준)·소음(지역별 배출허용기준)의 3개 분야와 관련된 구체적 수치를 정해 놓고 있다.

그리고 환경행정이 갖는 지역적 특성을 고려해서, 지방자치단체는 <u>지역적 특성</u>에 따라 시·도의 조례로 확대·강화된 별도의 환경기준을 설정할 수 있다(환경정책기본법12③). 대법원도 지역적 사정에 따른 환경기준의 다양성을 보장하고 있다(대판 1992.12.8, 92도407).

(2) 유 지

행정청은 적합한 환경기준을 설정·유지하기 위한 구체적인 수단을 마련하여야 하는데(환경정책기본법13), 그러한 구체적 수단으로는 오염물질배출규제를 위한 배출허용기준의 설정과 토양보호를 위한 토지이용규제 등이 있다. 그리고 국가 또는 지방자치단체는 환경기준이 적절히 유지되도록 환경에 관련되는 법령의 제정과 행정계획의 수립 및 사업의 집행 등에 있어서 다음의 사항을 고려하여야 한다(환경정책기본법13) i) 환경악화의: 예방 및 그 요건의 제거, ii) 환경오염지역의 원상회복, iii) 새로운 과학기술의 사용으로 인한 환경오염 및 환경훼손의 예방, iv) 환경오염방지를 위한 재원의 적정배분에 관한 사항 등이다.

4. 배출규제와 제재조치

(1) 배출규제

배출규제(排出規制)는 배출허용기준 등과 같은 일정한 환경기준을 매개로 하여 적극적으로 상대방에게 일정한 의무를 부과하는 것을 말한다. 환경오염의 공법적 규제의 제2단계 내지 규제단계가 바로 개개의 오염원에 대한 배출허용기준 또는 배출규제기준의 설정과 그 준수에 있다. 환경기준을 실현하기 위한 가장 중요한 수단 중의 하나가 바로 배출규제기준이다.

이러한 환경행정의 규제수단은 대기오염배출시설 또는 대기오염물질에서 배출되는 대기오염물질 또는 수질오염물질, 그리고 소음·진동 등에 대하여 행하여진다. 따라서 대기환경보전법·[수생태보전법]·소음진동관리법 등에 의하면, 사업자에게 사업의 배출시설에서 나오는 오염원이 배출허용기준을 초과한 때에는 환경부장관이 개선명령을 발할 수 있다.

(2) 제재적 명령·조치

환경행정상의 규제조치나 명령의 실효성을 확보하기 위하여 이에 위반하거나 불이행이 있는 경우에 일정한 제재조치를 규정하는 경우가 있다. 예컨대, 대기환경보전법에 있어서 조업정지명령·시설이전명령·허가취소·폐쇄조치 등, [수생태보전법]에 개선명령·조업정지명령·허가취소·과징금부과·폐쇄조치 등을 들 수 있다.

(3) 배출부과금

(가) 의 의　　배출부과금(排出賦課金)이란 환경오염방지를 위하여 일정한 환경기준을 초과하는 오염원의 배출량이나 그 잔류량에 대하여 과하여지는 부과금을 말한다. 이러한 배출부과금은 행정법상 의무위반에 대하여 과하는 금전적 제재로서 부과금(賦課金)의 성격을 가지며, 부분적으로 시장유도적 규제수단의 기능도 가진다.

(나) 장 점　　1) 피규제자의 합리적 선택을 허용함으로써 경제적 효율성을 확보할 수 있다. 2) 배출업체가 자기의 비용으로 처리하지 못하고 배출하는 모든 잔존공해물질에 대하여 부과금을 납부하게 되어 원인자책임에 부합하는 윤리적 정당성이 인정된다. 3) 배출업체로 하여금 오염물질의 배출을 방지·제거하도록 유도

한다. 4) 환경보전을 위한 국고수입의 확보를 가능하게 한다.

(다) 문제점 　　 1) 배출부과금은 배출허용기준을 초과하여 오염물질을 배출한 경우에 조업중단이나 영업정지 등의 조치 대신에 부과되는 것이기 때문에, 배출부과금이 낮게 책정되는 경우에는 소기의 규제효과를 거둘 수 없다. 오히려 최소한의 부담에 의한 합법적 환경오염행위를 조장할 수 있다. 2) 배출부과금의 대상을 오염방지사업으로 제한하고, 국가, 지방자치단체, 수혜자집단, 기타 사회공공단체를 원인자의 범주에서 제외하고 있기 때문에 효과적인 환경오염방지가 이루어지지 못하고 있다. 3) 배출부과금의 산정절차에 있어서 이해관계인의 참여가 보장되어 있지 못하고 절차상의 모든 자료가 공개되지 못하고 있다. 4) 배출부과금의 규제기준이 최대허용농도를 규제하는 농도규제방식으로 되어 있었기 때문에 배출허용기준을 회피할 수 있는 문제점이 지적되어서, 대기환경보전법(22)은 총종량규제제도를 채택하여 배출허용기준을 초과하지 않는 경우에도 배출량에 따라 배출부과금을 부과하도록 하였다.

사 례 위법한 폐수배출허용기준조례와 공장증설허가거부[제50회(2006년) 행정고시]

사업자 A는 울산광역시와 경기도에 각각 염색공장을 건설하여 현재 조업 중에 있다. 그러던 중 울산광역시에서는 기존 시조례에서 정한 지역환경기준을 유지하기 어렵다고 판단하여, 환경관련 법령상의 기준보다 엄격한 배출허용기준을 내용으로 하는 조례를 새로 제정하였다. 한편, 사업자 A는 제품생산을 확대하기 위하여 경기도지사와 울산광역시장에 대하여 폐수배출시설을 포함한 공장증설허가를 각각 신청하였다. A의 공장증설허가신청에 대해 경기도지사로부터는 허가가 내려졌으나, 울산광역시장으로부터는 A가 신청한 폐수배출시설이 시조례가 정한 지역환경기준을 달성하기 어렵고 조례에서 정한 배출허용기준을 충족하지 못한다는 이유로 공장증설허가가 거부되었다. 이에 대하여 A는 울산광역시 조례가 법령보다 엄격한 규정을 두고 있으며 또한 경기도의 배출허용기준에 관한 조례와 비교하더라도 형평에 어긋나므로, 울산광역시 조례에 근거한 공장증설허가거부처분이 위법하다고 주장하고 있다. A가 취할 수 있는 권리구제수단 및 그 인용가능성을 논하시오. 단, 환경관련 법령에서 정한 기준보다 조례에 의해 엄격한 배출허용기준을 설정할 수 있다는 법규정이 없음을 전제로 한다.

제2. 환경영향평가

1. 의 의

(1) 개 념

환경영향평가(環境影響評價)란 환경영향평가 대상사업의 사업계획을 수립하려고 할 때에 그 사업의 시행이 환경에 미치는 영향을 미리 조사·예측·평가하여 해로운 환경영향을 피하거나 줄일 수 있는 방안을 강구하는 것을 말한다(환경영향평가법2i 참조). 이러한 환경영향평가제도는 환경영향의 일반법원칙 중 하나인 사전배려의 원칙과 관련이 있다.

(2) 연 혁

환경영향평가제도는 연혁적으로 1969년 미국의 국가환경정책법(National Environmental Policy Act) 등에 의하여 처음으로 채택된 제도로서 본래의 의미는 행정절차법적 의미를 갖는 제도였다. 우리나라는 1977년 환경보전법에 처음으로 입법화한 후 1993년 단일법으로 환경영향평가법을 제정하였으나, 2002년 환경뿐만 아니라 교통·재해·인구 등에 관한 영향평가를 통일적으로 규율하는 [환경등영향평가법](환경·교통·재해등에관한영향평가법)이 제정되었다. 다시2008년 3월 28일 [환경등영향평가법]을 '환경영향평가법'으로 제명의 변경과 함께 전면개정하여 2009년 1월 1일부터 시행해오고 있다.[78]

2. 내 용

(1) 주 체

환경영향평가서를 작성하여야 할 주체는 환경영향평가의 대상사업을 추진하는 사업자이지만(환경영향평가법22), 사업자는 환경영향평가대행자로 하여금 대행하게 할 수 있다(법53). 환경영향평가를 대행하는 자는 환경부령이 정하는 바에 따라 기술능력·시설 및 장비를 갖추어 환경부장관에게 등록을 하여야 한다(법54).

---

78) [환경등영향평가법]은 성격이 서로 다른 평가제도를 통합·운영하여 오면서 평가제도 상호간에 중복현상이 발생하거나 각종 영향평가서 작성에 과다한 시간·비용·인력이 소요되는 등의 문제점이 제기되었다. 따라서 이를 개선하기 위하여 [환경등영향평가법]에서 교통·재해·인구영향평가 제도를 분리하고 환경영향평가제도만을 규정하되, 환경영향평가의 협의 및 이행과정의 관리를 강화하기 위하여 평가서에 대한 검토와 사후관리 등에 관한 규정을 보완하는 등 현행 제도의 운영과정에서 나타난 문제점을 보완·개선하였다.

(2) 대상사업

환경영향평가의 대상사업은 ① 도시개발사업, ② 산업입지 및 산업공단의 조성사업, ③ 에너지 개발사업, ④ 항만의 건설사업, ⑤ 도로의 건설사업, ⑥ 수자원의 개발사업, ⑦ 철도(도시철도 포함)의 건설사업, ⑧ 공항의 건설사업, ⑨ 하천의 이용 및 개발사업, ⑩ 개간 및 공유수면의 매립사업, ⑪ 관광단지의 개발사업, ⑫ 산지의 개발사업, ⑬ 특정지역의 개발사업, ⑭ 체육시설의 설치사업, ⑮ 폐기물처리시설의 설치사업, ⑯ 국방·군사 시설의 설치사업, ⑰ 토석·모래·자갈·광물 등의 채취사업, ⑱ 환경에 영향을 미치는 시설로서 대통령이 정하는 시설의 설치사업 등이다(환경영향평가법27①). 그리고 대통령령이 정하는 시설은 [가축분뇨법](2viii,ix)에 따른 처리시설 또는 공공처리시설을 말한다.

3. 절 차 ─ 환경영향평가서의 작성 ─

(1) 주민의 의견수렴 등

환경영향평가서는 사업계획의 승인 이전에 작성하여야 한다(법24). 그리고 사업자는 주민의 의견을 수렴하여 이를 환경영향평가서의 내용에 포함시켜야 하고(법25), 환경영향평가 대상사업의 변경 등 중요한 사항을 변경하려는 경우에는 환경영향평가서 초안을 다시 작성하여 주민 등의 의견을 재수렴하여야 한다(법26).

환경영향평가대상지역 안의 주민이 환경영향평가대상사업으로부터 환경피해를 받지 않을 이익은 주민 개개인에 대하여 개별적으로 보호되는 직접적·구체적 이익이라고 본다(대판 1998.9.22, 97누19571).

(2) 환경영향평가서의 협의와 검토

사업자는 평가서를 승인기관의 장에게 제출하여야 하며, 이러한 경우에 승인기관의 장은 당해 환경영향평가서에 대해서 환경부장관에게 협의를 요청하여야 한다(법27①). 환경부장관은 주민의견 수렴절차 등의 이행여부 및 환경영향평가서의 내용 등을 검토한 후(법28), 승인기관장 등에게 환경영향평가서 또는 사업계획 등의 보완·조정을 요청하거나 보완·조정을 사업자 등에게 요구할 것을 요청할 수 있다(법28③).

4. 하 자

(1) 절차적 하자

환경영향평가의 절차적 하자란 환경영향평가법에 의하여 거쳐야 할 환경부장관 등의 협의절차 내지 주민의견수렴절차 등을 거치지 않은 경우 또는 환경부장관의 반대의견에도 불구하고 환경영향평가 대상사업에 대한 사업계획의 승인을 한 경우 등을 말한다. 따라서 이러한 경우에 승인처분의 법적 효력이 문제된다.

절차 자체를 거치지 않은 경우는 절차의 위법으로서 승인처분은 위법하다고 할 것이다. 따라서 법상 요구되는 환경영향평가절차를 거치지 않고 사업계획승인처분을 한 하자는 중대하고 명백한 하자로서 당연무효에 해당한다(대판 2006.6.30, 2005두14363<국방군사시설사업실시계획승인처분무효확인>). 그런데 절차를 거쳤으나 그에 반하는 승인처분을 한 경우는 위법하다고 볼 수 없다는 것이 판례의 입장이다(대판 2001.6.29, 99두9902; 대판 2001.7.27, 99두2970<속리산용화집단시설지구(2)>).

행정청이 사전환경성검토협의를 거쳐야 할 대상사업에 관하여 법의 해석을 잘못한 나머지 세부용도지역이 지정되지 않은 개발사업 부지에 대하여 사전환경성검토협의를 할지 여부를 결정하는 절차를 생략한 채 승인 등의 처분을 한 사안에서, 그 하자가 객관적으로 명백하다고 할 수 없다(대판 2009.9.24, 2009두2825<개발사업시행승인처분취소>).

(2) 실체적 하자

환경영향평가의 실체적 하자란 환경영향평가서의 내용에 당해 사업으로 인하여 충분히 예상되는 환경피해방지를 위한 구체적인 대책 및 계획을 실시하지 않은 경우를 말한다. 이러한 경우는 그 하자의 경중에 따라서 위법성 여부를 판단하여야 한다. 대법원 판례에 의하면, 환경영향평가제도를 둔 입법취지를 달성할 수 없을 정도로서 환경영향평가를 하지 아니한 것과 다를 바 없는 정도의 경우는 위법하고, 그 내용이 다소 부실한 정도의 하자는 위법하지 않다는 입장을 취하고 있다(대판 2001.6.29, 99두9902<경부고속철도 서울차량기지정비창사건>; 대판 2006.3.16, 2006두330<새만금사업>).

환경영향평가절차가 완료되기 전에 공사시행을 금지하고, 그 위반행위에 대하여 형사처벌을 하도록 한 것은 환경영향평가의 결과에 따라 사업계획 등에 대한 승인 여부를 결정하고, 그러한 사업계획 등에 따라 공사를 시행하도록 하여 당해 사업으로 인한 해로운 환경영향을 피하거나 줄이고자 하는 환경영향평가제도의 목적을 달성하기 위한 것이다. 따라서 사업자가 이러한 사전 공사시행 금지규정을 위반하였다고 하여 승인기관의 장이 한 사업계획 등에 대한 승인 등의 처분이 위법하게 된다고는 볼 수 없다(대판 2014.03.13, 2012두1006<국방·군사시설사업실시계획승인고시처분무효확인및취소>).

제 3 절 환경행정과 권리구제

I. 환경오염과 권리구제의 특수성

1. 사법적 구제수단과 공법적 구제수단

최근 삶의 질과 권리의 향상으로 인한 국민들의 쾌적한 환경에 대한 욕구의 증대 및 산업발달에 의한 환경오염의 증대로 인한 환경피해와 관련한 분쟁이 증가추세이다. 이러한 환경피해로 인한 분쟁이 발생한 경우 당사자간의 대화를 통하여 분쟁을 해결하는 방법, 소송을 통한 분쟁해결 방법 등이 있다. 환경오염을 비롯한 환경행정과 관련된 조치로 인하여 발생한 사인(私人)의 권익침해에 대한 구제수단으로서 사법상 구제수단과 공법상 구제수단이 있다.

1) 사법적 구제수단은 환경오염의 특색으로 말미암아 가해요인을 규명하기가 어려울 뿐만 아니라, 피해가 발생한 경우에도 가해자를 가려내기가 곤란한 어려움이 있나. 또한 광범위한 지역적 오염이 발생하는 경우는 피해자와 피해액을 산출·확정하기 어렵다. 사법적 구제수단은 민사상 손해배상청구 또는 유지청구79)의 방법 등이 있다.

2) 공법적 구제는 환경행정의 특수성을 고려해서 행정상 손해전보제도 및 행정쟁송의 방법 이외에 환경분쟁조정법에 의한 환경분쟁조정제도도 논하게 된다. 환경행정으로 인한 환경분쟁의 특징은 국가 또는 지방자치단체의 규제권한의 불행사·해태 등의 부작위로 인한 경우가 많고, 행정처분의 상대방보다 이해관계가 있는 제3자의 권익구제문제가 중요하게 문제되고, 환경오염의 광역성과 대규모성 그리고 집단성 등으로 지역주민이나 이익집단 등과 다툼이 발생한다는 특징이 있다.

2. 환경적 분쟁해결의 곤란성

당사자간의 접촉으로는 개인적인 입장차이 때문에 환경적 분쟁을 해결하기가 사실상 곤란하고, 사법부의 재판절차에 의하는 경우는 비용과 시간이 과다하게 소요되며 환경 피해 및 분쟁의 특성상 피해의 구제가 미흡한 실정이다. 특히 환경오염

---

79) 유지청구라 함은 피해자가 가해자를 상대로 하여 피해자에게 손해를 주는 행위를 중지할 것을 법원에 청구하는 것을 말한다. 작위청구는 개선명령을 구하는 것으로 방지설비의 설치 또는 오염시설의 철거 등을 구하게 되고, 부작위청구는 오염시설 설치의 금지, 오·폐수배출의 금지 등과 같은 금지명령을 구하게 된다.

으로 인한 손해배상을 청구하기 위해 필요한 가해자의 과실, 가해행위와 오염피해의 결과 사이의 인과관계 등을 입증하기가 대단히 어렵고, 피해범위가 넓고 피해자가 다수이어서, 전통적인 소송구조로는 피해의 구제가 매우 곤란한 경우가 많다. 또한 환경침해는 소수의 기업 등이 공공재인 환경자원을 남용하여 다수의 사회적 약자에게 피해를 입히는 것일 뿐만 아니라, 미래세대의 환경권을 침해하는 것이므로, 피해의 구제는 그 자체로 공익적인 과제라고 할 수 있다.

- 환경분쟁 해결방법 ┌ · 재판제도 : 민사소송, 행정소송, 헌법소송
　　　　　　　　　└ · 재판외적 방법 : 대체적 방법에 의한 소송외적 분쟁해결(ADR)

II. 행정상 손해전보제도

1. 행정상 손해배상

(1) 의 의

국가 또는 지방자치단체의 기관이 위법한 직무행위로 환경오염을 초래하고, 그로 인하여 손해를 입은 자 또는 국가·지방자치단체의 시설에서 배출하는 오염물질로 손해를 입은 자는 국가배상법(2,5)에 의한 손해배상이 인정된다.

공무원의 직무집행행위에는 적극적인 작위행위뿐만 아니라 부작위도 포함된다. 그런데 공무원의 부작위에는 사업체 등에 대한 환경규제권의 불행사·해태도 포함되는 것으로 보는 것이 타당하다. 그런데 행정청의 환경규제가 재량행위인 경우는 재량권이 영(零)으로 수축된 경우 이외는 행정청의 구체적인 환경보호의무를 인정하기 어렵기 때문에 환경규제권의 불행사·해태로 인한 국가배상을 인정하기가 어려울 것이다.

(2) 수인한도

국가 또는 공공단체의 하천·쓰레기소각장 등에서 배출되는 오염물질로 인한 주민들의 피해에 대해서는 수인한도를 넘는 경우에 공공시설의 설치·관리상 하자로 인한 손해배상을 인정할 수 있을 것이다.

사회통념상 참을 수 있는 피해인지 여부에 관한 기준(수인한도의 기준)을 결정함에 있어서는 일반적으로 침해되는 권리나 이익의 성질과 침해의 정도뿐만 아니라, 침해행위가 갖는 공공성의 내용과 정도, 그 지역환경의 특수성, 공법적인 규제에 의

하여 확보하려는 환경기준, 침해를 방지 또는 경감시키거나 손해를 회피할 방안의 유무 및 그 난이 정도 등 여러 사정을 종합적으로 고려하여 구체적 사건에 따라 개별적으로 결정하여야 한다(대판 2010.11.11, 2008다57975<공군사격장>).

일반적으로 조망은 풍물을 바라보는 자에게 미적 만족감과 정신적 편안함을 부여하는 점에 있어서 생활상 적지 않은 가치를 가지고 있고, 어느 토지나 건물의 소유자가 종전부터 향유하고 있던 조망, 조용하고 쾌적한 환경 등이 그에게 있어 하나의 생활이익으로서의 가치를 지닌다고 객관적으로 인정된다면 법적 보호의 대상이 될 수 있는 것이다(대판 1999.7.27, 98다47528; 대판 2004.9.13, 2004다24212 등 참조). 구체적 경우에 있어서는 어떠한 신축건물이 건축 당시의 공법적 규제에 형식적으로 적합하더라도 현실적인 일조방해의 정도가 커 사회통념상 수인한도를 넘은 경우에는 위법행위로 평가될 수 있다(대판 2000.5.16, 98다56997; 대판 2004.9.13, 2004다24212). 일조침해로 인한 불법행위 성립요건으로서의 고의·과실은 가해건물의 건축에 의한 일조침해의 결과발생에 대한 예견가능성을 의미하므로, 사회통념상 일반적으로 인용되는 수인한도를 넘는 일조침해가 발생한 이상, 가해건축으로 인한 일조침해가 불법행위에 해당한다(대판 2004.9.13, 2004다24212).

(3) 인과관계

공해로 인한 손해배상청구구송에 있어서는 가해행위와 손해발생 사이의 인과관계의 고리를 모두 자연과학적으로 증명하는 것은 곤란 내지 불가능한 경우가 대부분이고, 가해기업(가해자)은 기술적·경제적으로 피해자보다 원인조사가 용이할 뿐 아니라 자신이 배출하는 물질이 유해하지 않다는 것을 입증할 사회적 의무를 부담한다고 할 것이므로, 가해기업이 배출한 어떤 물질이 피해 물건에 도달하여 손해가 발생하였다면 가해자 측에서 그 무해함을 입증하지 못하는 한 책임을 면할 수 없다고 봄이 사회 형평의 관념에 적합하다(대판 2004.11.26, 2003다2123<여천공단폐수배출(재첨양시장)>). 항공기소음으로 인한 환경피해에 대해서 공항의 설치·관리의 책임과 항공기소음방지의무는 별개의 것이 아니기 때문에, 이러한 의무를 게을리한 경우 역시 공공시설의 설치·관리상 하자로 보는 것이 타당하다(下山瑛二·室正力).

(4) 손해배상의 범위

(가) 자연력과 가해자의 과실이 경합된 경우   피해자가 입은 손해가 자연력과 가해자의 과실행위가 경합되어 발생된 경우 가해자의 배상범위는 손해의 공평한 부담이라는 견지에서 손해발생에 대하여 자연력이 기여하였다고 인정되는 부분을 공제한 나머지 부분으로 제한하여야 한다. 다만 피해자가 입은 손해가 통상

의 손해와는 달리 특수한 자연적 조건 아래 발생한 것이라 하더라도 가해자가 그 와 같은 자연적 조건이나 그에 따른 위험의 정도를 미리 예상할 수 있었고 또 과 도한 노력이나 비용을 들이지 아니하고도 적절한 조치를 취하여 자연적 조건에 따른 위험의 발생을 사전에 예방할 수 있었다면, 그러한 사고방지 조치를 소홀히 하여 발생한 사고로 인한 손해배상의 범위를 정함에 있어서 자연력의 기여분을 인정하여 가해자의 배상범위를 제한할 것은 아니다(대판 2003.06.27, 2001다734<양수금>).

원자력발전소의 온배수 배출행위와 해수온도의 상승이라는 자연력이 복합적으로 작용하여 온배수배출구 인근 양식장에서 어류가 집단폐사한 경우, 손해배상 범위 결정시 자연력의 기여도를 고려하는 것이 타당하다(대판 2003.06.27, 2001다734<양수금>).

(나) 피해자가 위험의 존재를 인식하거나 과실로 인식하지 못한 경우   소음 등을 포함한 공해 등의 위험지역으로 이주하여 들어가 거주하는 경우와 같이 위험의 존재를 인식하거나 과실로 인식하지 못하고 이주한 경우에는 손해배상액의 산정에 있어 형평의 원칙상 과실상계에 준하여 감경 또는 면제사유로 고려하여야 한다(대판 2010.11.11, 2008다57975<공군사격장>). 따라서 공군사격장의 소음피해를 인식하거나 과실로 인식하지 못하고 이주한 일부 주민들의 경우, 비록 소음으로 인한 피해를 용인하고 이용하기 위하여 이주하였다는 등의 사정이 인정되지 않아 국가의 손해배상책임을 완전히 면제할 수는 없다고 하더라도, 손해배상액을 산정함에 있어 그와 같은 사정을 전혀 참작하지 아니하여 감경조차 아니한 것은 형평의 원칙에 비추어 현저히 불합리하고, 불법행위로 인한 손해배상액의 산정에 관한 법리를 오해한 잘못이 있다(대판 2010.11.11, 2008다57975<공군사격장>).

(5) 복수원인자와 공동불법행위

환경오염피해는 한 기업의 오염행위에 기인하기보다는 복수기업의 사업활동이 원인이 되어 복합오염을 발생하는 경우가 많다. 이러한 경우 일단 공동불법행위책임에 관한 민법 제760조가 적용된다. 공동불법행위가 성립하기 위하여는 행위자들이 각각 독립하여 불법행위의 요건을 갖추고, 각 행위 사이에 객관적 관련 공동성이 있어야 한다는 것이 다수설·판례의 입장이다.

환경정책기본법(44②)은 "환경오염 또는 환경훼손의 원인자가 둘 이상인 경우에 어느 원인자에 의하여 제1항에 따른 피해가 발생한 것인지를 알 수 없을 때에는 각 원인자가 연대하여 배상하여야 한다"고 규정하고 있다. 대법원은 온산공단 소재 공장들에서 배출된 공해물질(각종 유해가스 및 분진)로 인하여 초래된 공단 주변 주민들의 생활환경 침해 및 장차 발병 가능한 만성적인 신체건강상의 장해로 인한 정신적 고통에 대하여 공장주들에게 공동불법행위자로서의 위자료 지급의무를 인정하였다(대판 1991.7.26, 90다카26607·90다카26614).

2. 행정상 손실보상

환경보전을 위한 각종 계획이나 규제·명령 등에 의하여 개인의 재산권에 부과되는 특별한 희생과 관련해서 손실보상이 문제된다. ① 자연환경조사로 인한 손실의 보상(자연환경보전법33), ② 수질환경보전과 대기환경보전을 위한 측정망설치를 위한 토지·건축물 등의 수용·사용([수생태보전법]5,대기환경보전법5), ③ 타인토지의 출입·사용 등으로 인한 손실보상([가축분뇨법]6), ④ 처리시설설치로 인한 토지 등의 수용·사용에 대한 손실보상([가축분뇨법]8) 등의 경우는 명문으로 손실보상을 인정하고 있다.

그런데 ① 환경정책기본법(22①)에 의한 환경개선을 위한 특별대책지역내의 토지이용과 시설설치의 제한과 폐기물관리법(50)에 의한 사후관리대상인 폐기물의 매립시설의 사용종료 또는 폐쇄 후의 토지이용제한의 경우는 손실보상에 관한 명문의 규정을 두고 있지 않다. 이러한 경우는 보상규정의 흠결에 따른 손실보상의 인정으로 해결하여야 할 것이다.

3. 지역주민을 위한 지원제공

폐기물처리시설이나 발전소 등의 환경위해시설이 설치됨으로써 지역주민들이 특별한 불이익을 입는 경우가 있다. 이러한 지역의 주민에 대해서는 피해의 정도에 따라 직접적 보상의 방법으로 금전적 보상을 하는 것은 별론으로 하고, 지역주민들에게 혜택을 제공하는 간접적 보상방법이 문제시된다.

III. 행정쟁송절차

1. 환경행정쟁송의 특징과 분쟁구조

환경행정쟁송은 행정청이 환경오염에 대한 규제행위를 해태함으로써 발생하는 피해구제가 중요한 비중을 차지하고 있으며, 제3자의 권익침해구제, 피해의 집단성으로 인한 집단적 이익의 보호 등이 중요하다.

환경행정쟁송에 있어서 전형적인 분쟁구조는 사업자와 주민 그리고 행정청의 3자관계로 이루어져 있다. 사업자의 배출시설로부터 오염물질이 배출됨으로 인하여 권익침해를 받은 주민이 행정쟁송을 통하여 구제를 받을 수 있기 위해서는 환경오염이 시설설치허가 등 행정작용의 매개를 통하여 발생되었다고 볼 수 있어야 한

다. 이러한 경우 주민이 제기할 수 있는 행정쟁송은 ① 제3자의 입장에서 배출시
설의 설치허가의 취소·무효 등을 구하는 제3자 항고쟁송과 ② 주민이 규제행정청
에 대하여 제3자인 사업자의 오염물질배출을 규제하는 권한의 발동을 요구하는 행
정개입청구쟁송과 의무이행쟁송이 있다.

2. 항고쟁송

(1) 인근주민의 법률상 이익

항고쟁송에 있어서 행정청이 흠 있는 적극적인 행정처분 또는 소극적으로 규제
권의 발동을 해태함으로써 환경오염의 피해를 입게 되는 경우 인근주민이 행정청
을 상대로 쟁송적으로 다툴 수 있는가가 문제된다.

종래의 행정쟁송법이론에서는 행정청의 위법한 행정작용으로 환경피해를 입은
지역주민에 대해서 그 행정작용의 취소를 구할 원고적격을 부인하였다. 그러나 오
늘날 환경이익의 개념은 단순히 반사적 이익이 아니고 법적 이익으로 인정되고 있
으며, 환경권의 헌법적 승인은 위법한 행정작용으로 인한 환경악화의 경우에 주민
의 원고적격을 인정할 수 있도록 하였다.

따라서 최근의 판례들은 인근주민들의 원고적격을 판단함에 있어서 당해 처분의
근거법규의 확장과 그 목적론적 해석을 통하여 소이익을 확대하는 경향에 있다.
즉 "주민이 행정처분의 취소를 구할 법률상 이익이 있는 경우에는 원고적격이 인
정되는데, 여기서 말하는 법률상 이익은 당해 처분의 근거법률에 의하여 보호되는
직접적이고 구체적인 이익이 있는 경우를 말하고, 다만 공익보호의 결과로 국민 일
반이 공통적으로 가지는 추상적·평균적·일반적인 이익과 같이 간접적이나 사실적·
경제적 이해관계를 가지는 데 불과한 경우는 여기에 포함되지 않는다"(대판 1995.9.26,
94누14544<부산시화장장>).

환경상 침해를 받고 있는 주민의 헌법상 환경권을 근거로 소이익을 인정할 수
있을 것인가에 대해서 부정설과 긍정설이 나뉜다. 헌법상의 환경권은 실체법적으
로 보호되는 구체적 권리는 아니지만, 쟁송법적으로 보호될 수 있는 공권으로서
당사자와 직접적인 관련성이 있는 경우는 소이익을 인정할 수 있다고 보는 것이
타당하다.

행정처분의 근거법규 또는 관련법규에 그 처분으로써 이루어지는 행위 등 사업
으로 인하여 환경상 침해를 받으리라고 예상되는 영향권의 범위가 구체적으로 규
정되어 있는 경우에는, 그 영향권 내의 주민들에 대하여는 당해 처분으로 인하여
직접적이고 중대한 환경피해를 입으리라고 예상할 수 있다. 이와 같은 환경상의
이익은 주민 개개인에 대하여 개별적으로 보호되는 직접적·구체적 이익으로서 그

들에 대하여는 특단의 사정이 없는 한 환경상 이익에 대한 침해 또는 침해 우려가 있는 것으로 사실상 추정되어 법률상 보호되는 이익으로 인정됨으로써 원고적격이 인정된다. 그러나 그 영향권 밖의 주민들은 당해 처분으로 인하여 그 처분 전과 비교하여 수인한도를 넘는 환경피해를 받거나 받을 우려가 있다는 자신의 환경상 이익에 대한 침해 또는 침해 우려가 있음을 입증하여야만 법률상 보호되는 이익으로 인정되어 원고적격이 인정된다(대판 2009.9.24, 2009두2825<개발사업시행승인처분취소>; 대판 2010.4.15, 2007두16127<공장설립승인처분취소>).

■ 지역주민의 소이익에 관한 판례의 경향 ■

(1) [청주시연탄공장]사건(대판 1975.5.13, 73누96·97)

도시계획법과 건축법이 주거지역 내에서의 일정한 건축을 금지하고 또 제한하고 있는 것은 도시계획법과 건축법이 추구하는 공공복리의 증진을 도모하고자 하는 데 그 목적이 있는 동시에 한편으로는 주거지역 내에 거주하는 사람의 주거의 안녕과 생활환경을 보호하고자 하는 데도 그 목적이 있는 것으로 해석이 된다. 그러므로 주거지역 내에 거주하는 사람이 받는 위와 같은 보호이익은 단순한 반사적 이익이나 사실상의 이익이 아니라 바로 법률에 의하여 보호되는 이익이라고 할 것이다.

(2) [부산시화장장/상수원보호구역변경]사건(대판 1995.9.26, 94누14544)

1) 매장및묘지등에관한법률시행령 제4조 제2호가 공설화장장은 20호 이상의 인가가 밀집한 지역, 학교 또는 공중이 수시 집합하는 시설 또는 장소로부터 1,000m 이상 떨어진 곳에 설치하도록 제한을 가하고, 같은법 제9조가 국민보건상 위해를 끼칠 우려가 있는 지역, 도시계획법 제17조의 규정에 의한 주거지역, 상업지역, 공업지역 및 녹지지역 안의 풍치지구 등에의 공설화장장 설치를 금지함에 의하여 보호되는 부근 주민들의 이익은 위 도시계획결정처분의 근거법률에 의하여 보호되는 법률상 이익이다. 그런데 2) 상수원보호구역 설정의 근거가 되는 수도법 제5조 제1항 및 동 시행령 제7조 제1항이 보호하고자 하는 것은 상수원의 확보와 수질보전일 뿐이고, 그 상수원에서 급수를 받고 있는 지역주민들이 가지는 상수원의 오염을 막아 양질의 급수를 받을 이익은 직접적이고 구체적으로는 보호하고 있지 않음이 명백하여 위 지역주민들이 가지는 이익은 상수원의 확보와 수질보호라는 공공의 이익이 달성됨에 따라 반사적으로 얻게 되는 이익에 불과하므로 지역주민들에 불과한 원고들에게는 위 상수원보호구역변경처분의 취소를 구할 법률상의 이익이 없다.

(3) [속리산온천집단시설]사건(대판 1998.4.24, 97누3286)

국립공원 집단시설지구개발사업으로 인하여 직접적이고 중대한 환경피해를 입으리라고 예상되는 환경영향평가대상지역 안의 주민에게 환경영향평가대상사업에 관한 변경승인 및 허가처분의 취소를 구할 원고적격이 있다.

(4) [영광원자로부지사전승인]사건(대판 1998.9.4, 97누19588)

원자로시설부지 인근주민들에게 방사성물질 등에 의한 생명·신체의 안전침해를 이유로 부지사전승인처분의 취소를 구할 원고적격이 인정되고, 환경영향평가대상지역 안의 원자로시설부지 인근주민들이 방사성물질 이외의 원인에 의한 환경침해를 받지 아니하고 생활할 수 있는 이익이 직접적·구체적 이익에 해당하기 때문에 위 주민들에게도 원자로시설부지사전승인처분의 취소를 구할 원고적격이 인정된다.

(5) [양수발전소건설사업승인]사건(대판 1998.9.22, 97누19571)

환경영향평가대상지역 안의 주민들이 그 전원개발사업실시계획승인처분과 관련하여 갖는 환경상 이익은 직접적·구체적 이익이고 따라서 위 주민들은 그 침해를 이유로 위 처분의 취소를 구할 원고적격이 인정된다. 그러나 환경영향평가대상지역 밖의 주민 등의 환경상 이익 또는 전원개발사업구역 밖의 주민 등의 재산상 이익은 직접적·구체적 이익이 아니고 따라서 위 주민들은 그 침해를 이유로 전원개발사업실시계획승인처분의 취소를 구할 원고적격이 없다.

(6) [속리산용화집단시설지구]사건(2)(대판 2001.7.27, 99두2970)

환경영평가대상사업에 해당하는 국립공원집단시설지구개발사업에 있어 그 시설물기본설계 변경승인처분 등과 관련하여 환경영향평가대상지역 안의 주민들이 갖는 환경상 이익은 주민 개개인에 대하여 개별적으로 보호되는 직접적·구체적 이익이고 따라서 위 주민들은 그 이익의 침해를 이유로 위 처분 등의 취소를 구할 원고적격이 인정된다.

(7) [안성시쓰레기소각장입지결정·고시]사건(대판 2005.3.11, 2003두13489)

[폐기물처리시설법] 및 시행령의 관계 규정의 취지는 쓰레기소각시설설치사업으로 인하여 직접적이고 중대한 환경상의 침해를 받으리라고 예상되는 직접영향권 내에 있는 주민들이나 폐기물소각시설의 부지경계선으로부터 300미터 이내의 간접영향권 내에 있는 주민들이 수인한도를 넘는 환경피해를 받지 아니하고 쾌적한 환경에서 생활할 수 있는 개별적인 이익까지도 이를 보호하려는 데에 있다. 따라서 위 주민들은 소각시설입지결정·고시와 관련하여 갖는 환경상의 이익은 주민 개개인에 대하여 개별적으로 보호되는 직접적·구체적 이익으로서 특단의 사정이 없는 한 환경상의 이익에 대한 침해 또는 침해우려가 있는 것으로 사실상 추정된다. 또한 부지경계선으로부터 300미터밖에 거주하는 주민들도 수인한도를 넘는 환경피해를 입증하게 되면 원고적격을 인정할 수 있다.

(8) [새만금간척사업]사건(대판 2006.3.16, 2006두330)

공유수면매립면허처분과 농지개량사업시행인가처분의 근거법규 또는 관련법규들의 취지는 공유수면매립과 농지개량사업시행으로 인하여 직접적이고 중대한 환경피해를 입으리라고 예상되는 환경영향평가 대상지역 안의 주민들이 전과 비교하여 수인한도를 넘는 환경침해를 받지 아니하고 쾌적한 환경에서 생활할 수 있는 개별적 이익까지도 이를 보호하려는 데에 있다. 그러므로 위 주민들이 공유수면매립면허처분 등과 관련하여 갖고 있는 위와 같은 환경상의 이익은 주민 개개인에 대하여 개별적으로 보호되는 직접적·구체적 이익으로서 그들에 대하여는 특단의 사정이 없는 한 환경상의 이익에 대한 침해 또는 침해우려가 있는 것으로 사실상 추정되어 공유수면매립면허처분 등의 무효확인을 구할 원고적격이 인정된다. 한편, 환경영향평가 대상지역 밖의 주민이라 할지라도 공유수면매립면허처분 등으로 인하여 그 처분 전과 비교하여 수인한도를 넘는 환경피해를 받거나 또는 침해우려가 있다는 것을 입증함으로써 그 처분 등의 무효확인을 구할 원고적격을 인정받을 수 있다.

(9) [개발사업시행승인처분취소]사건(대판 2009.9.24, 2009두2825)

환경상 이익에 대한 침해 또는 침해 우려가 있는 것으로 사실상 추정되어 원고적격이 인정되는 사람에는 환경상 침해를 받으리라고 예상되는 영향권 내의 주민들을 비롯하여 그 영향권 내에서 농작물을 경작하는 등 현실적으로 환경상 이익을 향유하는 사람도 포함된다. 그러나 단지 그 영향권 내의 건물·토지를 소유하거나 환경상 이익을 일시적으로 향유하는 데 그치는 사람은 포함되지 않는다.

(10) [김해공장설립승인처분취소]사건(대판 2010.4.15, 2007두16127)

김해시장이 낙동강에 합류하는 하천수 주변의 토지에 구 산업집적활성화 및 공장설립에 관한 법률 제13조에 따라 공장설립을 승인하는 처분을 한 사안에서, 공장설립으로 수질오염 등이 발생할 우려가 있는 취수장에서 물을 공급받는 부산광역시 또는 양산시에 거주하는 주민들도 위 처분의 근거 법규 및 관련 법규에 의하여 법률상 보호되는 이익이 침해되거나 침해될 우려가 있는 주민으로서 원고적격이 인정된다.

(11) [생태자연도등급조정처분무효확인]사건(대판 2014.2.21, 2011두29052)

생태·자연도는 토지이용 및 개발계획의 수립이나 시행에 활용하여 자연환경을 체계적으로 보전·관리하기 위한 것일 뿐, 1등급 권역의 인근 주민들이 가지는 생활상 이익을 직접적이고 구체적으로 보호하기 위한 것이 아니므로, 1등급 권역의 인근 주민들이 가지는 이익은 환경보호라는 공공의 이익이 달성됨에 따라 반사적으로 얻게 되는 이익에 불과하다. 그러므로 인근 주민에 불과한 원고는 환경부장관이 생태·자연도 등급권역을 1등급에서 일부는 2등급으로, 일부는 3등급으로 변경한 결정의 무효확인을 구할 원고적격이 없다.

(2) 환경행정개입청구쟁송

행정청이 환경행정과 관련된 필요한 조치를 취하지 아니하는 경우에, 이로 인하여 피해를 입게 되는 인근주민 등이 필요한 조치를 취할 것을 요구할 수 있는 환경행정개입청구권(環境行政介入請求權)을 인정할 것인가가 문제된다. 즉 환경부장관이나 기타 행정청은 배출시설의 허가권과 감독권자로서 개선명령·조업정지명령·시설이전명령 등의 규제명령권을 가지고 있는 경우에, 주민의 개선명령발동의 청구가 가능한가가 문제된다. 기본적으로 관련법령이 행정청의 의무로 규정하고 있는 동시에 사익보호성을 인정한다면 공권으로서 환경행정개입청구권이 인정될 수 있다. 그리고 이러한 주민의 환경행정개입청구권의 행사를 행정청이 거부하는 경우에는 항고쟁송(환경개입청구쟁송)을 제기할 수 있을 것이다.

그런데 환경관련법령들에 의한 행정청의 권한이 대부분 재량행위로 되어 있다. 따라서 행정청의 의무를 도출하기가 어렵기 때문에 현실적으로 행정개입청구권 혹은 무하자재량행사청구권을 인정할 수 없는 경우가 많다. 그러나 재량권의 행사가 영으로 수축하는 경우는 행정청의 의무성을 도출할 수 있기 때문에 행정개입청구권을 인정할 수 있을 것이다.

3. 시민소송·단체소송

환경오염으로 인한 침해는 개별적 침해가 아니라 주민 또는 민중에 대한 침해인 것이 보통이기 때문에, 집단소송(단체소송)의 도입을 위해 노력하고 있다. 여기서 집단소송(단체소송)이란 소비자·주민 등 다수인에게 공통되는 집단적 이익 내지 생활적 이익이 침해된 경우에 인정되는 소송형태를 말한다. 이러한 소송형태는 소비자·주민 등의 일부 또는 소비자·주민 등이 결성한 단체가 직접 소송을 제기하여 판결의 효력을 공통의 이해관계인 모두 또는 단체 소속원 모두에게 미치게 함으로써 집단적 분쟁을 용이하게 처리·해결하는 특징이 있다.

■ 헌법소송 ■

국가의 환경보호의무는 긍정되기 때문에, 국가의 환경입법부작위에 대해서 헌법재판을 통하여 위헌을 구할 수 있다고 보아야 할 것이다.

우리나라 헌법재판소가 법률부작위에 대해서 "법률을 제정하여야 할 헌법상의 명시적인 입법위임이 인정되지 않고 헌법의 해석으로도 법률을 제정함으로써 기본권을 보호하여야 할 입법자의 행위의무 내지 보호의무가 발생하였다고 볼 수 없다"(헌재 1998.5.28, 96헌마44)고 판시한 점을 미루어 보면, 법률부작위에 대해서는 소극적이리라 예측할 수 있다. 그런데 행정입법부작위와 관련해서는 헌법소원의 대상성을 긍정한 판례(헌재 1998.7.16, 96헌마246)가 있기 때문에 환경행정입법부작위에 대해서는 적극적이라고 예측할 수 있다.

IV. 환경분쟁조정

1. 의 의

환경분쟁조정제도(環境紛爭調停制度)는 환경오염으로 인한 분쟁과 피해구제를 신속·공정·원활하게 해결하도록 하기 위한 대체적 분쟁해결(ADR(Alternative Dispute Resolution)) 수단으로서 환경분쟁조정법에 의하여 인정되는 제도이다. 따라서 환경분쟁조정제도는 일종의 준사법적 분쟁해결기능을 지닌 행정위원회에 의하여 환경분쟁을 소송외적 방법으로 ① 신속하고 공정하게 해결할 수 있고, ② 비용이 저렴하고, ③ 전문성과 과학적 지식·정보를 충분히 활용할 수 있고, ④ 피해사실에 대한 입증책임이 경감되고, ⑤ 사전·예방적 분쟁조정도 가능하다는 데 그 취지가 있다. 이러한 취지에서 환경피해분쟁을 신속·공정하게 구제하고자 1991년 환경분쟁조정위원회가 설치되어 환경오염으로 인한 국민의 건강 및 재산상의 피해를 행정기관에 의해 신속·공정한 분쟁조정으로 구제할 수 있는 제도가 만들어졌다.

2. 환경분쟁조정위원회

환경분쟁조정위원회는 환경오염으로 인한 국민의 건강 및 재산상의 피해를 구제하기 위하여 설치된 행정관청으로 독립성을 띠고 준사법적인 업무를 수행하는 기관으로서 환경부의 중앙환경분쟁조정위원회와 서울특별시·광역시 및 도에 설치되어 있는 16개 지방환경분쟁조정위원회가 있다(환경분쟁조정법4).

중앙환경분쟁조정위원회의 주요 대상사업으로는 환경오염의 피해로 인한 분쟁의 재정, 2 이상의 특별시·광역시 또는 도에 걸치는 분쟁의 알선·조정, 지방환경분쟁조정위원회가 조정하기 곤란하다고 결정하여 이송한 분쟁사건 처리, 환경기초시설의 설립 등으로 인한 환경피해에 대한 분쟁의 알선·조정업무를 하고 있다.

3. 환경분쟁조정의 절차

(1) 환경피해구제의 범위

사업활동, 기타 사람의 활동에 따라 발생하였거나 발생이 예상되는 대기오염, 수질오염, 토양오염, 해양오염, 소음·진동·악취 등에 의한 재산·건강상의 피해, 환경기초시설(폐기물처리시설, 하수종말처리시설, 분뇨처리시설)의 설치·관리와 관련된 다툼, 진동이 그 원인 중의 하나가 되는 지반침하로 인한 재산·건강상의 피해, 자연생태계 파괴로 인한 재산·건강상의 피해의 조정을 신청할 수 있다. 따라서 신청내용은 각종 환경오염 등으로 인한 손해의 배상 청구와 민법상 방해 배제 청구권 또는 방해 예방청구권의 행사도 가능하다. 따라서 공사중지청구, 방음막의 설치청구 등도 가능하다.

그러나 행정기관에 대하여 처분 등 특정한 행위를 요구하는 개인, 법인 또는 단체의 민원, 방사능오염피해(원자력손해배상법 적용), 일조권피해, 조망방해, 통풍방해 등은 신청제외대상으로 하고 있다. 그러나 최근 환경정책기본법상 환경오염에 포함된 일조방해 사항 중 건축법 적용을 받지 않는 구조물(교량, 철교 등)에 의한 일조방해를 환경분쟁조정의 대상이 되는 환경피해의 범위에 추가하였다(환경분쟁조정법시행령2).

(2) 신청주체

신청주체는 자연인, 법인, 지방자치단체, 선정대표자, 대표당사자, 일정한 요건을 갖춘 환경단체 등이다. 여기서 대표당사자에 의한 신청은 다수인에게 동일한 원인으로 인한 환경피해가 발생하거나 발생할 우려가 있는 경우에는 그 중의 1인 또는 수인이 위원회의 허가80)를 받아 대표당사자로서 조정을 신청하는 경우를 말한다. 환경단체81)에 의한 신청은 중대한 자연생태계파괴로 인한 피해가 발생하였거나 발생할 위험이 현저한 경우에는 위원회의 허가를 받아 분쟁당사자를 대리하여 조정을 신청할 수 있다(환경분쟁조정법26).

4. 환경분쟁조정의 종류

환경분쟁조정의 종류는 알선, 조정, 재정 그리고 직권조정의 방법이 있다.

1) 알선(斡旋)은 가장 약한 약식절차로서 당사자 일방 또는 쌍방의 신청에 의하여 3인의 알선위원이 분쟁당사자의 의견을 듣고, 그 요점을 정리하는 등 사건이 공정하게 해결되도록 주선함으로써 분쟁당사자의 화해를 유도하여 합의에 이르게 하는 절차이다(환경분쟁조정법27이하).

2) 조정(調停)은 중립적인 제3자적 지위를 가진 3인의 위원으로 구성된 조정위원회에 의한 중개를 통하여 분쟁당사자들이 합의에 도달하도록 함으로써 분쟁을 해결하려는 제도이다(환경분쟁조정법30이하). 조정은 당사자의 신청에 의하여 개시되는 것이 원칙이지만(법16), 사회적으로 중대한 영향을 미칠 수 있는 중대한 환경피해에 대해서는 중앙환경분쟁조정위원회가 직권으로 개시할 수도 있다(법30).

3) 재정(裁定)은 당사자간의 환경분쟁에 대하여 5인 또는 3인으로 구성된 재정위원회가 소정의 절차에 따라 인과관계의 유무, 피해액 등에 대한 법률적 판단을 내려 분쟁을 해결하려는 제도이다(환경분쟁조정법36이하). 조정이 당사자간의 타협적인 해결을 모색하는 데 비중을 두는 데 반해, 재정은 재정위원회가 사실을 조사하여 이를 근거로 객관적인 판정을 내리는 준사법적 성질을 띤 절차로서, 대심구조와 당사자의 구술변론권이 보장된다. 재정위원회는 환경피해의 복구를 위하여 원상회복이 필요하다고 인정하는 경우에, 과다한 비용이 소요되거나 기타 사유로 그 이행이 현저히 곤란하지 않는 한, 손해배상에 대신하여 원상회복을 명하는 재정결정을 하여야 한다(법41).

---

80) 허가요건(법47)은 ① 동일원인의 환경피해가 청구원인, ② 공동의 이해관계를 가진 자가 100인 이상이고, 선정대표자에 의한 조정이 현저하게 곤란할 것, ③ 1인당 피해배상요구액이 500만원 이하일 것 ④ 30인 이상의 동의 ⑤ 신청인이 구성원이익을 공정·적절하게 대표할 수 있어야 한다.

81) 환경단체 요건은 ① 환경부장관의 허가를 받아 설립된 비영리법인일 것, ② 환경보호등 공익의 보호와 증진을 목적으로 할 것, ③ 구성원이 100인 이상일 것, ④ 신청일 현재 법인으로서의 자연환경분야 활동실적이 3년 이상일 것, ⑤ 3개 이상의 시·도에 분사무소를 두고 있을 것 등이다.

제 7 장 재무행정(재정)

財務行政(財政)

제 1 절 의 의

I. 개념과 기본원리

1. 개 념

재무행정(財務行政)이란 국가 또는 공공단체의 존립과 활동에 필요한 재원(재력)을 획득·관리(운용·지출)하는 것을 목적으로 하는 행정을 말한다. 이러한 재무행정은 권력적 수단에 의하여 이루어지는 경우(재정권력작용)도 있고 비권력적 수단에 의하여 이루어지는 경우(재정관리작용)도 있다. 1) 재정권력작용이란 세금·분담금의 부과·징수와 같이 권력적으로 행정에 필요한 자금을 조달하는 행정을 말하며, 공조(公租) 또는 공과행정(公課行政)이라고 한다. 예컨대, 과세권에 기한 주세의 부과·징수 등을 들 수 있다. 그리고 2) 재정관리작용이란 비권력적으로 재력을 취득하거나 취득한 재산을 관리하는 행정을 말하며, 조달 또는 수급행정이라고도 한다. 예컨대, 재산의 관리(물품회계)와 수입·지출의 관리(현금회계) 등을 들 수 있다.

2. 기본원리

(1) 재정의회주의

재정의회주의(財政議會主義)란 국가의 재정작용은 국민의 대표기관인 의회의 감독과 통제 아래서 이루어져야 한다는 원칙을 말한다. 구체적 형태로서 조세법률주의

(헌법9), 예산의결원칙(헌법54·56, 지방자치법35·118·121, 국가재정법33, 지방재정법 제3장) 및 결산심사원칙(헌법99, 국가재정법60)으로 나타난다.

(2) 건전재정주의

건전재정주의(健全財政主義)란 국가나 지방자치단체의 적자재정을 방지하는 원칙을 말한다. 이러한 건전재정주의의 내용으로서 기채금지원칙(국가재정법 제5장(86-92), 지방자치법122·124)과 감채원칙이 있다.

(3) 엄정관리주의

엄정관리주의(嚴正管理主義)란 국가나 지방자치단체의 재산은 모든 국민 또는 주민의 재산이기 때문에, 재산의 관리에 만전을 기하여 재산의 멸실 또는 훼손이 없도록 엄정하게 관리되어야 하는 것을 말한다. 이러한 엄정관리주의의 내용으로서 채권면제 등의 제한과 국유재산무단사용의 제한 등을 들 수 있다.

(4) 공공성의 원칙

재정작용은 국민 또는 주민 전체의 복리를 증진시키고 행정의 기능유지를 위해서 행해질 것을 요하는 공공성(公共性)의 원칙이 요구된다.

(5) 공평부담의 원칙

공평부담(公平負擔)의 원칙이란 조세의 부과 등과 같은 재정활동에 있어서 개인의 공평한 부담이 되도록 하여야 하는 것을 말한다.

대법원 판례에 의하면, 조세감면요건 규정 가운데에 명백히 특례규정이라고 볼 수 있는 것은 엄격하게 해석하는 것이 조세형평의 원칙에 부합한다고 판시하였다 (대판 2004.5.28, 2003두7392; 대판 2006.5.25, 2005다19163).

제 2 절 조 세

I. 의 의

1. 개 념

조세(租稅)란 국가 또는 지방자치단체가 그 경비에 충당할 수입을 취득하기 위하여 법률에 의한 일방적 의무로써 과세요건에 해당하는 모든 자에게 과하는 무상(無償)의 금전급부를 말한다(헌재 1990.9.3, 89헌가95). 따라서 1) 조세는 국가 또는 지방자치단체에 의하여 이루어진다(과세주체). 2) 조세는 국가 또는 지방자치단체의 일반적 경비에 충당하기 위한 수입(재력)취득을 직접 목적으로 한다(과세목적). 이러한 점에서 조세는 벌금·과료·과태료와 같이 제재를 직접적 목적으로 하는 벌과금과 구별된다. 3) 조세는 특정급부에 대한 반대급부가 아니라, 국가·지방자치단체의 경비를 충당하기 위한 수입확보를 목적으로 일방적으로 부과되는 것이다(무상의 금전급부). 이러한 점에서 조세는 특정한 역무 또는 이익에 대한 반대급부로서 부과되는 행정상의 각종의 사용료·수수료·특권료 등과 구별된다.

2. 종 류

1) 과세주체에 따라 국세와 지방세로 분류하고, 2) 국내에 있는 과세물건에 대하여 과하는 조세를 내국세라 하고, 외국으로부터 수입되는 물건에 과하는 조세를 관세라 한다.

3) 과세물건의 종류에 의하여 인세(人稅: 예, 소득세)와 물세(物稅: 예, 주세·재산세), 그리고 행위세(行爲稅: 예, 등록세·인지세) 등으로 구분한다. 4) 정기세(定期稅)는 일정한 시기를 정하여 정기적으로 과하는 조세(예, 소득세·법인세·부가가치세 등)이고, 임시세(臨時稅)는 과세물건이 발생할 때마다 수시로 과세하는 조세(예, 상속세·등록세·인지세 등)이다. 5) 보통세(普通稅)는 국가 또는 지방자치단체의 일반경비에 충당하기 위하여 과하는 조세를 말하고(예, 등록세·재산세·자동차세·주행세·레저세·취득세·도축세·면허세·주민세·농업소득세·담배소비세·종합토지세), 목적세(目的稅)는 특정경비에 충당하기 위하여 과하는 조세를 말한다(예, 지방교육세·도시계획세·공동시설세·사업소세·지역개발세 등).

직접세와 간접세의 구별기준에 대하여는 학설의 대립이 있다. 1) 법률상 납세의무자와 사실상 담세자의 동일성여부를 기준으로 구별하는 견해가 있고(통설), 2) 납세의무자의 담세력표현에 따라서 구분하는 입장이 있다. 후자의 입장에서는 소득

세·법인세·상속세 등은 직접세로, 주세·부가가치세·인지세·특별소비세 등은 간접
세로 본다.

II. 일반법원칙(기본원칙)

1. 조세법률주의

(1) 원 칙

(가) 법률에 의한 조세   조세법률주의(租稅法律主義)란 조세의 부과는 반드시
법률이 정하는 바에 의하여야 한다는 원칙을 말하며, 이러한 조세법률주의는 조세
행정에 있어서의 법치주의를 말한다(헌재 1999.4.29, 94헌바37). 헌법은 명문으로 '법률
이 정한 납세의무'(헌법38)와 '법률에 의한 조세의 종목과 세율의 결정'(헌법59)을 규
정하고 있다. 이러한 헌법규정의 취지에 의하면, 국민에게 새로운 납세의무나 종전
보다 가중된 납세의무를 부과하는 규정은 그 시행 이후에 부과요건이 충족되는 경
우만을 적용대상으로 삼을 수 있음이 원칙이다(대판 1983.4.26, 81누423; 대판 1993.5.11, 92
누14984 등 참조). 따라서 법률에서 특별히 예외규정을 두지 아니하였음에도 하위 법
령인 조례에서 새로운 납세의무를 부과하는 요건에 관한 규정을 신설하면서 그 시
행시기 이전에 이미 종결한 과세요건사실에 소급하여 이를 적용하도록 하는 것은
허용될 수 없다(대판 2011.09.02, 2008두17363 전원합의체<지역개발세부과처분취소>).

법률로 정하여야 할 사항은 조세의 종목과 세율뿐만 아니라, 납세의무자·과세물
건·과세표준 등 모든 과세요건과 조세의 부과·징수절차 등을 모두 법률로 정하여
야 한다는 것이 통설·판례(대판 1987.10.26, 86누426)의 입장이다.

과세는 그 요건뿐만 아니라 효과도 법률로부터 나오기 때문에, 입법자는 조세의
무자에게 다수의 법률효과 중에서 하나의 효과를 선택하도록 허용할 수 없다. 다
만 특별한 경우에 실용성·기술성을 이유로 선택권이 인정되는 경우가 있다(예, 상속
세에서 물건의 납부).

(나) 과세요건법정주의와 과세요건명확주의   조세법률주의의 핵심적 내용
은 과세요건법정주의와 과세요건명확주의이다. 여기서 과세요건명확주의는 과세요
건을 명확히 규정하여 과세관청의 자의적인 해석과 집행을 배제함으로써 납세자가
무엇을 대상으로 국가의 과세행위가 이루어지는 것인지 미리 예측할 수 있기 때문
에, 국민생활의 법적 안정성과 예측가능성을 보장하게 된다(헌재 1998.3.26, 96헌바57<공
익사업출연상속재산의 과세가액불산입요건(상속세법제8조의2)>).

따라서 납세의무의 한계를 명확히 하여야 하고 과세요건을 불명확하게 하거나

추상적인 조항을 선정하여 법의 흠결된 영역에 이를 유추적용함을 금한다(대판 1967.11.21, 67누76). 또한 부과징수절차도 국회가 제정한 법률로써 이를 규정하여야 하고, 그 법률의 집행에 있어서 이를 엄격하게 해석·적용하여야 하며, 행정편의적인 확장해석이나 유추해석은 허용되지 않는다(대판 1982.11.23, 82누221; 대판 1996.11.22, 96누11440; 대판 2004.3.12, 2003두7200). 특히 조세감면요건 규정 가운데 명백히 특혜규정이라고 볼 수 있는 것은 엄격하게 하여야 한다(대판 2004.5.28, 2003두7392; 대판 2006.5.25, 2005다19163). 그리고 비록 과세요건이 법률로 명확히 정해진 것일지라도 그것만으로 충분한 것은 아니고 조세법의 목적이나 내용이 기본권 보장의 헌법이념과 이를 뒷받침하는 헌법상 요구되는 제 원칙에 합치되어야 한다(헌재 1999.4.29, 94헌바37).

(다) 위임입법에 의한 조세   조세법률주의를 지나치게 철저하게 시행한다면 복잡다양하고도 끊임없이 변천하는 경제상황에 대처하여 적확하게 과세대상을 포착하고 적정하게 과세표준을 산출하기 어려워 담세력에 응한 공평과세의 목적을 달성할 수 없게 된다. 따라서 조세법률주의를 견지하면서도 조세평등주의와의 조화를 위하여 경제현실에 응하여 공정한 과세를 할 수 있게 하고 탈법적인 조세회피행위에 대처하기 위하여는 납세의무의 중요한 사항 내지 본질적인 내용에 관련된 것이라 하더라도 그중 경제현실의 변화나 전문적 기술의 발달 등에 즉응하여야 하는 세부적인 사항에 관하여는 국회 제정의 형식적 법률보다 더 탄력성이 있는 행정입법에 이를 위임할 필요가 있는 것이다(헌재 1998, 3, 26, 96헌바57<공익사업출연상속재산의 과세가액불산입요건(상속세법제8조의2)>).

조세에 관한 사항을 행정입법으로 위임할 때는 위임규정에 위임의 목적·내용·범위 등이 명시되어야 하며 골격입법이나 백지위임은 위헌이다(대판 1982.11.23, 82누221). 또한 구체적으로 범위를 정하여 위임받은 법규명령도 그의 수권(위임)의 범위를 넘어서면 위법하다(대판 1987.10.26, 86누426). 그리고 법률은 세무관청의 자의적 해석과 자유재량권을 제한하기 위하여 조세의 주체와 객체 및 조세액 산정의 기초에 대하여 최대한 명확하게 규정하여야 한다(대판 1994.9.30, 94부18).

(라) 조세합의·조세계약   조세합의나 조세계약은 허용되지 않으며, 그와 같은 행위는 무효이다. 특히 화해계약은 원칙적으로 인정되지 않는다. 세무관청은 법률의 규정에 따라 조세를 확정하고 징수하여야 하기 때문에 형평 또는 조세기술상의 이유에서 조세를 포기하는 것도 법률의 수권이 있어야 한다.

(2) 예 외

조세법률주의는 실정법상 관세와 지방세에 대하여 예외가 인정된다. 1) 관세(關稅)의 부과·징수는 법률(관세법)에 의하는 것이 원칙이나, 관세조약에 특별한 규정이

있는 경우에는 그에 의하고, 관세율에 있어서 덤핑방지관세(관세법51)·상계관세(57)·
보복관세(63)·긴급관세(65)·조정관세(69)·할당관세(71)·계절관세(72)·국제협력관세(73)·
편익관세(74)·일반특혜관세(76) 등을 인정하여 기본세율을 중심으로 상하의 과세권
이 관세관청에 부여되어 있다.

　2) 지방세(地方稅)의 일반법인 지방세법에서 지방세의 종목·과세표준·세율 등에
관하여 규정하고 있으나, 그 구체적인 내용은 지방자치단체의 조례로 정하도록 하
고 있다(지방세법3①).

2. 영구세주의

　조세법률주의에는 1년세주의와 영구세주의가 있다. 여기서 1) 1년세주의(一年稅主
義)란 매회계연도마다 의회의 의결을 얻은 예산법에 의하여 과세하는 주의를 말한
다. 2) 영구세주의(永久稅主義)는 일단 법률로 제정된 후에는 그 개정 또는 폐지가
있을 때까지 매년 그에 기하여 조세를 부과·징수할 수 있는 주의를 말하며, 우리
나라는 영구세주의를 채택하고 있다.

3. 공평부담의 원칙

　조세는 국민의 담세력에 따라 공평·평등하게 부과되는 것으로서, 이것은 입법과
집행에 있어 모두 요청되는 원칙이다. 국세기본법은 세법의 해석·적용에 있어서
과세의 형평(법18①)과 세무공무원의 직무수행상 과세의 형평(법19)을 규정하고 있다.
조세공평부담(租稅公平負擔)의 원칙은 실질과세의 원칙과도 관련이 있다.

　조세나 부담금에 관한 법률의 해석에 관하여, 그 부과요건이거나 감면요건을 막
론하고 특별한 사정이 없는 한 법문대로 해석할 것이고 합리적 이유 없이 확장해
석하거나 유추해석하는 것은 허용되지 아니하고, 특히 감면요건 규정 가운데에 명
백히 특혜규정이라고 볼 수 있는 것은 엄격하게 해석하는 것이 공평원칙에도 부합
한다고 할 것이다(대판 1998.3.27, 97누20090; 대판 2002.4.12, 2001두731; 대판 2007.10.26, 2007두
9884<광역교통시설부담금부과처분취소>).

4. 신뢰보호의 원칙

　신뢰보호(信賴保護)의 원칙이란 행정청이 국민에 대하여 행한 언동의 정당성 또는
계속성을 신뢰한 개인을 보호하여야 한다는 법원칙을 말한다. 불문법원(일반법원칙)
으로서의 신뢰보호원칙을 우리 국세기본법(18③1문)에서는 명문으로 확인하고 있으
며 대법원의 판례도 이를 인정하고 있다(대판 1980.6.10, 80누6; 대판 1983.11.28, 88누8937).

5. 실질과세의 원칙

실질과세(實質課稅)의 원칙은 과세물건의 명목상의 귀속 여하에 관계없이 사실상 과세물건이 귀속하는 자를 납세의무자로 하여 조세를 부과한다는 원칙을 말하며, 명목과세의 원칙에 대칭되는 개념이다. 국세기본법은 과세대상의 귀속이 명의일 뿐이고 사실상 귀속되는 자가 따로 있을 때에는 사실상 귀속된 자를 납세의무자로 하여 세법을 적용하며(법14①), 세법 중 과세표준에 관한 규정은 명칭이나 형식에 불구하고 그 실질내용에 따라 적용한다(법14②)고 규정하고 있다.

국내원천배당소득을 지급하는 자는 특별한 사정이 없는 한 그 소득에 관하여 귀속 명의와 달리 실질적으로 귀속되는 자가 따로 있는지를 조사하여 실질적인 귀속자를 기준으로 그 소득에 대한 법인세를 원천징수할 의무가 있다. 다만 국내원천배당소득을 지급하는 자가 거래 또는 소득금액의 지급과정에서 성실하게 조사하여 확보한 자료 등을 통해서도 그 소득의 실질적인 귀속자가 따로 있다는 사실을 알 수 없었던 경우까지 실질적인 귀속자를 기준으로 그 소득에 대한 법인세를 원천징수할 의무가 있다고 볼 수는 없다(대판 2013.4.11, 2011두3159).

6. 근거과세의 원칙

근거과세(根據課稅)란 인정과세에 대한 것으로서, 과세표준의 조사·결정은 원칙적으로 납세의무자가 조세관계법령에 의하여 작성·비치한 장부, 기타 증빙자료에 의한다는 것을 말한다(국세기본법16①참조). 기장의 내용이 사실과 다르거나 기장에 누락된 것이 있는 때에는 그 부분에 한하여 정부가 조사한 사실에 따라 결정할 수 있으며(법16②), 기장의 내용과 상이한 사실이나 기장에 누락된 것을 조사하여 결정한 때에는 정부가 조사한 사실과 결정의 근거를 결정서에 부기하여야 한다(법16③).

이와 같이 국세기본법은 납세의무자가 세법에 의하여 장부를 비치·기장하고 있는 때를 전제로, 정부가 장부와 다른 내용으로 과세할 경우 납세의무자의 절차적 권익을 보호하기 위한 '기장의 내용과 상이한 사실'이나 '기장에 누락된 것'을 조사하여 결정한 때에는 정부가 조사한 사실과 결정의 근거를 결정서에 부기하도록 하고 있다. 따라서 대법원은 "납세의무자가 세법에서 요구하는 장부를 비치·기장하지 않은 경우에는 정부가 조사한 사실과 결정의 근거를 결정서에 부기하도록 하고 있는 국세기본법 제16조 제3항이 적용되지 않는다"(대판 2013.6.13, 2012두11577)고 판시하였다. 그러나 이러한 대법원의 입장과 같이 '장부를 비치하지 않거나 기장하지 않은 것'과 '기장의 내용과 상이한 사실이나 기장에 누락된 것'은 분명히 문언적으로 다르다. 그러나 대법원은 법문언에만 맹목적으로 쫓은 나머지 행정절차법의 이유부기를 망각한 것으로 문제가 있다.

7. 소급과세금지의 원칙

조세는 국민의 재산권에 대하여 중대한 침해적 의미를 가지는 것이므로, 조세법 규는 소급하여 적용될 수 없다(헌법13②참조, 국세기본법18②). 이러한 소급과세금지(遡及 課稅禁止)의 원칙은 법적 안정성과 예측가능성의 확보를 위하여 인정된다. 이러한 소급과세금지의 원칙은 국가의 조세권발동 전반에 적용되는 원칙이기 때문에, 국 세기본법 제18조 제2항이 제정·발효하기 이전에 발생한 과세요건에 대한 처분이나 동 조항의 준용이 명시되어 있지 않은 과세에 대하여 적용된다(대판 1983.4.12, 90누 203). 그리고 국세기본법은 세법 이외의 법률이 국세의 부과·징수·감면 또는 절차 를 규정하고 있을 경우 그 조항을 세법으로 보고 이를 적용한다(법18⑤)고 규정하고 있다.

8. 수입확보의 원칙과 능률의 원칙

조세제도의 가장 중요한 목적은 국가 또는 지방자치단체의 존립과 활동에 필요 한 재원(수입)을 확보하는 데 있다. 그러나 수입확보(收入確保)에 지나치게 치우쳐 국 민의 권익보호가 경시되어서는 안 된다. 따라서 국세기본법은 "세법을 해석·적용 할 때에는 과세의 형평과 해당 조항의 합목적성에 비추어 납세자의 재산권이 부당 하게 침해되지 아니하도록 하여야 한다"(18①)고 규정하고 있다.

능률(能率)의 원칙이란 조세수입의 확보가 최소의 경비로 능률적으로 행해져야 하는 것으로서 조세의 실질면에 관한 기본원칙을 말한다. 예컨대, 신고납부·원천징 수 등은 이러한 능률의 원칙에 부응한 제도이다.

III. 조세의 부과(과세)요건

1. 과세의 당사자

(1) 과세권자

국세의 과세권자(課稅權者)는 원칙적으로 국세청장·지방국세청장·세무서장·세관장 이 되지만(국세기본법2xvii, 국세징수법9①), 일정한 국세(소득세 등)에 대하여서는 시장·군 수·구청장이 과세권을 가진다.

(2) 납세의무자

납세의무자란 국가 또는 지방자치단체에 대하여 조세금액을 납부할 의무를 지는 자를 말한다. 자연인·법인 또는 내국인·외국인을 막론하고 통치권의 지배아래에 있는 자는 모두 포함한다. 납세의무자와 조세부담자는 항상 일치하는 것은 아니다. 예컨대, 직접세의 경우는 양자가 일치하지만, 간접세에 있어서는 양자가 일치하지 않는다.

법인격 없는 사단·재단, 기타 단체에 대하여도 납세의무를 인정하며(국세기본법13), 납세의무는 법인합병·사망 등에 의하여 승계될 수 있다(국세기본법23·24). 납세의무의 승계에 준하는 제2차납세의무자제도는 납세자가 납세의무를 이행할 수 없는 경우에 그 납세자를 대신하여 납세의무를 지는 제도를 말한다. 예컨대, 해산법인의 청산인(국세기본법38), 무한책임사원(39①i), 과점주주(39ii), 법인(40) 및 사업양수인(41) 등을 들 수 있다.

2. 과세의 물적 내용

(1) 과세물건

과세물건(課稅物件)이란 조세법상 과세의 목적물로 정하여진 것으로서 조세부과의 대상이 되는 물건을 말한다. 과세물건의 종류는 수익세(소득세 등)에 있어서는 소득을, 재산세(상속세·재산세 등)에 있어서는 재산을, 거래세(등록세·인지세)에 있어서는 일정한 경제적 거래를, 그리고 소비세(주세 등)에 있어서는 소비행위를 과세물건으로 한다. 과세물건을 결정함에 있어서는 동일한 과세물건에 대한 이중과세를 피하여야 한다(이중과세금지).

과세법률관계가 성립하기 위하여 일정한 과세물건이 특정 납세의무자와 관련·결합해야 하는 과세물건과 납세의무자의 결합을 '과세물건의 귀속'이라고 하는데, 국세기본법은 과세물건의 귀속에 있어서 담세율에 따른 공평과세의 입장에서 실질과세주의를 채택하고 있다.

그리고 하나의 조세부과처분의 대상이 되는 물건의 단위를 '과세물건의 단위'라고 하는데, 이러한 과세물건의 단위를 정하는 일반적 요소로서는 시간·장소 및 원천의 세 가지가 있다.

원칙적으로 사법상 무효인 법률행위에 기한 양도소득에 대한 과세를 부정하되, 예외적으로 자산의 사실상 이전이 있다고 볼 수 있는 특별한 경우에 있어서는 양도소득세의 부과를 인정하고 있다(대판 2011.7.21, 2010두23644 전원합의체).

(2) 과세표준

과세표준(課稅標準)이란 과세금액을 결정하는 기준이 되는 과세물건의 수량(중량·용적·개수·품질 등) 또는 가액을 말한다(국세기본법2xiv). 이러한 과세표준은 예외적으로 법률에 의하여 결정되는 경우를 제외하고는 일반적으로 세무관청이 결정하게 된다. 이러한 세무관청에 의한 과세표준의 결정행위에 대해서 행정쟁송의 대상이 되지 않는 행정의 내부적 행위라고 보는 입장과 행정쟁송의 대상이 되는 행정처분으로서 확인행위로 보는 견해의 대립이 있다. 판례는 내부적 행위로 보고 있다(대판 1967.3.7, 66누163; 대판 1985.3.26, 84누869).

(3) 세 율

세율(稅率)이란 세액산정을 위하여 과세표준에 곱하여야 할 비율을 말한다. 세율의 종류에는 비례세율과 누진세율이 있다. 1) 비례세율(比例稅率)이란 과세표준이 되는 수량·가액의 다과를 막론하고 동일한 세율이 적용되는 것을 말한다(예, 주세). 2) 누진세율(累進稅率)이란 과세표준이 되는 수량 또는 금액의 증가에 따라 누진적으로 고율의 세율을 적용하는 경우를 말한다.

IV. 조세의 부과(과세)처분

1. 의 의

(1) 개 념

과세처분(課稅處分)이란 과세물건에 대하여 과세표준과 세율을 적용하여 조세금액을 결정한 후 납세의무자에 대하여 일정기일까지 이를 납부할 것을 명하는 과세관청의 행정행위이다. 따라서 과세처분은 과세요건의 충족으로 객관적·추상적으로 이미 성립되어 있는 조세채권을 구체적으로 현실화하여 확정하는 절차이다(대판 1980.10.14, 78누345).

(2) 부과과세제와 신고납세제

조세채무의 확정에는 부과과세제와 신고납세제의 2가지 방식이 있다. 부과과세제는 세법상의 과세요건의 충족에 의하여 추상적으로 성립한 납세의무에 대하여 그 내용의 확정권을 과세관청에 부여하는 제도이고(예, 상속세, 증여세, 부당이득세, 재산평가세, 전화세 등), 신고납세제는 추상적으로 성립한 납세의무를 구체적인 납세의무로 확정하는 절차가 1차적으로 납세의무자에게 맡겨진 제도를 말한다(예, 소득세, 법인세, 부가가치세, 특별소비세, 주세, 증권거래세, 교육세, 교통세 등).

2. 형 식

(1) 부과결정의 고시와 납세신고

과세처분은 특별한 규정에 의하여 구술로써 할 수 있는 경우 외에는 서면으로 하여야 한다. 부과세(賦課稅)방식의 국세에 있어서는 과세관청이 조사확인한 과세표준과 세액을 부과결정한 때에 납세의무가 구체적으로 확정되는 것이나 그 확정의 효력은 납세의무자에게 그 결정이 고지된 때에 발생한다(대판 1984.2.28, 83누674). 그러나 신고세(申告稅)방식의 국세는 납세자의 신고에 의해 납세의무가 확정되고 원칙적으로 과세관청의 조세부과처분이 이루어지지 않는다. 따라서 납세의무자의 신고행위가 중대하고 명백한 하자로 인하여 당연무효가 되지 아니하는 한 납세의무자의 납부액이 바로 부당이득에 해당한다고 할 수 없다(대판 2005.5.12, 2003다43346; 대판 2006.9.8, 2005두14394).

(2) 납세고지서

납세고지는 납부할 세금의 연도와 세목, 부과의 근거가 되는 법령의 규정, 과세표준액, 세율, 세액산출근거, 납기, 납부장소, 납부기한까지 미납한 경우에 취해질 조치 및 부과의 위법 또는 착오에 대한 구제방법 등을 기재한 납세고지서에 의하여야 한다. 그런데 납세고지서에 이러한 사항 중 일부의 기재를 누락시킨 하자가 있는 경우는 위법한 부과처분이 된다(대판 1986.10.28, 85누723<지방세부과처분>).

세액의 산출근거가 기재되지 아니한 납세고지서에 의한 부과처분은 위법한 것으로서 취소의 대상이 되고(대판 1984.12.10, 84누243종합소득세부과처분>), 납세의무자가 그 나름대로 세액산출근거를 알았는가의 여부는 위법성판단에 영향이 없다(대판 1984.5.9, 84누116<품품세부과처분>). 그러나 과세관청이 과세처분에 앞서 납세의무자에게 보낸 과세예고통지서 등에 의하여 납세의무자가 그 처분에 대한 불복여부의 결정 및 불복신청에 전혀 지장을 받지 않았음이 명백하다면, 이로써 납세고지서의 흠결이 보완되거나 하자가 치유된다고 보아야 한다. 이와 같이 납세고지서의 하자를 사전에 보완할 수 있는 서면은 법령 등에 의하여 납세고지에 앞서 납세의무자에게 교부하도록 되어 있어 납세고지서와 일체를 이룰 수 있는 것에 한정되는 것은 물론, 납세고지서의 필요적 기재사항이 제대로 기재되어 있어야 한다(대판 1998.6.26, 96누12634<취득세부과처분>).

납세고지서의 송달이 없었거나 부적법하다는 주장사실에 대한 입증책임은 원고에게 있다(대판 2001.6.1, 99다1260).

3. 과세제외

과세제외(課稅除外)란 일반적으로 과세의 객체가 되는 과세요소 중 특별한 것을 과세대상에서 제외하는 것을 말한다. 과세제외는 법률이 처음부터 과세물건의 범위로부터 제외하여 전혀 납세의무가 발생하지 않는 점에서 조세면제(부가가치세법12)와 차이가 있다.

4. 과세처분의 흠(하자)

납세지를 관할하는 세무서장이 아닌 다른 세무서장의 소득세 부과·징수처분은 관할 없는 과세관청의 처분으로서 위법하다고 할 것이다(대판 1983.9.27, 83누300 참조). 그러나 관할 없는 세무서장의 양도소득세 등 부과·징수처분은 그 하자가 중대하다고 할 것이나, 상대방의 주민등록의 빈번한 이전 및 말소와 그 주소확인 과정상 문제점 등에 비추어 그 하자가 일견하여 객관적으로 명백한 것이라고 할 수 없는 경우가 있다(대판 2001.6.1, 99다1260).

세무서장이 과세자료를 송부받은 뒤 재산제세조사사무처리규정을 위배하여 주소지 관할 세무서장에게 즉시 재송부하지 아니한 채 1년 7개월 동안 이를 가지고 있다가 양도소득세 등 부과·징수처분을 하였다고 하더라도 그것만으로 당연무효사유에 해당하지는 않는다(대판 2001.6.1, 99다1260)

납세자가 관할 없는 세무서장에게 자산양도차익예정신고와 함께 양도소득세 등을 자진납부하였고, 그것이 그 후 확정된 과세표준보다 더 많은 금액을 기준으로 하여 계산된 세액임에도 불구하고, 관할 세무서장이 이를 간과한 채 기 납부세액을 차감하지 아니한 양도소득세 등을 납세고지한 경우, 위 납세고지에 의한 양도소득세 등 징수처분은 당연무효이다(대판 2001.6.1, 99다1260).

V. 조세의 징수와 조세채권의 확보

1. 조세의 징수

조세의 부과처분에 의하여 확정된 조세를 그 납세의무자로부터 징수하는 행위를 말하고, 이러한 조세징수의 방법은 보통징수·특별징수·예외징수(변태징수) 및 강제 징수의 네 가지가 있다.

　1) 보통징수는 조세징수기관이 확정된 조세금액을 소정의 납기에 이르러 징수하는 것을 말하며, 2) 특별징수는 수입원천에서 직접 징수하는 원천징수의 경우를 말한다. 그런데 이러한 원천징수행위는 공무수탁사인의 행위임에도 불구하고, 대법원은 공권력의 행사로서의 행정처분을 한 경우에 해당되지 아니한다(대판 1990.3.23. 89누4789)고 판시하고 있다.

　3) 예외징수(변태징수)란 조세의 납기 내 징수원칙에 대한 예외적인 징수방법을 말하며, 납기전징수(국세징수법14, 지방세법26)와 징수유예(국세징수법15①, 관세법107)가 있다. 4) 강제징수란 조세가 체납된 경우에 행정권이 권력적으로 납세의무자의 재산에 실력을 가하여 강제로 징수하는 것을 말하며, 국세징수법에 의한 체납처분(滯納處分)이 있다.

2. 조세채권의 확보

　조세징수의 확보를 위하여 법률은 일반채권과는 다른 여러 제도를 두고 있다. 앞에서 설명한 조세의 강제징수(强制徵收)과 우선징수제도(優先徵收制度)(국세기본법35, 관세법3), 조세채무자의 확충(국세기본법23내지25, 38내지41), 조세외 담보(국세기본법29내지34, 특별소비세법10④, 주세법36, 상속세및증여세법3·4) 등이 있다.

　그리고 조세채권의 우선은 비공시된 조세채권이 공시된 담보물권보다 우선하는 것이 아니라 채권자평등의 원칙에 입각한 일반 타 채권에 우선하여 징수할 수 있다는 것이다(헌재 1990.9.3, 89헌가95).

VI. 납세의무(조세채권)의 소멸

　납세의무(조세채권)의 소멸이란 이미 발생된 납세의무가 소멸하는 것을 말한다. 이러한 납세의무의 소멸사유 중 가장 일반적인 것은 납세의무의 이행이나. 여기서 이행에 의한 납세의무의 소멸은 발생된 납세액을 전액 납부함으로써 종국적으로 납세의무가 소멸하는 것을 말한다. 납세액을 분납하는 경우에는 이행된 부분에 한하여 납세의무가 소멸한다.

　그리고 납세의무는 시효에 의하여 소멸하며, 이러한 조세징수권의 소멸시효는 일반국세와 지방세의 경우는 5년이고(국세기본법27①, 지방세법48①), 관세의 경우는 원칙적으로 2년(관세법25①)이다. 소멸시효는 납세고지, 독촉 또는 납부최고, 교부청구, 압류 등의 사유로 중단되며(국세기본법28①), 분납기간·징수유예기간·연부연납기간 중에는 진행되지 않는다(국세기본법28③).

조세의무의 기타 소멸사유로써, 과세처분의 취소, 조세의 면제, 공매의 중지, 환급금 등의 충당, 제척기간의 만료 등이 있다.

VII. 조세와 행정구제

1. 과세전적부심사와 경정청구

(1) 과세전적부심사

과세전적부심사는 과세관청에서 세금을 고지하기 전에 과세할 내용을 납세자에게 미리 통지하고, 그 내용에 대하여 불복이 있는 경우에 납세자로 하여금 이의를 제기하도록 하여 이를 시정해주는 제도이다.

세무조사결과에 대한 서면통지, 그 밖의 과세예고통지 등을 받은 자는 그 통지를 받은 날로부터 30일 이내에 당해 세무서장 또는 지방국세청장에게 통지내용에 대한 적법성 여부에 대하여 심사를 청구할 수 있다(국세기본법81의15①본). 다만 법령과 관련하여 국세청장의 유권해석을 변경하여야 하거나 새로운 해석이 필요한 경우 등 대통령령으로 정하는 사항에 대해서는 국세청장에게 청구할 수 있다(국세기본법81의15①단).

(2) 경정청구

세금을 과다납부한 납세자는 과세관청에 대하여 자기의 신고 내지는 과세관청의 부과처분에 오류가 있음을 지적하여 그 신고 등의 감액경정을 청구할 수 있다(국세기본법45의2). 이러한 제도는 과체관청의 부과처분이 이루어지지 않는 신고주의국세에서 중요한 의미가 있다.82)

2. 행정심판

(1) 특별행정심판의 종류

조세사건의 특수성을 고려하여 국세기본법(56①)과 관세법(120①)은 행정심판법의 적용을 배제하고, 일반국세의 부과·징수와 지방세의 부과·징수 및 관세의 부과·징

---

82) 신고주의국세의 경우는 쟁송의 대상인 '처분'이 존재하지 않기 때문에 납세자가 조세납부의 원인이 된 행위 자체의 적법·타당성을 다투고자 하여도 행정쟁송을 제기할 수 없게 된다. 그러나 지방세의 경우는 신고납부행위가 있을 때 처분이 있었던 것으로 간주해서 행정쟁송을 제기할 수 있는 규정이 있다(지방세법72).

수에 관한 행정심판은 각각 국세기본법(55)과 지방세기본법(118,119) 및 관세법(119)이 정하는 바에 의하도록 하였다. 또한 지방세는 지방세법(78)에 의하여 행정심판법의 적용을 배제하고 지방세법이 정하는 바에 의하도록 하고 있다.

　1) 국세에 대한 행정심판은 이의신청(국세기본법66), 심사청구(같은법62), 심판청구(같은법69)의 절차로 이루어져 있다. 이의신청은 임의적 절차이고, 심사청구 또는 심판청구는 필요적 절차이다. 따라서 국세의 납세자는 이의신청을 거쳐 심사청구 또는 심판청구를 하거나, 이의신청을 거치지 않고 바로 심사청구 또는 심판청구를 할 수 있다. 행정소송은 심사청구 또는 심판청구와 그에 대한 결정을 거치지 아니하면 제기할 수 없다(같은법56②). 2) 관세(關稅)에 대한 행정심판은 이의신청(관세법132), 심사청구(관세법121부터), 심판청구(관세법131)의 절차로 이루어져 있다. 행정소송은 심사청구 또는 심판청구와 그에 대한 결정을 거치지 아니하면 제기할 수 없다(같은법120②) 3) 지방세(地方稅)에 대한 행정심판은 이의신청(지방세기본법118), 심사청구 및 심판청구(같은법119)의 절차로 이루어져 있다.83) 이 장에서 규정한 사항을 제외한 이의신청 및 심사청구와 심판청구에 관한 사항은 국세기본법 제7장(같은법 제56조는 제외한다)을 준용한다(같은법127). 따라서 지방세부과처분에 대하여 이의신청 및 심사청구를 거치지 아니하고 바로 지방세법에 의한 처분에 대한 취소소송을 제기할 수 있다(대판 2003.8.22, 2001두3525). 그리고 4) 국세부과처분이 있음을 안 날(처분의 통지를 받은 때는 그 받은 날)로부터 90일 이내에 당해 세무서장을 거쳐 감사원에 심사청구를 할 수 있다(감사원법43).

(2) 국세부과처분의 행정심판전치

(가) 청구기간　　국세부과처분에 대하여 행정소송을 제기하는 경우에는 먼저 처분이 있음을 안 날(처분의 통지를 받은 때는 그 받은 날)로부터 90일 이내에(국세기본법61①·66⑥·68①) 당해 처분을 하였거나 하였어야 할 세무서장을 거쳐 국세청장에게 심사청구를 하거나 국세심판원장에게 심판청구를 하여야 한다(같은법62①·69①) 여기서 세무서장을 거치지 않고 바로 국세청장에게 심사청구를 하여도 된다(대판 1985.5.28, 83누435). 그런데 동일한 처분에 대하여 심사청구와 심판청구를 중복하여 제기할 수는 없다(국세기본법55⑨). 다만 심사청구나 심판청구에 앞서 당해 처분을 한 세무서장이나 그 세무서장을 거쳐 소관 지방국세청장에게 이의신청을 임의적으로 할 수 있다(같은법55③). 이 경우에는 이의신청에 대한 결정문을 송달받은 날로부터 90일 이내에 심사청구나 심판청구를 하여야 한다(국세기본법61②).

---

83) (구)지방세법(78②)은 필요적 심판전치를 규정하고 있었으나, 헌법재판소가 위헌이라고 판시함으로써(헌재 2001.6.28, 2000헌바30) 제78조 제2항은 삭제되었다.

심사청구를 함에 있어 처분의 상대방이나 법령에 의하여 처분의 통지를 받도록 규정된 자 이외의 자의 경우에는 당해 처분이 있은 것을 안 날을 기준으로 청구기간을 계산할 것이나, 처분의 상대방이나 법령에 의하여 처분의 통지를 받도록 규정된 자의 경우에는 처분의 통지를 받은 날을 기준으로 기간을 계산하여야 한다(대판 1998.3.13, 97누8236; 대판 1998.9.22, 98두4375). 국세징수법 제24조 제4항은 세무서장은 납세자의 재산을 압류한 때에는 납세자에게 문서로 통지하여야 한다고 규정하고 있으므로, 납세자는 법령에 의하여 처분의 통지를 받도록 규정된 자에 해당하여 압류처분에 대한 납세자의 심사청구는 처분의 통지를 받은 날을 기준으로 청구기간을 계산할 것이지 처분사실을 안 날을 기준으로 계산할 것은 아니다(대판 1998.9.22, 98두4375). 재조사결정에 따른 심사청구기간이나 심판청구기간 또는 행정소송의 제소기간은 이의신청인 등이 후속 처분의 통지를 받은 날부터 기산된다고 봄이 타당하다(대판 2010.6.25, 2007두12514 전원합의체<부가가치세부과처분취소>).

(나) 전심절차의 예외   과세처분은 대량으로 발생할 뿐 아니라 전문성을 요하는 등 그 특수성이 있기 때문에 일정한 전심절차를 거치지 않으면 행정소송을 제기할 수 없다. 그러나 과세처분의 취소를 구하는 납세의무자는 다음과 같이 일정한 경우에는 전심절차를 거치지 않고 행정소송을 제기할 수 있다 : ① 조세행정에 있어서 2개 이상의 같은 목적의 행정처분이 단계적·발전적 과정에서 이루어진 것으로서 서로 내용상 관련이 있는 경우, ② 세무소송 계속 중에 그 대상인 과세처분을 과세관청이 변경하였는데 위법사유가 공통된 경우, ③ 동일한 행정처분에 의하여 수인이 동일한 의무를 부담하게 되는 경우 등에 있어서 선행처분에 대하여 또는 그 납세의무자들 중 1인이 적법한 전심절차를 거친 경우를 들 수 있다. 이러한 경우는 국세청장과 국세심판원으로 하여금 기본적 사실관계와 법률문제에 대하여 다시 판단할 수 있는 기회를 부여하였기 때문에, 납세의무자로 하여금 굳이 또 전심절차를 거치게 하는 것은 가혹하다고 할 것이다(대판 1991.5.24, 91누247; 대판 1992.9.8, 92누4383; 대판 2000.9.26, 99두1557 등 참조).

따라서 과세관청의 증액경정처분에 불복하여 국세심판원에 심판청구를 하고, 이에 대한 국세심판원의 심판결정이 난 후 그 결정에 대한 불복 여부를 고려하던 중, 불복 기간이 만료되지 아니한 상태에서 증액경정처분에 의하여 증액된 세액을 다시 증액하는 내용의 증액재경정처분이 이루어진 경우, 증액재경정처분에 대한 전심절차를 거치지 아니한 채 과세처분의 취소를 청구하는 행정소송을 제기할 수 있는 정당한 사유가 있다(대판 2006.4.14, 2005두10170<법인세부과처분취소>).

소득세할 주민세는 소득세법의 규정에 의하여 부과된 소득세액을 과세표준으로 하여 부과하는 것으로서 소득세법에 의한 경정, 결정에 따라 소득세를 징수할 경우 세무서장이 함께 부과고지하도록 하고 있으며, 그 계산에 있어서도 결정, 경정

등에 의하여 소득세의 과오납금이 발생할 경우 소득세할 주민세도 이에 따라 환부하거나 추징하도록 되어 있으므로 그 과세표준이 되는 소득세 부과처분에 대한 적법한 전심절차를 거치고 이에 따른 제소기간을 준수한 이상 소득세할 주민세에 대하여 별도의 전심절차를 거치지 아니하였다고 하더라도 그 취소를 구하는 소송 역시 적법하다(대판 2005.6.10, 2003두12721<종합소득세및주민세부과처분취소>).

(다) 심판청구결정의 효력   심판청구는 기획재정부장관 소속의 국세심판원이 결정기관이고, 국세심판원의 결정에는 불고불리의 원칙과 불이익변경금지의 원칙이 적용되며, 그 결정은 관계행정청을 기속한다(국세기본법79,80). 이러한 국세기본법(79②)의 불이익변경금지는 심사결정의 주문 내용이 심사청구 대상인 과세처분보다 청구인에게 불이익한 경우에 적용되고, 과세관청이 심사결정의 이유에서 밝혀진 내용에 근거하여 탈루 또는 오류가 있는 과세표준이나 세액을 경정결정하는 경우에는 적용되지 아니한다(대판 2007.11.16, 2005두10675<금호렌트카>).

3. 행정소송

(1) 의 의

조세의 위법한 부과·징수에 관한 처분에 대하여는 궁극적으로 행정소송을 제기하여 이를 다툴 수 있다. 조세에 대한 행정소송에는 일반법인 행정소송법이 적용된다. 다만 국세기본법·관세법은 행정심판전치주의·제소기간에 관하여 행정소송법에 대한 특별규정을 두어, 심판청구에 대한 결정통지를 받은 날(또는 결정기간이 경과한 날)로부터 90일 내에 제소하도록 하고 있다.

소득세 부과처분에 대한 적법한 전심절차를 거치고 이에 따른 제소기간을 준수한 경우, 소득세할 주민세에 대하여 별도의 전심절차를 거치지 않고도 그 취소를 구할 수 있다(대판 2005.06.10, 2003두12721<종합소득세및주민세부과처분취소>).

(2) 대 상

(가) 부과처분과 납세자의 신고   행정소송의 대상은 처분 등이다. 따라서 조세행정소송의 경우도 '처분'이 존재하여야 하는데, 부과주의조세의 경우는 부과처분을 소송대상으로 할 수 있기 때문에 원칙적으로 별문제가 없다. 그러나 신고주의조세의 경우는 원칙적으로 행정청의 부과처분아 아닌 납세자의 신고에 의하여 납세의무가 확정되는데, 여기서 신고는 행정소송의 대상이 되는 '처분'이 아니다. 따라서 우리나라 신고주의국세의 경우는 경정청구(更正請求)를 먼저하고 그 청구에 대한 거부 또는 부작위가 있는 경우에 한하여 행정소송을 제기할 수 있다.

(나) 총액주의와 쟁점주의   과세처분취소소송의 소송물과 관련해서 총액주의

와 쟁점주의의 견해대립이 있으나, 대법원은 총액주의를 따르고 있다(대판 1992.7.28, 91누10695).

과세처분 이후 과세권자가 세액을 증액 또는 감액하는 변경(更正處分)을 하는 경우에 취소소송의 대상과 관련해서 문제가 된다. 판례에 의하면 일부취소 또는 감액하는 내용의 경정처분은 당초의 과세처분과 독립된 별개의 과세처분이 아니라 과세처분의 변경으로서 취소되지 않고 남아 있는 부분이 취소소송의 대상이 된다(대판 1987.12.22, 85누599; 대판 1996.11.15, 95누8904; 대판 1998.5.26, 98두3211; 대판 2013.10.31, 2010두4599). 그리고 증액(增額)하는 경정처분의 경우는 당초의 과세처분이 증액결정처분에 흡수되어 당연히 소멸하고 그 증액경정처분만이 항고소송의 대상이 된다(대판 1987.12.22, 85누599; 대판 1999.5.11, 97누13139; 대판 2005.6.10, 2003두12721<서광주세무서장>; 대판 2013.10.31, 2010두4599). 이는 증액경정시에 당초 결정분과의 차액만을 추가로 고지한 경우에도 동일하다(대판 1999.5.28, 97누16329; 대판 2009.5.14, 2006두17390 등). 그러나 과세처분에 대한 취소소송에서 청구기각판결이 확정된 후 과세관청이 과세표준과 세액을 새로이 증액결정하여 당초 처분의 세액을 공제한 나머지 추가부분을 재처분한 경우는 기판력 때문에 당초 처분이 재처분에 흡수되어 소멸된다고 할 수 없다(대판 2004.12.9, 2003두4034). 한편 국세기본법 제22조의2를 신설(2002.12.18)함으로써, 증액경정처분과 감액경정처분의 효력에 관하여 당초처분과 경정처분을 별개의 처분으로 보아 국세기본법 또는 세법에서 규정하는 권리·의무관계에 영향을 미치지 아니한다고 규정하고 있다.

(다) 국세환급금결정 및 환급거부결정　　국세환급금결정이나 이 결정을 구하는 신청에 대한 환급거부결정 등은 납세의무자가 갖는 환급청구권의 존부나 범위에 구체적이고 직접적인 영향을 미치는 처분이 아니어서 항고소송의 대상이 되는 처분이 아니다(대판 1989.6.15, 88누6436 전원합의체). 따라서 납세지 관할세무서장이 환급하지 않고 있거나 환급을 명시적으로 거부하였다면, 납세의무자로서는 곧바로 부당이득반환청구를 할 수 있다고 할 것이다(대판 2007.6.14, 2005다60437<환급세액재결정>).

(라) 소득금액변동통지　　과세관청의 소득처분과 그에 따른 소득금액변동통지가 있는 경우 원천징수의무자인 법인은 소득금액변동통지서를 받은 날에 그 통지서에 기재된 소득의 귀속자에게 당해 소득금액을 지급한 것으로 의제된다. 따라서 그 때 원천징수하는 소득세의 납세의무가 성립함과 동시에 확정되고, 원천징수의무자인 법인으로서는 소득금액변동통지서에 기재된 소득처분의 내용에 따라 원천징수세액을 그 다음달 10일까지 관할 세무서장 등에게 납부하여야 할 의무를 부담하며, 만일 이를 이행하지 아니하는 경우에는 가산세의 제재를 받게 됨은 물론이고 형사처벌까지 받도록 규정되어 있다. 그러므로 과세관청의 소득처분에 따른 소득금액변동통지는 원천징수의무자인 법인의 납세의무에 직접 영향을 미치는 과

세관청의 행위로서 항고소송의 대상이 되는 조세행정처분이다(대판 2006.4.20, 2002두 1878 전원합의체[다수의견]<경정결정신청거부>).

4. 과오납금환급청구

(1) 의 의

과오납(過誤納)이란 법률상 납세하여야 할 금액을 초과하여 납부한 경우를 말하고, 이러한 경우에 과오납이 행정청의 확인 또는 판결로써 결정된 때에는 과오납 금액의 반환을 청구할 수 있다. 이러한 과오납금환급청구권(過誤納金還給請求)은 부당이득반환청구의 성질을 가지는 것으로, 국세기본법과 관세법은 이에 관하여 각각 특별한 규정을 두고 있다.

세법상 부당이득반환청구권은 ① 민법(742)상 비채변제(非債辨濟)의 법리가 적용되지 않고, ② 5년의 소멸시효가 적용되고, ③ 이득반환의 범위가 다른 특징이 있다.

납세의무자가 세금·가산금·가산세·체납처분비로서 납부한 금액 중 과오납부한 금액이 있는 때에는 즉시 그 과오납액을 다른 조세·가산금·가산세·체납처분비에 충당하고 그 나머지는 환부하여야 한다(국세기본법51, 관세법46, 지방세기본법76). 이러한 국세환급금결정은 정의와 공평의 견지에서 국가는 이미 부당이득으로서 그 존재와 범위가 확정되어 있는 과오납부금액이나 세법에 의하여 환급하여야 할 환급세액이 있는 때는 납세의무자의 환급신청을 기다릴 것 없이 이를 즉시 납세의무자에게 반환해야 한다는 법리를 선언하고 있는 것일 뿐이다. 따라서 과세관청에 대하여 과오납부금액이나 환급세액의 존부 및 범위 자체를 조사결정할 의무 즉 납세의무자의 권리 내지 법적 이익에 영향을 주는 행정행위를 할 의무가 있음을 규정하고 있는 것은 아니다(대판 1988.2.23, 87누438; 대판 1989.6.15, 88누6436). 따라서 이미 그 존재와 범위가 확정되어 있는 과오납부액이나 환급세액은 납세자가 부당이득의 반환을 구하는 민사소송으로 그 환급을 구할 수 있다(대판 1997.10.10, 97다26432).

(2) 행 사

과오납환급청구권의 행사는 민사소송에 의하여야 한다는 견해와 행정소송(당사자소송)에 의하여야 한다는 견해의 대립이 있으나, 대법원은 확고하게 부당이득반환의무에 대해서 민사소송사건으로 보고 있다(대판 1969.12.9, 69다170; 대판 1989.6.15, 88누6436 전원합의체; 대판 1990.2.13, 88누6610; 대결 1991.2.6, 90프2; 대판 1991.7.9, 91다13342; 대판 1995.4.28, 94다55019<부당이득금(오납금환급)>; 대판 1995.12.22, 94다51253).

[판례] 대판 1995.04.28, 94다55019〈부당이득금(오납금환급)〉: 조세감면규제법 제74조 제1항 제1호에 의하여 부가가치세가 면제되어야 할 것임에도 불구하고 위 서부세무서장이 위와 같이 부가가치세를 부과한 처분은 당연무효라 할 것이므로 피고는 법률상 원인 없이 원고들이 납부한 위 부가가치세 및 가산세 상당액의 이익을 얻고 이로 인하여 원고들에게 동액 상당의 손해를 가하였다 할 것이다. 피고는 원고들에게 그 이익상당액을 반환할 의무가 있다는 원고들의 청구에 대하여, 이 사건 과세처분이 무효임을 전제로 피고에 대하여 그 오납금의 환급을 구하는 이 사건 소는 <u>공법상의 권리를 그 내용으로 하는 것으로서 행정소송인 당사자소송의 대상이 될지언정 민사소송의 대상이 될 수는 없어 부적법하다</u>며 직권으로 각하하였다(원심은 더 나아가 가정판단으로 본안에 나아가 살펴본다 하여도 위 과세처분이 위법하기는 하나 당연무효라 할 수 없으므로 당연무효임을 전제로 한 원고들의 이 사건 청구는 이유 없다고 판단하였다). 조세부과처분이 당연무효임을 전제로 하여 이미 납부한 세금의 반환을 청구하는 것은 민사상의 부당이득반환청구로서 민사소송절차에 따라야 한다는 것이 대법원의 확립된 견해이므로(대판 1989.6.15, 88누6436 전원합의체; 대판 1990.2.13, 88누6610; 대결 1991.2.6, 90프2 등 참조), 원심이 이 사건 소를 각하한 것은 필경 조세오납금의 환급을 구하는 부당이득에 관한 법리를 오해한 위법이 있다 할 것이다.

> **해설** 행정처분의 당연무효임을 전제로 한 법률관계는 민사법원이든 행정법원이든 부당이득반환청구로 다툴 수 있다. 그러나 처분 등이 문제가 된 경우는 그 효력을 따져보아야 할 필요성이 있기 때문에 민사소송이 아니라 행정소송 중 당사자소송으로 다투는 것이 행정법의 특수성과 행정소송의 특수성을 고려한 올바른 결정이라고 할 것이다. 따라서 이 판결에서 대법원은 당사자소송도 가능하고 민사소송도 가능하다는 취지에서 원심이 각하한 것을 잘못된 것이라고 지적하는 판결을 내리는 것이 바람직하다. 그리고 위 판결문에서 '대법원의 확립된 견해'라는 것도 과거 당사자소송의 실체와 효용성이 실무적으로 잘 알려져 있지 않을 당시의 판례로서 마땅히 '민사소송과 당사사소송의 양립'을 인정하는 방향으로 나아가야 할 것이고, 더욱더 진보적인 자세는 당사자소송을 인정하는 방향으로 나아가야 할 것이다.

그런데 납세의무자에 대한 국가의 부가가치세 환급세액 지급의무는 그 법적 성질이 부당이득반환의무가 아니라 <u>부가가치세법령에 의하여 그 존부나 범위가 구체적으로 확정되고 조세 정책적 관점에서 특별히 인정되는 공법상 의무</u>라고 봄이 타당하다. 그렇다면 납세의무자에 대한 국가의 부가가치세 환급세액 지급의무에 대응하는 국가에 대한 납세의무자의 부가가치세 환급세액 지급청구는 민사소송이 아니라 당사자소송의 절차에 따라야 한다(대판 2013.03.21, 2011다95564 전원합의체[다수의견]

<양수금>)고 판시하였다.

5. 손해배상

세무공무원의 위법한 과세처분으로 인하여 손해가 발생한 경우는 손해배상을 인정할 수 있다. 특히 부과처분의 취소를 구하는 행정소송의 제기기간을 도과한 경우에 손해배상청구를 구하는 것도 가능하다.

세무서장이 한국감정원의 상속재산 가액감정결과가 잘못된 것임을 알았거나 알수 있었다면 세무서장 등 담당공무원들이 그 직무를 집행함에 당하여 고의 또는 과실로 부실 감정에 기초한 상속재산 평가액에 따라 상속세납세고지처분을 함으로써 손해를 가한 것이 되므로 정당한 감정결과를 기초로 계산되는 세금을 초과하는 차액 상당의 금액을 배상하여야 한다(대판 1991.1.25, 87다카2569<강남세무서상속세>).

LE DROIT ADMINISTRATIF COREEN
KOREAN ADMINISTRATIVE LAW

사항색인

· 연세대학교 법학과 졸업(법학사), 대학원 법학과 석사과정 졸업(법학석사)
· 프랑스 파리 제1대학교[Université de Paris I (Panthéon-Sorbonne)] 대학원 졸업(법학박사)
· 국립 경북대학교 법학과 교수 역임, 캐나다 브리티시 콜롬비아 대학교(UBC) 초빙교수
  (Korean Law 강의 담당) 역임, 중국 산동성 엔타이대학교 초빙교수(한국법문화 특강) 역임
· 한국공법학회 학술장려상(행정법부문) 수상, 대통령표창(경찰위원) 수상, 국민포장 수상
· 사법시험 · 행정고시 · 외무고시 · 기술고시 등 국가고시 시험위원, 사무관승진시험 · 7급
  공무원임용시험 · 9급공무원임용시험 등 국가공무원시험위원, 변리사 · 관세사 · 공인노무
  사 · 공인중개사 등 자격시험위원 역임
· 제7대 경찰위원회 위원, 법제처 법령해석위원회 위원 역임
· 안전행정부 정책자문 교수, 서울경찰청 손실보상위원회 위원장
· 연세대학교 법학전문대학원 정교수
  <저서 및 논문>
· Le régime de la recevabilité dans le contentieux administratif(행정소송의 소제기요건에
  관한 연구) 1987
· 행정법이론, 박영사, 1992
· 사례 · 판례 법학개론, 신영사, 1992(초판), 1997(제2판)
· 행정법(I), 홍문사, 1994(초판), 1995(제2판), 1997(제3판)
· 행정법(II), 홍문사, 1994(초판), 1996(제2판)
· 행정법연습, 홍문사, 1996(초판), 1998(제2판)
· 현대사회의 법과 권리, 신영사, 1999(초판), 2004(제2판), 2007(제3판)
· 사례 · 판례 법학입문, 신영사, 2006
· 현대행정법강의, 신영사, 2006(초판), 2007(제2판), 2008(제3판)
· 현대행정법, 세창출판사, 2009
· 사례·판례 현대사회의 법과 권리, 세창출판사, 2011
· 현대행정법 －총론/각론 －, 세창출판사, 2011

현대행정법신론 2

2014년 9월 5일 초 판 인쇄
2014년 9월 15일 초 판 발행

저 자 한 건 우
발행인 이 방 원
발행처 세 창 출 판 사
서울 서대문구 냉천동 182 냉천빌딩 4층
전화 723 - 8660   팩스 720 - 4579
E-mail: sc1992@empal.com
Homepage: www.sechangpub.co.kr
신고번호 제300 1990 63호

정가 28,000 원

ISBN 978-89-8411-492-0 93360
ISBN 978-89-8411-490-6 (세트)